DIREITO DAS OBRIGAÇÕES

O GEN | Grupo Editorial Nacional – maior plataforma editorial brasileira no segmento científico, técnico e profissional – publica conteúdos nas áreas de concursos, ciências jurídicas, humanas, exatas, da saúde e sociais aplicadas, além de prover serviços direcionados à educação continuada.

As editoras que integram o GEN, das mais respeitadas no mercado editorial, construíram catálogos inigualáveis, com obras decisivas para a formação acadêmica e o aperfeiçoamento de várias gerações de profissionais e estudantes, tendo se tornado sinônimo de qualidade e seriedade.

A missão do GEN e dos núcleos de conteúdo que o compõem é prover a melhor informação científica e distribuí-la de maneira flexível e conveniente, a preços justos, gerando benefícios e servindo a autores, docentes, livreiros, funcionários, colaboradores e acionistas.

Nosso comportamento ético incondicional e nossa responsabilidade social e ambiental são reforçados pela natureza educacional de nossa atividade e dão sustentabilidade ao crescimento contínuo e à rentabilidade do grupo.

BRUNO MIRAGEM
DIREITO DAS OBRIGAÇÕES

3ª edição revista e atualizada

■ O autor deste livro e a editora empenharam seus melhores esforços para assegurar que as informações e os procedimentos apresentados no texto estejam em acordo com os padrões aceitos à época da publicação, e todos os dados foram atualizados pelo autor até a data de fechamento do livro. Entretanto, tendo em conta a evolução das ciências, as atualizações legislativas, as mudanças regulamentares governamentais e o constante fluxo de novas informações sobre os temas que constam do livro, recomendamos enfaticamente que os leitores consultem sempre outras fontes fidedignas, de modo a se certificarem de que as informações contidas no texto estão corretas e de que não houve alterações nas recomendações ou na legislação regulamentadora.

■ Fechamento desta edição: 26.01.2021

■ O Autor e a editora se empenharam para citar adequadamente e dar o devido crédito a todos os detentores de direitos autorais de qualquer material utilizado neste livro, dispondo-se a possíveis acertos posteriores caso, inadvertida e involuntariamente, a identificação de algum deles tenha sido omitida.

■ **Atendimento ao cliente:** (11) 5080-0751 | faleconosco@grupogen.com.br

■ Direitos exclusivos para a língua portuguesa
 Copyright © 2021 by
 Editora Forense Ltda.
 Uma editora integrante do GEN | Grupo Editorial Nacional
 Travessa do Ouvidor, nº 11 – 8º andar – Centro
 Rio de Janeiro / RJ – CEP 20040-040
 www.grupogen.com.br

■ Reservados todos os direitos. É proibida a duplicação ou reprodução deste volume, no todo ou em parte, em quaisquer formas ou por quaisquer meios (eletrônico, mecânico, gravação, fotocópia, distribuição pela Internet ou outros), sem permissão, por escrito, da Editora Forense Ltda.

■ Capa: Fabricio Vale
■ Imagem de capa: Wassily Kandinsky, Composition 7 (1913) – Galeria Tretyakov, Moscou, Rússia.

■ A partir da 3ª edição essa obra passou a ser publicada pela Editora Forense, sob o título *Direito das Obrigações*.

■ **CIP – BRASIL. CATALOGAÇÃO NA FONTE.**
 SINDICATO NACIONAL DOS EDITORES DE LIVROS, RJ.

M636d
Miragem, Bruno

Direito das Obrigações / Bruno Miragem. – 3. ed. – Rio de Janeiro: Forense, 2021.

Inclui bibliografia
ISBN 978-85-309-9423-5

1. Direito civil – Brasil. 2. Obrigações (Direito) – Brasil. I. Título.

21-68744　　　　　　　　　　　　　　　　　　　　　　　　CDU: 347.41(81)

Meri Gleice Rodrigues de Souza – Bibliotecária – CRB-7/6439

A Amanda, Francisco e Joaquim José.

Aos meus mestres.

Aos meus alunos.

SOBRE O AUTOR

Professor da Faculdade de Direito da Universidade Federal do Rio Grande do Sul (UFRGS). Professor permanente do Programa de Pós-graduação em Direito da UFRGS (PPGD/UFRGS). Doutor e Mestre em Direito. Advogado e parecerista.

APRESENTAÇÃO

O direito das obrigações se destaca entre os vários ramos do direito civil por seu caráter dinâmico, e pela exigência, com maior ênfase, dada a agilidade e precisão do mundo negocial, da utilidade e segurança de suas fórmulas. O direito das obrigações disciplina a circulação de riquezas e o atendimento das necessidades sociais de cooperação entre as pessoas, o que explica seu caráter essencial ao desenvolvimento econômico e social. Não é por outra razão que sua atualidade é marcada pelas exigências do sistema de trocas, e da realização dos interesses do indivíduo em face dos demais e da própria comunidade, assim como influência dos valores sociais, implícitos ou expressos no comportamento esperado e/ou exigido no curso das relações obrigacionais.

Esta obra sucede o volume que já se teve oportunidade de lançar em 2015, sobre a Responsabilidade civil (*Direito civil*: responsabilidade civil, Saraiva, 2015) e antecede aquele que está em fase final de elaboração, sobre a Teoria geral do direito civil. Trata-se, mais uma vez, de uma obra escrita por um professor aos seus alunos, mas, espera-se que possa também ser manuseada com proveito por todos aqueles que se debruçam sobre o direito das obrigações, nas variantes do exercício profissional e acadêmico.

O grande desafio da doutrina jurídica contemporânea é o de se fazer clara e atual, sem deixar de registrar todos os contornos relevantes da matéria em exame. Trata-se do fio condutor que se pretendeu dar a este trabalho. O caráter didático recomendaria ser econômico nas notas de referência ou no registro dos aspectos históricos dos vários institutos. Seria uma opção legítima. Contudo, há na obra uma visão de mundo, do direito e de sua tradição, que não escapa de como este autor percebe o fenômeno jurídico. O direito civil, amplo domínio inserto no âmbito do direito privado, equilibra-se entre a tradição histórica de seus institutos e sua utilidade e renovação contemporânea. Por trás de preceitos dotados de certa objetividade, há problemas complexos que inspiraram a criação do perfil atual.

O direito das obrigações equilibra-se entre a tradição e as exigências atuais. Daí por que, em um direito de tradição milenar, recentes reformas no direito comparado, como a ocorrida em 2002, no direito alemão, e no direito francês, agora em 2016, assim como nosso próprio Código Civil – em que pese ter mais de uma década de vigência – demonstram a pulsação de seus institutos, a par de outras reformas pontuais. Em termos históricos, o Brasil também é país de direito novo, é o galho da planta, que foi o direito português, segundo a conhecida referência de Pontes de Miranda. Nos dias atuais, abre-se aos vários sistemas e ao mundo, com suas características antigas ou novas, sobretudo com a prática cotidiana, na realização das necessidades existenciais da pessoa, ou em complexas práticas negociais, buscando sua maior utilidade social. O papel da doutrina é o de construir conceitos seguros e úteis, para seus diversos fins: seja para ensinar e aprender o direito, seja para construí-lo, quando se legisla, interpreta e aplica. Em tudo estará a interpretação do direito, para o que é sempre atual a conhecida imagem firmada por Tulio Ascarelli. Dizia o mestre dos dois mundos que a interpretação não está para a lei numa relação do reflexo para o espelho, mas sim na relação que liga a semente à planta.

Ora, cabe à doutrina dar vida à semente e cuidar da planta para que permaneça viva e forte, produzindo bons frutos. O direito das obrigações vem da tradição local e do mundo. Serve-se da influência de diferentes sistemas jurídicos para conformar o que hoje é o direito brasileiro. Daí por que se há de tomar também o direito comparado, ainda que sem ornamento ou excesso, para bem compreender suas características e a utilidade de suas fórmulas.

Isso não retira do direito brasileiro sua evolução singular, a lhe prestar identidade própria. No direito das obrigações, marca a experiência contemporânea o menor apego à forma, quando esta não seja essencial à segurança ou à certeza. Também se relacionam o interesse particular – expressão do exercício da liberdade individual, compreendida na autonomia privada – e o interesse social, estimando a estabilidade e solidariedade na vida comunitária.

A boa doutrina tem a missão de explicitar o sentido maior do direito das obrigações no âmbito do direito privado, que é o de assegurar a liberdade e o patrimônio, essenciais à vida individual, em harmonia com o interesse social e a proteção dos interesses comunitários, que permitem a vida de relações. Cumpre-lhe bem explicar o direito, também oferecendo, onde as perguntas se preservam em aberto, possíveis respostas.

A pretensão é de que esta obra auxilie acadêmicos e profissionais, seja clara o suficiente, e reputada sólida para oferecer a segurança das soluções aqui expostas. Mais uma vez, pretende-se o equilíbrio entre o exame completo das questões essenciais e a razoável facilidade e síntese na sua exposição.

No curso da sua elaboração, muitos se somaram em auxílios para que se chegasse a este resultado. Cumpre registrar alguns agradecimentos. Aos integrantes do Grupo de Pesquisa CNPq Direito Privado e Acesso ao Mercado, da Universidade Federal do Rio Grande do Sul, pelo auxílio na pesquisa. Ao Professor Augusto Jaeger Júnior, que há alguns anos foi responsável por apresentar-nos a impressionante biblioteca do Max-Planck-Institut für ausländisches und internationales Privatrecht, em Hamburgo, cujos frutos ainda são colhidos; assim como, no curso deste trabalho, foi sempre solícito para solução das dúvidas sobre o difícil idioma alemão. À Professora Claudia Lima Marques, grande jurista brasileira, interlocutora permanente sobre aspectos teóricos e práticos do novo direito privado brasileiro. E, com amor, à minha esposa Amanda, cuja disciplina germânica lhe fez bem compreender as renúncias próprias do ofício de pesquisar e escrever, em concorrência com o exercício cotidiano da advocacia. Mas também pelo desempenho, como já se tornou hábito, do difícil papel de primeira leitora e crítica. A ela se devem sugestões preciosas para a clareza e fluência do texto, em especial nos momentos em que a precisão técnica da linguagem desafia a simplicidade da explicação. *Qui bene distinguit bene docet.*

Que possa este volume merecer a acolhida e atenta crítica da comunidade jurídica, de estudantes e profissionais, contribuindo efetivamente para a boa realização do direito.

Porto Alegre, outubro de 2016.

Bruno Miragem

NOTA DO AUTOR À 3ª EDIÇÃO

Uma nova edição é sempre momento de revisitar os originais e ver onde, aqui e ali, merece ser revisto para fazer-se melhor compreendido ou completado. Felizmente, nesta edição, a atualização é, sobretudo, da jurisprudência para efeito de ilustrar os conceitos esposados. A estabilidade do direito das obrigações é algo a ser registrado, pois nela se situam as noções de equilíbrio e segurança que devem presidir as relações obrigacionais, em atenção aos interesses legítimos das partes. Nos tempos mais recentes, esta estabilidade foi desafiada pelas repercussões de uma crise sanitária internacional sem precedentes, sobre o curso das obrigações em geral. Ao lado de leis e medidas de emergência, nos mais variados quadrantes, foram os institutos tradicionais do direito das obrigações colocados à prova, bem respondendo pela solidez e adequação das soluções que propõem.

Merece registro o fato desta obra estar sendo recebida em nova casa, a tradicional editora Forense, hoje integrante do Grupo Gen, cuja contribuição para o direito civil é reconhecida.

Sempre devem ser renovados os agradecimentos aos atentos leitores, daqui e de outros continentes, de várias gerações de estudantes e profissionais, jovens civilistas e juristas já consolidados, pelos debates que, a partir das linhas lançadas nesta obra, são propostos. Os bons debates só fazem crescer em aprendizado e experiência, todos os que deles participam.

O direito das obrigações é elemento indissociável do desenvolvimento do país cujo sistema jurídico integra, fomentando as trocas econômicas e o atendimento das necessidades sociais, razão pela qual seu estudo, compreensão e correta aplicação torna-se mais relevante na quadra histórica em que se encontra o Brasil.

Que esta obra continue a contribuir com este propósito.

Porto Alegre, dezembro de 2020.
Bruno Miragem

NOTA DO AUTOR À 2ª EDIÇÃO

Com satisfação recebi a notícia do rápido esgotamento da primeira edição desta obra, alguns meses apenas após seu lançamento. É fato que diz muito sobre a importância e o interesse que desperta o Direito das Obrigações, e do mesmo modo revela um sopro de esperança sobre o valor e a importância da doutrina jurídica para a formação, compreensão e aplicação do Direito. Afinal, o Direito Civil, e em especial o Direito das Obrigações, é reflexão e prática, em comunhão absoluta.

O curto espaço que separa esta edição da primeira, contudo, faz com que a atualização seja pontual. Há decisões jurisprudenciais de grande interesse neste período. Por outro lado, mantendo-se o compromisso de fazer obra que ponha em equilíbrio sua vocação didática com a completude e certa profundidade do exame da matéria, há no texto ajustes e complementos em benefício, sobretudo, da clareza da exposição. A linguagem de uma obra jurídica cada vez menos serve para o excesso de ornamentos e floreios, mas é literatura técnica, cuja precisão dos conceitos se impõe. Torná-los o mais claros possível é tarefa que põe quem persegue o propósito a escrever, reescrever e tornar a escrever. Aqui foi isso o que se fez, e para o que tiveram contribuição inigualável, com sugestões, críticas ou dúvidas genuínas, muitos de meus alunos da Faculdade de Direito da Universidade Federal do Rio Grande do Sul.

Outro registro que se impõe é o da competência e profissionalismo da Editora Saraiva, casa editorial que me honrou com a aceitação deste projeto. A toda a equipe da editora, pelo modo como recebeu e divulgou a obra, é devido justo reconhecimento.

A velocidade com que se tem esta nova edição a pôs em concorrência com o volume já anunciado quando da apresentação original da obra, sobre a Parte Geral do Direito Civil. Está em fase final, mas sempre defrontando-se com aspectos a serem melhor explorados, da riqueza infinita que faz o Direito Civil, por precedência histórica e relevância prática na vida do homem comum, um dos campos mais complexos e vastos da ciência jurídica. Rever e atualizar este volume, em concorrência com a confecção do pertinente à Parte Geral, por outro lado, permitiu também aproximar abordagens e estilos lá e cá, aprimorando o sentido de unidade às partes.

Hoje é corrente no campo das ciências falar em desconstrução. E tudo se desconstrói a partir da crítica à tradição. No direito, geralmente, há nisso pouca técnica e muita incompreensão. A tarefa do jurista é interpretar e compreender primeiro, para reconstruir segundo sejam as exigências atuais, com respeito a quem pense diferente, mas não se furtando de propor e defender as soluções mais corretas. Já diziam os romanos na célebre definição de justiça: "Justitia est constans et perpetua voluntas jus suum cuique tribuere" ("Justiça é a vontade constante e perpétua de dar a cada um o que é seu"). É dessa vontade constante e perpétua de dar a cada um o que é seu que se forma o jurista. E é a boa técnica a que melhor auxilia a distribuição da justiça.

É renovado o propósito de que a presente edição permaneça auxiliando a trilhar estes bons caminhos.

Porto Alegre, novembro de 2017.
Bruno Miragem

SUMÁRIO

CAPÍTULO 1 – INTRODUÇÃO AO DIREITO DAS OBRIGAÇÕES 1
1. Definição e evolução histórica do direito das obrigações 1
    1.1. Características da relação obrigacional 4
    1.2. Conteúdo da relação obrigacional 5
    1.3. Distinção da relação obrigacional e da relação de direito real (relação real) 6
    1.4. Obrigações reais. Obrigações *propter rem*. Distinção dos ônus reais 7
2. Importância do direito das obrigações 9
3. Situação do direito das obrigações no sistema jurídico brasileiro 12
4. Obrigação como processo 13
    4.1. Estrutura da obrigação como processo: deveres decorrentes da relação obrigacional 13
    4.2. Compreensão dual da relação obrigacional: débito e responsabilidade 15
5. Unificação do direito das obrigações no Código Civil de 2002 16
6. Elementos da relação obrigacional 20
    6.1. Sujeitos 20
    6.2. Objeto 20
        6.2.1. A patrimonialidade do objeto 20
        6.2.2. Objeto da obrigação: prestação de fato e prestação de coisa 21
        6.2.3. Obrigações pecuniárias: prestação de dinheiro 22
            6.2.3.1. Princípio nominalista das prestações pecuniárias 24
            6.2.3.2. Dívidas de dinheiro e dívidas de valor 25
        6.2.4. Requisitos do objeto 26
            6.2.4.1. Licitude 26
            6.2.4.2. Possibilidade 27
            6.2.4.3. Determinação 28
        6.2.5. Complexidade do objeto da relação obrigacional: a obrigação como totalidade 28

6.3.	Fato jurídico	29
6.4.	Garantia	29

CAPÍTULO 2 – FONTES DAS OBRIGAÇÕES 33

1. Aproximação histórica das fontes das obrigações 33
2. Divisão clássica quatripartida das fontes obrigacionais 34
3. Situação atual da divisão das fontes obrigacionais 34
4. Obrigações originadas por negócios jurídicos 36

    4.1. Negócio jurídico bilateral: contrato 37

        4.1.1. Contrato e causa 39

        4.1.2. Eficácia obrigacional e eficácia real do contrato 43

    4.2. Negócio jurídico unilateral 44

        4.2.1. Promessa de recompensa 45

5. Obrigações decorrentes de imputação legal 46

    5.1. Atos ilícitos 47

    5.2. Imposição legal do dever de prestação 50

6. Obrigações decorrentes de condutas sociais típicas 51
7. Obrigações decorrentes da gestão de negócios 51

    7.1. Requisitos 52

    7.2. Efeitos 52

        7.2.1. Obrigações do gestor 53

        7.2.2. Obrigações do dono do negócio 53

8. Obrigações decorrentes de enriquecimento sem causa 54

    8.1. Situações específicas de enriquecimento sem causa: pagamento indevido ... 57

    8.2. Situações específicas de enriquecimento sem causa: lucro de intervenção ... 57

CAPÍTULO 3 – PRINCÍPIOS DO DIREITO DAS OBRIGAÇÕES 61

1. A proteção da confiança no direito das obrigações 61
2. Princípio da boa-fé 62

    2.1. A boa-fé como cláusula geral 64

    2.2. Funções da boa-fé 65

    2.3. Situações típicas derivadas da boa-fé 67

3. Princípio da autonomia da vontade 68

    3.1. Autonomia da vontade e vinculatividade 70

    3.2. Autonomia da vontade e relatividade 71

4. Princípio do equilíbrio ou equivalência material 71
5. Princípio da solidariedade 73

5.1.	Eficácia externa das obrigações em relação a terceiros	74
5.2.	Relação obrigacional e respeito à ordem pública e aos bons costumes	77

CAPÍTULO 4 – CLASSIFICAÇÃO DAS OBRIGAÇÕES 79

1. Obrigações civis e obrigações naturais 79

    1.1. Características das obrigações naturais 80

    1.2. Algumas hipóteses de obrigações naturais 81

2. Modalidades de obrigação quanto ao conteúdo da prestação principal 82

    2.1. Obrigação de dar 82

        2.1.1. Obrigação de dar coisa certa 83

            2.1.1.1. Tempo e modo do adimplemento: transmissão do domínio sobre a coisa e os riscos da prestação 84

            2.1.1.2. Inadimplemento total ou parcial da obrigação de dar coisa certa 86

            2.1.1.3. Perda ou deterioração da coisa por culpa do devedor 86

            2.1.1.4. Perda ou deterioração da coisa sem culpa do devedor 87

        2.1.2. Obrigações de restituir 88

            2.1.2.1. Perda da coisa a ser restituída e inadimplemento 88

            2.1.2.2. Deterioração da coisa a ser restituída e inadimplemento 89

            2.1.2.3. Superveniência de melhoramentos e acréscimos à coisa antes da restituição 90

        2.1.3. Obrigação de dar coisa incerta 91

    2.2. Obrigação de fazer 93

        2.2.1. Obrigações de cumprimento personalíssimo *intuitu personae* 94

        2.2.2. Obrigação de declarar vontade 94

        2.2.3. Inadimplemento da obrigação de fazer 94

            2.2.3.1. Tutela processual para cumprimento específico da obrigação de fazer 95

    2.3. Obrigação de não fazer 96

3. Pluralidade de prestações: obrigações cumulativas 98

4. Pluralidade de prestações: obrigações alternativas 98

    4.1. Titularidade e exercício do direito de escolha da prestação 99

    4.2. Impossibilidade de cumprimento e inadimplemento 100

5. Obrigações facultativas 100

6. Classificação da obrigação quanto à divisibilidade do objeto 101

DIREITO DAS OBRIGAÇÕES – *Bruno Miragem*

6.1. Obrigações indivisíveis 101

6.2. Obrigações divisíveis 102

6.3. Efeitos da divisibilidade da prestação em relação à pluralidade de devedores... 103

6.4. Efeitos da divisibilidade da prestação em relação à pluralidade de credores... 103

6.5. Perda da indivisibilidade... 104

7. Obrigações solidárias... 105

7.1. Fundamento e natureza da solidariedade................................... 106

7.2. Espécies de obrigações solidárias... 108

7.3. Solidariedade ativa 109

    7.3.1. Efeitos da solidariedade ativa... 110

    7.3.2. Conversão da obrigação solidária original em perdas e danos... 112

    7.3.3. Oposição de exceções pessoais do devedor.................... 112

7.4. Solidariedade passiva 113

    7.4.1. Inadimplemento culposo da obrigação e seus efeitos aos codevedores solidários... 116

    7.4.2. Oposição de exceções pessoais do devedor.................... 117

    7.4.3. Vencimento antecipado da dívida em relação a um dos devedores solidários.. 117

    7.4.4. Morte de um dos devedores solidários............................ 118

    7.4.5. Renúncia à solidariedade pelo credor............................. 118

    7.4.6. Eficácia do pagamento na relação interna entre os devedores solidários.. 119

8. Obrigações de execução instantânea, diferida ou duradoura............... 121

9. Obrigações puras, condicionais, a termo e com encargo 122

10. Obrigações de meio, de resultado e de garantia................................... 123

11. Obrigações principais e acessórias.. 126

CAPÍTULO 5 – TRANSMISSÃO DAS OBRIGAÇÕES 129

1. Alteração da posição subjetiva da relação obrigacional....................... 129

2. Cessão de crédito... 131

2.1. Requisitos da cessão de crédito.. 132

2.2. Eficácia da cessão de crédito.. 134

    2.2.1. Efeitos da cessão de crédito em relação ao devedor...... 135

    2.2.2. Responsabilidade do cedente perante o cessionário....... 137

3. Assunção de dívida.. 139

3.1. Espécies 140

3.2.	Requisitos da assunção de dívida	142
3.3.	Eficácia da assunção de dívida	144
4.	Cessão de posição contratual (cessão do contrato)	145
4.1.	Requisitos da cessão de posição contratual	148
4.2.	Efeitos da cessão de posição contratual	150

CAPÍTULO 6 – ADIMPLEMENTO E EXTINÇÃO DAS OBRIGAÇÕES 153

1.	Conceito de adimplemento	153
2.	Adimplemento e deveres de boa-fé	155
3.	Adimplemento e causas de extinção das obrigações	156
4.	Pagamento	158
4.1.	Natureza jurídica do pagamento	160
4.2.	Condições subjetivas do pagamento	163
4.2.1.	De quem deve pagar	164
4.2.1.1.	Pagamento por pessoa titular de interesse jurídico na extinção da dívida	164
4.2.1.2.	Pagamento por pessoa sem interesse jurídico na extinção da dívida	165
4.2.2.	A quem se deve pagar	167
4.2.2.1.	Pagamento realizado ao credor ou a seu representante	168
4.2.2.2.	Pagamento realizado a terceiro que não é credor	169
4.2.2.3.	Pagamento realizado a credor incapaz	171
4.2.2.4.	Pagamento realizado a credor cujo crédito foi penhorado	172
4.3.	Condições objetivas do pagamento	173
4.3.1.	Obrigações pecuniárias e pagamento	174
4.3.2.	Cláusula de escala móvel	178
4.3.3.	Cláusula de renegociação	180
4.3.4.	Revisão judicial do objeto da obrigação	180
4.3.4.1.	Revisão do objeto da obrigação e teoria da imprevisão	183
4.3.4.2.	Revisão do objeto da obrigação e teoria da onerosidade excessiva	184
4.3.4.3.	Revisão do objeto da obrigação e teoria da base do negócio jurídico	185
4.3.4.4.	Revisão do objeto da obrigação e exceção da ruína...	188
4.3.4.5.	Revisão judicial do objeto da obrigação segundo o art. 317 do Código Civil	189

| | | 4.3.5. | Do lugar do pagamento | 191 |

4.3.5. Do lugar do pagamento 191

4.3.6. Do tempo do pagamento 195

    4.3.6.1. Realização e exigibilidade da prestação conforme a espécie de obrigação 195

    4.3.6.2. Antecipação da exigibilidade da prestação 197

4.4. Da prova do pagamento 199

    4.4.1. O ato de quitação 199

    4.4.2. Presunção de quitação 201

4.5. Modalidades especiais de pagamento 203

    4.5.1. Pagamento em consignação 204

        4.5.1.1. Natureza jurídica do pagamento em consignação 207

        4.5.1.2. Situações que autorizam o pagamento em consignação 208

            4.5.1.2.1. Mora do credor 209

            4.5.1.2.2. Insegurança subjetiva e objetiva quanto à realização satisfatória da prestação 210

        4.5.1.3. Pressupostos do pagamento em consignação 211

        4.5.1.4. Efeitos do pagamento em consignação 213

        4.5.1.5. Levantamento do depósito 214

    4.5.2. Pagamento com sub-rogação 214

        4.5.2.1. Sub-rogação legal 216

        4.5.2.2. Sub-rogação convencional 218

        4.5.2.3. Efeitos do pagamento com sub-rogação 219

    4.5.3. Imputação do pagamento 220

        4.5.3.1. As espécies de imputação 222

        4.5.3.2. Imputação do pagamento e tutela do interesse do credor 223

    4.5.4. Dação em pagamento 224

        4.5.4.1. Requisitos 225

        4.5.4.2. Efeitos 227

5. Novação 230

5.1. Pressupostos da novação 231

5.2. Espécies de novação 234

    5.2.1. Novação objetiva ou real 234

    5.2.2. Novação subjetiva ou pessoal 235

    5.2.3. Novação mista 237

5.3. Efeitos da novação 237

SUMÁRIO | XXI

6. Compensação 238

    6.1. Espécies 240

        6.1.1. Compensação legal 241

        6.1.2. Compensação convencional 245

        6.1.3. Compensação judicial 246

    6.2. Dívidas insuscetíveis de compensação 247

    6.3 Restrições à compensação 250

    6.4. Efeitos da compensação 250

7. Confusão 251

    7.1. Pressupostos da confusão 252

    7.2. Espécies de confusão 253

    7.3. Efeitos da confusão 254

8. Remissão de dívidas 255

    8.1. Espécies de remissão 256

    8.2. Presunções de liberação 257

    8.3. Efeitos da remissão 258

CAPÍTULO 7 – INADIMPLEMENTO DAS OBRIGAÇÕES 259

1. Caracterização do inadimplemento das obrigações 259

    1.1. Inadimplemento e deveres decorrentes da relação obrigacional 262

    1.2. Inadimplemento e interesse útil do credor 263

    1.3. Inadimplemento e tutela da confiança 264

    1.4. Inadimplemento e impossibilidade de realização da prestação devida 265

2. Classificação das espécies de inadimplemento 267

    2.1. Inadimplemento absoluto 267

        2.1.1. Inadimplemento absoluto e responsabilidade por danos decorrentes de ato ilícito absoluto 268

        2.1.2. Inadimplemento de obrigações positivas e de obrigações negativas 269

        2.1.3. Distinção entre contratos benéficos e onerosos em relação à responsabilidade do devedor por inadimplemento 270

    2.2. Inadimplemento relativo (mora) 271

        2.2.1. Mora do devedor 271

            2.2.1.1. Constituição em mora (mora *ex re* e mora *ex persona*) 273

            2.2.1.2. Responsabilidade do devedor pela mora 276

            2.2.1.3. Purga da mora pelo devedor 276

	2.2.2.	Mora do credor	278
		2.2.2.1. Responsabilidade do credor pela mora	279
		2.2.2.2. Purga da mora pelo credor	279
2.3.		Inadimplemento de deveres anexos ou laterais: a violação positiva do crédito	279
2.4.		Inadimplemento antecipado	282

3. Situações que excluem a responsabilidade pelo inadimplemento: o caso fortuito ou de força maior 284

3.1. Características do caso fortuito e da força maior	285
3.2. Distinção entre caso fortuito e força maior. Situação atual	286
3.3. O fortuito interno e o fortuito externo	287
3.4. Efeitos do caso fortuito e da força maior	288

4. Eficácia legal do inadimplemento imputável e responsabilidade do devedor 289

4.1.	Direito de resolução	289
4.2.	Perdas e danos	290
	4.2.1. Distinção entre interesses contratuais positivos e interesses contratuais negativos	292
	4.2.2. Conteúdo dos danos emergentes	293
	4.2.3. Conteúdo dos lucros cessantes	295
4.3.	Juros	296
	4.3.1. Juros compensatórios	298
	4.3.2. Juros moratórios	299
	4.3.3. Indenização suplementar no inadimplemento de obrigações pecuniárias	301
4.4.	Atualização monetária	302
4.5.	Honorários advocatícios	303

5. Cláusula penal 304

5.1.	Funções da cláusula penal	305
5.2.	Espécies	306
	5.2.1. Cláusula penal compensatória	307
	5.2.2. Cláusula penal moratória	307
5.3.	Efeitos	308
	5.3.1. Cláusula penal compensatória e indenização suplementar	309
	5.3.2. Efeitos da cláusula penal conforme a divisibilidade da obrigação	310
5.4.	Limite e controle judicial do valor da cláusula penal	311
5.5.	Distinção da cláusula penal e outras figuras afins	313

5.5.1.	Cláusula penal e cláusula de arrependimento (ou multa penitencial)	313
5.5.2.	Cláusula penal e abono de pontualidade	314
5.5.3.	Cláusula penal e cláusula limitativa de indenização	315
5.5.4.	Cláusula penal e arras	316

6. Situações que atenuam a responsabilidade pelo inadimplemento 316

    6.1. Cláusulas de limitação e de exclusão de responsabilidade 317

	6.1.1.	Limites à estipulação das cláusulas de limitação e exclusão de responsabilidade	319
	6.1.2.	Cláusulas de limitação e exoneração de responsabilidade nos contratos de consumo	321

    6.2. Adimplemento substancial (ou inadimplemento irrelevante) 321

    6.3. Compensação dos benefícios e prejuízos do credor (*Compensatio lucri cum damni*) 324

    6.4. Dedução dos danos resultantes de agravamento do devedor 326

    6.5. O inadimplemento eficiente 328

CAPÍTULO 8 – DAS ARRAS OU SINAL 331

1. Definição e função 331

2. Espécies 332

    2.1. Arras confirmatórias 333

    2.2. Arras penitenciais 334

3. Arras e relações de consumo 334

CAPÍTULO 9 – GARANTIAS DAS OBRIGAÇÕES 337

1. A noção de garantia das obrigações 337

    1.1. Meios conservatórios do interesse do credor 339

    1.2. Meios coercitivos de tutela do interesse do credor 339

    1.3. Meios acautelatórios do interesse do credor 341

    1.4. Meios coativos de tutela do interesse do credor 342

2. Limites à eficácia da responsabilidade patrimonial do devedor 342

3. Igualdade entre os credores: *par conditio creditorum* 347

4. Insolvência do devedor 348

5. Preferências e privilégios creditórios 350

    5.1. Privilégios especiais 351

    5.2. Privilégios gerais 353

6. Classificação das garantias 355

    6.1. Garantia geral e garantias especiais 355

6.2.	Garantias pessoais, garantias reais e garantias fiduciárias	356
6.3.	Garantias acessórias e garantias autônomas	357
7.	Espécies de garantias especiais	357
7.1.	Garantias acessórias	358
7.2.	Garantias pessoais	358
	7.2.1. Fiança	358
7.3.	Garantias reais	361
	7.3.1. Penhor	361
	7.3.2. Hipoteca	365
	7.3.3. Anticrese	368
7.4.	Garantias fiduciárias	369
	7.4.1. Alienação fiduciária	370
	7.4.2. Cessão fiduciária de direitos	373
7.5.	Garantias autônomas	375
	7.5.1. Aval	376
	7.5.2. Garantias no comércio internacional	377
	7.5.3. Cartas de conforto	381
REFERÊNCIAS		383

Capítulo 1
INTRODUÇÃO AO DIREITO DAS OBRIGAÇÕES

1. DEFINIÇÃO E EVOLUÇÃO HISTÓRICA DO DIREITO DAS OBRIGAÇÕES

A referência ao direito das obrigações diz respeito ao conjunto de normas que disciplinam o modo como determinadas pessoas vinculam-se entre si, comprometendo-se ao cumprimento de um dado comportamento suscetível de estimação econômica, e cujo descumprimento resulta na sua exigibilidade, ou na recomposição dos prejuízos, por intermédio dos meios disponíveis de constrição patrimonial do devedor.

A definição técnica de obrigação distingue-se do uso que a ela dá a linguagem comum, mesmo no direito. Em sentido genérico, usa-se obrigação para designar toda a espécie de dever, de conteúdo jurídico ou simplesmente moral, de modo a dizer-se "estou obrigado a tal conduta", ou "estás obrigado comigo a tal comportamento". Em sentido técnico, obrigação constitui-se no vínculo jurídico pelo qual uma pessoa (o devedor) assume o dever de realizar uma prestação consistente em um interesse de outra parte (o credor). Revela patente a existência/surgimento de um vínculo jurídico que antes de determinar o oferecimento de certo objeto ou serviço, obriga a um comportamento humano de dar, fazer (assim como não fazer) ou prestar algo[1]. Trata-se, portanto, na exata afirmação de Pontes de Miranda, da "relação jurídica entre duas (ou mais) pessoas, de que decorre, a uma delas, ao *debitor*, ou a algumas, poder ser exigida, pela outra, outras, prestação"[2].

A obrigação é designada considerando a polaridade de interesses de credor e devedor, como relação obrigacional. A relação obrigacional envolve dois aspectos distintos. De um lado, o dever jurídico imposto ao devedor, de realizar a prestação. De outro, o direito subjetivo do credor de obter a satisfação do seu interesse, mediante recebimento da prestação. Outro modo

---

[1] Nesse sentido, escreve Paulus no *Digesto* 44, 7, 3: "Obligationum substantia non in eo consistit, ut aliguod corpus nostrum, aut servitutem nostram faciat, sed ut alium nobis adstringat at dandum aliquid vel feciendum et praestandum". Conforme Hans Hattenhauer, *Conceptos fundamentales del derecho civil*. Introdución histórico-dogmática, trad. Gonzalo Hernández, Madrid: Ariel, 1987, p. 78. Em sentido semelhante, retirado das *Institutas*, apresenta entre nós Clóvis Beviláqua: "vinculum juris quo necessitate adstringinur alicujus solveudae rei", um vínculo jurídico que nos constrange a pagar alguma coisa, fazer ou deixar de fazer alguma coisa. Clóvis Beviláqua, *Direito das obrigações,* Campinas: Red Livros, 2000, p. 18. Ainda, a definição das *Institutas* de Justiniano "obligatio est iuris vinculum quo necessitate adstringimur alicuius solvendae rei secundum nostrae civitatis iura", ou seja, a obrigação é um vínculo jurídico segundo o qual alguém fica adstrito à realização de algo conforme o direito, considerada entre as melhores definições, conforme Ugo Brasielo, Obbligazione. Diritto romano, in: *Novissimo digesto italiano*, Torino: Utet, 1957, t. XI, p. 555. As origens da relação entre obrigação e acordo, contudo, embora sem exata definição, já se encontram em fragmentos do direito grego antigo, conforme Eva Cantarella, Obbligazione. Diritto Greco, *Novissimo digesto italiano*, Torino: Utet, 1957, t. XI, p. 546-554.

[2] Pontes de Miranda, *Tratado de direito privado*, 3. ed., Rio de Janeiro: Borsoi, 1971, t. XXII, p. 12-13.

de expressar os interesses envolvidos na relação jurídica obrigacional será a referência ao débito ou dívida, na perspectiva passiva da obrigação, e o direito de crédito em sua perspectiva ativa.

O direito das obrigações, desse modo, ocupa função dinâmica do direito privado, consistente na disciplina das causas de circulação de riqueza, ao contrário de outras disciplinas, como o direito das coisas, por exemplo, que tendem a ocupar uma função estática, de conservação do patrimônio.

Desde a sua origem, o direito das obrigações fundamenta-se na ideia de correspectividade entre o nascimento do vínculo jurídico entre os indivíduos como fundamento de uma sanção para o caso de descumprimento daquilo que este vínculo expressa. No direito romano, o vínculo jurídico dava causa a uma *actio*, pela qual o credor buscava a realização do seu interesse no caso de violação pelo devedor[3]. A noção de *obligatio*, no direito romano clássico, trazia implícitas as noções de dever e de responsabilidade: o devedor deveria prestar de acordo com a promessa feita, ou no caso do delito, compensar a vítima[4]. O vínculo pessoal (*vinculum personae*) visando ao cumprimento, gradualmente vai se transformando em vínculo jurídico (*vinculum iuris*), adquirindo a função particular de constranger o devedor à prestação (*quo necessitate adstringimur alicuius solvendae rei*), e o correspondente poder do credor de exigi-la[5]. Deste modo fixaram-se os termos da responsabilidade patrimonial do devedor, que alcança os dias atuais.

Com o desenvolvimento do direito, as fórmulas de constituição de obrigações foram se aperfeiçoando, com a crescente preocupação com a certeza da formação do vínculo e delimitação de seus efeitos, o que leva, gradualmente, à tipicidade dos modelos de obrigação[6], distinguindo-se as situações conforme a intensidade das exigências para sua constituição e solução de litígios. O refinamento das fórmulas e a distinção de seus efeitos nos contratos reais (*re*)[7], verbais (*verbis*)[8] e escritos (*litteris*)[9], firmaram em matéria contratual a importância do consenso, revelada pelos pactos pretorianos ou não[10], e depois, nos próprios contratos consensuais[11], assim como do regime de garantias para o cumprimento, ou melhor, em relação às consequências do inadimplemento[12]. Assim as obrigações em que prevaleciam as decisões por equidade (*bona fides iudicia*), e as que se vinculavam a fórmulas mais estritas (*iudicia stricti iuris*). A afirmação da pessoalidade das obrigações, de sua vez, coloca, em primeiro

---

[3]   David Derrousin, *Histoire du droit des obligations*, Paris: Economica, 2007, p. 13.

[4]   Reinhard Zimmermann, *The law of obligations*. Roman foundations of the civilian tradition, Oxford: Oxford University Press, 1996, p. 5.

[5]   Biondo Biondi, *Istituzioni di diritto romano*, 4. ed. Milano: Giuffrè, 1972, p. 347; Mario Talamanca, Obbligazioni. Diritto romano, *Enciclopedia del diritto*, Milano: Giuffrè, 1979, t. XXIX, p. 23; Jean Gaudemet, *Naissance d'une notion juridique. Les débuts de l'obligation dans le droit de la Rome antique*, Archives de philosophie du droit, t. 44, L'obligation, Paris: Dalloz, 2000, p. 29-30.

[6]   Max Kaser; Rolf Knütel, *Römisches privatrecht*, 20 aufl, München: C. H. Beck, 2014, p. 191.

[7]   Jean-François Brégi, *Droit romain: les obligations*, Paris: Ellipses, 2006, p. 115; Herbert Hausmaninger; Walter Selb, *Römisches Privatrecht*, 9. Auflage, Wien/Köln/Weimar: Böhlau Verlag, 2001, p. 212.

[8]   Jean-François Brégi, *Droit romain: les obligations* cit., p. 138; Herbert Hausmaninger; Walter Selb; *Römisches Privatrecht* cit., p. 208.

[9]   Jean-François Brégi, *Droit romain: les obligations* cit., p. 150; Herbert Hausmaninger; Walter Selb; *Römisches Privatrecht* cit., p. 212.

[10] Jean-Philippe Lévy, André Castaldo, *Histoire du droit civil*, Paris: Dalloz, 2002, p. 751 e ss; Jean-François Brégi, *Droit romain: les obligations*, p. 203 e ss. Max Kaser; Rolf Knütel, *Römisches privatrecht* cit., p. 226-228.

[11] Herbert Hausmaninger; Walter Selb; *Römisches Privatrecht* cit., p. 224; Max Kaser; Rolf Knütel, *Römisches privatrecht* cit., p. 225.

[12] Jean-François Brégi, *Droit romain: les obligations* cit., p. 253.

plano, característica que lhe vai marcar até os dias atuais, de que entre as pessoas do credor e do devedor, como regra, serão exercidas as pretensões que dela decorrem, "obrigados são os submetidos ao poder do outro"[13]. Da maior importância são os mecanismos de circulação das obrigações, mediante instrumentos de transmissão, que na origem romana do direito estipulou-se pela equiparação do crédito como um bem, ou a partir de expedientes que buscavam contornar a vinculação estrita da obrigação à determinada pessoa (como, por exemplo, pelas estipulações novatórias).[14] Daí chega-se aos modernos instrumentos, até hoje disponíveis, de cessão de crédito e assunção de dívida.

Compreendidas na noção de obrigação estão as consequências do descumprimento do comportamento assumido pelas partes ao constituí-la, com desrespeito ao vínculo jurídico que daí resulta, ao que em Direito, até hoje, designa-se como responsabilidade. Aquele que deixa de cumprir o compromisso responde. Quem viola dever responde por suas consequências. Estas se dão na realidade da vida, como os danos sofridos pela outra parte, que suporta uma perda no seu patrimônio ou, ainda, outros danos a sua pessoa. Por isso merecerá ser reparada pelo que resultou do comportamento daquele que, tendo o dever de se comportar de certo modo, não o cumpriu.

As condições da responsabilidade pelo inadimplemento, igualmente, têm largo curso histórico. A responsabilidade pela culpa do devedor, já cogitada no direito romano[15], estende-se gradualmente[16], adquirindo protagonismo incontestável na modernidade, sendo o incumprimento doloso, ou por negligência e imprudência, constituído, em regra, nas iniciativas de sistematização do direito e suas fontes[17]. Apenas mais recentemente, outros elementos passam a ser considerados para efeito de imputação da responsabilidade ao devedor, tais como o risco e, ainda mais próximo dos dias atuais, a confiança[18], dando causa a uma nova perspectiva cultural da responsabilidade civil[19] e do próprio direito das obrigações.

Modernamente, a dialética entre credor e devedor resolve-se não só pelo dever de reparar os danos que decorrem do descumprimento da obrigação, senão também do interesse legítimo que se reconhece a que se constranja o devedor a cumprir, ou o credor a receber, conforme o caso. Isso coloca em destaque o dever de cooperação das partes: a relação entre credor e devedor não é de disputa, mas de cooperação para a consecução de uma finalidade comum, o cumprimento de tudo o quanto seja objeto da obrigação. Equilibra-se o sistema jurídico entre a segurança e a estabilidade do direito – e o necessário dinamismo, que atenda a sua utilidade social – e a proteção das relações de equivalência, em especial para repelir a obtenção de vantagens desproporcionais e a onerosidade excessiva. É, nesses termos, que a relação obrigacional se realiza na vida contemporânea, realidade esta que deve ser sempre tida em conta no exame, especialmente, das situações em que os interesses imediatos de credor e devedor, porventura, divergirem.

---

[13] Michele Carboni, *Concetto e contenuto dell'obbligazione nel diritto odierno*, Torino: Fratelli Bocca, 1912, p. 7.

[14] David Derrousin, *Histoire du droit des obligations* cit., p. 43.

[15] David Derrousin, *Histoire du droit des obligations* cit., p. 682.

[16] Idem, p. 703.

[17] Idem, p. 713; Franz Wieacker, *História do direito privado moderno*, 2. ed., Lisboa: Fundação Calouste Gulbekian, 1993, p. 247.

[18] Claus-Wilhelm Canaris, *Die Vertrauenshaftung im deutschen Privatrecht*, München: C.H. Beck, 1971, p. 1 e ss.

[19] Carlo Castronovo, *La nuova responsabilitá civile*, 3. ed. Milano: Giuffrè, 2006, p. 277 e ss.

4 | DIREITO DAS OBRIGAÇÕES – *Bruno Miragem*

1.1. Características da relação obrigacional

Algumas características da relação obrigacional são de conhecimento relevante para permitir sua adequada compreensão. A relação obrigacional caracteriza-se por permitir, desde logo, a determinabilidade dos sujeitos da relação. Ou seja, trata-se de relações nas quais são sujeitos credor e devedor, que poderão ser identificados desde logo, ou a certa altura da relação, determinando-se a quem se refira, ou a quem cumpra realizar a prestação.

Uma segunda característica da relação obrigacional é o caráter patrimonial da prestação. Note-se: a prestação que deve ser realizada pelo devedor em favor do credor tem caráter patrimonial, ou seja, a conduta de dar coisa, fazer ou não fazer, é avaliável economicamente de modo que o próprio direito de crédito de que é titular o credor, e o torna apto a receber a prestação, é suscetível de estimação econômica. Isso, contudo, não significa que a relação obrigacional diga respeito exclusivamente a fins ou interesses econômicos. Há, na relação obrigacional, nexo entre patrimônios, daí dizer-se que bens e direitos circulam entre os patrimônios de credor e devedor. Trata-se, contudo, apenas do conteúdo da prestação. Nada impede que a obrigação se vincule a interesses existenciais do credor, cujo conteúdo da prestação sirva realizar. É o caso, por exemplo, do profissional médico que se obrigue a uma prestação de realizar cirurgia em um paciente que dela necessita para assegurar ou restabelecer estado de perfeita saúde, recebendo, para tanto, seus honorários profissionais. Naturalmente que há conteúdo patrimonial na prestação. Contudo, os interesses que se ligam a ela não são exclusivamente patrimoniais, especialmente sob a perspectiva do paciente, cujo propósito na celebração da obrigação é o restabelecimento de suas condições de boa saúde.

Por fim, uma terceira característica da relação obrigacional, tradicionalmente apontada pela doutrina, é a da transitoriedade do vínculo jurídico entre as partes. Esta característica também merece ser devidamente situada. De fato, considerando-se que credor e devedor se vinculam a um comportamento determinado, uma vez que o realize (a prestação de dar, fazer ou não fazer), e havendo a satisfação do interesse do credor, extingue-se a obrigação, daí seu caráter transitório.

Ocorre que, cada vez mais, a relação obrigacional estrutura-se em muitas atividades, com a perspectiva de preservação do vínculo, renovando-se a prestação das partes no tempo, e em algumas situações, inclusive, acentuando os laços de interdependência. Isso, contudo, não retira da relação obrigacional seu caráter transitório, que se explica, especialmente, em contraposição ao caráter duradouro – tendente à perpetuidade caso não se modifique – das relações jurídicas de direito real ou das que se estabelecem entre o titular dos direitos da personalidade e os demais. Sobre as relações jurídicas de direito real, tenha-se em vista que o proprietário de um bem não deixará de sê-lo, a não ser que se altere o conteúdo desta relação por outro ato que o modifique. Permanecerá proprietário. O mesmo se diga sobre os direitos da personalidade, cuja titularidade se mantém com a pessoa até a morte, e sua proteção inclusive se admite para além dela, ainda que existam restrições parciais destes direitos em vida. Há, também aqui, tendência à perpetuidade. O caráter transitório das obrigações explica-se porque tendem ao adimplemento e satisfação do interesse legítimo do credor – causa de sua extinção – conforme a correta lição da doutrina[20].

---

[20] Clóvis do Couto e Silva, *A obrigação como processo*, tese, Porto Alegre: UFRGS, 1964, p. 5; Orlando Gomes, *Obrigações*, 16. ed., Rio de Janeiro: Forense, 2004, p. 32; Inocêncio Galvão Telles, *Direito das obrigações*, 7. ed., Coimbra: Coimbra Ed., 2010, p. 13; Fernando Noronha, *Direito das obrigações*, 3. ed., São Paulo: Saraiva, 2010, p. 36.

1.2. Conteúdo da relação obrigacional

A eficácia jurídica da relação obrigacional se compõe mediante exigibilidade de diversos comportamentos de seus sujeitos, credor e devedor. O modo como se qualificam estes vários comportamentos e a eficácia jurídica quanto à imposição ou oportunidade de sua adoção, vão receber de parte do direito uma classificação técnica, de toda a utilidade para sua compreensão mais exata.

Assim é que, sendo *objeto* da relação obrigacional a *prestação*, surge para o devedor um dever de realizar a prestação: o *dever de prestar*. Corresponde ao *direito subjetivo de crédito* de que é titular o credor. Tem esse o direito ao crédito, entendido como *direito à prestação*. Ao lado deste direito à prestação, podem as partes, em razão do conteúdo da obrigação, ou pela incidência de normas do ordenamento jurídico em geral, ser titular de outros direitos subjetivos, cada qual correspondendo a correspectivos deveres da outra parte. Da mesma forma, certos direitos subjetivos não serão de exercício plenamente livre pelo titular, senão que estarão associados a certa finalidade, conforme a posição jurídica que ocupe.

Também surgem da relação obrigacional *deveres de conduta*, gerais e específicos, como serão os casos do dever de informar ou do dever de não lesar a contraparte. Afirma-se, nesse caso, tratar-se de *deveres jurídicos*, de prestação ou de conduta, porque individualizados em determinado titular. É dever jurídico porque exigível do respectivo titular, e no caso de ausência de cumprimento espontâneo, pode ser submetido à sanção pelo direito.

Há *deveres principais, secundários ou acessórios e anexos ou laterais*. Os *deveres principais* dizem respeito à própria prestação, o comportamento essencial de dar, fazer, não fazer ou suportar. Os *deveres secundários ou acessórios* são os que têm função instrumental de complementação ou para viabilizar a realização dos deveres principais conforme o interesse do credor. Podem ser ajustados pelas partes ou decorrer de lei. Assim, por exemplo, o que se passa com o contrato de locação. Neste contrato, o dever principal do locatário é o pagamento do aluguel. Porém, assume, dentre outros, o dever de não dar à coisa finalidade diversa daquela a que se destina, de não sublocar, ou ainda, de tolerar a realização de reparação urgente, em vista da conservação do próprio bem locado. Em outro exemplo, no contrato de seguro, ao lado do dever principal de pagar o prêmio, o segurado tem o dever secundário de não agravar intencionalmente o risco de sinistro.

Os *deveres laterais ou anexos,* de sua vez, não dizem respeito diretamente ao interesse do credor. Resultam do próprio ordenamento jurídico, de seu sistema de princípios e valores, e destinam-se, prioritariamente, à proteção de interesses das partes ou de terceiros, em relação a interesses pessoais e patrimoniais dignos de tutela. Dizem-se *laterais ou anexos*, conforme compreendendo a lealdade, respeito e consideração mútua entre as partes, como são os que derivam da boa-fé objetiva.

Da relação obrigacional também podem surgir outros efeitos que – ao lado da relação básica entre o direito à prestação do credor e o dever de realizar a prestação do devedor, como consequência desta relação básica – derivam, ou da própria obrigação pela vontade das partes, ou da lei. Será o caso dos *direitos potestativos*, assim como das *faculdades, exceções* e ônus definidos conferidos às partes.

Por *direito potestativo* (ou direito formativo) compreende-se o poder subjetivado em um titular, de constituir, modificar ou extinguir certa relação jurídica exclusivamente em razão do seu exercício[21]. O direito potestativo é eficaz mediante seu simples exercício pelo titular,

---

[21] A origem da noção de direito potestativo deve-se ao direito alemão, a partir do estudo de Emil Seckel (*Die Gestaltungsrechte des bürgelichen Rechts*, 1903), desenvolvido por Eduard Böttischer, *Besinnung*

independentemente da atuação do outro sujeito da relação jurídica, a quem é reconhecido mero dever de sujeitar-se a sua eficácia. No direito das obrigações, é o que ocorre com o direito de resolução, no caso em que a convenção o autorize, ou ainda nas hipóteses previstas em lei (direito de resolução por inadimplemento, por exemplo), ou o direito de escolha nas obrigações alternativas. Também é o caso da renúncia à solidariedade, casos tais que operam a eficácia independentemente da aceitação/admissão do outro sujeito da relação obrigacional, que apenas se submete a seus efeitos.

Da mesma forma, há no domínio do direito das obrigações *exceções* e *ônus*. Exceções, tomadas em sentido material, são posições que permitem ao titular impedir a eficácia do direito da contraparte[22]. No direito das obrigações, há exceções que podem opor o devedor ao credor para bloquear seu exercício do direito de crédito. Estas poderão ser exceções genéricas ou pessoais, conforme diga respeito a situações a que se conduzam, genericamente, todos os sujeitos da obrigação (especialmente no caso de pluralidade de credores ou devedores), ou a determinada situação específica ligada à pessoa do devedor.

O *ônus jurídico* refere-se a uma atuação do titular que, embora não seja exigível pela contraparte, nem seja passível de sanção por descumprimento, é providência necessária à obtenção de determinado efeito pretendido, seja o de obter uma vantagem ou de evitar uma desvantagem. Em outros termos, é o comportamento que deverá ser adotado pelo sujeito para satisfação do próprio interesse, mas o qual ele não poderá ser obrigado ou constrangido a realizar. Há, na melhor doutrina[23], quem distinga entre os ônus e os encargos, conferindo aos primeiros uma dimensão processual e probatória, e aos segundos, a noção que aqui se pretende expor, de providência necessária para assegurar determinada posição de interesse do titular. Melhor, em direito brasileiro, tomar a noção tal qual está afirmada, referindo-se ao ônus a possibilidade de atuação do titular visando à produção de determinado efeito[24]. É exemplo de ônus a citação do devedor pelo credor, para interromper a prescrição (art. 202 do Código Civil). Ou quando se imputa a uma das partes demonstrar fato para efeito de se beneficiar do seu efeito (ônus de provar).

Tais distinções têm relevância para a melhor compreensão do direito das obrigações e seus efeitos, em especial da sua visão dinâmica de processo obrigacional e a multiplicidade de comportamentos que serão juridicamente relevantes, ou ainda exigíveis, no curso da relação entre os sujeitos da relação jurídica.

1.3. Distinção da relação obrigacional e da relação de direito real (relação real)

Distinguem-se as relações obrigacionais e as relações de direito real (relação real). As primeiras, compreendem a obrigação com sujeitos determinados ou determináveis e a existência de um vínculo jurídico entre ambos que gera a denominada eficácia *inter partes* (ou entre as partes), conhecida como efeito relativo das obrigações. Os efeitos da obrigação, os

---

auf das Gestaltungsrecht und das Gestaltungsklagerecht, 1963), conforme lição de: Menezes Cordeiro, *Tratado de direito civil*, Coimbra: Almedina, 2010, v. VI, p. 519-520. No mesmo sentido, veja-se: Eduard Böttischer, *Gestaltungsrecht und Unterwerfung im Privatrecht*, Berlin: Walter de Gruyter, 1964, p. 1 e ss.

[22] Menezes Cordeiro, *Tratado de direito civil* cit., v. VI, p. 525.

[23] Idem, p. 528-529. O mestre português associa a noção de encargo à doutrina germânica do *Obliegenheiten*, desenvolvida, sobretudo, no direito dos seguros e expandida para todo o direito privado. No sentido que aqui se pretende, confere-se o sentido à expressão ônus jurídico, conforme melhor tradição do direito brasileiro.

[24] Fernando Noronha, *Direito das obrigações*, p. 88-89; Rosa Nery e Nelson Nery Junior, *Instituições de direito civil*, São Paulo: RT, 2015, v. II, p. 103.

direitos e deveres das partes que emergem de sua constituição válida e eficaz são exigíveis entre eles, não produzindo, em princípio, efeitos perante terceiros (esta afirmação comportará exceções, como veremos quando examinarmos a doutrina da tutela externa do crédito, e a também mencionada eficácia do contrato perante terceiros).

As relações de direitos reais compreendem a relação entre o titular do direito a quem pertine uma coisa ou direito sobre coisa e cuja eficácia opõe-se perante todos aqueles que não sejam o próprio titular. Trata-se do que se convencionou designar oponibilidade *erga omnes*. Ou seja, as virtualidades do poder sobre uma coisa que lhe permite o direito subjetivo que ostenta são oponíveis a toda coletividade. Trata-se de direitos exclusivos do titular e excludentes dos demais, a quem cabem apenas suportar seu exercício. Podem, todavia, os efeitos das relações jurídicas de direito real compreender não apenas deveres de sujeição, mas também deveres que integram e se identificam com a situação jurídica do titular do direito real sobre a coisa. Pode este ter o dever também de tolerar (em especial a intervenção ou acesso de terceiros sobre a coisa, como ocorre na servidão), ou mesmo de prestação.

Em tais situações aproximam-se estas relações distintas. É o caso das denominadas *obrigações propter rem*, nas quais, por força de lei, confundem-se na pessoa do titular da propriedade da coisa certa posição em determinada relação obrigacional. A situação mais comum será a do proprietário da coisa, considerado, por isso, devedor do tributo incidente sobre ela (o imposto territorial, por exemplo), ou ainda as despesas e custos a ela relativas, tais como rateio de despesas de bens em condomínio. Neste caso, a alteração do titular da propriedade implica *per se* a modificação do sujeito da obrigação a que se refira, de modo que, deixando de ser proprietário, deixa de ser devedor. Tornando-se proprietário, passa a ser devedor. Examinem-se elas a seguir.

1.4. Obrigações reais. Obrigações *propter rem*. Distinção dos ônus reais

A distinção entre a relação obrigacional e a relação de direito real, conforme mencionamos, é útil na determinação de suas características, cada qual tendo por consequência jurídica típica uma eficácia *inter partes* (caso das relações jurídicas obrigacionais), ou *erga omnes* (no caso das relações jurídicas reais). Ocorre que há situações em que a titularidade de direitos reais dá causa à identificação do sujeito de determinada obrigação. Como refere a melhor doutrina, "a situação de *reus debendi* se aliança, direta e inseparavelmente, a de *dominus*"[25].

A origem das obrigações *propter rem* mantém-se controversa, havendo quem a identifique no direito romano (em especial pela *actio in rem scripta*)[26] ou, em outra linha, no direito medieval, inclusive com a contribuição do direito canônico[27].

As obrigações reais, ou obrigações *propter rem*, são aquelas em que uma pessoa, em razão de ser titular de um direito real, fica vinculada a outra relativamente a dever de prestar ou de fazer. Vincula-se à obrigação na condição de devedor o titular de direito real sobre a coisa. Do ponto de vista estrutural, é uma relação obrigacional, relação de crédito, em que o titular do direito é devedor, e outra pessoa o credor. Funcionalmente, contudo, está ligada a

---

[25]   Orozimbo Nonato, *Curso de obrigações*, I, Rio de Janeiro: Forense, 1959.

[26]   Na doutrina brasileira, Francisco San Tiago Dantas, *Conflitos de vizinhança*, p. 236. No direito estrangeiro: Alfredo de Luca, *Gli oneri reali e le obbligazioni ob rem*, Roma: Atheneaum, 1915, p. 9. Biondo Biondi, *Istituzioni di diritto romano*, p. 387.

[27]   Embora crítico da noção de obrigação *propter rem*, assim desenvolve em sua reconhecida tese doutoral, Louis Rigaud, Le droit réel. *Histoire et theories son origine institutionelle*, Toulouse: A. Nauze, 1912, p. 428 e ss.

determinada coisa, de modo que a substituição do obrigado, ou sua liberação, está insepara-velmente ligada a sua qualidade de titular do direito real sobre a coisa[28]. Aqui se ressalta uma das características da propriedade, que é a sequela, ou seja, o direito que persegue a coisa, onde e com quem quer que ela esteja, quem seja o titular.

A natureza da obrigação *propter rem*, dado seu caráter híbrido, é objeto de vivo debate doutrinário[29]. A doutrina, ao longo do tempo, tanto a identificou como espécie em que pre-domina o caráter obrigacional, apenas com a identificação da posição do devedor segundo a titularidade de direito real, quanto, em outro sentido, como obrigação em que predomina o caráter real, não se distinguindo do dever de sujeição geral que caracteriza os direitos reais, apenas vocacionada à disciplina de situações especiais[30].

Três são as correntes para definir a natureza das obrigações *propter rem*. A primeira, designada sob a noção de teoria personalista, sustenta que o fato de a obrigação *propter rem* definir-se a partir de relação de direito real, não retira o caráter de direito pessoal de crédito dos efeitos obrigacionais que dela resultam. A segunda, identificada como teoria realista, define a obrigação *propter rem* como efeito próprio do direito real sobre a coisa, ressaltando a predominância do direito real. Uma terceira concepção busca conciliar as duas compre-ensões anteriores, daí ser designada comumente como teoria mista, pela qual, ao apresentar características comuns aos direitos pessoais e direitos reais, determina como devedor quem se encontre como situação de titularidade do direito real, sugerindo a boa doutrina a noção de *dever jurídico com causa real*[31].

Contudo, é de se evitar confundir o que sejam as obrigações *propter rem*, da qual se origina direito de crédito exigível do titular de direito real sobre a coisa, e outras situações de imposição de dever ou mesmo limitações que são inerentes aos direitos reais. Apenas quando se cogite de crédito exigível do titular do direito real é de considerar obrigação *propter rem*. Obrigação, portanto, positiva, de dar ou fazer. Tudo o que for abstenção inerente às limitações próprias do exercício do direito real como as que limitam o uso da coisa, por respeito aos direitos de vizinhança, ou limitação do exercício da propriedade em vista do interesse social (art. 1.228 do Código Civil), não se cogita como obrigação *propter rem*, senão como eficácia inerente à disciplina do conteúdo e exercício do direito real[32]. Serão obrigações *propter rem* as que impliquem direitos de crédito, como é o caso dos tributos que incidem sobre a proprie-dade da coisa (imposto predial e territorial – IPTU – por exemplo), as obrigações relativas às despesas de condomínio ("taxa condominial"), ou a obrigação de comunicar o direito de preferência. Atualmente, no direito brasileiro, assumem o caráter de obrigação *propter rem*, igualmente, o dever de reparar danos causados ao meio ambiente, vinculando o titular do domínio sobre o bem imóvel no qual este ocorreu[33].

---

[28] Antunes Varela, *Direito das obrigações*, Rio de Janeiro: Forense, 1977, p. 46. Orosimbo Nonato, *Curso de obrigações*, I, p. 48.

[29] Veja-se Caio Mário da Silva Pereira, *Instituições de direito civil* cit., II, p. 38 e ss.

[30] Hassan Aberkane, *Essai d'une theorie genérale de l'obligation "propter rem" en droit positif français*, Paris, 1957, p. 23 e ss.

[31] Luciano Camargo Penteado, *Direito das coisas*, São Paulo: RT, 2008, p. 115-116. Veja-se também, Fernando Noronha, *Direito das obrigações* cit., p. 317.

[32] Manuel Henrique Mesquita, *Obrigações reais e ônus reais*, Coimbra: Almedina, 2003, p. 266.

[33] Súmula 623 do STJ: "As obrigações ambientais possuem natureza *propter rem*, sendo admissível cobrá-las do proprietário ou possuidor atual e/ou dos anteriores, à escolha do credor." (STJ, 1ª Seção, j. 12/12/2018, DJe 17/12/2018)

Capítulo 1 · INTRODUÇÃO AO DIREITO DAS OBRIGAÇÕES | 9

Desse modo, sendo devedor da obrigação *propter rem* o titular de direito real sobre a coisa a que se refira, apenas obtém a eficácia liberatória, extinguindo o dever, cumprindo a prestação, ou renunciando ao direito real a cuja titularidade se vincule sua posição sobre a dívida[34]. Caso contrário, a dívida acompanha a coisa, de modo que quem seja titular sobre a coisa, será o devedor, tanto de dívidas atuais, que ele próprio constituiu, como de dívidas já constituídas por quem lhe transmitiu o direito real sobre a coisa[35].

Examinadas as obrigações *propter rem*, cumpre distingui-las de outro conceito com o qual não se confundem, os denominados ônus reais. A expressão ônus real é comumente utilizada, de forma menos técnica, para designar direitos reais sobre a coisa. Em seu sentido próprio, contudo, os ônus reais não são conceito com repercussão significativa no direito brasileiro, que a eles não faz referência expressa na legislação. Tem origem no direito alemão (*Reallasten*), onde é disciplinado pelo BGB (§ 1.105 e ss). Trata-se de efeito de negócio jurídico que vincula o titular de um prédio à satisfação de uma prestação periódica, de renda sobre o imóvel, vinculando-se por vezes a direitos mais amplos, por exemplo, o direito de superfície[36]. Estas modalidades, contudo, tendem a certo desuso[37] em muitos países como o Brasil, especialmente a partir da previsão taxativa dos direitos reais e a eliminação gradual da constituição de direitos de renda sobre imóveis.

2. IMPORTÂNCIA DO DIREITO DAS OBRIGAÇÕES

Em relação às diversas e substanciais modificações que alcançam o direito civil contemporâneo, o direito das obrigações ocupa lugar de destaque. É possível afirmar que dos diversos institutos revisitados pela moderna doutrina e prática civilista, no que toca ao direito das obrigações, os câmbios são significativamente mais sensíveis. Lembre-se, antes de tudo, de que a própria definição de obrigação no direito civil clássico – o qual se pode indicar como o que avança desde meados do século XVII, sob a influência do jusracionalismo, até meados do século XX – remonta exclusivamente a um significado patrimonial, e, com ele, a noção de obrigação, basicamente, como instituto vocacionado à circulação de valores economicamente mensuráveis entre patrimônios distintos.

A teoria geral das obrigações, tal qual se apresenta tradicionalmente, observa antes de outras especializações, duas distinções básicas: suas modalidades e fontes. Em relação à primeira, no direito brasileiro, o Código Civil de 1916, à semelhança do que já pontificavam os mais destacados civilistas brasileiros do século XIX, indicava em seus arts. 863 e seguintes[38], a existência das obrigações de dar, fazer e não fazer, dando à primeira parte do livro das obrigações um caráter doutrinário[39]. Do mesmo modo, quanto às suas fontes, ainda que não o indicasse expressamente o Código, assente entre nós, por marcada tradição de direito civil originária do direito romano, sua distinção entre as obrigações decorrentes do autorregramento em face de acordos de vontade (ora o negócio jurídico, conceito que em sua conformação atual, desconheciam os romanos), e as denominadas obrigações delituais, decorrentes da infração

---

[34] Lina Bigliazzi Geri, *Oneri reali e obbligazioni propter rem*, Milano: Giuffrè, 1984, p. 173. Antunes Varela, *Direito das obrigações* cit., p. 47.

[35] Giovanni Balbi, *Le obbligazioni propter rem*, Genova-Torino: G. Giappichelli, 1950, p. 139.

[36] Menezes Cordeiro, *Tratado de direito civil* cit., VI, p. 450.

[37] Manuel Henrique Mesquita, *Obrigações reais e ônus reais*, p. 423.

[38] Com a redação determinada pelo Decreto n. 3.725, de 15-1-1919, do Poder Legislativo.

[39] Pontes de Miranda, *Fontes e evolução do direito civil brasileiro*, Rio de Janeiro: Forense, 1981, p. 210.

DIREITO DAS OBRIGAÇÕES – *Bruno Miragem*

ao direito (modernamente, a norma/lei). De ambas as fontes, então, originam-se os deveres jurídicos cujo descumprimento ensejará a responsabilidade negocial ou delitual.

Entretanto, mesmo no regime do direito anterior (Código de 1916), a certa altura tornou--se manifesto que a estrutura tradicional do direito obrigacional, cujo marco inicial dava-se com o surgimento do vínculo e sua extinção operava-se com a satisfação do dever jurídico dele decorrente, não suportava o estágio e a velocidade do desenvolvimento das relações sociais e econômicas, indicando a necessidade de respostas jurídicas a problemas práticos que se colocavam além do alcance da legislação.

Na doutrina estrangeira, são conhecidos os estudos identificando a necessidade de considerar tais fenômenos e dar-lhes juridicidade[40]. No direito brasileiro, não é diferente[41]. A natureza das modificações que se produziram em face do direito das obrigações, então, sustenta-se em dois sentidos. Primeiro, sob o ponto de vista estrutural, o surgimento de uma concepção da relação obrigacional como sucessão de condutas dos sujeitos que se constatavam antes da sua formalização e se estendiam mesmo após a satisfação do dever principal pelo devedor. Por outro lado, uma maior identificação da relação obrigacional com a realidade da vida determinará, igualmente, o surgimento de espécies de pautas de comportamento de seus sujeitos (credor e devedor), afetos a padrões éticos socialmente relevantes, o que se fará pelo reforço do sentido doutrinário e jurisprudencial de princípios jurídicos como a boa-fé objetiva[42] ou conceitos plurissignificativos como a cláusula de bons costumes[43].

Ainda que estes aspectos já estivessem sendo objeto de reflexão há algum tempo, e que, portanto, não se apresentava totalmente desconhecida a relação entre as noções de lealdade e igualdade com a dogmática das obrigações contratuais[44], é certo que os influxos antes de tudo doutrinários e, adiante, jurisprudenciais, vão alterar substancialmente o perfil da obrigação civil e sua eficácia.

Em primeiro lugar, nota-se que a compreensão da obrigação como um processo[45] e o reconhecimento de eficácia jurídica às fases anteriores à celebração e posterior ao cumprimento do dever principal da relação obrigacional têm por consequência a diminuição das distinções essenciais entre a responsabilidade contratual e a delitual. Mesmo nas obrigações contratuais, há de se dizer, deverão ser observados deveres que não foram necessariamente pactuados de modo expresso entre credor e devedor. E por essa razão, ainda que se justifique do ponto de vista histórico e pela tradição adotada em muitos sistemas jurídicos, o tratamento legislativo do direito das obrigações a partir de sua distinção quanto às fontes[46], ou aos aspectos que

---

[40] Karl Larenz, *Derecho de obligaciones*, trad. Jaime Santos Briz. Madrid: Revista Derecho Privado, 1958, t. I, p. 37.

[41] Clóvis do Couto e Silva, *Obrigação como processo*, Porto Alegre: UFRGS, 1964, p. 9; Orlando Gomes, *Transformações gerais do direito das obrigações*, 2. ed., São Paulo: RT, 1980, p. 166-167.

[42] Nesse sentido a afirmação clássica de Josef Esser, reproduzida por Clóvis do Couto e Silva, de que a boa--fé passa a "abrir as janelas para o ético" (Josef Esser, *Princípio y norma en la elaboración jurisprudencial del derecho privado*, Trad. Eduardo Valentí Fiol, Barcelona: Bosch, 1961, p. 185).

[43] Georges Ripert, *A regra moral nas obrigações civis*, Trad. Osório de Oliveira, Campinas: Bookseller, 2000, p. 83 e ss.

[44] Idem, p. 89.

[45] Karl Larenz, *Derecho de obligaciones* cit., I, p. 37; Clóvis do Couto e Silva, *Obrigação como processo*, p. 10.

[46] Como, por exemplo, no direito alemão onde ainda que não esteja expressamente indicado no Código Civil (BGB), é possível identificar as duas grandes fontes, quais sejam: (a) obrigações que decorrem de ato jurídico, como o contrato sinalagmático (*gegenseitiger Vertrag*); o contrato bilateral imperfeito (*unvollkommen zweiseitiger Vertrag*); o contrato unilateral (*einseitig verpflichtender Vertrag*), assim como

Capítulo 1 · INTRODUÇÃO AO DIREITO DAS OBRIGAÇÕES | 11

separam em sentido não apenas terminológico as duas espécies de obrigações (prestação *vs.* reparação; consenso sobre objeto lícito *vs.* dano decorrente de conduta ilícita), a verdade é que essas distinções cada vez mais perdem substância diante do sentido mais amplo que se vai reconhecer à relação obrigacional. Em alguns microssistemas como o direito do consumidor, por exemplo, a distinção quanto à fonte da obrigação da qual decorre responsabilidade deixa mesmo de constar expressamente, situando-se o critério distintivo das duas espécies de responsabilidade previstas no Código de Defesa do Consumidor (fato e vício do produto e do serviço) tanto na espécie de violação, quanto na qualidade do dano causado ao consumidor em face dessa atuação ilícita.

O Código Civil brasileiro de 2002 é certo que não deixa de visualizar todo este horizonte descortinado pela descoberta entre nós da boa-fé objetiva, cujos efeitos são não apenas indicados à simples conduta dos contratantes, mas mesmo à forma de interpretar a própria relação obrigacional. Uma das consequências primeiras, então, será antes a valorização do adimplemento da obrigação como objetivo principal dos sujeitos desta, assim como a identificação e tratamento das consequências de sua não realização, e caracterização do inadimplemento. Trata-se, portanto, de visualizar a relação obrigacional desde um prisma teleológico[47].

A partir da vigência do Código Civil, em 2003, a disciplina legislativa que confere ao direito das obrigações, sua interpretação e aplicação, em um primeiro momento, será influenciada pela realidade jurídica preexistente. Em especial pelas transformações operadas por influência do direito do consumidor[48], que ademais introduz também significativas modificações no âmbito da responsabilidade civil, como a adoção da regra da responsabilidade objetiva (sem culpa), o que termina por abranger um tratamento diferenciado às obrigações em geral[49].

Porém, com maior destaque, refira-se que o direito das obrigações, e o tratamento que a ele oferece o Código Civil de 2002, subordinam-se agora aos fundamentos erigidos pela Constituição da República. Em especial no que diz respeito à ordem constitucional econômica, a qual consagra o contrato (por intermédio da livre-iniciativa consagrada no art. 170, *caput*), ao tempo que "assegura a todos a existência digna, conforme os ditames da justiça social". Aí o fundamento do denominado solidarismo contratual[50]. Por outro lado, em matéria de responsabilidade civil em sentido estrito, é preciso observar que a Constituição erigiu à condição de direito fundamental o direito à indenização (art. 5º, inciso X), assim como reconheceu em definitivo – e nesse sentido já resta indiscutível entre nós – a possibilidade de indenização do dano moral e sua cumulação com danos materiais. Nesse sentido, há um reconhecimento da

---

as decorrentes de ato unilateral; e (b) as obrigações criadas por efeito de lei, como a gestão de negócios (*Geschäftsführrung ohne Autfrag*), o enriquecimento injusto (*ungerechtertigte Bereicherung*), de atos ilícitos dos quais decorram danos a outrem. Para opção do direito alemão, veja-se, Michel Pédamon, *Le contrat en droit allemand*, 2. ed., Paris: LGDJ, 2004, p. 8-10. Para a opção de outros sistemas jurídicos, remeto ao trabalho de Jorge Cesa Ferreira da Silva, Princípios de direitos das obrigações no novo Código Civil, in: Ingo Wolfgang Sarlet, *O novo Código Civil e a Constituição*, Porto Alegre: Livraria do Advogado, 2003, p. 99-126. Veja-se, em especial, a nota 3 da p. 100.

[47] Clóvis do Couto e Silva, *Obrigação como processo*, p. 5.

[48] Claudia Lima Marques, *Contratos no Código de Defesa do Consumidor*, 8. ed., São Paulo: RT, 2016, em especial p. 269 e ss.

[49] Claudia Lima Marques, Superação das antinomias pelo diálogo das fontes. O modelo brasileiro de co-existência entre o diálogo das fontes e o Código Civil de 2002, *Revista de Direito do Consumidor*, n. 51, p. 34-67, São Paulo: RT, jul.-set. 2004.

[50] Paulo Luiz Netto Lôbo, *Teoria geral das obrigações*, São Paulo: Saraiva, 2005, p. 10.

primazia do interesse da vítima[51], e em matéria de assunção dos riscos da vida em sociedade, uma nova distribuição destes, iluminada, sobretudo, pelo princípio constitucional da igualdade.

3. SITUAÇÃO DO DIREITO DAS OBRIGAÇÕES NO SISTEMA JURÍDICO BRASILEIRO

O direito das obrigações disciplina a circulação de riquezas, regulando as situações de transmissão de bens e direitos entre os patrimônios dos sujeitos das obrigações. Com isso não se quer dizer que a finalidade das obrigações seja a formação de patrimônio ou a obtenção de vantagens que se incorporem ou a ele sirvam, ademais porque se sucedem nas diversas relações obrigacionais a realização de deveres de conteúdo econômico, vantagens e desvantagens patrimoniais, atendendo a diferentes fins pretendidos por credor e devedor.

Estas características exigem que se vincule a compreensão do direito das obrigações, a interpretação e aplicação de suas normas, a certos valores expressos pelo ordenamento jurídico desde a Constituição. São relevantes, para o direito das obrigações, a disciplina da propriedade privada e da livre-iniciativa, segundo seus marcos constitucionais. O art. 1º da Constituição da República estabelece como fundamentos do Estado, a dignidade da pessoa humana (inciso III) e os valores sociais do trabalho e da livre-iniciativa (inciso IV). O art. 5º, incisos XXII e XXIII, ao mesmo tempo em que garante o direito de propriedade, vincula seu exercício ao atendimento de sua função social.

O art. 170 da Constituição da República de sua vez, ao definir as bases da ordem constitucional econômica, refere: "A ordem econômica, fundada na valorização do trabalho humano e na livre iniciativa, tem por fim assegurar a todos existência digna, conforme os ditames da justiça social, observados os seguintes princípios: I – soberania nacional; II – propriedade privada; III – função social da propriedade; IV – livre concorrência; V – defesa do consumidor; VI – defesa do meio ambiente, inclusive mediante tratamento diferenciado conforme o impacto ambiental dos produtos e serviços e de seus processos de elaboração e prestação; VII – redução das desigualdades regionais e sociais; VIII – busca do pleno emprego; IX – tratamento favorecido para as empresas de pequeno porte constituídas sob as leis brasileiras e que tenham sua sede e administração no País".

Todas essas normas e mais outras como direito fundamental de defesa do consumidor (art. 5º, XXXII), ou os direitos sociais (art. 6º), com diferentes intensidades, repercutem no direito das obrigações, sua conformação infraconstitucional, e a delimitação da autonomia privada como uma das principais expressões na formação e efeitos das relações obrigacionais.

A legitimidade dos interesses econômicos, de que são titulares os sujeitos da relação obrigacional, subordina-se a este conjunto de normas, sob o signo principal da liberdade de iniciativa econômica. O exercício da liberdade, nesse sentido, deve harmonizar-se com esse o de direitos e garantias expressos na Constituição, e desenvolvidos no plano legal em diferentes legislações, como é o caso da Lei de Defesa da Concorrência e do Código de Defesa do Consumidor.

Da mesma forma, o direito das obrigações – e sua conformação no direito privado, a partir do Código Civil – serve de base conceitual para as relações obrigacionais estabelecidas segundo os preceitos de variadas disciplinas jurídicas. Assim, por exemplo, fala-se de relação obrigacional envolvendo o Estado, no âmbito do direito público, como, por exemplo, a obrigação tributária, e uma série de situações que vinculam Estado e cidadão no âmbito do direito

---

[51] Bruno Miragem, *Responsabilidade civil*. 2. ed. São Paulo: Forense, 2021, p. 32.

administrativo. Nesses casos e em outros, a base conceitual será do direito das obrigações desenvolvido historicamente no marco do direito privado.

4. OBRIGAÇÃO COMO PROCESSO

A orientação clássica sobre a estrutura da relação obrigacional implicava reconhecer, como momentos decisivos, a celebração e a extinção da obrigação, concentrando-se o exame de sua eficácia no dever de prestação ao qual se vincularam originalmente as partes. Atualmente, a partir da influência do direito comparado (em especial o direito alemão), tanto a formação quanto a estrutura da relação obrigacional passam a ser reconhecidas como espécie de fenômenos dinâmicos, que observam uma sucessão de fases, o que se consagra pela expressão de obrigação como um processo, ou simplesmente a visão de um processo obrigacional.

Em relação à formação da obrigação, especialmente tomando em consideração as obrigações que tenham por fonte negócios jurídicos (contratos), reconhece-se a relevância para a formação do vínculo obrigacional não apenas do momento de constituição formal, com a celebração, mas também da fase prévia de negociação e tratativas, a fase pré-negocial. E, por outro lado, avança-se no reconhecimento de efeitos da relação obrigacional que poderão ultrapassar o momento da sua extinção, por intermédio do cumprimento ou não do dever de prestação – a fase pós-negocial (ou pós-contratual).

Sobre a estrutura da relação obrigacional, a noção de obrigação como processo permite reconhecer, ao lado do dever principal de prestação, sobre o que se comprometem os sujeitos da relação obrigacional, também deveres secundários e deveres laterais ou anexos, que advêm ou de disposição específica presente no título da obrigação de lei, ou diretamente da incidência da boa-fé objetiva, todos eles assumindo uma unidade funcional, um sistema, que direciona o curso do comportamento esperado das partes para o adimplemento[52]. A satisfação do interesse útil do credor é o fim esperado do comportamento das partes.

4.1. Estrutura da obrigação como processo: deveres decorrentes da relação obrigacional

Os deveres que decorrem da relação obrigacional são de três espécies: deveres principais de prestação; deveres secundários ou laterais; e deveres anexos, oriundos da boa-fé.

Os *deveres principais de prestação* são aqueles que integram o núcleo da relação obrigacional e que a caracterizam quanto ao seu tipo (na hipótese de obrigações típicas como será o caso dos contratos típicos, com disciplina específica em lei). Será o caso, na compra e venda, do vendedor entregar a coisa e do comprador pagar o preço, por exemplo. Ou no contrato de seguro, do segurado pagar o prêmio e do segurador garantir o interesse segurado contra riscos predeterminados.

Os *deveres secundários ou acessórios*, de sua vez, poderão ser deveres acessórios ou de prestação autônoma, e entre estes, coexistentes ou sucedâneos da prestação principal. Ensina Almeida Costa, que são deveres secundários meramente acessórios, os que têm o propósito de preparar o cumprimento ou assegurar sua realização. É o caso do conservar a coisa ou transportá-la na compra e venda, por exemplo.

Já os deveres secundários de prestação autônoma não têm sua execução associada necessariamente ao dever principal de prestação. Poderão ser deveres sucedâneos da obrigação principal (por exemplo, o dever de indenizar que decorre do inadimplemento culposo da

---

[52] Karl Larenz, *Derecho de obligaciones*, I, cit.; Clóvis do Couto e Silva, *Obrigação como processo*, cit.

14 | DIREITO DAS OBRIGAÇÕES – *Bruno Miragem*

obrigação) ou deveres coexistentes com o dever principal de prestação, como é o caso do dever que emerge da mora – pagamento de juros, perdas e danos ou cláusula penal – que deverão ser cumpridos em conjunto com o dever principal de prestação originalmente ajustado.

Os *deveres laterais ou anexos*, de sua vez, podem decorrer de cláusula contratual, disposição legal, ou diretamente da incidência do princípio da boa-fé. Merecem esta designação porque não são diretamente relacionados com o dever principal de prestação, senão que auxiliam e promovem a satisfação dos interesses legítimos das partes da relação obrigacional. A sistematização desses deveres merece distinto tratamento doutrinário, e com a própria evolução da legislação, no sentido da positivação normativa de deveres oriundos da boa-fé, terá, conforme as características do sistema jurídico a que diga respeito, diferentes fontes. Segundo conhecida sistematização alemã, usa-se referir aos deveres de cuidado, cooperação e respeito às expectativas legítimas da outra parte; aos deveres de informação e advertência; aos deveres de proteção de cuidado com a pessoa e o patrimônio da contraparte; ou mesmo aos deveres de abstenção.

Tomem-se como exemplo os deveres de informação e advertência. Pode ser que resultem da lei, como no caso da obrigação do segurado de dar logo ciência ao segurador sobre o agravamento do risco (art. 769 do Código Civil) ou sobre a ocorrência do sinistro (art. 771 do Código Civil). Ou na compra e venda de consumo, sobre os riscos do produto (arts. 8º a 10 do CDC). Todavia, podem ser deveres que decorram de estipulação expressa, como ocorre em contratos nos quais se estabelece detalhada espécie de programação de notificações entre as partes sobre os eventos relevantes havidos durante sua execução (como ocorre em variada gama de contratos empresariais). E, da mesma forma, podem decorrer exclusivamente da boa-fé, como é o caso da imposição de um dever de lealdade de advertir sobre certos riscos que envolvem a execução do contrato de certo modo, ou a maneira como se deve promover a fruição da prestação.

Bom exemplo, igualmente, diz respeito aos deveres de cuidado com a pessoa e o patrimônio da outra parte. Quem toma posse de coisa alheia para realização de sua prestação deve se comprometer com sua conservação e a utilizar de forma adequada. Quem disponibiliza a coisa deve zelar para que ela atenda às condições de segurança. Da mesma forma, no exercício do direito de crédito, não pode o credor usar de qualquer modo para satisfazê-lo ou cobrar o inadimplente. É reconhecido, desse modo, que não pode expor o devedor para além do limite necessário aos meios ordinários de promover a satisfação do crédito.

Neste ponto, necessária uma precisão terminológica. Doutrinariamente, se identificam os deveres de cuidado com os também denominados deveres de proteção, relativos à pessoa ou ao patrimônio de um dos sujeitos da obrigação[53]. Observe-se que esses deveres não têm sua origem na relação obrigacional, mas são antecedentes a ela. Em outros termos, como decorrem da boa-fé, têm eficácia independentemente do conteúdo da relação obrigacional, consistindo em um dever de não afetar a pessoa ou o patrimônio da contraparte, de modo que sua ofensa não gera uma responsabilidade decorrente do conteúdo da obrigação, senão mesmo, resolve-se pelo recurso ao art. 187 do Código Civil, e o exercício abusivo de determinada posição jurídica.

Já em relação aos deveres laterais de abstenção, tome-se em consideração o sigilo que será exigido em série de obrigações entre as partes, de modo que lhe seja limitada a possibilidade

---

[53] Claus-Wilhelm Canaris, Schutzgesetze – Verkehrspflichten – Schutzpflichten, in: Claus-Wilhelm Canaris; Uwe Diederichsen (Hrsg.), *Festschrift für Karl Larenz zum* 80, Geburtstag am 23 April 1983, München: C.H.Beck, 1983, p. 27-110; Manuel A. Carneiro da Frada, *Contrato e deveres de proteção*, Coimbra: Almedina, 1994, p. 41.

Capítulo 1 · INTRODUÇÃO AO DIREITO DAS OBRIGAÇÕES | 15

de divulgar a própria existência da relação obrigacional, ou ainda informações reservadas, que se encontrem sob a proteção da privacidade ou do sigilo empresarial, e que uma das partes tenha tomado conhecimento em razão da execução da obrigação. Tais deveres, do mesmo modo, podem ter por fundamento disposição contratual, previsão legal, ou serem efeitos diretos da incidência do princípio da boa-fé objetiva.

4.2. Compreensão dual da relação obrigacional: débito e responsabilidade

Um modelo de compreensão da obrigação consagrado a partir da influência do direito alemão é o que estabelece a relação entre débito e responsabilidade (*Schuld und Haftung*)[54]. Como ensina Larenz, o fato de que todo devedor responda por qualquer dívida, com seu patrimônio, não é algo natural, mas decorre de larga evolução do direito das obrigações, de modo que se unem a noção de dívida e sua garantia no patrimônio do devedor[55]. Estabelece o art. 391 do Código Civil: "Pelo inadimplemento das obrigações respondem todos os bens do devedor".

A relação obrigacional é compreendida como um vínculo do qual resulta conjunto de deveres originários que surgem como efeitos de fatos jurídicos reconhecidos como fontes de obrigações. Assim ocorre quando duas pessoas decidem celebrar um contrato e constituam esses deveres. Ou ainda quando qualquer pessoa cumpra seu dever de abstenção, ao não estabelecer uma intervenção indevida na esfera jurídica alheia. O cumprimento espontâneo dos deveres definidos em uma relação obrigacional faz com que ela se extinga pelo adimplemento. Ocorre que, muitas vezes, aquele a quem incumbe o cumprimento do dever não o faz, dando causa a um dever sucessivo, que é a responsabilidade ou garantia. Esta pode resultar tanto como eficácia do inadimplemento de uma obrigação anterior, dando causa a uma nova prestação devida pelo inadimplente (cláusula penal, juros etc.), quanto ser a própria violação do dever, quando em razão disso decorra dano a outra pessoa, a fonte de uma relação obrigacional de responsabilidade civil.

Esta dualidade entre o débito e a responsabilidade é um modelo teórico que auxilia a compreensão da obrigação, uma vez que o vínculo jurídico resulta da incidência da norma sobre determinados fatos que, sendo juridicizados, tornam-se fontes de obrigações. Estas têm por objeto a prestação, representativa de um crédito para aquele que ocupa a posição ativa em relação a ela, tendo direito de obter do devedor sua realização. Contudo, em relação a este dever originário de prestação – o débito – pode o devedor comportar-se de modo a cumprir espontaneamente ou deixar de fazê-lo, violando o direito de crédito do outro sujeito da relação ao credor. Este descumprimento do dever originário resulta no surgimento de um dever sucessivo, a responsabilidade. Quem viola o dever de pagar o preço, responde pelo equivalente (o valor do preço) atualizado, mais os prejuízos que o descumprimento deu causa (perdas e danos), mais juros e honorários de advogado (art. 389 do Código Civil). Quem descumpre o dever de abstenção em relação aos direitos e interesses que pertencem ao patrimônio alheio, vindo a causar-lhe lesão comete violação, que faz surgir o dever de recompor o patrimônio alheio (a obrigação de indenização), que é sucessiva em relação ao dever originário, dando causa à responsabilidade por danos.

---

[54] Originalmente Alois Von Brinz, Der Begriff Obligatio. *Zeitschrift für das privat und öffentliche Recht der Gegenwart*, Wien, v. I, 1840, p. 2-40. E Alois Von Brinz, Obligatio und Haftung. *Archiv für civilistiche Praxis*, Tübingen, v. 70, 1886, p. 371 e ss. Assinalando a presença na distinção no antigo direito germânico, Guido Astuti, Obbligazioni. Diritto intermédio, *Enciclopedia del diritto*, Milano: Giuffrè, 1979, t. XIX, p. 87 e ss.

[55] Karl Larenz, *Derecho de obligaciones*, I, p. 33-34.

DIREITO DAS OBRIGAÇÕES – *Bruno Miragem*

Por outro lado, mesmo quando o devedor cumpra espontaneamente seu dever de prestação, resulta considerar presente também este modelo dual entre débito e responsabilidade. Isso porque esta noção de responsabilidade não abrange apenas a consequência do inadimplemento da obrigação, mas igualmente a de garantia patrimonial, em relação de direito substancial[56].

Este modelo observou certa crítica, especialmente no direito italiano, por Carnelutti[57], para quem débito e responsabilidade resultariam em um conceito único, de modo que só se poderia cogitar de responsabilidade com o inadimplemento da obrigação e a imputação do dever de responder por ela determinado pelo Estado-Juiz. A dívida se daria com o credor, porém, a responsabilidade decorreria da submissão do devedor ao Estado que lhe imputa, na ocorrência do inadimplemento culposo, como responsável perante o credor. Trata-se, contudo, de evidente crítica inspirada em uma perspectiva processual, de modo a crer que qualquer espécie de relação obrigacional apenas será exigível judicialmente (perante o Estado Juiz), o que resulta em evidente equívoco. A rigor, prevalece a noção de responsabilidade como garantia, de modo que tem o credor o poder sobre o patrimônio do devedor para dele alcançar aquilo que seja equivalente ao adimplemento.

5. UNIFICAÇÃO DO DIREITO DAS OBRIGAÇÕES NO CÓDIGO CIVIL DE 2002

A dicotomia entre o direito civil e o direito empresarial foi historicamente construída, especialmente pela evolução paralela de ambos os ramos do direito privado. Embora no direito romano não conhecessem distinção[58], o fato é que a partir do final da Idade Média e princípio da Idade Moderna, as corporações de mercadores passam a organizar-se de modo a disciplinar suas relações econômicas e, consequentemente, sua disciplina jurídica, estabelecendo regras especiais em relação àquelas que vigoravam para solução de questões entre outros que não fossem membros das corporações, submetidos ao direito comum. O renascimento das cidades italianas após a desagregação do império de Carlos Magno e a independência de diversas repúblicas contribuiu, igualmente, de forma ímpar com a prosperidade comercial daquela região. Nota-se, então, a propagação do comércio ao longo das margens do Mar Mediterrâneo, tornando-se cidades como Amalfi, Veneza, Gênova, Pisa e Florença importantes empórios comerciais, que aproveitam as cruzadas cristãs para estender este comércio aos povos do Oriente. Dessas cidades italianas surge a pioneira regulamentação comercial europeia, de que é exemplo a *tabla amalfitana*, em Amalfi, o *Constitutum usus* e o *Breve curiae maris*, de Pisa, que vieram a colecionar os costumes mercantis da cidade reunidos no *Breve consulum maris*. Em Veneza, principal entreposto do comércio marítimo, surge o *capitulare nauticum*. E em Gênova, o mais importante tribunal de comércio italiano, a *Rota Genoveza*, que formou o primeiro corpo de decisões (jurisprudência) da época[59].

Nessas cidades, assim como por toda a Europa, elemento fundamental da atividade comercial naquele tempo eram as denominadas *corporações de ofício*, associações de

---

[56] Nesse sentido sustentou Emilio Betti, no conhecido ensaio *Il concetto dell' obligazzione construito dal punto di vista dell'azione*, de 1920.

[57] No ensaio de Carnelutti, em debate com Betti, intitulado: *Diritto e processo nella teoria della obligazzione*, de 1927. Ambos os textos estão disponíveis em reedição recente, organizada por Andrea Proto Pisani: *Emilio Betti; Francesco Carnelutti, Diritto sostanziale e processo*, Milano: Giuffré, 2006.

[58] Tulio Ascarelli, *Panorama do direito comercial*, São Paulo: Saraiva, 1947, p. 17.

[59] Waldemar Martins Ferreira, *Curso de direito comercial*, São Paulo: Sales, Oliveira, Rocha & Cia., 1927, v. I, p. 19 e ss.

profissionais cuja filiação era pressuposto ao exercício da atividade comercial. Estas corporações espalharam-se por toda a Europa, sendo conhecidas na Alemanha, Inglaterra, França Escandinávia e Países Baixos também como *hansas*[60]. Na França, foram então suprimidas em 1776, em nome da liberdade de iniciativa[61]. Já o direito das sociedades tem seu princípio nas companhias comerciais do século XVI, espécies assemelhadas às sociedades por ações, no período que antecede à formação do capitalismo na Europa ocidental. Desde o princípio, entretanto, nota-se a característica peculiar do direito comercial, da não submissão a fronteiras políticas nacionais, uma vez que, embora identificadas diferenças entre as diversas ordens jurídicas internas, tinham sua atividade vinculada a conexões comerciais inter-regionais[62].

O direito que resulta das regras estabelecidas por essas corporações e as decisões de seus tribunais especiais (tribunais de comércio, p.ex.) são fundamento de um direito especial, de natureza corporativa, o direito comercial. Com o passar do tempo, o direito comercial passa a ganhar importância, acompanhando o destaque que assumem as atividades de comércio e indústria, sustentando-se originalmente uma distinção do direito civil, ao tempo em que se estabelece como um direito dos comerciantes. Com o Código de Comércio francês de 1807, editado sob Napoleão Bonaparte, repele-se a ideia de um direito dos comerciantes, seguindo o ideal revolucionário da igualdade entre todos, definindo-se então critério objetivo para a definição do âmbito de aplicação do direito comercial: a prática dos atos de comércio.

No Brasil, o direito positivo vigente no período colonial permaneceu praticamente sem alterações após as Ordenações Filipinas (1603). Todavia, a influência da *Lei da Boa Razão* (1769), ao autorizar a invocação subsidiária de normas de direito estrangeiro das nações *"de boa, depurada e sã jurisprudência"*, torna possível, mesmo após a Independência de 1822, a influência direta do Código de Comércio francês de 1807 e, mais tarde, das codificações espanhola (1829) e portuguesa (1833), consideradas base do direito comercial brasileiro.

Em relação ao direito português, aliás, é relevante a influência de Ferreira Borges, que contribuiu para a superação da concepção de direito comercial como direito de profissionais, em prol de uma concepção objetiva, favorecida a partir do advento da Revolução Francesa[63].

Após a independência do Brasil, a Lei de 20 de outubro de 1823 determinou que fossem mantidas as leis portuguesas vigentes em 25 de abril de 1821, o que, em relação ao direito comercial, assegura a vigência de diplomas dos séculos XVII e XVIII relativamente à atividade comercial, submetendo-a a uma "legislação pesada, sem orientação doutrinária ou, pelo

---

[60] A origem das hansas data de fins do século XII e início do século XIII. Formada incialmente por algumas cidades ao longo do Báltico e alemãs mais tarde se alastraria pela França, Espanha e Inglaterra. Era uma confederação de comerciantes cujo objetivo era a promoção do comércio, livrando-se dos óbices do sistema feudal. Seu apogeu se deu no século XV, quando dominou o Báltico e o Mar do Norte, obtendo o privilégio de comerciar com diversos Estados da Europa, chegando mesmo a incentivarem uma guerra contra a o Rei da Dinamarca pela conquista de novos mercados, celebrando na assembleia de Colônia (Alemanha), o ato de confederação de 77 cidades, estabelecendo-se as contribuições de cada uma. A liga hanseática sobreviveu, então, até o século XVII, reduzindo-se no final às mesmas cidades que lhe deram origem, vindo a perder seu prestígio. Carvalho de Mendonça, *Tratado de direito comercial brasileiro*, 3. ed., Rio de Janeiro: Freitas Bastos, 1939, v. VI, Livro IV, p. 62.

[61] Carvalho de Mendonça, *Tratado de direito comercial brasileiro*, p. 27.

[62] Franz Wieacker, *História do direito privado moderno*, p. 269.

[63] Mário Júlio de Almeida Costa, *História do direito português*, 3. ed., Coimbra: Almedina, 2001, p. 422.

menos, sem lógica"[64]. Em 1832, saindo o país dos tumultos da abdicação de Pedro I no ano anterior, também as iniciativas para redação da codificação comercial se ampliaram, sendo designada comissão de comerciantes, entre os quais se destaca José da Silva Lisboa, que se tornará conhecido mais tarde como o Visconde do Cairú[65]. Compreendeu o projeto a divisão da matéria em três partes, sendo a primeira relativa às pessoas do comércio (contratos e obrigações), a segunda, sobre comércio marítimo e a terceira, sobre as quebras. As fontes imediatas da elaboração do projeto observam-se na sua exposição de motivos, a qual indica sua inspiração, quanto à primeira parte, nas codificações francesa, espanhola e portuguesa, relacionando os motivos para o sensível afastamento em relação à legislação estrangeira nas demais partes[66]. Enviado ao parlamento brasileiro em 1834, resultaria no Código Comercial promulgado em 1850.

Em seguida, em 1855, o jurista Augusto Teixeira de Freitas vai ser contratado para organizar o novo Código Civil brasileiro. Influenciado pelos europeus, no curso do seu trabalho, reconhece o caráter artificial da distinção entre o direito civil e o direito comercial, e propõe então que seria cientificamente mais correta a elaboração de um Código Geral de Direito Privado, abrangendo também a matéria comercial, estando subjacente em sua abordagem a ideia de completude do ordenamento jurídico a partir de um diploma legislativo único de direito privado. A proposta de Teixeira de Freitas, contudo, não foi bem recebida, sendo ao final rescindido o contrato do governo com o jurista.

Esta proposta de unificação feita por Teixeira de Freitas sobrevive em outras iniciativas legislativas ao longo do tempo, vindo a ser influenciada, decisivamente, pelos estudos do italiano Cesare Vivante, originalmente em suas aulas na Universidade de Bolonha em fins do século XIX, apontando para a conveniência da unificação, em um só corpo legal o direito das obrigações, esparsamente tratado em ambas as codificações de direito privado. Sustentavam-se as vantagens da opção do ponto de vista prático, especialmente com a eliminação da controvérsia eventual sobre o direito aplicável, as dificuldades em se apontar o direito aplicável ao caso concreto[67]. E, da mesma forma, o prejuízo do desenvolvimento científico do direito comercial em razão de um direito comercial com autonomia legislativa, a causar caracterizações doutrinárias impróprias, o que faz com que, a cada regra obrigacional nova, fale-se em contrato *sui generis*[68].

O desafio da elaboração do projeto de Código Comercial italiano, todavia, fez com que Vivante revisse seu posicionamento, passando a considerar a unificação do direito privado como hipótese de grave prejuízo para o direito comercial, tanto pelas diferenças metodológicas entre um e outro ramo, quanto pelo caráter dinâmico da disciplina comercial em relação à civil. Ademais, certas preferências lógicas do direito comercial, como a proteção do portador de boa-fé na disciplina dos títulos de crédito, acabariam por comprometer as consequências do direito unificado.

No Brasil, entretanto, a perspectiva da unificação do direito das obrigações é almejada há algum tempo. A iniciativa pioneira, nesse sentido, é o Anteprojeto do Código de

---

[64] Carvalho de Mendonça, *Tratado de direito comercial brasileiro*, p. 78-79.

[65] Veja-se: Carvalho de Mendonça, *Tratado de direito comercial brasileiro*, p. 82. Clóvis Beviláqua, Evolução jurídica do Brasil no segundo reinado, *Revista Forense* 46/9.

[66] Carvalho de Mendonça, *Tratado de direito comercial brasileiro*, p. 92. Também: Waldemar Martins Ferreira, *Curso de direito comercial*, p. 33 e ss.

[67] Cesare Vivante, *Trattato di diritto commerciale*, 5. ed., v. I, 1922, p. 11. Agustín Vicente y. Gella, *Introducción al derecho mercantil comparado*, 3. ed., Barcelona: Labor, 1941, p. 15-16.

[68] Rubens Requião, *Curso de direito comercial*, 22. ed., São Paulo: Saraiva, 1995, 1º v., p. 18.

Obrigações, apresentado por comissão de juristas integrada por Orozimbo Nonato, Philadelpho Azevedo e Hanemann Guimarães, em 1941, mas que não chegou sequer a tramitar no Congresso Nacional. A grande polêmica que surge dali em diante, então, refere-se à objeção proposta por comercialistas contrários à unificação, afirmando que o pressuposto para tanto teria de ser, obrigatoriamente, a extensão do instituto da falência também para as sociedades civis[69].

Nova iniciativa então se observa em meados da década de 1960, quando o governo forma nova comissão de juristas para elaboração de anteprojeto de Código de Obrigações. Apresentado em 1965, não avançou em sua tramitação legislativa. O jurista responsável pela redação da parte relativa à atividade comercial, professor Sylvio Marcondes, também integraria a comissão de juristas nomeada anos depois, a mesma responsável para redação do anteprojeto de Código Civil, em meados da década de 1970, e que resultará no Código Civil de 2002. Aponta o jurista da vocação do direito brasileiro para a unificação das obrigações civis e comerciais, tais como estabelecidos no projeto, bem como a unificação dos institutos essenciais da atividade negocial[70].

A rigor, nota-se que a unificação das obrigações civis e comerciais é uma tendência do direito contemporâneo, tendo ocorrido mais recentemente nos Códigos do Paraguai (1986), do Canadá (1994) e da Holanda (1992)[71].

A unificação do direito civil e do direito comercial pode ser meramente formal, quando se restrinja a mera reunião das normas de ambas as disciplinas em um só Código. E pode ser material, quando implique abolição de quaisquer distinções entre comerciantes (ora empresários) e não comerciantes. Em matéria de direito das obrigações, trata-se de uma unificação das obrigações que considera a universalidade das denominadas relações de mercado.

A opção brasileira, no Código Civil de 2002, deu-se no sentido de estabelecer uma parte geral das obrigações e de contratos, comum às obrigações civis e empresariais, assim como o regime da responsabilidade civil, reunindo, em relação aos contratos típicos, espécies contratuais com origem, em parte, no direito civil, e nos tipos contratuais nele historicamente desenvolvidos, e a incorporação de alguns tipos contratuais próprios do direito comercial, sem deixar de reconhecer a liberdade de criação de novos contratos, definida no art. 425, ao estabelecer: "É lícito às partes estipular contratos atípicos, observadas as normas gerais fixadas neste Código".

Isso não retira, contudo, a autonomia científica e prática do direito comercial – ora denominado direito da empresa, pela adoção da teoria de mesmo nome (teoria da empresa), cuja vinculação ao seu aspecto dinâmico essencial (a atividade empresarial), e à finalidade de lucro da qual se reveste[72], demarca características próprias em relação aos demais setores do direito privado. Entretanto, estabelece, em relação à dogmática do direito das obrigações, uma fonte legislativa única no tocante à disciplina das obrigações e dos contratos, seja em relação à forma de constituição, desenvolvimento e extinção das relações obrigacionais em geral, seja no tocante às regras gerais sobre contratos e seus tipos legais expressamente definidos.

---

[69] Hanemann Guimarães, A falência civil, *Revista Forense* 85/581, São Paulo: Forense, jan. 1941.

[70] Sylvio Marcondes, *Questões de direito mercantil*, São Paulo: Saraiva, 1977, p. 5 e ss.

[71] Ruy Rosado de Aguiar Júnior, Prefácio, in: Augusto Teixeira de Freitas, *Consolidação das leis civis*, Brasília: Senado Federal, 2003, v. 1, p. 21; António Menezes Cordeiro, *Tratado de direito civil português* – parte geral: introdução, doutrina geral e negócio jurídico, 3. ed., Coimbra: Almedina, 2005, v. 1, t. 1, p. 171.

[72] W. Endemann, *Das Deutsche Handelsrecht. Systematisch dargestellt*, 2. Aufl. Heidelberg, 1868, § 15, p. 76 e ss.

6. ELEMENTOS DA RELAÇÃO OBRIGACIONAL

São elementos da relação obrigacional os sujeitos, o objeto, o fato jurídico e a garantia.

6.1. Sujeitos

Sujeitos da relação obrigacional são credor e devedor. Claro que aqui não se vislumbre esta relação de modo estático, absoluta. Trata-se de relação dinâmica, diz-se de direitos relativos, porque os efeitos se produzem – como regra – apenas entre os sujeitos da relação obrigacional. Por isso, a posição de credor e devedor se identifica a partir do vínculo dos sujeitos em relação à prestação, de modo que, muitas vezes – como ocorre nos contratos comutativos – ambos os contratantes são considerados credor e devedor, conforme se faça referência ao dever que tenham de realizar em favor do outro, ou do interesse cuja titularidade possuem, e cuja satisfação lhe aproveita.

Assim, por exemplo, na compra e venda, o vendedor é devedor da entrega da coisa, mas será credor do preço. O comprador, ao contrário, será credor da coisa – seu interesse tutelado juridicamente é recebê-la íntegra e livre de vícios – mas devedor do preço.

Há figuras que podem intervir na obrigação, normalmente assumindo propriamente deveres específicos, passando a integrá-la em caso de aceitação, ou, ainda, que integre obrigação acessória a uma dada obrigação principal. Estas situações não se confundem com a distinção, na relação obrigacional, entre credor e devedor. Pode ser que se estipule em favor de terceiro (art. 436 do Código Civil), de modo que este se torne também credor. Ou que se prometa fato de terceiro (art. 439 do Código Civil), caso no qual, vindo este a anuir com a obrigação estabelecida, torna-se devedor. Há também aquele que assume obrigação de responder pela dívida no caso de inadimplemento do devedor originário, tornando-se garante. Neste caso, trata-se de obrigação de garantia, que será conceitualmente acessória à obrigação principal e cuja eficácia plena – notadamente do dever de pagar a dívida do devedor originário – estará subordinada à condição suspensiva do inadimplemento. Contudo, o garante será devedor da obrigação acessória (outra obrigação, portanto), cuja eficácia dependerá do implemento da condição de inadimplência do devedor originário, na obrigação principal.

6.2. Objeto

O objeto da relação obrigacional é a prestação, compreendida como a conduta ou o bem a ser realizado ou entregue com distintos efeitos do devedor ao credor. Distingue-se entre o objeto imediato ou direto e o objeto mediato ou indireto da relação obrigacional.

O objeto imediato ou direto é a prestação devida, ou seja, a conduta a que se vincula o devedor e cuja realização importa na satisfação do interesse do credor. Objeto mediato ou indireto, de sua vez, consiste na coisa ou fato que deva ser prestado, que caracteriza o objeto da prestação. Nas obrigações de dar, esta distinção se ressalta. Nelas, o objeto imediato da obrigação será a realização da entrega da coisa, e o objeto mediato, a própria coisa, cuja propriedade ou posse se transfere.

6.2.1. A patrimonialidade do objeto

Característica associada à prestação é da sua patrimonialidade, o que implica considerar a patrimonialidade da obrigação como um todo. A noção de patrimônio, contudo, admite dois sentidos distintos. Pode ser tomado como todo bem e interesse passível de estimação

Capítulo 1 · INTRODUÇÃO AO DIREITO DAS OBRIGAÇÕES | 21

econômica. Porém, também se pode considerar como todo o conjunto de bens e interesses de que seja titular a pessoa, tenham ou não natureza econômica.

Há, no conteúdo da prestação, contudo, sempre um conteúdo patrimonial direto ou indireto. Ou a própria prestação será passível de estimação econômica, ou atenda a determinado interesse de natureza econômica, ou o resultado do inadimplemento do dever de prestação pode se apresentar com esta característica. Isso não afasta a priorização que se possa estabelecer, e que hoje é, inclusive, assegurada por instrumentos processuais específicos, de execução específica da obrigação, constrangendo o devedor à realização da prestação originalmente ajustada, mesmo quando haja inadimplemento, em vez do conformismo com a violação do dever e exercício da pretensão a perdas e danos. Contudo, é a possibilidade de recondução direta ou indireta da prestação à estimação econômica que dá conta da sua característica de patrimonialidade. Poderá ser objeto de relações obrigacionais prestação que vise a atender a interesses não patrimoniais, existenciais. Isso não ignora que se possa estimar economicamente a própria prestação, ou as consequências de sua violação.

Nesse sentido, convém bem distinguir entre interesses patrimoniais – de natureza econômica – e existenciais – de caráter extrapatrimonial – em voga no direito privado contemporâneo, para efeito de ressaltar sua orientação *pro homine*. É artificial, entretanto, estabelecer-se uma separação absoluta, ignorando que uma das dimensões de realização da pessoa humana é justamente a dimensão econômica, o que deve estar sempre presente na boa compreensão do direito em sentido amplo e, em particular, do direito das obrigações.

6.2.2. Objeto da obrigação: prestação de fato e prestação de coisa

A prestação consiste em um comportamento humano. É ação ou abstenção do devedor direcionada à satisfação de um interesse do credor. Pode-se, contudo, distinguir também que por vezes este comportamento consiste em realizar a entrega de alguma coisa, o que permite a distinção entre prestação de fato e prestação de coisa. Por vezes, o comportamento devido pelo devedor é o de entregar alguma coisa (obrigação de dar), que pode ser pura (consiste exclusivamente na obrigação de entrega), ou associada a determinada prestação de fato, tal como ocorre com a necessidade de proceder a outros atos materiais ,como a produção segundo certos padrões ou o transporte para entrega.

Atualmente, tem-se claro que a obrigação do devedor se revela não apenas com aquilo que expressamente se comprometeu, como também a outros deveres tendentes à satisfação do interesse útil do credor. O dever de prestação, nesse sentido, implica tanto uma *ação de prestar*, quanto o *resultado da prestação*, de modo que se toma em conta não apenas a conduta do devedor, senão, igualmente, a realização do interesse do credor.

Uma primeira distinção se dá entre as obrigações de prestação de coisa e de prestação de fato. A prestação de coisa relaciona-se com a obrigação de dar. Todavia, pode dizer respeito tanto à transmissão da propriedade ou constituição de outro direito real sobre alguma coisa, à simples transmissão temporária da posse sobre coisa que pertença ao devedor ou a terceiro, para que dela se utilize na vigência do contrato de modo a satisfazer seu interesse, ou ainda a obrigação de restituir, quando implica devolução da coisa a que o devedor tinha consigo sob determinada justificativa ou para determinado fim.

O comportamento do devedor que assume o dever de transmitir propriedade ou direito real consistirá em distintas ações, conforme a coisa seja móvel ou imóvel. No primeiro caso – salvo exigências específicas acerca de certos bens (por exemplo, automóveis) –, faz-se pela tradição, ou seja, a simples entrega do bem móvel ao credor. No caso de imóveis, exige-se a

DIREITO DAS OBRIGAÇÕES – *Bruno Miragem*

celebração do negócio e o registro do título, cujas providências associam a colaboração de credor e devedor.

Pode ocorrer que a coisa se tenha em caráter temporário, para o que normalmente se transmite a posse, consistente no poder de fato sobre a coisa, por prazo definido ou não. Nesse caso, o interesse do credor estará exclusivamente na fruição da coisa (como, por exemplo, no contrato de locação de um bem), mas poderá também ser que a posse do bem promova ou permita a realização de uma ação de interesse do credor.

Da mesma forma, há a prestação de fato, consistente em uma prestação positiva (um fazer) ou negativa (uma abstenção, um não fazer). Pode ocorrer que a primeira prestação tenha um conteúdo material, como a prestação de um serviço, a construção de um prédio, o conserto de uma máquina, por exemplo. Ou seja, a obrigação de realizar um ato ou negócio jurídico, como o de celebrar um contrato ou cumprir um pacto de preferência. Da mesma forma, a obrigação de fazer pode consistir no compromisso de realização de ato ou negócio pelo devedor, ou ainda a promessa de um fato de terceiro (art. 439 do Código Civil).

A prestação que consista em um comportamento de abstenção pode implicar tanto um não fazer quanto a obrigação de suportar. Neste caso, o devedor se obriga a tolerar, sem manifestar oposição ou resistência, determinada vantagem do credor. São exemplos das obrigações de não fazer as que impõem um dever de não concorrência, quando da rescisão do contrato de trabalho, da transferência de estabelecimento comercial, ou ainda em acordo com certa natureza do negócio (quando justificadas, as cláusulas de raio em locações de estabelecimentos em *shopping centers*, nos quais o locatário se obriga a não instalar estabelecimento semelhante a certa distância do empreendimento para não lhe furtar ou dividir a clientela).

Uma questão sempre destacada em relação às obrigações que impliquem abstenção do devedor, é que de alguma maneira restringem sua liberdade, de modo a exigir critério que assegure sua proporcionalidade em face das vantagens envolvidas pelas partes, seja em relação ao conteúdo da restrição ou a sua duração no tempo. Há, no caso, de evitar-se que o excesso da restrição à liberdade individual possa conflitar com preceito de ordem pública, comprometendo a validade da obrigação.

6.2.3. Obrigações pecuniárias: prestação de dinheiro

Além da prestação de dar coisa e da prestação de fato (fazer e não fazer), há também obrigações em que a prestação do devedor consiste em pagar certa quantia em dinheiro. Sobre elas, diz-se obrigações pecuniárias. A prestação em dinheiro significa prestação em moeda. Na tradição histórica do direito, o valor jurídico da moeda como meio de pagamento, modo de solver obrigações, resultou originalmente do seu reconhecimento mediante imposição da autoridade pública (*valore publice impositus*), resultando a partir de Bártolo, com a noção de moeda justa, considerada com as qualidades de *veritas* e *probitas* de modo a considerá-la não por seu valor intrínseco, mas pela medida que ela própria expressava, seu valor nominal[73]. Desse modo, prestação em dinheiro é prestação em moeda, no caso, moeda corrente nacional, uma vez que, conforme o art. 315 do Código Civil: "As dívidas em dinheiro deverão ser pagas no vencimento, em moeda corrente e pelo valor nominal, salvo o disposto nos artigos subsequentes".

---

[73] Emanuelle Gianturco, *Diritto delle obbligazioni*. Lezioni di diritto civile, Napoli: Luigi Pierro, 1894, p. 75-79.

No plano geral das relações econômicas, é certo afirmar que a moeda cumpre essencialmente três funções:

a) de *intermediária de trocas*, também identificada como função de circulação, permitindo que as operações representativas de trocas econômicas se deem sob a modalidade de compra e venda ou outro ajuste com reciprocidade, admitindo da mesma forma a existência de saldos ou restos a partir dessa troca[74]. A moeda, neste particular, assume a natureza de meio de pagamento de relações contratuais e obrigações em geral, de modo que, mediante sua entrega, admita-se a satisfação dos interesses do credor;

b) de *denominador de valores*, na medida em que se constitui na mercadoria à qual todas as demais farão referência para fins de determinação ou avaliação de valor. Trata-se da função típica e essencial da moeda[75], que sua regulação jurídica visa a garantir, assegurando especialmente a estabilidade do valor que representa. Daí é que, originalmente, o instrumento monetário (a coisa ou substância que funcionará como moeda) deve ser escolhido dentre aqueles que sofram menor variação na condição de padrão de valores;

c) de constituir-se como *reserva de valor*, de modo que sua conservação e imediata/instantânea aceitação para trocas econômicas (preferência pela liquidez) permitem o aumento de patrimônio a partir de sua acumulação e a realização de operações econômicas com vista à circulação de bens. Nesse sentido, explica Bulhões Pedreira: "Como a moeda confere poder de adquirir, a todo o tempo, quaisquer bens ou serviços disponíveis no mercado da comunidade de pagamentos que a aceita, ela serve, para o agente econômico que a possui, como instrumento de reserva de valor. Na medida em que o seu poder de compra é o mesmo, a moeda é instrumento de conservação de valor e constitui o objeto por excelência de aplicação de poupança: o agente econômico que acumula moeda forma estoque de poder de comprar bens ou serviços"[76].

A grande função da moeda é o estabelecimento de um padrão comum, tem a finalidade instrumental de permitir as trocas econômicas mediante a aceitação no mercado de uma mesma referência de valor, na medida em que é dela que se passa a referir valor a todas as demais coisas[77]. E, da mesma forma, a partir da função que assume como reserva de valor, de sua acumulação implica a formação de patrimônio, o qual, todavia, a ser conservado em meio monetário, dependerá da preservação do seu valor de compra (poder aquisitivo)[78].

Por outro lado, é importante que não se confundam conceitualmente a moeda como unidade ideal (unidade de valor) e os instrumentos ou suportes monetários que permitem sua circulação, ou meios de pagamento, que farão com que se convertam também em unidade de

---

[74] Eugênio Gudin, *Princípios de economia monetária*, Rio de Janeiro: Agir, 1968, p. 17; José Luiz Bulhões Pedreira, *Finanças e demonstrações financeiras da companhia*, Rio de Janeiro: Forense, 1989, p. 35.

[75] Paul Hugon, *A moeda*, trad. Diva Pinho, São Paulo: Pioneira, 1978, p. 24-25; Eugênio Gudin, *Princípios de economia monetária*, p. 20-21.

[76] José Luiz Bulhões Pedreira, *Finanças e demonstrações financeiras da companhia*, p. 36-37.

[77] Paul Hugon, *A moeda* cit., p. 20. Da mesma forma o conceito de moeda oferecido por Dennis Robertson, *A moeda*, trad. Waltensir Dutra, Rio de Janeiro: Zahar, 1960, p. 2.

[78] Para a construção histórica da noção jurídica de poder aquisitivo e sua crítica, Letácio Jansen, *A moeda nacional brasileira*, Rio de Janeiro: Renovar, 2009, p. 69-75.

24 | DIREITO DAS OBRIGAÇÕES – *Bruno Miragem*

pagamento[79]. A realização da função de pagamento da moeda depende de sua incorporação aos meios de pagamento. Por outro lado, há prestações que não permitem sua estipulação em padrão de valor (por exemplo, obrigações de fazer personalíssimas, restituição do bem em comodato), porém, do seu descumprimento resulta indenização em dinheiro[80]. A noção de *dinheiro*, desse modo, como é o caso da *prestação em dinheiro* (arts. 261, 404, 417, 481, 592 e 776 do CC), ou a *dívida em dinheiro* (arts. 315 e 407 do CC), é representação numérico-quantitativa de moeda.

Quando se trata de prestação em dinheiro ou dívida de dinheiro, caracteriza-se a obrigação pecuniária, que pode ser reconduzida à obrigação de dar, mas que se caracteriza por exigir como comportamento devido pelo devedor a entrega de moeda.

6.2.3.1. Princípio nominalista das prestações pecuniárias

O art. 315 do Código Civil estabelece: "As dívidas em dinheiro deverão ser pagas no vencimento, em moeda corrente e pelo valor nominal, salvo o disposto nos artigos subsequentes". Consagra-se, por intermédio desta regra, o denominado princípio do nominalismo, pelo qual se estabelece que o pagamento da prestação pecuniária ocorre mediante a entrega da expressão monetária a ela correspondente, em moeda corrente nacional.

Na origem, o direito brasileiro admitia ampla liberdade na convenção do pagamento em moeda, podendo as partes definir a moeda em que se faria o pagamento, o que se percebe tanto dos arts. 195 e 431 do Código Comercial de 1850, quanto do art. 947 do Código Civil de 1916, revogado ("Art. 947. O pagamento em dinheiro, sem determinação da espécie, far-se-á em moeda corrente no lugar do cumprimento da obrigação."). Da mesma forma, preserva-se até hoje no § 245 do BGB. Esta opção originária de nossas primeiras codificações, que privilegiava a autonomia da vontade, cedeu, contudo, à instabilidade econômica e monetária que se fez presente a partir da década de 1920 do século passado, fomentando a intervenção do Estado no domínio econômico com o propósito de restringir a possibilidade de convenção de valores que não em moeda corrente nacional.

Moeda corrente é aquela que tem curso legal em certo território, ou seja, é prevista legalmente, como moeda a ser utilizada para pagamento das obrigações estabelecidas neste determinado lugar de modo a produzir efeito liberatório do devedor. Curso forçado é o que tem a moeda que deve ser obrigatoriamente aceita pelo credor para pagamento das obrigações, não podendo ser recusada. Pode a moeda ter curso legal (ser aceita para satisfação de obrigação, produzindo efeitos liberatórios para o devedor), mas não ter curso forçado (é aceita para produzir os efeitos liberatórios, mas não há obrigatoriedade de sua aceitação como pagamento pelo credor).

Daí resulta que moeda corrente no Brasil, o Real (art. 2º da Lei n. 9.069/95), tem curso forçado e é de uso obrigatório na fixação de valor em dinheiro nos contratos celebrados no Brasil e para execução no país. Nesse sentido, mencionem-se as exceções a esta regra, estabelecidas no Dec.-lei n. 857/69, que assim dispôs ao legislar sobre a moeda de pagamento de obrigações exequíveis no Brasil: "Art. 1º São nulos de pleno direito os contratos, títulos e quaisquer documentos, bem como as obrigações que exequíveis no Brasil, estipulem pagamento em ouro, em moeda estrangeira, ou, por alguma forma, restrinjam ou recusem, nos seus efeitos, o curso legal do cruzeiro". Sobre âmbito de aplicação da norma, dispôs o art. 2º: "Não se aplicam as disposições do artigo anterior: I – aos contratos e títulos referentes a im-

---

[79] Rémy Libchaber, *Recherches sur la monnaie em droit privé*, Paris: LGDJ, 1992, p. 20.

[80] Geraldo de Camargo Vidigal, *Teoria geral do direito econômico*, São Paulo: RT, 1977, p. 188.

Capítulo 1 · INTRODUÇÃO AO DIREITO DAS OBRIGAÇÕES | 25

portação ou exportação de mercadorias; II – aos contratos de financiamento ou de prestação de garantias relativos às operações de exportação de bens de produção nacional, vendidos a crédito para o exterior; III – aos contratos de compra e venda de câmbio em geral; IV – aos empréstimos e quaisquer outras obrigações cujo credor ou devedor seja pessoa residente e domiciliada no exterior, excetuados os contratos de locação de imóveis situados no território nacional; V – aos contratos que tenham por objeto a cessão, transferência, delegação, assunção ou modificação das obrigações referidas no item anterior, ainda que ambas as partes contratantes sejam pessoas residentes ou domiciliadas no país". E em relação aos contratos de locação de bens móveis que estipulem pagamento em moeda estrangeira, estabeleceu como condição de validade o registro no Banco Central do Brasil (art. 2º, parágrafo único).

Da mesma forma, a Lei n. 10.192/2001 estabelece que as estipulações de pagamento de obrigações pecuniárias exequíveis no território nacional deverão ser feitas em Real, pelo seu valor nominal. Proíbe, cominando de nulidade, estipulações que prevejam pagamento expressas em, ou vinculadas a ouro ou moeda estrangeira, ressalvado o disposto no Decreto n. 857/69, e contratos de arrendamento mercantil nos quais tenham sido utilizados recursos captados no exterior (art. 6º da Lei n. 8.880/94, *in fine*). É proibido, igualmente, o reajuste ou correção monetária, expresso ou vinculado à unidade monetária de conta, correção monetária ou reajuste por índice de preços, a não ser para contratos com duração igual ou superior a um ano. Proíbe-se, ainda, a estipulação de reajuste ou correção monetária com periodicidade inferior a um ano, e estabelece que, em caso de revisão contratual, o termo inicial do período de correção monetária ou reajuste, ou de nova revisão, será a data em que a anterior revisão tiver ocorrido.

6.2.3.2. Dívidas de dinheiro e dívidas de valor

Uma distinção fundamental, quando do exame das obrigações que tenham por objeto prestação pecuniária, diz respeito àquela que separa as dívidas de dinheiro das dívidas de valor. Por dívidas de dinheiro tem-se a obrigação pecuniária propriamente dita, consistente na prestação de entregar moeda, como comportamento devido pelo devedor e propósito almejado pelo credor. As dívidas de valor, contudo, não têm por objeto assegurar ao credor certa quantidade de moeda, senão uma situação patrimonial determinada, da qual certa quantia monetária é uma representação transitória, em certo momento, do valor devido[81]. Desse modo, variando o poder aquisitivo da moeda no tempo, tratando-se de dívida de valor, para que atinja a finalidade da prestação, esta deverá sofrer um reajustamento, para adequar-se à situação patrimonial que visa a assegurar. Em outros termos, nas dívidas de dinheiro, a própria finalidade da prestação é entrega de certa quantia de moeda. Nas dívidas de valor, dada quantidade de moeda apenas representa determinada situação patrimonial. Modificando-se o poder aquisitivo desta própria moeda, a quantidade necessária para alcançar tal situação patrimonial também deverá se alterar.

Não se confunde, contudo, a definição das dívidas de valor e suas características, com outras propostas de soluções estabelecidas no âmbito do direito das obrigações. Como é o caso da possibilidade de revisão do contrato por imprevisão (art. 317 do Código Civil), a simples alteração de circunstâncias que o fundamente (cláusula *rebus sic stantibus*), ou ainda as hipóteses de convenção que vinculam o valor de uma dada prestação a determinado índice econômico (cláusula de escala móvel).

---

[81]   Arnoldo Wald, *Teoria das dívidas de valor*, Rio de Janeiro: Ed. Nacional de Direito, 1958, p. 17.

A distinção entre as dívidas de valor e as dívidas de dinheiro se pode fazer também em relação a partir das espécies de obrigação a que se refiram e às funções jurídico-econômicas da moeda. Em dívidas de dinheiro, a moeda exerce, ao mesmo tempo, as funções de medida de valor e de meio de pagamento. Nas dívidas de valor, contudo, pode ocorrer de a moeda assumir a função de meio de pagamento, porém a determinação do objeto da obrigação se estabelecer por outro critério (unidade de valor). É o caso em que se preveja o equivalente a certo número de sacas de produto agrícola, ou ao salário mínimo, por exemplo. Segundo a melhor doutrina, o objeto-fim é o valor e o objeto-meio é o dinheiro necessário para adquiri--lo[82]. Ensina o magistério de Ruy Cirne Lima, para quem: "se a prestação supõe a moeda como padrão de cômputo, para determinação do valor a prestar, a dívida diz-se de dinheiro; se, diversamente, a supõe simplesmente como instrumento de troca, por intermédio do qual o valor será prestado, a dívida há dizer-se, então, de valor"[83]. Ou seja, o dinheiro não é objeto da prestação, senão o meio para mensurá-la.

A consequência prática da admissão da distinção entre as dívidas de valor e as dívidas de dinheiro diz respeito à consideração, em relação às primeiras, da necessidade de compensação da perda de valor da moeda, por intermédio de mecanismo que assegure o equilíbrio da prestação no tempo. Em diferentes sistemas, o modo como se definem os instrumentos de manutenção do poder aquisitivo da prestação a ser paga em dinheiro diverge.

No direito brasileiro, a dívida de valor pode ter sua origem na lei, em decisão judicial ou pelo acordo de vontades. São dívidas de valor, por exemplo, a prestação de alimentos ou, ainda, a prestação de indenização (arts. 404, 944 e 946 do Código Civil). Em ambos os casos, a finalidade da prestação se dá em realizar determinada situação patrimonial (assegurar auxílio econômico necessário à subsistência ou recompor o patrimônio lesado da vítima na proporção em que foi afetado pela lesão). A prestação em dinheiro, nesses casos, será o meio de atender a este propósito, e o risco de desvalorização da moeda será do devedor. Podem as partes, contudo, definir critérios para preservação do valor, que podem constar do título da obrigação, como, por exemplo, por intermédio de cláusulas de renegociação.

6.2.4. Requisitos do objeto

São requisitos da prestação objeto da relação obrigacional, sua licitude, possibilidade e determinabilidade.

6.2.4.1. Licitude

O objeto da relação obrigacional deve ser lícito. Em direito das obrigações, recorde--se, vigora o princípio da ampla legalidade, de modo que "ninguém será obrigado a fazer ou deixar de fazer alguma coisa senão em virtude de lei" (art. 5º, II, da Constituição). Isso tem relevância no tocante à relação obrigacional, considerando que pelo exercício da autonomia privada, a constituição de obrigações pode respeitar, especialmente em relação aos contratos, largo espaço para a criatividade e atendimento a distintas e específicas necessidades de credor e devedor. Em alguma medida, o dinamismo da atividade econômica funda-se na possibilidade de constituição de obrigações que permitam a consecução de finalidades sociais e econômicas legítimas.

---

[82]   Pontes de Miranda, *Tratado de direito privado* cit.

[83]   Ruy Cirne Lima, *Pareceres* (direito privado), Porto Alegre: Sulina, 1967, p. 53.

A licitude do objeto consiste no fato de que a prestação ajustada não seja contrária à lei. Ou seja, o comportamento exigível do devedor não poderá caracterizar um comportamento expressamente vedado por lei. Nesse sentido, considere-se que esta vedação pode situar-se em expressa disposição legal, ou ainda em preceitos de ordem pública e bons costumes.

Assim, por exemplo, tanto a compra e venda de substância entorpecente, cujo comércio é proibido por lei (art. 33 da Lei n. 11.343/2006), quanto a celebração de contrato de empréstimo de dinheiro (mútuo), com a constituição de juros usurários (Decreto n. 22.626/33), serão considerados ilícitos. Da mesma forma, será nula a obrigação quando, embora lícito o objeto em abstrato, o motivo comum às partes seja ilícito (art. 166, III, do Código Civil). É o caso da compra e venda de veneno em que comprador e vendedor estão em acordo sobre o uso da coisa para cometer o homicídio de um terceiro.

6.2.4.2. Possibilidade

O objeto da obrigação precisa ser possível. Exige-se que sejam física e juridicamente possíveis. A possibilidade física resulta da natureza das coisas, a possibilidade jurídica decorre da lei. A *contrario sensu*, a impossibilidade física ocorre quando a prestação diga respeito a um fato irrealizável, como a fabricação de medicamento que assegure a vida eterna, o compromisso de atingir um resultado já alcançado, dentre outros. Outra coisa, contudo, ocorre com a obrigação que tenha por objeto a entrega de coisas futuras, que se tenham por produzir, ou, ainda, que possam de qualquer modo existir no momento do cumprimento da prestação. Ou seja, pode ocorrer que o objeto da obrigação não seja originalmente possível no momento de sua constituição, mas que ainda assim se admita a validade da sua constituição. Em relação às obrigações originadas por negócio jurídico, o art. 106 do Código Civil estabelece: "A impossibilidade inicial do objeto não invalida o negócio jurídico se for relativa, ou se cessar antes de realizada a condição a que ele estiver subordinado". Admite-se que o contrato tenha por objeto coisas futuras, tomando o adquirente para si o risco de que venham ou não a existir (art. 459 do Código Civil). Assim a compra e venda pode se dar sobre coisa futura (art. 483 do Código Civil).

Já a possibilidade jurídica do objeto diz respeito à ausência de obstáculos ou impedimentos estabelecidos pela ordem jurídica para a realização da prestação com que se obriga o devedor. A *contrario sensu*, juridicamente impossível o objeto cuja realização não possa superar estes mesmos obstáculos e impedimentos. Assim, por exemplo, não pode alguém vender coisa que não lhe pertença, ou que esteja sob domínio público. Da mesma forma, não pode alguém dispor sobre bens ou interesses relativamente indisponíveis, como é o caso daquele que queira vender órgão humano de seu próprio corpo, quando o ordenamento jurídico apenas admite disposição gratuita sobre ele.

Por outro lado, a impossibilidade pode ser originária ou superveniente, considerando-se que desde a constituição da obrigação a prestação era impossível, ou se esta impossibilidade se caracteriza depois de existente a relação obrigacional. No primeiro caso, sendo impossível prestação já quando a obrigação é constituída, diz-se que não o será validamente – há nulidade da obrigação (o art. 166, I, do Código Civil, faz referência à nulidade do negócio jurídico). Se a impossibilidade é superveniente, ocorrendo sem fato imputável (culpa) do devedor, será caso de resolução da obrigação (arts. 234 e 248, primeira parte, do Código Civil).

A impossibilidade do objeto pode se dar em relação às pessoas em geral, ou apenas em relação à pessoa do devedor. Adota-se para este fim, o critério de impossibilidade objetiva, que diga respeito ao objeto e não à pessoa do devedor. De modo que impossível será aquele objeto que nem o devedor, nem outra pessoa qualquer possa cumprir.

28 | DIREITO DAS OBRIGAÇÕES – *Bruno Miragem*

A impossibilidade, da mesma forma, pode ser absoluta ou relativa. Será absoluta a impossibilidade propriamente dita, que inviabilize a realização do objeto em razão de fato insuperável para o devedor. A impossibilidade relativa, de sua vez, diz respeito a uma dificuldade de cumprimento específica pelo devedor, ou à onerosidade excessiva da prestação, que impede sua realização.

6.2.4.3. Determinação

O objeto da obrigação deve ser determinado ou determinável. Ou será determinado no momento de constituição da obrigação, ou determinável em momento seguinte, inclusive para viabilizar seu adimplemento. A razão de ser desta exigência – que é legal em relação às obrigações negociais (art. 104, II, do Código Civil), e suposição lógica em relação às demais, é que a indeterminabilidade do objeto impede que a obrigação cumpra sua função sociojurídica, uma vez que inviabiliza a realização da prestação.

A indeterminabilidade originária, com determinação posterior do objeto da obrigação, ocorre nas obrigações de dar coisa incerta (art. 243 do Código Civil), ou ainda nas obrigações alternativas, em que o conteúdo da prestação a ser realizada será definido posteriormente, cabendo a escolha ao devedor, se outra coisa não foi definida pelas partes (escolha pelo credor ou por terceiro). Da mesma forma, não afasta o caráter determinado do objeto da obrigação o fato de ela se compor de diferentes comportamentos do credor, consistentes em dar, fazer ou não fazer[84]. Isso tornará o objeto complexo, porém, igualmente determinado para efeito de constituição da obrigação.

6.2.5. *Complexidade do objeto da relação obrigacional: a obrigação como totalidade*

Embora a distinção clássica sobre o objeto se estabeleça a partir do conteúdo do dever principal de prestação – dar, fazer e não fazer – é preciso compreender que o fenômeno obrigacional atualmente deve observar a dinâmica social e jurídica que endereça às obrigações estruturas bastante mais complexas, consistentes em multiplicidade de prestações simultâneas, de dar, fazer e não fazer, que devem ser tomadas em conjunto. A rigor, para além desta segmentação, qualquer atividade humana poderá integrar o conteúdo de uma obrigação. Nesse sentido, de uma mesma relação jurídica obrigacional resultam créditos para uma ou ambas as partes, consistentes em interesses a serem satisfeitos, assim como diferentes direitos subjetivos e potestativos, cuja eficácia dependerá de acontecimentos diversos no curso da obrigação, de sua execução.

Trata-se de uma visão dinâmica da relação obrigacional, mais conforme a realidade das obrigações contemporâneas, em contrário de uma visão estática segundo a qual a relação obrigacional restringia-se ao vínculo entre credor e devedor, cada qual titular de um direito de crédito e de um dever de prestação, examinados invariavelmente de modo isolado.

Atualmente, destaca-se a visão da obrigação como uma totalidade, ou seja, a compreensão da relação obrigacional não apenas como um vínculo entre credor e devedor relativamente a um objeto isolado, senão como complexo de direitos e deveres a serem observados pelos sujeitos[85]. Tanto deveres principais de prestação como deveres secundários laterais e anexos,

---

[84]   Alfredo Colmo, *De las obligaciones en general*, 3. ed., Buenos Aires: Guillermo Kraft, 1944, p. 208-209.

[85]   Originalmente a ideia de obrigação como um "organismo" dando conta da sua multiplicidade de efeitos (pretensões e deveres) é atribuída a Heinrich Siber, *Der Rechtszwang im Schuldverhältnis*. Nach deutschen Reichsrecht, Leipzig, 1903, p. 92. Adiante, a doutrina prevalente sugere compor a ideia a

tutelando não apenas o interesse imediato do credor na realização do objeto, quanto outros interesses relacionados ou, ainda, que podem ser atingidos pelo adimplemento ou inadimplemento da obrigação.

Esta visão terá destacada utilidade no exame das obrigações de cumprimento continuado (por exemplo, os contratos de duração), em que os deveres das partes se multiplicam e se sucedem ao longo do tempo, ou ainda nas uniões de contratos, ou redes contratuais, em que a satisfação de determinado interesse do titular da obrigação depende do cumprimento de distintos contratos com diferentes sujeitos. Ou seja, que embora contratos autônomos entre si, sua existência não se explica senão de sua vida em comum[86]. Esta compreensão terá reflexos, inclusive, nos efeitos em comum, para os diversos contratantes, acerca da existência desses contratos e consequências de seu inadimplemento, induzindo eventual responsabilidade solidária, pela qual todos respondam pelos prejuízos daí decorrentes. É o que poderá ocorrer tanto no direito do consumidor (a solidariedade da "cadeia de consumo"), como também em contratos empresariais complexos[87].

6.3. Fato jurídico

O exame da obrigação não pode deixar de distinguir entre aquilo que é o modelo legal de obrigação, segundo previsão abstrata da lei, e a situação que de fato dá causa à relação obrigacional, a qual ocorre a partir da existência de um fato jurídico que se apresenta como fonte. Os fatos jurídicos, como bem se sabe, são realidades do mundo dos fatos os quais, uma vez tendo preenchido certas condições estabelecidas pela norma, se qualificam como jurídicos. No caso, os fatos jurídicos que determinam a realização das obrigações são também tratados como fontes das obrigações. Nesse sentido, serão fontes das obrigações fatos jurídicos distintos, tais como fatos jurídicos *stricto sensu* (sobre os quais não se verifica qualquer ação humana direta), atos jurídicos, lícitos e ilícitos, conforme os reconheça ou os rejeite o direito. Dentre os atos jurídicos lícitos, tanto há os denominados atos jurídicos *stricto sensu*, nos quais a ação humana é relevante para realização do ato, mas não para determinação de seu conteúdo, dada que sua eficácia vem da lei, quanto os negócios jurídicos – dentre os quais se destaca o contrato – nos quais a ação humana voluntária tem aptidão para definir certo conteúdo/efeito, conforme o espaço de autodeterminação assegurado pelo direito.

6.4. Garantia

Garantia é expressão que se toma em sentido amplo quando mencionada como elemento da relação obrigacional, para designar o conjunto de providências que o direito estabelece em tutela dos interesses do credor. Expressa a eficácia do poder do credor sobre o patrimônio do devedor, e consiste tanto na possibilidade de recorrer ao Poder Judiciário para realização de sua pretensão no caso da violação ou ameaça de violação do direito de crédito pelo devedor.

Ocorrendo o inadimplemento da obrigação pelo devedor, assiste ao credor uma série de providências, tais como avançar sobre seu patrimônio de modo a obter o interesse tutelado, consistente na coisa ou no comportamento ativo (fazer) ou negativo (não fazer) do devedor,

---

partir da noção de obrigação como totalidade e como processo, em especial, Karl Larenz, *Derecho de obligaciones*, I, p. 37.

[86] Ricardo Lorenzetti, *Tratado de los contratos*, Buenos Aires: Rubinzal Culzoni, 1999, t. I, p. 63.

[87] Veja-se a respeito: Stefan Grundman, Fabrizio Cafaggi, Giuseppe Vettori, The contractual basis of long--term organization – The overall architecture, in: Stefan Grundman, Fabrizio Cafaggi, Giuseppe Vettori, *The organizational contract*, Ashgate, 2013, p. 3 e ss.

DIREITO DAS OBRIGAÇÕES – *Bruno Miragem*

assim como recompor seu patrimônio em caso de descumprimento (indenização). Ou, ainda, exigir que seja executada, tal como definida no objeto da obrigação, a prestação devida, mediante cumprimento específico determinado por decisão judicial, por parte do devedor ou de terceiro.

Em relação à garantia, se entrelaçam com cada vez maior vigor na experiência contemporânea[88], direito material e processual[89]. A rigor, a perspectiva da execução específica das obrigações, ou mesmo das garantias da execução revelam esta proximidade. O art. 497 do Código de Processo Civil de 2015, assim define: "Na ação que tenha por objeto a prestação de fazer ou de não fazer, o juiz, se procedente o pedido, concederá a tutela específica ou determinará providências que assegurem a obtenção de tutela pelo resultado prático equivalente". E o art. 499 completa: "A obrigação somente será convertida em perdas e danos se o autor o requerer ou se impossível a tutela específica ou a obtenção de tutela pelo resultado prático equivalente".

Por outro lado, providências tais como a constrição do patrimônio do devedor por intermédio da penhora e expropriação dos bens do executado servem de efeito de garantia ao cumprimento da obrigação, seu resultado equivalente, ou da satisfação de perdas e danos.

Regra geral, em nosso sistema, a constrição patrimonial do devedor se estabelece após o reconhecimento da existência de obrigação válida e de seus efeitos. Por esta razão excluem-se dessas características as obrigações naturais, que se destacam justamente por serem obrigações sem eficácia jurídica vinculante (em critério de classificação, distinguem-se as obrigações civis das obrigações naturais, ou obrigações sem exigibilidade jurídica). Não há, nas obrigações naturais, o poder de exigir a prestação devida, daí se poder dizer que não possuem garantia. Desde suas origens romanas, não se vislumbra nas obrigações naturais uma formulação ou teorização genérica, admitindo-se sua presença em hipóteses específicas. Nesse sentido, embora não exigíveis, a sua satisfação se justifica por um dever de equilíbrio de interesses entre as partes, reconhecido como dever moral ou social. Dívidas prescritas ou decorrentes de certos contratos de jogo ou aposta lícitos qualificam-se como obrigações naturais. Embora não se lhe possa exigir adimplemento, uma vez havido este, não se admite a pretensão de repetição de indébito. A obrigação natural, portanto, celebra-se e se promove o adimplemento em razão de uma causa, excluindo, porém, a existência de garantia.

---

[88] De recordar que, ao contrário da orientação atual, concentrada na realização do interesse útil do credor e efetiva realização da prestação quando possível, no direito civil clássico o inadimplemento, como regra, conduzia, exclusivamente, ao exercício de direito de resolução e às perdas e danos, conforme se percebe, por exemplo, da lição de Charles Demolombe, *Cours de Code napoleon. Traité des contrats ou des obligations conventionelles en général*, Paris, 1877, t. I, p. 486 e ss. No mesmo sentido, Louis Poujol, *Traité des obligations*, Paris: Chez de la Motte, 1846, t. I, p. 247.

[89] Refiram-se, a respeito, os estudos clássicos de Emilio Betti (Il concetto della obbligazione construito dal punto di vista dell'azione) e Francesco Carnelutti (Diritto e processo nella teoria delle obbligazioni), ora publicados reunidos, em: Emilio Betti; Francesco Carnelutti, *Diritto sostanziale e processo*, Milano: Giuffrè, 2006. Afinal, conforme observa Betti, há sempre na relação obrigacional uma expectativa secundária de seu cumprimento forçado no caso de inadimplemento (p. 53). Carnelutti, de sua vez, observa ser incindível a noção de direito subjetivo de crédito, decorrente do direito material, e a pretensão à tutela jurídica, representada pela possibilidade de acionar, à coercibilidade do próprio direito (p. 212). No direito brasileiro remeta-se aos estudos de Carlos Alberto Alvaro de Oliveira, Direito material, processo e tutela jurisdicional, in: Guilherme Rizzo Amaral; Fábio Cardoso Machado, *Polêmica sobre a ação – A tutela jurisdicional na perspectiva das relações entre direito e processo*, Porto Alegre: Livraria do Advogado, 2006, p. 285-319. Na mesma obra, igualmente, mencione-se o estudo de Ovídio A. Baptista da Silva, *Direito subjetivo, pretensão de direito material e ação*, p. 15-39. Refira-se, ainda, Luis Guilherme Marinoni, *Teoria geral do processo*, 3. ed., São Paulo: RT, 2008, p. 417 e ss.

Capítulo 1 · INTRODUÇÃO AO DIREITO DAS OBRIGAÇÕES | 31

Também se toma o conceito de garantia em sentido estrito e, nesses termos, denomina-se como tal as garantias especiais conferidas para o adimplemento de determinada obrigação pelo devedor. Assim, são garantias especiais, dentre outras, a caução, a fiança (art. 818 e ss do Código Civil), o penhor (art. 1.431 e ss do Código Civil), a hipoteca (art. 1.473 e ss do Código Civil), a retenção e os privilégios creditórios (arts. 964-965 do Código Civil)[90]. Sua constituição se dá por vontade das partes ou por força de lei, conforme o caso.

---

[90] Caução e retenção são espécies de garantia presentes em diversas relações obrigacionais específicas definidas no Código Civil. A caução consiste na entrega de coisa em garantia, normalmente, dinheiro, de modo que havendo o inadimplemento do devedor, possa o credor levantar a garantia para satisfazer seu interesse. Está presente no Código Civil, entre outras hipóteses, nos arts. 260, 495, 1.280, 1.472, entre outros. Já o direito de retenção é a aquele que se reconhece ao titular de determinada posição jurídica, que o autoriza a manter consigo coisa alheia enquanto não satisfeito determinado interesse de que é devedor o titular do domínio a quem se deva restituir. Está previsto no Código Civil em diferentes hipóteses, como o direito de retenção do locatário em caso de denúncia do contrato (art. 571, parágrafo único) ou para indenização de benfeitorias (art. 578); do mandatário (art. 681) ou do comissário (art. 708) para assegurar o reembolso de despesas que realizaram para o cumprimento do contrato, ou em relação a este último, ainda, para receber a remuneração a que faz jus; do transportador para garantir o pagamento da passagem (art. 742); do possuidor de boa-fé para garantir a indenização das benfeitorias (art. 1.219); do credor pignoratício, para que lhe indenizem as despesas que tiver feito (art. 1.433); entre outras.

Capítulo 2
FONTES DAS OBRIGAÇÕES

1. APROXIMAÇÃO HISTÓRICA DAS FONTES DAS OBRIGAÇÕES

A sistematização das fontes das obrigações consiste em definir a quais acontecimentos predefinidos pelo Direito é atribuída a eficácia de constituir uma relação jurídica obrigacional, ou seja, os fatos jurídicos que lhe dão origem, cuja ocorrência serve para constituí-las. Trata-se do que os romanos denominavam causa das obrigações, no sentido de fonte origem. Assim, deve-se ter o cuidado de distinguir o exato significado da expressão, sobretudo porque, atualmente, a noção de causa emprega-se em sentido diverso do sentido lógico ou função de uma dada relação obrigacional.

Pelo critério tradicional, a classificação das obrigações é feita entre contratos, quase contratos, delitos e quase delitos. Conforme se vê nas *Institutiones* de Justiniano: "sequens divisio in quattor spescies diducitur: aut enim ex contractu sunt aut quasi ex contractu, aut ex maleficio aut quasi ex maleficio". Esta divisão constava dos textos romanos de Justiniano e foi reproduzida desde então. A rigor, tratou-se de um desdobramento das fontes já indicadas nas Institutas de Gaio, que contemplava apenas o contrato e o delito. Continua tendo certo valor, especialmente no direito francês, no qual permanece vigente de acordo com o texto do Código Civil de 1804, e mesmo em países de *common law*, no qual, a despeito da ausência de codificações civis no sentido em que se as conhece nos países de direito continental, verifica-se a valorização de fontes que, com o tempo, foram sendo superadas, como é o caso dos quase contratos e a distinção entre delitos e quase delitos[1]. A rigor, a partir do *Traité des obligations* de Pothier, este introduziu outras fontes além das quatro, de caráter subsidiário, indicando a lei como fonte de obrigações que não tenham por origem as quatro fontes tradicionais.

No direito brasileiro, desde logo não se fixou a preferência sobre a classificação romanística. Teixeira de Freitas, no Esboço de Código Civil, preferiu distinguir as fontes das obrigações em fatos e os atos lícitos ou ilícitos na relação entre as pessoas. Em seguida, com o advento do Código Civil de 1916, que não trabalhou com a classificação original quatripartida, esta distinção praticamente desapareceu, preferindo-se ou a classificação das fontes das obrigações a partir dos critérios reconhecidos na lei, ou outra que resultasse das categorias definidas pela teoria do fato jurídico – em especial no desenho que a elas deu, no direito brasileiro, Pontes de Miranda[2].

---

[1] Observe-se que o Código Civil italiano de 1865, a exemplo do Código Civil de 1889, acolheu esta distinção quatripartida das fontes das obrigações, da mesma forma como, no direito português, as ordenações do Reino. Já o Código Civil português de 1867 não adotou esta classificação, a exemplo do Código Civil alemão (1896), e o Código suíço das obrigações (1911).

[2] Pontes de Miranda, *Tratado de direito privado* cit., t. II, p. 253.

34 | DIREITO DAS OBRIGAÇÕES – *Bruno Miragem*

A rigor, ambos os caminhos são possíveis, ademais, porque a classificação das fontes das obrigações tem duas funções essenciais. A primeira é de caráter didático, auxiliando no conhecimento e exame comparado dos vários fatos suscetíveis de constituir uma obrigação. Em seguida, nota-se igualmente a função de reconhecer semelhanças e distinções, em acordo com os critérios adotados, buscando melhor examinar as diferentes fontes eleitas.

2. DIVISÃO CLÁSSICA QUATRIPARTIDA DAS FONTES OBRIGACIONAIS

Conforme se mencionou, vem do direito romano a divisão quatripartida das fontes das obrigações, a saber: os contratos, os quase contratos, os delitos e os quase delitos. Os contratos seriam os negócios jurídicos, convenções constitutivas de obrigações mediante livre deliberação das partes, que entre si consentiam com seu objeto. Os quase contratos constituiriam as situações decorrentes de fatos voluntários lícitos nos quais não há consentimento. Seriam exemplos melhores a gestão de negócios e a promessa de recompensa, por exemplo.

Já a distinção entre delitos e quase delitos era realizada em função do motor subjetivo da conduta do agente na realização de fatos ilícitos. Enquanto os delitos abrangiam os fatos ilícitos causados pela conduta voluntária do agente, os quase delitos diziam respeito aos ilícitos causados pela conduta culposa, assim entendidas aquelas movidas por negligência ou imprudência.

Trata-se de distinção que sofreu crítica especialmente após a indicação, pelo Código Civil francês, da lei como uma quinta fonte das obrigações, ademais, por permitir que se reconduza a ela todas as causas de obrigação, já que se pode indicar como legal a previsão de todas as demais.

3. SITUAÇÃO ATUAL DA DIVISÃO DAS FONTES OBRIGACIONAIS

Atualmente, os diferentes sistemas seguem critérios definidos em sua legislação, que em boa parte afastaram-se da concepção clássica romana. Nossa tradição jurídica revela a utilidade da distinção das obrigações a partir de suas fontes. Todavia, como bem demonstra a doutrina, a multiplicidade de fatos juridicamente relevantes (negócio jurídico, atos ilícitos, atos justificados, fatos jurídicos e atos jurídicos lícitos), praticamente todos que em dado momento importam na fonte de uma obrigação, faz com que o exame jurídico da relação obrigacional, a partir de suas fontes, apresente grande dificuldade[3]. Uma divisão desta natureza que se utilizasse apenas das categorias presentes no direito das obrigações, por exemplo, só conseguiria separar as obrigações negociais das não negociais, o que ressaltaria exageradamente na importância das primeiras em relação às demais[4].

Operar esta classificação de fontes é difícil e exigirá a eleição de um critério adequado para este fim. Ao examinar o tema, Larenz propõe a distinção das fontes de obrigações entre aquelas derivadas de negócios jurídicos, as derivadas de conduta social típica (relações contratuais de fato), as originárias de fatos legalmente regulamentados (responsabilidade civil por risco ou decorrente de atos ilícitos, enriquecimento sem causa, dever de alimentos), atos e as decorrentes de disposição estatal com caráter constitutivo em matéria de direito privado (obrigação de contratar em certas situações, decorrente de disposição legal)[5].

---

[3]   Fernando Noronha conclui inclusive pela inviabilidade prática desta análise. Noronha, *Direito das obrigações*, p. 407-408.

[4]   Fernando Noronha, *Direito das obrigações* cit., p. 409-410.

[5]   Karl Larenz, *Derecho de obligaciones* cit., I, p. 55 e ss.

Todavia, a sistematização estabelecida pelo Código Civil não é a melhor. Embora tenha distinguido claramente duas situações, do negócio jurídico – e dentre estes, do contrato em especial – e das hipóteses de responsabilidade civil por atos ilícitos e mesmo lícitos, por outro lado, reuniu sob a mesma categoria legal de atos unilaterais, situações com grande diferença entre si, caso da promessa de recompensa, gestão de negócios, pagamento indevido e enriquecimento sem causa. Estabeleceu-se, no caso, certo artificialismo na solução proposta, reunindo sob a denominação de atos unilaterais situações que se distinguem claramente entre si. A manifestação unilateral de vontade como fonte de obrigações foi entendimento sustentado especialmente por H. Siegel, no século XIX[6]. Recebeu críticas quanto à utilidade da distinção das demais fontes, mas não se questiona que a promessa de recompensa de fato revela-se como espécie desta fonte, uma vez que basta a promessa para que se estabeleça a eficácia obrigacional, a qual não necessita aceitação, mas preenchimento de condição preestabelecida ou cumprimento de tarefa designada pelo promitente (art. 854 do Código Civil). Ocorre que nas demais situações, dizer-se que decorrem somente de manifestação unilateral de vontade, ou não expressam suas características essenciais, ou resulta apenas de equívoco. Enriquecimento sem causa e pagamento indevido, a rigor, são gênero e espécie. A técnica do Código Civil de 2002 desconsiderou este aspecto, e fez a espécie preceder o gênero (o pagamento indevido encontra-se previsto nos arts. 876 e seguintes, o enriquecimento sem causa nos arts. 884 a 886). Quanto à gestão de negócios, embora se possa determinar tratar-se de manifestação unilateral de vontade, pouca semelhança tem com a promessa de recompensa. O gestor para logo se compromete ao intervir no negócio do dono, respondendo por sua atuação. Na promessa de recompensa, embora haja eficácia desde logo, o vínculo resulta do preenchimento da condição ou realização da tarefa constante da promessa pública.

Daí por que, a par da iniciativa relativamente assistemática de classificação das fontes pela legislação, incumbe ao estudo mais adequado do direito das obrigações estabelecer um dado sistema de fontes.

No direito brasileiro, o contrato tem destaque como fonte das obrigações, organizado sob a forma genérica de negócio jurídico. Neste particular, note-se que o Código Civil de 2002 destacou a disciplina do negócio jurídico na Parte Geral, valorizando a categoria abstrata da qual se originam as obrigações formadas a partir do consentimento dos sujeitos da relação jurídica.

Uma segunda fonte de obrigação, por sua vez, decorre da imposição legal do dever de prestação em certas situações. O fato que dá causa à obrigação resulta de previsão legal, em face de certa conduta ou situação de fato que envolvam as partes. A saber, obrigações que, para se constituírem independem do acordo de vontades, bastando haver previsão legal, que impõe, igualmente, o dever de prestação. Nesse caso se situam tanto as obrigações decorrentes de atos ilícitos – obrigação de indenizar, predominantemente, porém também sendo possível a imposição de obrigação de fazer ou não fazer para efeito de evitar ou fazer cessar o dano.

Outras fontes de obrigação serão condutas sociais típicas que, embora não previstas em lei, são reconhecidas socialmente como espécies de comportamentos relativamente esperados e reproduzidos pelos indivíduos, cuja eficácia vinculativa decorre do reconhecimento da confiança e sua tutela, o que no direito das obrigações opera-se, sobretudo, em razão da incidência da boa-fé objetiva.

---

[6]   H. Siegel, *Das Versprechen als Verpflichtungsgrund im heutigen Recht*: eine germanistische Studie. Berlin: Vahlen, 1873, p. 45 e ss.

A gestão de negócios também é fonte de obrigações. Há gestão de negócios, nos termos do art. 861 do Código Civil, quando alguém, sem autorização do interessado, intervém na gestão de negócio alheio, devendo dirigi-lo de acordo com o interesse e a vontade presumível do seu dono. Por essa razão, assume obrigação com este e com as pessoas com quem tratar. Na gestão de negócios, não há negócio jurídico, senão ato jurídico de assunção do negócio alheio, sem autorização do titular, infirmando a lei a obrigação do gestor em relação a este e a terceiros.

Por fim, o enriquecimento sem causa é fonte de obrigações, nos termos do art. 884 do Código Civil. Originalmente, o enriquecimento sem causa não era expressamente previsto como fonte de obrigação. Usava-se invocá-lo como espécie de princípio impositivo de proibição – a vedação ao enriquecimento sem causa – como fundamento para a dedução de pretensões contra aquele que tivesse acréscimo patrimonial injustificado, ou ainda para impedir que este acréscimo de fato ocorresse. Atualmente, embora seja previsto expressamente como espécie de fonte subsidiária, que só pode ser utilizada na ausência de outro meio de tutelar o interesse (art. 886), dá causa à obrigação de restituição, ou seja, de que a parte beneficiada restitua àquele que teve seu patrimônio reduzido, o montante que lhe foi retirado.

Examine-se a seguir, de modo mais detalhado, cada uma das fontes das obrigações.

4. OBRIGAÇÕES ORIGINADAS POR NEGÓCIOS JURÍDICOS

São os negócios jurídicos fonte de obrigações das mais relevantes. A rigor, adota-se falar negócio jurídico em respeito à estruturação do tema no Código Civil de 2002, que por inspiração alemã – no Brasil bem representada por Pontes de Miranda – adota esta categoria abstrata para definir e ordenar as situações em que a vontade humana é reconhecida pelo direito tanto para realização válida, quanto para definição de seu conteúdo e eficácia.

As obrigações negociais – decorrentes de negócios jurídicos – mereceram grande acolhida no direito vigente. No Código Civil de 2002, note-se que o Título I do Livro III da Parte Geral dedica-se exclusivamente ao negócio jurídico, ao contrário do Código anterior, em que genericamente as regras referiam-se aos atos jurídicos. Nos limites pretendidos pelo presente estudo, tenha-se o negócio jurídico como espécie de fato jurídico no qual uma ou mais pessoas declaram vontade com o propósito de conformar determinado objeto a produzir efeitos jurídicos. Sua conformação contemporânea é tributária do jusracionalismo dos séculos XVII e XVIII, mas com mais exatidão da pandectística alemã do século XIX, em que se apresenta com um caráter abstrato, tendo por pressuposto uma igualdade formal entre os sujeitos da respectiva relação jurídica[7], e assim será recebida em outros sistemas jurídicos[8].

Os negócios jurídicos são expressão da autonomia privada (ou sua subespécie autonomia negocial) reconhecida a cada indivíduo de autorregular seus interesses no espaço de liberdade que o direito lhe confere. Nesse sentido, observou-se historicamente desde o surgimento da definição o negócio jurídico, uma evolução conceitual, a partir da qual gradativamente substitui-se a noção de poder da vontade, tomado em interpretações extremas, como poder de produzir *per se* efeitos jurídicos, para a noção de direito que reconduz a manifestação da

---

[7] Conforme explicita Francesco Galgano, a filosofia da força criadora da vontade que a teoria do negócio jurídico exalta será a vontade do grupo social que dirige o processo histórico: a exaltação da vontade, como a única causa eficiente da transformação do direito, apoia a burguesia comerciante e seu processo de apropriação dos recursos. Francesco Galgano, *El negocio jurídico*, Trad. Pablo Gascó y Lorenzo Albentosa, Valencia: Tirant lo blanch, 1992, p. 41-42.

[8] Para a recepção da teoria no direito italiano, veja-se: Galgano, *El negocio jurídico* cit., p. 49 e ss.

vontade ao direito legislado, indicando o ato de vontade como juridicamente relevante na medida em que preenche a previsão mais estrita ou ampla de uma norma que lhe estatui seus efeitos[9]. Dito de outro modo, trata-se de afirmar que a liberdade individual, tendo por objetivo a produção de efeitos jurídicos só se admite em conformidade com o direito, no espaço de liberdade que este estabelece.

Esta circunstância determinará a extensão dos deveres decorrentes da lei, mas exigíveis no âmbito do cumprimento de um negócio jurídico. Ou seja, não tem sua origem no negócio jurídico, senão da própria lei e nos limites que esta conferirá à expressão da vontade individual. No que toca à própria conformação do negócio jurídico, tais exigências legais aparecem desde os requisitos relacionados para sua validade (art. 104 do Código Civil), hipóteses de invalidade (art. 166 e ss), na previsão e delimitação dos elementos acidentais do negócio (arts. 121 a 137), assim como no capítulo relativo aos defeitos do negócio jurídico (arts. 138 a 165). Por outro lado, no interior da relação negocial constituída, surgem agora novos direitos subjetivos e deveres jurídicos expressos por meio, por exemplo, da boa-fé subjetiva e da função social dos contratos, conforme examinamos. E tal circunstância revela-se hoje tanto nos negócios jurídicos celebrados sob o regime do Código Civil, assim como, com maior intensidade, nos negócios jurídicos de microssistemas protetivos, como o direito do consumidor.

Daí que as obrigações negociais, ao tempo em que se constituem a partir da celebração do negócio jurídico, têm no cumprimento da prestação pactuada – a qual se vincula no regime atual ao interesse útil e legítimo do credor – o critério para fixação do seu adimplemento. Na hipótese de não cumprimento por recusa ou impossibilidade culposa, ou ainda, o cumprimento defeituoso por ato positivo ou negativo que comprometa o interesse do credor, surge para o devedor a responsabilidade pelos prejuízos causados, cujo conteúdo será determinado de acordo com a lei (perdas e danos em sentido genérico) ou segundo as disposições convencionadas no próprio negócio jurídico (cláusula penal, juros convencionados, e.g.).

4.1. Negócio jurídico bilateral: contrato

Os negócios jurídicos podem ser unilaterais, bilaterais ou plurilaterais, conforme se exija uma, duas ou mais vontades para sua formação e eficácia. A espécie de negócio jurídico mais relevante é o contrato. Em muitos sistemas, que não adotam a teoria do negócio jurídico, segue-se a tradição romana de identificar simplesmente o contrato como fonte de obrigações. A constituição válida do contrato e formação do seu conteúdo se desenvolve no âmbito da autonomia privada, consistindo no exercício da liberdade negocial.

A liberdade negocial abrange tanto a liberdade de celebração de estipulação – definição do tipo contratual a ser adotado – quanto a decisão de não adotar um tipo legal predefinido. Da mesma forma estabelece a liberdade de fixação do conteúdo do contrato, de modo a dispor em acordo com a vontade e respeitada a licitude do objeto do contrato, quais suas cláusulas e condições. Adotando-se outra terminologia, pode-se distinguir entre a liberdade de contratar – entendida como liberdade de celebração e seleção do tipo contratual – e a liberdade contratual, exercida para efeito da formação do conteúdo do contrato.

Note-se que o reconhecimento e exercício da liberdade negocial pode sofrer limitações. Há situações em que se eclipsa a liberdade de celebração em vista da definição legal de verdadeiro dever de contratar. É o caso da prestação de serviços públicos em que concessionários ou permissionários assumem o dever de contratar com os usuários do serviço, admitindo-se hipóteses restritas de recusa, em geral no benefício do próprio usuário ou da coletividade. Da

---

[9]   Ana Prata, *Tutela constitucional da autonomia privada*, Coimbra: Almedina, 1982, p. 20-21.

mesma forma, no Código de Defesa do Consumidor[10] e na Lei de Defesa da Concorrência[11], há regras que implicam autêntica obrigação de contratar.

Da mesma forma, cada vez mais na sociedade de massas, reconhece-se como técnica de padronização especialmente daqueles que celebram contratos com grande contingentes de contratantes, como parte de sua atividade econômica, a estipulação de condições gerais contratuais, espécies nas quais se celebram contratos com o mesmo conteúdo, com diversas pessoas distintas. Neste caso, usa-se denominar contratos de adesão, considerando o conteúdo da declaração da vontade de ao menos uma das partes, que ao contrário de estipular o conteúdo do negócio jurídico, apenas irá manifestar aceitação em relação a cláusulas predefinidas, aderindo, portanto.

A padronização do conteúdo do contrato, nesses casos, decorre de exigência prática de planejamento/organização da atividade negocial de determinado contratante, ou, por vezes, da própria lei, que pode definir a exigência de que o conteúdo do contrato seja pré-aprovado por autoridade administrativa (assim ocorre com a definição legal de contrato de adesão presente no art. 54 do CDC). É o que ocorre, por exemplo, no tocante aos contratos de seguro. Em qualquer desses casos, contudo, a posição do aderente evidencia uma limitação à sua liberdade contratual, de modo a exigir do ordenamento jurídico proteção em relação ao poder daquele que estabelece o conteúdo do contrato. Daí a proteção do aderente prevista nos arts. 423 e 424 do Código Civil, definindo, respectivamente, que no caso de haver cláusulas ambíguas ou contraditórias no contrato de adesão, deverá ser adotada interpretação mais favorável ao aderente, bem como a nulidade de cláusulas que estipulem a renúncia antecipada do aderente a direito resultante da natureza do negócio.

Os requisitos de validade do negócio jurídico são fixados no art. 104 do Código Civil: "I – agente capaz; II – objeto lícito, possível, determinado ou determinável; III – forma prescrita ou não defesa em lei". A constituição válida de obrigação não prescinde do atendimento desses requisitos. Por outro lado, note-se que a estrutura da obrigação negocial não apenas deve ser considerada – como ocorria na visão clássica do direito civil – em vista da relação estabelecida entre a celebração do negócio jurídico válido e sua extinção, pelo adimplemento ou pelo inadimplemento. A visão contemporânea, da relação obrigacional, e especialmente das obrigações originadas por negócio jurídico, contempla a visão do processo obrigacional, ou seja, como relação jurídica que se desenvolve em fases, sendo relevante juridicamente não apenas a relação que se inaugura com a celebração do negócio, senão a fase anterior, pré-negocial. Nesta fase pré-negocial, ocorrem as tratativas entre as partes, negociações e prestação de informações que *per se* só podem produzir efeitos, vinculando as partes a determinados deveres ou ainda, a determinada interpretação que posteriormente possa se emprestar ao negócio jurídico.

Da mesma forma, havendo a execução da obrigação negocial, com o cumprimento do dever de prestação das partes, a perspectiva da relação obrigacional como um processo também pode dar causa a que se reconheçam efeitos da obrigação mesmo após sua extinção,

---

[10]   Define o art. 39, II, do Código de Defesa do Consumidor como prática abusiva: "recusar atendimento às demandas dos consumidores, na exata medida de suas disponibilidades de estoque, e, ainda, de conformidade com os usos e costumes". Igualmente, o inciso IX do mesmo artigo: "recusar a venda de bens ou a prestação de serviços, diretamente a quem se disponha a adquiri-los mediante pronto pagamento, ressalvados os casos de intermediação regulados em leis especiais".

[11]   Assim as condutas vedadas pelo art. 36, incisos X e XI, da Lei n. 12.529, de 30 de novembro de 2011: "X – discriminar adquirentes ou fornecedores de bens ou serviços por meio da fixação diferenciada de preços, ou de condições operacionais de venda ou prestação de serviços", e "XI – recusar a venda de bens ou a prestação de serviços, dentro das condições de pagamento normais aos usos e costumes comerciais".

Capítulo 2 · FONTES DAS OBRIGAÇÕES | **39**

na denominada fase pós-negocial. Será o caso, por exemplo, do dever de manter sigilo sobre certos aspectos do negócio celebrado entre as partes, ou ainda o dever de acompanhar o desempenho ou prestar assistência se inerente à natureza do negócio.

De qualquer modo, as obrigações negociais, ou seja, as originadas por negócios jurídicos, terão seu objeto limitado apenas em razão da lei (seu objeto não pode ser proibido por lei, assim como deve atender aos requisitos legais, sendo lícito, possível, determinado ou determinável – art. 104, II, do Código Civil), ou ainda pela ordem pública e bons costumes. Ordem pública e bons costumes são conceitos indeterminados que expressam certa compreensão cultural-valorativa da comunidade, de modo a impedir a realização de obrigações que contrariem os valores imanentes do próprio direito. Assim, por exemplo, não poderão ser objeto de obrigação a disposição de partes do corpo, quando implicarem ofensa a bons costumes (art. 13 do Código Civil), caso da disposição onerosa de partes do corpo.

Isso não significa que não se poderá conhecer em vista das características e da natureza do contrato, o controle externo, especialmente de natureza judicial, quando da formação do seu conteúdo se verifique a violação de uma obrigação essencial do negócio jurídico. Neste caso, tanto poderá ser um dever lateral, cujo cumprimento ou não integre o interesse útil do credor, quanto sua causa, ou seja, a razão pela qual foi celebrado. É o que se examina a seguir.

4.1.1. Contrato e causa

A consideração do contrato como uma das principais fontes de obrigações põe em relevo o problema da causa, objeto de grandes discussões no direito brasileiro e comparado. A expressão causa é tomada da filosofia, significando a origem ou função de determinado fenômeno. Referente aos contratos, a noção jurídica de causa – causa contratual – relaciona--se com a origem, com o próprio fundamento do contrato. Originalmente, distinguem-se as concepções subjetiva e objetiva de causa. A concepção subjetiva reconhece na causa o motivo determinante pelo qual os contratantes decidiram celebrar o contrato observando certo conteúdo (causa-motivo). A concepção objetiva diz respeito não à intenção ou motivação individual dos contratantes, senão da função que o próprio direito reconhece ou confere para determinado contrato (causa-função).

Tradicional doutrina brasileira, ao debruçar-se sobre o tema sob a égide do direito anterior, rejeitava a interpretação da noção de causa como incorporada na noção de objeto lícito, possível, determinado ou determinável, previsto por lei[12]. Segundo tal entendimento, estaria presente, no sentido de objeto do ato jurídico (e do contrato), a causa como justificativa da relação de direito, ou, como propõe definir, o "interesse material ou moral, a cuja realização tende o agente, e que se conforme à ordem jurídica, legitima o resultado procurado"[13]. Contudo, embora não expresso como pressuposto do ato jurídico, reconhece que a noção de causa está implícita no sistema jurídico brasileiro, embora não plenamente identificado ao modelo francês[14].

O exame da causa do contrato, como de resto dos atos e negócios jurídicos em geral, pode ser realizado sob duas perspectivas principais: a primeira, vinculada diretamente à validade do ato ou negócio jurídico, orientando-se no exame da ilicitude da causa; a segunda, pelo

---

[12] Paulo Barbosa de Campos Filho, *O problema da causa no Código Civil brasileiro*, São Paulo: Max Limonad, 1959, p. 61-68.

[13] Idem, p. 125.

[14] Claudia Lima Marques, Cem anos do Código Civil alemão: o BGB de 1896 e o Código Civil brasileiro de 1916, *RT* 741/30.

reconhecimento, no conceito de causa, da utilidade do contrato para as partes contratantes, ou, ainda, o reconhecimento, pela causa, da função social do contrato. Historicamente, alternam-se os entendimentos subjetivos e objetivos sobre a definição da causa: o primeiro (subjetivo), identificando seu significado a partir do interesse específico das partes contratantes e sua conformidade com o ordenamento jurídico; o segundo (objetivo), promovendo a distinção entre a causa e o motivo do ato[15], e nesse sentido separando o que seriam interesses próprios dos contratantes (motivo) e sua conformação com a ordem jurídica, que reconheceria ao contrato, especialmente quando regulado por lei (contrato típico), dado interesse ou utilidade a serem promovidos.

Indefinida no direito romano a noção de causa[16], desenvolve-se a partir dos glosadores, sob o influxo do direito canônico, identificada com o conceito de *causa finalis*. Nesse sentido, será de Bartolo a observação de que todo pacto se origina de uma causa, e, ao celebrá-lo, as partes perseguem um fim, critério que posteriormente será adotado pelo grande jurista Cujas[17]. A afirmação da teoria da causa, todavia, como é sabido, deve-se a Domat, em seu *Les lois civiles*, que se converte em uma das principais influências do futuro Código Civil francês, indicando a causa como um dos elementos do contrato, como depois será positivado no art. 1.108 daquela lei[18]. Nessa configuração original, distinguem-se a causa da denominada causa impulsiva ou motivo, este que não se considera como elemento do contrato[19], mas elemento puramente psicológico a determinar a declaração de vontade. Essa visão objetivista da causa, contudo, foi moderada pela própria jurisprudência francesa e pela doutrina que a ela se seguiu, especialmente para admitir a invalidade do negócio jurídico em face da ilicitude

---

[15] No direito argentino, por exemplo, fiel à clássica distinção francesa, diferenciam-se, segundo previsão de presunção *iuris tantum* da existência de causa nos contratos em geral (art. 500 do Código Civil argentino), as noções de causa-fonte dos contratos e da causa-motivo ou causa-fim, ambas devendo guardar conformidade com o ordenamento jurídico, Carlos Ghersi e Celia Weingartner, *Tratado jurisprudencial y doctrinario*. Derecho civil. Contratos, Buenos Aires: La Ley, 2009, t. I, p. 169.

[16] Segundo Luis Renato Ferreira da Silva, em sua reconhecida tese doutoral, "a noção de causa sinalagmática, ainda que não estruturada no direito romano clássico, pode já ser vislumbrada (...). Seja com o papel dilatador do conceito de contrato (Labeão e Aristão), seja como ideia norteadora da proteção aos simples pactos, ou, ainda, como justificadora da aceitação de uma categoria contratual (contratos inominados), o que se via era uma tentativa de abarcar, no conceito de juridicidade, situações que não estavam tipicamente abrangidas. Mais ainda, o que se vê é um respeito pela recomposição de deslocamentos patrimoniais que não encontravam respaldo no sistema então vigente, servindo para um alargamento das fontes das obrigações (...)" (Luis Renato Ferreira da Silva, *Reciprocidade e contrato*. A teoria da causa e sua aplicação nos contratos e nas relações paracontratuais, Porto Alegre: Livraria do Advogado, 2013, p. 40-41).

[17] Apud Roberto H. Brebbia, La causa como elemento del negocio jurídico en el derecho argentino y comparado, La Ley 1991-E/884, in: Ricardo Lorenzetti (dir.), *Doctrinas esenciales* – Obligaciones y contratos, Buenos Aires: La Ley, 2009, t. IV, p. 420.

[18] Segundo ensina Planiol, a partir da teoria da causa de Jean Domat se podem observar três ideias essenciais: (a) de que nos contratos sinalagmáticos, a obrigação de cada uma das partes tem por causa o compromisso contraído pela outra, de modo que se sustentam mutuamente e serve cada prestação de fundamento da outra; (b) nos contratos reais como o empréstimo, em que não há mais de uma prestação, a obrigação nasce com a entrega da coisa; e (c) nos contratos gratuitos, em que não há reciprocidade de prestações em prestação anterior, a causa da obrigação encontra-se na liberalidade dos motivos daquele que outorga o benefício. Conforme: Marcel Planiol, *Traité élémentaire de droit civil*, 3. ed. rev. e comp., Georges Ripert e Jean Boulanger, Paris: LGDJ, 1949, t. II, p. 105.

[19] Roberto H. Brebbia, La causa como elemento del negocio jurídico... cit., p. 421.

da causa motivo[20] – opção adotada expressamente pelo Código Civil brasileiro de 2002[21]. E mesmo a própria noção de causa contratual foi duramente criticada por parte da doutrina francesa de então, considerada como vazia de sentido, dada sua multiplicidade de acepções possíveis, uma vez considerada a referência à causa das obrigações ora como fonte, ora para designar sua natureza[22].

A distinção entre as teorias que se podem identificar como teoria objetiva[23], que busca reconhecer as ideias de causa e finalidade do contrato[24]; e a teoria subjetiva, cuja matriz[25] se apoia na vontade como elemento de ligação entre móvel (motivo quanto ao passado que leva a celebrar o contrato) e finalidade, indicando elementos teleológicos quanto ao futuro (objetivos pretendidos pelo declarante)[26], é de utilidade para compreensão adequada da importância da causa nos contratos. De resto, consigne-se que, mesmo em sistemas jurídicos identificados como anticausalistas – caso do direito alemão[27] –, não se perde a noção de preservação de interesse útil dos contratos, ou ainda de limites que se lhe determinam em vista do interesse comum, a partir de outros critérios, normalmente estabelecidos por intermédio de cláusulas gerais[28].

Na moderna doutrina italiana, percebe-se claramente a afirmação da concepção objetiva, indicando-se a causa como a razão prática do contrato, ou seja, "o interesse que a operação contratual destina-se a satisfazer"[29]. A rigor, identifica-se a causa com a função econômico--social do contrato, que se converte em critério de controle de mérito dos atos expressivos da autonomia privada, em que igualmente se sustenta a necessidade de identificação de causa concreta de certo contrato em questão, para além da avaliação genérica de determinado

---

[20]   Louis Josserand, *Les mobiles dans les actes juridiques du droit privé*, Paris: Dalloz, 1928.

[21]   Assim, o art. 166, III, do Código Civil de 2002: "É nulo o negócio jurídico quando: (...) III – o motivo determinante, comum a ambas as partes, for ilícito".

[22]   Marcel Planiol, *Traité élémentaire de droit civil* cit., p. 106-107.

[23]   Emilio Betti, *Teoria general del negozio giuridico*, Camerino: Edizione Scientifiche Italiane, 1994, p. 181 e ss.

[24]   Henri Capitant, *De la cause des obligations*, 3. ed., Paris: Librairie Dalloz, 1927, p. 19.

[25]   Especialmente Louis Josserand, *Les mobiles dans les actes juridiques du droit privé*.

[26]   Clóvis do Couto e Silva, Teoria da causa no direito privado, *O direito privado na visão de Clóvis do Couto e Silva*, Porto Alegre: Livraria do Advogado, 1997, p. 65-66. No mesmo sentido: Torquato Castro, *Da causa no contrato*, Recife: Imprensa Universitária da Universidade Federal de Pernambuco, 1966, p. 8.

[27]   A desatenção à causa contratual no direito alemão justifica-se por diversos argumentos, desde uma maior tendência à abstração naquele sistema, passando pela própria resistência da incorporação da própria noção de contrato pela doutrina da pandectística do século XIX, que precedeu a elaboração do Código Civil, bem como a proteção maior à confiança na conduta concreta dos indivíduos em relação à manifestação meramente volitiva acerca, exclusivamente, da formação do contrato. Nesse sentido, veja--se Michele Giorgianni, La causa tra tradizione e innovazione, in: Guido Alpa; Mario Bessone, *Causa e consideration*, Padova: Cedam, 1984, p. 18. Os atos de disposição no direito alemão passíveis de dar origem à atribuição patrimonial de uma pessoa para outra (conhecida pela expressão *Zuwendungen*) não se ligam ao contrato em si, e suas condições de validade. Esta peculiaridade, que se liga a exigências de segurança do comércio jurídico e de proteção a terceiros de boa-fé sob o fundamento reconhecido do princípio da abstração implica que eventual invalidade do negócio causal não prejudicará necessa-riamente a eficácia de atribuição patrimonial, a qual poderá ser atacada apenas mediante demonstração do rompimento do equilíbrio patrimonial de partes mediante recurso ao instituto do enriquecimento sem causa, conforme, Michel Pédamon, *Le contrat en droit allemand* cit., p. 6-7.

[28]   Nesse sentido a contrariedade à norma imperativa (§ 134) ou aos bons costumes (§ 138) como causa de nulidade do contrato, conforme observa Michel Pédamon, *Le contrat en droit allemand* cit., p. 80 e ss. Indicando estas cláusulas gerais como implícitas ao sistema do Código Civil brasileiro de 1916, Claudia Lima Marques, Cem anos do Código Civil alemão... cit., p. 31.

[29]   Cesare Massimo Bianca, *Diritto civile – Il contrato*, 2. ed. Milano: Giuffrè, 2000, t. III, p. 447; Francesco Galgano, *Corso di diritto civile – Il contrato*, Padova: Cedam, 2007, p. 141-142.

DIREITO DAS OBRIGAÇÕES – *Bruno Miragem*

tipo contratual, especialmente para fins de interpretação das disposições do contrato e da conduta dos contratantes[30]. No direito francês, Jacques Ghestin sustenta a necessidade de distinção entre o objeto e a causa do contrato. Observa, então, que causa é a justificação do compromisso de cada uma das partes, enquanto o objeto do contrato é único e resultado de sua vontade comum. Nesse sentido, nos contratos comutativos, em que o objeto contempla uma troca de prestações, o que distingue a causa é a consideração dos termos do contrato tomado globalmente, em que se permita identificar a existência do compromisso correspectivo das partes em relação ao comportamento do outro, justificando-se a conduta a ser adotada pela expectativa em relação ao comportamento do outro cocontratante[31]. Essa compreensão aproxima as distintas concepções sobre causa especialmente nos contratos sinalagmáticos, em que o comprometimento do equilíbrio econômico das prestações pode comprometer a manutenção da causa, justificando aí, para efeito de conservação do contrato e/ou atendimento do interesse útil das partes em relação ao contrato, os diversos modos de intervenção no conteúdo do pacto após sua celebração[32]. A função da causa, assim, conforme sustenta a boa doutrina, é polivalente, qualificando o contrato, definindo critério de juridicidade do acordo e delimitando o exercício da autonomia privada[33].

A associação da noção de causa à de motivo determinante da obrigação, devidamente reconhecido pela ordem jurídica, conduz seu sentido, de outro modo, à identificação da economia do contrato, ou seja, a vantagem a ser atribuída aos contratantes em decorrência das prestações estabelecidas e da execução do contrato[34]. Por outro lado, também o significado e os efeitos da função social do contrato podem ser reconduzidos à noção de causa contratual. Isso resulta da própria extensão reconhecida à função social do contrato a partir do disposto originalmente no art. 421 do CC/2002 ("Art. 421. A liberdade de contratar será exercida em razão e nos limites da função social do contrato"), condicionando e submetendo o exercício da liberdade de contratar ao atendimento da função social. A interpretação adequada dessa disposição, que concilie o exercício legítimo da liberdade de contratar (livre-iniciativa econômica) e o interesse social que possa limitá-lo ou restringi-lo, é encontrada apenas no reconhecimento de uma "utilidade esperada" da celebração e execução do contrato, tanto pela proteção de interesses legítimos dos contratantes, quanto por uma "utilidade social" reconhecida pela contribuição da execução contratual. Pondera a doutrina que, "se o contrato é um negócio jurídico patrimonial e se é o instrumento básico de circulação de riquezas, não se pode negar que tem função econômica e, considerando que tem por fim criar, modificar e extinguir relações jurídicas patrimoniais (terreno dos efeitos), é desta forma que atua no meio social"[35]. Nessa visão, causa requisito de validade do contrato seria sua função econômica, sendo a função social seu elemento externo. Este debate, todavia, reedita aquele que envolve a própria compreensão do negócio jurídico em si, que, conforme bem aponta Antônio Junqueira

---

[30] Cesare Massimo Bianca, *Diritto civile – Il contrato* cit., p. 451-454.

[31] Jacques Ghestin, *Cause de l'engagement et validité du contrat*, Paris: LGDJ, 2006, p. 700.

[32] Nesse sentido refira-se a sequência do exame de Jacques Ghestin, do comprometimento da causa em vista da lesão nos contratos sinalagmáticos – idem, p. 701 e ss.

[33] Maria Celina Bodin de Moraes, A causa dos contratos, in: *Na medida da pessoa humana: estudos de direito civil-constitucional*, Rio de Janeiro: Processo, 2010, p. 314.

[34] Marcel Planiol, *Traité élémentaire de droit civil* cit., p. 109-110.

[35] Vera Helena de Mello Franco, *Teoria geral do contrato*: confronto com o direito europeu futuro, São Paulo: RT, 2011, p. 145.

de Azevedo, ora se estabelece em vista de seus efeitos (função), ora em razão da declaração de vontade para sua criação (gênese)[36].

O advento da Lei 13.874/2019, cognominada Lei da Liberdade Econômica, alterou o texto art. 421 do CC/02, que passou a ter a seguinte redação: "A liberdade contratual será exercida nos limites da função social do contrato." Não é mera substituição cosmética. A liberdade de contratar compreende, essencialmente, a de celebrar contratos, decidir pactuar; a liberdade contratual, conforme ora prevê a norma, concentra-se na formação do seu conteúdo, no exercício da autonomia privada. Há aqui, de parte do legislador, uma preocupação maior com o conteúdo, não deixando contudo, de definir, que a função social não condiciona, mas limita, ao mesmo tempo em que inclui no parágrafo único desta disposição que "Nas relações contratuais privadas, prevalecerão o princípio da intervenção mínima e a excepcionalidade da revisão contratual".

No caso dos contratos comerciais (ora empresariais), note-se que o Código Comercial brasileiro indicava, em seu art. 129, item 3, a causa como seu elemento essencial, na medida em que cominava de nulidade aqueles que "não designarem a causa certa de que deriva a obrigação". No mesmo sentido, conforme lembra Couto e Silva, o art. 90 do Código Civil revogado igualmente tomava a noção de causa em sua concepção objetiva, ao referir que "só vicia o ato a falsa causa, quando expressa como razão determinante ou sob a forma de condição". Nesse sentido, quando o ordenamento jurídico valora certo negócio jurídico, não perquire sobre a série de volições que estejam eventualmente envolvidas no negócio. De fato, valoriza o negócio direta e positivamente e indiretamente sua causa, do negócio em si[37].

4.1.2. *Eficácia obrigacional e eficácia real do contrato*

Embora se distinguindo, neste ponto, o contrato como fonte de obrigações, é conveniente bem distinguir em relação aos efeitos produzidos pela sua celebração. Ocorre que o contrato, predominantemente, produz efeitos obrigacionais, de modo que o cumprimento do dever de prestação ou será realizado espontaneamente pelo devedor, ou será objeto de execução forçada, providência esta que terá por objetivo ou a realização da prestação em si, ou havendo recusa ou impossibilidade desta, as respectivas sanções decorrentes do inadimplemento.

Nesse sentido, nem sempre será possível compelir o devedor a realizar o exato conteúdo da prestação com o qual se comprometeu no contrato. Poderá acontecer que, ocorrendo a recusa do devedor, torne-se impossível ao credor obter a exata prestação ajustada. Desse modo, admite-se, sob certas condições, que o credor obtenha a prestação de terceiro à custa do devedor. Contudo, solução mais comum é a do surgimento – com o inadimplemento do devedor – do direito do credor de promover a resolução do contrato, e exigir perdas e danos, mais as sanções previstas em lei, tais como os juros, despesas relativas a honorários advocatícios e, quando estipulado no contrato, o valor previsto a título de cláusula penal (multa por descumprimento do contrato).

A isso se refere quando é mencionada a eficácia obrigacional do contrato, tendo em vista que não há como assegurar ao credor o conteúdo exato da prestação, na hipótese de inadimplemento do devedor.

---

[36] Não por acaso, e indicando longa relação de objeções a ambas as tentativas de compreensão da teoria do negócio jurídico, opta Junqueira de Azevedo pelo exame do negócio jurídico a partir de sua estrutura. Assim, Antônio Junqueira de Azevedo, *Negócio jurídico: existência, validade e eficácia*, São Paulo: Saraiva, 2002, p. 4-14.

[37] Clóvis do Couto e Silva, Teoria da causa no direito privado cit., p. 67.

Porém, em certo número de obrigações contratuais, quando expressamente definido por lei, é conferida a denominada eficácia real do contrato. Eficácia real (*res*= do latim, coisa), porque admite ao credor, na hipótese de inadimplemento do devedor, além da responsabilidade do inadimplente, pretender obter o próprio conteúdo da prestação devida que, neste caso, trata-se de determinada coisa. Daí falar-se de eficácia real nas obrigações que tenham por objeto a entrega da coisa (obrigação de dar), como regra mediante transferência do domínio do devedor ao credor.

A eficácia real dos contratos tem sua origem remota em soluções de direito romano, embora encontre seu fundamento também em outras fases do desenvolvimento do direito privado. A rigor, tem relação essencialmente com os modelos estabelecidos em diferentes sistemas para a transmissão da propriedade – especialmente da propriedade imobiliária. Em sistemas denominados causais, basta a celebração do contrato que tenha por objeto a transmissão da propriedade, para que se realize o denominado efeito translatício do domínio. Em outros, denominados sistemas abstratos, exige-se, além do contrato, a adoção de certa formalidade, geralmente o seu registro.

Dada uma série de razões de ordem prática, especialmente em relação à segurança das partes de contratos relativos à compra e venda de imóveis, foram definidos em muitos sistemas, modelos intermediários, pelos quais se reconhece eficácia real a contratos que tenham por objeto a transmissão da propriedade. No direito brasileiro, é o caso do contrato de promessa de compra e venda de bem imóvel, que outorga ao promitente comprador do imóvel o direito real à aquisição deste, podendo exigir do promitente vendedor, ou de terceiros cessionários, do direito à outorga da escritura definitiva de compra e venda, conforme estabelecido no contrato de promessa, ou, se houver recusa, pretender, judicialmente, a adjudicação do imóvel (arts. 1.417 e 1.418 do Código Civil).

Outra solução havida é a da cláusula de reserva da propriedade, denominada comumente pacto comissório (*pactum reservai dominii*), previsto no Código Civil anterior, de 1916, porém não estabelecido expressamente no Código Civil vigente, de 2002. Utilizado, sobretudo, na compra e venda em que o pagamento do preço é diferido no tempo em parcelas, pelo pacto comissório, o vendedor obriga-se à transferência da propriedade, porém com a condição suspensiva de integral cumprimento da prestação pelo adquirente. Esta hipótese não está vedada no Código Civil vigente, usando-se atualmente também como espécie de garantia na venda com reserva de domínio (art. 521 e seguintes, do Código Civil). Nesse caso, contudo, a eficácia real do contrato subordina-se à condição suspensiva de integral cumprimento da obrigação pelo adquirente.

4.2. Negócio jurídico unilateral

Outra fonte de obrigação negocial é a decorrente de negócios jurídicos unilaterais. Neste caso, não se forma a obrigação a partir do consenso das partes, senão a partir da declaração de vontade de apenas um dos sujeitos da obrigação, que define as condições em que terceiros podem integrar os negócios. Há no negócio jurídico uma só manifestação de vontade, ou, havendo várias, são declarações concorrentes ou paralelas, representando um mesmo centro de interesse.

Os negócios jurídicos unilaterais são receptícios ou não receptícios. Os primeiros ocorrem quando a declaração de vontade deva ser destinada ou comunicada a determinada pessoa, que deve recebê-la. Os segundos são os negócios cujos efeitos se produzam independentemente de a declaração que seja conhecida e recebida por outra pessoa. Nem todos dão causa a uma obrigação. O fato de a vontade de um dos sujeitos precisar ser comunicada ao outro pode dar a impressão sobre a necessidade ou não do consenso para a produção dos efeitos, o que leva à dúvida sobre a aproximação e/ou identificação entre o negócio jurídico unilateral e o contrato (negócio jurídico bilateral). Ademais porque, em respeito à autonomia privada, também ninguém deveria ser tornado credor em um negócio jurídico sem a manifestação da sua vontade. A rigor, contudo, adota-se em nosso direito – segundo tradição dos sistemas romano-germânico – a estipulação expressa de situações nas quais se admitem negócios unilaterais como fontes de obrigações.

É o que ocorre no caso de promessa de recompensa, sobre a qual o art. 854 do Código Civil estabelece: "Aquele que, por anúncios públicos, se comprometer a recompensar, ou gratificar, a quem preencha certa condição, ou desempenhe certo serviço, contrai obrigação de cumprir o prometido". Da mesma forma ocorre em relação ao ato de instituição de fundação, que se realiza por escritura pública, e na qual o instituidor assume a obrigação de transferir os bens que destinou para este fim. Assim dispõe o art. 64 do Código Civil: "Constituída a fundação por negócio jurídico entre vivos, o instituidor é obrigado a transferir-lhe a propriedade, ou outro direito real, sobre os bens dotados, e se não o fizer, serão registrados em nome dela, por mandado judicial".

A rigor, as hipóteses de negócios jurídicos unilaterais previstas em lei têm a característica comum de que a declaração de vontade de apenas uma pessoa é suficiente para definir seu conteúdo e efeitos. No caso da promessa de recompensa, a exigibilidade fica condicionada ao preenchimento de condição ou ainda à realização de determinado serviço ao qual está submetida a prestação da recompensa. Na obrigação de transferência dos bens que resulta do ato de instituição da fundação, exigível será a obrigação quando não haja de parte do instituidor o cumprimento da prestação que impôs a si mesmo.

4.2.1. Promessa de recompensa

Na promessa de recompensa, conforme foi mencionado, o promitente assume, por intermédio de anúncios públicos, a obrigação de recompensar ou gratificar quem preencha certa condição, ou desempenhe certo serviço (art. 854). O preenchimento de condição, que é evento futuro ou incerto, pode ser tanto a realização de um ato específico, que exija esforço ou habilidade de outra pessoa, quanto um fato ou situação, sem atuação pessoal específica. É possível prometer a recompensa para a primeira criança que nasça em certa cidade no ano que se inicia, por exemplo. Recompensa-se o preenchimento de condição por intermédio de fato jurídico. Diferente o caso do desempenho de um serviço, que não é previamente contratado entre as partes, devendo indicar – a oferta do promitente – em que condições se constitui a obrigação de recompensar. Assim ocorre com quem promete recompensa para aquele que encontrar o animal de estimação perdido, por exemplo.

Pode aquele que preencher a condição ou realizar o serviço exigir o cumprimento da promessa. Todavia, estabelece o Código Civil que pode o promitente, antes que ocorra o preenchimento da condição ou a prestação do serviço, revogar a promessa, desde que o faça com a mesma publicidade originalmente adotada para sua realização (art. 856). Com a revogação, deixa de produzir efeito. Contudo, se houver estipulado prazo para execução da tarefa, entende a lei como tendo havido a renúncia ao direito de revogação da promessa, a qual, por isso, torna-se irrevogável. Havendo revogação, contudo, o candidato de boa-fé, que tenha realizado despesas para execução da tarefa, terá direito ao reembolso do que gastou.

O Código Civil estende as regras da promessa de recompensa aos concursos públicos que se realizarem para o cumprimento de determinada tarefa (art. 859). Neste caso, contudo, define que deverá ser anunciado por prazo determinado, e também quem será o juiz que

46 | DIREITO DAS OBRIGAÇÕES – *Bruno Miragem*

definirá o mérito da tarefa ou trabalho desempenhado, pessoa cuja decisão obriga a todos os interessados. Não havendo a indicação do juiz, entende-se que será o promitente quem julgará o mérito dos trabalhos.

Em qualquer caso, havendo mais de uma pessoa que preencha a condição ou desempenhe a tarefa, terá direito à recompensa quem primeiro a realizou (art. 857). Sendo realizado simultaneamente por mais de uma pessoa, cada qual terá direito a um quinhão da recompensa. Porém, tratando-se a recompensa de objeto indivisível, a definição de quem fará jus a ela será feita por sorteio, obrigando-se o contemplado a prestar ao outro o valor do seu quinhão (art. 858).

No caso de concurso com promessa de recompensa, em que se avalie o mérito da tarefa executada, havendo trabalhos de mesma qualidade, poderá considerar-se quem primeiro executou ou ainda dividir-se a recompensa. Sendo esta indivisível, quem a receberá será decidido por sorteio, obrigando-se perante o outro em relação ao respectivo quinhão sobre o seu valor.

5. OBRIGAÇÕES DECORRENTES DE IMPUTAÇÃO LEGAL

Há uma série de hipóteses em que a lei determina a constituição de obrigação, qualificando fatos cuja ocorrência defina esta consequência jurídica. Assim ocorre, por exemplo, quando se trata da obrigação de indenizar. Originalmente, a obrigação de indenizar, objeto da relação jurídica obrigacional de responsabilidade civil, decorre a partir da realização de um fato a que o direito qualifica como um dano e cuja causa seja imputável a alguém – o que figura como critério para imputação de quem deva prestar a indenização. A regra geral é de que quem cause o dano responda pelo dever de indenizar. Há, contudo, exceções definidas expressamente em lei, como ocorre na denominada responsabilidade civil pelo fato de outrem (art. 932 do Código Civil), hipótese em que a lei elege pessoa distinta do causador do dano para responder pela indenização. Ou ainda situações em que o dever de indenizar é imputado a determinada pessoa por razões de conveniência da vítima, de modo a facilitar a reparação do dano.

Na divisão clássica das fontes das obrigações, o dever de indenizar, como regra, decorria dos delitos ou quase-delitos, exigindo-se, respectivamente, o dolo ou a culpa do causador do dano. Daí a célebre observação de Ihering, no século XIX: "sem culpa nenhuma reparação". Ocorre que, desde então, a multiplicação dos riscos na sociedade contemporânea, decorrentes, sobretudo, do avanço da técnica e industrialização, aumento populacional e crescente urbanização, deu causa ao surgimento de outras situações em que a lei impõe o dever de indenizar independentemente de culpa. Estas situações, ao dispensarem a culpa, fazem com que o dever de indenizar decorra de imposição legal geralmente fundada no risco que é reconhecido a determinada atividade ou em razão da posição que determinada pessoa ocupa em uma relação jurídica.

São variadas as hipóteses. Há situações específicas que impõem o dever de indenizar independentemente de culpa, tanto no Código Civil, quanto na legislação especial. Assim, por exemplo, a responsabilidade do dono ou detentor do animal pelos danos que este causar (art. 936 do Código Civil), ou a responsabilidade do fornecedor por danos causados ao consumidor (arts. 12 e 14 do CDC). Porém, também resulta de cláusula geral, abrangente de situações em que o dano seja causado por quem, por sua atividade, gera risco aos direitos de outrem. Assim, o art. 927, parágrafo único, do Código Civil dispõe que: "Haverá obrigação de reparar o dano, independentemente de culpa, nos casos especificados em lei, ou quando a atividade normalmente desenvolvida pelo autor do dano implicar, por sua natureza, risco para os direitos de outrem".

Capítulo 2 · FONTES DAS OBRIGAÇÕES | **47**

Daí por que, atualmente, parece melhor a distinção das fontes das obrigações entre aquelas nas quais a relação jurídica decorre de expressa previsão legal. Conjuga-se sob esta fonte, tanto as hipóteses em que é a lei que impõe o dever de indenizar por danos decorrentes de atos ilícitos ou mesmo lícitos, e ainda outras situações em que a lei define a obrigação a partir de um fato que qualifica como causa da obrigação, independentemente da conduta daquele a quem se determina como devedor. Será o caso da obrigação de alimentos decorrente de relação de parentesco, por exemplo, ou ainda as hipóteses em que é imputado ao Estado o dever de indenizar, não por ter cometido um ato ilícito, senão simplesmente por ter imposto um sacrifício ao patrimônio de um particular, rigorosamente de acordo com o direito vigente, que ao autorizá-lo, exige igualmente a recomposição do patrimônio por intermédio da indenização[38], em respeito ao direito fundamental de propriedade. Nesses casos, a obrigação resulta de determinação da norma.

5.1. Atos ilícitos

Os atos ilícitos serão fontes de obrigação quando deles resultar dano. Daí encontrar-se no domínio das obrigações a responsabilidade civil por atos ilícitos. Pode ocorrer que a causação de dano seja um dos elementos constitutivos do ilícito. Porém, há também o ato ilícito do qual não resulta dano e, nesta hipótese, dispõe o direito de outras consequências para a ilicitude, atingindo-lhe a validade do ato, ou emprestando sanções de outra natureza, no âmbito administrativo ou penal, por exemplo.

Há ilícito, sempre, quando alguém comete ato contra disposição expressa de lei. Lembre-se de que no direito privado prevalece o princípio da legalidade: "ninguém é obrigado a fazer ou deixar de fazer alguma coisa, senão em virtude de lei". Logo, há um ato ilícito quando alguém comete ação ou omissão contra qualquer disposição de lei.

A técnica legislativa presente nas codificações revelou, contudo, fórmula abrangente da ilicitude, que em certos códigos buscava definir o ato ilícito e sua respectiva consequência, como fonte de obrigação de indenizar. Foi o caso do Código Civil brasileiro de 1916, já revogado, que indicava no seu art. 159: "Aquele que, por ação ou omissão voluntária, negligência, ou imprudência, violar direito, ou causar prejuízo a outrem, fica obrigado a reparar o dano".

O Código Civil de 2002, de sua vez, adotou outra técnica. De um lado, definiu duas cláusulas gerais de atos ilícitos (arts. 186 e 187), apenas definindo seus elementos constitutivos, e separou as consequências jurídicas destes atos ao disciplinar a responsabilidade civil. Desse modo, o art. 186 do Código Civil estabelece: "Aquele que, por ação ou omissão voluntária, negligência ou imprudência, violar direito e causar dano a outrem, ainda que exclusivamente moral, comete ato ilícito".

São elementos da cláusula geral prevista no art. 186: (a) a ação ou omissão humana cujo móvel seja dolo ou culpa; (b) a violação de direito; (c) a causação de dano. Ao lado dela, tanto as situações em que haja previsão específica sobre indenização decorrente da violação de direitos específicos, quanto o descumprimento de deveres previstos em negócio jurídico, encaixam-se na noção ampla de ato ilícito.

---

[38] Assim, por exemplo, o art. 182, § 3º, da Constituição da República: "As desapropriações de imóveis urbanos serão feitas com prévia e justa indenização em dinheiro". Igualmente, o seu art. 184: "Compete à União desapropriar por interesse social, para fins de reforma agrária, o imóvel rural que não esteja cumprindo sua função social, mediante prévia e justa indenização em títulos da dívida agrária, com cláusula de preservação do valor real, resgatáveis no prazo de até vinte anos, a partir do segundo ano de sua emissão, e cuja utilização será definida em lei".

Já a segunda cláusula geral prevista pelo art. 187 do Código Civil equipara ao ato ilícito o exercício abusivo de direitos. Neste caso, embora haja a previsão de um direito de titularidade do agente, é no momento seguinte, do exercício deste direito, em que há a violação de limites definidos pelo próprio ordenamento jurídico, e que merecerão concreção do legislador a respeito. Examinamos a seguir, mais pormenorizadamente, o abuso do direito a partir de sua equiparação a ato ilícito e as consequências no plano da responsabilidade civil, como fundamento da obrigação de indenizar.

Estabelece o art. 187 do Código Civil: "Também comete ato ilícito o titular de um direito que, ao exercê-lo, excede manifestamente os limites impostos pelo seu fim econômico ou social, pela boa-fé ou pelos bons costumes." Observe-se, contudo, que uma das consequências do exercício abusivo do direito é o dever de indenizar, porém, não a única[39].

São elementos do ato abusivo: (a) o exercício de um direito ou poder por seu titular; (b) o excesso a limites predefinidos em lei. Estes limites, o fim econômico ou social, a boa-fé e os bons costumes, são conceitos indeterminados, que admitem sua concreção pelo intérprete. Dizer-se que todo o direito tem um fim econômico ou social significa dotá-lo de um limite interno, que configura sua utilidade individual e social pressuposta. A boa-fé objetiva tem seu sentido e alcance sedimentados pelo direito atual, representando deveres de lealdade, cooperação e respeito às expectativas legítimas da outra parte. Os bons costumes são conceito amplo, que implicam proteção de certos valores ético-jurídicos da comunidade (a proteção e promoção de direitos fundamentais caracterizam-se como bons costumes).

A origem da doutrina do abuso do direito, conforme referem Planiol e Ripert, decorre de duas considerações básicas: a primeira, de que se convertera em regra de direito a regra moral elementar que proíbe prejudicar a terceiro por espírito de maldade (ato meramente emulativo); e segundo, a circunstância de que eventual temor das arbitrariedades judiciais na apreciação da intenção, não foi obstáculo, quando se tratou, na jurisprudência, de reprimir a fraude e a má-fé, bem como não pode afastar a exigência de moralidade das ações[40].

Ou como refere o autor referência da teoria do abuso do direito na França, Louis Josserand, há necessidade de distinguir-se, como resposta aos que negam a possibilidade da teoria, ou questionam sua aplicação, entre o ato praticado *sem direito* e o ato *abusivo*[41]. O primeiro é identificado como espécie de violação direta e expressa à regra jurídica, sendo o ato abusivo o que se transmuta da licitude à irregularidade, pela circunstância do exercício. No que se refere às críticas de fundo sobre a teoria, Josserand considera que se concentram, em maior ou menor grau com o argumento de que se estaria, na teoria do abuso, a estabelecer uma confusão entre o direito e a moral[42]. Contrapõe este argumento considerando que desde os romanos, a partir dos preceitos *viver honestamente, não causar dano a outrem e dar a cada um o que é seu*, os quais não contavam com uma precisão legal, assim como as exigências de paz social, responde à limitação do exercício dos direitos a uma condição para seu necessário equilíbrio[43].

No direito alemão, Karl Larenz refere que "os limites de um direito resultam, por uma parte, de seu conteúdo determinado especificamente pela lei ou por ajuste. Assim, o credor

---

[39] Bruno Miragem, *Abuso do direito*, 2. ed., São Paulo: RT, 2013, p. 179 e ss.

[40] Marcel Planiol; Georges Ripert, *Tratado práctico de derecho civil frances*, trad. Mario Diaz da Cruz, Havana: Cultural, 1946, t. 6, p. 789.

[41] Louis Josserand, *De l'espirit des droits et de leur relativité*. Théorie dite de l'abus des droits, Paris: Dalloz, 2006, p. 334-335.

[42] Louis Josserand, *De l'espirit des droits et de leur relativité* cit., p. 347.

[43] Idem, p. 357.

Capítulo 2 · FONTES DAS OBRIGAÇÕES   49

de um crédito não pode, em geral, exigir mais do que a prestação a ele devida; à parte disso, pode esperar o devedor uma conduta que corresponda ao sentido da obrigação e da boa-fé". Contudo, observa que "os direitos subjetivos podem entrar em conflito entre si. Não é possível que uma mesma coisa seja propriedade exclusiva de distintos proprietários, pois a propriedade é um direito que exclui a todos os demais do domínio real (...). Prescindindo das limitações resultantes de cada caso do conteúdo particular de um direito, existem algumas limitações válidas para todos os direitos subjetivos, as quais decorrem, de uma parte, das normas sobre legítima defesa e do estado de necessidade (...) De outra parte, tais limitações resultam do mesmo pensamento jurídico enquanto ao princípio da boa-fé"[44].

Na doutrina latino-americana, ensina Carlos Férnandez Sessarego, que "el fenómeno jurídico conocido como 'abuso del derecho' consiste en una conducta que, sustentándose en un derecho subjetivo, se convierte en antisocial al transgredir su ejercicio, o a través de su omisión, un genérico deber jurídico que cristaliza el valor solidariedad. Ello origina un específico *sui generis*, acto ilícito que no es materia de la responsabilidad civil. Lo antisocial es lo 'irregular', lo 'anormal', es decir, contrario a la solidariedad y, por ende, a la moral social"[45].

A identificação do abuso do direito como espécie de ilicitude, como ato ilegítimo (no esteio do art. 334 do Código Civil português), como espécie de figura *sui generis*, de rejeição pelo direito do exercício de prerrogativa jurídica de modo contrário a limites estabelecidos pelo próprio ordenamento jurídico, ou, ainda, as teorias que negam a existência do abuso, por sustentarem que – nas hipóteses em que este é aventado – se está presente diante de uma situação de não direito, não desconhecem sua funcionalidade como elemento de limite e correção do exercício do direito subjetivo. Na medida em que se trata de categoria cujo exame se estabelece em *dois momentos*, um *prévio*, *estático*, de conformidade a direito e, inclusive, legitimado no ordenamento jurídico (a titularidade de um direito subjetivo previsto no ordenamento), e um *segundo*, *dinâmico*, de exercício do direito contra limites ou preceitos estabelecidos pelo mesmo ordenamento, o abuso do direito não pode ser vislumbrado simplesmente em posição de contradição à definição de ilicitude formal, senão de complementaridade.

Isso porque, em tese, não é incorreta a objeção original de Planiol, de que um ato não pode ser ao mesmo tempo conforme e contrário a direito[46]. Trata-se, contudo, de objeção formal, que por si não nega as virtudes da teoria[47]. A rigor, esta perspectiva se justifica dentro de uma visão *estática* da conformidade a direito. Sob uma perspectiva *dinâmica*, o exercício posterior é que transforma o que é lícito em ilícito, o que a princípio tem uma justificação jurídica, em algo que deixa de contar com esta justificação, em vista de, em movimento, violar preceitos do próprio ordenamento jurídico.

Daí a noção de complementaridade. Isso porque as estruturas formais do direito, e em especial do sistema de Direito Privado, não alcançam, *a priori*, a amplitude das potencialidades da ação humana na atuação legitimada pelo próprio ordenamento. É neste campo, inclusive, que o recurso a diversas estratégias como a interpretação histórica ou teleológica da norma, em contraposição à atuação do titular de um direito em desconformidade com a norma, encontra seus limites, no mais das vezes no texto da própria norma, e da autorização jurídica que ela representa.

---

[44]   Karl Larenz, *Derecho civil*. Parte general, trad. Miguel Izquierdo y Macías-Picavea, Madri: Editorial Revista de Derecho Privado, 1978, p. 296.

[45]   Carlos Férnandes Sessarego, *Abuso del derecho*, Buenos Aires: Astrea, 1992, p. 179.

[46]   Marcel Planiol, *Traité elémentaire de droit civil*, 2. ed., Paris: [s.n.], 1902, v. 2, p. 87.

[47]   Loius Josserand, *De l'espirit des droits et de leur relativité* cit., p. 331.

DIREITO DAS OBRIGAÇÕES – *Bruno Miragem*

Dispõe o art. 927, *caput*, do Código Civil: "Aquele que, por ato ilícito (arts. 186 e 187), causar dano a outrem, fica obrigado a repará-lo". Quando os atos ilícitos derem causa a danos, serão fonte de obrigação, consistente na prestação de indenização.

5.2. Imposição legal do dever de prestação

Há situações em que a lei impõe um dever de prestação a partir do reconhecimento e qualificação de determinado fato. Não raro, são qualificados pela doutrina como obrigações originadas de atos lícitos. Considerando, todavia, que o lícito em direito privado é toda a ação não proibida, dizer-se apenas obrigações decorrentes de atos lícitos não tem maior virtude didática. Sobretudo, considerando-se que, de fato, o que há nessas situações é a imposição por lei de determinada obrigação.

Não é a lei, contudo, fonte de obrigação. Ela apenas seleciona e disciplina certos fatos suscetíveis de gerar eficácia jurídica obrigacional. As razões para tanto são diversas. No caso da indenização por atos lícitos, em geral está em causa a preservação do patrimônio do credor, que, tendo sofrido um dano, faz jus à respectiva indenização. Em outro caso, tratando-se da imposição de prestar alimentos, no âmbito do direito de família, o fato da paternidade ou parentesco, segundo os critérios da lei, é definido a partir de reclamo de solidariedade social.

Observe-se a hipótese do art. 188, II, do Código Civil. Define a regra que não constitui ato ilícito "a deterioração ou destruição da coisa alheia, ou a lesão a pessoa, a fim de remover perigo iminente". Ao excluir-se a ilicitude, a lei legitima a ação daquele que atua para remover o perigo, exonerando-o de indenizar o dano causado para este fim, desde que não tenha sido o próprio agente quem tenha dado causa ao perigo. Não elimina, contudo, o dever de indenizar, que permanece imputável àquele que deu causa à situação de perigo.

Dispõe o art. 929 do Código Civil: "Se a pessoa lesada, ou o dono da coisa, no caso do inciso II do art. 188, não forem culpados do perigo, assistir-lhes-á direito à indenização do prejuízo que sofreram". Este direito à indenização corresponde ao dever de indenizar "do autor do dano, mesmo que se considere tenha agido licitamente". Por outro lado, o art. 930 do Código Civil estabelece: "No caso do inciso II do art. 188, se o perigo ocorrer por culpa de terceiro, contra este terá o autor do dano ação regressiva para haver a importância que tiver ressarcido ao lesado".

Com resultado da interpretação dessas normas, deve-se concluir que o autor do dano, mesmo agindo licitamente (uma vez excluída a ilicitude), responde pela indenização devida ao lesado, quando este não tiver dado causa ao perigo cuja lesão visou a impedir que se consumasse ou teve por propósito fazer cessar. Não tendo, aquele que cometeu a lesão, sido causador da situação de perigo, terá direito à ação regressiva em relação ao terceiro que a esta deu causa.

A fonte da obrigação é o dano, fato previsto na lei para, afastada a ilicitude da conduta de destruir coisa alheia, impõe a obrigação de indenizar em homenagem à diretriz de conservação do patrimônio que emerge da proteção da propriedade privada.

Outra obrigação decorrente de imposição legal é o dever de prestar alimentos. O dever de prestar alimentos resulta de diversas situações. Em algumas, tem por fonte atos ilícitos ou outras situações determinantes de dano indenizável, casos em que possui natureza indenizatória. No âmbito do direito de família, impõe-se a obrigação alimentar como efeito típico de certas relações – de filiação ou entre ex-cônjuges – ou como resultado de exigência de solidariedade familiar. Neste caso, a obrigação de prestar alimentos não terá outra fonte senão a imposição legal, como efeito de determinada relação jurídica definida por lei.

O mesmo ocorre quando se impõe ao Estado, no exercício de seu poder de império (*ius imperii*), o dever de indenizar em decorrência de sacrifícios impostos aos particulares. É o

Capítulo 2 · FONTES DAS OBRIGAÇÕES | 51

que ocorre com a indenização pela expropriação – extinção da propriedade particular – da qual o fundamento se encontra na própria Constituição da República (arts. 182, § 3º, e 184), e cuja finalidade associa-se à proteção constitucional da propriedade privada.

6. OBRIGAÇÕES DECORRENTES DE CONDUTAS SOCIAIS TÍPICAS

Outra fonte de obrigações, todavia não relacionada comumente na literatura tradicional de modo autônomo, são as chamadas condutas sociais típicas. Trata-se de fatos nos quais a eficácia jurídica resulta de sua aptidão para definir expectativas legítimas de determinada pessoa em relação ao comportamento de outra, em vista do sentido que comumente se atribui a esta conduta. As condutas sociais típicas são fatos que geram eficácia vinculativa justamente em vista da tutela da confiança que despertam nos sujeitos envolvidos, de modo a tornar desnecessária a declaração de vontade expressa ou a formalização de um negócio jurídico ou outra fonte de obrigação.

São reconhecidas como condutas sociais típicas, também denominadas como contato social ou ainda relações contratuais fáticas, as situações nas quais a eficácia jurídica obrigacional resulta de mero fato, sendo desnecessária declaração de vontade expressa de um dos sujeitos para formar relação obrigacional. A expressão em questão é questionada, sobretudo, em vista da evidente distinção entre fato e direito[48].

A noção de contato social foi desenvolvida pela doutrina e jurisprudência alemãs para servir de ponto de encontro, de gênero, para as relações contratuais e extracontratuais na sociedade, das quais nascem direitos e obrigações, sempre ao interpretar o § 242 do BGB, e o dever de boa-fé que estabelece[49]. Assim é que se encontra especialmente em Larenz, que aproxima a teoria do regime contratual, fazendo com que a falta de consentimento expresso seja substituída pela tutela da confiança das partes envolvidas. Assim, por exemplo, o dever de custódia que se impõe a quem oferece estacionamentos para automóveis, associados a empreendimentos econômicos como *shopping centers* ou supermercados, e mesmo não econômicos (estacionamento de órgãos públicos e fundações, por exemplo) independentemente da existência de declaração de vontade expressa do empreendedor. A eficácia jurídica vinculativa que gera o dever de custódia e a responsabilidade por sua eventual violação (conforme Súmula 130 do STJ)[50], resulta do sentido razoavelmente apreendido da oferta em questão, segundo padrões sociais de sentido predefinidos, e que qualificam a denominada conduta socialmente típica.

7. OBRIGAÇÕES DECORRENTES DA GESTÃO DE NEGÓCIOS

A gestão de negócios ocorre, conforme preceitua o art. 861 do Código Civil, quando uma pessoa, "sem autorização do interessado, intervém na gestão de negócio alheio, dirigi-

---

[48] Pontes de Miranda, *Tratado de direito privado* cit., t. XXXVIII. Atualização Claudia Lima Marques e Bruno Miragem, São Paulo: RT, 2012, p. 104.

[49] Veja-se nossas notas ao volume XXXVIII do *Tratado de direito privado* de Pontes de Miranda cit., p. 108-109. Da mesma forma, a didática conferência de Claus-Wilhelm Canaris, publicada no Brasil, explicando as peculiaridades do sistema de fontes obrigacionais alemão que dão causa ao surgimento da categoria, e em especial sua conclusão sobre o necessário reconhecimento pelo Direito do contato social em questão, rematando que "um contato legal específico e um contato negocial podem estabelecer um relacionamento obrigatório legalmente relevante. Em contrapartida, um contato social simples não pode fazê-lo." Claus-Wilhelm Canaris. O contato social no ordenamento jurídico alemão. Revista de direito civil contemporâneo, v. 16. São Paulo: RT, jul.-set./2018, p. 211-219.

[50] Refere a Súmula 130 do STJ que "a empresa responde, perante o cliente, pela reparação de dano ou furto de veículos ocorridos em seu estabelecimento".

-lo-á segundo o interesse e a vontade presumível de seu dono, ficando responsável a este e às pessoas com que tratar". Aquele que intervém no negócio denomina-se gestor. O titular do negócio denomina-se dono do negócio (*dominus negotti*). A expressão negócio, aqui, toma-se em sentido amplo, de modo que pode relacionar-se a assunto ou interesse, ou ainda a empreendimento econômico relativamente organizado, de titularidade de outrem.

A origem da gestão de negócios remonta o direito romano, mantendo-se durante todo o desenvolvimento do direito privado até sua previsão normativa nos códigos civis contemporâneos. A rigor, desenvolve-se sob a ponderação entre a necessidade de proteção do patrimônio e a necessidade de intervenção motivada em geral por razões de solidariedade em face do propósito de evitar-se um prejuízo decorrente da falta ou impedimento do dono do negócio no exercício regular de suas atividades. Concilia-se, da mesma forma, a disposição do gestor de atuar no interesse do dono do negócio. Porém, protegendo este de eventual atuação que lhe seja prejudicial por dolo ou culpa do gestor.

Pode ocorrer a gestão de negócios quando, por exemplo, falte o dono do negócio em razão de morte, ou afastamento temporário por doença ou outra razão involuntária, sem que tenha deixado representante para exercer atividade.

7.1. Requisitos

São requisitos para que se caracterize a gestão de negócios: (a) que haja a direção de negócio alheio: o gestor intervém em atividade ou interesse e de titularidade de outra pessoa. Nesse sentido, poderá praticar negócios jurídicos ou atos jurídicos em nome de outra pessoa perante terceiros, ou, ainda, praticar atos materiais (exemplo, a colheita de frutos ou reparação de um bem). Por outro lado, exige-se que a atuação que originalmente seria de incumbência do dono do negócio seja possível de ser realizada por outra pessoa, no caso, pelo gestor.

Um segundo requisito (b) é o da intencionalidade da atuação do gestor, de modo que este tenha o propósito de atuar no interesse e por conta do dono do negócio. Não se exige, contudo, que conheça o dono do negócio, apenas que esteja consciente de que sua atuação se dá no interesse deste. Se gere negócio alheio acreditando ser negócio próprio, age com erro, podendo equivaler seus efeitos, conforme o caso, à posse de boa-fé.

Outro requisito para caracterizar a gestão de negócios é (c) a ausência de autorização do dono do negócio, de modo que esta só se caracteriza se não houver qualquer ajuste convencional ou imposição legal que fundamente a atuação do gestor. A rigor, o art. 862 do Código Civil admite a possibilidade de a gestão iniciar-se mesmo contra a vontade do dono do negócio. Ora, quem é nomeado pelo dono do negócio para atuar na gestão será seu representante convencional, resolvendo-se a defesa do interesse do representado segundo regras da representação (art. 115; sobre o mandato, art. 653 e ss do Código Civil). Da mesma forma, se a atuação como gestor de negócio alheio se der em vista de imposição legal (como ocorre com a tutela e curatela, por exemplo), a própria lei indicará o regime, deveres e responsabilidade de quem atue nessa qualidade. Desse modo, só se cogita da gestão de negócios propriamente dita, relacionada ademais dentre os atos unilaterais disciplinados pelo Código Civil, quando a intervenção do gestor em negócio alheio se dê conscientemente, porém, sem a autorização do dono do negócio.

7.2. Efeitos

A gestão de negócios tem por efeito, especialmente, constituir-se como fonte de obrigações do gestor perante o dono do negócio. Quando iniciada contra a vontade manifesta ou

Capítulo 2 · FONTES DAS OBRIGAÇÕES | 53

presumível do dono do negócio, determina a responsabilidade do gestor inclusive por casos fortuitos, desde que não prove que estes teriam sobrevindo independentemente de sua intervenção (art. 862 do Código Civil). Nesta mesma hipótese, se os prejuízos da gestão excederem seu proveito, pode o dono do negócio exigir que o gestor restitua as coisas ao seu estado anterior, ou indenize a diferença verificada após sua intervenção (art. 863 do Código Civil).

A ratificação do dono do negócio dos atos praticados pelo gestor retroage ao dia do começo da gestão, produzindo os efeitos do mandato (art. 873). Isso significa que sendo ratificados os atos do gestor, estes serão considerados como praticados por representante do dono do negócio, obrigando-o em relação a terceiros. Abrange, neste caso, tanto atos jurídicos, quanto atos materiais realizados no interesse do dono do negócio.

Por outro lado, se o dono do negócio desaprovar a gestão, considerando-a contrária aos seus interesses, responderá o gestor pelos prejuízos que houver causado, salvo quando provar que sua atuação resultou em proveito do dono (art. 874).

Já quando se trate de negócios a que se refiram à gestão sejam conexos a outros de titularidade do gestor, de modo que não se possam gerir separadamente, este será considerado como sócio, porém, aquele em benefício de quem interveio o gestor só será obrigado pelas vantagens que obtiver da gestão (art. 875).

7.2.1. Obrigações do gestor

Há dever de o gestor, tanto quando possível, informar ao dono do negócio que assumiu sua gestão, devendo aguardar a resposta se da espera não resultar perigo (art. 864 do Código Civil). Na hipótese de morte do dono do negócio, o gestor deve cuidar do negócio, aguardando as instruções dos herdeiros, todavia agindo na preservação de seu interesse presumível (art. 865 do Código Civil).

Impõe a lei, ao gestor, dever de diligência na administração do negócio, bem como a responsabilidade pelo ressarcimento de quaisquer prejuízos resultantes de culpa sua (art. 866). Responderá, inclusive, por eventuais faltas do substituto que investir em seu lugar. Havendo mais de um gestor, responderão todos solidariamente perante o dono do negócio (art. 867).

Aspecto relevante da gestão de negócios diz respeito à assunção de risco pelo gestor em relação aos negócios sob sua responsabilidade. Isso tem especial relevância no que diz respeito à gestão de atividades econômicas empresariais, em que o risco é inerente. Nesse sentido, a regra do art. 868 do Código Civil estabelece: "O gestor responde pelo caso fortuito quando fizer operações arriscadas, ainda que o dono costumasse fazê-las, ou quando preterir interesse deste em proveito de interesses seus". A regra em questão, embora admita a possibilidade de o gestor realizar operações com risco, imputa a este a responsabilidade por caso fortuito, assim como previne o conflito de interesses entre ele e o dono do negócio, imputando ao primeiro a responsabilidade por eventuais prejuízos.

7.2.2. Obrigações do dono do negócio

O dono do negócio, desejando aproveitar-se da atuação do gestor em seu favor, será obrigado a indenizá-lo das despesas necessárias que este tiver realizado, assim como dos prejuízos que em razão da gestão houver sofrido (art. 868, parágrafo único, do Código Civil).

Da mesma forma, vincula-se o dono do negócio ao cumprimento das obrigações que tiverem sido contraídas em seu nome, devendo reembolsar o gestor das despesas necessárias e úteis que tenha feito para administração do negócio, acrescidas de juros legais (art. 869). No caso, a avaliação sobre a utilidade ou necessidade da despesa deve ser apreciada de acor-

54 | DIREITO DAS OBRIGAÇÕES – *Bruno Miragem*

do com as circunstâncias da ocasião em que forem realizadas (art. 869, § 1º). A indenização devida pelo dono do negócio, contudo, nunca ultrapassará o valor da vantagem que tiver obtido com a gestão (art. 870).

8. OBRIGAÇÕES DECORRENTES DE ENRIQUECIMENTO SEM CAUSA

Com origem remota nas *condictiones* do direito romano e as hipóteses em que, em face da ausência de causa, fosse reconhecida como possível a pretensão de restituição (*condictio sine causa*)[51], atualmente, o enriquecimento sem causa é fonte autônoma e subsidiária de obrigação, segundo art. 884 do Código Civil. Trata-se, contudo, de conceito historicamente formado, estando presente não apenas sob a fórmula legal genérica de proibição do enriquecimento sem uma causa justificativa reconhecida pelo direito e a imposição da obrigação de restituir. Também se verifica em situações há muito já previstas, como é o caso do pagamento indevido[52] e do direito à indenização do proprietário do prédio desfalcado contra o proprietário do prédio acrescido, na hipótese de avulsão ou as regras de indenização de benfeitorias, ainda que a utilização da expressão indenização possa induzir em erro[53].

A rejeição do enriquecimento sem causa, de origem romana[54], tornou-se espécie de princípio invocável em nosso direito anterior que, mesmo na falta de disposição expressa, foi invocado para rejeição de situações em que não se identificava causa justa para acréscimo patrimonial de um dos sujeitos de determinada relação jurídica[55], ou mesmo pelo rompimento

---

[51] São várias as *condictiones sine causa* no direito romano, tais como a doação *propter nuptias* que não segue ao casamento (*condictio causa data causa non secuta*); o credor que recebe a prestação para fins imorais ou ilícitos (*condictio ob turpem vel iniustam causam*); o pagamento indevido (*condictio indebiti*); a hipótese em que a causa da obrigação deixa de existir (*condictio sine causa ob causam finitam*), ou ainda a reclamação da coisa furtada ou seu valor perante o autor do furto ou seus herdeiros (*condictio furtiva*), conforme, Luis Diez-Picazo, *Dos estudios sobre el enriquecimiento sin causa*, Madrid: Civitas 1988, p. 73; Giovanni Etore Nanni, *Enriquecimento sem causa*, São Paulo: Saraiva, 2004, p. 10; Letizia Vacca, Osservazioni in tema di "condictio" e "arricchimento" senza causa nel diritto romano clássico, in: Vincenzo Mannino; Claude Ophéle, *L'enrichissement sas cause*. La classification des sources des obligations, Paris: LGDJ, 2007, p. 7-30.

[52] A expressão pagamento indevido, presente no direito anterior, é criticada, com razão, por Pontes de Miranda, por expressar noção estreita e imprópria, porquanto pressupõe o sentido técnico do termo "pagamento" a existência de uma dívida e de um devedor, para em seguida ser qualificado como indevido, justamente por não existir a dívida e/ou o devedor. Pontes de Miranda, *Tratado de direito privado* cit., t. XXVI, p. 254.

[53] A correta observação é de Antunes Varela, para quem a utilização pelo Código Civil do termo indenização pode sugerir, equivocadamente, ao intérprete, que a obrigação resulta dos princípios da responsabilidade civil. J. M. Antunes Varela, *Direito das obrigações* cit., p. 188.

[54] Informa Max Kaser que sua origem pode ser identificada na *condictio*, modelo de ação de direito estrito interposta contra quem retinha consigo, de modo injustificado, valores patrimoniais alheios, e cuja pretensão abrangia os valores recebidos de modo injustificado pelo réu. Assinala, em comparação com o direito alemão atual, que as *condictiones*, embora tenham inspirado a conformação moderna do enriquecimento sem causa, com ele não se confunde, porquanto a ação romana tinha por pretensão obter os valores recebidos indevidamente pelo réu, e não simplesmente o que destes valores ainda existam no patrimônio perseguido. Max Kaser; Rolf Knütel, *Römisches privatrecht* cit., p. 286. Igualmente, Biondo Biondi, *Istituzioni di diritto romano*, p. 542-544; Reinhard Zimmermann, *The law of obligations* cit., p. 871 e ss.

[55] Assim a jurisprudência anterior ao reconhecimento legal da união estável em que na hipótese de morte de um dos conviventes o direito do sobrevivente era reconhecido com fundamento na rejeição ao enriquecimento sem causa dos herdeiros, ou na hipótese de separação a possibilidade de indenização por serviços domésticos prestados, com o mesmo fundamento. Fernando Noronha, Enriquecimento sem causa, *Revista de Direito Civil* 56/51-78, São Paulo: RT, abr.-jun. 1991.

do equilíbrio inerente a determinada relação[56]. Atualmente, o perfil do enriquecimento sem causa revela-se a partir da diversidade estrutural das hipóteses que representa[57].

Em sentido genérico, o enriquecimento sem causa tem lugar em face de um acréscimo ao patrimônio de alguém sem que haja causa jurídica para esta aquisição. Este enriquecimento se dá tanto pelo ato de outrem em favor de quem enriquece, quanto do próprio beneficiado, em seu próprio interesse. Conforme ensina Pontes de Miranda, "é a atribuição que enriquece; mas também causam enriquecimento atos do enriquecido (...) e fatos *stricto sensu* ou atos-fatos (avulsão)"[58].

A distinção conceitual entre o enriquecimento sem causa e a responsabilidade civil evidencia-se à medida que, enquanto esta tem por função reparar danos, ou seja, diminuições existentes no patrimônio da vítima, aquele tem por finalidade remover de um patrimônio os acréscimos indevidos. Este caráter indevido, por sua vez, deve-se ao fato de que tais acréscimos deveriam ter ocorrido em outro patrimônio[59].

A exemplo de outros sistemas (como o § 812 do BGB alemão), o Código Civil brasileiro de 2002 previu expressamente o enriquecimento sem causa no Capítulo IV do Título VII – Dos atos unilaterais. Estabelece neste sentido, o art. 884: "Aquele que, sem justa causa, se enriquecer à custa de outrem, será obrigado a restituir o indevidamente auferido, feita a atualização dos valores monetários". Completa, então, seu parágrafo único: "Se o enriquecimento tiver por objeto coisa determinada, quem a recebeu é obrigado a restituí-la, e, se a coisa não mais subsistir, a restituição se fará pelo valor do bem na época em que foi exigido".

Trata-se, pois, de uma pretensão restitutória, uma vez que aquele que goza do acréscimo não tem direito sobre este e, portanto, não terá jamais propriedade, que é de outrem, trate-se de bem (coisa) ou seus equiparados nos termos da lei (arts. 80 e 83 do Código Civil). Da mesma forma, a extensão desta pretensão, naturalmente, será correspondente ao acréscimo obtido indevidamente pelo enriquecido (ação *in rem verso*).

Da doutrina francesa[60], detalham-se os pressupostos para caracterização da pretensão restitutória com fundamento em enriquecimento sem causa como sendo (a) de que se demonstrem o empobrecimento e o enriquecimento correlativos[61]; (b) a ausência de culpa pelo empobrecimento; (c) ausência de interesse pessoal que se vincule ao empobrecimento[62]; (d) ausência de uma causa de enriquecimento[63]; e (e) que tenha caráter subsidiário.

A exigência que se verifique o empobrecimento daquele que pretenda a restituição não se põe como característica geral do instituto. E mesmo quando tomado em sentido demasiado

---

[56] STJ, REsp 223118/MG, Rel. Min. Nancy Andrighi, j. 19-11-2001, *DJU* 8-4-2002; STJ, REsp 287954/DF, Rel. Min. Carlos Alberto Menezes Direito, j. 3-4-2001, *DJU* 4-6-2001, p. 174.

[57] Luiz Manuel Teles de Menezes Leitão, *O enriquecimento sem causa no direito civil*, Coimbra: Almedina, 2005, p. 925 e ss.

[58] Pontes de Miranda, *Tratado de direito privado* cit., t. XXVI, p. 122.

[59] Fernando Noronha, *Direito das obrigações* cit., p. 421.

[60] Henri Mazeaud; Léon Mazeaud; Jean Mazeaud; François Chabas, *Leçons de droit civil*, Obligations. Théorie générale, 9. ed., Paris: Montchrestien, 1998, t. II, v. 1, p. 824-834.

[61] Em nosso direito isso é facilmente demonstrado na regra do art. 181 para que na hipótese de obrigação anulada por incapacidade do agente, só terá direito à restituição do valor pago que prover que o mesmo reverteu em proveito do incapaz.

[62] Como o usufrutuário que não poder reclamar indenização dos melhoramentos que realizou na coisa, o fazendeiro que constrói dique que termina por beneficiar seus vizinhos, ou o locatário que realiza benfeitorias úteis sem autorização do proprietário.

[63] Causa legítima, entendida como decorrente de um ato jurídico ou pela aplicação de uma regra legal ou costumeira. *Leçons de droit civil* cit., p. 827.

DIREITO DAS OBRIGAÇÕES – *Bruno Miragem*

amplo, que não se vincule a uma diminuição patrimonial, senão à ausência de acréscimo, serve para qualificar-se como uma característica aplicável a todas as situações em que se verifique o enriquecimento sem causa[64]. O art. 884 do Código Civil simplesmente refere "enriquecimento à custa de outrem", não exigindo que haja empobrecimento correlativo. Daí por que não parece ser de incluí-lo entre as características gerais do instituto. Razão pela qual se deve compreender o enriquecimento sem causa, conforme o direito brasileiro, como *a situação em que se verifica o acréscimo patrimonial de alguém, que tenha sido obtido à custa de outrem, sem que haja sobre este uma causa justificativa*.

O enriquecimento pode ser direto ou indireto. O enriquecimento direto acontece quando o aumento do patrimônio de uma pessoa ocorre sem intermediários, em decorrência da diminuição do patrimônio de outra. Indireto será o enriquecimento em que ocorrerem pelo menos duas transmissões de valores sucessivas, sendo uma do empobrecido para o intermediário e uma segunda deste para o beneficiário[65]. Neste segundo caso, em relação ao beneficiário final, deve-se cotejar a existência de causa, porquanto, se a título gratuito se deu a obtenção do acréscimo patrimonial, não se poderá dizer na hipótese que haja causa para o enriquecimento[66]. Todavia, esta hipótese em qualquer caso será de acordo entre o intermediário e o beneficiário, porquanto se exige para configuração do enriquecimento sem causa, uma relação de imediatidade entre o acréscimo patrimonial e o empobrecimento de outrem[67].

O caráter subsidiário da pretensão fundada em enriquecimento sem causa é expressamente estabelecido no Código Civil de 2002, no art. 886: "Não caberá a restituição por enriquecimento, se a lei conferir ao lesado outros meios para se ressarcir do prejuízo sofrido". Ou seja, a pretensão restitutória com fundamento no art. 884 só terá lugar na ausência de previsão de ações específicas para abrigarem a pretensão do autor, ou ainda quando este tiver ação contra outra pessoa[68]. O fundamento lógico da disposição é evidente. Se outra ação existe para revestir a pretensão do prejudicado, é porque se funda em outra causa, como a existência de contrato que tenha suas disposições ou o cometimento de ilícito absoluto, hipóteses em que se poderá falar em indenização propriamente dita ou ainda pretensão restitutória fundada nas regras sobre posse e na respectiva posse injusta daquele contra quem a pretensão é dirigida.

Maiores questionamentos práticos certamente deve provocar o art. 885 do Código Civil, que dispõe: "A restituição é devida, não só quando não tenha havido causa que justifique o enriquecimento, mas também se esta deixou de existir". Entre as causas comumente aceitas para o enriquecimento justificado está o negócio jurídico, expressa previsão legal ou a existência de ato próprio do empobrecido. Que deixe de existir pode-se dizer das causas que sejam consideradas posteriormente nulas; todavia, decretada a nulidade a certo tempo, serão nulas desde a constituição (*ex tunc*). A rigor, trata-se a hipótese de situações em que tendo sido realizada determinada prestação ou promovida determinada vantagem com fundamento em causa jurídica válida e eficaz, esta posteriormente desaparece, ficando o enriquecimento de um dos sujeitos sem uma causa válida[69].

---

[64]   Menezes Leitão, *O enriquecimento sem causa no direito civil* cit., p. 876; Mário Júlio de Almeida Costa, *Direito das obrigações*, 12. ed., p. 495; Giovanni Ettore Nanni, *Enriquecimento sem causa*, São Paulo: Saraiva, 2004, p. 246.

[65]   Fernando Noronha, Enriquecimento sem causa cit., p. 62.

[66]   Fernando Noronha, Enriquecimento sem causa cit., p. 70.

[67]   Karl Larenz, *Derecho de obligaciones* cit., II, p. 526-528.

[68]   Fernando Noronha, Enriquecimento sem causa cit., p. 73.

[69]   Ensina Karl Larenz que "A repetição de uma prestação feita sem fundamento jurídico serve à liquidação de uma relação obrigatória pretendida, mas não realizada, ou não válida juridicamente, com a qual aquela

Capítulo 2 · FONTES DAS OBRIGAÇÕES | 57

Outra situação que pode dar causa à pretensão de repetição, embora não prevista expressamente em lei, diz respeito à hipótese de enriquecimento que se dê por falta da obtenção de um específico resultado pretendido no futuro, ou ainda o preenchimento de uma condição, por parte daquele que já tenha pagado, reputando que se realizaria o evento futuro.

8.1. Situações específicas de enriquecimento sem causa: pagamento indevido

Além da enunciação genérica da obrigação de restituição em razão do enriquecimento sem causa pelo art. 884, o Código Civil também prevê situações específicas que se caracterizam, igualmente, como tal, ensejando a mesma consequência restitutória.

A primeira destas situações é a do denominado pagamento indevido, prevista no art. 876 do Código Civil: "Todo aquele que recebeu o que lhe não era devido fica obrigado a restituir; obrigação que incumbe àquele que recebe dívida condicional antes de cumprida a condição". Sob o aspecto terminológico, usa-se também no mesmo sentido de devolver ou restituir o pago indevidamente, a expressão sinônima repetir, daí falar-se em repetição do indébito (= restituição do recebido sem débito).

O pagamento indevido comporta duas situações distintas. A primeira, daquele que paga obrigação inexistente ou cuja condição não tenha sido implementada. A segunda, daquele que paga dívida alheia, de modo que satisfaz dívida existente, mas pela qual não era ele obrigado. No primeiro caso, tem direito a pedir a devolução do que pagou daquele que recebeu a prestação. Pouco importa se tenha feito o pagamento por simples erro, ou se mesmo em dúvida sobre a existência da obrigação paga por cautela, de modo a prevenir os efeitos da mora. Deve moderar-se, nesse sentido, a regra do art. 877 do Código Civil, que estabelece: "Àquele que voluntariamente pagou o indevido incumbe a prova de tê-lo feito por erro".

Já na hipótese de pagamento, por erro, de dívida alheia, não tem o credor, que recebeu, o dever de devolver. Contudo, poderá aquele que pagou indevidamente pretender, via ação regressiva, o valor que despendeu do verdadeiro devedor e de seu fiador (art. 880 do Código Civil).

Em qualquer caso, não pode ser objeto de repetição de indébito o pagamento feito para solver dívida prescrita ou para cumprir obrigação judicialmente inexigível (art. 882 do Código Civil). Da mesma forma, não tem direito à repetição de indébito aquele que deu algo visando a obter fim ilícito, imoral ou proibido por lei (art. 883 do Código Civil). Neste caso, o que se deu reverterá, segundo critério judicial, em favor de "estabelecimento local de beneficência" (art. 883, parágrafo único).

Consistindo o pagamento indevido no desempenho de obrigação de fazer ou para eximir-se da obrigação de não fazer, estabelece o art. 881 do Código Civil que: "Aquele que recebeu a prestação fica na obrigação de indenizar o que a cumpriu, na medida do lucro obtido".

8.2. Situações específicas de enriquecimento sem causa: lucro de intervenção

Da mesma forma, caberá a ação de enriquecimento sem causa em razão do chamado lucro de intervenção, para que aquele que sofreu lesão a direito possa obter do lesante resti-

---

se tenha em relação interna. A prestação foi obtida sem fundamento jurídico quando, segundo o direito das obrigações não corresponde ao que foi recebido. A petição de restituição do enriquecimento obtido 'de outra forma', serve, de outro modo, à proteção da atribuição jurídica dos bens. Nesta matéria, uma aquisição fora feita sem fundamento jurídico quando segundo a atribuição ou coordenação dos bens pertence a outra pessoa" (Karl Larenz, *Derecho de obligaciones* cit., II, p. 523-524).

tuição da vantagem que este tenha obtido em razão do ilícito. Explica-se: há situações em que o ofensor pratica ato ilícito consistente na violação de direito alheio. Contudo, desta lesão a direito, nem sempre resultarão objetivamente prejuízos estimáveis ao lesado. Em razão disso, a princípio, não tem o lesado, pretensão indenizatória contra o lesante, em face da ausência de dano. Contudo, note-se que em razão do mesmo ato ilícito resultam vantagens para aquele que o realizou. Tais vantagens importam no seu enriquecimento, sem que, todavia, haja causa jurídica para este acréscimo patrimonial. Ocorre que esta lesão foi causada à custa da lesão ao direito alheio, ainda que daí não diretamente um prejuízo ao lesado. O sistema jurídico não poderá admitir, nestes termos, que a lesão a direito permaneça sem qualquer sanção. Igualmente, o enriquecimento do autor do ilícito se dá em razão da lesão a direito alheio. De se reconhecer, assim, que este enriquecimento não tem causa jurídica, de modo que seja titular, o lesado, de pretensão de restituição do enriquecimento.

Segundo a melhor doutrina[70], o modo de sancionar a hipótese é vinculado, por muitos, à *teoria da ilicitude*, ou seja, pelo simples fato que resulta de ato ilícito deva ser reconhecida pretensão da vítima. Ocorre que tal opção leva à utilização de um conceito de ilícito vinculado ao resultado e não à ação do ofensor, o que cria dificuldades perante a estrutura tradicional da responsabilidade civil (criando a figura de uma responsabilidade sem dano). Melhor explicação está na chamada *teoria do conteúdo da destinação*, cuja definição se concentra na afetação da posição jurídica do lesado, a partir do pressuposto de que a exploração das virtualidades de determinada posição jurídica cabe exclusivamente ao seu titular. Em outros termos, só o titular de um direito poderá aproveitar as vantagens que dele resultam, não terceiros, criando uma esfera patrimonial protegida, de modo que a pretensão de enriquecimento sem causa resulte da concorrência de duas situações: a obtenção de vantagem patrimonial por aquele que interveio em direito alheio, que decorra diretamente desta intervenção, ainda que não haja necessariamente prejuízo para o titular do direito.

De considerar, neste caso, contudo, admitindo-se o lucro de intervenção como fundamento para a pretensão de restituição, exceção ao critério de relação direta entre enriquecimento injustificado e o empobrecimento do titular da pretensão. Ou, ao contrário, qualificar-se como empobrecimento não a redução do patrimônio, mas ausência de vantagem em detrimento daquele que comete o ilícito. Naturalmente que esta hipótese, para além do desafio teórico que já apresenta, igualmente apresentará dificuldades práticas, em especial quanto à prova da correlação entre o ato ilícito, a lesão a direito e a vantagem obtida pelo autor do ilícito. Este requisito, todavia, é de ser relativizado pela melhor doutrina, uma vez que nem sempre ocorrerá tal relação de causa e consequência[71]. O melhor exemplo é o de uso de coisa alheia, no qual, nem sempre o dono da coisa que tem sua posse violada a utilizaria, necessariamente, pelo tempo da violação, para obtenção de alguma vantagem. Pode ser que nada fizesse com a coisa, ou mesmo que sequer soubesse da violação (daí as dificuldades de mensuração do dano pela privação da coisa). Desse modo, o enriquecimento sem causa é aquele obtido à custa de outrem, conforme se compreende do art. 884 do Código Civil (nos mesmos termos do § 812 do BGB, e do art. 413 do Código Civil português), de modo que seja por meios ou instrumentos pertencentes a outrem[72].

Suas vantagens, todavia, consistem em determinar a possibilidade de utilizar do lucro do ofensor como paradigma para a resposta do direito ao ilícito, o que, no âmbito da respon-

---

[70] Luiz Manuel Teles de Menezes Leitão, *O enriquecimento sem causa no direito civil* cit., p. 785-789.

[71] Antunes Varela, *Das obrigações em geral*, 10. ed., Coimbra: Almedina, 2004, I, p. 489-490.

[72] Idem, p. 489-491.

sabilidade civil, observa dificuldades no tocante à pretensão indenizatória.[73] Isso porque, seja a pretensão de caráter reparatório, como nos danos patrimoniais, ou compensatórios, como predomina nos danos extrapatrimoniais, em face dos estritos limites do art. 944, *caput*, do Código Civil ("A indenização mede-se pela extensão do dano."), resiste-se, na responsabilidade civil, a associar o dano às vantagens do lesante. A pretensão fundada no enriquecimento sem causa, em razão do lucro de intervenção não se submete aos mesmos limites.

---

[73] Assim o caso julgado pelo STJ, no qual atriz que teve seu nome e imagem utilizados sem autorização em campanha publicitária teve reconhecida sua pretensão sobre o que foi auferido pelo ofensor mediante indevida interferência nos seus direitos, sob a justificativa, inclusive, de inibir a prática de atos contrários ao ordenamento jurídico. Para tanto, entendeu a Corte que "para a configuração do enriquecimento sem causa por intervenção, não se faz imprescindível a existência de deslocamento patrimonial, com o empobrecimento do titular do direito violado, bastando a demonstração de que houve enriquecimento do interventor" (STJ, REsp 1698701/RJ, Rel. Min. Ricardo Villas Bôas Cueva, 3ª Turma, j. 02/10/2018, DJe 08/10/2018).

Capítulo 3
PRINCÍPIOS DO DIREITO DAS OBRIGAÇÕES

1. A PROTEÇÃO DA CONFIANÇA NO DIREITO DAS OBRIGAÇÕES

A proteção da confiança é princípio imanente em todo o direito. Entende-se por confiança distintos significados, desde "aquele que crê firmemente em uma certa realidade, como quem espera por uma convicção mais moderada; como ainda o que chega a adotar determinado comportamento, apesar de uma contingência que não domina, decidido a assumir o correspondente risco na expectativa de que ele não se concretize"[1]. Ou ainda, "exprime situação em que uma pessoa adere, em termo de atividade ou de crença, a certas representações passadas, presentes ou futuras que tenha por efetiva"[2].

Trata-se a confiança como a expectativa que surge dentro da comunidade, de um comportamento honesto, normal e cooperativo, a partir de normas estabelecidas por esta mesma comunidade, de modo que capitaliza o passado, na medida em que não se exige da generalidade dos atos humanos que sejam formalmente deliberados e executados, senão que se desenvolvam, muitos deles, naturalmente, em vista da ausência de uma precaução exagerada em relação ao comportamento do outro[3].

A rigor, a própria confiança é uma das bases de coesão social, a partir das quais os membros de uma comunidade estabelecem certos padrões para a convivência social. É causa de redução da complexidade da vida social[4]. Significa, em uma sociedade como a atual, reforçar a tutela das expectativas legítimas dos indivíduos em relação ao comportamento alheio. No direito das obrigações, a confiança revela-se como condição ou influência decisiva do comportamento dos sujeitos da relação, uma vez que apenas porque, ou confiam na reciprocidade da conduta do outro na relação, ou porque confiam na tutela do direito que torna exigível certo comportamento e sanciona a violação do dever, vão comportar-se de determinado modo[5]. Em um sistema que privilegia a circulação dos bens, valoriza-se a confiança[6].

---

[1] Manuel António de Castro Portugal Carneiro da Frada, *Teoria da confiança e responsabilidade civil*, Coimbra: Almedina, 2004, p. 17-18.
[2] António Manuel da Rocha e Menezes Cordeiro, *Da boa-fé no direito civil* cit., p. 1234.
[3] Célia Weigartner, *La confianza em el sistema jurídico*, Mendoza Cuyo, 2002, p. 45 e ss.
[4] Niklas Luhman, *Vertrauen. Ein mechanismus der Reduktion sozialer Komplexität*, 5. Auflage, Konstanz: UVK, 2014, p. 2.
[5] Claus-Wlhelm Canaris, *Die Vertauenshaftung im deutschen Privatrecht*, Munique: Beck, 1971, p. 514; Célia Weingartner, *La confianza em el sistema jurídico. Contratos y derecho de daños*, Mendoza: Jurídicas Cuyo, 2002, p. 31.
[6] António Menezes Cordeiro, *Tratado de direito civil*, Coimbra: Almedina, 2012, v. I, p. 969.

O direito protege as situações de confiança ou por intermédio de disposições legais específicas, ou por institutos gerais[7], que no direito brasileiro podem ser vistos a partir das cláusulas gerais e seus conceitos indeterminados como é o caso da boa-fé (arts. 113, 187 e 422 do Código Civil) e dos bons costumes (arts. 122 e 187 do Código Civil), os quais expressam valores fundamentais do direito privado contemporâneo. Parte-se do princípio que a proteção da expectativa legítima seja em relação à conduta de um dos sujeitos da relação obrigacional.

Menezes Cordeiro, no direito português, sistematiza os pressupostos da proteção da confiança no direito[8]:

> 1º Uma situação de confiança conforme com o sistema e traduzida na boa-fé subjetiva e ética, própria da pessoa que, sem violar os deveres de cuidado que ao caso caibam, ignore estar a lesar posições alheias;
>
> 2º Uma justificação para essa confiança, expressa na presença de elementos subjetivos capazes de, em abstrato, provocarem uma crença plausível;
>
> 3º Um investimento de confiança consistente em, da parte do sujeito, ter havido um assentar efetivo de atividades jurídicas sobre a crença consubstanciada;
>
> 4º A imputação da situação de confiança criada à pessoa que vai ser atingida pela proteção dada ao confiante: tal pessoa, por ação ou omissão, terá dado lugar à entrega do confiante em causa ou ao fato objetivo que a tanto conduziu.

Contudo, registra que a articulação entre os pressupostos para tutela da confiança não são todos indispensáveis, articulando-se de modo que "a falta de algum deles pode ser compensada pela intensidade especial que assumam alguns – ou algum, dos restantes"[9]. A situação de confiança tutelada pelo direito resulta de uma crença legitimada pela conduta da outra parte, levando-a a um comportamento determinado, baseada nisso.

Nesse sentido, a proteção da confiança a estabelece como fonte autônoma de responsabilidade, na hipótese em que um dos sujeitos da relação obrigacional viole os deveres que dela são decorrentes. Esta responsabilidade pela confiança (*Vertrauenshaftung*)[10] constitui o modelo essencial pelo qual se reconhece a proteção da crença gerada a partir do comportamento das partes em dada relação obrigacional, seja em relação a sua constituição, execução ou mesmo após sua extinção, preservando-se os efeitos decorrentes da crença estabelecida.

Esta crença surge por intermédio de comportamentos das partes, ou informações prestadas, que na medida em que despertem a confiança legítima da contraparte, vinculam a uma ação futura, ao prosseguimento de dada conduta, ou ainda à manutenção de determinado estado de fato.

2. PRINCÍPIO DA BOA-FÉ

O princípio da boa-fé consiste em um dos mais essenciais do direito das obrigações. Trata-se de princípio previsto expressamente no direito brasileiro, somente a partir da segunda

---

[7]   Idem, p. 970.

[8]   Idem, p. 971.

[9]   António Menezes Cordeiro, *Tratado de direito civil* cit., v. I, p. 973.

[10]   Manuel Carneiro de Frada, Die Zukunft der Vertrauenshaftung oder Plädoyer für eine "reine" Vertrauenshaftung, in: Andreas Heldrich et alli, *Festschrift für Claus-Wilhelm Canaris zum* 70. Geburtstag., Band I. Munich: C.H.Beck, 2007, p. 99 e ss.

Capítulo 3 · PRINCÍPIOS DO DIREITO DAS OBRIGAÇÕES | 63

metade do final do século XX[11], e que se desenvolve, sob marcada influência doutrinária germânica, no Brasil, da década de 1960 em diante. Refira-se, neste particular, as obras de Clóvis do Couto e Silva (*A obrigação como processo*, 1964)[12], e de Orlando Gomes (*Transformações gerais do direito das obrigações*, 1967)[13], como as primeiras a investigar sistematicamente o princípio, em especial a partir da influência dos estudos de Karl Larenz (*Lehbruch des schuldrechts/ Direito das obrigações*)[14] e Josef Esser (*Grundsatz und Norm in der richterlichen Rechtsfortbildung/Princípio e norma na elaboração jurisprudencial do direito privado*)[15], bem como, em seguida, a divulgação do estudo de Franz Wieacker, traduzido para o idioma espanhol com alteração substancial do título da obra (*Zur rechtstheoretischen Präzisierung des § 242 BGB/O princípio geral da boa-fé*)[16].

Ao referir-se o princípio da boa-fé, é necessário distinguir entre a *boa-fé subjetiva* e a *boa-fé objetiva*. Quando se trata do princípio, faz-se referência, necessariamente à *boa-fé objetiva*. A origem do princípio, inclusive, reside em debate doutrinário no final do século XIX, acerca da noção do conceito de boa-fé no direito romano, indagando se se tratava de conceito unívoco ou se merecia mais de um significado. Importava saber sobre a possibilidade de assumir no direito das obrigações um caráter objetivo, independentemente da intenção dos sujeitos da relação, e nos direitos reais apresentar-se com caráter subjetivo. Ou seja, se se tratavam ou não de exteriorizações variadas de um só conceito[17].

Por outro lado, no direito alemão, o § 242 do BGB se define não apenas como norma que autorizaria ao juiz poderes de criação jurídica extraordinária, mas sim, em reforço do § 157 da mesma lei, que determina a interpretação dos negócios jurídicos segundo a boa-fé.

Isso porque a boa-fé subjetiva não se trata de princípio jurídico, mas tão somente de um *estado anímico* que se reconhece à pessoa e que constitui fato relevante para o preenchimento do suporte fático de certas normas jurídicas[18]. Consiste, a boa-fé subjetiva, no estado

---

[11]　Não se desconhece, com isso, o fato de o Código Comercial de 1850 ter previsto em seu art. 131,1, a boa-fé como critério de interpretação dos contratos comerciais ("Sendo necessário interpretar as cláusulas do contrato, a interpretação, além das regras sobreditas, será regulada sobre as seguintes bases: 1. a inteligência simples e adequada, que for mais conforme à boa-fé, e ao verdadeiro espírito e natureza do contrato, deverá sempre prevalecer à rigorosa e restrita significação das palavras"). Esta previsão, contudo, não nos parece suficiente para afirmar que o princípio da boa-fé, tal como é conhecido atualmente tenha sua origem nessa disposição legal. A rigor, as raízes germânicas do princípio, a partir da concretização do § 242 do BGB de 1900, bem notado pela recepção originalmente doutrinária que teve no Brasil, reduz as cogitações sobre a precedência do Código Comercial brasileiro no tema, a um despropositado ufanismo ou excessiva simplificação do seu sentido no direito das obrigações.

[12]　Clóvis do Couto e Silva, *A obrigação como processo*, Porto Alegre: UFRGS, 1964.

[13]　Orlando Gomes, *Transformações gerais do direito das obrigações*, São Paulo: Saraiva, 1967.

[14]　Karl Larenz, *Lehbruch des Schuldrechts*, Bd I-II, München: C.H.Beck, 1953. A tradução espanhola da obra é até hoje, muito influente no direito brasileiro: Karl Larenz, *Derecho de obligaciones* cit., t. I e II.

[15]　Josef Esser, *Grundsatz und Norm in der richterlichen Rechtsfortbildung*, Tübingen: J.C.B. Mohr (Paul Siebeck), 1956. Também a tradução espanhola foi bastante divulgada nor Brasil: Josef Esser, *Principio y norma en el desarrollo jurisprudencial del derecho privado*, Trad. Eduardo Valentí Fiol, Barcelona: Bosch, 1961.

[16]　Franz Wieacker, *Zur rechtstheoretischen Präzisierung des § 242 BGB*, Tübingen: Mohr, 1956. Da mesma forma, a tradução espanhola é influente no direito brasileiro: Franz Wieacker, *El principio general de la buena fé*, trad. Jose Luis Carro. Madrid: Civitas, 1977.

[17]　Clóvis do Couto e Silva, O princípio da boa-fé no direito brasileiro e português, *Jornada Luso-Brasileira de Direito Civil*, 2, 1980, Porto Alegre, *Estudos de direito civil brasileiro e português*, 3. ed., São Paulo: RT, 1980, p. 45.

[18]　Assim, por exemplo, as regras do Código Civil sobre os efeitos da posse de boa-fé sobre a existência ou não do possuidor sobre os frutos da coisa (art. 1.214 do CC); ou ainda o requisito de boa-fé para

anímico da pessoa, caracterizado pela ausência de conhecimento sobre determinado fato, ou simplesmente a falta da intenção de prejudicar outrem (assim, por exemplo, no uso comum da expressão, quando se diga que determinada pessoa "agiu de boa-fé").

A boa-fé objetiva, que se constitui em princípio do direito das obrigações, e do direito privado em geral, origina-se no direito alemão a partir da interpretação e concreção da cláusula geral prevista no § 242 do seu Código Civil de 1900 (*BGB*). Determina esta norma que os contratantes devem comportar-se de acordo com a boa-fé e os usos do tráfico. Este comportamento de boa-fé, então, adquire o sentido de dever de conduta compreensivo de uma atuação com lealdade e respeito do contratante, o que, como ensina Karl Larenz, "significa que cada um deve guardar fidelidade com a palavra dada e não frustrar a confiança ou abusar dela, já que esta forma a base indispensável de todas as relações humanas"[19]. Para sua aplicação, por outro lado, vai reclamar um juízo valorativo segundo o que o momento e o lugar exijam, de acordo com as "exigências geralmente vigentes de justiça"[20].

O princípio da boa-fé objetiva implica a exigência, nas relações jurídicas, do respeito e da lealdade com o outro sujeito da relação, impondo um dever de correção e fidelidade, assim como o respeito às expectativas legítimas geradas no outro. No direito das obrigações, tem relevância na imposição, a credor e devedor, de deveres de conduta que delimitam o exercício da liberdade de celebrar contratos e formar seu conteúdo. Igualmente, informa e delimita o exercício de direitos subjetivos, poderes jurídicos, direitos potestativos e faculdades, de que um dos sujeitos seja titular em virtude da lei ou do contrato.

Isso implica que a ação das partes não seja informada apenas por interesses egoísticos senão também pelo respeito aos legítimos interesses alheios. Como ensina Clóvis do Couto e Silva, a aplicação do princípio da boa-fé tem uma função harmonizadora, conciliando o rigorismo lógico-dedutivo do século XIX, com as exigências éticas dos tempos atuais[21]. Trata-se, desse modo, de um *standard*, ou um modelo ideal de conduta social. Aquela conduta social que se considera como paradigmática[22]. A boa-fé, assim, não é mero *pacto de intenções* dos sujeitos de direitos, que invocando a vontade de realizar tal ou qual ato, não o trazem à existência fática. A boa-fé que permanece no plano das *"boas intenções"* não há como ser valorada pelo direito à medida que, permanecendo no âmbito da consciência interna do sujeito, sua compreensão é de todo impossível. Nesse aspecto, torna-se intuitivo que a boa-fé, princípio de direito, e, portanto, pertinente à orientação da vida de relações, é aquela que se depreende dos atos de existência real do sujeito, atuando como paradigma da conduta social.

2.1. A boa-fé como cláusula geral

A extensão da importância da boa-fé no direito privado deve-se, em parte, ao fato de ter sido expressa no § 242 do BGB como espécie de cláusula geral. Cláusula geral é técnica legislativa, da qual resulta norma redigida com conceitos polissêmicos ou indeterminados, cuja aplicação supõe a necessidade de interpretação e concreção destes mesmos conceitos. Isso dá ao intérprete/aplicador certa margem na construção do significado da norma e sua

---

[19] a aquisição da propriedade por usucapião. Em ambos os casos, trata-se de falta de conhecimento do possuidor sobre determinado vício que inquinava sua posse, de modo a torná-la irregular ou injusta.

[19] Karl Larenz, *Derecho de obligaciones* cit., I, p. 142.

[20] Idem, p. 143.

[21] Clóvis do Couto e Silva, *A obrigação como processo,* Porto Alegre: UFRGS, 1964, p. 43.

[22] Luís Díez-Picazo, Prólogo, in: Franz Wieacker, *El principio general de la buena fé,* Madrid: Civitas, 1986, p. 12-13.

aplicação, tendo em consideração circunstâncias específicas do caso concreto. Permite a atualização da norma no tempo, e sua aplicação em vista das necessidades e/ou peculiaridades do caso, aliando a tópica jurídica (justiça no caso concreto) e as exigências de coerência interna do sistema jurídico[23]. Desse modo é que o significado do que seja o comportamento conforme a boa-fé resulta de sedimentação e sistematização do entendimento que o juiz e a doutrina estabelecem, sem que se possa dizer que se trate de sentidos conferidos à margem da lei. É possível identificar, na cláusula geral de boa-fé, espécie de *válvula para as exigências ético-sociais*, uma espécie de ilustrado positivismo social, que preconiza a norma em permanente adaptação às necessidades emergentes da sociedade. O limite para essa permanente adaptação, que seria fruto da interpretação da norma sob a perspectiva da boa-fé, seria ela mesma, uma vez que, ainda que se reconheça a pluralidade de sentidos possíveis de ser atribuídos pela atividade interpretativa, nada lhe pode retirar um mínimo de significado que se depreende de sua interpretação gramatical; o significado elementar das palavras que a compõem[24].

As máximas gerais de conduta ético-jurídica e a nova criação de direito não se limitam ao direito das obrigações e, por conseguinte, não se encontram vinculadas ao lugar que ele atualmente ocupa. Trata-se de um plano legislativo de valoração jurídica, que não se encontra adstrito ao dever de prestação[25]. Opera-se o controle da constituição, execução e conteúdo da relação obrigacional, qualificando e delimitando a liberdade individual.

2.2. Funções da boa-fé

São três as funções principais do princípio da boa-fé objetiva. Serve (a) como fonte autônoma de deveres jurídicos, sua função jurígena; (b) como limite ao exercício de direitos subjetivos, sua função limitativa; e (c) como critério de interpretação e integração dos negócios jurídicos, sua função hermenêutica[26].

A função jurígena define pelo estabelecimento de eficácia jurídica vinculativa das partes de modo independente de sua previsão expressa na lei ou no título da obrigação. Dá causa a uma nova compreensão da própria relação obrigacional[27]. Deixa, a obrigação, de ser vista como fenômeno estático, e passa a ser entendida como algo dinâmico, mediante seu desdobramento das fases, cada qual marcada pela existência de deveres de colaboração, lealdade e respeito à contraparte, tendente ao adimplemento[28]. Pela boa-fé, os deveres de conduta das partes se passam a exigir mesmo antes da formalização de determinada relação estendendo-se para além de sua execução e extinção.

---

[23] Karl Larenz, *Derecho de obligaciones* cit., I, p. 142 e ss; António Menezes Cordeiro, *A boa-fé no direito civil*, Coimbra: Almedina, 2001, p. 1176 e ss; Clóvis do Couto e Silva, *A obrigação como processo*, p. 28; Judith Martins-Costa, *A boa-fé no direito privado*, São Paulo: RT, 1999, p. 273 e ss.

[24] Franz Wieacker, *El principio general de la buena fé* cit., 1986, p. 29-30.

[25] Idem, p. 87-88.

[26] Com a vigência do Código Civil de 2002, também no direito civil passou-se a contar com o reconhecimento expresso do princípio da boa-fé objetiva, nos arts. 113, 187 e 422. O art. 113 prevendo sua função interpretativa. O art. 187 reconhecendo-a como limite ao exercício dos direitos subjetivos. E o art. 422, indicando-a como fonte autônoma de deveres jurídicos.

[27] Assim também no direito norte-americano, a partir do reconhecimento de um dever de boa-fé (*duty of good faith*), e sua caracterização como fonte de redistribuição de riscos contratuais e de obrigação de melhores esforços (*best efforts*). Conforme: Edward J. Murphy; Richard E. Speidel; Ian Ayres, *Studies in contract law*, 5th ed. Westbury, NY: The Foundation Press, Inc., 1997, p. 765.

[28] Couto e Silva, *A obrigação como processo* cit., p. 47.

66 | DIREITO DAS OBRIGAÇÕES – *Bruno Miragem*

Da mesma forma, a incidência da boa-fé resulta na multiplicação de deveres das partes. Assim, são observados não apenas os deveres principais de prestação (o dever de pagar o preço ou entregar a coisa, por exemplo), senão, igualmente, deveres anexos ou laterais, que não dizem respeito diretamente à prestação principal, mas com a satisfação de interesses globais das partes, como os deveres de cuidado, previdência, segurança, cooperação, informação, ou mesmo os deveres de proteção e cuidado relativos à pessoa e ao patrimônio da outra parte[29].

Em relação aos contratos, esta função se percebe integrada no sentido do art. 422 do Código Civil, que estabelece: "Os contratantes são obrigados a guardar, assim na conclusão do contrato, como em sua execução, os princípios de probidade e boa-fé". Nas relações de consumo, o art. 4º, III, do CDC menciona: "harmonização dos interesses dos participantes das relações de consumo e compatibilização da proteção do consumidor com a necessidade de desenvolvimento econômico e tecnológico, de modo a viabilizar os princípios nos quais se funda a ordem econômica (art. 170 da Constituição Federal), sempre com base na boa-fé e equilíbrio nas relações entre consumidores e fornecedores". Contudo, tratando-se de princípio jurídico, sua previsão legislativa expressa não é condição para incidência. Nesse sentido, a aplicação do princípio da boa-fé com sua função jurígena se realiza tanto em relação aos contratos, quanto às demais espécies de obrigações.

A função limitativa da boa-fé tem por efeito delimitar o exercício do direito subjetivo e demais prerrogativas jurídicas – faculdades, poderes jurídicos, posições jurídicas e direitos potestativos. Na lição de Larenz, trata-se de um dos principais limites aos exercícios de direitos[30]. Por tais razões, coloca-se a boa-fé como um dos critérios para identificação do abuso do direito, categoria autônoma desenvolvida pela doutrina e jurisprudência, cuja incorporação, pela lei, se dá, como espécie de ato ilícito, no art. 187 do Código Civil.

No direito das obrigações, a boa-fé é limite ao exercício da liberdade de contratar e de fixar o conteúdo do contrato, de modo a determinar a invalidade das cláusulas que violem seu preceito. Atua tanto no limite ao exercício do direito do credor ao perseguir a prestação, quanto do devedor. Repercute, igualmente, nas situações de impossibilidade econômica da prestação, impondo a consideração equitativa da iminente ruína econômica do devedor[31], podendo chegar mesmo a observar efeito constitutivo de um dever de renegociação nas obrigações de cumprimento duradouro[32].

A proteção da pessoa e do patrimônio da contraparte, dever que emerge da incidência do princípio da boa-fé, tem outras repercussões importantes. De um lado, promove a proteção do equilíbrio das relações obrigacionais sinalagmáticas, informando as hipóteses legalmente admitidas de revisão dos contratos (por exemplo, art. 317 do Código Civil), ou ainda a própria resolução ou revisão por onerosidade excessiva da prestação (arts. 478 a 480 do Código Civil).

Por outro lado, pode implicar limitação ao direito de resolução reconhecido ao credor em lei ou no próprio conteúdo da obrigação[33]. É o que ocorre quando há o adimplemento substancial da prestação, que por força da boa-fé retira do credor a possibilidade de resolver

---

[29]   Mário Júlio de Almeida Costa, *Direito das obrigações*, 9. ed., Coimbra: Almedina, 2006, p. 66-67.

[30]   Karl Larenz, *Derecho civil*. Parte general cit., p. 299.

[31]   Karl Larenz, *Base del negocio y cumplimiento de los contratos,* trad. Carlos Fernandez Rodriguez, Madri: Editorial Revista de Derecho Privado, 1956, p. 106-107.

[32]   Francesco Macario, Riesgo contractual y relaciones a largo plazo: de la presuposición a la obligación de renegociar. *Responsabilidad civil y seguros,* 2005, p. 56-78.

[33]   Karl Larenz, *Derecho de obligaciones* cit., I, p. 150-151.

Capítulo 3 · PRINCÍPIOS DO DIREITO DAS OBRIGAÇÕES | **67**

a obrigação sem dar a oportunidade de purga da mora pelo devedor[34]. A hipótese de adimplemento substancial, nesse sentido, limita o direito do credor à resolução[35] – hipótese em que seu eventual exercício será considerado ineficaz – e dá causa ao direito de manutenção do contrato pelo devedor[36].

A função hermenêutica da boa-fé refere-se à incidência do princípio na interpretação e integração de negócios jurídicos. Esta função está prevista expressamente no art. 113 do Código Civil, que estabelece: "Os negócios jurídicos devem ser interpretados conforme a boa-fé e os usos do lugar de sua celebração". A utilização da boa-fé para interpretação do conteúdo, especialmente, dos negócios jurídicos contratuais, implica conferir-se o significado do seu conteúdo, quando ambíguo ou contraditório, em conformidade com as pautas de cooperação, lealdade e respeito às expectativas legítimas da outra parte, sobretudo, em vista do equilíbrio de interesses de credor e devedor.

O mesmo se diga em relação à integração do negócio jurídico, a qual é atividade das mais difíceis e relevantes. As partes, ao celebrarem o negócio jurídico, nem sempre definem todas as situações que em seguida ocorrerão durante a execução do contrato. Esta incapacidade antecipatória sobre todas as situações havidas na relação entre os contratantes, no futuro, pode dar causa à necessidade de integração do contrato, seja pela própria vontade das partes – através de nova convenção ou modificação do negócio original – seja pela intervenção judicial. O mesmo poderá ocorrer na hipótese de invalidade parcial do negócio jurídico e a incidência do princípio de conservação do negócio jurídico, que poderá reclamar a integração pelo juiz da lacuna formada pela ausência do inválido. Nestas situações, a boa-fé será critério para integração do negócio, considerando os efeitos dela emergentes, consistentes nos deveres de cooperação e respeito aos interesses legítimos da contraparte.

2.3. Situações típicas derivadas da boa-fé

A incidência do princípio da boa-fé dá causa ao surgimento de situações típicas decorrentes de sua eficácia sobre relações jurídicas constituídas, ou ainda determinando a própria

---

[34] Ruy Rosado de Aguiar Júnior, *Extinção dos contratos por incumprimento do devedor (resolução)*, Rio de Janeiro: Aide, 1991, p. 124. Trata-se de exceção ao art. 475 do CC/2002, que na hipótese de inadimplemento irá conferir ao credor o direito de manter o contrato e exigir-lhe o cumprimento, ou requerer do culpado a indenização por perdas e danos.

[35] Nesse sentido decidiu o STJ: "Seguro. Inadimplemento da segurada. Falta de pagamento da última prestação. Adimplemento substancial. Resolução. A companhia seguradora não pode dar por extinto o contrato de seguro, por falta de pagamento da última prestação do prêmio, por três razões: (a) sempre recebeu as prestações em atraso, o que estava, aliás, previsto no contrato, sendo inadmissível que apenas rejeite a prestação quando ocorra o sinistro; (b) a segurada cumpriu substancialmente com a sua obrigação, não sendo a sua falta suficiente para extinguir o contrato; (c) a resolução do contrato deve ser requerida em juízo, quando será possível avaliar a importância do inadimplemento, suficiente para a extinção do negócio" (STJ, REsp 76.362/MT, 4ª Turma, j. 11-12-1995, Rel. Min. Ruy Rosado de Aguiar, *DJU* 1º-4-1996).

[36] Assim a posição do STJ: "Alienação fiduciária. Busca e apreensão. Falta da última prestação. Adimplemento substancial. O cumprimento do contrato de financiamento, com a falta apenas da última prestação, não autoriza o credor a lançar mão da ação de busca e apreensão, em lugar da cobrança da parcela faltante. O adimplemento substancial do contrato pelo devedor não autoriza ao credor a propositura de ação para a extinção do contrato, salvo se demonstrada a perda do interesse na continuidade da execução, que não é o caso. Na espécie, ainda houve a consignação judicial do valor da última parcela. Não atende à exigência de boa-fé objetiva a atitude do credor que desconhece esses fatos e promove a busca e apreensão, com pedido de reintegração de posse" (STJ, REsp 272.739/MG, 4ª Turma, j. 1º-3-2001, Rel. Min. Ruy Rosado de Aguiar, *DJU* 2-4-2001).

juridicização de relações, na origem, meramente fáticas. A utilidade destas situações típicas derivadas da boa-fé reside na definição de modelos de aplicação do princípio, em orientação do intérprete e aplicador do direito.

A melhor doutrina, ao descrever estas situações típicas derivadas da boa-fé, relaciona a *exceptio doli*, o *venire contra factum proprium*, a *supressio*, a *surrectio* e o *tu quoque*.

A *exceptio doli* aparece como a faculdade potestativa de paralisar o comportamento de outra parte na hipótese de dolo[37].

O *venire contra factum proprium* configura-se na proibição do comportamento contra-ditório[38]. Ou seja, a proibição a que alguém que, tendo se conduzido de determinada maneira em razão da qual deu causa a expectativas legítimas da outra parte, venha a frustrar esta expectativa em razão de comportamento diverso e inesperado.

A *supressio* caracteriza-se como a situação na qual um direito subjetivo que, não tendo sido exercido em certas circunstâncias, durante determinado lapso de tempo, não possa mais sê-lo por contrariar a boa-fé[39].

Em sentido parcialmente contrário, a *surrectio* é caracterizada como o fenômeno pelo qual há o surgimento de um direito não existente antes de forma jurídica, mas que era so-cialmente tido como presente[40].

Já o *tu quoque* caracteriza-se pela regra segundo a qual a pessoa que viole uma norma jurídica não pode, sem que se caracterize abuso, exercer a situação jurídica que esta mesma norma violada lhe tenha atribuído[41]. Ou seja, recusa-lhe a possibilidade de que aja com pesos e medidas distintos em situações que lhe prejudicam e beneficiam, tomando em consideração uma mesma regra.

3. PRINCÍPIO DA AUTONOMIA DA VONTADE

O princípio da autonomia da vontade é elementar do direito das obrigações. Distingam-se, contudo, autonomia privada e autonomia da vontade. Autonomia privada entende-se como a capacidade ou esfera de atuação individual reconhecida pelo direito para que as pessoas autorregulem parcela de seus interesses de acordo com sua vontade, em espaço de liberdade delimitado pelo ordenamento jurídico. Abrange situações distintas entre si, como a dos pais que exercem, com certa discricionariedade admitida, o poder familiar sobre os filhos, ou a capacidade de testar patrimônio para após a morte, assim como o poder de celebrar e constituir negócios jurídicos. A autonomia privada só se justifica dentro do direito[42], ou pressupondo a existência do direito como modo de disciplina da vida social, uma vez que é por ele reco-nhecida e delimitada quanto a sua existência e extensão.

Autonomia da vontade é o princípio que orienta o exercício de liberdade, faculdades, poderes, direitos e deveres, de modo que cada pessoa possa constituir, modificar ou extinguir relações jurídicas, submetendo-se a seus efeitos. Por seu intermédio, reconhece-se a capaci-dade humana para constituir obrigações a partir de comportamentos voluntários, mediante

---

[37] António Manuel da Rocha e Menezes Cordeiro, *Da boa-fé no direito civil*, Lisboa: Almedina, 2001, p. 740.

[38] Idem, p. 742 e ss.

[39] Idem, p. 797.

[40] António Manuel da Rocha e Menezes Cordeiro, *Da boa-fé no direito civil* cit., p. 816.

[41] Idem, p. 837.

[42] Emílio Betti, Autonomia privada, in: Antonio Azara (a cura di), *Novissimo digesto italiano*, Torino: Utet, 1974, t. 1, p. 1559.

declaração expressa ou não da vontade, e dar causa ao vínculo jurídico que daí resulte. O fundamento filosófico do princípio jurídico da autonomia da vontade é, sem dúvida, a noção de livre-arbítrio erigida na modernidade, sobretudo, por Kant, e que se encontra, em alguma medida, no cerne da própria ideia de direito, quando afirma: "o direito é o conjunto das condições pelas quais o arbítrio de cada um pode harmonizar-se com o arbítrio dos demais, segundo uma lei universal de liberdade"[43].

Nesse mesmo sentido, é do filósofo alemão a primeira definição conhecida de autonomia da vontade, como "aquela sua propriedade graças à qual ela é para si mesma a sua lei (independentemente da natureza dos objectos do querer). O princípio da autonomia é, portanto: não escolher senão de modo a que as máximas da escolha estejam incluídas simultaneamente, no querer mesmo, como lei universal. Que esta regra prática seja um imperativo, quer dizer que a vontade de todo o ser racional esteja necessariamente ligada a ela como condição, é coisa que não pode demonstrar-se pela simples análise dos conceitos nela contidos, pois se trata de uma proposição sintética; teria que passar-se além do conhecimento dos objectos e entrar numa crítica do sujeito, isto é da razão prática pura; pois esta proposição sintética, que ordena apodicticamente, tem que poder reconhecer-se inteiramente *a priori*"[44].

O desenvolvimento do princípio da autonomia da vontade em seus contornos atuais é resultado da modernidade e da valorização da ação humana. A ele se associa a célebre fórmula latina *pacta sunt servanda*, que em tradução livre significa "quem pactua se obriga" ou "quem pactua submete-se/torna-se servo deste mesmo pacto". A fórmula em questão expressa, afinal, a própria eficácia vinculativa dos pactos, de modo a admitir que pela vontade humana livre e consciente, declarada na forma admitida em direito, é reconhecida a aptidão para originar vínculo jurídico obrigacional. Nesse sentido, alguém voluntariamente exerce sua liberdade de modo a delimitá-la para efeito de cumprimento de determinada obrigação.

Por outro lado, é decorrência desse mesmo princípio a afirmação do fundamento da culpa na hipótese de responsabilidade por danos, predominante no direito privado clássico. A culpa associa-se com a falha da vontade humana, com origens remotas na influência do cristianismo sobre o direito civil romano, mas que de fato se afirma a partir da ideia, já na modernidade, de falha nesta vontade que deveria estar presente. A rigor, a exigência da culpa como condição para a reparação civil, afirmada no século XIX, é bem definida por Rudolf von Ihering, em seu famoso estudo *Das Schuldmoment im Römischen Privatrecht* (1867). Sustenta, o jurista, que a consequência de qualquer violação culposa de um direito alheio dá causa à obrigação de fazer desaparecer as consequências danosas deste ato, ou seja, a obrigação de indenizar, independentemente de saber-se qual a vantagem obtida pelo culpado em razão de sua conduta. Para ele, o ponto culminante da doutrina sobre a responsabilidade no direito romano seria a distinção entre o dolo e a culpa[45]. Da mesma forma, sentencia: "Nicht der Schaden verpflichtet zum Schadensersatz, sondern die Schuld" ("Não é o dano que dá causa à obrigação de indenizar, mas a culpa")[46].

O fundamento da autonomia da vontade no ordenamento jurídico é a dignidade da pessoa humana (art. 1º, III, da Constituição da República). Este assume um sentido protetivo, visando a assegurar a integridade de certos atributos da personalidade humana, e um sentido

---

[43]   Immanuel Kant, *La metafísica de las costumbres*, Madrid: Tecnos, 1989, p. 39.

[44]   Immanuel Kant, *Fundamentação da metafísica dos costumes*, Trad. Paulo Quintela, Lisboa: Edições 70, 1997, p. 85.

[45]   Rudolf von Ihering, *Das Schuldmoment im Römischen Privatrecht. Eine Festschrift*, Giessen: Verlag von Emil Roth, 1867, p. 51.

[46]   Idem, p. 40.

DIREITO DAS OBRIGAÇÕES – *Bruno Miragem*

promocional, evocando a liberdade de autoconformação da vida individual, de realização dos interesses legítimos segundo sua vontade, desde que não implique lesão ou interferência na esfera jurídica alheia.

Dois são os efeitos que decorrem da autonomia da vontade, também identificados como princípios ou subprincípios (conforme a classificação que se dê) do direito das obrigações: a vinculatividade e a relatividade das obrigações em geral.

3.1. Autonomia da vontade e vinculatividade

Segundo seu sentido consagrado, pela autonomia da vontade é reconhecido ao indivíduo livre e capaz o poder de constituir e participar de relação obrigacional segundo seu interesse, sobre o que dá conta mediante livre conformação e manifestação da vontade. Dessa ideia surge como resultado a situação pela qual aquele que mediante manifestação livre de vontade constitui obrigação com outra pessoa, subordina-se aos efeitos daquilo a que se vinculou. O denominado *pacta sunt servanda* tem largo desenvolvimento no direito moderno, e expressa o reconhecimento jurídico ao valor social do compromisso assumido, cujo cumprimento é comportamento moral esperado das partes, por intermédio do direito também exigível juridicamente. Na sua origem, o art. 1.134 do Código Civil francês (alterado em 2016)[47] referia: "As convenções legalmente formadas têm força de lei para aqueles que as fizeram" ("Les conventions légalement formées tiennent lieu de loi à ceux qui les ont faite"). Também o primeiro Código Civil italiano de 1865 exprimia: "Os contratos legalmente formados têm força de lei para aqueles que os fizeram" ("I contratti legalmente formati hanno forza di legge per coloro che li hanno fatti"). No art. 702 do Código Civil português de 1867, percebe-se igualmente: "Os contratos, legalmente celebrados, devem ser pontualmente cumpridos; nem podem ser revogados ou alterados senão por mútuo consentimento dos contratantes, salvo as exceções especificadas na lei". Na Espanha, o art. 1.091 do Código Civil de 1889 estabelecia: "As obrigações que nascem dos contratos têm força de lei entre as partes contratantes, e devem cumprir-se ao teor dos mesmos" ("Las obligaciones que nacen de los contratos tienen fuerza de ley entre las partes contratantes, y deben cumplirse al tenor de los mismos"). Entre nós, o art. 1.953 do Esboço de Código Civil, de Teixeira de Freitas, sentenciava: "Os contratos válidos têm força de lei para as partes contratantes".

A vinculatividade que resulte da manifestação de vontade associa-se, sobretudo, às obrigações que derivam de negócios jurídicos – em especial o contrato –, ou ainda os denominados atos unilaterais, em que é a vontade daquele que afinal será submetido aos termos da obrigação, o que determina sua vinculação aos termos que define.

Desse modo, naquelas obrigações constituídas a partir da manifestação da vontade, apenas a hipótese de demonstração de um erro do declarante, ou ainda a ausência de liberdade da manifestação sucedem como causas para impugnar sua constituição válida e, desse modo,

---

[47] Note-se que a redação da norma se alterou com a reforma do direito das obrigações francês de 2016, que define o contrato em seu art. 1.103, do Código Francês, dispõe: "Les contrats légalement formés tiennent lieu de loi à ceux qui les ont faits". O art. 1.101, de sua vez, refere "Le contrat est un accord de volontés entre deux ou plusieurs personnes destiné à créer, modifier, transmettre ou éteindre des obligations". Assinala seu efeito de criação de obrigações, conforme salienta Muriel Fabre-Magnan, *Droit des obligations*, I. Contrat et engagement unilateral, 4. ed., Paris: PUF, 2016, p. 169 e ss. Destaca, a nova redação, a finalidade de criação de efeitos jurídicos, sem referência legal à intenção das partes, o que se percebe como consagração legal, de uma objetivação conceitual, conforme Gaël Chamepie; Mathias Latina, *La réforme du droit des obligations*. Commentaire théorique et pratique dans l'ordre du Code Civil, Paris: Dalloz, 2016, p. 74-75.

Capítulo 3 · PRINCÍPIOS DO DIREITO DAS OBRIGAÇÕES | 71

afastar sua eficácia vinculativa, quando expressa no âmbito reconhecido à autonomia privada. Não se constituem de modo válido, igualmente, as obrigações constituídas por incapazes de manifestar vontade (art. 166, I, e art. 171, I, do Código Civil).

3.2. Autonomia da vontade e relatividade

O caráter relativo da obrigação apresenta-se no tocante à extensão de seus efeitos apenas em relação àqueles que são partes de dada relação obrigacional. Deriva da célebre fórmula romana, *res inter alios acta allius neque nocere neque prodesse potest* (o negociado entre as partes não pode nem prejudicar nem beneficiar terceiros). Usa-se falar em eficácia relativa da obrigação, ou ainda em princípio da relatividade para determinar o fato de que a obrigação produz efeitos apenas em relação aos sujeitos que dela fazem parte, credor e devedor. Ou seja, apenas entre si, credor e devedor podem exigir os respectivos comportamentos devidos em razão da obrigação. As prestações são exigíveis apenas entre os sujeitos da relação obrigacional. Tanto assim, que em situações nas quais se defina garantia de terceiro sobre a adimplência da obrigação assumida pelo devedor, obrigatoriamente terá o garantidor de manifestar vontade, vinculando-se à relação jurídica já constituída ou por constituir, passando a integrá-la.

A razão de ser da relatividade é a natural seletividade das relações sociais pelas quais as definem com quem se relacionam mais concretamente, como ocorre na relação obrigacional, quando ou estará ao puro arbítrio da vontade (caso das obrigações negociais), ou resultará de conduta humana apta a determinar um vínculo entre pessoas (caso das obrigações de responsabilidade por danos, por exemplo). Considerando que o devedor tem como garantia genérica do cumprimento dos deveres assumidos o seu patrimônio, trata-se de intensa eficácia sua vinculação ao dever de prestar, razão pela qual se justifica a relatividade para delimitação subjetiva destes efeitos.

Atualmente, percebe-se uma mitigação desta eficácia relativa das obrigações, e a produção de seus efeitos apenas entre os sujeitos que dela fazem parte. Isso resulta de uma distinção entre a exigibilidade da prestação – que é efeito jurídico típico da relação obrigacional – e a oponibilidade da própria existência da obrigação perante terceiros, de modo a imputar um dever de abstenção destes, que não devem interferir no desenvolvimento da relação entre as partes. Esta eficácia da obrigação perante terceiros, cuja origem remonta ao direito francês[48], teve no Brasil sua divulgação a partir de um conhecido parecer do professor Antônio Junqueira Azevedo[49], cujo resultado determinou na espécie a mitigação da eficácia relativa dos contratos.

4. PRINCÍPIO DO EQUILÍBRIO OU EQUIVALÊNCIA MATERIAL

O princípio do equilíbrio ou equivalência material no direito das obrigações merece distintas compreensões. A ideia de equilíbrio ou equivalência tem-se por comparação. No direito das obrigações, o equilíbrio pode ser relativo ao objeto da obrigação – um equilíbrio de prestações, que evidenciam a equivalência material entre elas, por parte dos sujeitos de um negócio jurídico. Da mesma forma, embora o direito das obrigações vise a disciplinar a relação entre iguais, nada impede que se verifique em determinada relação obrigacional um sujeito vulnerável (como ocorre nas relações de consumo, por exemplo), justificando-se pela

---

[48] Jacques Ghestin; Marcel Fontaine, *Les effets du contrat à l'égard des tiers*, Paris: LGDJ, 1992.

[49] Antônio Junqueira de Azevedo, Os princípios do atual direito contratual e a desregulamentação do mercado – Direito de exclusividade nas relações contratuais de fornecimento – Função social do contrato e responsabilidade aquiliana do terceiro que contribui com o inadimplemento contratual, *Estudos e pareceres de direito privado*, São Paulo: RT, 2004, p. 137-147.

preservação do equilíbrio da relação, a tutela do interesse deste sujeito mais fraco na relação jurídica, ou, ainda, daquele que ocupa posição com menor poder de barganha, caso do devedor. Percebe-se, no direito das obrigações, que a tutela do devedor é preceito que acompanha seu desenvolvimento histórico[50], estando presente até hoje na legislação, uma série de normas que visam a proteger sua posição, delimitando o poder do credor. Assim, por exemplo, a prescrição que milita em favor do devedor, extinguindo a pretensão do credor de exigir o crédito (art. 193), a regra que determina o pagamento da obrigação no domicílio do devedor, caso não haja convenção em contrário (art. 327), as regras que permitem o pagamento em consignação (art. 334 e ss), ou a regra que exige a interpelação do devedor no caso da obrigação sem termo para sua exigência pelo credor (art. 397, parágrafo único).

No plano negocial, a desigualdade concreta em determinada relação obrigacional pode se dar também pela assimetria de informações, situação em que um dos sujeitos da relação assume posição de maior poder pelo fato de deter maiores ou melhores informações sobre as circunstâncias negociais ou do próprio objeto do negócio.

Tem relevância o princípio do equilíbrio no domínio dos contratos, em especial dos denominados contratos sinalagmáticos, em que a noção de sinalagma remete justamente à causa contratual pela qual o interesse determinante dos contratantes se dá em vista da prestação a que faz jus. Segundo ensina Laurence Fin-Langer, o princípio do equilíbrio pode ser visto desde um sentido descritivo, no qual constitui a explicação das normas de direito positivo que protegem o equilíbrio contratual, assim como em um sentido normativo, estabelecendo ele próprio uma conduta devida a ser observada pelas partes no direito dos contratos[51]. Há, pois, nos contratos sinalagmáticos, correspectividade de prestações (*quid pro quo*), de modo que aquele que oferece a prestação avalia seu interesse em comparação com a que deverá receber.

Especialmente no domínio das obrigações contratuais, a equivalência material das prestações merecerá tutela, cuja concreção se dá pela preservação do que se convencionou denominar sinalagma genético e sinalagma funcional. O sinalagma genético representa o equilíbrio (ou relação de equivalência) que devem guardar as prestações por ocasião da celebração do negócio jurídico. No caso de um desequilíbrio manifesto entre as prestações, aponta, a legislação, solução que ataca a própria validade do negócio jurídico, uma vez demonstrada a lesão. Assim, o art. 157 do Código Civil dispõe que: "Ocorre a lesão quando uma pessoa, sob premente necessidade, ou por inexperiência, se obriga a prestação manifestamente desproporcional ao valor da prestação oposta". No caso, admite-se a convalidação do negócio na hipótese de a parte favorecida oferecer suplemento suficiente ou concordar com a redução do proveito (art. 157, § 2º). O mesmo não se diga em relação ao estado de perigo, em que a oportunidade de recomposição do equilíbrio das prestações do negócio não é admitida por lei. De acordo com o art. 156 do Código Civil: "Configura-se o estado de perigo quando alguém, premido da necessidade de salvar-se, ou a pessoa de sua família, de grave dano conhecido pela outra parte, assume obrigação excessivamente onerosa".

Por outro lado, pode ocorrer que a relação de equivalência original entre as prestações seja perturbada depois da constituição da obrigação contratual, hipótese em que se reconhece a quebra ou perda do seu sinalagma funcional. Nesse caso, considerando-se que a constituição da obrigação contratual se dá pelo exercício da liberdade das partes, regra geral é de que a admissão do reequilíbrio apenas se dá quando demonstrado que a perturbação na relação original entre prestação e contraprestação se deu em razão de fato imprevisível (a imprevisão). Nesse

---

[50] António Menezes Cordeiro, *Tratado de direito civil português*, VI – Direito das obrigações, 2. ed., Coimbra: Almedina, 2012, p. 63.

[51] Laurence Fin-Langer, *L'équilibre contractuel*, Paris: LGDJ, 2002, p. 399-404.

caso, a solução com o propósito de recompor a relação de equilíbrio original resultará, ou da possibilidade de revisão judicial das prestações (art. 317 do Código Civil), ou mesmo, diante da impossibilidade de recomposição ou ausência de interesse das partes na manutenção da obrigação, sua resolução judicial por onerosidade excessiva (art. 478 do Código Civil). Nesse caso, note-se que a resolução poderá ser evitada caso o réu da ação se ofereça para modificar equitativamente as condições do contrato (art. 479 do Código Civil).

Observe-se que em obrigações contratuais que se caracterizem como contratos de consumo, a proteção do equilíbrio contratual resulta de disposição específica da legislação de proteção do consumidor (CDC, Lei n. 8.078/90), a qual imputa ao fornecedor o risco de fato superveniente ao contrato que implique desequilíbrio das prestações (art. 6º, V, do CDC). Da mesma forma, em relação ao equilíbrio originário da obrigação contratual (sinalagma genético), a técnica adotada pelo regime dos contratos de consumo será o do reconhecimento de nulidade parcial do negócio jurídico, no caso, das cláusulas contratuais que sejam consideradas abusivas (art. 51, *caput* e § 2º, do CDC). Com isso, preserva-se o restante do contrato e se impõe ao juiz "esforços de integração" para disciplinar, quando necessário, as situações relacionadas à lacuna que resulte da nulidade parcial.

5. PRINCÍPIO DA SOLIDARIEDADE

O princípio da solidariedade é manifestação, no direito das obrigações, da solidariedade social definida como um dos fundamentos da República (art. 1º, IV, art. 3º, I, da Constituição Federal). Pressupõe a ideia de interdependência social e existência de deveres recíprocos entre todos os indivíduos de uma comunidade. E da mesma forma, é a diretriz de um comportamento cooperativo seja no plano da coletividade, seja como pauta das relações sociais e jurídicas. Resulta da solidariedade, igualmente, o reconhecimento das diferenças e da pluralidade de interesses do grupo social, cujas tensões se solucionam mediante processos comunicativos pautados pela convergência e proximidade.

A distinção entre o direito privado e o direito público separava suas funções essenciais, confiando ao primeiro a realização do interesse individual (*jus, quod ad sigulorum utilitem spectat, dem publicum jus, quod ad statum rei Romane spectat*)[52], e ao segundo, o interesse da coletividade. A evolução do direito, contudo, torna mais flexível esses limites, de modo que também no âmbito do direito privado percebe-se o interesse público comum na preservação e promoção da liberdade da pessoa para satisfação e proteção de seus interesses, o desenvolvimento da personalidade da pessoa livre (*Machtsphäre der freien Einzelpersönlichkeit*)[53]. Tal compreensão repercute na disciplina e aplicação das normas de direito civil, empresarial, do consumidor, dentre outras que integram o direito privado.

No direito das obrigações, o reconhecimento do princípio da solidariedade fundamenta-se e concretiza diretriz constitucional da solidariedade social por intermédio do diversos institutos, realçados pela proteção da confiança, que é base da vida humana gregária, assim entendida tanto a crença legítima dos membros da comunidade na previsibilidade das decisões

---

[52] Otto von Gierke, *La función social del derecho privado,* trad. Por José M. Navarro de Palencia, Madrid: Sociedade Española, 1904, p. 4.

[53] Idem, ibidem; Claudia Lima Marques e Bruno Miragem, *O novo direito privado e a proteção dos vulneráveis,* 2. ed., São Paulo: RT, 2014. Conforme refere Maria Celina Bodin de Moraes, a solidariedade é uma necessidade da vida social, "comportamento pragmático para evitar perdas pessoais e/ou institucionais", Maria Celina Bodin de Moraes, O princípio da solidariedade, in: *Na medida da pessoa humana:* estudos de direito civil-constitucional, Rio de Janeiro: Processo, 2010, p. 247.

e efeitos do direito, como também a de correção e justiça destas decisões, e o comportamento de todos em acordo com elas, com a respectiva sanção jurídica em caso de violação.

Repercussão concreta do princípio da solidariedade percebe-se na mitigação à força vinculativa dos contratos, e autorizam sua revisão em consideração da própria manutenção do contrato, no atendimento de sua função socioeconômica e equilíbrio de interesses decorrente das condições em que se dá o exercício concreto da liberdade negocial. A força obrigatória dos contratos sempre admitiu exceções, desde os primórdios do direito romano[54].

Atualmente, esta possibilidade de revisão, devidamente disciplinada em lei segundo condições que favoreçam sua finalidade precípua de manutenção da função socioeconômica do pacto, orienta-se também pela tutela da parte afetada pela alteração de circunstâncias que dá causa à revisão (*favor debilis*). Naturalmente, esta possibilidade encontra seu limite na própria força obrigatória dos pactos e no respeito ao exercício da autonomia privada. Neste particular, o próprio art. 421 do Código Civil com a redação definida pela Lei 13.874/2019, conforma seu conteúdo, ao dispor que "A liberdade contratual será exercida nos limites da função social do contrato." Seu parágrafo único, neste sentido, dispõe que "nas relações contratuais privadas, prevalecerão o princípio da intervenção mínima e a excepcionalidade da revisão contratual." A demonstração da repercussão concreta da alteração das circunstâncias sobre os termos originais do contrato, de sua vez, se faz relevante, especialmente, para identificar o rompimento da alocação de riscos definida originalmente pelas partes (art. 421-A, II, do CC/02).

Por outro lado, a ideia de solidariedade e de projeção pública dos interesses legítimos das partes, e sua proteção, impõe a consideração dos interesses associados à relação obrigacional, em vista da consecução das finalidades sociais e econômicas a ele atinentes. Há, aqui, vinculação tanto das partes (credor e devedor), quanto de terceiros, os quais assumem, perante a obrigação, um dever geral de abstenção, no sentido de não prejudicar o curso ordinário de sua execução e cumprimento. Este dever negativo, que se impõe aos terceiros, ocorre para que não atuem com o propósito de frustrar os interesses legítimos de quaisquer das partes.

5.1. Eficácia externa das obrigações em relação a terceiros

Um dos efeitos comumente associados ao reconhecimento de uma função social dos contratos, ou em sentido mais amplo ao princípio da solidariedade que informa o direito das obrigações, diz respeito a sua eficácia externa, ou seja, se podem as obrigações produzir efeitos em relação a terceiros que não as partes da obrigação. Parte-se da ideia de que a relação obrigacional tem como original a eficácia interna, que produz efeitos entre credor e devedor subordinados ao vínculo jurídico obrigacional. Seria distinto de uma eficácia externa, de modo que as obrigações possam produzir efeitos jurídicos também a terceiros que não sejam parte do vínculo obrigacional. Trata-se de uma superação da regra romana, segundo a qual *res inter alios acta allius neque nocere neque prodesse potest* (o negociado entre as partes não pode nem prejudicar nem beneficiar terceiros).

O reconhecimento de eficácia externa da obrigação tem diversas origens. No direito francês, nasce pela via jurisprudencial, a partir de conhecida sentença do Tribunal de Toulouse, de 15 de julho de 1818, reconhecendo a responsabilidade daquele que de má-fé adquiriu bem objeto de pacto de preferência, dando origem à chamada teoria do *terceiro cúmplice*, adiante consagrada na doutrina especializada[55].

---

[54]   Reinhard Zimmermann, *The law of obligations* cit., p. 576 e ss.

[55]   Boris Starck; Henri Roland; Laurent Boyer, *Droit civil*. Les obligations, t. 2, Contrat, 6. ed., Paris: Litec, 1998.

Capítulo 3 · PRINCÍPIOS DO DIREITO DAS OBRIGAÇÕES | 75

No direito italiano, originalmente a eficácia externa da obrigação se desenvolve sem maior sistematização[56], a partir do reconhecimento da responsabilidade aquiliana, de modo a identificar a ilicitude da conduta de desrespeito à existência de direito de crédito e seu cumprimento, sob a noção de uma *tutela externa do crédito*.

No direito alemão, identifica-se sensível divisão no tratamento do tema. De um lado, os que reconhecem aos direitos de crédito espécie de proteção *erga omnes*, de modo a admitir ao lado da exigibilidade de comportamento entre as partes da obrigação, sua oponibilidade a terceiros[57]. Nesse caso, com fundamento na cláusula geral de responsabilidade por atos ilícitos (§ 823 do BGB), quando a norma faz referência à obrigação de indenização para quem viole de modo antijurídico, mediante dolo ou culpa, a vida, o corpo, a liberdade, a propriedade, ou outro direito de outrem. Resta o debate se esta referência a direito de outrem abrangeria os direitos de crédito[58]. São identificados, contudo, sensíveis obstáculos ao reconhecimento da validade das obrigações. O § 138 do BGB refere: "o negócio jurídico contrário aos bons costumes é inválido". Naturalmente que não resulta do ordenamento jurídico tudo o que serão os bons costumes, senão que se assegura um mínimo ético-social para o conteúdo das obrigações em geral[59].

No direito brasileiro, a eficácia externa do crédito é reconhecida a partir da imposição de um comportamento de abstenção de qualquer intervenção – por parte daqueles que não sejam sujeitos da relação obrigacional. Esta associação, no direito brasileiro, deve-se, sobretudo, a conhecido parecer[60] firmando o entendimento acerca da necessidade de tutela do interesse dos sujeitos de obrigação negocial em relação ao comportamento prejudicial de terceiros não integrantes originariamente da relação jurídica. Esta proteção, que se decorre da solidariedade social, foi associada ao princípio da função social do contrato, e fundamenta o que se reconhece como *tutela externa do crédito* a sustentar que *os terceiros não podem se comportar como*

---

[56] António Menezes Cordeiro, *Direito das obrigações*, Lisboa: AAFDL, 1980, v. I, p. 275-276.

[57] A. Fedele, *Il problema della responsabilità del terzo per pregiudizio del credito*, Milano: Giuffrè, 1954, p. 16 e ss.

[58] António Menezes Cordeiro, *Direito das obrigações* cit., v. I, p. 277.

[59] Karl Larenz; Martin Wolf, *Algemeiner Teil des Bürgelichen Rechts*, 9. Aufl, München: C.H. Beck, 2004, p. 733.

[60] Esta distinção teve lugar em parecer da lavra do professor Antônio Junqueira de Azevedo, a pedido da Companhia Brasileira de Petróleo Ipiranga. Versava o caso sobre a possibilidade ou não de os postos de combustíveis vinculados por contrato a certas distribuidoras "com bandeira" (marca), serem ou não obrigados a adquirir destas mesmas distribuidoras outros produtos derivados, como óleos, lubrificantes ou aditivos. A controvérsia surgiu justamente pela revogação de disposições governamentais anteriores que determinavam aos postos de combustíveis a obrigatoriedade de vincularem-se a determinada distribuidora. Com a revogação destas disposições, tal providência tornou-se facultativa. A questão de se continuavam ou não obrigados os postos a adquirir os produtos da distribuidora vinculada restou então indicada explicitamente em alguns contratos de distribuição, e segundo aponta o parecerista, implicitamente nos demais, por força da utilização da marca da distribuidora e sua apresentação ao consumidor.

Com isso, a questão apresentada dizia respeito ao fato de que outras distribuidoras passaram a fornecer estes produtos aos postos vinculados contratualmente à Distribuidora Ipiranga. Esta, por seu turno, tinha a pretensão de ingressar com ação contra as distribuidoras que promoviam o descumprimento do contrato havido entre ela e os postos de combustíveis, na medida em que vendiam a estes os produtos vedados pelo contrato de exclusividade. Sustentou, então, o eminente parecerista, a mitigação da relatividade do pacto com fundamento na função social, que impunha a todos o dever de não intervir indevidamente no cumprimento do pacto havido entre as partes, e permitindo a responsabilidade do terceiro que violasse este dever de abstenção.

se o contrato não existisse[61], distinguindo daí as noções de *relatividade* e *oponibilidade* com relação aos contratos. Segundo esta distinção, embora os contratos produzam seus efeitos em relação aos contratantes, na relação de débito/crédito, débito/responsabilidade, *sua existência é oponível a todos*, de modo que todo aquele que contribua para o seu descumprimento, sejam partes ou terceiros, responderão pelos prejuízos que causarem[62].

Por outro lado, pode-se sustentar também que, ainda que se possa indicar a oponibilidade da obrigação em relação a terceiros, é possível identificar nesta, não a simples amenização do princípio da relatividade, senão que este efeito pode decorrer diretamente do dever geral de não causar dano aos demais[63]. Em qualquer caso, há flexibilização da separação absoluta do terceiro em relação ao contrato, com a *superação da dicotomia entre as partes e o terceiro*. Neste contexto, a releitura do princípio da relatividade conduz a duas hipóteses básicas: quando alguém que não participe do contrato (terceiro) sofra as consequências do seu inadimplemento e a hipótese inversa, quando terceiro contribua para o inadimplemento por parte do devedor[64].

As relações externas à relação obrigacional, distinta dos direitos e deveres que credor e devedor opõem-se mutuamente por força do princípio da relatividade, abrangem tanto *efeitos em relação a terceiros*, quanto *efeitos perante o mercado*[65]. Interessa-nos, sobretudo, a primeira hipótese, porquanto eventuais efeitos perante o mercado serão solvidos predominantemente em nosso sistema, com a intervenção do Estado por intermédio do direito da concorrência e do direito do consumidor.

Observam-se, no direito brasileiro, as mesmas resistências examinadas na perspectiva do direito comparado, em especial da doutrina tradicional. Uma solução possível, entretanto, será a de indicar ao terceiro que coopera com o devedor no inadimplemento, espécie de responsabilidade com fundamento na função social do contrato ou ainda por abuso de direito, de modo a fazer responder aquele que, ciente da existência de relação obrigacional anterior, celebra com o devedor outra obrigação incompatível com a primeira[66].

Nas duas vertentes mencionadas (sendo o terceiro causador ou vítima do inadimplemento contratual), não se pode desde logo fixar os exatos limites desta responsabilização, a qual assume *caráter excepcional*, na hipótese de uma contribuição efetiva deste terceiro (ação ou omissão) para a frustração da finalidade da obrigação. De qualquer sorte, é de registrar que da eficácia externa do crédito só resultará responsabilidade de terceiro perante o credor que tenha frustrado seu interesse legítimo, na hipótese em que preenchidos todos os pressupostos da responsabilidade civil, ou dentre estes, com especial atenção, a exata caracterização do nexo de causalidade.

---

[61] Antônio Junqueira de Azevedo, Os princípios do atual direito contratual e a desregulamentação do mercado... cit., p. 142. Veja-se, igualmente o estudo de Otávio Luiz Rodrigues Júnior, A doutrina do terceiro cúmplice: autonomia da vontade, o princípio *"res inter alios acta"*, função social do contrato e a interferência alheia na execução dos negócios jurídicos. *RT* 821/80-98, São Paulo: RT, mar. 2004.

[62] Antônio Junqueira de Azevedo, Os princípios do atual direito contratual e a desregulamentação do mercado... cit., p. 146-147.

[63] Luis Renato Ferreira da Silva, A função social do contrato no novo Código Civil e sua conexão com a solidariedade social, in: Ingo Sarlet (Org.), *O novo Código Civil e a Constituição*, Porto Alegre: Livraria do Advogado, 2003, p. 140-141.

[64] Teresa Negreiros, *Teoria do contrato: novos paradigmas*, Rio de Janeiro: Renovar, 2002, p. 229.

[65] Ricardo Lorenzetti, *Tratado de los contratos*, 2. ed., Buenos Aires: Rubinzal Culzoni Editores, 2004, t. I, p. 84.

[66] Teresa Negreiros, *Teoria do contrato: novos paradigmas* cit., p. 249.

Capítulo 3 · PRINCÍPIOS DO DIREITO DAS OBRIGAÇÕES | 77

5.2. Relação obrigacional e respeito à ordem pública e aos bons costumes

Constitui limite imanente ao exercício da autonomia privada, o respeito à ordem pública e aos bons costumes. A rejeição à validade das obrigações negociais contrárias à ordem pública e aos bons costumes caracteriza os sistemas jurídicos dos países de tradição romano--germânica. Assim, por exemplo, dispõe o art. 280, 2, do Código Civil português: "É nulo o negócio contrário à ordem pública, ou ofensivo dos bons costumes". No direito alemão, a invalidade resulta do § 138 que expressamente a consagra. No direito francês, o art. 6º do *Code* Civil, refere: "Não se pode derrogar, por convenção das partes, as leis que se refiram à ordem pública e aos bons costumes". No direito brasileiro, o parágrafo único do art. 2.035 do Código Civil estabelece: "Nenhuma convenção prevalecerá se contrariar preceitos de ordem pública, tais como os estabelecidos por este Código para assegurar a função social da propriedade e dos contratos".

As formulações acerca da ordem pública e dos bons costumes, usualmente correm em paralelo nos diferentes sistemas[67]. A definição de ordem pública é de difícil precisão. A melhor doutrina refere-se ao "conjunto dos princípios fundamentais, subjacentes ao sistema jurídico, que o Estado e a sociedade estão substancialmente interessados que prevaleçam e que tem uma acuidade tão forte que deve prevalecer sobre as convenções privadas"[68]. Trata--se, naturalmente, de conceito histórico, conformado por dada compreensão da realidade no tempo e no espaço, formado a partir de certo senso de justiça e utilidade presentes na comunidade[69]. Assim, por exemplo, serão contrárias à ordem pública, obrigações cujo objeto envolva danos voluntários e injustificados ao corpo humano, ou que estabeleçam disposições sobre o estado das pessoas, ao exercício das liberdades individuais ou sobre deveres essenciais da família, em contraposição à compreensão dominante sobre tais institutos jurídicos.

Tem grande importância no direito das obrigações e nas relações econômicas de mercado em geral, ao lado de uma concepção geral de ordem pública, que visa à preservação de fundamentos institucionais do sistema, também a denominada ordem pública econômica. Esta se revela em acordo com as diretrizes fundamentais do sistema, expressos de modo a assegurar os direitos e garantias fundamentais em matéria econômica, assim como os que resultem da intervenção estatal no domínio econômico e seus fins[70]. Relaciona-se, desse modo, com a ordem constitucional econômica (art. 170 e ss da Constituição da República), de modo que, por exemplo, serão de ordem pública diversos limites estabelecidos ao exercício da autonomia privada pelas normas legais de proteção do meio ambiente, da livre-concorrência ou do consumidor[71], por exemplo, que estejam realizando ou detalhando o conteúdo de definições decorrentes das normas constitucionais[72].

---

[67] Jorge Morais Carvalho, *Os limites à liberdade contratual*, Coimbra: Almedina, 2016, p. 120.

[68] Carlos Alberto Mota Pinto, *Teoria geral do direito civil*, 4. ed., Coimbra: Almedina, 2005, p. 557-558. Jorge Morais Carvalho, *Os limites à liberdade contratual* cit., p. 75 e ss.

[69] Thomas H. Healy, Théorie général de l'ordre public. *Recueil de Cours de Droit International de l'Academie de Droit International de l'Haye*, t. 9, v. III, 1925, p. 544.

[70] René Savatier, *La théorie des obligations en droit privé économique*, 4. ed., Paris: Dalloz, 1979, p. 166-168.

[71] Entre as funções da ordem pública situa-se a proteção dos contratantes vulneráveis, conforme menciona Marie-Caroline Vincent Legoux, *L'ordre public et le contrat. Archives de philosophie du droit*, t. 58, Paris: Dalloz, 2015, p. 227.

[72] Anote-se, contudo, que ao falar-se de ordem pública econômica, não se deve compreender no estágio atual, um conceito imutável. A rigor, conforme as variantes que assume, poderá distinguir seu perfil. Ao que se pode indicar como ordem pública promocional da economia, visando ao incentivo a compor-

Já os bons costumes têm sua definição concentrada não no sistema jurídico diretamente, mas no apelo à ética comunitária, nos valores sociais dominantes. Daí a ideia de contrariedade à moral pública, cuja definição também é variável no tempo e no espaço. No direito alemão, o § 138 do Código Civil comina de nulidade os negócios jurídicos contrários a bons costumes e acrescenta, em particular, aqueles cuja pessoa é explorada em sua inexperiência, falta de discernimento ou considerável vulnerabilidade, ou outras causas, para obter-se vantagens exageradas ou desproporcionais.

No direito brasileiro, a ofensa aos bons costumes está prevista como hipótese caracterizadora do abuso do direito (art. 187 do CC/2002), assim como no art. 17 da Lei de Introdução às Normas do Direito Brasileiro, as quais estabelecem que leis, atos e sentenças de outro país, bem como quaisquer declarações de vontade, não terão eficácia no Brasil quando ofenderem, dentre outros limites, os bons costumes. Da mesma forma, o art. 13 do Código Civil estabelece que é defeso o ato de disposição do próprio corpo quando contrariar os bons costumes.

Cabe aqui a advertência de que a decisão judicial, quando interprete o conceito de ordem pública ou de bons costumes, deve atender a "pelo menos a moral média da coletividade e não os extremos de sua sensibilidade pessoal"[73]. Refira-se, afinal, que a ofensa a bons costumes como limite ao exercício de direitos e liberdades, inclusive na constituição de obrigação, também serve como veículo da eficácia de normas constitucionais às relações privadas, como limite ao exercício da autonomia privada em aproveitamento dos mais vulneráveis, ou proteção em relação a onerosidade excessiva e em garantia de um patrimônio mínimo[74] necessário à subsistência pessoal.

---

tamentos socialmente úteis, observa o que a doutrina indica como uma flexibilidade tática, conforme os riscos a serem prevenidos. Distingue-se da ordem pública guardiã da economia, que no âmbito da intervenção do Estado no domínio econômico também deverá buscar modos de atuação que se revelem mais eficazes. Assim a terminologia adotada por Marie-Anne Frison-Roche, Les différentes natures de l'ordre public économique. *Archives de philosophie du droit*, Paris: Dalloz, 2015, t. 58,p. 105-128.

[73] Orozimbo Nonato, *Curso de obrigações* cit., I, p. 145.

[74] A garantia do patrimônio mínimo em razão da eficácia das normas constitucionais às relações privadas foi desenvolvida, no direito brasileiro, por Luiz Edson Fachin, *Estatuto jurídico do patrimônio mínimo*, Rio de Janeiro: Renovar, 2001. Segundo o jurista, a proteção constitucional da propriedade privada comporta, igualmente, a tutela de um patrimônio mínimo que assegure a todos a defesa dos bens indispensáveis à própria subsistência (p. 232). Diversos efeitos, daí se retiram, seja na limitação do poder de constrangimento patrimonial do devedor (nos casos de impenhorabilidade legal de bens necessários à subsistência), assim como limites ao próprio exercício da autonomia privada, como é exemplo da revogação de doação no caso da recusa, pelo donatário, de prestar alimentos ao doador, a imposição de legítima, dentre outros exemplos. Esta mesma ideia, conforme já se teve a oportunidade de referir, coloca-se, a partir da eficácia dos direitos fundamentais, à proteção de diversos sujeitos vulneráveis reconhecidos pelo direito, de modo a assegurar-lhe acesso a bens também mediante recurso a técnicas de limitação do exercício da autonomia privada, ou o exercício de direitos. Claudia Lima Marques e Bruno Miragem, *O novo direito privado e a proteção dos vulneráveis* cit., p. 32. Da mesma forma, desenvolve-se no direito privado – em especial no direito do consumidor – uma noção de mínimo existencial – reconhecido como espécie de esfera patrimonial do indivíduo protegido em relação à exigibilidade de dívidas – cujo conteúdo se entende assegurado como garantia fundamental. Sobre o mínimo existencial, veja-se a tese de doutoramento de Káren Rick Danilevicz Bertoncello, *Superendividamento do consumidor: mínimo existencial* – casos concretos, São Paulo: RT, 2015, p. 5 e ss; Claudia Lima Marques, *Contratos no Código de Defesa do Consumidor* cit., p. 1334. Sobre o mínimo existencial como garantia fundamental, observa, entre outros, Ingo Wofgang Sarlet, Mínimo existencial e relações privadas. Algumas aproximações, in: Claudia Lima Marques, Rosângela Lunardelli Cavallazzi, Clarissa Costa de Lima, *Direitos do consumidor endividado II*. Vulnerabilidade e inclusão, São Paulo: RT, 2016, p. 107 e ss.

Capítulo 4

CLASSIFICAÇÃO DAS OBRIGAÇÕES

Ao tratar das modalidades de obrigações se faz referência a distintos modos de classificação das obrigações, cujo interesse é, ao mesmo tempo, didático e prático. São vários os critérios de classificação das obrigações de modo que se possam identificar suas diversas modalidades. Quanto a sua exigibilidade, serão obrigações naturais ou civis. Quanto ao conteúdo da prestação, prestação de fato e prestação de coisa, de modo que o Código Civil, segundo antiga tradição romana, distingue obrigações de dar (prestação de coisa), fazer e não fazer (prestação de fato). Pode-se definir quanto à exigibilidade conjunta da prestação, se serão obrigações solidárias ou *pro parte*. Ou em relação à multiplicidade de prestações e sua escolha pelo credor: obrigações alternativas. Quanto à divisibilidade do objeto, diz-se obrigações divisíveis e indivisíveis.

Da mesma forma, distinguem-se entre obrigações principais e acessórias, conforme tenham existência em si ou suponham a existência de outra da qual dependam sua validade ou eficácia.

A seguir, examinam-se as principais modalidades de obrigações, conforme sua disciplina no direito brasileiro.

1. OBRIGAÇÕES CIVIS E OBRIGAÇÕES NATURAIS

A primeira distinção a ser objeto de exposição é a que reconhece entre as obrigações civis e as obrigações naturais. Denominam-se obrigações civis aquelas dotadas de juridicidade, ou seja, que são reconhecidas pelo direito, e desse modo, dotadas de eficácia jurídica, em especial a consequente exigibilidade da prestação do devedor pelo credor. A disciplina das obrigações, como vimos, pressupõe a prescrição de um comportamento ao devedor, que é o de realizar (cumprir) determinada prestação em favor do credor. A satisfação da prestação resulta, geralmente, do comportamento do devedor, que em boa parte das situações será espontâneo, de modo que ciente do dever de prestação que deve cumprir, comporta-se para cumpri-lo independentemente de coerção, seja pela adoção de meios para exigência da dívida pelo credor diretamente ou por intermédio do Estado (em especial do Estado-Juiz). Será no caso de resistência ou recusa do cumprimento pelo devedor, contudo, que se identifica a distinção entre o reconhecimento jurídico de uma obrigação – que nos termos aqui definidos a qualificam como uma obrigação civil e a ausência deste mesmo reconhecimento. O fato de ser uma obrigação civil, reconhecida pelo direito e a qual este presta seus efeitos, produz uma série de consequências lógicas, decorrentes da exigibilidade jurídica do crédito. Faz com que possa ser objeto de execução judicial, constrangendo o devedor a realizar a prestação ou responder pelo descumprimento, caso em que responde com todos os seus bens (art. 391 do Código Civil). Ou seja, o fim imediato da obrigação é a prestação, seu objeto, que deve ser cumprida (*Schuld*). A ausência de cumprimento espontâneo pelo devedor, contudo, implica sujeição do patrimônio do devedor para que dele o credor obtenha o equivalente ao cumpri-

80 DIREITO DAS OBRIGAÇÕES – *Bruno Miragem*

mento, ou as perdas e danos decorrentes do inadimplemento. Responde o devedor com seu patrimônio (*Haftung*).

Ao lado das obrigações civis, reconhecidas pelo direito, o qual lhe atribui efeitos jurídicos vinculativos, inclusive com a tutela direta do interesse do credor, mediante reconhecimento da tutela de reclamar o direito, há outra espécie de obrigação, cuja ausência de eficácia jurídica, com o fim de promover a exigibilidade da prestação pelo credor, faz com que se denomine obrigação natural.

1.1. Características das obrigações naturais

As obrigações naturais são aquelas que possuem fundamento em dever de ordem moral, cujo cumprimento, entretanto, não é juridicamente exigível. Sua origem reside no direito romano[1] (*naturalis obligatio*), caracterizando-se por dívidas das quais seus devedores não podiam ser demandados, tais como aquelas contraídas por escravos, por *filii familias* ou crianças, ou ainda pessoas sujeitas à tutela[2]. Mais adiante, obrigações prescritas e obrigações decorrentes de pactos sem pretensão (*pacta nuda*) foram reconhecidas como exemplos[3]. Contudo, o que caracterizava estas obrigações era que mesmo não podendo haver demanda por cumprimento, uma vez realizada a prestação, não tinha quem pagou a possibilidade de reclamar a repetição, com a devolução do que pagou.

Esta espécie romana foi designada obrigação natural justamente para assinalar seu aspecto fático, em comparação às obrigações civis, que denotavam o caráter jurídico. Adiante, a noção de obrigação natural também serviu para designar situações cujo comportamento era esperado em vista do cumprimento de deveres morais, porém sem exigibilidade[4].

Pode-se, igualmente, distinguir as obrigações naturais e civis conforme a tutela que se lhe empregue. Não está correto dizer que a obrigação natural é meramente fática, não jurídica. Afinal, ela também produz efeitos jurídicos, em especial o direito do credor da obrigação natural de reter o pagamento feito, considerando satisfeita a prestação. Não pode exigir, mas ao receber pode reter. Aqui se distingue o modo de tutela que o direito oferta às obrigações civis e naturais. Nas obrigações civis, o direito tutela a exigibilidade da prestação, portanto, espécie de tutela direta. Nas obrigações naturais, não há possibilidade de o credor exigir a prestação do devedor, porém, uma vez realizada, pode retê-la, considerando a existência de causa para o pagamento. Trata-se de tutela indireta, que faz com que seja caracterizada também como espécie de obrigação imperfeita, porque ausente a possibilidade de exigir a prestação. Pode-se, por outro lado, identificar a distinção entre a obrigação natural e a obrigação civil,

---

[1] Biondo Biondi observa que no direito romano, originalmente, a ideia de obrigação natural presente na ideia de *natura devere* e não propriamente de obrigação, identificado casuisticamente, sem caráter unitário. Biondo Biondi, *Istituzioni di diritto romano*, p. 403-406. No mesmo sentido: Alberto Burdese, *La nozione classica di naturalis obligatio*, Torino: G. Giappichelli, 1955, p. 27; Pierre Cornioley, *Naturalis obligatio. Essai sur l'origine et l'évolution de la notion em droit romain*, Genève, 1964, p. 39 e ss.

[2] Max Kaser; Rolf Knütel, *Römisches privatrecht* cit., p. 191; Jules-Antoine Breyant, *Jus romanum, Obligatio naturalis*, Strasbourg, 1845, p. 2-10; Reinhard Zimmermann, *The law of obligations* cit., p. 7-10; Biondo Biondi, *Istituzioni di diritto romano*, p. 403-409.

[3] Zimmermann, *The law of obligations* cit., p. 513. Sobre os nuda pacta, veja-se: E. Machelard, *Des obligations naturelles en droit romain*, Paris: Auguste Durand, 1861, p. 28-30; Gabriel Just Guigou, *Des obligations naturelles en droit romain et en droit français*, Marseille: Imprimerie Marseilasse, 1893, p. 13 e ss.

[4] Jean Domat, *Les loix ciivles dans leur ordre naturel, le droit public et legum delectus*, Paris, 1777, t. 1, p. 102.

Capítulo 4 · CLASSIFICAÇÃO DAS OBRIGAÇÕES | 81

de modo que a obrigação civil seja pagável e exigível, e a obrigação natural apenas pagável[5]. Esta compreensão, reconhecendo o fato do pagamento e determinando-lhe certa juridicidade, é relevante ademais para que se possa identificar a prestação a que se refere o pagamento, como causa legítima de atribuição patrimonial em favor do credor da obrigação, evitando-se que se considere como hipótese de enriquecimento sem causa.

A irrepetibilidade do pagamento feito caracteriza a obrigação natural porquanto o devedor espontaneamente tenha realizado o pagamento. Ou seja, não poderá pedir de volta o que pagou, pelo simples fato de não ter o credor o poder de exigir a prestação. Contudo, quando não se cogite de pagamento espontâneo, como, por exemplo, nos casos em que este se deu em razão de erro, dolo ou coação, há de se reconhecer a possibilidade de repetição, uma vez descaracterizada a espontaneidade/voluntariedade da atuação do devedor.

1.2. Algumas hipóteses de obrigações naturais

As hipóteses de obrigações naturais podem ter ou não fonte legal específica. Há situações em que a lei, mesmo sem fazer referência expressa à obrigação natural, prevê a eficácia que é com ela compatível. Por outro lado, há situações em que a obrigação natural resulta identificada a partir das características de uma dada relação, que não admite a exigibilidade da prestação, porém age no reconhecimento da causa para o pagamento, impedindo, que o devedor pretenda a devolução. Nesses termos, dispõe o art. 882 do Código Civil: "Não se pode repetir o que se pagou para solver dívida prescrita, ou cumprir obrigação judicialmente inexigível". A regra abrange obrigações cuja pretensão esteja prescrita, assim também como quaisquer outras que sejam inexigíveis.

Outra situação é a das dívidas de jogo ou de aposta, tolerados e não proibidos. A definição do contrato de jogo e aposta dá conta da natureza aleatória que o caracteriza, uma vez que o resultado depende de sorte ou azar. Há a álea, segundo a qual se condiciona o pagamento/recebimento de valores ou objetos a determinado resultado incerto[6]. No jogo, prevalece a finalidade de distração ou ganho, dependendo em parte da participação e/ou habilidade dos contratantes, enquanto na aposta o resultado decorre de fato alheio e incerto, fortuito. A inexigibilidade da dívida decorrente de jogo faz com que se qualifique como dívida de honra[7].

Tenha-se em conta, no entanto, que há jogos e apostas proibidos, tolerados e autorizados[8]. A obrigação natural estará vinculada, sobretudo, aos jogos ou apostas tolerados. Isso porque em relação aos proibidos, haverá ilicitude e, portanto, invalidade do pacto entre as partes da qual resulte o jogo ou aposta[9]. Em relação aos autorizados, o direito de crédito decorrente do jogo ou aposta resulta da disciplina legal que a ele se confere. É o caso das loterias, conside-

---

[5]   Sérgio Covello, *A obrigação natural*, São Paulo: Leud, 1996, p. 108.

[6]   Arnaldo Rizzardo, *Contratos*, 22. ed., Rio de Janeiro: Forense, 2011, p. 967; Gustavo Tepedino, Heloísa Helena Barbosa, Maria Celina Bodin de Moraes, *Código Civil interpretado conforme a Constituição da República*, Rio de Janeiro: Renovar, 2011, t. III, p. 625; Carlos Roberto Gonçalves, *Direito civil brasileiro*, Contratos e atos unilaterais, 9. ed., São Paulo: Saraiva, 2012, v. 3, p. 545.

[7]   Caio Mário da Silva Pereira, *Instituições de direito civil* cit., v. III, p. 444.

[8]   Pontes de Miranda, *Tratado de direito privado* cit., t. XLV, p. 357-358.

[9]   No caso dos chamados jogos de azar, percebe-se a oscilação do direito brasileiro, de modo que o art. 50 da Lei de Contravenções Penais, que definia como contravenção estabelecer ou explorar jogos de azar, foi revogado em 1942 (Dec.-lei n. 4.866/42), teve sua vigência restaurada em 1946 (Dec.-lei n. 9.215/46), definindo a prática como contravenção penal. Da mesma forma a indução à prática de jogo e aposta, segundo determinadas circunstâncias, é considerada crime (art. 174 do Código Penal – Induzimento à especulação).

radas espécie de serviço público exclusivo da União, não suscetível de concessão, conforme dispõe o art. 1º do Dec.-lei n. 204/67, o qual é realizado pela Caixa Econômica Federal, em acordo com o art. 2º do Dec.-lei n. 759/69. Da mesma forma, no caso do turfe, admitem-se as apostas como modo de incentivo à criação de cavalos, como se percebe dos arts. 8º e 9º da Lei n. 7.291/84, e art. 17 e seguintes do Decreto n. 96.663/88. Por fim, há os jogos tolerados socialmente, que inclusive podem ser restringidos pelo direito, mas admitidos como comportamento social dominante e não gravemente ofensivo aos valores comunitários.

Daí caracterizarem-se como obrigação natural, nos termos do art. 814 do Código Civil, que refere: "As dívidas de jogo ou de aposta não obrigam a pagamento; mas não se pode recobrar a quantia, que voluntariamente se pagou, salvo se foi ganha por dolo, ou se o perdente é menor ou interdito". A exceção à irrepetibilidade ocorre nas hipóteses em que o pagamento se deu por dolo, ou se aquele que perdeu é incapaz (menor ou interdito). Nesses casos, entretanto, o fundamento da pretensão de repetição não é o fato de se tratar de dívida inexigível. Caracteriza a obrigação natural a liberdade e espontaneidade do pagamento[10]. Assim, deixa-se de caracterizar-se como tal, seja pelo modo como obtido o pagamento (mediante má-fé/dolo), ou ainda em proteção do incapaz, cuja proteção legal pressupõe a falta de discernimento para o ato.

Outra hipótese de obrigação natural comumente reconhecida é aquela que resulta da prestação de alimentos por quem não tenha obrigação de fazê-lo. Esta hipótese tem relevância nas relações disciplinadas pelo direito de família, definindo o art. 1.696 do Código Civil o direito recíproco a alimentos entre pais e filhos, extensivo a todos os ascendentes. De sua vez, o art. 1.697 define que, na falta dos ascendentes, cabe a obrigação aos descendentes, na ordem da sucessão, e, faltando estes, aos irmãos. Pode ocorrer, por exemplo, que mesmo não estando obrigado diretamente, se respeitada a ordem definida por lei, algum irmão, em melhores condições financeiras, preste os alimentos em lugar do outro. Não se trata de obrigação civil, uma vez que não se lhe é exigível que o faça. Seu comportamento tem razões exclusivamente morais. Contudo, sendo o pagamento a título de alimentos, consideram-se irrepetíveis, não apenas pela natureza da prestação, mas também por caracterizar-se obrigação que resulta de imperativo ético-moral, espécie de obrigação natural.

2. MODALIDADES DE OBRIGAÇÃO QUANTO AO CONTEÚDO DA PRESTAÇÃO PRINCIPAL

Em relação ao conteúdo da prestação principal, as obrigações serão de dar, fazer ou não fazer. Na obrigação de dar, tem-se a denominada prestação de coisa. Inclui não apenas as que envolvam transmissão do domínio sobre a coisa, mas também a posse, incluindo-se tanto o dar, quanto a obrigação de restituição, pela qual o comportamento exigido será o de devolução da coisa. Nas obrigações de fazer e não fazer, tem-se a denominada prestação de fato, a qual pode ser prestação de fato positivo (fazer), ou prestação de fato negativo (não fazer).

2.1. Obrigação de dar

A obrigação de dar abrange a transmissão do domínio ou da posse da coisa. Envolve essencialmente três comportamentos possíveis. O primeiro deles, que é propriamente o dar, consiste na transmissão do domínio, que se dá mediante entrega da coisa ou celebração do negócio e registro do título, conforme se trate de coisas móveis ou imóveis. Nesse caso, a ce-

---

[10] Mário Júlio de Almeida Costa, *Direito das obrigações* cit., p. 169.

Capítulo 4 · CLASSIFICAÇÃO DAS OBRIGAÇÕES | **83**

lebração da obrigação determinará, ela própria, a transmissão do domínio ou exigirá entrega posterior em execução da prestação assumida. Ilustra esta situação a prestação principal no contrato de compra e venda: entregar a coisa e pagar o preço.

Uma segunda espécie da prestação de dar caracteriza-se pela entrega do devedor ao credor, de coisas para seu uso ou fruição, sem que o deixe, contudo, de ser o titular do domínio da coisa. O devedor, neste caso, realiza a prestação transmitindo a posse da coisa, ou seja, o poder de fato sobre ela, pelo tempo e segundo as condições estabelecidas na obrigação. Usa--se falar aqui, segundo conhecida indicação romana, na obrigação de prestar. Assim ocorre, por exemplo, no contrato de locação.

Por fim, uma terceira espécie de prestação de dar envolve a conduta de restituir. Restituição é devolução, de modo que assume a obrigação de restituir quem deva devolver a coisa que tenha consigo, ao titular original da propriedade ou da posse do bem, conforme haja estabelecido a obrigação.

No que diz respeito à transmissão do domínio sobre a coisa (propriedade), a constituição da obrigação de dar, no direito brasileiro, não é suficiente para tornar o credor titular de direito real sobre a coisa. Exige-se para tanto certa providência que se relaciona à execução da obrigação de dar, seja em relação a coisas imóveis a realização de certas providências formais quanto ao título (escritura pública) e ao modo (registro no competente ofício de registro de imóveis), seja em relação a coisas móveis, a tradição, consistente na efetiva entrega da coisa.

As obrigações de dar distinguem-se entre as de dar coisa certa e coisa incerta, todas, entretanto, passíveis de determinação (determináveis).

2.1.1. Obrigação de dar coisa certa

Dar coisa certa pressupõe a definição do objeto da prestação. Já afirmavam os romanos *"Debitor aliud pro alio, invito creditore solvere non potest"* ("O devedor não pode dar, contra a vontade do credor, uma coisa por outra", *Digesto* 12, 1, 2, 1). Nesse sentido, define o art. 313 do Código Civil vigente: "O credor não é obrigado a receber prestação diversa da que lhe é devida, ainda que mais valiosa".

A obrigação de dar coisa certa distingue-se na prestação de entregar a coisa (transferir posse ou domínio), à própria coisa em si, ou ainda ao dever de restituir. Refere-se à prestação de coisa determinada, e abrange os acessórios não mencionados, salvo se o contrário não resultar do título ou das circunstâncias do caso (art. 233 do Código Civil). Recorde-se, naturalmente, no tocante aos acessórios, que as pertenças não integram o negócio relativo ao bem que sirvam, salvo se o contrário resultar da lei, da manifestação de vontade ou das circunstâncias do caso (art. 94 do Código Civil). São pertenças "os bens que, não constituindo partes integrantes, se destinam de modo duradouro, ao uso, ao serviço ou ao aformoseamento de outro" (art. 93 do Código Civil). Assim, por exemplo, quem vá locar imóvel que esteja guarnecido de aparelhos de ar condicionado – exemplo típico de pertença –, estes não integram, como regra, a locação, salvo se assim estiver definido em contrato, ou se o locador ou seu corretor derem causa à expectativa de que se mantenham no imóvel.

Na hipótese de ter havido a constituição da obrigação, mas antes da entrega da coisa esta se perder sem culpa do devedor, há resolução de pleno direito da obrigação. Contudo, se a coisa se perder, tornando-se impossível a prestação, por fato imputável ao devedor, este responde perante o credor pelo valor equivalente da coisa e mais perdas e danos (art. 234 do Código Civil).

Não se tratando de perda da coisa, mas apenas de sua deterioração, são duas as soluções possíveis. Se a deterioração não se dá por fato imputável ao devedor, nasce para o credor o

84 | DIREITO DAS OBRIGAÇÕES – *Bruno Miragem*

direito de resolver a obrigação, extinguindo-a, ou aceitar a coisa no estado em que se encontre, com respectivo abatimento do valor que perdeu (art. 235 do Código Civil). Se a coisa deteriorou-se por fato imputável ao devedor, poderá o credor exigir o equivalente ou aceitar a coisa no estado em que se encontre, sendo titular, em qualquer caso, da pretensão de indenização das perdas e danos (art. 236 do Código Civil).

Por fim, uma terceira espécie de prestação de dar envolve a conduta de restituir. Restituição é devolução, de modo que assume a obrigação de restituir quem deva devolver a coisa que tenha consigo, ao titular original da propriedade ou da posse do bem, conforme haja estabelecido a obrigação. Assim, por exemplo, quem recebe em empréstimo, deve restituir, assim como aquele que recebe em depósito para guarda, restitui quando o depositante reclama a coisa.

2.1.1.1. Tempo e modo do adimplemento: transmissão do domínio sobre a coisa e os riscos da prestação

No que diz respeito à transmissão do domínio sobre a coisa (propriedade), a constituição da obrigação de dar, no direito brasileiro, não é suficiente para tornar o credor titular de direito real sobre a coisa. Exige-se para tanto certa providência que se relaciona à execução da obrigação de dar, seja em relação a coisas imóveis, a realização de certas providências formais quanto ao título (escritura pública) e ao modo (registro no competente ofício de registro de imóveis), seja em relação a coisas móveis, a tradição, consistente na efetiva entrega da coisa.

Isso porque se distingue, no direito brasileiro, os planos da relação obrigacional entre a constituição do vínculo e a transmissão do domínio. Ademais, para a constituição de direito real, como é o que passa a ser titular o credor da coisa objeto da prestação de dar, não basta a celebração da obrigação, senão a efetiva entrega da coisa. Sob a definição de "tradição" compreenda-se, em sentido amplo, tanto a entrega física dos móveis, quanto a transcrição (registro) dos imóveis. É distinto do que ocorre quando o direito real se constitui pela morte do proprietário original, hipótese em que é a posse presumida *in iure* pelo direito (art. 1.784 do Código Civil), que produz a transmissão dos bens da herança (*droit de saisine*).

Sob a influência do direito estrangeiro – notadamente alemão – percebe-se a distinção entre a constituição da obrigação e sua eficácia translativa do domínio, a exigir ato formal. Daí a origem reconhecida na *Auflassung* do direito alemão medieval. O significado da expressão germânica revelava na origem o comportamento do devedor de abrir mão da posse da coisa, mais adiante abrangendo também o acordo em relação à transmissão do domínio[11].

No direito brasileiro, a regra de que os bens móveis se transmitem pela tradição e os imóveis pelo registro avança sobre a eficácia das obrigações de dar coisa. O domínio da coisa será do devedor até a tradição e, nesses termos, também os riscos de deterioração ou perda da coisa – *res perit domino*. Dando origem, a relação obrigacional, a direito de natureza pessoal, não tem o credor, como regra, pretensão material contra o devedor para obtenção da coisa, embora atualmente as regras do processo civil admitem a hipótese mediante acolhimento da pretensão de cumprimento específico da obrigação. Nesse sentido, dispõe o art. 499 do Código de Processo Civil, ao definir que "a obrigação somente será convertida em perdas e danos se o autor o requerer ou se impossível a tutela específica ou a obtenção de tutela pelo resultado prático equivalente". Nesses casos, contudo, a ausência do comportamento espontâneo do devedor no sentido e realizar a prestação será substituída pela decisão judicial que determine o cumprimento.

---

[11] Ludwig Enneccerus; Theodor Kipp; Martin Wolff, *Tratado de derecho civil*, Barcelona: Bosch, 1953, t. 1, v. 3, p. 124.

O critério de atribuição dos riscos da coisa (*res perit domino*) favorece o interesse de ambos os sujeitos da obrigação, credor e devedor. Assim como pode o credor exigir o abatimento do preço no caso de deterioração da coisa, ocorrendo o inverso, poderá o devedor, antes da entrega, exigir o aumento no preço, caso sobrevenha sobre ela melhoramentos e acrescidos. Preside a compreensão da regra o princípio da equivalência material, de modo que as prestações das partes guardem equilíbrio.

Por melhoramentos, compreenda-se tudo o que opera a valorização da coisa, aperfeiçoando sua utilidade, conforto ou estética. Resultam de fatos naturais, tal qual uma acessão, ou em razão da ação de terceiros. E nisso distinguem-se dos frutos, que são tudo aquilo que acrescem a coisa e se lhe pode retirar sem fratura ou dano. São os frutos espécie de acréscimos esperados e normais da coisa. Já os acrescidos são o que aumentam a extensão da coisa.

A superveniência de melhoramentos e acrescidos é fato jurídico que confere ao devedor da coisa o direito de exigir o aumento do preço, sob pena de, não havendo a sua anuência, resolver a obrigação. Há, pois, direito de exigir aumento do preço e – havendo recusa do credor da coisa em relação a este – direito de resolução. Importantes questões de natureza teórica e prática aqui se apresentam. Em primeiro lugar, considerando que os melhoramentos e acrescidos são supervenientes à constituição da obrigação, há controle sobre qual seja sua causa. Dizendo melhor, restringe-se a origem destes melhoramentos ou acrescidos a fatos estranhos ao devedor da coisa (naturais ou de terceiro), ou admite-se também que possa ele, devedor, dar causa a tais modificações da coisa, de modo que resulte a possibilidade de exigir aumento do preço. Parece claro que deve incidir neste exame as exigências de boa-fé, de modo que não seja legítimo ao dono da coisa, para evitar sua entrega, ou exigir aumento do preço, provoque voluntariamente melhoramentos ou acréscimos, em flagrante comportamento contraditório (*venire contra factum proprium*). De outro lado, porém, pode o devedor da coisa obrigar-se a introduzir tais acréscimos, seja por exigência legal ou de terceiros (para evitar ruína ou promover reparações), tal como ocorre no caso de benfeitorias necessárias e, por vezes, de benfeitorias úteis. E, nesses termos, pode exigir o acréscimo do preço, tal como ocorre quando os melhoramentos e acrescidos decorrem de fato natural.

Outra situação que merece atenção diz respeito à proporcionalidade entre os melhoramentos e acrescidos da coisa e a pretensão de aumento do preço pelo seu titular, em conformidade aos princípios da boa-fé objetiva e da equivalência material.

Da mesma forma, estabelece o parágrafo único do art. 237 que os frutos percebidos serão do devedor, pertencendo ao credor os pendentes. Trata-se de aplicação, para disciplina das obrigações de dar coisa certa, de regra geral havida no art. 1.232 do Código Civil, que define: "Os frutos e mais produtos da coisa pertencem, ainda quando separados, ao seu proprietário, salvo se, por preceito jurídico especial, couberem a outrem."

No mesmo sentido, ocorre com a obrigação de restituir coisa certa. Perdendo-se a coisa antes da tradição, por fato que não seja imputável ao devedor, sofre o credor a perda (art. 238 do Código Civil). Isso porque o devedor não viola os termos da posse adquirida, e cuja extinção se daria com a restituição da coisa. Há com isso extinção da obrigação, ressalvados os direitos até o dia da perda. Tratando-se, por exemplo, de um automóvel locado, do qual venha o locatário a ser desapossado em razão de furto ou roubo, não responde este pela perda da coisa, que será suportada pelo locador (credor da coisa a ser restituída). O devedor, porém, está obrigado a pagar para o credor o valor do aluguel da coisa até o dia em que tenha ocorrido a perda da posse.

86 | DIREITO DAS OBRIGAÇÕES – *Bruno Miragem*

2.1.1.2. Inadimplemento total ou parcial da obrigação de dar coisa certa

Assumindo a obrigação de dar coisa certa, o devedor também passa a responder pelos riscos de sua perda, quando esta se der por culpa sua. A regra do art. 234 estabelece uma distribuição dos riscos pela perda da coisa, tendo ela ocorrido por culpa ou sem culpa do devedor. Ocorrendo a culpa do devedor, trata-se da mais grave forma de inadimplemento, uma vez que inviabiliza a realização da prestação nos exatos termos fixados na obrigação, ainda que a destempo.

A tradição é o marco para a transferência dos riscos da coisa. Havendo a tradição, que compreende a entrega da coisa, o risco se transfere para o credor. Antes da tradição, mantém-se com o devedor. A perda da coisa antes da tradição, ou ainda quando pendente condição suspensiva – por isso ainda não exigível a prestação – sem culpa do devedor, resulta na extinção da obrigação, via resolução. Isso implica obrigação do credor, caso tenha recebido antecipadamente parte da contraprestação oposta, a restituí-la.

A regra geral, celebrada pelo conhecido adágio *res perit domino*, impõe ao proprietário os riscos de perda da coisa. Exceção se estabelece quando a coisa pereça em decorrência de vício já existente ao tempo da tradição. Assim, se a perda da coisa se dá quando se encontre ainda no patrimônio do devedor, porque não houve a entrega ou a transferência efetiva da propriedade, caracteriza-se a impossibilidade de realizar-se a prestação.

Por outro lado, quando haja culpa do devedor na perda da coisa, este responderá pelo equivalente, mais perdas e danos.

2.1.1.3. Perda ou deterioração da coisa por culpa do devedor

A noção de responsabilidade fundada na culpa é basilar do direito das obrigações. É pressuposto da responsabilidade do devedor pela perda da coisa, a culpa. No caso das obrigações contratuais, o inadimplemento do dever de entrega da coisa faz presumir a culpa do devedor, o qual deverá afastá-la mediante prova de situação alheia a sua conduta que deu causa à perda e tornou impossível o cumprimento. Atualmente, a noção de culpa do devedor observa sensível transformação quanto aos critérios para sua verificação. Perde força o exame subjetivo da imprudência ou negligência enquanto falhas do comportamento anímico do devedor, ganhando espaço o reconhecimento de *standards* de conduta, ou padrões objetivos de diligência e prudência devidas segundo as características e a natureza de determinada relação obrigacional.

O inadimplemento culposo ocorrerá em razão ou da perda (inadimplemento total) ou da deterioração da coisa (inadimplemento parcial). Descaracteriza a culpa, a demonstração, pelo devedor, da ocorrência de caso fortuito ou força maior, que servem para afastar a responsabilidade pelas perdas e danos decorrentes do inadimplemento (art. 393 do Código Civil).

Havendo o inadimplemento em razão de culpa do devedor pela perda da coisa, responde este pelo equivalente, mais perdas e danos. Diz-se responsabilidade pelo equivalente em dinheiro, uma vez que a coisa certa, cuja entrega era devida, perdeu-se, tornando-se impossível o cumprimento da prestação. Não é previsto pelo Código Civil a possibilidade de substituição da coisa cuja perda deu causa o devedor. Afinal, se é certo que o credor não pode ser obrigado a receber uma coisa por outra (*"Debitor aliud pro alio, invito creditore solvere non potest"*) também não pode o devedor ser obrigado a dar. Há exceções a esta regra na legislação especial (notadamente o art. 18, § 1º, II, do Código de Defesa do Consumidor), quando na hipótese de vício do produto, admite-se a exigibilidade de substituição por outro de mesma qualidade. Contudo, assenta-se em previsão legal expressa. Pode-se argumentar no sentido

Capítulo 4 · CLASSIFICAÇÃO DAS OBRIGAÇÕES | **87**

de reconhecer-se a hipótese também no Código Civil, em situações nas quais se identifique presença de interesse merecedor de tutela[12]. As dificuldades impostas para definição desses interesses, contudo, ao largo da lei, tornam a hipótese de difícil aceitação, a não ser quando se vislumbre interesse legítimo na manutenção do vínculo obrigacional, o que é mais próprio das obrigações de fazer do que das obrigações de dar coisa certa.

Já o caso da deterioração da coisa por culpa do devedor caracteriza o inadimplemento. Será inadimplemento parcial ou total, conforme influencie no prejuízo ou sacrifício do interesse do credor. A regra do art. 236 do Código Civil permite ao credor duas alternativas: (a) resolver a obrigação por inadimplemento do devedor, hipótese em que há de exigir o equivalente e indenização das perdas e danos; ou (b) aceitar a coisa no estado em que se ache, sem prejuízo, também, da indenização das perdas e danos. O princípio é o mesmo que orienta as hipóteses anteriores: o credor não pode ser obrigado a receber uma coisa por outra (*"Debitor aliud pro alio, invito creditore solvere non potest"*). A coisa deteriorada não é aquela sobre a qual se assentou o compromisso das partes. Daí o direito do credor de promover sua escolha.

A hipótese legal previne o comportamento tanto doloso quanto culposo do devedor em relação à deterioração da coisa. Diz-se culpado o devedor, quando não atenda a padrões objetivos de conduta em relação ao cuidado e preservação da coisa a ser entregue ao credor, em acordo com o que normalmente ocorre.

Em ambos os casos de inadimplemento culposo, por perda ou deterioração da coisa, são exigíveis pelo credor que sofre o inadimplemento perdas e danos. Nesta hipótese, incide a regra do art. 402 do Código Civil: "Salvo as exceções expressamente previstas em lei, as perdas e danos devidas ao credor abrangem, além do que ele efetivamente perdeu, o que razoavelmente deixou de lucrar". Registre-se, contudo, o cuidado que deverá ter o intérprete ao identificar, no inadimplemento da obrigação de dar coisa certa, prejuízos comprovados e aquilo que razoavelmente deixou de lucrar o credor em face de não lhe ter sido entregue a coisa. Especialmente para se evitar pretensões excessivas a partir de frágeis argumentos de encadeamento lógico entre o inadimplemento e suas consequências.

2.1.1.4. Perda ou deterioração da coisa sem culpa do devedor

Por deterioração da coisa entenda-se a situação em que há perda parcial de suas qualidades essenciais, diminuindo – mas não sacrificando completamente – sua utilidade normal (valor de uso) e seu valor patrimonial ou econômico (valor de troca). E é justamente pelo fato de a coisa manter alguma utilidade, e não ter perdido completamente suas características essenciais, que o tratamento legislativo é distinto em relação à hipótese de perda total da coisa (art. 234).

A hipótese do art. 234 é a de ausência de culpa do devedor. Logo, não se cogita de sua responsabilidade por perdas e danos em decorrência do inadimplemento. Nesse caso, duas são as soluções possíveis, no interesse do credor. Primeiro, confere-se ao credor o direito de resolver a obrigação, que é potestativo e, portanto, independe de aceitação do devedor. Resolvida a obrigação, obrigam-se as partes a retornarem ao estado anterior segundo haja a possibilidade concreta para tal. Tendo recebido a contraprestação no todo ou em parte, deverá restituí-la, se esta for passível de restituição (por exemplo, a devolução do preço).

A segunda situação admitida pelo art. 235 é a do credor aceitar a coisa no estado em que se encontre, com a deterioração sofrida, com o respectivo e proporcional abatimento do preço. Note-se: o que polariza a interpretação da norma é o interesse do credor. É ele quem

---

[12] Gustavo Tepedino e Anderson Schreiber, *Código Civil comentado*. Direito das obrigações, São Paulo: Atlas, 2008, t. IV, p. 44.

88 | DIREITO DAS OBRIGAÇÕES – *Bruno Miragem*

pode aceitar ou não. Dada a ausência de um critério específico para definir a extensão do abatimento de preço devido, o exercício da escolha pelo credor submete-se a sua avaliação sobre a vantagem obtida. Realizada a escolha, contudo, exonera-se o devedor cumprindo o comportamento tornado devido.

Lembre-se, por outro lado, de que coisas deterioradas podem ser elas próprias objeto de relações obrigacionais. Isso não se confunde com a deterioração da coisa que é causa de inadimplemento. A regra do art. 234 do Código Civil compreende a deterioração da coisa objeto da obrigação, tornando-a distinta – porque deteriorada ou de menor valor – em relação ao compromisso original das partes. Pressupõe, portanto, uma alteração da qualidade da coisa entre o momento da constituição da obrigação e sua execução e cumprimento. Daí poder falar em deterioração.

É, portanto, hipótese substancialmente distinta daquela em que as partes ajustam desde logo obrigação tendo por objeto coisa avariada, cuja entrega se ajuste a certo tempo e modo. Nesse caso, a coisa certa objeto da obrigação não conta com as qualidades que lhe são normais ou comuns, reduzidas por quaisquer razões. Reforça-se, na hipótese, o dever de informar das partes, de modo que haja pleno conhecimento sobre as características da coisa certa objeto da relação obrigacional, inclusive suas deficiências ou vícios. Não cogita, pois, do abatimento do preço após a constituição da obrigação, porque não há modificação objetiva da prestação. Eventual redução do preço em relação a outras coisas em perfeito estado, sem deficiências ou vícios, pertencerá à livre negociação das partes por ocasião da constituição da obrigação. É o que ocorre no comércio em geral com venda de saldos ou ponta de estoque, ou ainda na venda de bens usados e o desgaste natural decorrente de sua utilização.

2.1.2. Obrigações de restituir

A obrigação de restituir se insere como espécie das obrigações de dar, merecendo disciplina distinta em vista de suas peculiaridades, entre as quais o fato de que sua eficácia caracteriza-se pela transmissão da posse direta ao dono da coisa, credor da entrega. Restituir é devolver, de modo que é o dono ou quem tenha direito à posse da coisa, o credor da obrigação de restituição, e devedor aquele que, tendo a posse imediata, obriga-se a transferi-la e consolidá-la àquele que tenha o crédito de restituição. Há obrigação de restituir, por exemplo, do locatário ao locador, a partir da extinção do respectivo contrato de locação, assim como do comodatário que toma coisa em empréstimo e deve devolvê-la ao comodante quando da extinção do contrato ou reclamada a coisa por ele.

2.1.2.1. Perda da coisa a ser restituída e inadimplemento

As características da obrigação de restituir, em que o dever consiste na devolução da coisa ao dono ou possuidor legítimo, repercutem na compreensão da regra da *res perit domino* (ou seja, de que a coisa perece para o dono, os riscos da coisa são do dono). Isso porque os efeitos da tradição (entrega da coisa ao credor) não repercutem sobre os riscos, que serão do dono da coisa, como regra, o credor da obrigação de restituição. Por isso que, havendo perda da coisa sem culpa do devedor, sofrerá o credor a perda, com a resolução da obrigação.

Estabelece o art. 238 do Código Civil que "se a obrigação for de restituir coisa certa, e esta, sem culpa do devedor, se perder antes da tradição, sofrerá o credor a perda, e a obrigação se resolverá, ressalvados os seus direitos até o dia da perda". É relevante mencionar, contudo, que o art. 238 do Código Civil ressalva expressamente os direitos do credor havidos até a data da perda da coisa. Ou seja, se é certo que os riscos da perda pertencem no caso da regra, ao credor dono da coisa, os efeitos da posse da coisa pelo devedor devem ser preservados até que esta ocorra. O devedor, antes da perda, tinha a posse da coisa. Em razão dela tinha a obrigação de restituição e também submetia-se aos efeitos normais da obrigação que legitimava a posse. Os efeitos até a perda da coisa se preservam. Assim, se a posse fundava-se em contrato de locação, sendo o devedor da restituição o locatário, pagará os aluguéis ao credor até a data da perda. O mesmo se diga se havia comodato com encargo, tendo o comodante – credor da coisa – pretensão para exigir seu cumprimento.

Por outro lado, o art. 239 do Código Civil estabelece que "se a coisa se perder por culpa do devedor, responderá este pelo equivalente, mais perdas e danos". A perda da coisa por culpa do devedor, nas obrigações de restituir faz com que a regra de atribuição de riscos ao dono (*res perit domino*) sofra o eclipse do princípio da culpa.

Com precisão, aliás, diga-se: credor da restituição pode ser o dono, mas também qualquer outro que seja possuidor legítimo, ainda que com posse indireta (por exemplo, o sublocatário). Quem tem obrigação de restituir, antes que o faça tem posse, cuja legitimidade e efeito se fundam em relação obrigacional constituída. Da posse legítima, cuja restituição encerra sua duração, resultam os deveres de conservação da coisa. A perda da coisa, por culpa do devedor, implica violação deste dever de conservação e cuidado da coisa, inerente à posse legitimada por obrigação anterior, e implica responsabilidade do devedor da restituição.

Estabelece o art. 239 que o devedor responde pelo equivalente, mais perdas e danos. Será obrigado, desse modo, perante o credor, do pagamento, em dinheiro, do valor equivalente da coisa perdida, assim também como indenização das perdas e danos sofridos com a perda. Lembre-se de que não se confundem as hipóteses. O equivalente em dinheiro calcula-se segundo o preço da coisa. As perdas e danos indenizáveis abrangem os demais prejuízos decorrentes da perda da coisa, sejam danos dela decorrentes ou ainda aquilo que razoavelmente deixou de lucrar (lucros cessantes).

A avaliação desses danos emergentes e lucros cessantes se dão nos termos do art. 402, tal qual previsto em relação à hipótese de perda da coisa nas obrigações de dar (art. 234 do Código Civil).

Descaracteriza a culpa a demonstração, pelo devedor, da ocorrência de caso fortuito ou força maior, que servem para afastar a responsabilidade pelas perdas e danos decorrentes do inadimplemento (art. 393 do Código Civil).

2.1.2.2. Deterioração da coisa a ser restituída e inadimplemento

Tratando-se de deterioração e não de perda da coisa a ser restituída, segue o Código Civil os preceitos gerais sobre responsabilidade pelo inadimplemento. Estabelece o art. 240 do Código Civil: "Se a coisa restituível se deteriorar sem culpa do devedor, recebê-la-á o credor, tal qual se ache, sem direito à indenização; se por culpa do devedor, observar-se-á o disposto no art. 239". Se não houver culpa do devedor da restituição, o credor da coisa deverá recebê--la sem direito à indenização das perdas e danos. Se houver culpa do devedor, diz a regra que deverá ser observado o disposto no artigo anterior. O art. 239 do Código Civil, contudo, faz referência à responsabilidade do devedor pelo equivalente mais a indenização das perdas e danos, o que se ajusta à hipótese de perda da coisa. Tratando-se de deterioração, é indubitável o direito do credor, que é ao mesmo tempo dono da coisa, à indenização das perdas e danos.

Contudo, no mais, parece ter havido erro de remissão da regra do art. 240, que referiu o art. 239 quando deveria indicar, em verdade, o art. 236 do Código Civil, que disciplina a hipótese de deterioração da coisa na obrigação de dar coisa certa. No caso de perda da coisa por culpa do devedor, o credor exige o equivalente, mais a indenização das perdas e danos.

Sendo caso de deterioração, correto é reconhecer ao credor o direito de escolher receber a coisa deteriorada ou o equivalente. Sem prejuízo, na primeira hipótese, de preservar-se a responsabilidade do devedor pelo valor que ela perdeu em razão da deterioração – o que equivale na situação análoga em relação às obrigações de dar coisa, transmitindo a propriedade, ao abatimento do preço.

O erro de remissão, contudo, não compromete a possibilidade de aceitação, pelo credor, da coisa deteriorada, o que ademais seria admitido independentemente de previsão legal, mediante simples exercício da autonomia privada.

2.1.2.3. Superveniência de melhoramentos e acréscimos à coisa antes da restituição

Pode ocorrer de antes da restituição da coisa pelo devedor, esta venha a receber melhoramentos ou acréscimos, que naturalmente aumentem seu valor. Nesse caso, são duas as situações possíveis. A primeira, que os melhoramentos e acréscimos se deem sem despesa ou participação do devedor. A segunda, que para tais melhoramentos ou acréscimos tenha havido despesa ou participação do devedor.

Na primeira situação, quando o melhoramento ou acréscimo da coisa tenha ocorrido sem despesa ou trabalho do devedor, lucrará o credor, nos termos do art. 241 do Código Civil, que estabelece: "Se, no caso do art. 238, sobrevier melhoramento ou acréscimo à coisa, sem despesa ou trabalho do devedor, lucrará o credor, desobrigado de indenização". É comum a percepção de que não adotou, o Código Civil, melhor técnica ao fazer remissão ao art. 238. Repete o que houve já no Código Civil de 1916 com dispositivo semelhante, e que tinha por propósito – tal como na norma vigente – apenas distinguir que a regra se refere às obrigações de restituir. Pode dar causa a confusão para o intérprete desavisado, uma vez que a regra do art. 238 é relativa à perda da coisa a ser restituída antes da tradição. Na matéria, em nada se relaciona com a hipótese versada no art. 241, a não ser – como já se mencionou – tratar-se de espécie de obrigação de restituição.

É evidenciado, entretanto, que as obrigações de restituir invertem o comum das obrigações de dar, já que não há transmissão do domínio. O devedor da restituição devolve a coisa para o titular legítimo da posse ou domínio. O credor já tem direito sobre a coisa, podendo pretender sua devolução. Desse modo, quando haja melhoramento ou acréscimo à coisa, sem despesa ou trabalho do devedor, quem aproveita é o credor, que receberá a coisa e as vantagens que a ela se agregam. Não se cogita indenização porque não há dano, tampouco enriquece o credor à custa do devedor, uma vez que se pressupõe tenham os melhoramentos ou acréscimos advindos de fatos naturais ou de terceiros. A regra, desse modo, constitui tradução do critério sobre riscos da coisa (*res perit domino*) em favor do dono. O que no caso da obrigação de restituição abrange propriamente, tanto o credor que seja dono, quanto o possuidor indireto, com legitimidade para reclamar devolução da coisa.

Noutro sentido ocorre quando para o melhoramento ou acréscimo da coisa a ser restituída, tenha havido trabalho do devedor. Nesse caso, define o art. 242 do Código Civil: "Se para o melhoramento, ou aumento, empregou o devedor trabalho ou dispêndio, o caso se regulará pelas normas deste Código atinentes às benfeitorias realizadas pelo possuidor de boa-fé ou de má-fé". É o que ocorre, por exemplo, quando o locatário de um imóvel realiza reformas neste para evitar maiores danos ou melhorar sua utilidade. Trata-se de hipótese em que os melhoramentos ou acréscimos à coisa se dão antes da restituição ao credor, mediante emprego de trabalho ou despesa do devedor. Concorrendo o devedor para aumento do valor da coisa a ser restituída, é de princípio que possa ser indenizado pelo que empregou, mas que aproveitará, afinal, o dono da coisa, credor da restituição. A norma respeita ao princípio da conservação dos patrimônios, cuja eficácia repercute na vedação ao enriquecimento sem causa. Desse modo, se o credor da restituição recebe coisa mais valiosa em razão do trabalho ou despesa do devedor, a regra é que se estabeleça o equilíbrio entre os patrimônios de ambos.

Para tanto, remete o legislador às regras sobre benfeitorias realizadas pelo possuidor de boa-fé e de má-fé, que em tudo se aplica. Desse modo, o devedor, no caso de ser possuidor de boa-fé, terá direito a ser indenizado pelas despesas realizadas para conservação ou para evitar a deterioração da coisa – benfeitorias necessárias – bem como daquelas que aumentam ou facilitam a utilização da coisa – benfeitorias úteis, pelo que terá direito de retenção. Em relação às benfeitorias voluptuárias, que servem para aumentar o deleite e recreio da coisa, ou seu valor, poderá o devedor exigir que sejam indenizadas ou levantá-las, tudo em acordo com o que dispõe o art. 1.219 do Código Civil.

A boa-fé que aqui se trata é a que informa a posse, de natureza subjetiva, consistente na crença na regularidade da situação possessória, ignorando vícios que eventualmente a inquinam – caso da violência, clandestinidade ou precariedade com que foi obtida – ou ainda quando fundado em justo título (art. 1.201 do Código Civil).

Tratando-se, contudo, de posse de má-fé, cuja caracterização se dá pelo conhecimento do possuidor sobre vícios que inquinam sua posse, terá direito à indenização apenas em relação às benfeitorias necessárias, e mesmo em relação a elas, sem direito de retenção enquanto não houver o pagamento (art. 1.221 do Código Civil).

As situações concretas que envolvam a incidência dessa norma podem relacionar-se a um bem cujo locador ou comodante deva restituir ao fim do contrato, por exemplo, e que tenha sido objeto de acréscimo ou melhora, ou ainda tenha o locatário ou comodatário percebido os frutos.

No que diz respeito aos frutos, o parágrafo único do art. 242 do Código Civil, estende o critério da posse para efeito de disciplinar o direito aos frutos da coisa objeto da obrigação de restituição. Trata-se, pois, de identificar o devedor da obrigação de restituição como possuidor de boa-fé ou não. Desse modo, faz incidir o art. 1.214 do Código Civil, o qual estabelece que o possuidor de boa-fé tem direito, enquanto esta dure, aos frutos percebidos. Da mesma forma, estabelece o parágrafo único do art. 1.214 que "os frutos pendentes ao tempo em que cessar a boa-fé devem ser restituídos, depois de deduzidas as despesas da produção e custeio; devem ser também restituídos os frutos colhidos com antecipação". Já o possuidor de má-fé "responde por todos os frutos colhidos e percebidos, bem como pelos que, por culpa sua, deixou de perceber, desde o momento em que se constituiu de má-fé; tem direito às despesas da produção e custeio" (art. 1.216 do Código Civil).

2.1.3. Obrigação de dar coisa incerta

As obrigações de dar coisa incerta caracterizam-se pelo fato de, no momento da constituição da obrigação, não ter sido ainda individualizado seu objeto, a prestação. Falta-lhe o *certum corpus*. Daí é que serão designadas apenas pelo gênero a que pertencem e pela quantidade. Sempre, contudo, vai haver a necessidade de que, constituída a obrigação de dar coisa incerta, identifiquem-se critérios mínimos para definição da prestação, que ao contrário não terá como ser exigida ou cumprida, em face da falta de parâmetros objetivos para sua determinação.

No interesse da obrigação, que é constituída para que as partes cumpram com o que se comprometeram, realizando a prestação, a indeterminação ou incerteza quanto à coisa que constitui seu objeto serão transitórios. Isso porque, para que haja cumprimento, será necessária determinação da prestação. Define, ademais, o art. 104, II, do Código Civil, que a validade do negócio jurídico requer "objeto lícito, possível, determinado ou determinável". A determinabilidade do objeto, como requisito do negócio, deve estar presente em face de sua validade e de modo a viabilizar o cumprimento. O que ocorre é a necessidade de se definir o procedimento e o momento para sua determinação.

O desenvolvimento tecnológico e o reconhecimento de utilidade a coisas diversas, normalmente tomados da natureza, ou ainda decorrentes do ambiente digital, repercutem na definição do objeto das obrigações de dar. Assim, poderão integrar determinada prestação o vapor da água, gás, águas, o ar ou o petróleo (coisas fluídas)[13], passíveis de definir em quantidade, ou ainda o espaço de armazenamento de dados, quantificável em *bytes* ou conforme critérios de modo e lugar ("armazenamento em nuvem"). A apreensão e utilização de coisas para aproveitamento econômico, ou ainda a invenção que decorre de aplicações tecnológicas, nem sempre se fazem acompanhar de classificação exata pelo direito legislado. A necessidade de regulação, desse modo, é preenchida por categorias gerais – como é o caso da equiparação a móvel, das energias que tenham valor econômico (art. 83, I, do Código Civil), que, porém, não tem como abranger todas as hipóteses.

O caráter transitório da indeterminação da prestação resulta da ideia de que, para que haja o cumprimento, é necessário haver a definição da coisa a ser entregue pelo devedor. Os sujeitos da obrigação poderão definir como se dá esta definição. Caso não tenham estabelecido critérios para este fim, incide o art. 244 do Código Civil, o qual estabelece: "Nas coisas determinadas pelo gênero e pela quantidade, a escolha pertence ao devedor, se o contrário não resultar do título da obrigação; mas não poderá dar a coisa pior, nem será obrigado a prestar a melhor".

Ou seja, cabe, ao devedor, a determinação da coisa incerta, caso outra não tenha sido a deliberação das partes, inclusive por terceiro. Este ato é definido pela norma como escolha, embora melhor seja defini-lo como especificação ou concretização[14], uma vez que não se caracteriza como puro arbítrio, senão como seleção entre os critérios já definidos de gênero e qualidade. Acentua a regra o caráter transitório da incerteza quanto ao objeto da obrigação.

Da mesma forma, há um critério de ponderação em relação ao ato de concretização da prestação. Define a norma, que não poderá o devedor dar coisa pior, nem será obrigado a prestar a melhor. Aqui incide a boa-fé objetiva, de modo a exigir daquele que concretiza a prestação conduta de lealdade e cooperação, atento ao interesse legítimo das partes. Trata-se da qualidade média que se exige da coisa, *ne optimus vel pessimus accipiatur*, como define a tradição em relação aos legados[15], e ora é previsto no art. 1.929 do Código Civil.

Daí é que, conforme preceitua o art. 245 do Código Civil, a partir da ciência do credor sobre a concretização da coisa, torna-se a prestação de dar coisa certa, razão pela qual seus efeitos no tocante à responsabilidade do devedor, e sobre riscos passam ser as definidas pelos arts. 233 e seguintes do Código Civil. Questão relevante é o que será exigido que se realize para haver a concretização, se basta a separação da coisa de seu conjunto, ou necessário que se promova para logo a entrega. Todavia, não será necessária a efetiva entrega da coisa, mas apenas a separação/individuação e adoção de providências para a entrega, que permita identificar objetivamente a coisa objeto da prestação. A ciência do credor, por sua vez, permite que se conceda a ele critério seguro sobre a ocorrência da individuação, relevante, sobretudo, caso haja a perda ou deterioração da coisa.

---

[13] Conforme mencionam Nelson e Rosa Nery em seus *Comentários ao Código Civil*, inspirados na lição de Savatier, cit., p. 516.

[14] Pontes de Miranda, *Tratado de direito privado* cit., t. XXII, p. 176.

[15] Jean Domat, *Les loix civiles dans leur ordre naturel*, tome premier, Paris: Nyon, 1777, p. 749.

Capítulo 4 · CLASSIFICAÇÃO DAS OBRIGAÇÕES | 93

Contudo, havendo o inadimplemento do devedor antes da individuação da coisa, o art. 811 do Código de Processo Civil refere: "Quando a execução recair sobre coisa determinada pelo gênero e pela quantidade, o executado será citado para entregá-la individualizada, se lhe couber a escolha". O parágrafo único do mesmo artigo refere que se a escolha couber ao exequente (credor), este deverá indicá-la na petição inicial.

2.2. Obrigação de fazer

As obrigações de fazer são aquelas em que a prestação consiste em um comportamento ativo do devedor, equivalente a uma prestação de fato, ou seja, uma prestação de trabalho, ou ainda uma prestação que consista na emissão/manifestação de vontade pelo devedor.

No direito romano, em Gaio, observa-se a distinção das obrigações em dar, fazer e prestar ("*In personam actio est, qua agimus cum aliquo, qui nobis vel ex contractu vel ex delicto obligatus est, id est cum intendimus dare facere praestare oportere*" – "A ação *in personam* é aquela pela qual agimos contra alguém que se obrigou conosco ou por contrato ou por delito, isto é, quando pretendemos estar obrigado a dar, fazer, prestar"). Também em Paulo, observa-se: "*Obligationum substantia non in eo consistit, uto aliquod corpus nostrum aut servitutem nostram faciat, sed ut alium nobis obstringat ad dandum aliquid vel faciendum vem praestandum*" ("A essência das obrigações não consiste nisto, que alguma coisa corpórea ou uma servidão sejam feitas nossas, mas que vincule a nós alguém a dar, ou fazer ou prestar algo").

No direito romano, a obrigação de fazer comportava a realização de um comportamento ativo do devedor na realização de alguma atividade material ou na celebração de um negócio jurídico, também a abstenção. Apenas mais tarde, distinguem-se as obrigações de fazer e não fazer[16]. A referência ao *praestare* está associada, segundo a moderna interpretação dos textos romanos, à responsabilidade ou garantia da obrigação[17].

Da mesma forma, no direito antigo, distinguiam-se as obrigações de dar e fazer também pelo fato de que as primeiras comportariam a tutela específica para cumprimento da obrigação, de modo que a coisa que não fosse entregue espontaneamente pudesse ser alcançada judicialmente pelo credor, enquanto nas obrigações de fazer, o inadimplemento por recusa do devedor seria resolvido em perdas e danos, sob o fundamento de que ninguém pode ser compelido a prestar fato contra sua vontade ("*nemo ad factum praecise cogi potest ad factum*")[18]. O sentido da regra de incoercibilidade do devedor nas obrigações de fazer destina-se a evitar constrangimentos indevidos a sua pessoa ou atentados a seus direitos de personalidade, visando à proteção da liberdade e dignidade do homem.

Esta distinção, contudo, foi ultrapassada pela ênfase do direito na efetividade da justiça e no plano do direito das obrigações, pela busca de instrumentos para a satisfação dos interesses legítimos do credor, buscando assegurar resultado equivalente ao adimplemento. A legislação contemporânea, desse modo, é extensa em situações nas quais se admite a tutela específica da obrigação de fazer. Na legislação especial, são exemplos o art. 84 do Código de Defesa do Consumidor, o art. 213 do Estatuto da Criança e do Adolescente e o art. 95 da Lei de Defesa da Concorrência (Lei n. 12.529/2011). No Código de Processo Civil, admite-se a execução específica das obrigações de fazer (art. 497) diretamente pelo devedor ou por terceiro, às

---

[16] Giuseppe Grosso, *Obbligazioni*. Concetto e requisiti della prestazioni, obbligazioni alternative e generiche, 3. ed., Torino: Giappichelli, 1966, p. 160.

[17] Mario Talamanca, Obbligazioni. Diritto romano, *Enciclopedia del diritto*, t. XXIX, p. 30; Pietro Bonfante, *Instituzioni di diritto romano*, 8. ed. Milano: Vallardi, 1925, p. 364.

[18] Orozimbo Nonato, *Curso de obrigações* cit., I, p. 298.

94 DIREITO DAS OBRIGAÇÕES – *Bruno Miragem*

suas expensas (art. 815 e ss), utilizando-se como meio coercitivo da imposição de multa por descumprimento (*astreintes*), e só subsidiariamente a conversão da execução, diante da recusa ou impossibilidade do devedor, em perdas e danos (arts. 499-500).

2.2.1. Obrigações de cumprimento personalíssimo intuitu personae

Nas obrigações personalíssimas, assim consideradas aquelas que só podem ser executadas pela pessoa do devedor em face de qualidades pessoais que o distinguem na perspectiva do interesse do credor, coloca-se a questão da recusa de cumprimento. Recusando-se o devedor a cumprir, responde perante o credor. Em tese, o caráter subjetivo do débito, vinculado à pessoa do devedor, é matéria que se desvela apenas em vista do interesse legítimo do credor. Desse modo, embora seja influenciado pela manifestação de vontade das partes ou pelas características da prestação, o caráter *intuitu personae* da obrigação será definido segundo o interesse do credor. Isso porque cumpre a ele definir se lhe interessa a prestação pessoal do devedor, se poderá ser realizada por terceiro, ou ainda se deve, em face do inadimplemento culposo, ser resolvida em perdas e danos, impondo-se ao devedor inadimplente o dever de indenizar, sem prejuízo das demais sanções cabíveis.

O fim legítimo da obrigação é o adimplemento. Daí que não se elimina a possibilidade de que, mesmo as obrigações personalíssimas, sejam objeto de execução específica nos termos da legislação processual. Estabelece o art. 499 do CPC: "A obrigação somente será convertida em perdas e danos se o autor o requerer ou se impossível a tutela específica ou a obtenção de tutela pelo resultado prático equivalente". Poderá, desse modo, o credor requerer o cumprimento específico da prestação pelo devedor, ou requerer sua conversão em perdas e danos, conforme alternativa que melhor realize seu interesse.

2.2.2. Obrigação de declarar vontade

A ideia de incoercibilidade da vontade ("*nemo ad factum praecise cogi potest ad factum*") também influenciou, na tradição do direito civil, a execução dos contratos preliminares, nos quais o devedor se obrigava à emissão de declaração de vontade para celebração de contrato definitivo. Atualmente é reconhecido em situações nas quais a obrigação de emitir declaração de vontade, adiante da recusa do devedor, será substituída por decisão judicial.

O art. 501 do Código de Processo Civil refere: "Na ação que tenha por objeto a emissão de declaração de vontade, a sentença que julgar procedente o pedido, uma vez transitada em julgado, produzirá todos os efeitos da declaração não emitida".

2.2.3. Inadimplemento da obrigação de fazer

Prestação do fato é uma conduta, comportamento ativo do devedor consistente na realização de um ato, atividade ou tarefa. Distingue o Código Civil a hipótese de recusa do devedor, que é voluntária, nos termos do art. 247, e impossibilidade da prestação, que pode se dar por causa imputável ou não ao devedor. Deixa de fazer porque perdeu as condições para tal, em razão da indisponibilidade temporária ou permanente dos meios para consecução deste fim. A impossibilidade de prestar interpreta-se sempre em vista do fim da obrigação, que é o adimplemento, de modo a preferir a realização da prestação sempre quando se revele útil ao credor.

A impossibilidade a que se refere o art. 248, intuitivo, é a superveniente à constituição da obrigação. A impossibilidade originária, como regra, é óbice à constituição válida da obrigação negocial (art. 104 do Código Civil).

A impossibilidade ocorre quando não for possível realizar a prestação devido a razões de fato ou de direito. Será de fato a impossibilidade que se vincule à alteração das circunstâncias da realidade, de modo a transformar o estado de coisas existente ao tempo da constituição da obrigação, fazendo desaparecer ou restringindo extremamente os meios materiais para realização da prestação. Liga-se a razões de direito, a impossibilidade consistente na modificação de determinada situação jurídica que originalmente tornava viável a prestação.

Assim ocorre quando determinada atividade em que consistia a prestação torna-se proibida ou a ela se impõem restrições tais de modo a inviabilizar sua execução. Ou ainda quando a prestação do fato se vinculava a determinada situação jurídica de um bem pertencente ao credor ou a terceiro, que vem a se modificar. A exemplificação é variada: a enfermidade do devedor que lhe impede de executar a prestação em obrigação personalíssima, a perda da titularidade ou da posse do imóvel em que deveria ser executado determinado serviço caracterizam situações de impossibilidade. Pode ser impossibilidade objetiva, quando diga respeito à ausência de meios para realizar a prestação, ou subjetiva, ligada à pessoa do devedor. Tratando-se de impossibilidade subjetiva, não se exclui a alternativa de que a prestação seja executada por terceiro (art. 817 do CPC: "Se a obrigação puder ser satisfeita por terceiro, é lícito ao juiz autorizar, a requerimento do exequente, que aquele a satisfaça à custa do executado").

A distinção sobre os efeitos da impossibilidade de cumprimento varia conforme seja culpado ou não por esta situação. Decorrendo a impossibilidade de cumprimento de fato alheio ao comportamento do devedor que, portanto, com ele não contribuiu de qualquer modo, há o efeito de resolução, com a extinção da obrigação. Concorrendo o devedor para dar causa à impossibilidade de realização da prestação, será reconhecida sua culpa, atraindo a responsabilidade pelo inadimplemento. Responderá pelas perdas e danos, e demais sanções cabíveis (arts. 389 e 408 do Código Civil).

Naturalmente que a definição do que se considere culpa, ou comportamento culposo do devedor no direito das obrigações, vincula-se menos a razões anímicas do indivíduo, e mais a padrões de conduta objetivos, e por isso esperados de qualquer pessoa razoável quando esteja envolvida em determinada situação. Assim, por culpa do devedor, deve-se entender a violação de padrões objetivos de conduta cuja consequência dê causa à impossibilidade da prestação.

Tratando-se de prestação de fazer fungível, poderá o credor mandar executá-lo à custa do devedor, quando haja recusa ou mora deste. As situações que legitimam o credor a promover a execução por terceiro são a recusa ou a mora do devedor, as quais deverão estar devidamente caracterizadas. Regra geral, deverá haver reconhecimento judicial da situação de inadimplemento. Incide o art. 817 do Código de Processo Civil: "Se a obrigação puder ser satisfeita por terceiro, é lícito ao juiz autorizar, a requerimento do exequente, que aquele a satisfaça à custa do executado".

O credor executa à custa do devedor. Significa dizer que constitui crédito correspondente ao que gastou, inclusive com a remuneração do terceiro, para execução da prestação, sem prejuízo da indenização das perdas e danos e demais sanções do inadimplemento. O parágrafo único do art. 249 refere a possibilidade, nos casos de urgência, de o credor executar ou mandar executar, independentemente de autorização judicial. Trata-se, naturalmente, de exceção, que pode se dar em situações nas quais a demora decorrente da espera do pronunciamento judicial implique dano ou sacrifício do interesse legítimo do credor.

2.2.3.1. Tutela processual para cumprimento específico da obrigação de fazer

A tendência do direito processual civil contemporâneo inclina-se na relativização da incoercibilidade da execução específica das obrigações de fazer. Trata-se de consequência, por um lado, da compreensão mais abrangente e tutela dos interesses legítimos do credor no âmbito da relação obrigacional. Por outro lado, o próprio processo civil inclina-se à priorização da satisfação do interesse específico do autor – noção associada à efetividade do processo – deixando de se debruçar apenas sobre os efeitos da violação de direito.

O art. 499 do Código de Processo Civil dispõe: "A obrigação somente será convertida em perdas e danos se o autor o requerer ou se impossível a tutela específica ou a obtenção de tutela pelo resultado prático equivalente". Da mesma forma, o art. 500 do CPC: "A indenização por perdas e danos dar-se-á sem prejuízo da multa fixada periodicamente para compelir o réu ao cumprimento específico da obrigação".

A recusa do devedor em realizar a prestação devida origina a pretensão de cumprimento pelo credor. O exercício da pretensão orienta-se pelo interesse legítimo do credor, que poderá dirigir-se à exigência específica da prestação ajustada ou sua conversão em perdas e danos. No caso da pretensão de cumprimento específico, poderá o juiz impor multa cominatória diária que estimule o comportamento de adimplemento do devedor.

Sustenta-se a necessidade de imposição de limite temporal para a aplicação de multa com natureza cominatória, sob pena da caracterização da obrigação de fazer como espécie de obrigação perpétua, inclusive quando se torne impossível ao devedor realizar a prestação, mediante sua conversão em perdas e danos.

Nesse sentido, estabelece o art. 536 do CPC: "No cumprimento de sentença que reconheça a exigibilidade de obrigação de fazer ou de não fazer, o juiz poderá, de ofício ou a requerimento, para a efetivação da tutela específica ou a obtenção de tutela pelo resultado prático equivalente, determinar as medidas necessárias à satisfação do exequente". O § 1º do mesmo artigo refere: "Para atender ao disposto no *caput*, o juiz poderá determinar, entre outras medidas, a imposição de multa, a busca e apreensão, a remoção de pessoas e coisas, o desfazimento de obras e o impedimento de atividade nociva, podendo, caso necessário, requisitar o auxílio de força policial". Dentre as medidas em questão está a fixação de multa de natureza cominatória, visando a constranger o devedor ao cumprimento, cuja imposição pode se dar a requerimento do credor exequente ou de ofício, pelo magistrado, no interesse da autoridade do juízo.

O art. 537 do CPC, de sua vez, refere: "A multa independe de requerimento da parte e poderá ser aplicada na fase de conhecimento, em tutela provisória ou na sentença, ou na fase de execução, desde que seja suficiente e compatível com a obrigação e que se determine prazo razoável para cumprimento do preceito". A multa imposta originalmente, que reverte em favor do credor exequente, poderá ser, entretanto, revista pelo juízo. Assim, define o § 1º do art. 537: "O juiz poderá, de ofício ou a requerimento, modificar o valor ou a periodicidade da multa vincenda ou excluí-la, caso verifique que: I – se tornou insuficiente ou excessiva; II – o obrigado demonstrou cumprimento parcial superveniente da obrigação ou justa causa para o descumprimento".

2.3. Obrigação de não fazer

As obrigações de não fazer consistem em prestações traduzidas em um comportamento negativo, de abstenção, pelo qual o devedor assume o dever de não praticar determinado ato ou não adotar certa conduta (*non facere*). Pode consistir, na prática, em mera abstenção (por exemplo, não exercer certa atividade empresarial por determinado tempo, obrigação de não concorrência), assim como um dever de tolerância (quem se compromete a não intervir ou prejudicar o pleno uso de alguma coisa), ou dever associado a uma obrigação positiva (obrigação de exclusividade, trabalhando apenas com uma empresa ou parceiro, abstendo-se de

Capítulo 4 · CLASSIFICAÇÃO DAS OBRIGAÇÕES | 97

trabalhar com os demais). O devedor obriga-se a deixar de praticar certo ato, ou ter certo comportamento em todas as situações nas quais tem o poder de realizá-lo. Pode consistir em uma obrigação de não construir acima de certa altura; a guardar sigilo, abster-se de divulgar os termos de determinada contratação; ou de não fornecer produto ou serviço a outro que não aquele com quem contratou (obrigação de exclusividade).

Pode a obrigação de não fazer ser delimitada no tempo, de modo que o devedor assuma o dever de abstenção por certo prazo, que, uma vez findo, deixará de constranger sua liberdade de ação. Por outro lado, as obrigações de não fazer não podem ofender a dignidade humana ou sacrificar completamente a liberdade do devedor. Daí por que, por exemplo, será questionada a obrigação assumida por alguém, em caráter perpétuo, de não exercer certo trabalho ou ofício, ou de não contrair núpcias, hipóteses que ao sacrificar a possibilidade de o devedor fazê-lo durante a vida, sacrifica liberdades fundamentais de que é titular.

A obrigação de não fazer também pode ser extinta quando, sem culpa do devedor, torne--se impossível a ele deixar de praticar o ato (art. 250 do Código Civil). É o que ocorre quando, por exemplo, haja determinação ou condicionamento por parte do Poder Público, exigindo do devedor que realize aquilo que se obrigou a não fazer. Assim ocorre se assume obrigação, de guardar sigilo, e por ordem judicial venha a ser instado a informar o que se comprometeu manter em reserva. Nesse caso, a resolução da obrigação não se considera culposa, e nesses termos, extingue-se sem que assista ao credor, que sofre o inadimplemento, direito à indenização. A extinção faz com que a situação das partes retorne, o quanto possível, à situação anterior, o que implica dizer que se o devedor recebeu contraprestação em razão de assumir seu comportamento de abstenção, deverá restituir.

Por outro lado, pode haver o inadimplemento do devedor com culpa do devedor, hipótese em que este não adota ou mantém o comportamento de abstenção pelo qual se obrigou em razão de comportamento voluntário, negligência ou imprudência. Tradicionalmente, o inadimplemento da obrigação de não fazer é tomado como espécie de inadimplemento absoluto, no qual há o sacrifício do interesse do credor, de modo que se possa resolver apenas em perdas e danos. Entendimento mais atual, contudo, inclina-se no sentido de reconhecer a possibilidade de que, mesmo no caso de inadimplemento, possa conservar o credor interesse na prestação do devedor, de modo a obrigar que desfaça o que fez em violação da prestação de abstenção. Nesse caso, pode ser identificada a mora do devedor, e, consequentemente, a possibilidade de purga da mora, mediante desfazimento do que realizou em violação ao dever de abstenção, assim como de todos os demais efeitos (perdas e danos, juros, e quando houver, multa).

Por outro lado, mesmo mediante resistência do devedor, poderá o credor exigir que o desfaça o que resultou daquilo que se obrigou a não praticar. É o que permite expressamente o art. 251 do Código Civil, determinando que o devedor poderá ser obrigado a desfazer à sua custa, ressarcindo o culpado perdas e danos. Aqui, a forma de constranger o devedor ao comportamento devido poderá ser por intermédio de decisão judicial que determine a imposição de *astreintes* (multa processual), pelo período de descumprimento (art. 537 do Código de Processo Civil). Da mesma forma, o Código de Processo Civil disciplina a execução específica da obrigação de não fazer, reconhecendo ao exequente o direito de requerer ao juiz que assine prazo ao executado para desfazer (art. 822), e no caso de recusa ou mora do executado, que o juiz que determine o desfazimento à custa do devedor, o qual responderá por perdas e danos (art. 823, *caput*). Da mesma forma, não sendo possível o desfazimento do ato, a obrigação será resolvida em perdas e danos, hipótese em que após a liquidação, será observado o procedimento de execução por quantia certa (art. 823, parágrafo único, do CPC).

O art. 251, parágrafo único, do Código Civil, de sua vez, define que em caso de urgência, poderá o credor desfazer ou mandar desfazer, independentemente de autorização judicial, sem prejuízo do ressarcimento devido. A exemplo do que ocorre com as obrigações de fazer, abre-se exceção, em caso de urgência, para que o credor promova os atos concretos necessários à satisfação de seu interesse. Nesse caso, caberá ao julgador, quando lhe for dado conhecer do caso, interpretar a situação de fato para verificar se presentes circunstâncias que permitem identificar a urgência da atuação do credor, cujo sentido se realiza tanto para evitar o sacrifício do próprio interesse, quanto, eventualmente, em benefício do interesse de terceiros (no caso em que o inadimplemento e a ação do devedor prejudiquem a terceiros).

O desfazimento pelo credor, seja mediante o requerimento ao juiz, ou diretamente, em caso de urgência, delimita-se segundo dois marcos. O primeiro, que impede e condena o exercício abusivo do direito de crédito, de modo que o credor possa servir-se da possibilidade de desfazimento para alcançar algo a que não faria jus no cumprimento regular da obrigação. O segundo, quando o desfazimento daquilo que resultou do comportamento do devedor inadimplente venha a ser mais gravoso do que o inadimplemento, inclusive lesando interesse de terceiros. Exemplo doutrinário célebre é o do inadimplemento, pelo devedor, da obrigação de se abster de construir determinado prédio, com o objetivo de preservar a vista do vizinho. Porém, o constrói e torna-o habitado, de modo que sua demolição poderá dar causa a que seus moradores, que adquiriram o imóvel de boa-fé, sejam desalojados.

3. PLURALIDADE DE PRESTAÇÕES: OBRIGAÇÕES CUMULATIVAS

Há obrigações que têm por objeto mais de uma prestação. Esta pluralidade de prestações pode se dar de modo que o credor tenha de realizar todas as prestações para efeito de se caracterizar o adimplemento da obrigação, caso em que se fará referência às obrigações cumulativas. Devem ser consideradas como sendo todos os comportamentos exigidos do devedor parcelas de uma única prestação, cuja realização integral importa no adimplemento. Podem ser comportamentos semelhantes, como o caso daquele que paga uma dívida de dinheiro em diversas parcelas sucessivas.

Esta situação não se confunde com a obrigação na qual o devedor compromete-se com a realização de diversos comportamentos distintos entre si, cada qual com um efeito, e todos destinados ao adimplemento, hipótese em que se costuma referir a uma prestação complexa.

Um bom exemplo de obrigação cumulativa é a que envolve o contrato de locação imobiliária, no qual tanto o locatário quanto o locador assumem deveres distintos integrantes da mesma prestação, tais como o de entrega do imóvel, garantia de seu uso pacífico pelo tempo da locação, pagar as despesas extraordinárias de condomínio, entre outras. O locatário, de sua vez, assume os deveres de pagamento do aluguel, das despesas de condomínio, realizar a imediata reparação dos danos que causar ao imóvel, entre outras obrigações (arts. 22 e 23 da Lei n. 8.245/91).

4. PLURALIDADE DE PRESTAÇÕES: OBRIGAÇÕES ALTERNATIVAS

Por outro lado, há pluralidade de prestações quando em uma mesma obrigação seu objeto contemple mais de um comportamento do devedor, cuja realização caracterize o adimplemento. A previsão de pluralidade de prestações não implica que todas sejam realizadas, mas que a realização de apenas uma delas é suficiente para o adimplemento. Nesse caso, diz-se haver obrigação alternativa.

Note-se que se fala de pluralidade de prestações, não do modo de executá-las. Não se trata de obrigação alternativa quando se deixa ao devedor decidir, por exemplo, se o pagamento do preço em dinheiro será feito em espécie, diretamente ao credor, ou por transferência bancária. Não há aí duas prestações, mas dois modos de executar uma mesma prestação. Igualmente, não se trata de obrigação alternativa quando, havendo mais de uma prestação possível de ser executada pelo devedor, a definição de qual deverá ser realizada depende de critério estranho às partes, tais como a de que a impossibilidade da execução de uma prestação dá causa a exigibilidade de outra, ou que a inexecução da prestação dá causa à obrigação de prestar perdas e danos, juros e atualização monetária. Também não caracteriza obrigação alternativa aquela em que a definição da prestação executada pelo devedor dependa de condição (evento futuro e incerto, para o qual não deve concorrer a atuação das partes) à qual está subordinada sua exigibilidade pelo credor. Nesse caso, como é intuitivo, trata-se de obrigação condicional, conceito inconfundível com o de obrigação alternativa.

Na obrigação alternativa, também denominada disjuntiva, o adimplemento e consequente exoneração do devedor, se dão com a execução de apenas uma das prestações definidas. Realizada a escolha dentre as prestações, de qual será executada, deixa de caracterizar-se como alternativa, para ter prestação certa.

A obrigação alternativa supõe a escolha de uma das prestações para que seja executada, mediante declaração unilateral de vontade receptícia, devendo ser conhecida pelo credor. Tem natureza de ato jurídico em sentido estrito, cuja eficácia é estranha ao ato em si realizado pelo declarante, decorrendo diretamente da obrigação em que prevista a escolha e as prestações possíveis. Contudo, conforme bem assinala Pontes de Miranda, se realizar, o devedor, determinada prestação, desconhecendo a existência de outras sobre as quais poderia recair sua escolha, poderá anular o pagamento por erro, uma vez que se soubesse sobre a possibilidade de escolher outra prestação para cumprimento, o teria feito[19].

4.1. Titularidade e exercício do direito de escolha da prestação

A escolha da prestação a ser executada nas obrigações alternativas é ato jurídico, qualificado como espécie de ato jurídico *stricto sensu*, considerando que a vontade é relevante para realização do ato, mas seus efeitos, consistentes na definição da prestação a ser executada para fins de adimplemento, decorrem dos termos da obrigação ou da lei. Estranho, pois, àquele que exerceu o direito de escolha.

A titularidade do direito de escolha da prestação a ser executada nas obrigações alternativas, como regra, é do devedor. É o que dispõe o art. 252 do Código Civil, que, entretanto, ressalva, "se outra coisa não se estipulou". Trata-se, pois, de norma supletiva. Quem escolhe a prestação é o devedor, se outra coisa não definiram, em comum, as partes. Sendo este o caso, pode ser que o direito de escolha seja conferido ao credor, ou ainda a terceiro, sempre a partir da decisão consensual expressa das partes.

No caso de o direito de escolha ser conferido a terceiros, pode haver direito ou dever do terceiro chamado a escolher. Exige-se, do terceiro, declaração de vontade na escolha, cuja ausência, seja porque se recuse, ou porque não tenha possibilidade de fazê-lo, remete a decisão ao juiz (art. 252, § 4º). Da mesma forma, sendo o direito de escolha conferido a mais de uma pessoa, a ausência de unanimidade leva também à decisão ao juiz (art. 252, § 3º), embora

---

[19] *Tratado de direito privado* cit., t. XXII, p. 210-211. No mesmo sentido: Paulo Lôbo, *Direito civil:* Obrigações, São Paulo: Saraiva, 2011, p. 122.

100 | DIREITO DAS OBRIGAÇÕES – *Bruno Miragem*

não se impeça que a decisão seja por maioria, se no exercício da autonomia negocial, assim estipularem sujeitos da obrigação.

Podem os sujeitos da obrigação também definirem o modo de escolha, ou o dever do devedor de exibir os objetos que caracterizem as prestações alternativas, antes da escolha. Por outro lado, tratando-se de obrigações com prestações periódicas, o § 2º do art. 252 do Código Civil define que o direito de escolha poderá ser exercido em cada período.

4.2. Impossibilidade de cumprimento e inadimplemento

Pode ocorrer, contudo, que haja impossibilidade de cumprimento de uma das prestações definidas para a escolha do devedor (torna-se inexequível). Nesse caso, o débito se concentra em relação à prestação que permanece existindo e sendo exequível, subsistindo, portanto, a dívida em relação a esta. Contudo, pode acontecer que, por culpa do devedor, não seja possível qualquer das prestações. Há, assim, inadimplemento por culpa, atraindo, portanto, a responsabilidade do devedor. Nesse caso, o ordenamento jurídico define duas soluções possíveis, ambas reconhecendo a responsabilidade do devedor.

Primeiro, se não competia a escolha da prestação a ser realizada ao credor, o devedor fica obrigado a pagar o valor equivalente da prestação cuja execução se tornou impossível por último, devendo indenizar ainda as perdas e danos conforme apurado em ação judicial (art. 254 do Código Civil). Havendo previsão de cláusula penal na obrigação originária para a hipótese de inadimplemento, também ela se torna exigível.

Por outro lado, se a escolha dentre as prestações alternativas cumprisse ao credor, havendo a impossibilidade em relação a apenas uma das prestações, poderá ser exigida a realização da prestação subsistente ou o valor equivalente àquela que se perdeu, mais perdas e danos, por efeito da responsabilidade do devedor. Se houver, contudo, a perda de ambas as prestações, ou que se tornem inexequíveis, pode o credor pedir o valor equivalente de qualquer delas, mais a indenização pelas perdas e danos (art. 255 do Código Civil).

Tornando-se todas as prestações de uma obrigação alternativas inexequíveis (impossíveis de realizar-se) sem culpa do devedor, a obrigação se extingue (art. 256 do Código Civil).

5. OBRIGAÇÕES FACULTATIVAS

A obrigação facultativa é espécie próxima da obrigação alternativa, mas com ela não se confunde. Trata-se também como obrigação com faculdade alternativa. Não há previsão expressa sobre a obrigação facultativa no Código Civil. Do mesmo modo, a expressão, em si, é objeto de críticas, considerando sua contradição em termos, afinal, o que é facultativo não se considera obrigatório. Contudo, diz-se obrigação facultativa aquela em que há uma prestação a ser realizada, prevendo outra que embora não seja exigível, pode o devedor escolher prestá-la de modo a satisfazer a dívida. Trata-se de prestação *in facultate solutionis*.

Enquanto na obrigação alternativa há duas prestações, que estão no mesmo plano até que se dê a escolha de uma delas para ser executada, na obrigação facultativa há apenas uma prestação, prevendo-se uma segunda apenas com a finalidade de substituir a primeira no caso de esta não ser possível de executar.

A distinção da obrigação facultativa (ou de faculdade alternativa) é que se reconhece um poder de substituição que poderá ser do devedor (*Ersetzungbefugnis*)[20], de modo que no

---

[20] Eugen Gersheim, *Die Ersetzungsbefugnis (facultas alternativa):* im deutschen bürgerlichen recht. Marburg: E. Ebering, 1906, p. 26. Joachim Erler, *Wahlschuld mit Wahlrecht des Gläubigers und Schuld mit*

momento do cumprimento (fase do adimplemento) se reconhece ao devedor a possibilidade de escolher realizar outra prestação prevista para o exercício de sua faculdade de escolha, e não aquela originalmente ajustada. Na obrigação alternativa, a escolha do devedor (ou, ainda, de credor ou de terceiro, conforme ajustarem as partes) se dá na fase anterior ao adimplemento, determinando a prestação que deverá ser cumprida e é exigível.

Nada impede, também, que se identifique faculdade alternativa do credor[21]. É o que ocorre, por exemplo, quando é deteriorada a coisa sem culpa do devedor, assistindo ao credor resolver a obrigação ou aceitar a coisa, abatido ao preço o valor que perdeu; ou quando é culpado o devedor, assistir ao credor exigir o equivalente ou aceitar a coisa no estado em que se encontre, mais indenização das perdas e danos. Nas duas hipóteses, há faculdade alternativa do credor.

6. CLASSIFICAÇÃO DA OBRIGAÇÃO QUANTO À DIVISIBILIDADE DO OBJETO

As obrigações, quanto à divisibilidade do seu objeto, podem ser divisíveis ou indivisíveis. Os critérios para definição da divisibilidade ensejam, na doutrina clássica, uma série de controvérsias[22], e mesmo crítica à insuficiência do conceito, em especial em face da multiplicidade destes critérios reconhecidos para a divisibilidade ou não da prestação[23]. Partindo do Código Civil francês de 1804, três situações foram identificadas: (a) quando a prestação não comportar execução parcial; (b) quando, embora por natureza divisível, as partes excluírem esta possibilidade por convenção entre elas; (c) quando convencionarem as partes a integridade do pagamento. Disso resultam, até hoje, os critérios determinantes da divisibilidade do objeto da obrigação: (a) em razão da natureza da obrigação; (b) em razão da convenção das partes; e (c) para efeito do pagamento.

Críticos da solução excessivamente complexa, definida pelo direito francês, destacam, no ponto, a simplicidade e correção de solução pela qual a obrigação indivisível é aquela da qual não se admite a execução parcelada. Nesse sentido, invoca-se a ideia de fim da obrigação. Ou seja, não se trata da possibilidade física ou não da divisão do objeto em si, senão o interesse útil do credor na realização da prestação.

6.1. Obrigações indivisíveis

Pode ocorrer que o objeto da prestação possa idealmente ser dividido, porém o que determinará a divisibilidade ou não será a possibilidade de sua execução parcelada. Não se deve confundir, portanto, o objeto da prestação com a coisa ou o fato a que ele se refira. Há indivisibilidade tanto quando o objeto da prestação não for suscetível de parcelamento, quando se fisicamente divisível, sua prestação em parcelas depreciá-lo em termos de valor, ou do atendimento do interesse útil do credor. Assim, um lote de terras é possível de dividir fisicamente, porém poderá ser, conforme a legislação de parcelamento do solo do lugar em que se encontre, juridicamente indivisível.

Ersetzungbefugnis des Gläubigers, Mainz: Grote, 1964, p. 30 e ss. Menezes Cordeiro, *Direito das obrigações* cit., I, p. 349.

[21] Pontes de Miranda, *Tratado de direito privado* cit., t. XII, p. 221-223.

[22] Orozimbo Nonato, *Curso de obrigações* (generalidades e espécies), Rio de Janeiro: Forense, 1959, v. II, p. 9-11.

[23] Raffaele Cicala, *Concetto di divisibilità e di indivisibilità dell'obbligazione*, Napoli: Eugenio Jovene, 1953, p. 31e ss.

102 | DIREITO DAS OBRIGAÇÕES – *Bruno Miragem*

A indivisibilidade, desse modo, é material ou jurídica. Há indivisibilidade material quando o parcelamento da prestação deprecie seu valor, ou faça com que perca qualidades essenciais. Já a indivisibilidade jurídica refere-se à impossibilidade de divisão da prestação em razão de limite imposto pelo próprio direito, seja por disposição legal ou por vontade das partes.

O art. 258 do Código Civil define a obrigação indivisível infirmando que é aquela cuja "prestação tem por objeto uma coisa ou um fato não suscetíveis de divisão, por sua própria natureza, por motivo de ordem econômica, ou dada a razão determinante do negócio jurídico". A indivisibilidade por sua natureza ou por motivos de ordem econômica associa-se à própria noção de valor da coisa, presente também na definição de bens divisíveis, descrita no art. 87 do Código Civil: "Bens divisíveis são os que se podem fracionar sem alteração na sua substância, diminuição considerável de valor, ou prejuízo do uso a que se destinam". Note-se, contudo, que serve a invocação à regra para melhor compreensão da noção de indivisibilidade, que afinal é critério eminentemente jurídico, não fático. Nesse sentido, mesmo a indivisibilidade material o é em sentido jurídico, para preservar o interesse legítimo das partes.

Quem celebra contrato de empreitada constitui obrigação cujo objeto é indivisível, uma vez que a prestação reputa-se executada quando realizada no seu todo, havendo a execução e entrega de tudo o quanto devido pelo empreiteiro. Poderá ocorrer de admitir-se a execução em parcelas, hipótese em que deixa de ser indivisível por vontade das partes.

A indivisibilidade que decorre de dada razão determinante do negócio jurídico remete diretamente ao interesse útil das partes na celebração do negócio. Assim, por exemplo, a obrigação que tenha por objeto a prestação de entrega de uma coleção de revistas raras para exposição. Existirá aí o propósito de recebê-las em conjunto, como coleção, de modo que se for dividida a prestação comprometa o interesse útil do credor. Também a simples vontade das partes torna a obrigação indivisível. Assim, pode haver obrigação cuja prestação que incumbe ao devedor seja a de entregar vinte garrafas de vinho ao credor. O observador mais ligeiro diria que se trata de obrigação divisível, porquanto possa o devedor realizar, por exemplo, a entrega parcelada de dez garrafas, e depois de outras dez. Ocorre que podem as partes ter convencionado a entrega apenas em conjunto de todas as vinte garrafas, pelo que a obrigação (leia-se, a prestação) torna-se indivisível por convenção das partes.

Note-se que, sendo indivisível a prestação, o devedor deve realizá-la por inteiro, sob pena de ser dado como inadimplente. Não afasta a indivisibilidade a alegação de ausência de prejuízo para o credor no seu recebimento em parcelas, afinal, "ainda que a obrigação tenha por objeto prestação divisível, não pode o credor ser obrigado a receber, nem o devedor a pagar, por partes, se assim não se ajustou" (art. 314 do Código Civil). Com mais razão, portanto, se a indivisibilidade foi convencionada pelas partes.

6.2. Obrigações divisíveis

Refere-se que a obrigação é divisível quando a prestação que constitui seu objeto pode ser realizada em parcelas, sem prejuízo do interesse útil das partes. O critério para definição da obrigação divisível é jurídico, uma vez que será determinado pela lei ou por convenção das partes.

Nos termos do art. 257 do Código Civil, as obrigações divisíveis presumem-se que possam ser divididas em tantas obrigações iguais e distintas quanto sejam os credores ou devedores. Nesse sentido, há de se considerar uma divisibilidade objetiva, quando se admita a execução da prestação em partes para um mesmo credor; ou subjetiva, quando haja divisão da prestação entre múltiplos credores ou devedores. As obrigações de cumprimento instantâneo são, em geral, indivisíveis, como é o caso da entrega da coisa vendida, ou da restituição da coisa locada, ou ainda a realização da tarefa ajustada em contrato de empreitada. O pagamento do preço em dinheiro poderá ser divisível ou não, conforme ajustem as partes. Pode ocorrer, por outro lado, que se trate de prestações periódicas, como aquelas que se realizam mês a mês, e digam respeito à fruição da contraprestação correspondente a cada período.

6.3. Efeitos da divisibilidade da prestação em relação à pluralidade de devedores

A utilidade da distinção entre obrigações divisíveis e indivisíveis se dá, especialmente, no caso de pluralidade de credores ou devedores. Assim, nos termos do art. 259 do Código Civil, se houver pluralidade de devedores de uma mesma obrigação, e a prestação for indivisível, cada um será obrigado por toda a dívida, sub-rogando-se aquele que pagar, no direito do credor em relação aos demais devedores coobrigados. Ou seja, se a prestação for indivisível e houver mais de um devedor, este não poderá se exonerar cumprindo apenas parte da prestação. Deverá fazê-lo por inteiro, podendo exigir depois do pagamento, as respectivas partes devidas pelos outros codevedores. Da mesma forma, não havendo regra definida sobre as quotas correspondentes a cada um dos devedores, presume-se que sejam iguais.

A insolvência de um dos devedores, neste caso, também não prejudica o credor, que poderá exigir a prestação inteira de qualquer um, ou de todos os demais codevedores. Quem pagar, da mesma forma, sub-roga-se perante os demais devedores, pela respectiva quota. Já a interrupção da prescrição que se opere em relação a um dos devedores, tratando-se de prestação indivisível, atingirá os demais.

6.4. Efeitos da divisibilidade da prestação em relação à pluralidade de credores

Tratando-se de prestação indivisível em obrigação que tenha pluralidade de credores, poderá cada um deles exigir a dívida inteira. O devedor ou os devedores se desobrigam, contudo, pagando: ou a todos conjuntamente; ou a um dos credores, dando este caução de ratificação dos outros credores. É o que dispõe o art. 260 do Código Civil. Na melhor expressão da doutrina, a demanda é "facultativamente individual, mas o pagamento obrigatoriamente coletivo"[24]. Por outro lado, o art. 261 ao regular também a relação interna entre os vários credores, impede que apenas aquele que receba do devedor aproveite da prestação, restaurando, desse modo, a *igualdade vulnerada* entre eles[25]. Nesse sentido, estabelece: "Se um só dos credores receber a prestação por inteiro, a cada um dos outros assistirá o direito de exigir dele em dinheiro a parte que lhe caiba no total". Ou seja, o credor, que age com prioridade, será contemplado com o direito de ter para si o objeto da prestação, porém deverá ressarcir os demais relativamente a suas quotas partes.

Qualquer um dos credores poderá exigir a integralidade da prestação indivisível, desde que ofereça ao devedor garantia pessoal ou real de que os demais credores concordam com o pagamento e o autorizam. Isso porque o devedor só se exonera pagando a todos conjuntamente ou a um dos credores, se devidamente autorizado pelos demais.

Note-se ainda que, tratando-se de prestação indivisível com pluralidade de credores, a interrupção ou suspensão da prescrição que se opere em favor de algum deles beneficia os demais, nos termos dos arts. 201 e 204, § 2º, do Código Civil.

---

[24] Tito Fulgêncio, *Do direito das obrigações*. Das modalidades das obrigações (artigos 863-927), Rio de Janeiro: Forense, 1958, p. 213.

[25] Orozimbo Nonato, *Curso de obrigações* cit., II, p. 67.

DIREITO DAS OBRIGAÇÕES – Bruno Miragem

Ainda é de mencionar que ocorrendo a remissão da dívida, por um dos credores, quando haja pluralidade deles, esta não ficará extinta senão em relação à quota daquele que remitiu. Os demais poderão exigir, do credor, a prestação, descontada a respectiva quota, regra que também é observada no caso de extinção parcial por transação, novação, compensação ou confusão. Ou seja, a remissão produzirá efeitos apenas em relação ao credor que a promoveu, em relação a sua quota parte. Na prática, contudo, note-se que a dedução da quota parte relativa ao credor que remitiu só tem lugar quando se trate de obrigação divisível. Sendo indivisível, não pode o credor ao remitir sua dívida, dispor sobre a totalidade da dívida, espécie de prestação indivisível. Nesse sentido, permanecem podendo exigir o cumprimento da totalidade da prestação indivisível. Porém, deverão restituir o devedor em relação à quota parte que foi objeto de remissão por um dos credores.

O exemplo mencionado por Clóvis Beviláqua refere-se à prestação de dar um cavalo, da qual haja três credores. Havendo a remissão por um deles, os demais permanecem podendo exigir a entrega do cavalo, o que deverá ser cumprido pelo devedor. Contudo, deverão ressarcir o devedor em relação à quota parte do credor que remitiu a dívida, sob pena de caracterizar o enriquecimento sem causa dos demais credores que receberam a prestação indivisível, inclusive a quota parte do credor que perdoou[26].

6.5. Perda da indivisibilidade

A legislação faz referência à perda da indivisibilidade da obrigação (leia-se, da prestação), quando esta venha a se resolver em perdas e danos. A hipótese tem lugar em razão do inadimplemento culposo do devedor, que deixa por isso de realizar a prestação, de modo que a prestação original é substituída pela prestação de indenização. Estabelece o art. 263 do Código Civil: "Perde a qualidade de indivisível a obrigação que se resolve em perdas e danos". A indenização, geralmente em dinheiro, é conceitualmente divisível. Nesse sentido, deixa-se de ter de cumprir a prestação originalmente ajustada e passa a ter de indenizar as perdas e danos; esta conversão da obrigação em outra, implica transformação da prestação respectiva em divisível.

É preciso atentar para o § 1º do mesmo art. 263, o qual refere que "se, para efeito do disposto neste artigo, houver culpa de todos os devedores, responderão todos por partes iguais". Todavia, estabelece o § 2º que "se for de um só a culpa, ficarão exonerados os outros, respondendo só esse pelas perdas e danos". Esta regra dá solução diversa para as hipóteses de responsabilidade por inadimplemento contratual, do que a solução estabelecida pelo art. 942 do Código Civil em relação à responsabilidade civil em geral, e segundo o qual havendo mais de um autor do dano, todos respondem solidariamente pela indenização.

No caso da responsabilidade decorrente do inadimplemento de prestação indivisível, apenas o culpado responderá por perdas e danos, sem que se preveja a solidariedade de todos no caso da pluralidade de devedores. Obrigando-se um conjunto de danças integrado por vários dançarinos, a realizar uma apresentação, assumem prestação indivisível. Deixando de fazê-lo e tornando-se inadimplentes, cada um responderá pela quota parte da indenização devida ao credor da prestação. Trata-se, assim, de tratamento distinto para situações que se assemelham, ambas tendo por objeto a prestação de indenização, decorrente da responsabilidade do causador do dano ou do devedor inadimplente, conforme o caso.

---

[26] Clóvis Beviláqua, *Código Civil dos Estados Unidos do Brasil comentado*, Rio de Janeiro: Francisco Alves, 1958, v. IV, p. 42.

7. OBRIGAÇÕES SOLIDÁRIAS

Havendo em determinada obrigação pluralidade de sujeitos, ou seja, mais de um credor ou mais de um devedor, todavia vinculados ao cumprimento unitário da prestação, há solidariedade. A solidariedade pode ser ativa, quando diga respeito à pluralidade de credores que terão direito, qualquer um deles, a exigir o cumprimento integral da prestação; ou passiva, quando haja pluralidade de devedores, e de qualquer deles se possa exigir o cumprimento integral da prestação. Da mesma forma, pode ocorrer de haver, ao mesmo tempo, pluralidade de credores e de devedores, podendo os primeiros exigir, qualquer deles, o cumprimento integral da prestação de qualquer dos devedores; e qualquer dos devedores podendo ser demandado a cumprir integralmente a prestação. Assim, dispõe o art. 264 do Código Civil: "Há solidariedade, quando na mesma obrigação concorre mais de um credor, ou mais de um devedor, cada um com direito, ou obrigado, à dívida toda".

A solidariedade altera – é, pois, exceção – a regra comum das obrigações, que na hipótese de haver pluralidade de credores ou devedores, divide respectivamente a obrigação – e consequentemente a prestação – em tantos quantos forem os credores ou devedores, de modo que cada um fique obrigado à realização da parcela respectiva da prestação. É a regra comum; *obligatio inter plures ipso iure divisa est*: divide-se em tantas partes iguais quantos os credores ou devedores[27].

A solidariedade como efeito que amplia a exigibilidade da prestação resulta de disposição de lei, ou da manifestação da vontade das partes (art. 265 do Código Civil), respondendo a situações heterogêneas[28] com vista à proteção de interesses legítimos de uma das partes da obrigação. Nesse sentido, tanto poderá ter o credor a faculdade de escolher o devedor ou os devedores aos quais interpele para cumprimento, como também os devedores solidários são livres para realizar a prestação, logo que esta se torne exigível. Terão a faculdade de cumprir, independentemente da vontade do credor, desde que realizem integralmente a prestação[29].

Há solidariedade ativa quando exista pluralidade de credores, e cada um deles possa exigir do devedor toda a prestação. A princípio, será titular de um crédito que se presume em partes iguais ao dos demais credores, ou diferente disso se ajustado entre as partes e conforme as circunstâncias. Porém, poderá exigir toda a prestação. No exemplo didático: A, B, e C são credores solidários de Y, da quantia de R$ 60.000,00. Embora o crédito de cada um se presuma dividido em partes iguais (cada um sendo credor de R$ 20.000,00), qualquer um deles, A, B ou C poderá exigir de Y o pagamento integral da prestação de R$ 60.000,00.

Por outro lado, há solidariedade passiva quando exista pluralidade de devedores, e cada um deva responder perante o credor pela integralidade da prestação. Da mesma forma, presume-se que a dívida, salvo disposição em contrário, divida-se em partes iguais, porém cada devedor poderá ser demandado por toda a prestação. Mais uma vez sirva-se do exemplo hipotético para bem esclarecer: agora A, B e C são devedores solidários de X, da quantia de R$ 90.000,00. Presume-se que o débito seja dividido igualmente entre os devedores, cada qual sendo titular da dívida de R$ 30.000,00. Contudo, poderá X exigir de qualquer dos devedores o valor integral da prestação, de R$ 90.000,00. Outro exemplo bastante comum é o caso em que um dano tem mais de um causador, hipótese em que todos os que deram causa ao dano responderão solidariamente pela obrigação de indenização (art. 942, *in fine*, do Código Civil).

---

[27] Orozimbo Nonato, *Curso de obrigações*, II, p. 85.

[28] Umberto Breccia, *Le obbligazioni*, Milano: Giuffrè, 1991, p. 180.

[29] Antunes Varela, *Direito das obrigações* cit., p. 302.

106 | DIREITO DAS OBRIGAÇÕES – *Bruno Miragem*

Definir-se a obrigação como solidária não afeta seu conteúdo, senão sua eficácia, notadamente em relação à exigibilidade da dívida. Assenta-se na pluralidade subjetiva, porém com unidade objetiva da obrigação. Ou seja, em uma obrigação na qual concorrem vários credores, ou vários devedores, cada um dos primeiros tem o poder de exigir a dívida inteira, e cada um dos últimos, o dever de realizar integralmente a prestação. Há, na solidariedade, um objetivo comum, que une o interesse de credores ou devedores, visando à tutela do crédito. Manifesta-se na relação externa de credores ou devedores, estendendo efeitos relativos à exigibilidade da dívida, uma vez que internamente as relações dos credores solidários entre si, ou dos devedores solidários entre si, permanecem as mesmas. A evolução da expressão solidariedade é extensa. Os romanos não conheciam a noção abstrata de solidariedade[30]. Na Idade Média, a expressão *in solidum* surge no sentido de totalidade, sendo que, a partir da modernidade, o vocábulo solidário indica que a parte responde pelo todo. E apenas a partir do século XVII a expressão consolida-se como faculdade do credor de exigir a prestação de qualquer dos devedores de uma mesma dívida[31].

Distingue-se a solidariedade da indivisibilidade das obrigações. As obrigações indivisíveis o são em vista da impossibilidade de parcelamento do pagamento. Há razão que antecede ou é contemporânea à constituição da obrigação, decorrente de situação de fato, ou ainda por critério determinante do negócio. As obrigações solidárias, de sua vez, o são por uma decisão que vem da lei ou por convenção das partes. Da mesma forma, é de dizer que a indivisibilidade caracteriza o objeto da obrigação. É ele que será indivisível. A solidariedade concentra-se, de sua vez, nos sujeitos da obrigação, reconhecendo-lhe o poder de exigir, ou o dever de responder pela dívida toda.

7.1. Fundamento e natureza da solidariedade

Trata-se a solidariedade de um regime excepcional, uma vez que apenas dela se cogita quando prevista por lei ou convenção das partes. É o que estabelece o art. 265 do Código Civil ao referir que "a solidariedade não se presume; resulta da lei ou da vontade das partes".

Conforme já foi mencionado, o direito romano não conheceu a noção abstrata de solidariedade. Interpretação posterior dos textos romanos a identifica com a correalidade, pela qual, diante da pluralidade de credores ou devedores existiria apenas uma obrigação, a ser solvida pelo devedor *sine beneficio divisionis*, uma vez que admitida a dissolução parcial por cada devedor (*pro parte*), isso comprometeria o sentido de unidade da obrigação[32]. Esta visão trata-se, ademais, de expressão polissêmica, que não deve conduzir o intérprete a equívocos. A solidariedade é efeito da obrigação que projeta a exigibilidade dos comportamentos definidos na prestação a todos os devedores (de quem será exigida) ou todos os credores (quem poderá exigir), no caso em que se trate de solidariedade passiva ou de solidariedade ativa, respectivamente.

As obrigações solidárias resultam favorecer o credor. Ou porque qualquer dos credores poderá exigir a dívida toda, no caso da solidariedade ativa, ou porque poderá exigi-la de qualquer dos devedores, quando se trate de solidariedade passiva. Os traços que lhe caracterizam, de unidade objetiva e pluralidade subjetiva, de sua vez, explicam-se pela constatação de que

---

[30] Reinhard Zimmermann, *The law of obligations* cit., p. 129.

[31] Paulo Lôbo, *Direito civil:* Obrigações cit., p. 136; Pietro Bonfante, *Scritti giuridici varii, III.* Obbligazioni. Comunione e prossesso. Torino: Utet, 1921, p. 209 e ss; Tito Fulgêncio, *Do direito das obrigações* cit., p. 239.

[32] Caio Mário da Silva Pereira, *Instituições de direito civil* cit., v. II, p. 83. Criticando a associação entre as noções de solidariedade e correalidade, veja-se: Zimmermann, *The law of obligations* cit., p. 128-129.

Capítulo 4 · CLASSIFICAÇÃO DAS OBRIGAÇÕES | 107

se trata de uma mesma obrigação, portanto, de determinada prestação (unidade objetiva). A pluralidade subjetiva decorre da visão de mais de um credor ou mais de um devedor que poderão aproveitar ou ser demandados pelos efeitos da obrigação, no tocante a sua exigibilidade. Desse modo, se há um devedor obrigado a realizar a prestação por inteiro (*totum et totaliter*), ou vários credores com poder de exigir a prestação integral do devedor, há solidariedade.

São várias as teorias que buscam determinar o fundamento da solidariedade[33]. Entre as mais conhecidas, está a da representação recíproca, a qual considera cada devedor como espécie de representante – mandatário – dos demais, representando-os perante o credor[34]. Da mesma forma, na hipótese de solidariedade entre credores, cada um destes agiria, no exercício do direito de crédito, no interesse dos demais. A crítica principal a esta teoria reside no fato de que as obrigações solidárias podem existir sob diversas modalidades distintas para cada um dos credores ou devedores solidários, de modo que poderão ser simples para uns e submetidas a condição ou termo para outros, o que impede que se considerem todos como representantes uns dos outros[35].

Outro fundamento será aquele que reconhece nas obrigações solidárias função de garantia. Esta garantia seria compreendida tanto na hipótese de solidariedade passiva, na qual, podendo quaisquer dos devedores solidários serem demandados pela integralidade da dívida, tal funcionaria como garantia em favor do credor. E em sentido diverso, tratando-se de solidariedade ativa, o pagamento do devedor a qualquer um dos devedores solidários implicaria uma garantia de solução, e consequente extinção da dívida[36].

Por outro lado, contudo, discute-se se a pluralidade de sujeitos nas obrigações solidárias daria causa, necessariamente, a uma pluralidade de vínculos, ou se haveria, em verdade, um só vínculo obrigacional ligando todos os sujeitos da obrigação. Em favor da tese da unicidade do vínculo, argumenta-se pela identificação da unidade de fins da obrigação, de modo que a solução da obrigação interessa a todos os sujeitos. Nesse sentido, embora haja pluralidade de sujeitos, apenas será devido e exigível o objeto da obrigação[37].

---

[33] Na origem da discussão moderna do tema, o estudo, no século XIX, de Georg Julius Ribbentrop, *Zur Lehre von den Correal-Obligationen*, Göttingen: Dieterich, 1831, p. 83 e ss. Adiante, debatendo com o estudo de Ribbentrop, em especial no tocante à distinção entre as obrigações correais de direito romano, e a solidariedade, Alois Brinz, Zur Lehre von der Correal-Obligation und den solidarischen Schuldverhältnissen, in: *Kritische Vierteljahresschrift für Gesetzgebung und Rechtswissenschaft*. Bd. 16, 1874, p. 1-16. Mais recentemente, Ludwig Enneccerus, Theodor Kipp, Martin Wolff, *Tratado de derecho civil*, t. II, v. I. *Derecho de obligaciones*, Barcelona: Bosch, 1947, p. 434 e ss.

[34] Na França, Charles Aubry; Charles Rau, *Cours de droit civil français d'après la méthode de Zachariae*, 5. ed., Paris: Imp. Et Librairie Générale de Jurisprudence, 1902, p. 19 e ss. F. Laurent, *Principes de droit civil français*, 5. ed. Bruxelles/Paris: Bruylant, 1893, t. XVII, p. 289-290. Já no século XX: Marcel Planiol; Georges Ripert, *Traité pratique de droit civil français*, t. VII, p. 2, Obligations, Paris: LGDJ, 1954, p. 453; Charles Beudant; Robert Beudant, *Cours de droit civil français*. Les contratos e les obligations, Paris: Rosseau, 1906, p. 598; Henri Mazeaud; Léon Mazeaud; Jean Mazeaud; François Chabas, *Leçons de droit civil* cit., p. 1108-1109. No direito argentino, veja-se: Hector Lafaille, *Derecho civil*. Tratado de las obligaciones, 2. ed., Buenos Aires: La Ley, 2009, t. II, p. 454. No direito brasileiro, Manoel Ignacio Carvalho de Mendonça, *Doutrina e practica das obrigações*, 2. ed., Rio de Janeiro: Francisco Alves, 1911, p. 346. Washington de Barros Monteiro, *Curso de direito civil*. Direito das obrigações 1ª parte, 32. ed., São Paulo: Saraiva, 2003, v. 4, p. 157.

[35] Giorgio Amorth, *L'obbligazione solidale*, Milano: Giuffrè, p. 76-77; Miguel Maria de Serpa Lopes, *Curso de direito civil*, 7. ed., Rio de Janeiro: Freitas Bastos, 2000, v. II, p. 117-118.

[36] Caio Mário da Silva Pereira, *Instituições de direito civil* cit., II, p. 85.

[37] Giorgio Amorth, *L'obbligazzione solidale*, p. 38 e ss Clóvis Beviláqua, *Direito das obrigações* cit., p. 120; Serpa Lopes, *Curso de direito civil* cit., v. II, p. 118. Caio Mário da Silva Pereira, *Instituições de direito civil* cit., II, p. 86; Orozimbo Nonato, *Curso de obrigações*, II, p. 98 e ss.

DIREITO DAS OBRIGAÇÕES – *Bruno Miragem*

As obrigações solidárias podem ser puras, quando a solidariedade for eficaz desde logo, tornando exigível a prestação por credores solidários ou em relação a devedores solidários. Todavia, seus efeitos poderão estar subordinados à condição ou termo. Condição é o evento futuro e incerto que subordina os efeitos do negócio à sua ocorrência. A obrigação solidária condicional subordina os efeitos da exigibilidade do crédito ao implemento da condição. Já a obrigação solidária subordinada a termo, é aquela cuja eficácia se subordina a evento futuro e certo.

Não se exige que todos os credores ou devedores solidários estejam subordinados a uma mesma modalidade de obrigação. Nesse sentido, pode-se definir que podem variar os efeitos para cada um dos credores ou devedores solidários, conforme defina a convenção ou a lei. Assim estabelece o art. 266 do Código Civil: "A obrigação solidária pode ser pura e simples para um dos cocredores ou codevedores, e condicional, ou a prazo, ou pagável em lugar diferente, para o outro".

Esta característica da obrigação solidária, a variabilidade dos seus efeitos em relação aos diferentes credores ou devedores, reveste-se de razão para aqueles que advogam a pluralidade de vínculos de uma mesma obrigação, uma vez que possam os devedores estar obrigados em termos diversos[38]. Conforme ensina a melhor doutrina, "as relações jurídicas entre os credores solidários não provêm de igualdade de conteúdo, porque o conteúdo pode ser diferente para as obrigações singulares. Os credores ou devedores estão unidos, por força de lei ou voluntariamente, porque têm todos o mesmo fim. O fim é que é comum"[39]. Nesse sentido, será distinguido entre a unidade da relação jurídica e a pluralidade de obrigações que dela resulta[40]. Ou como anota a doutrina, obrigação única, com uma só prestação, porém vários créditos concorrentes, de modo que a vantagem de cada um se apura apenas após o cumprimento[41].

7.2. Espécies de obrigações solidárias

As obrigações solidárias podem ser ativas, passivas ou mistas. Há solidariedade ativa quando havendo pluralidade de credores, cada qual tem o direito de exigir do devedor o cumprimento integral da prestação (art. 267 do Código Civil). Ou seja, embora tenha direito a uma quota da prestação, poderá exigi-la integralmente, devendo depois, conforme se regule as relações dos credores entre si, satisfazer aos demais credores a respectiva quota a que façam jus.

A solidariedade passiva, de sua vez, caracteriza-se pela existência de pluralidade de devedores, de modo que o credor "tem direito a exigir e receber de um ou de alguns dos devedores, parcial ou totalmente, a dívida comum" (art. 275 do Código Civil). Poderá o credor, no caso de existirem devedores solidários, exigir de qualquer um deles, ou de todos conjuntamente, o cumprimento integral da prestação. Todavia, o devedor solidário que realizar o pagamento da dívida ao credor adquire o direito de exigir dos demais a respectiva quota da prestação que lhes caiba (art. 283 do Código Civil).

Refiram-se, ainda, as obrigações solidárias mistas, que serão aquelas nas quais, havendo pluralidade tanto de credores, quanto de devedores, poderão, qualquer dos credores, exigir, de qualquer dos devedores, o cumprimento integral da prestação. Trata-se do que

---

[38] Antunes Varela, *Das obrigações em geral*, I, p. 757 e ss. Washington de Barros Monteiro, *Curso de direito civil*. Direito das obrigações 1ª parte cit., p. 155.

[39] Pontes de Miranda, *Tratado de direito privado* cit., t. XXII, p. 417.

[40] Paulo Lôbo, *Direito civil: Obrigações* cit., p. 186-187.

[41] Menezes Cordeiro, *Direito das obrigações* cit., t. VI, p. 780.

Capítulo 4 · CLASSIFICAÇÃO DAS OBRIGAÇÕES | 109

também é denominado como solidariedade recíproca, cuja ocorrência na prática negocial, contudo, não é frequente.

7.3. Solidariedade ativa

Há solidariedade ativa quando em determinada obrigação haja pluralidade de credores, cada qual titular de direito de crédito autônomo[42], e legitimados individualmente a exigir o cumprimento integral da prestação pelo devedor. A este direito corresponde o dever de cumprimento do devedor, a quem cabe realizar uma vez, integralmente, a prestação a um ou alguns dos credores solidários. É de ocorrência rara no plano negocial, não tendo, igualmente, previsão expressa na legislação. Tal raridade se explica por diversas razões de ordem prática. Em especial, o risco de que o credor que venha a receber a prestação, em seguida não pague aos demais credores a respectiva quota, ou ainda a possibilidade de utilização de outros meios para legitimar um credor a receber, como é o caso da outorga de mandato. A rigor, tratando-se de credores solidários, aquele que recebe obriga-se a repassar aos demais a respectiva quota da prestação. Porém, caso descumpra esta obrigação, não têm os demais credores qualquer espécie de garantia especial, acentuando-se o risco de inadimplemento.

Considerando-se, contudo, o direito de qualquer dos credores solidários de exigir o cumprimento integral da prestação, não terá o devedor a possibilidade de pagar apenas em parte, alegando a preservação da quota dos demais credores. O direito de exigir o crédito não se confunde com o direito à prestação, cuja eficácia é interna à relação dos credores entre si. O direito de exigir a integralidade da prestação caracteriza a obrigação solidária. Trata-se da eficácia externa da obrigação solidária, que se projeta na relação havida entre os credores solidários e o devedor. Por outro lado, pode-se revelar útil ao devedor, na medida em que, se lhe faculta o pagamento, mediante a realização da prestação, a qualquer um dos credores, obtendo com o isso o efeito liberatório e correspectiva extinção da obrigação.

Sobre o tema, define o art. 268 do Código Civil que "enquanto alguns dos credores solidários não demandarem o devedor comum, a qualquer daqueles poderá este pagar". Da mesma forma, "O pagamento feito a um dos credores solidários extingue a dívida até o montante do que foi pago" (art. 269 do Código Civil).

São exemplos comumente citados de solidariedade ativa, aqueles que se estabelecem, por força de lei, na locação de imóveis na qual haja mais de um locador, e por convenção, os casos de conta corrente bancária conjunta. No tocante à locação imobiliária, dispõe o art. 2º, *caput*, da Lei n. 8.245, de 18 de outubro de 1991: "Havendo mais de um locador ou mais de um locatário, entende-se que são solidários se o contrário não se estipulou". Nesse caso, qualquer dos locadores terá o direito de exigir todo o aluguel. Pagando o locatário a qualquer dos locadores, será adimplente, devendo estes definir, entre si, o que cabe a cada um.

Já o exemplo da conta bancária conjunta, diz-se que será solidária quando justamente seja definido aos correntistas o direito de realizar, de modo autônomo, a movimentação dos valores depositados junto à instituição financeira. Nesse sentido, já observamos que nas contas correntes conjuntas, admite-se distinção entre contas correntes conjuntas fragmentárias e solidárias. Nas primeiras, admite-se que cada correntista cocontratante possa realizar determinadas operações ou fazê-lo até um certo limite predeterminado. Já nas contas correntes conjuntas solidárias, qualquer dos correntistas cocontratantes pode realizar, em nome dos demais, todas as operações, e exercer todos os direitos decorrentes do contrato. Há, neste caso, solidariedade no sentido previsto em lei, ativa e passiva, de modo que cada

---

[42] Karl Larenz, *Derecho de obligaciones* cit., I, p. 497.

110 | DIREITO DAS OBRIGAÇÕES – *Bruno Miragem*

correntista exerce direitos, assume e responde pela totalidade das obrigações em relação à instituição financeira[43].

7.3.1. *Efeitos da solidariedade ativa*

Os efeitos das obrigações solidárias ativas se dão em favor dos credores que poderão, individualmente, exigir o cumprimento integral da prestação. Há um poder de agir, a faculdade de exigir do devedor comum o cumprimento. Porém, conforme foi mencionado, também aproveita o devedor, se for considerado que este obtém eficácia liberatória e respectiva extinção do débito, pagando a qualquer dos credores. Trata-se de regra de *favor debitoris*. Nesse sentido, integra o exercício da liberdade de iniciativa do devedor, a própria renúncia à solidariedade, pagando a cada credor, individualmente, a respectiva quota da prestação. Ocorre que a liberdade de iniciativa do devedor para realizar o pagamento será delimitada no tempo. Isso porque, poderá escolher o credor a quem pagar, apenas até que seja demandado por algum deles para que realize o pagamento. Trata-se do que a doutrina denomina prevenção judicial[44].

A prevenção judicial – também referida por muitos como princípio da prevenção – está expressamente prevista no art. 268 do Código Civil, que refere: "Enquanto alguns dos credores solidários não demandarem o devedor comum, a qualquer daqueles poderá este pagar". Alguma discussão pode haver sobre o que se considere o ato de demandar o devedor. Se de fato se trate de prevenção judicial, exigindo-se que o credor demande judicialmente o devedor, ou se seriam admitidas também providências extrajudiciais de cobrança. O entendimento consagrado é de que a exegese do art. 268 do Código Civil contempla o ato de demandar em juízo, ou seja, pelo exercício da pretensão mediante ação proposta no Poder Judiciário. A ação, neste caso, se aperfeiçoa com a citação do devedor, mantendo-se os efeitos da prevenção enquanto durar o processo, ainda que se admita a possibilidade de os outros credores intervirem no feito na qualidade de litisconsortes[45] (art. 113, I, do CPC/2015).

Os efeitos da prevenção judicial, de sua vez, são de tal grau que, sendo demandado o devedor por um dos credores solidários, porém, ainda assim decida pagar a outro credor que não o demandante, poderá ser instado a pagar novamente. Neste caso, discute-se se a hipótese é de ineficácia total do pagamento feito, pelo devedor, em violação da prevenção, ou se esta só atingiria a parcela que supere a quota a que faz jus o credor solidário que foi efetivamente pago. Em outros termos, considerando que o devedor pagou a um dos credores solidários distinto daquele que o demanda judicialmente, este que recebeu faz jus à determinada quota da prestação satisfeita. Nesse sentido, o devedor fica obrigado a pagar novamente ao credor que ingressou com a ação de cobrança apenas a parte que supera a quota a que faz jus aquele que recebeu a prestação integralmente.

Em outros termos: se A, B e C são credores solidários de Y, do valor de R$ 90.000,00. A demanda judicialmente Y pelo pagamento integral da dívida. Porém, Y realiza o pagamento da quantia a B. Y poderá ser constrangido a pagar novamente a prestação integral para A, descontada a quota a que fazia jus o credor B, que já recebeu. Presumindo-se a prestação dividida em quotas iguais a cada um dos três credores solidários (R$ 30.000,00 para cada um), Y deverá pagar novamente R$ 60.000,00 para A. E este se obriga a satisfazer a quota do credor C, mas não a de B, que já recebeu.

---

[43]   Bruno Miragem, *Direito bancário*, 3ª ed. São Paulo: RT, 2019, p. 361-362.

[44]   Caio Mário da Silva Pereira, *Instituições de direito civil* cit., II, p. 88. Carlos Roberto Gonçalves, *Direito civil brasileiro*: Teoria geral das obrigações, 9. ed., São Paulo: Saraiva, 2012, v. 2, p. 144.

[45]   Orozimbo Nonato. *Curso de obrigações* cit., II, p. 124.

Em benefício do credor que exerce seu direito de crédito e persegue a prestação, consagra-se aqui o conhecido brocardo romano *prior in tempor potior in jure* ("primeiro no tempo, mais forte no direito"). Daí lhe ser assegurado o direito ao pagamento, em preferência aos demais credores. E, apenas recebida a prestação, assumirá a obrigação de realizar as respectivas quotas da prestação aos demais credores solidários. Não se cogita de prevenção judicial, contudo, quando o credor tenha demandado o devedor antes que fosse exigível a dívida, como ocorre quando a ação tenha sido proposta antes do termo de vencimento ou do implemento de condição suspensiva, por exemplo.

Outro aspecto a ser considerado é que embora qualquer credor solidário possa exigir o pagamento integral do débito, assiste ao devedor promover o pagamento parcial, caso a isso não se oponha a obrigação e haja aceitação daquele credor que receber. Neste caso, o débito se extingue até o montante que tenha sido pago. É o que estabelece o art. 269 do Código Civil: "O pagamento feito a um dos credores solidários extingue a dívida até o montante do que foi pago". Aqui se projeta, uma vez mais, a relação externa da obrigação solidária, entre credores solidários e devedor. Desse modo, não está o devedor adstrito ou limitado a quaisquer ajustes que internamente tenham feito os credores solidários entre si, como, por exemplo, o de não receber a prestação por partes. Concordando o credor com o recebimento parcial da prestação, este projeta seus efeitos para toda a obrigação, extinguindo-a até o montante que foi pago. Nesse sentido, qualquer dos credores terá o poder para dar a quitação parcial ou total, conforme seja o conteúdo do pagamento. Sendo, contudo, pagamento parcial, cada um dos credores solidários terá direito de exigir daquele que recebeu, o quanto do pagamento realizado seja proporcional a sua quota.

Isso porque, é de regra que nas relações internas dos credores solidários entre si, aquele que recebeu do devedor deverá satisfazer aos demais a respectiva quota da prestação. Dispõe o art. 272 do Código Civil que "o credor que tiver remitido a dívida ou recebido o pagamento responderá aos outros pela parte que lhes caiba".

Tratando-se de prestação indivisível, deverá prestar aos demais credores o equivalente em dinheiro à respectiva quota. Da mesma forma, o credor satisfeito só poderá ser considerado em mora com os demais credores solidários caso, uma vez interpelado, deixe de entregar a respectiva quota. Diga-se, nesses termos, que, segundo as regras gerais, a hipótese será de mora *ex personam*, ou seja, cuja caracterização do inadimplemento depende da interpelação do devedor. Apenas após a interpelação serão devidos juros[46].

Trata o art. 272 do Código Civil também sobre a hipótese de remissão da dívida por um dos credores solidários. Qualquer dos credores solidários tem poder para promover a remissão total ou parcial da dívida, cujo efeito será a extinção parcial ou total da obrigação, e consequente liberação do devedor. O credor solidário que remitir a dívida, ou seja, perdoá-la, extinguindo total ou parcialmente a obrigação, deverá responder, a teor do que define o art. 272 do Código Civil, perante seus cocredores, pela respectiva quota da prestação. Ou seja, libera o devedor, porém assume o dever de satisfazer as respectivas quotas a que fazem jus os cocredores. E nesse sentido, embora o Código Civil tenha feito referência apenas à remissão, deve ser reconhecida a mesma consequência para as situações de novação e compensação, a teor do que dispunha o art. 900 do Código Civil anterior, de 1916. Isso porque, mesmo diante da ausência de referência expressa a tais situações no Código Civil vigente, havendo novação ou compensação em relação a um dos credores solidários, há extinção da obrigação e liberação do devedor, de modo que a tutela do interesse dos demais cocredores solidários

---

[46] Menezes Cordeiro, *Tratado de direito civil* cit., t. VI, p. 779.

112 DIREITO DAS OBRIGAÇÕES – *Bruno Miragem*

implica que, necessariamente, o credor que a ela deu causa (no caso da novação), ou a quem aproveitou com a extinção total ou parcial da dívida original (no caso da compensação), deva responder pelas respectivas quotas da prestação. Desse modo, embora tenha sido prevista, expressamente, no art. 272, apenas a hipótese de remissão da dívida, nada impede que também aqui se refira à novação e à compensação, com os mesmos efeitos, respondendo aos demais cocredores pela parte que lhes caiba[47].

Outro aspecto a ser considerado diz respeito à hipótese de falecimento do credor solidário. Neste caso, dispõe o art. 270 do Código Civil que: "Se um dos credores solidários falecer deixando herdeiros, cada um destes só terá direito a exigir e receber a quota do crédito que corresponder ao seu quinhão hereditário, salvo se a obrigação for indivisível". Note-se que, no caso, subsiste a solidariedade para os demais cocredores. Aos herdeiros do cocredor que venha a falecer, admite-se que só possam exigir, individualmente, do devedor, o respectivo quinhão hereditário. Os direitos do credor solidário se transferem aos herdeiros em conjunto, porém, individualmente, para cada um. Poderão apenas exercer o direito de crédito *pro parte*[48]. Ressalva expressa, contudo, se a dívida se tratar de prestação indivisível, hipótese em que se conserva a solidariedade, podendo os herdeiros do cocredor demandar em conjunto o cumprimento integral da dívida pelo devedor, respondendo perante os demais cocredores pelo equivalente a sua quota.

7.3.2. Conversão da obrigação solidária original em perdas e danos

Pode ocorrer que a obrigação original sobre a qual recaia a solidariedade dos cocredores, que podem exigir o cumprimento integral da prestação, converta-se em perdas e danos. Isso ocorre, como regra, na hipótese de inadimplemento do devedor. Neste caso, todavia, subsiste para todos os efeitos a solidariedade. Ou seja, os cocredores solidários da obrigação originária permanecerão podendo exigir o cumprimento integral da prestação do devedor, que agora se converte em prestação de indenização das perdas e danos decorrentes do inadimplemento. Nesse sentido, havendo o descumprimento de contrato, em que há pluralidade de credores solidários, a solidariedade se mantém em relação à obrigação de prestar indenização por perdas e danos, cujo cumprimento poderá ser exigido integralmente, por qualquer dos cocredores. Tratando-se de prestação indivisível, a conversão em perdas e danos faz com que desapareça a indivisibilidade, uma vez que se estará tratando de prestação de indenização em dinheiro. Em relação à solidariedade, contudo, não há qualquer alteração.

Por outro lado, no caso de inadimplemento, sendo constituído em mora o devedor comum, seus efeitos aproveitam a todos os cocredores solidários, tanto quando seja promovida mediante interpelação de um dos credores (*mora in personam*), ou quando se dê instantaneamente (*mora in re*), como ocorre no caso em que atingido o termo de vencimento da dívida, sem pagamento pelo devedor. Quando se trate de mora do credor, sendo constituído um dos credores solidários em mora, esta produz seus efeitos em relação a todos os demais cocredores.

7.3.3. Oposição de exceções pessoais do devedor

O art. 273 do Código Civil estabelece: "A um dos credores solidários não pode o devedor opor as exceções pessoais oponíveis aos outros". O caráter unitário da obrigação solidária

---

[47] Caio Mário da Silva Pereira, *Instituições de direito civil* cit., II, p. 89.

[48] Carvalho Santos, *Código Civil brasileiro interpretado principalmente do ponto de vista prático*, 9. ed. Rio de Janeiro/São Paulo: Livraria Freitas Bastos, 1961, v. XI, p. 210-211.

Capítulo 4 · CLASSIFICAÇÃO DAS OBRIGAÇÕES | 113

não afasta a possibilidade de oposição de exceções pessoais que o devedor tenha em relação a algum dos credores. A regra definida pelo Código Civil, contudo, é de que tal exceção só poderá ser oposta àquele credor a que diga respeito, não aos demais. O efeito prático dessa limitação é que o devedor não poderá se escusar do pagamento da dívida exigida por algum dos credores solidários, opondo exceção pessoal que diga respeito a outros.

Por exceção pessoal entenda-se o meio de defesa que diga respeito a determinado credor específico, podendo consistir, por exemplo, na incapacidade, vícios de consentimento havidos por ocasião da constituição da obrigação, ou a existência de termo ou condição relacionada especificamente àquele credor. Admite-se, ainda, cogitar exceções relativas à própria obrigação, caso da sua extinção, da ilicitude do objeto, a impossibilidade da prestação, dentre outras situações. Trata-se de regra semelhante àquela de que trata o art. 281 do Código Civil, relativamente à solidariedade passiva.

A oposição de exceção pessoal tem repercussão em relação à prescrição. O art. 201 do Código Civil refere que: "Suspensa a prescrição em favor de um dos credores solidários, só aproveitam os outros se a obrigação for indivisível". Por outro lado, o art. 204, § 1º, do Código Civil define que: "A interrupção por um dos credores solidários aproveita aos outros; assim como a interrupção efetuada contra o devedor solidário envolve os demais e seus herdeiros".

Note-se, por fim, que a solidariedade ativa visa a permitir que os credores solidários possam, cada um, individualmente, representar os demais perante o devedor, exigindo o cumprimento integral da prestação. Nesse sentido, o exercício do direito de crédito, quando se dê em juízo, preserva o interesse dos demais que não o exerceram, mediante a regra de que "o julgamento contrário a um dos credores solidários não atinge os demais, mas o julgamento favorável aproveita-lhes, sem prejuízo de exceção pessoal que o devedor tenha direito de invocar em relação a qualquer deles" (art. 274 do Código Civil). Trata-se da consagração dos efeitos da coisa julgada resultante do exercício do direito de crédito em relação aos credores, *secundum eventum litis*, ou seja, de acordo com o resultado do julgamento. Desse modo, os efeitos de decisão favorável a um dos credores poderão ser aproveitados pelos demais, desde que ela não se funde em exceção pessoal do credor que a obteve. Contudo, no caso de decisão desfavorável, não ficam os demais credores vinculados a seus termos, podendo exigir diretamente o conteúdo da prestação objeto da obrigação solidária.

7.4. Solidariedade passiva

A solidariedade passiva constitui efeito reconhecido a diversas situações no direito brasileiro. Caracteriza-se pela existência de pluralidade de devedores em uma mesma relação obrigacional, de modo que seja exigível de qualquer um deles o cumprimento integral da prestação. A multiplicidade de devedores, nesse sentido, amplia e reforça a garantia do credor. Sua importância como meio de proteção do credor é observada tanto nas hipóteses em que resulta de disposição convencional, que poderá ser expressa ou tácita[49], quanto de previsão legal. Aliás, também é razão para que, em certos sistemas jurídicos admita-se, inclusive, a presunção de solidariedade. Assim, no direito italiano, que a presume quando o contrário não resulte da lei ou do título, conforme o art. 1.294 do *Codice Civile*, que define: "I condebitori sono tenuti in solido, se dalla legge o dal titolo non risulta diversamente". Da mesma forma, no direito alemão, a presunção de solidariedade em relação a dívidas comuns, conforme dispõe o § 427 do BGB, que refere: "*Verpflichten sich mehrere durch Vertrag gemeinschaftlich zu*

---

[49] Paulo Lôbo, *Direito civil: Obrigações* cit., p. 140.

einer teilbaren Leistung, so haften sie im Zweifel als Gesamtschuldner" / "Se mais de uma pessoa se obriga em conjunto pelo cumprimento de uma obrigação divisível, em caso de dúvida responderão como devedoras solidárias". No direito brasileiro, não se cogita da presunção de solidariedade, em vista do que dispõe o art. 265 do Código Civil: "A solidariedade não se presume; resulta da lei ou da vontade das partes".[50]

Algumas hipóteses de solidariedade passiva definidas em lei constam do próprio Código Civil. É o caso do art. 158, relativamente à obrigação de indenizar no caso de coação, indicando a solidariedade do terceiro que a causou e aquele a quem aproveitou; da mesma forma, a solidariedade prevista no art. 942, entre os autores coautores e pessoas designadas pelo art. 932 do Código Civil, que prevê as hipóteses de responsabilidade pelo fato de outrem, pela obrigação de indenizar danos causados pelos ilícitos que praticaram; e a hipótese do art. 1.003 e parágrafo único do Código Civil, em que são devedores solidários o cedente e o cessionário das quotas da sociedade simples, pelas obrigações que o cessionário tinha como sócio.

Já em relação à obrigação solidária passiva definida por convenção das partes, exemplo mais conhecido é o da obrigação assumida pelo fiador, que em razão de contrato de fiança assume expressamente a obrigação de pagar a dívida como principal obrigado (art. 828, II, do Código Civil). Note-se, aqui, que a fiança em si é espécie de contrato acessório que resulta em fonte de obrigação subsidiária, assumindo, o fiador, o compromisso de cumprimento, caso não o faça o devedor principal. Ocorre que pode o fiador, mediante manifestação de vontade, assumir o compromisso como principal obrigado, hipótese em que assume a condição de devedor solidário.

Há duas ordens de relações a serem consideradas no exame da solidariedade passiva. As relações externas, entre a pluralidade de devedores e o credor; e as relações internas, dos devedores entre si. Na relação entre credor e a pluralidade de devedores, destaca-se a faculdade reconhecida ao primeiro, de exigir o cumprimento integral da prestação de qualquer um dos devedores, sem que estes possam invocar o benefício da divisão. Ou seja, lhe será exigida e deverão responder pela integralidade da dívida, não podendo postular apenas o pagamento proporcional à sua parte. O art. 275 do Código Civil é quase tautológico, ao referir: "O credor tem direito a exigir e receber de um ou de alguns dos devedores, parcial ou totalmente, a dívida comum; se o pagamento tiver sido parcial, todos os demais devedores continuam obrigados solidariamente pelo resto". O parágrafo único do mesmo artigo refere: "Não importará renúncia da solidariedade, a propositura da ação pelo credor contra um ou alguns dos devedores".

A solidariedade passiva, a par de sua importância como reforço e ampliação da garantia do credor nas obrigações convencionais, tem ainda maior destaque no tocante às obrigações de indenizar, no âmbito da responsabilidade civil. No Código Civil, há obrigação solidária pela prestação de indenização, de todos os que tenham contribuído com a realização do dano. Assim dispõe o art. 942, parágrafo único, do Código Civil. No domínio das relações de consumo, disciplinadas pelo Código de Defesa do Consumidor, é prevista a solidariedade de membros determinados da cadeia de fornecimento pela obrigação de reparação de danos decorrentes de produtos defeituosos. Ou ainda, genericamente, de todos os fornecedores membros da cadeia de fornecimento, no caso de danos decorrentes de serviços defeituosos (art. 14 do CDC), e nas hipóteses de responsabilidade pelo vício do produto e do serviço (arts.

---

[50] Incide a regra que impede a presunção de solidariedade, independentemente da fonte da obrigação: STJ, REsp 1645614/SP, Rel. Min. Paulo de Tarso Sanseverino, 3ª Turma, j. 26/06/2018, *DJe* 29/06/2018.

18 a 20 do CDC). Ainda, nas relações de consumo, anote-se que o art. 7º, parágrafo único, do CDC, também consagra a regra da solidariedade passiva de todos os autores do dano, pela obrigação de sua reparação.

Converte-se, assim, em importante efeito expansivo da responsabilidade, como garantia de efetividade da reparação à vítima, um dos valores mais destacados do estágio contemporâneo da responsabilidade civil.

Nas obrigações em que haja a solidariedade passiva, até que ocorra o cumprimento integral da prestação, todos os devedores estão igualmente obrigados pelo total da dívida. Mesmo em situações nas quais tenha havido pagamento parcial por um dos codevedores, este e os demais restam obrigados, solidariamente, pelo pagamento do restante da prestação. Ou seja, todos exonerados até a concorrência da quantia paga, mas obrigados pelo que faltou para a *solutio* integral da dívida. Neste particular, note-se que o pagamento parcial realizado por um dos devedores não equivale à renúncia ao restante da prestação. Desse modo, não há necessidade de reservar expressamente seus direitos em relação aos demais codevedores, os quais permanecem vinculados solidariamente, sendo dada a quitação apenas ao que realizou o pagamento[51]. O mesmo ocorre em relação à remissão da dívida. Neste caso, a remissão (perdão) da dívida aproveita os demais até onde concorra com os demais. É o que dispõe o art. 277 do Código Civil.

A remissão, nesse sentido, será pessoal, se dirigida a determinado devedor. Neste caso, este se vê liberado da obrigação, aproveitando aos demais devedores apenas em razão do que foi remido ou abatido, caso em que o restante deverá ser objeto de rateio entre os que restarem. O credor aproveita da solidariedade em relação aos devedores que permaneçam vinculados à obrigação, contudo o exercício de sua faculdade de demandar um ou todos eles, dependerá da exclusão do montante objeto do perdão.

Pode ocorrer, contudo, de a remissão não se dirigir a determinado devedor, senão abranger parte ou toda a dívida, hipótese em que a todos os devedores aproveitará igualmente, seja para viabilizar a extinção total ou parcial da obrigação. A doutrina, neste caso, à falta de indicação expressa sobre o caráter pessoal ou real da remissão, faz referência ao exame das circunstâncias do caso.

Por outro lado, o exercício da faculdade de escolha, pelo credor, do devedor ou dos devedores em relação aos quais demandará exigindo o cumprimento, não implica renúncia à solidariedade dos demais que não tenham sido originalmente demandados. Isso significa que poderá o credor, em defesa de seu legítimo interesse, demandar os demais devedores quando entenda necessário para garantir seu crédito. Como é de estilo, o exercício do direito de crédito por seu titular, usufruindo do benefício da solidariedade, deverá ser pautado pela boa-fé. Desse modo, restringe-se a possibilidade do exercício de dupla cobrança ou execução do mesmo crédito. Admite-se, contudo, que tendo o credor manejado a ação contra um dos devedores solidários, possam outros devedores intervir no processo como assistentes litisconsorciais (art. 124 do Código de Processo Civil). Ou ainda, por iniciativa do devedor que esteja sendo demandado, o chamamento ao processo dos demais codevedores, de modo que passem a integrar o polo passivo da respectiva demanda.

No âmbito das relações externas entre os vários devedores solidários e o credor, interessa notar que, inclusive em razão da relatividade das obrigações, quaisquer cláusulas, condição ou obrigação adicional, estipuladas entre um dos codevedores e o credor, não pode agravar a

---

[51] STJ, REsp 140.150/SC, Rel. Min. Barros Monteiro, Rel. p/ acórdão Min. Cesar Asfor Rocha, 4ª Turma, j. 19-8-1999, *DJ* 17-12-1999.

116 DIREITO DAS OBRIGAÇÕES – *Bruno Miragem*

posição dos demais, se não obtiver seu consentimento (art. 278 do Código Civil). O princípio aqui é elementar: não está vinculado à obrigação, seja ela principal, acessória ou complementar, o devedor que com ela não consentiu, em especial, quando implique agravamento de sua posição original.

7.4.1. *Inadimplemento culposo da obrigação e seus efeitos aos codevedores solidários*

O inadimplemento da obrigação solidária a que tenha dado causa um ou alguns dos devedores solidários provoca distintos efeitos em relação aos culpados e aos demais coobrigados. Em relação ao conteúdo original da obrigação, de sua prestação tal qual definida como objeto da relação entre credor e devedores solidários respondem todos. Entretanto, se o inadimplemento é causado pelo comportamento de apenas um ou alguns devedores, somente estes, que deram causa, responderão por seus efeitos diretos. É disciplina que está conforme a relação de causalidade entre o inadimplemento e seus efeitos que devem ser suportados por aqueles que lhe tenham dado causa.

Nestes termos dispõe o art. 279 do Código Civil: "Impossibilitando-se a prestação por culpa de um dos devedores solidários, subsiste para todos o encargo de pagar o equivalente; mas pelas perdas e danos só responde o culpado". Sabe-se que as perdas e danos e a obrigação de indenizá-las resulta do inadimplemento. Por outro lado, a impossibilidade de cumprimento da prestação obriga, como regra, ao pagamento do equivalente àquilo que não puder mais ser cumprido. Daí por que, pelo equivalente responderão todos os devedores solidários. Contudo, pelas perdas e danos, apenas o devedor que se comportou de modo a dar causa ao inadimplemento, deverá responder.

Pode ocorrer que, no caso de inadimplemento da obrigação, tenham as partes convencionado o pagamento de cláusula penal. Ou seja, prestação acessória cuja exigibilidade pelo credor se dá apenas no caso do inadimplemento. A questão que surge, então, é se o pagamento da cláusula penal será exigido apenas do codevedor culpado pelo inadimplemento, ou permanece a solidariedade entre todos os devedores. Alguns autores entendem pela exigência de todos os devedores[52]. Isso faz todo o sentido, quando se trate de hipótese em que a cláusula penal converte-se em prestação com caráter substitutivo, no interesse do credor (art. 410 do Código Civil). Por outro lado, tratando-se de cláusula penal pela simples mora, que acresce à prestação principal (ou o equivalente), seu reconhecimento como instrumento de pré-estimativa de danos em tudo corrobora para a conclusão de que seu pagamento deva ser suportado apenas pelo devedor culpado.

Em relação aos juros da mora, respondem todos os codevedores solidários, mas dentre estes o devedor culpado pelo inadimplemento deverá ressarcir os demais pela obrigação acrescida. A extensão da solidariedade à obrigação do pagamento dos juros de mora se produz em benefício do credor; é efeito da relação externa da obrigação entre credor e devedores solidários. Já no âmbito da relação interna entre os codevedores solidários, aquele que deu causa à mora responderá, perante os demais, pelos juros que tenham de satisfazer ao credor. Nesse sentido, dispõe o art. 280 do Código Civil: "Todos os devedores respondem pelos juros da mora, ainda que a ação tenha sido proposta somente contra um; mas o culpado responde aos outros pela obrigação acrescida". Crítica a esta norma resulta do fato de estender a responsabilidade pelos juros de mora a todos os devedores, mesmo aqueles que porventura não tenham dado causa ao inadimplemento, o que pode ser tomado como exceção ao princípio da responsabilidade por culpa. Em sentido diverso, contudo,

---

[52] Carvalho Santos, *Código Civil interpretado* cit., XI, p. 244-245.

Capítulo 4 · CLASSIFICAÇÃO DAS OBRIGAÇÕES | **117**

majoritária doutrina apoia a solução do Código, especialmente considerando que, uma vez constituída a mora, qualquer dos devedores solidários poderiam evitar a fluência dos juros, promovendo o pagamento[53].

7.4.2. Oposição de exceções pessoais do devedor

A exemplo do que foi mencionado no exame da solidariedade ativa, também em relação às obrigações solidárias passivas há regra que permite ao devedor demandado pela dívida comum opor ao credor as exceções que lhe forem pessoais, e as comuns a todos. Todavia, não lhe aproveitam as exceções pessoais a outro codevedor (art. 281 do Código Civil). O exato conceito de exceção deve ser tomado em sentido amplo, não como exceção de natureza processual, senão todos os meios de defesa que podem ser suscitados pelo demandado pelo pagamento da dívida.

São exceções pessoais aquelas que têm por fundamento fato relativo à pessoa de algum dos coobrigados. São exemplos: a existência de termo ou condição não implementados, que impedem a exigibilidade da dívida; a existência de confusão, compensação, incapacidade de um dos codevedores; ou o defeito do negócio jurídico que deu origem à obrigação e que aquele que opõe a exceção tenha sido vítima. Para exemplificar, um devedor X não pode opor ao credor que lhe cobra a dívida, a invalidade da obrigação que resulte da incapacidade do codevedor Y no momento da celebração. São exceções comuns as relativas a todos os codevedores, tais como a prescrição da dívida (se o prazo correr igualmente em face de todos os devedores[54]), o fato de já ter sido realizado o pagamento, ou ainda ter havido a consignação em pagamento. Em relação às exceções comuns, uma vez que aproveitam a todos os codevedores, questiona-se se seria direito do devedor demandado opô-la ao credor, ou verdadeiramente um dever, em vista do interesse dos demais coobrigados[55].

7.4.3. Vencimento antecipado da dívida em relação a um dos devedores solidários

O art. 333 do Código Civil prevê a possibilidade de vencimento antecipado da dívida, especialmente em situações nas quais haja risco de o credor não receber seu crédito, nas hipóteses de falência ou concurso de credores, penhora decorrente de outra dívida que recaia sobre objeto de penhor ou hipoteca que garantam a obrigação, ou quando cessem ou se tornem insuficientes as garantias e o devedor, intimado, não as reforce.

Ocorre que o parágrafo único do mesmo art. 333 estabelece que, "se houver, no débito, solidariedade passiva, não se reputará vencido quanto aos outros devedores solventes". Trata-se de regra que reforça a identificação da autonomia do vínculo dos diversos devedores solidários. Desse modo, o fato de se caracterizar o risco em relação à solvência de um dos devedores solidários, em razão das hipóteses reconhecidas na lei, não autoriza o credor a

---

[53] Caio Mário da Silva Pereira, *Instituições de direito civil* cit., v. II, p. 95. Washington de Barros Monteiro, *Curso de direito civil* cit., v. 4, p. 193.

[54] Pode ocorrer de o prazo prescricional ser interrompido ou suspenso em relação a algum devedor em razão de fato específico que o envolva. É o exemplo de credores comuns em que um deles casa-se com um dos devedores solidários. Em razão do casamento, suspende-se o prazo prescricional (art. 201 do Código Civil). Posteriormente, pode ocorrer de haver prescrito em relação aos demais credores, mas não em relação àquele que casou, o qual, na hipótese de dissolução do casamento, ainda terá pelo prazo remanescente, a oportunidade de exercer a pretensão contra o ex-cônjuge.

[55] Assinala a doutrina, inclusive, a possibilidade de o devedor que não opor as exceções que tenha contra o credor poder ser demandado por perdas e danos pelos demais coobrigados, conforme sustenta Clóvis Beviláqua, *Código Civil dos Estados Unidos do Brasil comentado* cit., v. IV, p. 48.

considerar vencida antecipadamente a dívida em relação a todos os codevedores solidários. Em outros termos, se é o devedor A que é decretado falido, perde ou enfraquece as garantias originalmente dadas ao credor para cumprimento da prestação; deste modo, o vencimento antecipado a que se refere o art. 333 do Código Civil opera-se apenas em relação a ele, e não aos demais codevedores solidários que houver.

7.4.4. Morte de um dos devedores solidários

No caso de falecimento de um dos devedores solidários, o preceito é de que – à seme-lhança do que ocorre em relação à solidariedade ativa –, seus efeitos não se transmitem por herança. Note-se bem: o benefício da solidariedade não se transfere, apenas o crédito. Desse modo, os herdeiros serão obrigados ao pagamento apenas do que corresponder ao seu quinhão hereditário, salvo se a obrigação for indivisível (art. 276, primeira parte, do Código Civil). Apenas a indivisibilidade da prestação implicará que cada um responda pela totalidade da dívida, hipótese que não se confunde com a solidariedade, uma vez que tem seu fundamento nesta característica da obrigação (art. 259 do Código Civil).

Contudo, destaque-se exceção contemplada na segunda parte do art. 276 do Código Civil ao estabelecer que "todos reunidos serão considerados como um devedor solidário em relação aos demais devedores". Ou seja, embora no âmbito das relações externas com o credor não se deva reconhecer aos herdeiros a solidariedade, no âmbito das relações internas entre os diversos codevedores, especialmente no tocante ao exercício do direito de regresso por parte do codevedor que pagou a dívida, serão considerados, todos reunidos, como um devedor solidário.

Para tanto, é necessário distinguir a situação havida antes e após a partilha dos bens do devedor solidário falecido. Sendo a ação proposta pelo credor contra o espólio do devedor, conserva-se a solidariedade. O mesmo se diga em relação ao exercício do direito de regresso de um dos devedores solidários que pagou a dívida contra o espólio, em relação à quota parte que incumbia ao falecido. E mesmo após a partilha, se o exercício do direito de regresso se der por ação proposta em face de todos os herdeiros conjuntamente, preserva-se, para este efeito, a solidariedade.

7.4.5. Renúncia à solidariedade pelo credor

No caso de renúncia à solidariedade pelo credor, esta pode se dirigir a um, alguns ou todos os devedores solidários (art. 282 do Código Civil). Contudo, renunciando à solidarie-dade apenas em favor de um ou alguns dos devedores, subsiste esta em relação aos demais. Note-se, neste particular, que o fato de demandar apenas um ou alguns dos codevedores solidários não faz presumir a renúncia em relação aos demais. Pode ocorrer de a renúncia ser expressa ou tácita, desde que de seus atos se permita identificar este propósito de dispensar a solidariedade. Pode ser o caso em que o credor aceite receber de um dos devedores apenas sua parte da prestação, dando-lhe a quitação, ou que venha a receber os frutos, de modo periódico, apenas de um dos devedores, por exemplo.

Havendo a renúncia à solidariedade, não significa que haja, naturalmente, o perdão da dívida em si. Conserva o credor o direito de crédito, o qual, todavia, deverá ser satisfeito *pro rata* por cada devedor em relação ao qual opera a renúncia, individualmente. Haven-do renúncia da solidariedade em relação a apenas parte dos codevedores, os que dela se beneficiaram continuam respondendo perante os demais codevedores exclusivamente por sua parte, caso estes sejam demandados e venham a pagar a dívida toda. Da mesma forma,

Capítulo 4 · CLASSIFICAÇÃO DAS OBRIGAÇÕES | **119**

permanecem respondendo pela parte do devedor que venha a se tornar insolvente (art. 284 do Código Civil).

7.4.6. *Eficácia do pagamento na relação interna entre os devedores solidários*

O pagamento, mediante cumprimento da totalidade da prestação por um dos devedores solidários, origina o direito deste que adimpliu exigir dos demais codevedores a respectiva quota. Trata-se do direito de regresso, cuja extensão dependerá da quota ajustada para cada um dos devedores solidários quando da constituição da obrigação, ou na ausência de pactuação expressa, presumida em partes iguais para cada um dos devedores. O devedor que paga a dívida solidária sub-roga-se nos direitos do credor originário de pleno direito (art. 346, III, do Código Civil).

O fundamento do direito de regresso do devedor solidário que paga a dívida, em relação aos demais codevedores, remonta à noção de que, embora a exigibilidade da dívida seja comum a todos (todos respondem por toda a dívida), em substância cada qual se aproveitou de parte dela, e nestes termos, deverá responder pela parcela.

O art. 283 do Código Civil ao definir a regra, da mesma forma prevê que sendo um dos devedores solidários insolvente, sua quota será dividida igualmente pelos demais codevedores. Justifica-se a regra em razão da proporcionalidade, de modo que o devedor que realize o pagamento não suporte sozinho os efeitos da insolvência de um dos codevedores, mas ao contrário, que todos os demais sejam igualmente chamados a responder por esta parcela da dívida. Respondem também pela quota do devedor insolvente perante aquele devedor que operou o pagamento, os codevedores que tenham sido exonerados da solidariedade pelo credor (art. 284 do Código Civil). Distinguem-se, aqui, as relações externas da obrigação solidária, entre os devedores solidários e o credor comum, e as relações internas dos codevedores entre si. Os atos do credor, desse modo, não interferem nas relações internas entre os codevedores, como são os casos de renúncia à solidariedade ou mesmo o perdão parcial da dívida.

Note-se que a insolvência de um dos codevedores, para dar causa ao direito daquele que pagou a dívida dividir sua quota proporcionalmente com os demais devedores solidários, deve ser anterior ou contemporânea ao momento do pagamento. Isso porque não poderá pretender que os demais codevedores suportem aquilo que resulte da própria negligência do devedor que satisfez a dívida, em não exercer desde logo seu direito de regresso[56]. Nesse sentido, podem os codevedores negar-se a responder proporcionalmente pela quota do devedor que se revele insolvente, se a insolvência tenha ocorrido após o pagamento dívida. Argumento *a contrario*, todavia, sustenta que se afastar a possibilidade do devedor que pagou a dívida exigir dos demais a quota da prestação relativa ao codevedor insolvente, no caso de esta insolvência ser posterior ao pagamento realizado ao credor comum, seria um agravamento desproporcional de sua situação, considerando ademais que, ao cumprir integralmente a prestação, agiu em benefício de todos que poderiam ter sido demandados. Nestes termos, impor-lhe o risco de suportar sozinho a insolvência superveniente de um dos credores solidários estaria em dissonância com o benefício que tiveram com a liberação os demais coobrigados, trata-se de uma regra de equidade[57].

Ainda no âmbito das relações internas entre os codevedores solidários, note-se que pode ocorrer de ter havido pagamento parcial por um dos devedores, aceito pelo credor.

---

[56]   Carvalho de Mendonça, *Doutrina e practica das obrigações* cit., I, p. 371 e ss.
[57]   Carvalho Santos, *Código Civil interpretado* cit., t. XI, p. 285.

Neste caso, é mantida a solidariedade em relação ao restante da dívida, até a concorrência do que foi pago, podendo o credor demandar os demais pelo restante, tanto individualmente, quanto em conjunto. Tratando-se de solidariedade passiva de efeito em benefício do credor, é de lógica que ele possa dispor do benefício, inclusive para exigir apenas o cumprimento parcial da prestação em relação a algum dos devedores solidários.

Pode ocorrer também de a dívida que tenha sido contraída por vários devedores solidários, se dê no interesse exclusivo de apenas um deles. Desse modo, os demais codevedores vinculam-se à obrigação apenas com a função de garantir o adimplemento, mas não aproveitam ou têm utilidade da contraprestação. Neste caso, o pagamento feito por qualquer um dos devedores solidários que não seja aquele que tenha o interesse exclusivo na prestação, permite que contra ele seja exercido o direito de regresso daquele que promoveu o adimplemento. O art. 285 do Código Civil define que o devedor a quem interessar exclusivamente a dívida responderá por toda ela "para com aquele que pagar". O direito de regresso do devedor solidário poderá ser exercido, exclusivamente, em relação ao codevedor titular de interesse exclusivo na dívida que foi paga.

Trata-se do caso, por exemplo, da sociedade empresarial que ao contrair empréstimo para viabilizar sua atividade junto à instituição financeira, possa ter como seus codevedores solidários, inclusive por exigência do credor, os respectivos sócios. No caso de qualquer um destes sócios virem a realizar o pagamento, poderão exigir, mediante exercício do direito de regresso, que a sociedade empresária responda integralmente pelo que foi pago. Por outro lado, se for o próprio devedor interessado que realizar o pagamento, não terá direito de cobrar dos demais a respectiva quota.

Outro exemplo bastante comum será o da dívida paga pelo fiador, no caso de obrigação garantida por fiança, hipótese em que poderá exercer o direito de regresso pelo todo da prestação em relação ao devedor afiançado. Neste caso, contudo, deve-se bem distinguir um aspecto: a fiança, constituída por contrato (arts. 818 e ss do Código Civil), não constitui *per se* uma obrigação solidária do fiador com o devedor-afiançado que se beneficia da garantia. Ao contrário, a responsabilidade do fiador será, de regra, subsidiária, uma vez que só responde pela dívida perante o credor, na hipótese de inadimplemento do devedor-afiançado, e depois de executado seu patrimônio (art. 827). Porém, pode ocorrer que, no momento da constituição da garantia, de modo expresso o fiador renuncie ao benefício de ordem, ou assuma a condição de devedor solidário (art. 828, II e III).[58]

Da mesma forma, havendo mais de um fiador, aquele que pagar integralmente a dívida fica sub-rogado nos direitos do credor perante o devedor afiançado. Em relação aos demais fiadores, contudo, poderá apenas demandar pela respectiva quota (art. 830 do Código Civil). De outro lado, por se tratar de fiança conjunta prestada a um só débito por mais de um fiador, o art. 829 do Código Civil presume o compromisso de solidariedade entre elas, a não ser que expressamente manifestem vontade reservando-se o benefício de divisão, hipótese em que cada fiador responderá apenas pela parte que, em proporção, lhe couber no pagamento (art. 829, parágrafo único).

Por fim, mencione-se o caso da solidariedade passiva, geralmente fixada em lei, por dívida de indenização relativa à reparação de danos. No caso da existência de codevedores solidários, aquele que paga a indenização, não sendo ele próprio causador do dano, terá como

---

[58] STJ, AgInt nos EDcl no REsp 1564430/DF, Rel. Min. Antonio Carlos Ferreira, 4ª Turma, j. 17/05/2018, *DJe* 25/05/2018.

Capítulo 4 · CLASSIFICAÇÃO DAS OBRIGAÇÕES | **121**

exercer o direito de regresso pelo todo da prestação, contra o causador do dano. Ou no caso de concausalidade, em relação aos demais causadores, a respectiva quota.

Como se defina que a dívida interesse, exclusivamente, a um dos devedores solidários, resulta do título da própria obrigação ou das circunstâncias. A presunção, contudo, é de que interessa a todos igualmente.

8. OBRIGAÇÕES DE EXECUÇÃO INSTANTÂNEA, DIFERIDA OU DURADOURA

As obrigações variam conforme o modo ajustado para seu cumprimento, podendo ser designadas como obrigações de execução instantânea, de execução diferida ou de execução continuada.

As obrigações de execução instantânea são aquelas em que o cumprimento da prestação pelas partes é contemporâneo à constituição do vínculo. Ou seja, no momento imediatamente seguinte à constituição do vínculo obrigacional deve haver a execução da prestação devida pelas partes. São obrigações de cumprimento instantâneo aquelas que decorrem de contratos do cotidiano, como a compra e venda comum em que vendedor e comprador celebram contrato e, de imediato, aquele entrega a coisa (tradição), e este paga o preço.

As obrigações de cumprimento diferido, de sua vez, são aquelas em que há diferimento do tempo entre a constituição da obrigação e a execução da prestação. Assim, por exemplo, quando se constitui a obrigação e convenciona o cumprimento da prestação para certo prazo, ou define o pagamento em parcelas, cada qual com um termo de vencimento distinto.

Já as obrigações duradouras ou de execução continuada, conforme indica sua própria denominação, projetam-se no tempo, duram. Interessa na classificação também o cumprimento. Desse modo, serão obrigações continuadas, ou de execução continuada, aquelas que se projetam no tempo, de modo que a realização material da prestação se dê sem solução de continuidade, com certo sentido de permanência. É o caso da obrigação de depósito, na qual o depositário cumpre a prestação de custódia da coisa dada em depósito enquanto a conserve consigo. E pode haver a obrigação sucessiva, ou de cumprimento sucessivos, quando se tenha em conta a realização de parcelas sucessivas, de modo periódico, em períodos de tempo predefinidos, que podem ou não ter termo final prefixado. Assim, por exemplo, as obrigações de prestação de alimentos, comuns no âmbito do direito de família, em que se definem o cumprimento periódico (mensal, por vezes) da prestação, sem necessariamente definir-se termo final para sua extinção. Do mesmo modo, contratos em que o cumprimento da prestação se dê por intermédio da realização de prestações e contraprestações periódicas e sucessivas, caso do contrato de locação imobiliária, por exemplo, em que os aluguéis, em troca da posse do imóvel, se cumprem periodicamente.

A relevância da distinção se dá, sobretudo, pela identificação de regras especiais às obrigações duradouras no que diz respeito tanto à tutela dos interesses envolvidos na relação jurídica obrigacional que encerra, quanto ao seu modo de extinção e de proteção do equilíbrio das prestações executadas ao longo da execução. O tema ganha maior relevo em relação a contratos de execução sucessiva, nos quais serão previstos tanto modos de revisão no caso de causa superveniente que torne a prestação excessivamente onerosa para uma das partes (art. 317 do Código Civil, por exemplo), quanto hipóteses de resolução (art. 478 do Código Civil). Da mesma forma, é de destacar a delimitação do exercício do direito de denúncia do contrato, em vista dos interesses legítimos das partes[59], conforme agora consta, inclusive, de regra específica no § 314 do Código Civil alemão (BGB), a partir da reforma de 2002, permitindo-se inclusive que não se aguarde o fim do prazo originalmente, presente causa justificável, tutelando-se, de acordo com as circunstâncias, o interesse de manutenção do contrato até seu termo final original. No direito brasileiro, ainda que na falta de referência específica às obrigações duradouras, a denúncia extingue o contrato em vista do disposto no art. 473 do Código Civil, sem prejuízo de regras especiais que possam tutelar, de acordo com as circunstâncias, a preservação temporária do vínculo (art. 473, parágrafo único, do Código Civil),[60] ou indenização em vista do tempo decorrido da contratação (Lei n. 4.886/65, no caso de denúncia do contrato de representação comercial, por exemplo).

9. OBRIGAÇÕES PURAS, CONDICIONAIS, A TERMO E COM ENCARGO

As obrigações, quanto a sua eficácia, poderão ser puras, condicionais, a termo ou com encargo. Tal classificação ocupa-se da eficácia da relação obrigacional. Obrigações puras são aquelas cuja eficácia típica, definida pela manifestação de vontade das partes ou pela lei, não dependem de qualquer espécie de acontecimento posterior a sua constituição, de modo que, uma vez constituídas, para logo produzem efeitos. São ditas puras porque não contêm na sua estrutura elementos que afetem sua eficácia imediata, o que ocorre quando se trate da determinação de condição, termo ou encargo. Assim, por exemplo, um contrato de doação, celebrado para logo produzir seus efeitos, independentemente de qualquer outra situação de fato de que dependam.

As obrigações condicionais são aquelas subordinadas à condição. O que seja, condição possui definição jurídica precisa. Condição é evento futuro e incerto que subordina a eficácia da obrigação. Trata-se de evento previsto para delimitar os efeitos da obrigação, mas que poderá ou não se realizar, fato que deve ser independente à vontade das partes. Assim, o art. 122 do Código Civil: "São lícitas, em geral, todas as condições não contrárias à lei, à ordem pública ou aos bons costumes; entre as condições defesas se incluem as que privarem de todo o efeito o negócio jurídico ou o sujeitarem ao puro arbítrio de uma das partes". Proíbem-se as condições puramente potestativas, ou seja, aquelas que sujeitarem todo o efeito da obrigação ao puro arbítrio de uma das partes. Contudo, admitem-se as condições meramente potestativas, quais sejam, as que, embora dependendo da vontade de uma das partes, não subordinam todo o efeito da obrigação. Assim ocorre com o exercício do direito de preferência, por exemplo, no qual o exercício do direito pelo titular subordina efeitos da obrigação, vinculando-se à preferência.

As condições podem ser suspensivas ou resolutivas. As condições suspensivas são aquelas que mantêm em suspenso a eficácia da obrigação enquanto não se realizem (art. 125 do Código Civil). Assim, por exemplo, o contrato de seguro, em que o beneficiário indicado pelo

---

[59] Originalmente, as obrigações duradouras foram objeto de sistematização por Otto von Gierke, em especial mediante sua distinção em relação às obrigações de cumprimento instantâneo. Assim, Otto von Gierke, *Dauernde Schuldverhältnis, Jherings Jahrbücher für die Dogmatik des bürgerlichen Rechts*, LXIV. Jena, 1914, p. 355. Este exame permanece, e se aprofunda, com especial atenção aos contratos de consumo. Em especial ao reconhecer um fato de maior dependência e vulnerabilidade do consumidor em razão do longo tempo da contratação ("catividade"), conforme ensina Claudia Lima Marques, *Contratos no Código de Defesa do Consumidor* cit., p. 97 e ss., e também no domínio dos chamados contratos existenciais – os *Life time contracts* – conforme se vê em Luca Nogler e Udo Reifner, *Life time contracts*, Eleven, 2014, p. 29 e ss.

[60] No mesmo sentido, o art. 1º, §2º da Lei 13.874/2019, dispõe que "Interpretam-se em favor da liberdade econômica, da boa-fé e do respeito aos contratos, aos investimentos e à propriedade todas as normas de ordenação pública sobre atividades econômicas privadas."

Capítulo 4 · CLASSIFICAÇÃO DAS OBRIGAÇÕES | **123**

segurado não tem direito à indenização enquanto, e se, não ocorrer o sinistro, ou seja, não se concretize o risco que ele visa a garantir. As condições resolutivas, por sua vez, compreendem os eventos cuja ocorrência extingue os efeitos da obrigação. Neste caso, a obrigação desde a constituição produzirá seus efeitos, os quais se extinguem no caso de estar subordinada a condição resolutiva, desde o momento em que esta ocorra. Assim, por exemplo, o inadimplemento geralmente caracteriza-se como condição resolutiva, uma vez que prevista como causa de extinção da própria obrigação.

As obrigações a termo considerem-se como aquelas cuja eficácia está subordinada a termo. Termo, em direito, é evento futuro e certo que subordina à eficácia de determinada relação jurídica. Embora evento certo, usa-se distinguir entre termo certo e incerto. Certo é o termo que indica precisamente um momento. Assim a indicação de data (por exemplo, o termo de vencimento para pagamento/cumprimento da prestação), ou certo período de tempo (trinta dias a contar da data da celebração). Termo incerto permanece como sendo um acontecimento de ocorrência futura certa, contudo impreciso quanto ao momento. Exemplo mais ilustrativo se dá quando haja previsão sobre a morte de alguma pessoa. Sua ocorrência é certa, não o momento. Da mesma forma, a celebração de obrigação para que a prestação seja cumprida quando possível (ainda que se advirta para insegurança da fórmula, "quando possível" significa quando haja possibilidade objetiva de cumprimento, não quando seja da vontade do devedor, caso em que se teria condição puramente potestativa, e, portanto, inválida).

As obrigações com encargo, também denominadas obrigações modais, são aquelas cuja eficácia da obrigação que se caracterize pela outorga benefício a um dos sujeitos, está condicionada a um comportamento do beneficiário. O encargo delimita a liberalidade da outorga do benefício, de modo que o beneficiário só fará jus à vantagem caso cumpra este comportamento. Exemplo ilustrativo se dá na doação modal ou com encargo, pela qual o doador transmite a coisa ao donatário, subordinando a eficácia do negócio ao cumprimento de determinado encargo. A doa para B um terreno, que passa a ter o domínio do bem, subordinado à realização de encargo, por exemplo, a instalação de determinado estabelecimento assistencial. O encargo não suspende a aquisição ou exercício do direito (art. 136), contudo, seu descumprimento, uma vez caracterizado, implica revogação da doação, assim como a ineficácia superveniente da obrigação a ele submetida. Se o encargo começa a ser cumprido e antes que se complete há descumprimento, perde eficácia desde então.

10. OBRIGAÇÕES DE MEIO, DE RESULTADO E DE GARANTIA

Investigando-se o conteúdo da obrigação e a tutela do interesse legítimo do credor, as obrigações podem ser de meio, de resultado e de garantia. Aqui se trata de distinguir o modo pelo qual o comportamento exigido do devedor (a prestação) será considerado cumprido, reconhecendo-se o adimplemento. A distinção entre as obrigações de meio e de resultado tem sua origem remota nos estudos dos primeiros civilistas modernos acerca da relevância da intenção das partes na imputação da responsabilidade pelo inadimplemento[61], assumindo relevância prática posterior – e, nestes termos, se afirmou – na determinação do ônus da prova da culpa para o caso de responsabilidade do devedor inadimplente[62].

---

[61] Em especial Jean Domat, *Les Loix Civiles dans leur ordre naturel*, 2. ed., Paris: Pierre Aubouin, Pierre Emery et Charles Clouzier, 1697, t. II, p. 329 e ss.

[62] Jean Belissent, *Contribution à l'analyse de la distinction des obligations des moyens et des obligations des résultat à propos de l'évolution des ordres de la responsabilité civile*, Paris: LGDJ, 2001, p. 16.

Deve-se, sobretudo, ao conhecido *Traité des obligations*, de René Demogue (1925)[63], estudo de referência no direito francês, em grande parte orientado pela preocupação em situar os casos de responsabilidade por danos causados por acidentes de trabalho ou de transportes, na florescente sociedade industrial, apartando-as da exigência estrita da culpa. Registre-se, contudo, que já no final do século XIX, no exame das disposições do novo BGB que passaria a vigorar em 1900, Franz Bernhöft detinha-se na distinção entre as obrigações a partir da tensão entre a vontade do devedor em relação a certo resultado, e as situações nas quais só se lhe obrigue fazer o quanto seja possível para atingi-lo, podendo ser liberado independentemente de o fim ter sido alcançado[64]. Na Itália, foram influentes os estudos de Francesco Leone (1915)[65], Giuseppe Osti (1918)[66], e mais à frente Luigi Mengoni (1954)[67], distinguindo entre as obrigações consistentes em determinada atividade, e outras que impliquem atingimento de um resultado.

Também na *common law,* o adequado cumprimento da prestação (*performance*) foi objeto e atenção dos tribunais, distinguindo as obrigações nas quais será exigida a prestação completa (*complete or satisfactory performance*), vinculando o exercício da pretensão judicial pelo inadimplemento a uma expectativa razoável (*reasonable expectation*) sobre o resultado previsto. E na mesma linha há o reconhecimento do adimplemento substancial (*substantial performance*), quando resulte de um esforço honesto do devedor na realização da prestação que se completa quase plenamente[68].

Conforme foi referido, a distinção das obrigações em questão assume interesse prático em relação à atribuição do ônus da prova e consequente responsabilidade no caso de inadimplemento. As obrigações de meio são aquelas em que o conteúdo do dever de prestação que incumbe ao devedor exige-lhe comportamento diligente, porém, não lhe vincula à obtenção de determinado resultado ou finalidade pelo credor. Diz-se também, obrigação "de melhores esforços", porquanto se possa determinar o adimplemento da obrigação uma vez que se identifique o desempenho com a diligência e empenho ordinários, segundo regras de experiência. As obrigações de meio têm, normalmente, seus exemplos mais conhecidos entre as prestações de serviços profissionais, como ocorre com o advogado, ou o médico. A prestação do advogado que é contratado pelo cliente para defendê-lo em processo judicial, ou para ajuizar demanda, não abrange qualquer espécie de garantia em relação ao resultado final, ou seja, à decisão do processo que atue. Da mesma forma o médico contratado para ministrar tratamento não se compromete em, necessariamente, promover a cura da enfermidade.

---

[63] René Demogue, *Traité des obligations*, Paris: Librarie Arthur Rousseau, 1925, t. V, p. 538.

[64] Franz Bernhöft, *Kauf, Miete und verwandte Verträge in dem Entwurfe eines bürgerlichen Gesetzbuches für das Deutsche Reich*, Berlin: Walter de Gruyter, 1889. Da mesma forma, Hans Albrecht Fischer vai adotar classificação hoje em desuso, entre obrigações subjetivas e objetivas, conforme se exija apenas a diligência do devedor para efeito de verificar-se a realização da prestação e as que reclamarão o atendimento de resultado pressuposto. Assim: H.A. Fischer, Vis major im Zusammenhang mit Unmöglichkeit der Leistung, in: *Jherings Jahrbücher für die Dogmatik des bürgerlichen Rechts*, XXXVII, 1897, p. 199.

[65] Francesco Leone, La negligenza nella colpa extracontrattuale e contrattuale, *Rivista di Diritto Civile*, anno VII, p. 84 e ss., Milano, 1915.

[66] Giuseppe Osti, Revisione critica della teoria sulla impossibilita della prestazione, *Rivista di Diritto Civile*, anno X, fasc. 3- 5, p. 209 e ss., Milano, 1918.

[67] Luigi Mengoni, Obbligazzioni di risultato i obbligazzioni di mezzi, *Rivista di Diritto Commerciale*, I, p. 185 e ss., 1954.

[68] Fábio Konder Comparato, Obrigações de meio, de resultado e de garantia, in: Fábio Konder Comparato, *Ensaios e pareceres de direito empresarial*, Rio de Janeiro: Forense, 1978, p. 535-536.

As obrigações de resultado, de sua vez, são aquelas em que o cumprimento da prestação dirige-se a determinado objetivo pretendido pelo credor. Neste caso, o vínculo obrigacional abrange a obtenção de certa finalidade pelo credor. A prestação de transportar, objeto do contrato de transporte, é exemplo de obrigação de resultado, uma vez que o transportador obriga-se a deslocar o passageiro ou a coisa da origem ao destino. Da mesma forma, nas obrigações de dar, a entrega da coisa integra o interesse legítimo do credor, é resultado exigível, sem o qual não se caracteriza o adimplemento.

No tocante à responsabilidade pelo inadimplemento, no caso das obrigações de meio, exige-se a caracterização da culpa do devedor, ou seja, que não realizou o comportamento exigido de acordo com o que seria esperado – tanto deveres ordinários da obrigação, quanto os que resultem da boa-fé. O ônus da prova é do credor. Já no caso das obrigações de resultado, presume-se a culpa do devedor no caso de não ter sido atingido o resultado legitimamente esperado pelo credor. Nesse caso, só não responde o devedor caso demonstre a ausência de relação de causalidade entre seu comportamento e a falta de obtenção do resultado, como ocorre no caso da demonstração de caso fortuito ou força maior.

Há situações que comportam a discussão sobre sua exata definição, como espécie de obrigação de meio ou de resultado. Caso mais conhecido é o da cirurgia plástica. A tendência de indicá-la como obrigação de resultado, uma vez que existiria a possibilidade de identificação do atingimento ou não do interesse específico do credor no resultado a ser obtido. Conforme leciona Caio Mário da Silva Pereira, considerando que nesta espécie cirúrgica o paciente está realizando procedimento facultativo, trata-se de intervenção visando a corrigir uma imperfeição ou melhorar a aparência, razão pela qual, não tendo condições de proporcionar-lhe este fim, o cirurgião deve abster de realizar a intervenção[69]. Ocorre que, mesmo nesta situação, não se desconsidera a existência de fatores imponderáveis, reações pós-operatórias decorrentes de circunstâncias alheias à perícia do profissional[70]. Outro entendimento é o que distingue entre as espécies de cirurgias plásticas, se estética (para fins de embelezamento), ou reparadora (corretiva), como critério para sua classificação das obrigações de meio ou de resultado. Segundo tal visão, as cirurgias reparadoras permaneceriam consideradas como obrigações de meio, na medida em que não teria como o profissional assegurar o êxito na correção ou reconstituição física pretendida pelo paciente. Enquanto na cirurgia estética, a não obtenção do resultado esperado, considerando-se o fato de que o interesse específico do paciente é uma melhora de aparência, implicaria descumprimento de uma obrigação de resultado, importando nesse sentido, uma presunção de culpa do profissional[71].

Por fim, examinam-se as obrigações de garantia, cuja origem remonta a uma especialização das já identificadas obrigações de resultado. A obrigação de garantia distingue-se das obrigações de meio porque não basta para o adimplemento que se identifique o comportamento diligente do devedor. Também não se confunde com as obrigações de resultado, uma vez que não se associa à obtenção de um resultado específico. As obrigações de garantia visam a eliminar um risco que recai sobre o credor[72]. Nestes termos, o adimplemento se caracteriza pela assunção do risco do credor pelo devedor[73]. São exemplos de obrigações de garantia, dentre

---

[69]   Caio Mário da Silva Pereira, *Responsabilidade civil*, 3. ed., Rio de Janeiro: Forense, 1993, p. 168-169.

[70]   Miguel Kfouri Neto, *Responsabilidade civil do médico*, 6. ed., São Paulo: RT, 2007, p. 172.

[71]   Sérgio Cavalieri Filho, *Programa de responsabilidade civil*, 11. ed., São Paulo: Atlas, 2014, p. 369-370.

[72]   Nesse sentido, refira-se a larga tradição dos contratos de garantia no âmbito do direito empresarial em vários sistemas jurídicos.

[73]   Fábio Konder Comparato, Obrigações de meio, de resultado e de garantia cit., p. 537; Emilio Betti, *Teoria generale della obbligazioni*, Milano: Giuffre, 1953, t. I, p. 42.

126 | DIREITO DAS OBRIGAÇÕES – *Bruno Miragem*

outras, aquela assumida pelo segurador em relação ao segurado (art. 757 do Código Civil), a obrigação do fiador em relação ao credor (art. 818 do Código Civil), do alienante em relação aos vícios redibitórios (art. 443 do Código Civil), assim como a obrigação do promitente, no caso de promessa de fato de terceiro (art. 439 do Código Civil).

11. OBRIGAÇÕES PRINCIPAIS E ACESSÓRIAS

A distinção entre obrigações principais e acessórias interessa, sobretudo, na compreensão da velha máxima romana, presente no *Digesto, accessio cedit principali (o acessório segue o principal)*. Esta diferenciação das obrigações principais e acessórias acompanha o critério aplicável aos bens reciprocamente considerados, tal como definidos no art. 92 do Código Civil que estabelece: *"principal é o bem que existe sobre si, abstrata ou concretamente; acessório, aquele cuja existência supõe a do principal"*.

Nesse sentido, ensina Clóvis Beviláqua que "obrigações principais são as que subsistem por si, ou fazem o fundamento mesmo da relação jurídica"[74]. Também, no Esboço de Teixeira de Freitas constava, no art. 873: "As obrigações são principais, ou acessórias, em relação ao seu objeto, e também em relação às pessoas obrigadas. As obrigações são acessórias em relação ao seu objeto quando este não for o principal da prestação, mas uma consequência ou dependência dele". Adverte, contudo, que obrigações acessórias não se confundem com acessórios da obrigação, e exemplifica com a hipoteca, o penhor e a anticrese, que embora sejam acessórios "não são obrigações acessórias, por serem direitos reais a que não corresponde obrigação alguma"[75]. É de se estar de acordo com a lição do grande jurista, sob pena de confundir-se obrigação acessória e direito real de garantia, que resulta com função acessória de garantir o adimplemento, porém gravando o bem, e não exigindo prestação de um devedor.

A distinção entre as obrigações principais e acessórias é localizada em parte no direito romano, quando na ausência de pactos com eficácia vinculativa (*pacta nuda*), por intermédio da *actio prescripts verbis* passou a reconhecer eficácia a certas prescrições anexas (*pacta adiecta*), os quais passaram a gozar de proteção[76].

Há efeitos práticos da distinção, disciplinados na legislação. Assim, conforme o art. 184 do Código Civil, segunda parte, "a invalidade da obrigação principal implica a das obrigações acessórias, mas a destas não induz a da obrigação principal". O art. 233 do Código Civil, de sua vez, refere: "a obrigação de dar coisa certa abrange os acessórios dela embora não mencionados, salvo se o contrário resultar do título ou das circunstâncias do caso".

As obrigações acessórias decorrem da convenção das partes ou da lei. Exemplo de obrigação acessória convencional é a que resulta do contrato de fiança, cujo objeto é a garantia pessoal do adimplemento de uma obrigação principal, e no qual afiançado é o devedor, e o fiador é o garante. A existência da fiança, desse modo, supõe a existência de uma obrigação principal, cujo débito seja objeto da garantia.

A obrigação de pagamento de cláusula penal também será acessória, uma vez que supõe a existência de obrigação principal cujo inadimplemento a torne exigível. Igualmente, a cláusula compromissória, pela qual as partes obrigam-se a submeter-se a um procedimento arbitral e à decisão que dele resultar, renunciando ao direito de demandar judicialmente. Sua

---

[74] Clóvis Beviláqua, *Direito das obrigações*, Salvador: Livraria Magalhães, 1896, p. 102.

[75] Augusto Teixeira de Freitas, *Código Civil. Esboço*, 1, Brasília: Ministério da Justiça, 1983, p. 206-207.

[76] Hector Lafaille, *Derecho civil*. Tratado de las obligaciones, 2. ed., Buenos Aires: La Ley, 2009, t. II, p. 46.

acessoriedade resulta da necessária existência de uma obrigação principal cujo litígio seja submetido à arbitragem.

Da mesma forma, a obrigação de prestar juros é conceitualmente espécie de obrigação acessória, uma vez que supõe a obrigação principal de prestar o capital. Pode ser convencional ou legal. Nestes termos, tem repercussão o art. 206, § 3º, III, do Código Civil, ao definir o prazo prescricional, de 3 (três) anos, para "a pretensão para haver juros, dividendos ou quaisquer prestações acessórias, pagáveis, em períodos não maiores de 1 (um) ano, com capitalização ou sem ela".

Espécies de obrigação acessória por definição legal serão as que conferem ao alienante a responsabilidade pelos vícios redibitórios ou pela evicção, hipóteses que supõem a existência de uma obrigação principal que caracterize a alienação do bem.

Capítulo 5
TRANSMISSÃO DAS OBRIGAÇÕES

1. ALTERAÇÃO DA POSIÇÃO SUBJETIVA DA RELAÇÃO OBRIGACIONAL

A relação obrigacional constitui-se com determinados elementos essenciais que, após sua celebração, podem ser alterados no interesse das partes. Entre estes elementos essenciais estão os sujeitos da obrigação, credor e devedor. Pode ocorrer que, em vista da circulação de riquezas na sociedade, se opere a alteração ou sucessão dos sujeitos da obrigação, alterando-se o credor ou o devedor, porém, mantendo-se, no restante, a mesma obrigação originalmente constituída.

Transmissão ou sucessão em direito não se dão como fenômeno exclusivo do direito das obrigações. A transmissão pode ser *inter vivos* ou *causa mortis*. Sob a disciplina do direito das sucessões, transmitem-se os bens do *de cujus* para os herdeiros por ocasião da morte (art. 1.784 do Código Civil). Da mesma forma, há transmissão *inter vivos* da posse sobre bens, com efeitos jurídicos diversos disciplinados pelo direito das coisas. No direito das obrigações, a transmissão da posição de credor ou devedor de determinada relação jurídica obrigacional resulta da evolução do direito, e do adensamento da compreensão da obrigação como fenômeno em que predomina o caráter patrimonial.

Originalmente, no direito romano, não se cogitava da transmissão das obrigações mediante a alteração de algum dos seus sujeitos, credor ou devedor. Isso porque, para os romanos, o vínculo obrigacional era, antes de tudo, um vínculo pessoal, e por isso não permitia que outra pessoa passasse a responder por um comportamento assumido por aquela que havia originalmente se comprometido. Isso impedia, inclusive, que de início fosse considerada a própria sucessão na obrigação para o herdeiro, no caso de morte do sujeito que originalmente se encontrava vinculado, o que foi admitido apenas posteriormente. Rejeitada a possibilidade de transmissão das obrigações, os romanos recorreram a outras fórmulas, em especial da novação subjetiva, pela qual se constituía uma nova obrigação para extinguir a antiga, com todas as formalidades e a participação de todos os interessados, para o fim de alterar o credor ou o devedor[1]. Os inconvenientes, contudo, eram vários, seja pelas formalidades exigidas, a necessidade da participação daquele em relação ao qual a obrigação pode ser exigida, além da perda de eventuais garantias. A busca dos meios indiretos equivalentes à transmissão, desse

---

[1] Raymond Saleilles, *Étude sur le theorie génerale de l'obligation*, 3. ed., Paris: LGDJ, 1914, p. 64-66. Foi o jurista humanista Hugo Donellus no século XVI, em seu *Commentarii de iure civili*, livro XV, quem reconheceu a técnica adotada pelos romanos admitindo a possibilidade de transmissão da ação, conforme ensina Carvalho de Mendonça, *Doutrina e practica das obrigações* cit., v. 2, p. 98. Um dos instrumentos pelos quais na prática se contornava a intransmissibilidade era a figura da *procuratio im rem suam* (Jean-Philippe Lévy, André Castaldo, *Histoire du droit civil*, p. 1009-1010), até hoje utilizada na prática negocial como instrumento para viabilizar a transmissão de direitos, de modo prévio ou independente, conforme o caso, das formalidades exigidas.

modo, abrangeu a procuração concedida em nome próprio (*in rem propriam*), pela qual o procurador era autorizado a agir em seu próprio interesse[2].

A transmissibilidade das obrigações associa-se ao desenvolvimento dos negócios e do comércio em geral a partir da modernidade, e o consequente aumento da circulação de bens e direitos, e da necessidade de garantias do crédito, tendo aceitação inicial entre os povos do norte da Europa[3]. Isso implicará, igualmente, transição da compreensão do fenômeno obrigacional como espécie de vínculo pessoal (tal qual entendiam os romanos), para seu caráter patrimonial, colocando em destaque a função do patrimônio para o adimplemento e garantia das obrigações.

Quando se trata da transmissão das obrigações, no âmbito do direito obrigacional, se está a referir sobre a transferência negocial da obrigação, em que a alteração dos sujeitos da relação resulte como objeto ou como efeito de uma relação negocial. Assim é que na cessão de crédito, celebra-se um negócio jurídico de cessão tendo-se por objeto a transferência do crédito do credor originário para terceiro cessionário. E na assunção de dívida, alguém aceita tornar-se devedor, ou se torna por efeito de outro negócio jurídico, como, por exemplo, aquele que adquire imóvel cuja aquisição pelo ora vendedor foi objeto de financiamento, e visa a ocupar o lugar deste como devedor do contrato de financiamento, para o fim de concluir o adimplemento.

O crédito e a disciplina de sua transmissão revestem-se, na atualidade, de importância fundamental. Em sentido jurídico, crédito pode assumir três sentidos próximos, porém distintos[4]. Em primeiro lugar, típico do direito das obrigações, é o direito de crédito, espécie de direito subjetivo à prestação, passível de exercício típico pelo titular do direito (credor) perante aquele que deve cumprir (devedor). Há, pois, um direito de crédito, tomado crédito como direito à prestação[5], indicando que não apenas corresponde ao devedor atender a comportamento ativo ou passivo, como igualmente tem poder o credor de exigir esse comportamento. Trata-se, portanto, em termos mais largos, de um *poder*.

Da mesma forma, pode o crédito ser um *bem*. Formalmente, equiparam-se a móveis para os efeitos legais os direitos sobre móveis e as ações que os asseguram (art. 83, II, do Código Civil). E mesmo a imóveis quando se trate, em sentido amplíssimo, de direitos reais e suas respectivas ações (art. 80, I, do Código Civil). Tratando-se, por exemplo, de moeda, títulos representativos de crédito, e outros valores transacionados em relação de natureza financeira, todos são móveis, e o direito de crédito que representam, em relação ao devedor, equipara-se a bem móvel.

Crédito também pode ser um interesse que não tenha caráter diretamente patrimonial[6]. Ter crédito, mesmo quando mantido o exame circunscrito à perspectiva econômica, não significa exclusivamente acesso efetivo a recurso ou bens. Aqui se aproxima de forma mais expressiva da origem etimológica da expressão: crédito, *credere*, confiar. Trata-se de confiança, embora esta relação não seja absoluta, porquanto pode haver confiança sem crédito, assim como crédito sem confiança[7]. Não o acesso efetivo a recursos, mas a exigência de um interesse

---

2   Miguel Maria de Serpa Lopes, *Curso de direito civil* cit., v. II, p. 423-424.

3   Menezes Cordeiro, *Tratado de direito civil português*, Coimbra: Almedina, 2010, II, t. IV, p. 211.

4   Assim já se mencionou em Bruno Miragem, *Direito bancário. 3ª ed. São Paulo: RT, 2019*, p. 73 e ss. Do mesmo modo, Barbara Cusato, *Il credito* – Forma substanziale e procedurale, Padova: Cedam, 2010, p. 2-6.

5   Karl Larenz, *Derecho de obligaciones* cit., t. I, p. 22 e ss.

6   Barbara Cusato, *Il credito* – Forma substanziale e procedurale cit., p. 6.

7   Joaquin Garrigues, *Contratos bancários*, 2. ed., Madrid: Aguirre, 1975, p. 34.

que inclusive pode ser de natureza não patrimonial, ou ao menos que assim se possa referir à utilidade que dele se presume, ou seja, a pretendida pelo credor. Não raro, o interesse útil de determinado agente econômico não é o de possuir certo recurso, mas ter a segurança de que se encontra disponível, ou que estará disponível no futuro, quando se torne exigível.

Nesse sentido, no âmbito do direito das obrigações, tenha-se em conta que mesmo antes que a prestação se torne exigível, já há interesse patrimonial, e o próprio direito de crédito se incorpora ao patrimônio do credor, dotado de valor econômico, podendo, por isso, ser objeto, ele próprio, de relações jurídicas. A circulação destes direitos, de sua vez, revela a necessidade de regras que ofereçam segurança aos envolvidos[8], seja quanto à existência do próprio objeto da transmissão, ou quanto a sua respectiva eficácia.

Sua transferência sob a forma de cessão de crédito, objeto da disciplina do direito das obrigações, é apenas uma das formas reconhecidas pelo direito. Transmissão, aliás, que é a expressão que se utiliza para assinalar a permanência da obrigação com todas as suas características, alterando-se apenas o sujeito, no caso o credor. A transmissibilidade e circulação do crédito também estão na essência da disciplina dos títulos de crédito (arts. 887 e ss do Código Civil). Trata-se, contudo, de instituto com outra conformação e eficácia, desenvolvida, sobretudo, no âmbito do direito comercial, porquanto se reconhece aos títulos de crédito características próprias, como a abstração da relação causal e incorporação do crédito no título. De modo que quem tenha consigo a posse do título, presume-se o credor. E a inoponibilidade das exceções do devedor ao terceiro de boa-fé, impedindo a discussão sobre a causa do crédito como forma de defesa para evitar a exigibilidade e pagamento. Para tanto, forma-se para os títulos de crédito uma dogmática própria – o direito cambiário – que se aparta da disciplina geral da transmissão do crédito disciplinada pelo direito das obrigações.

No direito das obrigações, estão reguladas as transmissões a título singular de créditos e débitos. São três as situações de transmissão das obrigações a serem examinadas. A primeira da cessão de crédito, envolvendo a sucessão da obrigação que implique alteração do credor, mantendo no restante as características originais da obrigação. A segunda situação, da assunção de dívida, pela qual se altera a pessoa que ocupa a posição de devedor da obrigação, de modo que um terceiro substitui a pessoa originalmente responsável principal pelo débito, passando a ocupar a posição de devedor. Já uma terceira situação, que não é prevista expressamente no Código Civil, porém, largamente admitida nas práticas negociais e consagrada legislativamente em outros sistemas jurídicos é a cessão de posição contratual, ou simplesmente cessão de contrato. Nesse caso, o cessionário passa a ocupar de modo integral a posição do cedente em determinada relação contratual, ou seja, de todos os direitos e deveres inerentes àquela posição jurídica.

2. CESSÃO DE CRÉDITO

A cessão de crédito caracteriza-se por ser o modo pelo qual há transmissão da posição ativa de determinada obrigação, de modo que aquele que ocupa a posição originária de credor (cedente) transmite a terceiro o crédito, desvinculando-se da relação jurídica em questão, na qual passa a ser substituído pelo cessionário. Trata-se a cessão de crédito, sempre, de negócio jurídico celebrado entre o cedente (que é credor de determinada obrigação e pretende transmitir esta posição) e cessionário, pelo qual se transmite a posição de credor de determinada relação obrigacional, mantendo-se inalterados os outros elementos da obrigação.

---

[8] Francesco Carnelutti, *Teoria giuridica della circolazione*, Padova: Cedam, 1933, p. 145 e ss.

132 DIREITO DAS OBRIGAÇÕES – *Bruno Miragem*

O art. 286 do Código Civil estabelece: "O credor pode ceder o seu crédito, se a isso não se opuser a natureza da obrigação, a lei, ou a convenção com o devedor; a cláusula proibitiva da cessão não poderá ser oposta ao cessionário de boa-fé, se não constar do instrumento da obrigação". A rigor, há liberdade plena de cessão dos créditos pela pessoa que seja seu titular. Pode o credor, ao decidir ceder, definir se a cessão será onerosa ou gratuita. Da mesma forma, pode ser objeto de cessão parte ou totalidade do crédito. E nada obsta que se promova a cessão de direitos sobre coisa futura.

Por convenção das partes, há ampla liberdade para restringir a possibilidade de cessão, pelo consentimento de credor e devedor da obrigação original. O Código Civil, contudo, define um requisito de forma, determinando na segunda parte do art. 286 que "a cláusula proibitiva da cessão não poderá ser oposta ao cessionário de boa-fé, se não constar do instrumento da obrigação".

São sujeitos do negócio jurídico de cessão o cedente, o cessionário e o devedor (ou cedido). O cedente é o credor da obrigação originária que celebra o negócio de cessão para transmitir o crédito ao cessionário. Cessionário é a pessoa que, inicialmente não sendo parte da obrigação, recebe o crédito do cedente, tornando-se credor da obrigação. O devedor, também designado como cedido, é aquele que se encontra vinculado à obrigação com o dever de realizar a prestação, originalmente para o cedente-credor, mas que em razão do negócio jurídico de cessão passa a ter que cumprir a prestação em proveito do cessionário do crédito.

A cessão de crédito é negócio jurídico abstrato, de modo que não se questiona a sua causa, senão a existência do crédito e a voluntariedade da decisão de transmiti-lo do cedente para o cessionário. É consensual, de modo que a transmissão do crédito opera-se desde logo da declaração de vontade das partes. Neste particular, afasta-se da transmissão de crédito que esteja incorporado em título de crédito, cuja entrega do título em si, ou seja, do documento, é condição para a transmissão do direito.

Observe-se a regra existente na hipótese de ter havido várias cessões do mesmo crédito, situação em que prevalece aquela que se complete com a tradição do título cedido (art. 291 do Código Civil). Contudo, a regra se aplica na hipótese de o crédito ser representado por um título. Pode ocorrer que haja o crédito que não esteja definido em um documento específico. Nesse sentido, não há regra absoluta, devendo demonstrar segundo as circunstâncias, quem se considera o credor, ou ainda assistindo ao devedor a possibilidade de se utilizar dos meios legais previstos para a hipótese de dúvida sobre quem seja o credor, em especial o pagamento em consignação.

2.1. Requisitos da cessão de crédito

A cessão de crédito, como espécie de negócio jurídico com o objeto de transmissão do crédito de um credor originário – cedente – para um novo credor – cessionário – observa os requisitos gerais do negócio jurídico, definidos no art. 104 do Código Civil. Primeiro deles, a capacidade do agente, de modo que poderá ceder o crédito apenas o credor que seja plenamente capaz, ou na falta de capacidade, que atue por intermédio de representante ou com assistente, conforme o caso. Da mesma forma, só é legítimo para a transmissão do crédito por cessão o credor ou seu representante com poderes para este fim. Nesses termos, pode ser anulada a cessão feita por quem, não sendo credor, não tinha poderes para tanto. Se realizada por mandatário do credor, o instrumento do mandato deverá ter poderes especiais expressos para este fim (art. 661, § 1º, do Código Civil).

Exige-se que o objeto da cessão seja lícito, possível, determinado ou determinável. Sob este aspecto, note-se que, observado o princípio de livre circulação dos créditos, a cessão da-

Capítulo 5 · TRANSMISSÃO DAS OBRIGAÇÕES | **133**

quele específico crédito não pode estar entre as hipóteses de exceção nas quais seja proibida por lei, ou ainda, por convenção entre as partes. Neste último caso, conforme já se referiu, a cláusula proibitiva da cessão deverá constar do instrumento da obrigação para efeito de sua oposição ao cessionário de boa-fé (art. 286 do Código Civil).

A existência do crédito é requisito essencial à cessão. Vincula-se à própria possibilidade do objeto do negócio jurídico que a realiza. Por esta razão, inclusive, é que, como regra, responde o cedente perante o cessionário pela existência do crédito. Assim o art. 295 do Código Civil, ao estabelecer que se tratando de cessão a título oneroso, o cedente responde perante o cessionário pela existência do crédito. Quando se tratar de cessão a título gratuito, haverá responsabilidade do cedente pela existência do crédito se tiver procedido de má-fé, ou seja, quando saiba o cedente que o crédito é inexistente, mas ainda assim celebra o negócio de cessão. Neste caso, o próprio negócio de cessão será nulo, uma vez comprometida a possibilidade do objeto (art. 166, II, do Código Civil).

Estabelece o art. 286 que é livre a cessão de crédito, "salvo se a isso se opuser a natureza da obrigação, a lei, ou a convenção com o devedor". O Código Civil, conforme se percebe do texto, consagra ampla liberdade de circulação dos créditos, ressalvando a impossibilidade que decorra da natureza da obrigação, ou ainda a restrição que decorra da lei ou de convenção das partes (*pacto de non cedendo*).

A obrigação alimentar, por sua natureza, não é passível de cessão, assim como a obrigação de fazer personalíssima, cuja fruição da prestação dependa também de condição pessoal do credor. Da mesma forma, não podem ser cedidos os créditos sobre salários, dado também seu caráter alimentar.

Há situações em que, devido à determinada relação jurídica já existente entre as partes, não seja admitida a cessão de créditos entre si, de que uma delas seja titular. É o caso de créditos em que o tutelado e o curatelado sejam credores, e que não poderão ser cedidos aos respectivos tutores e curadores. Ou o caso de testamenteiros e administradores, sobre bens que lhe são confiados para a execução do testamento ou para administração. Da mesma forma, servidores públicos em geral não podem receber em cessão de crédito, direitos da pessoa jurídica a que servirem, ou, ainda, outras pessoas jurídicas que estejam sob sua administração direta ou indireta. Tampouco juízes, secretários de tribunais, arbitradores, peritos e outros serventuários ou auxiliares da justiça, podem receber em cessão, direitos sobre que se litigar em tribunal, juízo ou conselho, no lugar onde servirem, ou a que se estender a sua autoridade (art. 497, parágrafo único).

A lei impede a cessão do direito de preferência (art. 520 do Código Civil), o direito à herança de pessoa viva (art. 426 do Código Civil), o direito de revogar doação por ingratidão (art. 560 do Código Civil), ou o benefício da justiça gratuita (art. 10 da Lei n. 1.060/50). Da mesma forma, não podem ser objeto de cessão créditos submetidos à penhora (art. 298 do Código Civil). Neste último caso, eventual cessão feita sobre crédito penhorado caracteriza espécie de fraude à execução, que além da invalidade do negócio jurídico de cessão, é ineficaz em relação ao exequente (art. 792, § 1º, do Código de Processo Civil). Por outro lado, há hipóteses em que a lei expressamente define a possibilidade de cessão, caso da cessão de direitos de autor de obras intelectuais (art. 49 da Lei n. 9.610/98), bem como do exercício do direito de usufruto (art. 1.393 do Código Civil). Também podem ser objeto de cessão os créditos constituídos sob a forma de precatórios, em que o devedor seja a Fazenda Pública, conforme expressa previsão constitucional (art. 100, § 13, da Constituição da República).

No caso da impossibilidade de cessão por convenção das partes (*pacto de non cedendo*), é de anotar que a cláusula que a prevê não dá causa apenas à obrigação do credor em face do devedor, de não ceder o crédito, mas restringe o poder de disposição do credor sobre o crédito. Desse modo, ao faltar legitimação do credor para transmitir o crédito por cessão, torna o objeto do negócio jurídico de cessão juridicamente impossível. Contudo, é impossibilidade relativa, tornando ineficaz a cessão, considerando a possibilidade de que o devedor venha posteriormente a concordar com a cessão, tornando-a eficaz[9]. Esta anuência posterior do devedor terá natureza de ratificação. Há, contudo, uma exceção a esta regra, se o pacto que impede a cessão do crédito não estiver estabelecido em favor do devedor, mas em favor de terceiro, como ocorre quando a impossibilidade de cessão do crédito resulta de convenção celebrada com o fiador. Neste caso, mesmo que o devedor concorde com a cessão, sem o consentimento do fiador permanece a restrição à cessão do crédito pelo credor.

O pacto que impeça a cessão será oponível ao cessionário, uma vez que conste do instrumento da obrigação, caso contrário, presume-se sua boa-fé (art. 286, *in fine, a contrario sensu*). Por outro lado, terá eficácia *erga omnes*, se levado o negócio de cessão em que conste a respectiva cláusula. Pode ocorrer, contudo, de o cessionário do crédito estar de má-fé, o que, no caso, se caracteriza pela situação de saber que há convenção entre credor e devedor que impede a cessão. A tradicional regra de direito aqui se aplica: boa-fé se presume, má-fé precisa ser demonstrada. Desse modo, havendo interesse do devedor em afastar os efeitos da cessão, no caso de não existir cláusula expressa no instrumento da obrigação, deve-se provar a má-fé do cessionário, ou seja, de que sabia da convenção entre as partes que impedia a cessão, e, ainda assim, celebrou o negócio de cessão, recebendo o crédito.

O último requisito previsto no art. 104 do Código Civil para a validade do negócio jurídico, aplicável à cessão de crédito, é a forma do negócio. Não se exige em lei forma específica, desse modo, poderá ser celebrado tanto por escrito quanto verbalmente, repercutindo a opção das partes apenas em matéria probatória, para demonstrar a existência da cessão. Esta ausência de exigência de forma, inclusive, permite a conversão em cessão de crédito de outros negócios jurídicos, cujos requisitos de forma não tenham sido seguidos (caso, por exemplo, do endosso, que deixando de atender aos requisitos legais, poderá ser convertido em cessão de crédito, se atendidos os requisitos previstos no art. 170 do Código Civil, que disciplina a conversão do negócio jurídico). Apenas no caso em que se pretenda que a cessão de crédito produza efeitos *erga omnes*, e não apenas ao devedor, é que se deverá exigir a celebração por instrumento público, ou ainda por instrumento particular, revestido das solenidades do art. 654, § 1º, do Código Civil. Assim, o art. 288 do Código Civil: "É ineficaz, em relação a terceiros, a transmissão de um crédito, se não celebrar-se mediante instrumento público, ou instrumento particular revestido das solenidades do § 1º do art. 654". O art. 654, § 1º, do Código Civil dispõe sobre os requisitos da procuração por instrumento particular, exigindo para tal "a indicação do lugar onde foi passado, a qualificação do outorgante e do outorgado, a data e o objetivo da outorga com a designação e a extensão dos poderes conferidos". No caso do instrumento particular de cessão de crédito, se está a referir o lugar de celebração do negócio, a qualificação do cedente e do cessionário, a data e as informações que determinem com exatidão o crédito objeto da cessão.

2.2. Eficácia da cessão de crédito

A cessão de crédito tem eficácia translativa, de modo que transfere o crédito do patrimônio do cedente para o do cessionário. A eficácia entre as partes, cedente e cessionário, de transmissão do crédito objeto da cessão, uma vez que se trata de negócio jurídico consensual,

---

[9] Karl Larenz, *Derecho de obligaciones* cit., I, p. 457; Pontes de Miranda, *Tratado de direito privado* cit., t. XXIII, p. 363.

se dá a partir da celebração. Desde então não poderá mais o cedente exigir a prestação do devedor, contra quem deixa de ter pretensão ou ação. Tanto assim que já está legitimado, o cessionário, para exercer todos os atos conservatórios do crédito cedido (art. 293 do Código Civil), tais como o de promover a interrupção da prescrição, averbar a garantia hipotecária (art. 289), ou mesmo promover a notificação do devedor.

Como ensina Pietro Perlingieri, a cessão refere-se à transferência de uma *situação jurídica creditória*[10], o que quer significar *uma continuação juridicamente relevante e não simplesmente cronológica*[11], com todas as virtualidades do exercício do direito transmitido, o que o art. 1.263, primeira parte, do Código Civil italiano explicita – naquilo que parece implícito no direito brasileiro – que "para efeito da cessão, o crédito é transferido ao cessionário com os privilégios, com garantia pessoal e real e com os outros acessórios" ("Per efetto della cessione, il credito è trasferito al cessionário con i privilegi, con le garanzie personali e reali e con gli altri accessori").

São de destacar os efeitos da cessão na relação entre cedente e cessionário. Isso porque, para além da transmissão da obrigação, será o cedente titular de deveres anexos, tais como os de informação e cooperação com o cessionário. Em consideração ao objeto do negócio jurídico de cessão e ao interesse legítimo, que se presume tenha o cessionário, identifica-se o dever do cedente de informá-lo sobre todas as características relevantes do crédito, como, por exemplo, a necessidade de agir para interromper o prazo prescricional[12], assim como a localização do devedor – inclusive para fins de notificação, se for o caso. Da mesma forma, tem o cedente, o dever de cooperar para que haja a cobrança do crédito, tanto atuando para sua facilitação, quanto se abstendo de conduta que impeça ou crie dificuldade ao exercício do direito de crédito do cessionário.

Segundo o art. 287 do Código Civil, "salvo disposição em contrário, na cessão de um crédito abrangem-se todos os seus acessórios". Significa dizer que será objeto de transmissão tanto o crédito quanto suas garantias reais ou fidejussórias, assim como os juros e os direitos que resultem do crédito – caso do direito de escolha nas obrigações alternativas (art. 252 do Código Civil) e o direito de constituição do devedor em mora (art. 397 do Código Civil).

Em relação às garantias do crédito, a justificativa para que sejam mantidas tais como pactuadas originalmente reside no fato de que não há alteração no objeto e demais elementos da relação obrigacional originária, mas tão somente a substituição do credor-cedente pelo cessionário. Aqui há distinção relevante em relação à novação, na qual por se tratar de constituição de uma nova obrigação para substituir a anterior, a extinção da obrigação originária extingue, também, seus acessórios – dentre os quais, as respectivas garantias – de modo que só se preservam estas no caso de as partes terem estipulado expressamente (art. 364 do Código Civil).

2.2.1. Efeitos da cessão de crédito em relação ao devedor

Já os efeitos da cessão em relação ao devedor dependem de notificação. Ou seja, os efeitos da cessão, em especial a transferência do crédito de modo que possa o cessionário exigi-lo do devedor, dependerá de que este seja notificado. O ato de notificação visa a dar ciência ao

---

[10] Pietro Perlingieri, *Cessione de credito*, Napoli: Edizione Scientifiche Italiane, 2010, p. 6-7. Atestando, igualmente, a liberdade de circulação do crédito, veja-se: Francesco Carnelutti, *Teoria giuridica della circolazione*, Napoli: Edizioni Scientifichi Italiane,1933, p. 15 e ss.

[11] Pietro Perlingieri, *Cessione de credito* cit., p. 7.

[12] Luiz Manuel Teles de Menezes Leitão, *Cessão de créditos*, Coimbra: Almedina, 2005, p. 352.

devedor. Logo, o ônus de demonstrar que houve conhecimento do devedor sobre a cessão é daquele a quem ela aproveita, em regra, o cessionário. Todavia, é de se admitir também a hipótese de presunção de que tenha havido notificação quando o devedor espontaneamente declare ter ciência da cessão. Nesses termos, dispõe o art. 290 do Código Civil: "A cessão do crédito não tem eficácia em relação ao devedor, senão quando a este notificada; mas por notificado se tem o devedor que, em escrito público ou particular, se declarou ciente da cessão feita".

São dois os efeitos principais da cessão de crédito em relação ao devedor, condicionados à prévia notificação. O primeiro diz respeito à exigibilidade do crédito. O cessionário poderá exigir a prestação do devedor. O segundo, diz respeito ao próprio cumprimento do dever de prestação pelo devedor. Até que haja a notificação, pode o devedor realizar pagamento válido e eficaz ao cedente, ainda que não seja ele mais o credor (art. 292 do Código Civil). Ou seja, se tendo desconhecimento da cessão de crédito realiza o pagamento para o credor originário, obtém o efeito liberatório que lhe é próprio, extinguindo a obrigação. Neste caso, se o credor originário, cedente que transmitiu o crédito e não é mais credor, aceitar o pagamento, terá acréscimo patrimonial sem a respectiva causa, caracterizando enriquecimento sem causa, de onde resulta a obrigação de restituição daquele a quem pertence o crédito, o cessionário.

A notificação do devedor constitui ônus do cessionário para que possa exercer o direito de crédito em relação ao devedor. Deve ser exata, ou seja, comunicar que houve cessão e quem é o cessionário. Se não for exata a notificação, como, por exemplo, a indicação equívoca de quem seja o cessionário, não produzirá efeitos em relação ao devedor, ressalvada a hipótese de exercício abusivo do direito, como ocorre no caso em que o devedor tem ciência do erro e realiza o pagamento a quem não tem legitimidade para receber[13]. Tem por função tanto tornar eficaz a cessão perante o devedor, tutelando interesse do cessionário, quanto à tutela do interesse do devedor[14]. Desse modo, se antes da notificação, o devedor quiser pagar ao cedente e este recusar, há mora do credor. Contudo, pode ser feita tanto pelo cedente, quanto pelo cessionário do crédito. O interesse preponderante na notificação é do cessionário, uma vez que sua possibilidade de exigir o crédito do devedor está condicionada à realização desta providência.

Repercute a notificação, porém, também no interesse do devedor. Sobretudo para lhe dar segurança quanto a quem seja o credor. Ao devedor não se exige que procure saber se houve cessão, ou em que termos se operou. Conforme já se afirmou, a tutela do seu interesse define que na ausência de notificação pague ao credor primitivo. O mesmo entendimento é consagrado no caso de penhora do crédito, no qual a ausência de conhecimento do devedor sobre o ato de constrição judicial faz o pagamento ao credor primitivo ser válido e eficaz, hipótese em que apenas este responderá por eventuais direitos de terceiro (art. 298, *in fine*, do Código Civil).

Ocorre que pode haver mais de uma cessão do mesmo crédito, cessões sucessivas, e em mais de uma delas haver a notificação do devedor. Neste caso, preocupa-se o legislador em dar certeza ao devedor sobre a quem deve pagar.

O art. 291 do Código Civil prevê que "ocorrendo várias cessões do mesmo crédito, prevalece a que se completar com a tradição do título do crédito cedido". A regra, todavia, aplica-se apenas àquelas situações em que o crédito se faz representar por determinado título. Se assim não for, será necessário atentar para as circunstâncias do caso para verificar-se qual a regularidade do pagamento a fazer. O art. 292 do Código Civil define outro critério possível

---

[13] Gustavo Haical, *Cessão de crédito*. Existência, validade e eficácia, São Paulo: Saraiva, 2013, p. 86-87.

[14] Carvalho de Mendonça, *Doutrina e practica das obrigações* cit., p. 112.

para segurança do devedor, que é a hipótese em que, tendo mais de uma cessão notificada, o credor pague ao cessionário que lhe apresenta junto com o título da cessão, o que constituiu o crédito, ou seja, o título da obrigação cedida. Já sendo o caso de crédito que conste em escritura pública, uma segunda regra do mesmo artigo define que prevalece aquele que primeiro notificar. Em qualquer caso, a conduta do devedor será avaliada em conformidade à luz da boa-fé objetiva. E no caso de dúvida, em face de múltiplas notificações, pode também o devedor consignar o pagamento em juízo, nos termos do art. 334 do Código Civil.

Isso porque, conforme estabelece o art. 294 do Código Civil, pode o devedor opor ao cessionário as exceções que lhe competirem, bem como as que no momento em que veio a ter conhecimento da cessão, tinha contra o cedente. Em relação às exceções pessoais que tinha contra o cedente, entende-se que elas devem ser opostas ao cessionário no momento em que o devedor tenha conhecimento da cessão, de modo que só serão eficazes se apresentadas nesta oportunidade. É o caso, por exemplo, de já ter havido o pagamento da dívida, ou ainda que tenha o devedor a possibilidade de compensar o crédito com outro do qual ele seja credor e o cedente seja o devedor. Já as exceções que tenha quanto à própria integridade do crédito objeto de cessão, tais como aquelas que resultem de vício que comprometa a validade do negócio jurídico que lhe deu causa, serão oponíveis ao cessionário a qualquer tempo. É o caso da existência de defeitos do negócio jurídico que deu origem ao crédito, ou a incapacidade relativa do agente, causas de anulabilidade, por exemplo. Poderão anular o negócio jurídico que deu origem ao crédito, deixando sem objeto o negócio jurídico de cessão, uma vez que o crédito deixa de existir.

Não se confunda aqui, contudo, com a hipótese em que o negócio jurídico originário do crédito seja nulo. Neste caso, já quando da cessão de crédito, não há o que transmitir ou ceder. O crédito não existe. E, por isso, responde o cedente perante o cessionário, no caso de cessão de crédito celebrada a título oneroso, assim como naquela celebrada a título gratuito, quando haja má-fé de quem cedeu, nos termos do art. 295 do Código Civil, que dispõe: "Na cessão por título oneroso, o cedente, ainda que não se responsabilize, fica responsável ao cessionário pela existência do crédito ao tempo em que lhe cedeu; a mesma responsabilidade lhe cabe nas cessões por título gratuito, se tiver procedido de má-fé".[15]

2.2.2. *Responsabilidade do cedente perante o cessionário*

A responsabilidade do cedente perante o cessionário é efeito que resulta da cessão de crédito. Pode decorrer de disposição legal ou de convenção entre as partes. A responsabilidade pela existência do crédito, conforme já se mencionou, obriga o cedente a restituir o valor pago pelo cessionário, no caso da cessão a título oneroso, mais perdas e danos. No caso de cessão gratuita, responde o cedente apenas se tiver procedido de má-fé, sabendo da inexistência do crédito e omitindo do credor. Neste caso, também se obriga a indenizar as perdas e danos decorrentes da inexistência do crédito.

Por existência do crédito se deve entender tanto sua constituição em obrigação regular, assim também como sua exigibilidade, de modo que esteja dotado de pretensão, em consideração à finalidade útil do negócio de cessão. Responde o cedente, nestes termos, se o crédito se extinguir, no todo ou em parte, por compensação com o devedor, ou se já tiver sido pago. Da mesma forma, responde o credor no caso da cessão de crédito caracterizar-se como espécie de fraude a credores (art. 158 do Código Civil), hipótese em

---

[15] STJ, REsp 1300030/SP, Rel. Min. Marco Buzzi, 4ª Turma, j. 10/04/2018, *DJe* 26/04/2018.

que embora exista o crédito, sua eficácia será impedida em vista de anulação promovida por ação pauliana ou revocatória de credores anteriores do cedente.

A regra do art. 295 do Código Civil, que define a hipótese de responsabilização do cedente pela inexistência do crédito, é, contudo, espécie de norma dispositiva. Desse modo, podem as partes, cedente e cessionário, tanto reforçá-la quanto excluí-la. No caso de exclusão da responsabilidade pela existência do crédito, por convenção das partes, o cedente não estará obrigado a indenizar as perdas e danos daí decorrentes, mas apenas a restituir o cessionário do valor que recebeu pela cessão[16]. O fundamento para a restituição, neste caso, é evitar o enriquecimento sem causa do cedente.

A possibilidade de afastar-se, por convenção das partes, a responsabilidade pela existência do crédito foi rejeitada pela boa doutrina, sob a égide do Código Civil anterior, sob o argumento de que poderia incentivar o comportamento do cedente que de má-fé realizasse uma segunda cessão do mesmo crédito. Tal garantia de direito abrangeria tanto a existência do crédito em sua integralidade, assim como sua legitimidade (ou seja, que o cedente é o titular do crédito e tem poderes para transferi-lo)[17]. A evolução do direito, e a renovação do direito obrigacional a partir da incidência da boa-fé objetiva, oferece nova compreensão para o tema. A responsabilidade do cedente, neste caso, decorre de violação à boa-fé, pois não se trata de mera inexistência do crédito, senão de comportamento contraditório do cedente (*venire contra factum proprium*), frustrando os fins do próprio negócio, em flagrante violação aos deveres de lealdade e colaboração que informam a relação negocial.

Outra situação é aquela em que o cedente assume, mediante convenção expressa com o cessionário, responsabilidade pela solvência do devedor. Neste ponto, convém distinguir entre duas espécies de cessão, *pro soluto* e *pro solvendo*. Na cessão *pro soluto*, o cedente garante apenas a existência do crédito. Na cessão *pro solvendo*, o cedente garante a satisfação do crédito pelo devedor. A constituição da cessão *pro solvendo* depende de expressa disposição negocial. Dispõe o art. 296 do Código Civil: "Salvo estipulação em contrário, o cedente não responde pela solvência do devedor". Nesse sentido, se não estiver expressamente pactuado, não responde o cedente pela solvência do devedor, mesmo nos casos em que o crédito é cedido em adimplemento à outra obrigação em que o cedente é devedor do cessionário[18].

A responsabilidade que assume o cedente, pela solvência do devedor, contudo, é delimitada na lei. Em primeiro lugar, é responsabilidade que só emerge sob a condição de inadimplemento do devedor. Pressupõe que, tendo sido exigido o crédito, não foi pago. Da mesma forma, o cedente responderá apenas pelo que efetivamente recebeu do cessionário pelo crédito, mais as despesas que tiverem sido feitas para a cobrança do devedor (art. 297 do Código Civil). Ou seja, a responsabilidade pelo adimplemento do devedor não se constitui responsabilidade pelo equivalente ao crédito, senão pelo que o cedente recebeu pelo crédito, no caso de cessão onerosa. É inerente ao crédito o risco de inadimplemento, de modo que os negócios jurídicos de cessão onerosa, muitas vezes, com deságio em relação ao valor nominal do crédito, visam, justamente, a transferir os riscos e os custos inerentes à cobrança. Havendo a garantia de solvência, o que se restitui ao cessionário é exatamente o que ele pagou, mais os

---

[16]   Pontes de Miranda, *Tratado de direito privado* cit., XXIII, p. 395; Carvalho de Mendonça, *Doutrina e practica das obrigações* cit., v. 2, p. 132. Vicenzo Panuccio, Cessione de crediti. *Enciclopedia del diritto*, Milano: Giuffrè, 1960, v. 6, p. 869.

[17]   Afirmava-se, "a garantia de existência do crédito não se pode dispensar por meio de convenção. Com isto teria desaparecido o próprio objeto, a causa mesma da obrigação", conforme J. M. Carvalho Santos, *Código Civil interpretado* cit., v. XIV, p. 374-375.

[18]   TJRS, ApCiv 70007049372.

respectivos juros que remuneram o capital pelo tempo em que esteve à disposição do cedente, e os custos de cobrança. Há aqui o propósito da lei de evitar a usura, assim, como a eliminação total do risco do cessionário pelo crédito. Por outro lado, não está abrangida pela garantia de solvência prestada pelo cedente o inadimplemento do devedor que tenha sido causado por negligência do cessionário, como é o caso em que este retarda a exigência do crédito, que vem a ser atingido pela prescrição.

3. ASSUNÇÃO DE DÍVIDA

A segunda causa de transmissão das obrigações, mediante alteração de um dos seus sujeitos é a assunção de dívida. A assunção de dívida não contava com previsão expressa no Código Civil de 1916, sendo admitida, contudo, como resultado da autonomia privada que informa as obrigações em geral[19]. Igualmente, contou com previsão no art. 568 do Código de Processo Civil de 1973, que ao dispor sobre o processo de execução, definiu como sujeito à execução "o novo devedor que assumiu, com o consentimento do credor, a obrigação resultante do título executivo", regra reproduzida no art. 779, III, do Código de Processo Civil em vigor. O Código Civil de 2002, na linha do que já dispunha expressiva doutrina[20], e também a jurisprudência, disciplinou a assunção de dívida – também reconhecida como cessão de débitos.

Trata-se a assunção de dívida de modo de transmissão da obrigação pelo qual terceiro assume, com a anuência expressa ou tácita do credor, a posição de devedor. Constitui-se em geral, mediante negócio jurídico pelo qual as partes convencionam a transmissão da dívida sem que ocorra a alteração da obrigação originária. Os efeitos em relação ao devedor originário variam nos diferentes sistemas jurídicos. No direito brasileiro, o art. 299 do Código Civil disciplina a denominada assunção liberatória, pela qual o devedor original é substituído pelo terceiro, que ao se tornar devedor extingue o vínculo obrigacional existente em relação ao primeiro.[21]

A rejeição originária da assunção de dívida se dava, no plano histórico, pelas mesmas razões que não eram reconhecidas pelo direito romano em relação à cessão de crédito, e qualquer outro modo de transmissão das obrigações, a possibilidade da assunção de dívida, com correspondente alteração subjetiva da obrigação, e a substituição do devedor originário por outro. O caráter pessoal do vínculo obrigacional aqui também se impunha. O reconhecimento da assunção de dívida é resultado de longa evolução do direito das obrigações, a partir do reconhecimento do caráter patrimonial da relação obrigacional e a possibilidade de transmissão do vínculo obrigacional. Contudo, até o século XIX permanecia, especialmente para distintos juristas de influência romanística, a dificuldade do reconhecimento de

---

[19]   Luis Roldão de Freitas Gomes, *Da assunção de dívida e sua estrutura negocial*, Rio de Janeiro: Liber juris, 1982, p. 422. Caio Mário da Silva Pereira, *Instituições de direito civil* cit., II, p. 368-369.

[20]   Clóvis Beviláqua, *Código Civil dos Estados Unidos do Brasil comentado* cit., v. IV, p. 178; Pontes de Miranda, *Tratado de direito privado* cit., t. XXIII, p. 447; Caio Mário da Silva Pereira, *Instituições de direito civil* cit., v. II, p. 368; Orlando Gomes, *Obrigações* cit., p. 251; Luis Roldão de Freitas Gomes, *Da assunção de dívida e sua estrutura negocial* cit., p. 403 e ss.; Sidney Agostinho Benetti, Da cessão de débito, *RT* 425/20, mar. 1971. Em sentido diverso, antes do Código Civil de 2002, propondo objeções a possibilidade ou utilidade da assunção de dívida: Francisco San Thiago Dantas, *Programa de direito civil*, Rio de Janeiro: Ed. Rio, 1978, v. II, p. 109-110; Silvio Rodrigues, *Direito civil*, 3. ed., São Paulo: Max Limonad, 1968, v. II, p. 361 e ss. Abstendo-se do seu exame, Serpa Lopes, *Curso de direito civil* cit., v. II, p. 422.

[21]   STJ, RMS 9.830/BA, Rel. Min. Demócrito Reinaldo, 1ª Turma, j. 05/10/1999, *DJ* 13/12/1999; TARS, ApCiv 184001550, Rel. Ruy Rosado de Aguiar Júnior, 3ª Câmara Cível, j. 18/04/1984; TJRS, ApCiv 3323, Rel. Emílio Alberto Maya Gischkow, 2ª Câmara Especial Cível, j. 06/06/1968.

transmissão das obrigações[22]. Por outro lado, a resistência à assunção de dívida decorria da dificuldade de admitir-se a transmissão da dívida a título singular, o que ocorreria em relação à transmissão a título universal, como se dá, em regra, na hipótese de sucessão por morte em relação aos herdeiros.

Atribui-se a Berthold Delbrück, ao publicar, em 1853, sua tese *Die Uebernahme fremder Schulden nach gemeinem und preussischem Rechte*, a defesa da possibilidade de transmissão das dívidas a título singular, mediante conciliação dos institutos do direito romano e as exigências práticas daquele tempo. Afasta-se, então, do exame da relação pessoal entre credor e devedor (subjetiva) e concentrando-se na relação entre débito e crédito (objetiva), sustenta a possibilidade de transmissão destes últimos. E examina, de modo sistemático, as relações entre devedor e aquele que assume o débito em seu lugar, a relação entre credor e devedor, bem como entre o credor e aquele que assume o débito[23]. Será Windscheid quem afirma o caráter independente das obrigações em relação à pessoa de devedor e credor[24], assegurando a possibilidade de transmissão das obrigações, o que será objeto de afirmação em outros sistemas, como o direito francês, no qual Raymond Saleilles escreve, em 1890, prestigiada tese, sustentando a transmissibilidade das dívidas[25].

No direito alemão, que originalmente previu a assunção de dívida, o instituto permanece disciplinado pelos §§ 414 a 418 do BGB. No direito francês, o Código Civil de 1804 não previu a assunção de dívida, mas tão somente a cessão de crédito, posição que acabou influenciando distintas codificações, inclusive o Código Civil brasileiro de 1916. Codificações mais recentes, como o Código Civil italiano de 1942, que regula a assunção de dívida em seus arts. 1.273 e seguintes.

3.1. Espécies

São distintas as espécies de assunção de dívida admitidas comumente em outros sistemas jurídicos. Tratando-se de intervenção de terceiro, que originalmente não é parte de relação obrigacional, para que assuma a posição de devedor de determinada relação obrigacional, usa-se identificar duas situações distintas quanto à estrutura negocial que dá causa à assunção de dívida, a saber: (a) o caso em que o terceiro assume a condição de devedor a partir de contrato que celebra com o credor, sem a participação ou anuência do devedor (expromissão); e (b) quando o terceiro acorda com o devedor a participação, com a anuência do credor (delegação).

No tocante aos efeitos, três são as espécies de assunção de dívida possíveis. No direito italiano, o Código Civil de 1942 as prevê expressamente nos arts. 1.273 e seguintes, a saber: (a) a delegação, pela qual o devedor indica ao credor um novo devedor, que assume a obrigação original e libera o devedor, a partir de acordo com o credor (art. 1.268 do Código Civil italiano); (b) a expromissão, pela qual terceiro, sem delegação do devedor, assume perante

---

[22] Especialmente Friederich Karl von Savigny, *System des heutigen römischen Rechts*, Berlin: Veit, 1840, t. 3, p. 8 e ss.

[23] Berthold Delbrück, *Die Uebernahme fremder Schulden nach gemeinem und preussischem Rechte*, Berlin: Dümmler, 1853, p. 45 e ss.

[24] Bernhard Windscheid, *Die Actio des römischen Civilrechts, vom Standpunkte des heutigen Rechts*, Düsseldorf: Buddeus, 1856, p. 202 e ss. Bernhard Windscheid, *Lehrbuch des Pandektenrechts*, 2. Band, Frankfurt: Rütten & Loening, 1874, p. 271.

[25] Raymond Saleilles, *De la cession de dettes. Analles de droit commercial français, étranger et international*, Paris: Rousseau, 1890, IV, p. 1-47. Logo em seguida, merece registro o estudo publicado em 1898, por Eugène Gaudemet, objeto de recente republicação: Eugène Gaudemet, *Étude sur le transport de dettes à titre particulier*, Paris: Editions Panthéon Assas, 2014.

o credor a dívida, ficando ambos, o devedor originário e o que assumiu a dívida, obrigados, solidariamente, pelo pagamento, ressalvada a hipótese de o credor liberar o primeiro (art. 1.272 do Código Civil italiano); e (c) o *acollo*, expressão que deriva do latim *accolatio*, significando o acolhimento da dívida alheia, que se pode identificar pela situação em que o devedor transmite a terceiro a dívida, com a adesão do credor, podendo, por isso, liberar-se da obrigação; e na hipótese de ausente a adesão do credor, respondem solidariamente o terceiro e o devedor originário (art. 1.273 do Código Civil italiano). No direito brasileiro, a doutrina costuma distinguir entre a delegação, celebrada entre o devedor e terceiro que assume a dívida, e a expromissão, celebrada entre o credor e terceiro que assume a dívida.

Outra classificação comumente delineada é entre a assunção liberatória e a assunção cumulativa, relativamente aos efeitos para o devedor. A assunção liberatória será aquela em que o devedor, ao ser substituído pelo terceiro, libera-se da obrigação, extinguindo seu vínculo com o credor. Ou seja, pela assunção liberatória, deixa o devedor primitivo de responder pela dívida, passando a responder integralmente por ela o novo devedor. Por outro lado, denomina-se assunção cumulativa ou de reforço aquela em que o terceiro assume a obrigação ao lado do devedor originário, de modo que passam a responder juntos pela prestação perante credor. Importante mencionar que a assunção cumulativa não se confunde com espécies típicas de garantia da obrigação, como, por exemplo, a fiança. Isso porque aquele que assume a obrigação em conjunto com o devedor primitivo assume dívida em nome próprio, e não em garantia de outro devedor.

No direito brasileiro, o Código Civil de 2002 disciplinou expressamente a assunção de dívida com eficácia liberatória do devedor (assunção liberatória). Assim dispõe seu art. 299: "É facultado a terceiro assumir a obrigação do devedor, com o consentimento expresso do credor, ficando exonerado o devedor primitivo, salvo se aquele, ao tempo da assunção, era insolvente e o credor o ignorava".

Isso leva a questionar se outras formas de assunção de dívida também seriam admissíveis em nosso direito, sobretudo, pelo exercício da autonomia privada. Em tese, não se há de rejeitá-las desde que de acordo com os princípios fundamentais do sistema. Nesse sentido, nada parece impedir que se reconheça a assunção de dívida cumulativa ou de reforço (também denominada coassunção), desde que expressamente convencionado entre devedor e terceiro e com a anuência do devedor. Da mesma forma, não há óbice a que se admita, mediante exercício da autonomia privada, que se constitua por negócio jurídico entre credor e terceiro, a assunção de dívida por este, denominada expromissão.

Na prática, esta situação, seja de assunção liberatória ou cumulativa, ocorre em obrigações diversas. Assim se dá no contrato de locação imobiliária, em que sublocatário passa a responder subsidiariamente ao locatário pelo que dever ao sublocador (art. 16 da Lei de Locações Imobiliárias). Da mesma forma, embora se caracterize como espécie de cessão da posição contratual (uma vez que o cessionário torna-se titular do plexo de direitos e obrigações), na transferência do estabelecimento empresarial (o trespasse), o novo titular do estabelecimento assume as dívidas do anterior. Nesse caso, aliás, é de lembrar de que, por expressa disposição legal, a alienação do estabelecimento gera, para o adquirente, responsabilidade pelas dívidas anteriores ao negócio, desde que regularmente contabilizadas, mantendo-se o devedor primitivo solidariamente obrigado pelo prazo de um ano, a partir, quanto aos créditos vencidos, da publicação, e, quanto aos outros, da data do vencimento (art. 1.146 do Código Civil).

Há, na assunção de dívida, elementos comuns com a cessão de crédito, já estudada, sobretudo, no que diz respeito à própria possibilidade de transmissão, com substituição do credor ou devedor na relação obrigacional, mantendo-se, entretanto, seu conteúdo. Porém, na possibilidade de transmissão se esgotam as semelhanças. Ademais, porque é elementar que quando haja a substituição do devedor, caso da assunção liberatória, se tenha em consideração o interesse do credor, que ao constituir a obrigação compreendeu dada capacidade de adimplemento. Daí por que se faz necessário, em homenagem ao princípio da vinculatividade que caracteriza as obrigações, anuir no caso de substituição do devedor primitivo. Em relação à assunção cumulativa, quando não há substituição do devedor primitivo por outro, mas este passa a fazer parte da obrigação, obrigando-se conjuntamente, sem prejuízo para o credor, discute-se sobre a necessidade ou não de anuência do credor. Argumento em favor de ser dispensável a anuência do credor decorre do fato, justamente, da ausência de prejuízo em face da cumulação de um novo devedor[26]. Em sentido diverso, há o entendimento de que a ninguém pode ser imposto um benefício sem a colaboração da vontade própria, conforme aduz a doutrina portuguesa, com fundamento no art. 457 do seu Código Civil[27].

Razão assiste, a nosso ver, ao entendimento que sustenta a exigência de anuência do credor, expressa ou tácita, uma vez que ninguém pode encontrar-se vinculado por negócio jurídico se para isso não consentiu. Ademais, porque embora se possa identificar a ausência de prejuízo no tocante à responsabilidade patrimonial, não se deixa de considerar que este terceiro pode, em tese, opor exceções e defender-se da exigência do crédito, produzindo, por isso, efeitos na esfera jurídica do credor. Naturalmente que o comportamento do credor ao concordar ou não com a assunção da dívida coloca-se sob o controle da boa-fé objetiva (art. 422 do Código Civil) e da rejeição ao ato abusivo (art. 187 do Código Civil), de modo que eventual exercício abusivo de sua posição poderá ser objeto de sanção.

3.2. Requisitos da assunção de dívida

Os requisitos da assunção de dívida, tratando-se de espécie de negócio jurídico, serão aqueles definidos no art. 104 do Código Civil (agente capaz, objeto lícito, possível, determinado ou determinável; e forma prescrita ou não defesa em lei), assim como aqueles específicos, decorrentes de suas características. Em vista do disposto no art. 299 do Código Civil, é requisito específico da assunção de dívida, desse modo, a existência da dívida e condição para sua eficácia a anuência do credor.

A existência da dívida diz respeito à própria possibilidade do objeto. Se o objeto é a transmissão de dívida e esta não existe, não há o que transmitir, logo, não há objeto e o negócio de assunção de dívida será nulo (art. 166, II, do Código Civil). Isso põe em causa a possibilidade ou não da transmissão de dívidas litigiosas, ou seja, aquelas sobre as quais pende dúvida sobre a própria existência ou sobre seu conteúdo e extensão. A rigor, nada impede a cessão, desde que evidenciado o caráter litigioso do débito por ocasião do negócio de transmissão, e seguidos os demais requisitos definidos em lei[28]. Da mesma forma, podem ser objeto de transmissão, dívidas oriundas de obrigações imperfeitas, tais como as obrigações prescritas ou as obrigações naturais.

A transmissão pode se dar em relação à dívida principal ou à dívida acessória (juros, por exemplo), individual ou conjuntamente[29]. Por outro lado, a dívida deve, por sua natureza, ser transmissível, e não pode se caracterizar, em vista das características da prestação, como

---

[26] Caio Mário da Silva Pereira, *Instituições de direito civil* cit., II, p. 370, citando em nota o entendimento de Beatriz Conte Miranda, Assunção de dívida, in: Gustavo Tepedino (Coord.), *Obrigações. Estudos em perspectiva civil-constitucional*, Rio de Janeiro: Renovar, 2005, p. 258-260.

[27] Mário Júlio de Almeida Costa, *Direito das obrigações* cit., p. 770.

[28] Luis Roldão de Freitas Gomes, *Da assunção de dívida e sua estrutura negocial* cit., p. 140-141.

[29] Idem, p. 139.

Capítulo 5 · TRANSMISSÃO DAS OBRIGAÇÕES | 143

espécie de obrigação personalíssima, hipótese em que predomina o interesse do credor no cumprimento da prestação pelo devedor primitivo. Da mesma forma, não pode ser relativa à prestação de alimentos, exigível apenas daquele constituído como devedor, ainda que se admita a possibilidade de transmissão da obrigação aos herdeiros (art. 23 da Lei n. 6.515/77), ou ainda o pagamento por terceiro.

Daí por que se justifica, a par do próprio argumento já esposado – da vinculatividade das obrigações – a necessidade de anuência do credor. O art. 299 do Código Civil, em seu *caput*, faz referência à necessidade de consentimento expresso do credor. Note-se distinção relevante em face da outra modalidade de transmissão das obrigações disciplinada pelo Código Civil, a cessão de crédito. Lá, a notificação do devedor acerca do negócio de transmissão havido entre cedente e cessionário é condição para sua eficácia diante daquele de quem se pretende exigir a prestação. Na assunção de dívida disciplinada pelo art. 299, que é espécie de assunção por delegação, trata-se a anuência do credor de condição de eficácia do negócio, hipótese em que, não sendo dada, implica resolução. Do consentimento do credor depende integralmente a eficácia do negócio de transmissão.

A previsão legal de que a anuência do credor deve ser expressa completa-se pelo disposto no parágrafo único do art. 299, ao referir que: "Qualquer das partes pode assinar prazo ao credor para que consinta na assunção da dívida, interpretando-se o seu silêncio como recusa". Observe-se, pois, que a ausência de consentimento do credor tem regra específica que empresta presunção de recusa na hipótese de silêncio. Embora a expressividade do texto da norma, nada impede que haja consentimento tácito, não pelo silêncio, senão pela prática ou aceitação de ato que permita caracterizar o conhecimento e anuência, tal como se dá se o credor aceitar do novo devedor o pagamento parcial ou de juros da dívida, por exemplo[30]. A ausência do consentimento, contudo, impede a eficácia do negócio como modo de transmissão, porém, permite que se identifique promessa de transmissão.

Pelo fato de o Código Civil não distinguir, em sua disciplina legislativa, entre as espécies de assunção de dívida por delegação e por expromissão, uma vez que esta última se caracteriza por realizar a transmissão da dívida mediante negócio jurídico entre terceiro que assume a dívida e o credor, questiona-se se neste caso haveria necessidade de ciência ou aceitação do devedor primitivo. A estrutura do negócio jurídico de expromissão, na comparação de outros sistemas jurídicos, não é integrada pelo consentimento expresso obrigatório do devedor. Assim, o já mencionado art. 1.272 do Código Civil italiano, e o art. 595, 1, "b", do Código Civil português. No direito brasileiro, considerando que o novo devedor assume dívida em nome próprio, não há qualquer prejuízo por parte do devedor primitivo, tanto na hipótese em que o novo devedor pague a dívida, quanto quando não o faça. Nesse sentido, à falta de previsão legal que exija consentimento, e não sendo atingido de qualquer forma pela assunção da dívida por novo devedor, de fato não integra a estrutura do negócio jurídico de expromissão o assentimento do devedor primitivo.

Tratando-se de assunção de dívida garantida por hipoteca, há regra especial prevendo que o adquirente de imóvel hipotecado possa tomar a seu cargo o pagamento do débito, se o credor, tendo sido notificado, não impugnar a transmissão da dívida em trinta dias, hipótese em que se entenderá que deu o assentimento (art. 303 do Código Civil). Trata-se, pois, de exceção legal à regra geral do art. 299, que exige o consentimento expresso do credor como condição para eficácia do negócio de assunção de dívida[31]. Define presunção de assentimento do credor

---

[30]   Caio Mário da Silva Pereira, *Instituições de direito civil* cit., II, p. 370-371.

[31]   A anuência tácita do credor ao receber as parcelas do novo devedor, já era observada, no direito anterior, pelo STJ, REsp 83.467/SP, Rel. Min. Francisco Peçanha Martins, 2ª Turma, j. 8-6-1999, *DJ* 3-4-2000. Da

144 | DIREITO DAS OBRIGAÇÕES – *Bruno Miragem*

nas condições que refere no caso específico de dívida garantida por hipoteca, exclusivamente quando transferida por força do negócio de alienação do bem, ao adquirente, que se torna, por isso, devedor. Justifica-se, segundo a melhor doutrina, pela proteção de interesses existenciais que envolvem, sobretudo, os negócios imobiliários garantidos por hipoteca, especialmente o direito à moradia[32]. Tal finalidade, contudo, deve observar o disposto nas Leis n. 8.004/90 e n. 10.150/2000, que permitem a transferência do financiamento imobiliário no âmbito do Sistema Financeiro da Habitação, mediante contratação de nova operação, que caracterizará a novação (e não simples assunção de dívida), com a atualização dos valores para o devedor (art. 3º), devendo o novo mutuário atender aos requisitos para o crédito[33].

Dentre as características da assunção de dívida, costuma-se identificá-la como espécie de negócio jurídico abstrato. Isso significa que não repercutiriam no negócio de transmissão da dívida quaisquer aspectos relativos à validade ou invalidade do negócio jurídico originário do débito. Abstração, nestes termos, caracteriza-se como autonomia do negócio em relação àquele que lhe dá causa. Desconsidera-se a causa, bastando, para sua validade, o cumprimento dos requisitos formais do negócio.

O caráter abstrato do negócio de assunção de dívida deve ser, contudo, bem delimitado. Conforme menciona a doutrina, "ninguém transmite um débito por transmitir; muito menos ninguém aceita, na sua esfera jurídica, um débito alheio, sem que determinado condicionalismo, juridicamente enquadrado, a isso o induza"[34]. É certo que a assunção de dívida resulta de relação jurídica mais ampla, ou que envolva transmissão de domínio, ou negócio complexo que envolve a transmissão de outros direitos e deveres.

Ao reconhecer-se como abstrato o negócio jurídico que constitui a assunção de dívida, o que resulta é que não pode o novo devedor, a quem é transmitida a dívida pelo devedor originário, opor exceções ao credor que tenha por origem o negócio jurídico de transmissão. O único efeito que se produz para credor, na medida em que consinta com a assunção de dívida, é a substituição do devedor. Dispõe a respeito, o art. 302 do Código Civil: "O novo devedor não pode opor ao credor as exceções pessoais que competiam ao devedor primitivo". Poderá alegar vícios que inquinavam de nulidade a obrigação que deu origem à dívida, mas nada pode opor, ao credor, seja em relação a eventual descumprimento do negócio jurídico de transmissão pelo devedor primitivo, ou – exceção pessoal – eventual compensação que este teria, em decorrência de outra relação jurídica com o credor.

3.3. Eficácia da assunção de dívida

A assunção de dívida tem por efeito a transmissão da dívida do devedor primitivo para terceiro que a assume perante o credor. Quando se tratar de assunção liberatória, conforme prevê o art. 299 do Código Civil, a assunção da dívida tem por efeito também a liberação do

---

mesma forma, admitindo a regularização da transferência, mediante notificação posterior ao agente financeiro mutuante (Lei n. 10.150/2000), conforme AgRg no REsp 838.127/DF, Rel. Min. Luiz Fux, 1ª Turma, j. 17-2-2009, *DJe* 30-3-2009.

[32] Fernando Rodrigues Martins, Assunção de dívida no direito civil constitucional, in: Giovanne Ettore Nanni (Coord.), *Temas relevantes de direito civil contemporâneo*, São Paulo: Atlas, 2008, p. 347.

[33] "Sistema Financeiro da Habitação. Cessão de contrato. Lei n. 10.150, de 2000 (art. 20). A cessão do mútuo hipotecário não pode se dar contra a vontade do agente financeiro; a concordância deste depende de requerimento instruído pela prova de que o cessionário atende às exigências do Sistema Financeiro da Habitação" (STJ, REsp 783.389/RO, Rel. Min. Ari Pargendler, Corte Especial, j. 21-5-2008, *DJe* 30-10-2008).

[34] António Menezes Cordeiro, *Tratado de direito civil português* cit., II, t. IV, p. 240.

devedor e a extinção do vínculo em relação a ele. Esta exoneração, contudo, não se produz se ao tempo da assunção, aquele que assumiu a dívida era insolvente e o credor o ignorava. Registre-se que a ignorância do credor sobre a insolvência do devedor é hipótese que atinge a eficácia específica de liberação do devedor primitivo. Não atinge ou compromete a validade do negócio jurídico de assunção de dívida. Tanto é assim que, se a insolvência do novo devedor for de conhecimento do credor, porque lhe foi comunicada ou porque é notória, e este ainda assim consente com a assunção da dívida, o efeito liberatório do devedor primitivo se produz. Neste particular, registre-se a solução que expressamente adotou o Código Civil espanhol, em seu art. 1.206: "A insolvência do novo devedor que tenha sido aceita pelo credor, não fará restaurar a ação deste contra o devedor primitivo, salvo se esta insolvência seja anterior e pública ou conhecida do devedor ao delegar sua dívida". A ausência de regra expressa no Código Civil brasileiro não impede a mesma solução, mediante interpretação *a contrario sensu* do seu art. 299, *in fine*, admitindo-se que o credor, sabendo da situação, assuma, no exercício da sua autonomia privada, o risco de inadimplemento do novo devedor[35].

Mencione-se, ainda, que se tratando de assunção cumulativa, admissível mesmo na falta de disciplina expressa do Código Civil, a eficácia liberatória do devedor primitivo não se produz. Ao contrário, o novo devedor assume a dívida conjuntamente com o devedor primitivo, passando a responder junto com este perante o credor, pela satisfação da prestação.

Da mesma forma, ao dispor parcialmente do instituto, o Código Civil prevê efeitos em relação às garantias da obrigação cuja dívida é transmitida. O art. 300 do Código Civil define que, salvo assentimento expresso do devedor primitivo, consideram-se extintas, a partir da assunção de dívida, as garantias especiais por ele dadas originalmente ao credor. Por garantias especiais entendam-se quaisquer garantias, fidejussórias e reais, tais como aquelas prestadas por terceiros, em vista da pessoa do devedor, caso da fiança, do aval, da hipoteca, ou quaisquer outras garantias prestadas que não se integram à dívida em si, mas são eficazes no caso de inadimplemento. Uma vez prestadas por terceiros em favor do devedor primitivo, apenas se mantêm se houver seu assentimento expresso – conforme exigido em lei – assim como sejam confirmadas pelos respectivos terceiros garantes.

A extinção das garantias prestadas em favor do devedor primitivo depende da validade do negócio de assunção de dívida. Desse modo, se o negócio vier a ser anulado, o débito não terá sido extinto, retornando a seus efeitos originais, e com ele todas as garantias prestadas pelo devedor primitivo. Em relação às garantias prestadas por terceiros em favor do devedor primitivo, e extintas com o negócio de assunção de dívida, a anulação deste não as restaura por si, a não ser que os garantes conhecessem do vício que inquinava a obrigação (art. 301 do Código Civil). O sentido da norma é tutelar o interesse dos terceiros de boa-fé, que, tendo prestado garantias ao devedor primitivo, as julgaram extintas com a extinção da dívida, e não conheciam do vício que dá causa à anulação.

4. CESSÃO DE POSIÇÃO CONTRATUAL (CESSÃO DO CONTRATO)

Ao lado de figuras parcelares das situações de transmissão de determinada posição da relação obrigacional, como titular de créditos (cessão de crédito), ou de dívidas (assunção de dívida), tem grande importância, no curso das relações econômicas, o negócio de transmissão da integralidade da posição em uma obrigação contratual, de modo que terceiro assuma integralmente a posição do contratante originário, e a titularidade dos direitos, deveres, ônus

---

[35] Luis Roldão de Freitas Gomes, *Da assunção de dívida e sua estrutura negocial* cit., p. 418-419.

e de mais prerrogativas com origem em um contrato. Ou seja, substituição de uma das partes contratantes por outra, com o universo de direitos e deveres inerentes àquela posição jurídica.

A importância econômica das situações em que há esta substituição integral da posição de um contratante e da titularidade global de seus direitos e deveres decorrentes do contrato para outra pessoa, que passa a ser parte do ajuste, não sensibilizou o legislador no sentido de estabelecer sua disciplina no Código Civil. Diz-se que há simultaneidade e correspectividade entre a cessão de crédito e a assunção de dívida, convergindo ao um mesmo titular. Porém, a cessão de posição contratual distingue-se destas figuras parcelares justamente por se caracterizar pela transmissão integral e unitária da posição jurídica de um dos sujeitos contratantes, a outro que ingressa na relação jurídica e se torna parte daquele contrato ao qual se refere a cessão. Da mesma forma, distingue-se do subcontrato, hipótese em que o ingresso do subcontratante como parte da relação obrigacional não exclui ou extingue a posição do contratante original que celebra a subcontratação, o qual permanece como parte e, em regra, coobrigado com o subcontratado. No subcontrato, portanto, não há cessão, mas acréscimo de novo contratante, que passa a participar do contrato em conjunto com os contratantes originários.

A ausência de previsão legislativa expressa não impede que resulte a cessão de posição contratual do exercício da autonomia privada, que domina o direito das obrigações. O art. 425 do Código Civil refere: "É lícito às partes estipular contratos atípicos, observadas as normas gerais fixadas neste Código". A rigor, inclusive, dada sua utilização e ampla aceitação é correto dizer que tem uma tipicidade social, ou seja, embora não seja disciplinada pela legislação, a prática negocial acabou por definir seus elementos característicos e eficácia, constituindo um modelo negocial dotado de tipicidade social. A doutrina a reconhece amplamente[36], e da mesma forma sua utilidade no plano econômico lhe converte em frequente realidade negocial. Outros sistemas jurídicos a previram, como é o caso dos direitos italiano (arts. 1.406 a 1.410 do Código Civil italiano) e português (arts. 424 a 427 do Código Civil português), ou ainda o admitem sem previsão legislativa expressa, a partir do reconhecimento como tipo contratual unitário, de transmissão da totalidade de direitos e deveres de determinada posição contratual, caso do direito alemão (*Die Vertragsübernahme*)[37].

---

[36] Caio Mário da Silva Pereira, *Instituições de direito civil* cit., v. II, p. 376; Paulo Lôbo, *Direito civil*: Obrigações cit., p. 166; Carlos Roberto Gonçalves, *Direito civil brasileiro* cit., v. 2, p. 240; Guilherme Calmon Nogueira da Gama, *Direito civil: obrigações*, São Paulo: Atlas, 2008, p. 445, 448; Antônio da Silva Cabral, *Cessão de contratos*, São Paulo: Saraiva, 1987; Hamid Charaf Bdine Júnior, *Cessão de posição contratual*, São Paulo: Saraiva, 2007; Fuad José Daud, *Transmissão de contrato*, São Paulo: Referência, 2006; Luis Borrelli Neto, Cessão do contrato. *Revista de Direito Privado* 34/137-152, São Paulo: RT, abr.-jun./2008. No direito português, veja-se: Carlos Alberto da Mota Pinto, *Cessão da posição contratual*, Coimbra: Atlântida, 1970; e do mesmo autor, publicado no Brasil, *Cessão de contrato*, São Paulo: Saraiva, 1985; Inocêncio Galvão Teles, *Cessão do contrato*, Lisboa: Empresa Nacional de Publicidade, 1950; António Menezes Cordeiro, *Tratado de direito civil português* cit., II, t. IV, p. 245; Mário Júlio de Almeida Costa, *Direito das obrigações* cit., p. 769; Antunes Varela, *Das obrigações em geral*, II, p. 383 e ss; Luís Manuel Telles de Menezes Leitão, *Direito das obrigações*, II, 8. ed., p. 75 e ss. No direito italiano, veja-se a monografia de Franco Carresi, *La cessione del contrato*, Milano: Giuffré, 1950; Marcelo Andreolli, *La cessione del contrato*, Padova: Cedam, 1951; Franco Anelli, Cessione del contratto, *Rivista di Diritto Civile*, ano XLII, Parte seconda,1996, p. 261-299; Alberto Maria Benedetti, *Cessione del contratto*, Milano: Giuffrè, 1998; Renato Clarizia, *La cessione del contratto*. Artt. 1406-1410. Milano: Giuffrè, 2015; Umberto Breccia, *Le obbligazzioni* cit., p. 845 e ss.

[37] Nesse sentido, veja-se o conhecido estudo de Heinrich Lehmann, Die Abtretung von Verträgen, in: *Deutsche Landesreferate zum III Internationalen Kongreß für Rechtsvergleichung in London*, Berlin/ Tübingen, 1950, p. 382. No mesmo sentido, o recente estudo de Dominik Klimke, *Die Vertragsübernahme*, Tübingen: Mohr Siebeck, 2010.

Capítulo 5 · TRANSMISSÃO DAS OBRIGAÇÕES | **147**

No direito brasileiro, a ausência da tipificação legal genérica não impede que a legislação preveja hipóteses específicas de cessão da posição contratual, como ocorre no caso da cessão do contrato de seguro (art. 785 do Código Civil), do contrato de locação imobiliária (art. 13 da Lei n. 8.245/91), do compromisso de compra e venda de imóvel em loteamento (art. 31 da Lei n. 6.766/79), e o exemplo mais conhecido da cessão de contrato que resulta do denominado trespasse, negócio de transferência do estabelecimento empresarial (arts. 1.143-1.144 do Código Civil).

A cessão da posição contratual pode ser entendida como o próprio negócio jurídico e como seu efeito. É o negócio jurídico pelo qual o cedente, parte de contrato já existente com outro sujeito (cedido), transfere sua posição contratual ativa e passiva ao cessionário. E, da mesma forma, constitui seu efeito, que é a transmissão da posição contratual de um contratante a outro sujeito, que por isso se vincula ao contratante que se mantém como parte do contrato originário (cedido)[38].

Sobre a natureza da cessão de posição contratual, são três as principais teorias que buscam explicá-la: (a) a teoria da decomposição; (b) a teoria da *renovatio contractus*; e (c) a teoria unitária. A primeira delas, teoria da decomposição (*Zerlegungskonstruktion*) compreende a cessão da posição contratual como combinação de duas espécies parcelares de transmissão das obrigações, cessão de créditos e assunção de dívida. Desse modo, ressalta que os efeitos de cada uma delas se produz conforme se tratem da titularidade e exercício, pelo cessionário da posição, de um crédito ou um débito[39]. A teoria da *renovatio contractus*, de sua vez, compreende a cessão de posição contratual mediante a extinção do primeiro contrato entre cedente e cedido, e celebração de um novo contrato entre cessionário e cedido. Por fim, a teoria unitária (*Einheitstheorie*), que acabou recebendo maior apoio, e se afirmando na definição da natureza da cessão de posição contratual, pelo reconhecimento da transmissão em bloco dos direitos e deveres inerentes àquela posição, reconhece a autonomia da espécie em face das situações de transmissão parcial (de créditos ou do débito)[40].

Parece correta a indicação da teoria unitária como a que melhor qualifica a cessão de posição contratual, mesmo em sistemas como o brasileiro, no qual falta disciplina legislativa que a consagre expressamente. Justifica-se, além da tipicidade social de que se reveste esta espécie de cessão, também pelo fato de melhor compreender sua característica essencial, que é a de transferir a posição inteira, inclusive para fins de examinar-se eventual reciprocidade entre direitos e obrigações.

A cessão de posição contratual pressupõe certa permanência da posição e, portanto, do contrato-base a cujo negócio de transmissão se refira. Nesse sentido, critica-se a possibilidade de ser objeto de cessão contratos de cumprimento instantâneo, ou seja, aqueles cuja celebração e cumprimento se dê, em termos práticos, em um mesmo momento. Desse modo, seriam passíveis de cessão de posição contratual apenas os contratos bilaterais cuja prestação não tenha sido executada, ou o tenha sido parcialmente, o que ocorre com os contratos de cumprimento diferido no tempo[41]. De fato, é de se considerar que falta interesse prático à cessão de posição contratual para os contratos de cumprimento instantâneo, de modo que eventual transmissão da posição possa se dar apenas em relação a créditos ou a débitos, função primordial da

---

[38] Vincenzo Roppo, *Il contrato*, Milano: Giuffrè, p. 553.

[39] Raffaele Cicala, *Il negozio de cessione del contratto*, Napoli: Jovene, 1962, p. 15 e ss.

[40] Antunes Varela, *Das obrigações em geral* cit., II, p. 415; Carlos Alberto Mota Pinto, *Cessão da posição contratual* cit., p. 234.

[41] Orlando Gomes, *Obrigações* cit., 16. ed., p. 249.

148 | DIREITO DAS OBRIGAÇÕES – *Bruno Miragem*

cessão de crédito ou da assunção de dívida, respectivamente. Note-se, entretanto, que não há impedimento legal, de modo que o modelo negocial submete-se à livre estipulação das partes.

4.1. Requisitos da cessão de posição contratual

A cessão de posição contratual pressupõe a existência de um contrato-base, do qual determinada posição contratual será objeto de cessão entre um dos contratantes (cedente) e outro que deverá integrar-se ao contrato, substituindo-o (cessionário). Da mesma forma, pressupõe que este contrato-base seja um contrato bilateral, de modo que, em termos práticos, se possa visualizar a transmissão unitária de débitos e créditos. Sendo unilateral, ou seja, cabendo a apenas uma das partes contratantes direitos ou obrigações, o negócio de transmissão, como regra, na medida em que o cessionário ou receberia os direitos de crédito, ou a dívida, passa a identificar-se com as figuras parcelares da cessão de crédito e da assunção de dívida.

Daí ser considerada pela doutrina como requisito da cessão de crédito a existência de um contrato bilateral[42], cuja posição de um dos contratantes seja passível de cessão. Ser passível de cessão, de sua vez, significará que os direitos e deveres são transmissíveis, de modo que possa a ele fazer jus, ou executar sua prestação, outra pessoa que não aquela que originalmente contratou, como ocorre nas obrigações personalíssimas, ou naquela em que as partes, por qualquer razão, pré-excluem a possibilidade de cessão[43].

Por outro lado, em respeito ao vínculo originário do contrato-base, o qual faz com que seus direitos e obrigações sejam exigíveis exclusivamente entre as partes, não se pode cogitar da possibilidade da cessão de posição contratual sem o consentimento do cocontratante do cedente, ou seja, aquele que, permanecendo como parte do contrato, os efeitos de direitos e obrigações se referem. Neste caso, a questão que surge é qual o lugar do consentimento do cocontratante (também denominado impropriamente cedido, ainda que a cessão faça referência à posição contratual do cessionário, e não à pessoa ou posição deste cocontratante) no negócio jurídico de transmissão.

São dois os entendimentos possíveis a respeito. O primeiro sustenta que o consentimento do cocontratante, parte do contrato-base, é requisito para formação válida do negócio jurídico de transmissão. O segundo entendimento considera o consentimento do cocontratante como condição de eficácia do negócio jurídico de transmissão, de modo que uma vez celebrado entre cedente e cessionário, apenas produziria efeitos após a declaração do contratante que permaneceria vinculado ao contrato-base.

---

[42] Mário Júlio de Almeida Costa, *Direito das obrigações* cit., p. 775. Valério Pescatore, Cessione del contratto ed interpretazione, *Rivista Trimestrale di Diritto e Procedura Civile*, ano LIII, p. 583-604, Milano: Giuffrè, 1999.

[43] "DIREITO CIVIL. DIREITO DO CONSUMIDOR. CONTRATO PADRÃO PARA AQUISIÇÃO DE IMÓVEIS. PROMESSA DE COMPRA E VENDA. CESSÃO DA POSIÇÃO CONTRATUAL. NECESSIDADE DE PRÉVIA ANUÊNCIA DO PROMITENTE-VENDEDOR. EXIGÊNCIA DE QUITAÇÃO DAS DÍVIDAS CONTRATUAIS E DO IMPOSTO MUNICIPAL. DESVANTAGEM EXCESSIVA PARA O CONSUMIDOR NÃO CARACTERIZADA.

1. Não é abusiva a cláusula que proíbe o promitente-comprador do imóvel de ceder sua posição contratual a terceiro sem prévia anuência do promitente-vendedor. Precedentes. 2. Não implica desvantagem exagerada para o promitente-comprador a cláusula que condiciona a cessão do contrato à prévia quitação dos débitos contratuais e do imposto municipal. 3. Recurso parcialmente conhecido e, nessa parte, desprovido" (STJ, REsp 1027669/SC, Rel. Min. Antonio Carlos Ferreira, 4ª Turma, j. 2-12-2014, *DJe* 18-5-2015). Há possibilidade jurídica, inclusive, de alienação judicial do bem, desde que com a anuência do promitente vendedor: STJ, REsp 1501549/RS, Rel. Min. Nancy Andrighi, 3ª Turma, j. 08/05/2018, DJe 11/05/2018.

Capítulo 5 · TRANSMISSÃO DAS OBRIGAÇÕES | 149

Na gênese da distinção está o exame da própria estrutura do negócio jurídico de transmissão, se ele próprio seria bilateral, entre cedente e cessionário, ou plurilateral, exigindo a participação do cocontratante como requisito de formação válida do negócio jurídico. Entendendo-se bilateral o consentimento do cedente, que resulta em condição de eficácia do negócio, mas reputando-se ele formado validamente mediante formação do consentimento entre cedente e cessionário, observados os requisitos gerais do art. 104 do Código Civil. Todavia, se for considerado o contrato como plurilateral, o consentimento do cocontratante soma-se ao do cedente e do cessionário como requisito para formação válida do negócio jurídico de transmissão.

Autorizada doutrina portuguesa inclina-se por entender a cessão de posição contratual como contrato plurilateral[44], em vista, ademais, da exegese do art. 424 do Código Civil português, que refere: "No contrato com prestações recíprocas, qualquer das partes tem a faculdade de transmitir a terceiro a sua posição contratual, desde que o outro contraente, antes ou depois da celebração do contrato, consinta na transmissão. 2. Se o consentimento do outro contraente for anterior à cessão, esta só produz efeitos a partir da sua notificação ou reconhecimento".

Parece-nos mais adequado, todavia, mesmo em nosso sistema, no qual não há disciplina legislativa expressa, entender-se o consentimento do cocontratante do contrato-base, do qual a posição será cedida, como espécie de condição de eficácia da cessão, compreendendo-se o negócio jurídico de transmissão como espécie de contrato bilateral. O que, ademais, se conforma melhor ao direito brasileiro, em que a cessão de posição contratual não tem tipicidade legal, portanto, não se deve cogitar de requisito legal, mas apenas em vista das características e da função reconhecida comumente ao negócio[45]. É o que ocorre na assunção de dívida, em que a transmissão da posição passiva na obrigação é efeito de negócio jurídico, cujo objeto possa ser mais amplo, envolvendo transmissão de outros direitos ou deveres. Na cessão de posição

---

[44] Carlos Alberto da Mota Pinto, *Cessão da posição contratual* cit., p. 72; João de Matos Antunes Varela, *Das obrigações em geral* cit., v. II, p. 358; António Menezes Cordeiro, *Tratado de direito civil português* cit., II, t. IV, p. 251.

[45] Assim decidiu o STJ, sobre o tema: "DIREITO CIVIL. RECURSO ESPECIAL. CESSÃO DE POSIÇÃO CONTRATUAL. ANUÊNCIA DO CEDIDO. EFEITOS DA CESSÃO EM RELAÇÃO AO CEDENTE. RELEVÂNCIA QUANTO À POSSIBILIDADE DE INADIMPLEMENTO CONTRATUAL. 1. A cessão de posição contratual é figura admitida pelo ordenamento jurídico, mormente ante o disposto nos arts. 421 e 425 do CC, consubstanciada na transmissão de obrigações em que uma das partes de um contrato (cedente) vê-se substituída por terceiro (cessionário), o qual assume integralmente o conjunto de direitos e deveres, faculdades, poderes, ônus e sujeições originariamente pertencentes àquele contratante original; sendo certa, portanto, a existência de dois negócios jurídicos distintos: (i) o contrato-base, em que se insere a posição a ser transferida; e (ii) o contrato-instrumento, o qual veicula a transferência propriamente dita. 2. A anuência do cedido é elemento necessário à validade do negócio jurídico, residindo sua finalidade na possibilidade de análise, pelo cedido, da capacidade econômico-financeira do cessionário, de molde a não correr o risco de eventual inadimplemento; nesse ponto, assemelhando-se à figura do assentimento na assunção de dívida. 3. Malgrado, portanto, a obrigatoriedade da anuência, esta assume capital relevância tão somente no que tange aos efeitos da cessão em relação ao cedente, haja vista que, vislumbrando o cedido a possibilidade de inadimplemento do contrato principal pelo cessionário, pode impor como condição a responsabilidade subsidiária do cedente, não lhe permitindo a completa exoneração, o que, de regra, deflui da transmissão da posição contratual. 4. No caso concreto, uma vez quitadas as obrigações relativas ao contrato-base, a manifestação positiva de vontade do cedido em relação à cessão contratual torna-se irrelevante, perdendo sua razão de ser, haja vista que a necessidade de anuência ostenta forte viés de garantia na hipótese de inadimplemento pelo cessionário. Dessa forma, carece ao cedido o direito de recusa da entrega da declaração de quitação e dos documentos hábeis à transferência da propriedade, ante a sua absoluta falta de interesse. 5. Recurso especial provido" (STJ, REsp 1036530/SC, Rel. Min. Marco Buzzi, Rel. p/ acórdão Min. Luis Felipe Salomão, 4ª Turma, j. 25-3-2014, *DJe* 15-8-2014).

contratual, isso também deve ocorrer. Assim, por exemplo, no contrato de trespasse do estabelecimento empresarial, sua eficácia é ampla, translativa de domínio sobre bens corpóreos que o integram, assim como do direito de exploração. Há transmissão do domínio sobre os bens, de titularidade sobre créditos, débitos, e também a cessão de posição contratual nos contratos que integrem a universalidade de fato compreendida no conceito de estabelecimento, em razão da vontade do empresário[46]. A cessão de posição contratual será, assim, um dos efeitos do negócio, condicionado ao consentimento do cocontratante respectivo, mas não se pode dizer que só vai haver trespasse e todos os demais efeitos que não se vinculam ao contrato-base, se houver consentimento. Da mesma forma, a cessão da posição contratual que se opera para fins trabalhistas, considerando-se sucessão no contrato de trabalho, a transmissão operada entre um antigo empregador e o novo, inclusive como efeito do trespasse. Não se cogita, pois, reconhecer-se como requisito de validade a anuência do empregado, senão eficácia do negócio de transmissão em relação ao respectivo contrato de trabalho.

Desse modo, como requisitos da cessão de posição contratual, além dos requisitos gerais de validade dos negócios jurídicos previstos no art. 104 do Código Civil, compreende-se (a) a existência do contrato-base válido, do qual resulte posição contratual passível de cessão; (b) a ausência de causa de intransmissibilidade, decorrente da natureza da prestação (como, por exemplo, no caso das prestações que possam ser prestadas somente pelos contratantes originários, *intuitu personae*) da lei, ou de convenção das partes; e (c) consentimento entre cedente e cessionário. O consentimento do cocontratante partícipe do contrato-base revela-se como espécie de condição de eficácia do negócio jurídico de transmissão.

4.2. Efeitos da cessão de posição contratual

O efeito essencial da cessão de posição contratual será a transmissão do cedente, para o cessionário, de modo unitário, do conjunto de direitos e deveres inerentes àquela posição no contrato-base, objeto da cessão. Tais circunstâncias produzem efeitos específicos em três perspectivas distintas. Na relação entre o cedente e o cessionário; entre o cedente e o cocontratante com quem celebrou o contrato, cuja posição é objeto da cessão; e entre este cocontratante e o cessionário.

Na relação entre o cedido, o cedente e o cessionário, a transferência da posição e respectiva titularidade de direitos e deveres do contrato-base é o efeito característico do negócio jurídico de transmissão. Embora sem previsão legal expressa, como em outros sistemas (art. 426, 1, do Código Civil português), também no direito brasileiro deve ser reconhecida a responsabilidade do cedente, perante o cessionário, em relação à existência e validade do contrato objeto de cessão. A existência de contrato válido é pressuposto da transmissão da posição contratual. Não havendo contrato, ou sendo inválido, não tem causa o negócio jurídico de transmissão, sendo ele também inválido (art. 166, II, do Código Civil). Se no momento da cessão, contudo, é válido o contrato-base, e apenas depois sua invalidade é reconhecida, há causa de rescisão. Pode ocorrer, contudo, do contrato-base ser válido, porém, o conteúdo da posição jurídica do cedente, objeto da cessão, não conter as características eventualmente atribuídas a ela no negócio de transmissão, ou informadas pelo cedente ao cessionário, caso em que, conforme sua repercussão para formação do consentimento do cessionário, poderá ter por consequência o reconhecimento de defeito do negócio jurídico de cessão (por exemplo, erro ou dolo).

---

[46] Oscar Barreto Filho, *Teoria do estabelecimento comercial:* fundo de comércio ou fazenda mercantil, 2. ed., São Paulo: Saraiva, 1988, p. 62-63; Marcelo Andrade Féres, *Estabelecimento empresarial*, São Paulo: Saraiva, 2007, p. 22.

Na relação entre o cedente e o cocontratante do contrato-base, a cessão de posição contratual, mediante consentimento deste último, produz por efeito a exoneração de dívidas decorrentes do contrato. É eficácia extintiva do vínculo contratual originário e liberatório, em relação às dívidas que dele decorrerem. O cedente, desse modo, desvincula-se do contrato, transmitindo ao cessionário a integralidade de sua posição jurídica.

Nas relações entre o cessionário, que assume a posição contratual no contrato-base, e seu cocontratante, tratando-se a cessão da integralidade da posição jurídica havida no negócio jurídico originário, identifica-se autêntico fenômeno de sucessão, de modo que direitos e deveres serão exigíveis entre as partes. E da mesma forma, poderão opor entre si, cessionário e cocontratante do contrato-base, as exceções que tenham um em relação ao outro, relativamente ao contrato ou a outras relações que porventura mantenham entre si.

Embora não seja efeito que resulte, naturalmente, do negócio jurídico de transmissão, nada impede que o cedente assuma, mediante convenção expressa, garantia, perante o cessionário, pelo adimplemento do cocontratante. O mesmo se diga, na relação entre o cedente e o cocontratante, que a transmissão da posição contratual preserve a condição de garante do adimplemento do cessionário, ou seja, cessão sem liberação do cedente. No direito estrangeiro, admitem esta possibilidade, por convenção expressa, o Código Civil português (art. 426, 2) e o Código Civil italiano (art. 1.410, segunda parte). Neste caso, da mesma forma, deverá haver convenção expressa que o coloque como responsável subsidiário ou solidário pelo adimplemento do cessionário perante o cocontratante original. Ademais, considerando-se que na correta acepção de transmissão da posição contratual se encontra a eficácia extintiva e liberatória do cedente em relação ao contrato-base. Havendo indicação da responsabilidade do cedente, porém, sem especificá-la, ter-se-á como responsabilidade subsidiária, uma vez que a solidariedade apenas se admite quando expressa (art. 265 do Código Civil).

Capítulo 6
ADIMPLEMENTO E EXTINÇÃO DAS OBRIGAÇÕES

1. CONCEITO DE ADIMPLEMENTO

A relação obrigacional se caracteriza, tradicionalmente, por seu caráter transitório, embora, nos dias atuais, em que se multiplicam as obrigações duradouras, esta afirmação da transitoriedade deve ser bem definida para a correta compreensão. Para assinalar a distinção, costuma-se comparar as relações obrigacionais e aquelas típicas de direitos reais, cuja tendência à perpetuidade, ou seja, que se conservem inertes, só é alterada na ocorrência de um novo fato jurídico que as modifique ou extinga. As relações obrigacionais, por sua vez, caracterizam-se por seu caráter transitório justamente porque são celebradas para serem cumpridas.

O adimplemento da obrigação é o fenômeno pelo qual há a satisfação do interesse do credor, mediante realização da prestação, identificando, por isso, também causa de extinção da obrigação. Esta compreensão tradicional da relação obrigacional é hoje agitada por obrigações de trato sucessivo, em que as prestações das partes se sucedem no tempo, de modo que não se deva falar necessariamente em extinção, senão em contínua renovação de direitos e deveres, cujo atendimento no tempo projeta a relação obrigacional para o futuro, de modo contínuo. De outro modo, o adimplemento se compreende como a finalidade pressuposta por aqueles que constituem e participam de uma relação obrigacional. Neste sentido, a afirmação de Pontes de Miranda, para quem "o adimplemento, a *solutio*, a execução, realiza o fim da obrigação: satisfaz e libera"[1]. Dessa realidade, inclusive, é que muitos sustentavam a localização do seu estudo associado à disciplina da extinção das obrigações[2].

No direito romano arcaico, o adimplemento originalmente era ato solene, dependendo sua eficácia desta solenidade, tanto quanto a própria constituição do vínculo, por intermédio do *nexum* ou da *sponsio*. Adiante, é admitida a *acceptilatio* como espécie de declaração solene do credor, verbal ou escrita, pela qual este se afirmava satisfeito e extinguia a obrigação. A partir daí se entende o adimplemento, identificado com a *solutio*, como ato que dava plena e natural satisfação ao credor, realizando o conteúdo da prestação, de modo a constituir-se como forma mais normal de extinção das obrigações[3]. Na lição de Gaio, "*Toliitur autem omnis obligatio solutione ejus quod debetur; vel si quis consentiente creditore, aliud pro alio solverit.*

---

[1] Pontes de Miranda, *Tratado de direito privado* cit., t. XXIV, p. 142.

[2] Orlando Gomes, *Obrigações* cit., p. 105.

[3] Giuseppe Branca, Adempimento. Diritto romano e intermédio, *Enciclopedia del diritto*, Milano: Giuffrè, 1958, t. I. p. 549.

154 | DIREITO DAS OBRIGAÇÕES – *Bruno Miragem*

Nec tamen interest qui solvat, utrum ipse qui debet, an alius pro eo: liberatur enim et alio solventi sive sciente debitore sive ignorante vel invito, solutio fiat"[4].

No direito clássico, o adimplemento torna-se ato bilateral, exigindo-se a capacidade daquele que realiza o pagamento e sua aceitação, e admitindo o termo *solutio*, igualmente, como modo de adimplemento voluntário. Da mesma forma, é reconhecida a identidade do pagamento (de modo que o devedor não possa se liberar prestando coisa diversa da devida), a não ser com o consentimento da outra parte (*datio in solutum*)[5].

No direito romano, e em seu estudo posterior pelas diferentes escolas jurídicas, associou-se a noção de adimplemento e a de liberação do devedor (*de solutionibus et liberationibus, Digesto*, 46, 3). A associação do termo *solutio* para designar o adimplemento, de sua vez, perde espaço, gradualmente, para sua associação com a expressão *pagamento*[6]. Adimplemento, contudo, deve-se tomar em sentido amplo, como forma de satisfação do interesse útil do credor.

A distinção entre adimplemento e pagamento não era feita pelas primeiras codificações (como é o caso do Código Civil francês de 1804), e as que faziam indicavam-no como elemento da obrigação vinculado à realização da prestação (§ 241 e ss do BGB), ou como causa de sua extinção (§ 362 e ss do BGB)[7]. Daí por que, embora algumas codificações, como no caso do Código Civil italiano, o tomem como conceito dotado de autonomia (art. 1.176 e ss do Código Civil italiano de 1942), *adimplemento, cumprimento* (conforme prefere o direito português a partir do Código Civil de 1966, art. 762 e ss) e *pagamento* são tomados como noções sinônimas[8].

Todavia, pode ser que o atendimento do interesse útil do credor resulte não apenas de um ato do devedor, senão também por fato natural, ou por fato de terceiro. Pontes de Miranda dá o exemplo do crédito de demolição, pelo qual alguém se obriga a demolir uma casa. Pode acontecer que, antes do pagamento, um fato natural, ou fato de terceiro, dê causa à demolição, e satisfaça o interesse do credor, independentemente da atuação do devedor[9]. Daí deve-se ter a noção de adimplemento em sentido amplo, do qual é gênero o pagamento. Por pagamento entende-se a realização voluntária da prestação, tal qual definida no conteúdo da obrigação pelo devedor ou por terceiro, nos termos admitidos pelo direito.

O efeito do adimplemento será a liberação do devedor e extinção da obrigação. Exige-se que haja satisfação do interesse do credor. Esta noção também se toma em sentido amplo. Desse modo, não bastará, para que haja o adimplemento, que seja realizada a prestação principal, objeto da obrigação, de modo espontâneo (pagamento), ou outros modos de extinção da obrigação. A visão contemporânea da obrigação não prescinde de sua compreensão como totalidade, na qual se somam deveres principais, acessórios e anexos, estes últimos decorrentes da boa-fé objetiva. Dessarte, o adimplemento com satisfação do interesse do credor só se compreende em vista do atendimento dos deveres principais de prestação, como também dos deveres secundários e anexos. Não se considera haver uma hierarquia entre eles, embora o dever de prestação esteja associado à própria utilidade

---

[4] Gaius, III, § 168. *Institutes of Gaius and Justinian*, T. Lambert Mears (Org.). Clark: The Lawbooks Exchange, 2004, p. 182.

[5] Giuseppe Branca. Adempimento. Diritto romano e intermédio cit., p. 551.

[6] Giuseppe Branca. Adempimento. Diritto romano e intermédio cit., p. 552.

[7] Menezes Cordeiro, *Tratado de direito civil português* cit., II, t. IV, p. 22.

[8] Idem, p. 23; Rosario Nicolò, Adempimento. Diritto civile, *Enciclopedia del diritto*, Milano: Giuffrè, 1958, p. 554-566.

[9] Pontes de Miranda, *Tratado de direito privado* cit., t. XXIV, p. 143.

Capítulo 6 · ADIMPLEMENTO E EXTINÇÃO DAS OBRIGAÇÕES | 155

prática da obrigação. Todavia, não são desconhecidas situações em que o descumprimento de deveres acessórios ou anexos possa sacrificar esta utilidade da prestação principal, e a finalidade da prestação.

2. ADIMPLEMENTO E DEVERES DE BOA-FÉ

A realização do adimplemento, reconhecida como atuação do devedor na realização do objeto da prestação, não se esgota na realização do dever principal de prestação. Conforme o que resulte dos termos da obrigação, das circunstâncias ou dos usos, o comportamento exigido do devedor compreende uma série de deveres acessórios e anexos, tanto de prestação acessória, quanto de abstenção, que devem ser cumpridos. No Código Civil italiano, o art. 1.176 refere que "O devedor, ao adimplir a obrigação deve usar a diligência do bom pai de família. No adimplemento da obrigação inerente ao exercício de uma atividade profissional, a diligência avalia-se em acordo com a natureza da atividade exercida".

Há, no direito das obrigações contemporâneo, uma redefinição da noção de adimplemento. A compreensão contemporânea de obrigação não mais se visualiza como vínculo abstrato, senão como comportamento concreto das partes, em vista de um resultado legitimamente esperado pelo outro sujeito, credor da prestação. Nestes termos, a realização da prestação compreende satisfação dos interesses legítimos do credor, e sua proteção em relação a eventual sacrifício deste interesse. Cumpre ao devedor não apenas realizar a prestação, mas esforçar-se para que ela seja útil ao credor. Neste ponto, os deveres de cooperação, lealdade e respeito a legítimas expectativas compreendem comportamento ativos e de abstenção imputáveis ao devedor.

Nesse sentido, se diz deveres anexos ou instrumentais aqueles que tenham por fundamento exclusivamente a boa-fé, que podem ser expressos ou não no conteúdo da obrigação, ou em decorrência de lei, e tem por objetivo assegurar a realização da finalidade da obrigação. Assim, por exemplo, será o dever de informar a contraparte sobre o conteúdo da prestação na fase pré-negocial, ou sobre o estágio de cumprimento ou seus aspectos relevantes na fase de execução. Da mesma forma, o dever de abster-se de um comportamento contraditório e incoerente com a conduta desenvolvida até aquele determinado momento (*venire contra factum proprium*, vedação ao comportamento contraditório). A violação destes deveres anexos ou instrumentais, quando tenham por consequência a lesão ou o sacrifício do interesse legítimo do credor, importa em autêntica situação de inadimplemento da obrigação, mesmo quando tenha sido cumprido, formalmente, o dever principal de prestação.

Da mesma forma, resulta como efeito da boa-fé objetiva, também os deveres de proteção, assim entendidos aqueles que não se vinculam ao interesse do credor na prestação, mas sim a preservação e proteção da integridade de outros interesses que compõe seu patrimônio jurídico. Tem em conta a proteção da pessoa ou os bens do outro sujeito da relação obrigacional, compreendendo um dever de evitar causar danos à contraparte (dever de abstenção, ou negativo), como também um dever de colaborar para que estes danos não se produzam (dever positivo). Esses deveres de proteção se produzem tanto durante a vigência da relação obrigacional, durante sua execução, como após sua extinção, hipótese em que se admitem categorias próprias derivadas da boa-fé, e que ensejam o inadimplemento, como a culpa *post pactum finitum*. Esta lesão à pessoa ou ao interesse da contraparte na relação obrigacional, no domínio dos contratos se classifica como espécie de violação positiva do contrato, caracterizando o inadimplemento. Assim, por exemplo, em um contrato de compra e venda, no qual o vendedor, mesmo tendo recebido o pagamento do devedor, não o identifica ou registra adequadamente em seus arquivos, promovendo em seguida sua inscrição como inadimplente em bancos de dados restritivos de crédito. Não se cogita do cumprimento ou não da prestação principal, que pode ter ocorrido corretamente (a transmissão/entrega do bem e o pagamento do preço), senão conduta posterior que dá causa à lesão do patrimônio do comprador.

É o caso do dever de informar surge como efeito da boa-fé, espécie de dever de proteção quando a informação tenha por propósito prevenir riscos da contraparte, como aqueles que nos contratos de consumo resultam de lei (arts. 8º a 10 do CDC). Por outro lado, pode ser instrumental, quando o propósito da informação seja o de otimizar a utilidade da prestação, de modo a satisfazer o interesse do credor. Compreende, dentre outros efeitos, o dever de informar como se utilizar um bem para obter dele o melhor desempenho, ou seus diferentes modos e utilidade.

Porém, destaque-se que também o devedor não está isento do comportamento de boa--fé, ao contrário. Deve o credor facilitar o recebimento da prestação, abstendo-se de opor obstáculos ilegítimos, ou retardar providência a seu encargo, por exemplo. Há interesse do devedor, passível de tutela pelo direito, de promover o adimplemento. Ademais, pelo evidente objetivo de liberação do vínculo obrigacional. Isso não é exatamente novidade. No direito romano já era consagrado: "Si debitor offerret pecuniam, quae peteretur, creditor nollet accipere, praetor ei denegat actiones" (*Digesto*, 46, 3, 30). Também há o reconhecimento da mora do credor, a partir de sua recusa injustificada em receber a prestação e seus efeitos (art. 400 do Código Civil). Altera-se, contudo, a qualidade do exame: sob os critérios da boa-fé objetiva toma-se para exame, também, a conduta do credor, rejeitando--se o exercício abusivo do crédito (art. 187 do Código Civil), e interpretando sua conduta segundo a boa-fé e os usos (art. 113 do Código Civil). Nestes termos, é correto afirmar que há, também para o devedor, não apenas o dever de cumprir a prestação, senão o direito ao cumprimento no interesse legítimo de aproveitar sua eficácia liberatória, ou seja, um direito a cumprir a obrigação.

Desse modo, o exame do adimplemento da obrigação não pode ser feito sem a exata compreensão, ao lado do dever principal de prestação que cumpre ao devedor, também dos demais deveres que se multiplicam associados à realização deste dever principal (secundários), mais os deveres anexos e instrumentais derivados da boa-fé objetiva, para o fim de identificar a satisfação do interesse legítimo do credor.

3. ADIMPLEMENTO E CAUSAS DE EXTINÇÃO DAS OBRIGAÇÕES

A opção sistemática do Código Civil afastou-se do que é tendência perceptível entre os estudiosos do direito das obrigações, de associarem, como sinônimos, o adimplemento e o pagamento. Estabeleceu uma relação como gênero e espécie, estruturando o Título III do Livro do Direito das Obrigações como "Do adimplemento e extinção das obrigações" e dispondo, nos primeiros quatro capítulos, sobre o pagamento, para em seguida disciplinar outras formas de extinção das obrigações, tais como a dação em pagamento, a novação, a compensação, a confusão e a remissão das dívidas.

Causas de extinção das obrigações, contudo, não são apenas estas. Em sentido amplo, pode-se dizer que são formas de extinção todas as formas que afetam a eficácia da obrigação, fazendo com que deixe de produzir efeitos (assim, por exemplo, a resolução por inadimplemento, disciplinada no Título IV do Código Civil, sobre o inadimplemento das obrigações), como também que afete sua validade, caso das obrigações que sejam declaradas nulas, ou anuladas, cujo regime será o previsto na Parte Geral do Código Civil.

Capítulo 6 · ADIMPLEMENTO E EXTINÇÃO DAS OBRIGAÇÕES | **157**

A melhor doutrina distingue entre as causas diretas e causas indiretas de extinção das obrigações[10]. Por causas indiretas têm-se aquelas em que a extinção das obrigações se dá mediante frustração do vínculo obrigacional, tal como ocorre na invalidade, por declaração de nulidade ou anulação da obrigação, assim como no caso de resolução, revogação ou denúncia, por impossibilidade de cumprimento sem culpa do devedor.

De outro lado, há as causas diretas de extinção da obrigação. O pagamento é a causa comum e usual, que visa ao próprio cumprimento da função jurídico-social da obrigação. Há outras que se consideram causas diretas, tais como a dação em pagamento, o pagamento em consignação, a compensação, a novação, a remissão e a confusão. Almeida Costa inclui ainda a prescrição[11]. No ponto, é de se dissociar do mestre português, uma vez considerando, segundo dogmática assente no direito brasileiro, que não seria o caso de extinção da obrigação em si, senão de sua exigibilidade, ou pretensão. De modo que é preservada a obrigação, como se percebe ao reconhecer a existência de causa no pagamento de dívida prescrita, afastando a pretensão de restituição do devedor.

O modo como se sistematizam as causas de extinção varia conforme opção de dado sistema jurídico. Na organização clássica do Código Civil francês, o pagamento inaugura o capítulo sobre extinção das obrigações (art. 1.235 e ss), sendo seguido pela novação (art. 1.271 e ss), remissão (art. 1.282 e ss), compensação (art. 1.289 e ss), confusão (art. 1.300 e ss), perda da coisa (art. 1.302 e ss), e a nulidade e rescisão das obrigações (art. 1.304 e ss). Tal classificação não estabelecia maior distinção entre as várias causas de extinção das obrigações. Outros sistemas, de legislação mais recente, apartaram o pagamento das demais formas de extinção, reconhecendo-lhe prioridade. No direito italiano, o Código Civil faz referência ao adimplemento (Capo II – Dell'adempimento delle obbligazioni, arts. 1.176 e ss) e inadimplemento das obrigações (Capo III – Dell'inadempimento delle obbligazioni, art. 1.218 e ss), e em separado, dos modos de extinção das obrigações diferentes do adimplemento (Capo IV – Dei modi di estinzione delle obbligazioni diversi dell'adempimento, art. 1.230 e ss.). No direito português, seu Código Civil organiza a matéria em capítulo único sobre cumprimento e não cumprimento das obrigações (Capítulo VII, art. 762 e ss) e, na sequência, capítulo sobre Causas de extinção das obrigações, além do cumprimento (Capítulo VIII, art. 837 e ss). No direito alemão, isso já não se reproduz, estruturando-se o Código Civil em vigor, a partir da oposição entre adimplemento e inadimplemento das obrigações (§§ 241 e ss), para em seguida examinar as obrigações contratuais (§§ 311), inclusive os contratos de consumo (§§ 312 e ss) e, adiante, a extinção das obrigações em geral (§§ 362 e ss).

O legislador do Código Civil brasileiro preferiu distinguir no livro do direito das obrigações, entre os títulos III, "Do adimplemento e extinção das obrigações", e IV, "Do inadimplemento das obrigações", de modo que no primeiro é disciplinado o pagamento e demais formas de extinção das obrigações diversas deste, tais como as hipóteses de pagamento indireto (em consignação, com sub-rogação, imputação do pagamento e dação em pagamento), e as demais (novação, compensação, confusão e remissão das dívidas).

A adequada compreensão do direito brasileiro sugere que se examine em separado, e com prioridade, o pagamento, que afinal se vincula à própria compreensão atual da relação obrigacional, que objetiva assegurar o comportamento do devedor na realização espontânea da prestação visando à satisfação do interesse do credor. E, após, as demais causas diretas de

---

10   Mário Júlio de Almeida Costa, *Direito das obrigações* cit., p. 1017-1018.
11   Mário Júlio de Almeida Costa, *Direito das obrigações* cit., p. 1018.

extinção disciplinadas com o pagamento, relacionadas ao efeito das obrigações, e cujo exame se faz neste capítulo.

4. PAGAMENTO

Afirma a melhor doutrina que "o desfecho natural da obrigação é seu cumprimento"[12]. Ou ainda, que "o adimplemento polariza a obrigação, é seu fim"[13]. O caráter transitório da relação obrigacional e de seu vínculo jurídico resulta do fato de que nascem para ser cumpridas. A existência do vínculo jurídico faz com que os comportamentos das partes possam ser exigidos, inclusive mediante tutela coativa, no caso de recusa da sua realização, de modo que nasça para o credor a pretensão ao cumprimento. Pode-se obter a extinção da obrigação, não pela realização da prestação tal como conste programado no objeto da relação, mas por execução forçada da prestação, em face da recusa ou inércia do devedor; ou pela satisfação indireta do credor, como ocorre quando não há propriamente a realização da prestação, caso em que se opere a compensação, por exemplo; ou quando se extinga a obrigação sem a satisfação do credor, ou porque a prestação tornou-se impossível, sem culpa do devedor, ou porque houve remissão da dívida.

Contudo, o ordinário, o comum e natural, é que as partes espontaneamente cumpram, cooperem com o outro realizando as prestações definidas na relação obrigacional, de modo a satisfazer o interesse útil do credor e extinguir a obrigação.

O pagamento, nestes termos, compreende a realização da prestação devida, do comportamento consistente em dar, fazer ou não fazer. Quem vende, cumpre quando entrega a coisa; quem compra, quando entrega quantidade de moeda correspondente ao preço. Quem contrata a prestação de serviços, paga quando faz aquilo com que se comprometeu. Quem toma o serviço, paga quando remunera. Também paga quem assume o dever de se abster, como no caso da cláusula de não concorrência, e por isso se abstém de agir.

Na origem da expressão pagamento, assinala a doutrina estar a *de pacare, pacatus*, no sentido de promover a paz, pacificar[14]. Atualmente, a utilização da expressão é ampla. Há quem use no mesmo sentido pagamento e adimplemento. Ou tome apenas o adimplemento em sentido estrito como pagamento, significando a realização espontânea do dever de prestação[15]. Sob influência do direito comparado (especialmente do direito português e sua terminologia legal), associa-se pagamento e cumprimento, embora lá, a noção de cumprimento admita tanto a realização espontânea quanto execução coativa do dever[16]. Percebe-se, ainda, a utilização como sinônimos de pagamento e solução, a partir da tradução literal da *solutio*, expressão equivalente no direito romano.

Pagamento é o ato pelo qual o devedor cumpre, realiza a prestação (dever principal de prestação) e também cumpre os deveres anexos e instrumentais presentes na obrigação. No direito brasileiro, definiu-se o sentido estrito de pagamento, tomado como o cumprimento voluntário da prestação devida. Há pagamento tanto quando o devedor espontaneamente realiza a prestação, quanto nas situações em que terceiros o fazem, podendo, neste caso, ser quem tenha interesse jurídico na solução da obrigação, ou mesmo quem não tenha interesse

---

[12] Caio Mário da Silva Pereira, *Instituições de direito civil* cit., v. II, p. 163.

[13] Clóvis do Couto e Silva, *A obrigação como processo,* cit.

[14] Giuseppe Branca. Adempimento. Diritto romano e intermédio cit., p. 551; Menezes Cordeiro, *Tratado de direito civil português* cit., II, t. IV, p. 23; Paulo Lôbo, *Direito civil: Obrigações* cit., p. 169.

[15] Serpa Lopes, *Curso de direito civil* cit., v. II, p. 170.

[16] Almeida Costa, *Direito das obrigações* cit., p. 925.

Capítulo 6 · ADIMPLEMENTO E EXTINÇÃO DAS OBRIGAÇÕES | 159

jurídico, mas realize o pagamento por quaisquer outras razões. Estabelece o art. 304 do Código Civil: "Qualquer interessado na extinção da dívida pode pagá-la, usando, se o credor se opuser, dos meios conducentes à exoneração do devedor". E completa seu parágrafo único: "Igual direito cabe ao terceiro não interessado, se o fizer em nome e à conta do devedor, salvo oposição deste".

Há pagamento quando há satisfação do interesse útil do credor, com a realização da prestação devida de modo voluntário pelo devedor. Evolui historicamente entre a noção de liberação (do devedor), para a de satisfação (do credor)[17]. Como efeito imediato, o pagamento produz a extinção do vínculo e da própria obrigação, ainda que, nas obrigações duradouras, possa haver, sucessivamente, a realização das prestações devidas pelo devedor, em caráter periódico, sem que necessariamente se produza a eficácia extintiva da obrigação, senão da dívida na extensão em que foi cumprido o dever. No primeiro caso, tome-se uma vez mais o exemplo da compra e venda, em que a entrega da coisa e o pagamento do preço, como regra, produzem a extinção da obrigação. Em outro sentido, contudo, quando alguém contrate a prestação de serviços por tempo indeterminado, no qual a prestação deva ser cumprida periodicamente – todos os meses, por exemplo – caso em que o pagamento das respectivas prestações não extingue o vínculo obrigacional, mas, ao contrário, o mantém ativo no estrito interesse dos contratantes.

Da mesma forma, conforme já foi mencionado, a compreensão atual da noção de adimplemento e satisfação do interesse útil do credor permite que, em atenção às características da obrigação, o pagamento se realize não como um ato isolado, senão por comportamentos sucessivos e encadeados do devedor, visando ao cumprimento. Esta compreensão dinâmica permite o exame do comportamento do devedor não apenas em relação ao cumprimento do dever principal de prestação, como também em relação aos deveres anexos e instrumentais, no que servem para definir a satisfação do interesse útil do credor.

Na disciplina do pagamento e seus efeitos, incide a tutela constitucional da propriedade privada (art. 5º, XXII/XXIII; art. 170, II/III, da Constituição da República), uma vez que suas consequências se fazem sentir no patrimônio dos sujeitos da obrigação, e da sua ausência produz-se lesão ao patrimônio do credor. A par disso, a doutrina identifica uma série de princípios, atribuindo-lhe, igualmente, nomes diversos, tais como princípio da correspondência, pontualidade, exatidão, congruência, dentre outros. Desse modo, importa mais o conteúdo do que o nome que os identifica. Daí por que, para fins didáticos, opta-se por distinguir, fundamentalmente, três princípios que presidem o pagamento: (a) o princípio da identidade; (b) o princípio da integralidade; e (c) o princípio da boa-fé.

O princípio da identidade (também denominado em parte como princípio da congruência[18], ou da pontualidade[19]) informa o pagamento delimitando seu conteúdo, ou seja, de que o cumprimento do dever, ou o comportamento devido pelo devedor tem que observar estritamente os termos do objeto da obrigação. Tanto assim que "o credor não é obrigado a receber prestação diversa da que lhe é devida, ainda que mais valiosa" (art. 313 do Código Civil). Da mesma forma, quando se faça referência ao princípio como sendo o da pontualidade, tenha-se em perspectiva que pontual não será apenas a prestação realizada no tempo devido, senão que observe todos os aspectos característicos definidos no objeto da obrigação, de modo que o cumprimento deve ajustar-se inteiramente à prestação devida (tempo, lugar

---

[17] Manlio Sargenti, Pagamento. Diritto romano, *Enciclopedia del diritto*, Milano: Giuffrè, 1981, XXXI, p. 532 e ss.

[18] Menezes Cordeiro, *Tratado de direito civil português* cit., II, t. IV, p. 32-33.

[19] Carlos Roberto Gonçalves, *Direito civil brasileiro* cit., v. 2, p. 253.

e modo). Ensina Mario Julio de Almeida Costa que "ao *solvens* cabe efetuá-la ponto a ponto, mas em todos os sentidos, não apenas no aspecto temporal"[20].

O princípio da integralidade traz em si a exigência de que o pagamento deve ser feito por inteiro, não podendo o credor ser obrigado a receber, nem o devedor pagar em partes, se assim não foi convencionado. Exige-se que o pagamento expresse, em termos quantitativos, o conteúdo previsto para a prestação[21]. O art. 314 do Código Civil estabelece: "Ainda que a obrigação tenha por objeto prestação divisível, não pode o credor ser obrigado a receber, nem o devedor a pagar, por partes, se assim não se ajustou".

Já o princípio da boa-fé incide sobre o pagamento para qualificar a conduta concreta das partes envolvidas (devedor e credor), assim como para identificar e tutelar seu interesse legítimo na realização da prestação. Desse modo, a boa-fé atua como fonte de deveres especiais e também na interpretação do comportamento das partes, definindo condutas exigíveis em cada caso conforme a finalidade a que visam as partes em determinada relação obrigacional. Com isso, pode a boa-fé impor deveres, que ora ampliem, ora limitem a realização do dever de prestação, em atenção ao interesse concreto das partes por ocasião do pagamento[22]. Pela boa-fé também se define qual a medida da cooperação do credor na realização da prestação, limitando seu arbítrio inclusive quanto à recusa do cumprimento parcial sem um motivo sério, que não exonera o devedor, mas permite reconhecer e rejeitar o exercício abusivo do direito de crédito[23].

4.1. Natureza jurídica do pagamento

Sobre a natureza jurídica do pagamento há acentuada controvérsia doutrinária[24]. Por natureza jurídica se tem certo modo de qualificação dos fenômenos relevantes para o direito, cuja definição pode ter repercussão tanto na interpretação do instituto, quanto na determinação de seus efeitos. Em relação ao pagamento, o aceso debate se enriquece pelo fato de haver inúmeras formas de sua realização, conforme seja o conteúdo da prestação. Quem se obriga a dar, pode entregar a coisa, por simples tradição, ou tem que transferir o domínio, celebrando escritura pública, como ocorre no caso de negócios relativos a bens imóveis. Pode também ter de executar prestação de fato, consistente em um fazer, ou uma abstenção. Ou, ainda, desempenhar distintas condutas em sequência ou somadas umas às outras, conforme a complexidade do objeto da obrigação.

Porém, o cerne da discussão situa-se, na verdade, em determinar a presença e função da vontade no comportamento que caracteriza o pagamento. Da mesma forma, mais específica será a controvérsia conforme se tenha em consideração distintos critérios de classificação dos fatos jurídicos.

---

[20]   Almeida Costa, *Direito das obrigações* cit., p. 929. No direito brasileiro, vocaliza o mesmo entendimento, o mestre Ruy Rosado de Aguiar Júnior, *Extinção dos contratos por incumprimento do devedor.* Resolução, 2. ed., Rio de Janeiro: Aide, 2004, p. 92.

[21]   Menezes Cordeiro, *Tratado de direito civil português* cit., II, t. IV, p. 33.

[22]   Ruy Rosado de Aguiar Júnior, *Extinção dos contratos por incumprimento do devedor* cit., 2004, p. 92, citando Luiz Diéz Picaso, em seu prólogo à tradução espanhola de Franz Wieacker, *El principio general de la buena fé* cit., 1986, p. 19.

[23]   Almeida Costa, *Direito das obrigações* cit., p. 931-932.

[24]   Presente até os dias de hoje, a origem da controvérsia situa-se na pandectística alemã, no século XIX, conforme menciona Giovanni Enio Longo, Pagamento. Diritto romano. *Novissimo digesto italiano*, Torino: Utet, 1957, t. XII, p. 319-321.

Nesse sentido, é inequívoco que o pagamento é um fato jurídico, que importa para o direito, ademais porque produz efeitos jurídicos, como é o caso da liberação do devedor. Dentre estes há os que se integram com um comportamento humano, seja na definição da ação, na determinação parcial de seu conteúdo e eficácia, ou simplesmente em vista do seu resultado concreto.

Pothier, em seu *Traité des obligations*, de 1761, ao inaugurar a terceira parte da obra, sobre os diferentes modos de se extinguir a obrigação, investigou a natureza do pagamento. Afirmava então que "quando a obrigação é de fazer alguma coisa, o pagamento real desta obrigação consiste em fazer a coisa que se tenha obrigado a fazer. Quando a obrigação é de dar alguma coisa, o pagamento é a transmissão da propriedade desta coisa. É evidente que aquele que satisfez sua obrigação resulta livre dela, de onde se conclui que o pagamento real não é outra coisa que o cumprimento da obrigação, é a maneira mais natural de extinguir a obrigação"[25]. Não se manejava à época, contudo, com as distinções técnicas de validade e eficácia, como no direito atual, daí a necessidade de se contextualizar as lições do grande jurista sobre as condições do pagamento.

Nesse sentido, há quem veja o pagamento como espécie de ato real de extinção, porque converte em realidade a prestação devida[26]. Nesta linha de argumentação, mesmo quando seja necessário um negócio jurídico para realizar o pagamento, como é o caso em que este seja exigido para a transmissão do bem objeto da prestação, não será tomado como um contrato especial de cumprimento, senão como parte da atuação do devedor para realizar a prestação[27]. A defesa da teoria que identifica a realidade do ato de prestação esforça-se para refutar a qualificação do pagamento como espécie de negócio jurídico. Isso porque sua identificação como negócio, de regra, baseia-se na exigência prática de certo comportamento cooperativo do credor, que, diante da oferta da prestação pelo devedor, manifesta aceitação.

Sabe-se que, pela teoria do negócio jurídico, este se caracteriza pela valorização da vontade humana e sua capacidade de produzir efeitos jurídicos. Distingue-se o negócio jurídico, justamente, pela relevância que empresta à vontade humana, tanto na decisão de celebrar o negócio, quanto na determinação, ainda que parcial, de seus efeitos. A qualificação do pagamento como espécie de negócio jurídico, para aqueles que a sustentam, parte da premissa de que deve haver a intervenção da vontade do devedor[28], ainda que seja apenas para aceitar a prestação, de modo a permitir que o pagamento seja eficaz.

Todavia, no direito brasileiro, reputada doutrina sustenta a variabilidade da natureza jurídica do pagamento, conforme seja o conteúdo da prestação devida. Desse modo, permitindo que ora se caracterize como mero fato, como ato jurídico *stricto sensu*[29] (em que a vontade é relevante para sua prática, mas não influencia na produção de seus efeitos), como negócio jurídico[30], em especial quando a prestação consiste na emissão de declaração de vontade. E,

---

[25]   Robert-Joseph Pothier, *Traité des obligations*, Paris: Dalloz, 2011, p. 250.

[26]   Karl Larenz, *Derecho de obligaciones* cit., I, p. 411.

[27]   Karl Larenz, *Derecho de obligaciones* cit., I, p. 411.

[28]   Bernhard Windscheid, *Lehrbuch des pandektenrechts*, 6. Aufl, Frankfurt, 1887, p. 307 e ss. No direito italiano, sustentando a importância da intenção do devedor e seus efeitos, Giorgio Giorgi, *Teoria delle obbligazioni nel diritto moderno italiano*, 3. ed., Firenze: Fratelli Cammelli, 1892, v. VII, p. 9-11.

[29]   Em especial, Silvio Rodrigues, *Direito civil* cit., v. 2. No direito português, Mário Júlio de Almeida Costa defende que se considere o pagamento "simples acto jurídico", sem prejuízo de que em certas situações se desenvolva como negócio jurídico, em especial no caso de contrato-promessa. Mário Júlio de Almeida Costa, *Direito das obrigações* cit., p. 993.

[30]   Caio Mário da Silva Pereira, *Instituições de direito civil* cit., v. II, p. 164; Serpa Lopes, *Curso de direito civil*, Das obrigações em geral cit., p. 171-172; Clóvis do Couto e Silva, *A obrigação como processo* cit., p. 43-44; Washington de Barros Monteiro, *Curso de direito civil* cit., v. 4, p. 254.

ainda, os que definem sob a categoria abrangente de ato jurídico *lato sensu*, contemplando tanto hipóteses em que se desenvolva como ato ou como negócio jurídico[31].

A controvérsia, contudo, estende-se para a própria legislação. Os arts. 308 a 310 do Código Civil fazem referência, sob diversos aspectos, à validade do pagamento, indicando, por isso, elementos que o identificam como ato jurídico sobre o qual se admite o controle da validade. A rigor, a autoridade do texto legislativo aqui é desafiada por uma realidade técnica e também prática, inerente ao pagamento. Quando a norma refere que o pagamento só "vale" quando ratificado pelo credor (art. 308), ou que quando feito ao credor putativo é "válido" (art. 309), e ainda que "não vale" quando feito ao credor incapaz de quitar (art. 310), a rigor não é de validade que se trata, senão de eficácia. O pagamento produzirá ou não seus efeitos extintivos e liberatórios do devedor, conforme se observe ou não as condições definidas em lei.

É o que sustenta, na doutrina brasileira, Pontes de Miranda. Em primeiro lugar, ao refutar o caráter negocial do pagamento, afirma: "Não há o pressuposto necessário da vontade de extinção, nem é necessária, *a priori*, a aceitação"[32]. Nesse sentido, não confunde a existência de negócio jurídico com o conteúdo da obrigação, no caso, com a natureza jurídica do adimplemento. Prossegue, então, afirmando que "o que é essencial é que a realização seja conforme a obrigação (...) quem adimple ou consegue, com a oblação, liberar-se e extinguir a dívida, ou põe em mora o credor, ou lança mão do depósito em consignação para adimplemento, a fim de se liberar. Não há nenhuma liberdade do credor. Não há, pois, falar-se em aceitação"[33]. Daí por que não se cogita do plano da validade para o pagamento, senão da eficácia, produz ou não efeitos. Para tanto, qualifica o pagamento como espécie de ato-fato jurídico[34], no que se aproxima ao ato real de extinção defendido por Karl Larenz.

Considerar-se o pagamento como espécie de ato-fato, significa compreendê-lo apenas tendo em conta como relevante para o direito o resultado concreto do comportamento do devedor e não o que motivou sua conduta. Nos atos-fatos, segundo a classificação exposta pelo próprio Pontes de Miranda, o direito não se ocupa da finalidade ou motivação de determinado comportamento humano, que permanece apenas no plano da realidade; juridicizado será apenas o resultado deste comportamento (o fato), ao qual o direito confere eficácia. Em relação ao pagamento, desse modo, a consequência desta classificação resulta que não é relevante saber por que o devedor pagou, ou mesmo se pagou contra a vontade, ou com erro. Se realizou o pagamento devido ao credor, basta para que gere os efeitos devidos, no caso, eficácia liberatória e extintiva da obrigação.

O entendimento de Pontes de Miranda é acompanhado por parte da doutrina contemporânea[35], e com acerto. O decisivo em relação ao pagamento é determinar-se se foi feito satisfazendo o interesse do credor ou não. Tendo sido realizado, surte efeitos. Não se confunde com a capacidade das partes que realizam o pagamento ou que recebem. Se quem pagou era incapaz, mas o fez em nome do devedor e o pagamento reverteu em favor do credor, satisfaz seu interesse e extingue a obrigação. Se foi terceiro, ocorre o mesmo. Importa é a eficácia. Situação distinta ocorre se o pagamento devia ser feito mediante celebração de negócio jurídico

---

[31] Orlando Gomes, *Obrigações* cit., p. 110-111; Carlos Roberto Gonçalves, *Direito civil brasileiro* cit., v. 2, p. 257. Em acordo com a diversa natureza do pagamento, Pablo Stolze Gagliano, Rodolfo Pamplona Filho, *Novo curso de direito civil*. Obrigações, 12. ed., São Paulo: Saraiva, 2011, v. II, p. 148.

[32] Pontes de Miranda, *Tratado de direito privado* cit., t. XXIV, p. 147.

[33] Idem, p. 149.

[34] Pontes de Miranda, *Tratado de direito privado* cit., t. XXIV, p. 151.

[35] Paulo Lôbo, *Direito civil*: Obrigações cit., p. 170; Cristiano Chaves de Farias e Nelson Rosenvald, *Curso de direito civil*, São Paulo: Atlas, 2015, v. 2, p. 363.

Capítulo 6 · ADIMPLEMENTO E EXTINÇÃO DAS OBRIGAÇÕES | 163

que transmitisse o domínio e este é celebrado por alguém que não possa alienar. O *caput* do art. 307 do Código Civil refere: "Só terá eficácia o pagamento que importar transmissão da propriedade, quando feito por quem possa alienar o objeto em que ele consistiu". Considere--se, no caso, não apenas a capacidade genérica para a prática dos atos na vida civil, senão também a legitimidade para alienar, que pressupõe o poder de disposição sobre o bem. Pode ser que o devedor, ou outro que realize o pagamento, não tenha livre poder, disposição, sobre o bem, porque este não lhe pertence, ou porque sofre restrições decorrentes de outras causas previstas em lei (efeitos da falência ou da insolvência), ou porque precisa que sua declaração de vontade seja completada (outorga uxória).

Nesse caso, o negócio é inválido, e por causa disso não se cogita falar em pagamento. Não há pagamento. Ainda, conforme a doutrina que parece a correta: "Pode ser nulo, ou anulável, o negócio jurídico, ou ato jurídico *stricto sensu*, "com que" se adimple, não o adimplemento, que é ato-fato jurídico: ou houve, ou não houve; ou surte efeitos, ou não surte"[36]. Não há razão para se particularizar os comportamentos do devedor que realiza a prestação, e em razão destes definir a natureza jurídica do pagamento. Tratando-se de comportamento do qual só o efeito jurídico interessa ao direito, é de ato-fato, ou ato real de que se trata.

Não se perca, contudo, de vista, no caso do art. 307 do Código Civil, quando se trate da obrigação de dar bem móvel, a entrega da coisa em pagamento, feita por quem não era proprietário, pode ser considerada excepcionalmente eficaz se preenchidas as condições a que se refere o art. 1.268 do Código Civil: "Feita por quem não seja proprietário, a tradição não aliena a propriedade, exceto se a coisa, oferecida ao público, em leilão ou estabelecimento comercial, for transferida em circunstâncias tais que, ao adquirente de boa-fé, como a qualquer pessoa, o alienante se afigurar dono". Da mesma forma, estabelece seu § 1º que "se o adquirente estiver de boa-fé e o alienante adquirir depois a propriedade, considera-se realizada a transferência desde o momento em que ocorreu a tradição". Do mesmo modo, tendo o pagamento se realizado pela entrega de coisas fungíveis, se o credor, de boa-fé, as recebeu e consumiu, não poderão ser mais reclamadas, mesmo quando quem pagou não pudesse aliená-las. É o que refere o parágrafo único do art. 307 do Código Civil: "Se se der em pagamento coisa fungível, não se poderá mais reclamar do credor que, de boa-fé, a recebeu e consumiu, ainda que o solvente não tivesse o direito de aliená-la". O pagamento, neste caso, vai gerar efeitos, mesmo quando feito por quem não tinha legitimação para alienar a coisa. Extingue a obrigação e libera o devedor.

Do credor que recebe e consome as coisas fungíveis de boa-fé, não poderá ser reclamada restituição ou indenização porque estava de boa-fé, portanto, sem saber que quem alienou não poderia fazê-lo. O prejudicado, legítimo proprietário das coisas entregues em pagamento, poderá demandar contra aquele que realizou o pagamento. Tem direito a ser indenizado do dano injusto que sofreu em seu patrimônio. Terá igual direito perante o credor apenas se provar que este recebeu de má-fé.

4.2. Condições subjetivas do pagamento

Definem-se como condições subjetivas do pagamento a determinação das pessoas legitimadas para a realização da prestação (*solvens*), assim como para seu recebimento. Na disciplina do Código Civil, trata-se de definir "quem deve pagar" (arts. 304 a 307) e aqueles "a quem se deve pagar" (arts. 308 a 312).

---

[36] Pontes de Miranda, *Tratado de direito privado* cit., t. XXIV, p. 151.

164 | DIREITO DAS OBRIGAÇÕES – *Bruno Miragem*

4.2.1.   De quem deve pagar

Em essência, o pagamento pode ser realizado por pessoa interessada e por pessoa não interessada. O art. 304, *caput*, do Código Civil refere: "Qualquer interessado na extinção da dívida pode pagá-la, usando, se o credor se opuser, dos meios conducentes da exoneração do devedor". A rigor, tem legitimidade para o pagamento toda a pessoa interessada na extinção da dívida. Pressupõe-se que o maior interessado seja o devedor. Em relação a ele se produzem imediatamente os efeitos do pagamento, consubstanciados na extinção da dívida e liberação do vínculo que o atava ao credor. Por certo, todavia, que não se trata de interesse apenas espontâneo. Por força do vínculo obrigacional, o devedor é quem tem o dever de cumprir a prestação. Está obrigado a tal comportamento e se não realizá-lo sofre diretamente os efeitos de um eventual inadimplemento. Pode ocorrer, ainda, que venha a realizar a prestação não pessoalmente, mas por representante, quando o contrário não resulte da própria obrigação ou da lei. Neste caso, exige-se do representante que tenha os poderes suficientes para realizar o pagamento. Pode ter de provar ao credor a integridade dos seus poderes de representação, conforme o caso.

A identificação das pessoas que podem realizar o pagamento, e mesmo o comportamento do devedor, deve ter em consideração a própria compreensão atual da relação obrigacional. Credor e devedor não são mais tomados como posições estanques, de modo que cada uma das partes se considere apenas credora, ou apenas devedora. A rigor, a realização do pagamento é do interesse comum das partes, credor e devedor. O credor pretende ter satisfeito seu interesse na prestação. O devedor pretende liberar-se e extinguir o vínculo. Na maior parte das vezes, a posição de credor ou devedor se define pelo interesse ou pelo conteúdo da prestação a ser adimplida.

4.2.1.1.   Pagamento por pessoa titular de interesse jurídico na extinção da dívida

É, obviamente, interessado no pagamento, o devedor. Mas também poderão ser terceiros, daí falar-se em terceiro interessado no pagamento e extinção da dívida. São terceiros porque não participam diretamente da relação obrigacional como credor ou devedor. Porém, são titulares de interesse jurídico, resultante do fato de que sofrem as repercussões da existência da obrigação, e de haver ou não seu adimplemento. O interesse no pagamento é, pois, interesse jurídico. Para tal, não se deve exigir nenhum outro requisito senão o interesse econômico de que haja o pagamento. Pode ocorrer que o terceiro interessado que pague a dívida fique sub-rogado nos direitos do credor, quando era ou podia ser obrigado, no todo ou em parte, por ela, perante o credor (art. 346, III, do Código Civil), mas isso não é essencial à sua definição. Significa que podem realizar o pagamento, independentemente de consentimento do credor, e ainda menos do devedor, aqueles que sofrerem, direta ou indiretamente, em seu patrimônio, a repercussão da existência da relação obrigacional e sua satisfação. Ressalve-se a hipótese de obrigação personalíssima, cuja prestação só possa ser realizada satisfatoriamente pelo devedor, razão por que não se cogita da possibilidade de pagamento por terceiro (art. 247 do Código Civil), a não ser se o credor consentir, de modo que desnature a obrigação originária. Assim, por exemplo, se o dever principal é de abstenção, geralmente se tem obrigação personalíssima. Quando não o seja, é necessário que aquele que se disponha a pagar, mediante abstenção, exerça comportamento útil para o credor, satisfazendo o interesse na prestação.

Considera-se terceiro interessado, por exemplo, aquele que ofereceu garantia da dívida, tal como o fiador, ou o proprietário do imóvel gravado por hipoteca e que não quer ser privado do bem, assim como o titular do domínio de coisa sobre a qual recaia qualquer outro direito real; o sócio do devedor, o sublocatário, ou, ainda, quem tenha direitos a exercer contra o devedor, e lhe queira preservar o patrimônio.

O terceiro interessado que se disponha a pagar deverá contar com a qualidade que lhe permita a prática dos atos em que consista a prestação. Se a prestação é de declarar vontade, deve ser capaz. Se é de alienação, deve ter o poder de alienar. Se é de fazer ou não fazer, deve possuir as condições subjetivas e objetivas que permitam adequadamente a satisfação do interesse do credor. Senão não há pagamento, neste sentido, não se produzem os efeitos legais.

A lei tutela o interesse no pagamento daquele que se reconhece como terceiro interessado. Estabelece o art. 304 que ele poderá usar "se o credor se opuser, dos meios conducentes à exoneração do devedor". Isso significa que o terceiro interessado tem direito a realizar o pagamento[37] e exerce pretensão de pagar, podendo – se houver recusa do credor em recebê-lo – oferecê-lo pelo meio hábil (consignação em pagamento, art. 334 do Código Civil). Da mesma forma, o terceiro interessado que paga a dívida pela qual poderia vir a ser obrigado sub-roga-se, por força de lei, nos direitos do credor (art. 346, III, do Código Civil).

4.2.1.2. Pagamento por pessoa sem interesse jurídico na extinção da dívida

Outra situação possível é aquela na qual se admite que o pagamento seja realizado por terceiro não interessado. Já vem dos romanos a lição absorvida na formação do moderno direito civil: "*Solvere pro ignorante et invito debitore cuique licet: cum site iure civile constitutum, licere etiam ignorantis in vitique meliorem conditionem facere*". É produzida, por igual, a liberação do devedor ("*Solvendo quisque pro alio, licet invito et ignorante, liberat eum*")[38]. Aqui, é seguido o critério já exposto. Interessado considera-se aquele que tenha interesse jurídico na realização do pagamento, nos efeitos e extinção da obrigação. Não interessado será todo aquele que não demonstrar possuir interesse jurídico. O parágrafo único do art. 304 do Código Civil, ao dispor sobre quem pode pagar, refere que "igual direito cabe ao terceiro não interessado que o fizer à conta do devedor, salvo oposição deste".

A ausência de interesse jurídico não significa que não possa ter outro propósito no pagamento. Pode mover-se aquele que paga, por interesse de cunho moral, como é o de quem realiza a prestação como expressão de ajuda ao devedor. Assim, por exemplo, o pai que paga a dívida do filho, ou em sentido inverso, o filho que paga a dívida do pai. Também o caso daquele que paga a dívida de entidade beneficente ou assistencial que admira, de modo a mantê-la em funcionamento.

O pagamento realizado por terceiro não interessado terá disciplina e efeitos distintos, conforme ele pague *em nome e à conta do devedor*, ou *em seu próprio nome*. Se pagar em nome e à conta do devedor, o faz com a intenção de liberar o devedor da dívida. Neste caso, são dois aspectos a serem considerados. Primeiro, o efeito que resulta do parágrafo único do art. 304, de que o terceiro não interessado também poderá se utilizar dos meios conducentes de exoneração do devedor. Pagando em nome do devedor, poderá se utilizar, como aquele poderia, da consignação em pagamento no caso de recusa do credor.

Contudo, só poderá fazê-lo caso não haja oposição do próprio devedor. Aqui há dissenso doutrinário. A regra estabelece que o devedor pode se opor a que o terceiro não interessado pague sua dívida com o credor. Um primeiro entendimento considera a disposição ineficaz, admitindo que se o credor aceitar receber, o pagamento será feito independentemente do que entenda o devedor[39]. Nesse sentido, o único meio hábil de evitar-se o pagamento pelo terceiro

---

[37]   Pontes de Miranda, *Tratado de direito privado* cit., t. XXIV, p. 158-159.

[38]   Jean Domat, *Le legge civile disposte nel loro ordine naturale*, Firenze: Giuseppe Pagani, 1834, t. IV, p. 255.

[39]   Assim também no direito alemão, ainda que em termos mais objetivos, conforme § 267 do BGB: "(1) Hat der Schuldner nicht in Person zu leisten, so kann auch ein Dritter die Leistung bewirken. (2) Die

não interessado seria o devedor antecipar-se, e ele próprio realizá-lo[40]. A tendência, todavia, é reconhecer a possibilidade de oposição do devedor ao propósito de pagar do terceiro não interessado, quando se funde em justo motivo[41]. Ou seja, admite-se o controle do exercício deste direito de oposição do devedor, evitando-se, assim, o abuso (art. 187 do Código Civil). É considerado justo motivo a circunstância de a dívida não ser exigível (ou porque ainda não vencida, ou porque prescrita, por exemplo), ou ainda, poder haver compensação entre a dívida em questão e outra que haja entre credor e devedor. Da mesma forma, submete-se ao controle de legitimidade do exercício do direito o credor, que não poderá recusar sem motivo legítimo (assim, por exemplo, tratar-se de obrigação personalíssima).

O art. 304 do Código Civil também admitirá situação em que por razões pessoais, de ordem moral, oponha-se o devedor, no que se submete ao exame sobre sua legitimidade. Também não se há de admitir que terceiro não interessado venha a pagar a dívida do devedor, quando a isso se oponha não apenas este, mas também o credor. Neste caso, o terceiro não interessado é estranho à relação estabelecida entre os sujeitos da obrigação, e não há qualquer fundamento que lhe permita agir, constrangendo a ambos os que se encontram vinculados entre si, para efeito de impor o pagamento que é por todos rejeitado. Anota a doutrina, corretamente, que "a oposição do devedor não vale como proibição, mas retira a legitimidade do terceiro para consignar"[42].

O terceiro não interessado que realiza o pagamento em nome e à conta do devedor pode fazê-lo, como liberalidade em benefício deste, caso em que se aplicam por analogia as regras sobre doação. Contudo, pode ocorrer também que o terceiro não interessado pague em seu próprio nome, hipótese na qual incide a regra do art. 305 do Código Civil: "O terceiro não interessado, que paga a dívida em seu próprio nome, tem direito a reembolsar-se do que pagar; mas não se sub-roga nos direitos do credor. Parágrafo único. Se pagar antes de vencida a dívida, só terá direito ao reembolso no vencimento". A oposição do devedor, todavia, pode demonstrar recusa à liberalidade.

O terceiro não interessado que paga em seu próprio nome não pode fazer uso dos mesmos meios de que dispõe o devedor para realizar o pagamento. Altera-se a eficácia, portanto, perante o credor, que não pode ser constrangido a aceitar, tal como por intermédio da consignação em pagamento. Contudo, assegura-se ao terceiro não interessado que realiza o pagamento em seu próprio nome, o direito ao reembolso do que pagar, ainda que sem sub-rogar-se nos direitos do credor, razão pela qual não fará jus a quaisquer privilégios ou garantias. Tem, portanto, pretensão da *actio in rem verso*, titulando o direito a restituir-se do que pagou, para que não haja enriquecimento sem causa do devedor. Pagando em seu próprio nome, o terceiro não interessado tem direito ao reembolso, por ação própria, mesmo no caso em que tenha agido por liberalidade[43]. O pagamento feito por terceiro não interessado, em seu próprio nome, portanto, produz eficácia liberatória do devedor perante o credor, mas não se libera totalmente, uma vez que fica obrigado ao reembolsar aquele que pagou.

Einwilligung des Schuldners ist nicht erforderlich." ("(1) Se o devedor não precisa executar pessoalmente, pode um terceiro também tomar para si o pagamento. O consentimento do devedor não é necessário. (2) O credor pode rejeitar o desempenho se houver objeção do devedor"). Veja-se Larenz, *Derecho de obligaciones* cit., I, p. 255.

[40] Washington de Barros Monteiro, *Curso de direito civil* cit., v. 4.

[41] Orlando Gomes, *Obrigações* cit., p. 116.

[42] Carlos Roberto Gonçalves, *Direito civil brasileiro* cit., v. 2, p. 260.

[43] Caio Mário da Silva Pereira, *Instituições de direito civil* cit., v. II, p. 169; Giorgio Giorgi, *Teoria della obbligazioni* cit., VII, p. 144-146.

Os direitos do terceiro que paga a dívida – seja ele interessado ou não interessado – em relação ao devedor não são, contudo, consequência necessária do pagamento ao credor. Pode ocorrer de o devedor ignorar ou se opor ao pagamento, caso em que, demonstrando que tinha meios para impedir a ação, não fica obrigado a ressarcir o terceiro. É o que dispõe o art. 306 do Código Civil: "O pagamento feito por terceiro, com desconhecimento ou oposição do devedor, não obriga a reembolsar aquele que pagou, se o devedor tinha meios para ilidir a ação". No ponto, aproxima-se de solução já sustentada por Teixeira de Freitas em seu Esboço de Código Civil: "Art. 1.037. O terceiro não interessado no pagamento, que pagar sem conhecimento do devedor, não terá direito, senão para o reembolso do que houver pago; e não se reputará sub-rogado em outros direitos do credor, nem poderá obrigar o credor a que o sub-rogue. Se pagar antes do vencimento da dívida, só terá direito para ser reembolsado no dia do vencimento"[44].

Quais meios o devedor tenha para ilidir a ação, serão aqueles que legitimamente possam impedir a satisfação do crédito, tais como a compensação ou a prescrição, ou ainda mesmo exceções quanto à própria constituição regular do crédito, e à validade da obrigação. O art. 306 do Código Civil, contudo, faz referência a duas situações distintas, quais sejam, a ignorância ou a oposição do devedor, desde que tivesse meios de ilidir a ação. Não basta, portanto, o simples desconhecimento, nem a simples contrariedade do devedor. É preciso que esta oposição seja por justo motivo – como, aliás, já indicava a regra do art. 932 do revogado Código Civil de 1916 – cuja interpretação subordina-se ao critério do exercício regular, não abusivo, do direito (art. 187 do Código Civil atual). E mais do que isso, que o devedor tenha meios de ilidir a ação.

Contudo, existindo o direito ao reembolso, é de notar que ele se define conforme o que despendeu o terceiro para satisfazer o crédito. Reembolsa o que se desembolsou, revertendo em favor do devedor. Logo, se o terceiro não interessado conseguiu abatimento, pagou menos do que a dívida e extinguiu a obrigação, deve ser reembolsado do que pagou, não do valor original da dívida. Da mesma forma, só deve ser reembolsado do que pagou e aproveite efetivamente o devedor. Logo, se sobre o total da dívida pudesse o devedor opor ao credor compensação, extinguindo-a parcialmente, e o terceiro realiza o pagamento integral, só poderá se reembolsar do que efetivamente aproveitou ao devedor. Assim, por exemplo, se a dívida era de R$ 10.000,00, porém o devedor tinha crédito passível de compensação com o credor, no valor de R$ 8.000,00, só deverá reembolsar o terceiro que realizar o pagamento naquilo que de dívida permanecesse, ou seja, R$ 2.000,00. Isso porque tinha meios para impedir que lhe fosse exigido o valor original da dívida. Se, por qualquer razão, o terceiro pagou o valor original da dívida, é de se entender que deva se reembolsar apenas do que reverteu em favor do devedor.

4.2.2. A quem se deve pagar

A identificação daqueles a quem se deve pagar também é tema decisivo no tocante às condições subjetivas do pagamento. Quem tem direito a receber o pagamento é, antes de todos, o credor. É o titular do direito de crédito. O interesse na matéria, contudo, surge de várias situações. Pode ser que o credor não possa receber e mande representante. Ou ainda, que tenha se alterado quem seja o credor desde a constituição da obrigação, de modo que tendo havido a transmissão do crédito, ou a sucessão do credor, em razão de morte. Em qualquer caso, credor será aquele que for o titular do crédito ao tempo do pagamento.

Teixeira de Freitas já indicava em seu Esboço: "Quem pagar a quem não tiver direito de receber, ou não puder receber pela sua incapacidade, pagará mal e não ficará desonerado da

---

[44] Teixeira de Freitas, *Código Civil*. Esboço cit., v. 1, p. 248.

168 | DIREITO DAS OBRIGAÇÕES – *Bruno Miragem*

obrigação" (art. 1.040). E completa, comentando o dispositivo, com a máxima já assente na consciência comum: "quem paga mal, paga duas vezes"[45].

Pode ocorrer de o credor não poder receber e indicar representante para este fim. Da mesma forma, pode o credor ser incapaz, ou ainda, o pagamento ser feito a quem não seja credor, porém, apareça como tal e nisso confie aquele que realiza o pagamento. Todas estas hipóteses são objeto de atenção pelo direito das obrigações, de modo a identificar em que situações será reconhecido o pagamento, e este produzirá sua eficácia liberatória do devedor.

4.2.2.1. Pagamento realizado ao credor ou a seu representante

O pagamento ser realizado ao credor é a regra natural para extinção da obrigação. Afinal, é seu o interesse legítimo a ser satisfeito. Nesse sentido, o pagamento direto ao credor extingue a obrigação e libera o devedor. Será credor aquele que for o titular do crédito na data do pagamento.

Sendo vários os credores, importará saber se a obrigação é solidária ou não, de modo que a qualquer deles poderá ser feito o pagamento. Caso não se trate de obrigação solidária, em princípio, o pagamento deverá ser feito a cada um, proporcionalmente ao crédito, conforme o título da obrigação, presumindo-se, na ausência de convenção em contrário, serem devidos em partes iguais. Se pago a apenas um dos credores, deve este repassar aos demais o que lhe seja de direito. Da mesma forma, sendo a dívida representada por título ao portador, reputa-se credor aquele que apresentar o respectivo documento.

O art. 308 do Código Civil estabelece: "O pagamento deve ser feito ao credor ou a quem de direito o represente, sob pena de só valer depois de por ele ratificado, ou tanto quanto reverter em seu proveito". Da regra em questão, disciplina três situações distintas: (a) o pagamento realizado ao credor; (b) o pagamento realizado ao representante do credor; e (c) o pagamento feito a terceiro, que deverá ser ratificado pelo credor, ou ser demonstrado que reverteu em seu proveito.

O terceiro que recebe o pagamento será representante do credor, com poderes para receber o pagamento, ou simplesmente designado para este ato específico, o que poderá, inclusive, ser feito no próprio título da obrigação (*adjectus solutionis causa*). Importante mencionar, neste particular, que tal designação não se confunde com a estipulação em favor de terceiro, considerando que aquele designado para receber não é titular do direito de exigir a prestação, mas somente de recebê-la do devedor, nos termos ajustados.

Ao se examinar a natureza jurídica do pagamento, já foi objeto de crítica a redação da norma em questão. Não se trata de valer ou não o pagamento, mas se produz ou não seus efeitos. No caso, o pagamento feito diretamente ao credor ou àquele que seja seu representante, produz efeitos. Já o pagamento feito à outra pessoa só produzirá os efeitos que lhe são próprios se ratificado pelo credor, ou se demonstrado que reverteu em seu proveito.

Será representante do credor para os fins do art. 308 aquele a quem tenha sido conferido poderes para receber o pagamento. A representação é instituto que pode resultar da lei ou da vontade do representado (art. 115 do Código Civil). Daí se tratar de representação legal ou convencional. Representação legal é aquela prevista em lei. São representantes legais os pais em relação aos filhos menores, os tutelados e curatelados em relação aos respectivos tutores e curadores. Da mesma forma, é a lei que prevê o administrador judicial como representante

---

[45] Teixeira de Freitas, *Código Civil*. Esboço cit., v. 1, p. 248.

Capítulo 6 · ADIMPLEMENTO E EXTINÇÃO DAS OBRIGAÇÕES | **169**

da massa na falência (art. 22 da Lei n. 11.101/2005), assim como o inventariante em relação ao espólio (inserto entre os poderes de administração, art. 1.991 do Código Civil).

Da mesma forma, o próprio Código Civil define que se considera autorizado a receber o pagamento aquele que seja o portador da quitação, "salvo se as circunstâncias contrariarem a presunção daí resultante" (art. 311 do Código Civil). Neste caso, entende-se que há presunção de que o portador da quitação seja mandatário tácito do credor, se presume a autorização para receber. Todavia, é presunção relativa, de modo que pode ser afastada, em especial em face das circunstâncias negociais. Neste particular, assume especial relevo as circunstâncias negociais que podem afastar ou reforçar a presunção, conforme o caso. Em uma relação comercial, por exemplo, pode ocorrer que aquele que se apresenta como portador da quitação seja empregado do credor, já conhecido do devedor, que com ele trata sobre a retirada de pedidos e outros aspectos do relacionamento entre as partes. Se surge com o recibo de quitação e solicita pagamento, mesmo que não tenha poderes, ou sequer esteja mais vinculado ao credor, as circunstâncias militam em favor da presunção. Por outro lado, se alguém se apresenta com o recibo de quitação, mas não de modo a que se entenda por qualquer razão autorizado pelo credor, inclusive, por exemplo, porque em desacordo com as condições previamente ajustadas para o pagamento, as circunstâncias militam contra a presunção de legitimidade do portador.

4.2.2.2. Pagamento realizado a terceiro que não é credor

Pode ocorrer de o devedor realizar o pagamento a quem não é credor. Em princípio, não será eficaz, de modo que permanecerá o devedor vinculado ao credor, e obrigado à realização da prestação. Como regra, o velho adágio se afirma: "quem paga mal, paga duas vezes".

Esta regra, contudo, não é absoluta. São algumas as condições que, se observadas no caso concreto, podem conduzir, em acordo com as circunstâncias, à eficácia do pagamento mesmo quando feito a terceiro que não é credor.

A primeira delas decorre da proteção da confiança legítima reconhecida pelo direito das obrigações e operacionalizada pela boa-fé a partir da teoria da aparência. Se quem se apresenta perante o devedor é alguém que, por todas as circunstâncias, mesmo quando não tenha consigo o termo de quitação ou o instrumento de mandato, conforme o caso, faz crer que é legítimo representante do credor, pode ocorrer de aquele realizar o pagamento mediante esta crença fundada em critérios objetivos que a legitimam. A teoria da aparência, de construção relativamente recente na tradição jurídica, fundamenta a eficácia dos atos praticados mediante a confiança legítima de sua regularidade, na medida em que aquele que se apresenta como representante ou autorizado para o ato aparenta de fato contar com tal legitimação. Atende, neste particular, à necessidade de se conferir segurança aos negócios jurídicos, tutelando o interesse daqueles que se comportaram de modo correto no tráfego negocial[46].

O art. 309 do Código Civil define que "O pagamento feito de boa-fé ao credor putativo é válido, ainda que provado depois que não era o credor". Credor putativo é justamente aquele que se apresenta como sendo o titular do crédito, para o que desperta a confiança geral sobre esta condição. Na lição de Clóvis Beviláqua, é o que "aos olhos de todos, passa por ser o verdadeiro credor"[47].

---

[46] Hélio Borghi, *Teoria da aparência no direito brasileiro*, São Paulo: Lejus, 1999, p. 43; Semy Glanz, Aparência e o direito, *Revista de Jurisprudência do Tribunal de Justiça do Estado da Guanabara*, Rio de Janeiro, 1971, v. 24, p. 72-75.

[47] Clóvis Beviláqua, *Código Civil dos Estados Unidos do Brasil comentado* cit., v. IV, p. 70.

170 | DIREITO DAS OBRIGAÇÕES – *Bruno Miragem*

Isso não permite que se deixe de exigir diligência ordinária do devedor[48]. Todavia, é exigência que se submete à razoabilidade, em vista das circunstâncias, que serão determinantes para se avaliar, em concreto, mesmo o quanto deva desconfiar o devedor, ou o que deva exigir daquele que pretende receber, de modo a determinar-se se é escusável ou não o erro cometido[49]. Como bem afirma a jurisprudência, "para que o erro no pagamento seja escusável, é necessária a existência de elementos suficientes para induzir e convencer o devedor diligente de que o recebente é o verdadeiro credor"[50].

São casos de credor putativo o herdeiro aparente – ou seja, aquele que aparentava ser o herdeiro, ou único herdeiro – e que em sucessão do *de cujus* recebe o pagamento, posteriormente sendo identificados outros herdeiros do mesmo credor[51]. Da mesma forma ocorre na hipótese do mandatário que tinha poderes para receber, mas cujo mandato foi revogado, sem o conhecimento do devedor, que com base no instrumento original realiza o pagamento. O mesmo se diga do pagamento feito ao cessionário, cuja cessão venha ser anulada, ou que é feito ao credor primitivo, antes de notificado da cessão, ou do segurador que paga a indenização àquele que se apresenta como beneficiário, com fundadas razões para confiar na sua legitimação[52]. Nestes casos, e em outros nos quais se identifique o pagamento de boa-fé feito a credor putativo, se produz a eficácia de pagamento, com a extinção da dívida e efeito liberatório do devedor. Restará ao credor legítimo, que não recebeu o pagamento, reclamar daquele que recebeu o pagamento do devedor, mesmo não sendo credor, pretensão que encontrará fundamento na própria rejeição ao enriquecimento sem causa (art. 884 do Código Civil).

Note-se que, neste caso, a eficácia do pagamento, no caso em que feito de boa-fé pelo devedor, ao credor putativo, resulta de expressa determinação do art. 309 do Código Civil. É da lei que resulta o efeito liberatório do devedor, presentes os elementos fáticos da boa-fé daquele que pagou e a crença de que aquele para quem pagou era o credor, ainda que se revelando, em seguida, o contrário, assim como a escusabilidade do erro cometido.

Além do pagamento feito pelo devedor de boa-fé ao credor putativo, também se deve ter em conta a hipótese de eficácia do pagamento feito a terceiro que não era credor, desde que seja ratificado por este, ou ainda quando se demonstre que o pagamento reverteu em seu proveito (art. 308, *in fine*, do Código Civil). Nestes casos, mesmo que o pagamento tenha sido feito a quem não era credor, independentemente de boa-fé do devedor, ou do exame de sua diligência ordinária, será eficaz, liberando-o da obrigação, se houver ratificação do legítimo credor, ou ainda, se provar que a ele aproveitou a prestação. Neste caso, se o pagamento for feito a terceiro que não é credor, não produzirá efeito liberatório até que o credor dê sua ratificação, a eficácia depende da ratificação. Até que ocorra (se é que venha a ocorrer), reputa-se o pagamento como ineficaz.

Desse modo, o pagamento feito a terceiro que não era credor poderá ser considerado eficaz se restar demonstrado que reverteu em seu proveito. No caso, sendo o devedor quem se beneficia diretamente da eficácia que resulta da prova do proveito pelo credor, é dele o ônus de realizar a prova deste fato. Justifica-se a liberação do devedor provando que o pagamento, mesmo sendo feito a terceiro, reverteu em benefício do credor. Exigir-se o contrário, que

---

[48]   REsp 12.592/SP, Rel. Min. Sálvio de Figueiredo Teixeira, 4ª Turma, j. 23-3-1993, *DJ* 26-4-1993; REsp 1044673/SP, Rel. Min. João Otávio de Noronha, 4ª Turma, j. 2-6-2009, *DJe* 15-6-2009.

[49]   STJ, AgRg no AREsp 72.750/RS, Rel. Min. Antonio Carlos Ferreira, 4ª Turma, j. 19-2-2013, *DJe* 28-2-2013.

[50]   STJ, REsp 1601533/MG, Rel. Min. João Otávio de Noronha, 3ª Turma, j. 14-6-2016, *DJe* 16-6-2016.

[51]   STJ, REsp 823.724/RJ, Rel. Min. Sidnei Beneti, 3ª Turma, j. 18-5-2010, *DJe* 7-6-2010.

[52]   AgRg no Ag 1225463/SP, Rel. Min. Maria Isabel Gallotti, 4ª Turma, j. 11-12-2012, *DJe* 19-12-2012.

renovasse o pagamento ao credor nestas circunstâncias, ofende à própria rejeição do direito ao enriquecimento sem causa. Assim, por exemplo, ocorre no caso de o pagamento ter sido feito pelo devedor ao filho do credor, e este o tenha entregue integralmente a seu pai, que dele se utiliza; ou ao transportador da coisa vendida, que não tinha poderes para representar o credor do preço, mas o recebe do devedor, na falta de outra orientação, e o entrega ao credor.

A doutrina distingue, neste caso, as situações de proveito direto e de proveito indireto do credor. No primeiro caso, é aquele em que o devedor paga a terceiro que repassa a prestação integralmente ao credor. Já proveito indireto é aquele no qual o pagamento efetuado não lhe dá a disponibilidade da prestação executada, mas resulte em proveito patrimonial, ao ser direcionado a despesas as quais poderia ter que vir a responder, mas cujo emprego do resultado do pagamento evita o desembolso. É o caso do pagamento que é direcionado à dívida que é exigível do credor. Nos casos de proveito indireto, contudo, poderá ser considerado ineficaz, mantendo-se obrigado o devedor, se for considerado que o direcionamento do pagamento a dívidas do credor, sem sua participação, ofende a liberdade de disposição sobre o próprio patrimônio[53].

4.2.2.3. Pagamento realizado a credor incapaz

O pagamento realizado a credor incapaz de quitar não produz efeitos, se o devedor não provar que em benefício dele efetivamente reverteu. A regra expressa no art. 310 do Código Civil refere: "Não vale o pagamento cientemente feito ao credor incapaz de quitar, se o devedor não provar que em benefício dele efetivamente reverteu". Coerente com a compreensão que subjaz na legislação à natureza do pagamento, refere que nestas condições ele "não vale". Pelas razões já expostas, a regra deve ser lida como "não é eficaz", o que no caso, significa que não produz o efeito liberatório do devedor e extintivo da obrigação.

Uma distinção, todavia, é da maior importância. O credor deve ser capaz de quitar. Para tanto, exige-se que tenha capacidade de fato para exercer pessoalmente os atos da vida civil. Mais do que isso, exige-se que tenha poder de disposição sobre o crédito. Pode ser o credor, mas não ter o poder de dispor do crédito, como ocorre quando este é objeto de penhora, ou quando foi objeto de arresto ou sequestro. Ou ainda, quando o credor, por certa qualidade específica, não tenha legitimidade para receber, caso do credor decretado falido, por exemplo, que não poderá dar quitação a eventuais devedores, em prejuízo dos credores da massa.

Da mesma forma, a norma em questão refere-se ao pagamento cientemente feito ao credor incapaz. Ou seja, o pagamento feito pelo devedor que sabe, tem ciência, que o credor é incapaz, e ainda assim o promove. Nestes termos, se o devedor ignorava, porque o credor incapaz tenha lhe ocultado a idade, incide a regra o art. 180 do Código Civil: "O menor, entre dezesseis e dezoito anos, não pode, para eximir-se de uma obrigação, invocar a sua idade se dolosamente a ocultou quando inquirido pela outra parte, ou se, no ato de obrigar-se, declarou-se maior". Conforme ensina a doutrina, "a malícia com que se conduziu retira-lhe a exceção da idade – *malitia supplet aetatem*"[54]. Poderá ser obrigado, nestes casos, inclusive a dar a quitação. Tratando-se de credor relativamente capaz, pode haver a confirmação da quitação, seja por aquele que compita lhe assistir, seja pelo próprio credor quando se torne capaz.

Em outras situações, contudo, quando se trate de credor absolutamente incapaz, ou ainda relativamente incapaz, mas que não tenha ocultado sua idade nos termos do art. 180 do Código Civil, e mesmo o que o seja em razão de outra causa de incapacidade, o pagamento,

---

[53]   Silvio Rodrigues, *Direito civil* cit., v. 2; Carlos Roberto Gonçalves, *Direito civil brasileiro* cit., v. 2, p. 267.
[54]   Caio Mário da Silva Pereira, *Instituições de direito civil* cit., v. II, p. 176.

172 | DIREITO DAS OBRIGAÇÕES – *Bruno Miragem*

a princípio, não produz efeitos. Apenas será eficaz se provado que reverteu em seu proveito, prova esta cujo ônus de produzir pertence ao devedor.

Neste particular, é de observar certo dissenso doutrinário no tocante à extensão da regra do art. 310 a todos os incapazes, independentemente de se tratar de incapacidade absoluta ou relativa[55]. Em sentido diverso orientam-se os que, ao considerar a validade ou não do pagamento, sustentam a impossibilidade de convalidação do nulo, no caso de ato praticado por absolutamente incapaz[56]. Note-se, contudo, que se tomando em consideração que a regularidade ou não do pagamento põe em questão apenas sua eficácia – como é a opção que aqui se adota, pelas razões já expendidas – o problema deixa de ter outros contornos, de modo que se deve considerar os mesmos efeitos, independentemente da espécie de incapacidade.

Desse modo, deve-se examinar no que consiste a prestação reverter em proveito do credor. Pode ocorrer de ser considerado que reverteu em favor do incapaz porque o pagamento chegou ao poder do seu representante, ou porque fica demonstrado que dele retirou proveito econômico. O mesmo se diga quando, como resultado do pagamento, haja aumento ou conservação do patrimônio do incapaz, como é o caso em que resulte a aquisição de bens ou a extinção de dívidas. Deve ser considerado, para efeito de avaliar se reverteu efetivamente em seu proveito, a necessidade de cotejar o resultado concreto da destinação do pagamento, e os poderes, e consequente responsabilidade, de seu representante legal para a administração dos bens, no melhor interesse do incapaz. Embora não se trate de incapacidade, por analogia, e de acordo com as circunstâncias concretas do caso, se pode tomar as mesmas regras quando se trate do credor pessoa com deficiência.

4.2.2.4. Pagamento realizado a credor cujo crédito foi penhorado

O pagamento, para ser eficaz, deve ser feito a quem tenha poder de disposição sobre o crédito. Pode ocorrer, todavia, de a prestação devida ao credor vir a ser penhorada por quem tenha direito de crédito contra ele, ou ainda, ser impugnada por terceiros. Nestas hipóteses, sendo intimado o devedor sobre a penhora ou a impugnação feita, se ainda assim realizar o pagamento, este não produzirá efeitos em relação aos terceiros que tenham penhorado ou impugnado o crédito, de modo que poderá vir a ser demandado a realizar novamente a prestação em favor destes.

O art. 312 do Código Civil define: "Se o devedor pagar ao credor, apesar de intimado da penhora feita sobre o crédito, ou da impugnação a ele oposta por terceiros, o pagamento não valerá contra estes, que poderão constranger o devedor a pagar de novo, ficando-lhe ressalvado o regresso contra o credor". A finalidade da regra é preservar o patrimônio sobre o qual recai a responsabilidade pelas obrigações que vier a constituir. Integram o patrimônio, dentre outros bens economicamente avaliáveis, também os créditos do seu titular.

A penhora de créditos deve ser objeto de intimação do devedor e do próprio executado (art. 855 do Código de Processo Civil). O devedor, neste caso, será intimado para, no vencimento da dívida, depositar em juízo a prestação, sobre a qual correrá a execução (art. 859 do Código de Processo Civil).

---

[55] Miguel Maria de Serpa Lopes, *Curso de direito civil* cit., v. II, p. 178. Distinguindo entre as hipóteses e admitindo a possibilidade de ratificação quanto aos relativamente incapazes, João Luis Alves, *Código Civil da República dos Estados Unidos do Brasil anotado*, 3. ed., Rio de Janeiro: Borsói, 1958, v. 4, p. 61.

[56] Nesse sentido, sustentam, à luz do Código Civil de 1916, Carvalho Santos, *Código Civil interpretado* cit., v. XII, p. 99; e Caio Mário da Silva Pereira, *Instituições de direito civil* cit., v. II, p. 177.

No caso da impugnação do crédito por terceiro, a mesma regra é admitida, de modo que pode ser o devedor constrangido a pagar novamente àquele que promove a impugnação. Isso porque os créditos de que seja titular o devedor, referentes à outra relação obrigacional de que seja parte, constituem garantia patrimonial do adimplemento da sua dívida. Daí por que, se foi o devedor intimado da impugnação, e ainda assim fez o pagamento ao seu credor, poderá ter de pagar novamente ao credor do seu credor. Todavia, se tal ocorrer, terá pretensão de restituição do que pagou indevidamente ao credor que não mais tinha poder de disposição sobre o crédito.

Da mesma forma, tratando-se de atuação abusiva daquele que impede o regular adimplemento da obrigação pelo devedor, impugnando o crédito por razões que, depois, se revelem insubsistentes, poderá vir a responder por dano processual (art. 302 do Código de Processo Civil).

4.3. Condições objetivas do pagamento

O exame das condições objetivas do pagamento exige que se tenha em vista o próprio objeto da obrigação, que é a prestação. Nesse sentido, o objeto do pagamento será a realização integral da prestação, de modo a observar, conforme já se mencionou, o que se convenciona denominar princípios da identidade e da integralidade do pagamento.

Estabelece o art. 313 do Código Civil que "o credor não é obrigado a receber prestação diversa da que lhe é devida, ainda que mais valiosa". Também denominado como princípio da congruência, da identidade, ou da pontualidade, delimita o objeto do pagamento ao conteúdo da prestação ajustada, e subordinado ao vínculo obrigacional. Há direito do credor em receber o conteúdo exato da prestação e correspondente dever de realizá-lo pelo devedor. O exato cumprimento da prestação observará, nestes termos, diversas condições, compreendidas no tempo, lugar e modo definidos, que caracterizam a prestação.

Não pode haver, desse modo, modificação do objeto da obrigação, referencial para o pagamento, sem o consentimento do credor. Incide a máxima romana *aliud pro alio invite creditore solvi non potest* (*Digesto*, 12.1.2.1), fundamento sobre os quais se erige o direito das obrigações contemporâneo, desde os tratadistas mais autorizados[57].

Por outro lado, não pode o credor ser obrigado a receber em partes se assim não ajustou. Este é o preceito que resulta do denominado princípio da integralidade, manifesto no art. 314 do Código Civil que estabelece: "Ainda que a obrigação tenha por objeto prestação divisível, não pode o credor ser obrigado a receber, nem o devedor a pagar, por partes, se assim não se ajustou". O pagamento deve contemplar exatamente o que se encontra ajustado como objeto da obrigação. Se a prestação se realizará toda de uma vez ou em parcelas, exclusivamente o que define é o que constar como objeto da obrigação, não podendo o credor ser obrigado a receber diversamente. Esta regra, contudo, observa temperamentos, como no caso em que haja a sucessão do credor, e o fracionamento do crédito em vários credores, o que se tratando de prestação divisível, permite que o pagamento seja realizado *pro rata*, parcelando-se entre os diversos titulares do crédito (art. 257 do Código Civil)[58], desde que não comprometa o interesse legítimo dos credores. Neste particular, recorde-se que a indivisibilidade da prestação decorre de sua natureza, por motivo de ordem econômica, ou dada a razão determinante do negócio jurídico (art. 258 do Código Civil).

---

[57] Jacques Cujas, *Opera omnia*. Observationes et Emendationes, Prati, 1838, t. V, p. 638; Hugo Donellus, *Comentariorum de jure civile*, Florença, 1842, t. IV, p. 765.

[58] Caio Mário da Silva Pereira, *Instituições de direito civil* cit., v. II, p. 179.

A impossibilidade de modificar a prestação tal qual esteja expressa como objeto da obrigação é a regra, mas observa exceções. No caso da obrigação de dar, se antes da tradição sobrevier melhoramentos acrescidos à coisa, pode aquele que deve entregá-la exigir aumento de preço, que caso não seja aceito por quem deva recebê-la, dá direito à resolução da obrigação (art. 237 do Código Civil). Da mesma forma, conforme se examinará adiante, admite-se, no caso de desequilíbrio das prestações, em razão de fato superveniente posterior à constituição da obrigação, a possibilidade de revisão judicial do seu objeto (art. 317 do Código Civil).

Da mesma forma pode ocorrer, mediante incidência da boa-fé objetiva, de modificar-se o conteúdo original da obrigação, estendendo ou restringindo os deveres a serem satisfeitos pelo pagamento. Pode ocorrer que os usos e costumes acrescentem algo a ser prestado, ou ainda pelo comportamento reiterado de uma das partes haja a expectativa, tutelada pelo direito, em relação a certa conduta do devedor. O parâmetro para a interpretação e concreção dos deveres de boa-fé, neste caso, será o interesse útil do credor. Assim, por exemplo, o caso do transportador aéreo, que tendo dado falta de lugares originalmente contratados pelo passageiro para viagem, oferece outros em classe superior; ou no mesmo exemplo, no contrato de hospedagem, o hotel ao não dispor de quartos na categoria originalmente contratada, oferece outros em categoria superior. Em ambos os casos, há modificação do objeto original da obrigação. Porém, a hipótese de recusa do credor em aceitar a prestação oferecida, mais vantajosa, pretendendo reclamar perdas e danos, deverá ser interpretada como exercício abusivo do direito de crédito. O mesmo ocorre quando se recuse o cumprimento parcial sem um motivo sério[59].

Por outro lado, pode ocorrer de o credor aceitar receber o pagamento parcial, admitindo a realização apenas em parte da prestação objeto da obrigação. Poderá motivá-lo razões de ordem prática, tais como cooperar com o devedor para que possa satisfazer a prestação com maior agilidade, ou ainda precaver-se aceitando receber parte, em face do risco de inadimplemento do devedor. Essa conduta do credor não implica, por si só, modificação do objeto da obrigação, e menos ainda, sua novação. Há faculdade de aceitação pelo credor, fundada no receio em relação ao risco de inadimplemento total, ou visando a cooperar com o devedor. Se adiante a prestação não for completada, ou se o for desatendendo o interesse útil do credor, poderá rejeitá-la integralmente, configurando o inadimplemento absoluto do devedor. Tratando-se de obrigação pecuniária, contudo, se o recebimento parcial extinguir parte considerável da obrigação, esta rejeição integral futura não se justifica. Já quando se trate da entrega parcial de um conjunto de bens, tais como espécie de maquinário, cuja utilidade resulte, exatamente, de que funcionem conjuntamente, considera-se legítima a recusa de parte ou de todo o conjunto, mesmo tendo exercida a faculdade de aceitação parcial, configurando-se o inadimplemento do devedor[60].

4.3.1. Obrigações pecuniárias e pagamento

Já se examinou a distinção, no tocante às obrigações pecuniárias, entre as dívidas de dinheiro e as dívidas de valor. Por dívidas de dinheiro, compreendem-se aquelas cuja prestação seja consistente na entrega de moeda, que será tomada por seu valor nominal, sendo este o comportamento devido pelo devedor e propósito almejado pelo credor. Já as dívidas de valor, embora sejam também pagas em dinheiro, tem por objeto conferir ao credor prestação que caracterize uma situação patrimonial determinada, da qual certa quantia monetária é uma

---

[59] Mário Júlio de Almeida Costa, *Direito das obrigações* cit., p. 931.
[60] Idem, ibidem.

representação transitória, em certo momento, do valor devido[61]. Neste caso, a moeda é apenas a unidade de conta da prestação, cujo objeto, todavia, é conferir ao credor determinada situação patrimonial.

O art. 315 do Código Civil estabelece: "As dívidas em dinheiro deverão ser pagas no vencimento, em moeda corrente e pelo valor nominal, salvo o disposto nos artigos subsequentes". Considera-se definido por esta regra o princípio do nominalismo. Já se examinou nesta obra e em outros estudos[62], as três principais funções reconhecidas à moeda, como (a) reserva de valor; (b) medida de valor; e (c) meio de pagamento. Interessam as duas últimas. Como medida de valor, permite-se que certa quantidade de moeda sirva para definir o valor de bens, direitos e outras situações avaliáveis economicamente. Como meio de pagamento, é reconhecida à moeda a aptidão para que, sob a forma de prestação a ser entregue pelo devedor ao credor, operar a satisfação do interesse deste último, dando causa à extinção da obrigação. O princípio do nominalismo, consagrado pelo art. 315, justamente faz referência às dívidas de dinheiro, expressando o comando que, nestes casos, a realização da prestação compreende a entrega, no vencimento, da quantidade de moeda com curso legal expressa no título da obrigação.

A distinção entre as dívidas de valor e as dívidas de dinheiro se podem fazer também em relação às próprias, ao modo como as obrigações a que digam respeito, se utilizam das distintas funções da moeda. Em dívidas de dinheiro, a moeda exerce, ao mesmo tempo, as funções de medida de valor e de meio de pagamento. Nas dívidas de valor, contudo, a moeda assume a função de meio de pagamento, porém, a determinação do objeto da obrigação se estabelece por outro critério (unidade de valor), como é o caso do equivalente a certo número de sacas de produto agrícola, ou ao salário mínimo, por exemplo.

O princípio do nominalismo aplica-se, portanto, às dívidas de dinheiro, jamais às dívidas de valor. As dívidas de valor serão, *a priori*, ilíquidas, sendo sua quantificação em moeda o procedimento hábil para sua liquidação. Nesse sentido, as dívidas de valor serão sempre um valor que deve ser liquidado por uma soma de dinheiro. Renove-se, contudo, trazendo a lição doutrinária para que bem se compreenda a distinção: as dívidas de valor são sempre ilíquidas, *a priori*. Contudo, nem todas as dívidas ilíquidas serão de valor, como se percebe no caso da dívida de dinheiro sobre a qual se tenha de calcular os juros incidentes[63].

O exemplo mais representativo das dívidas de valor são as dívidas de indenização[64]. Indenizar é repor ou "recompor" o dano (*im* + *damni*). A função precípua da indenização é recompor o patrimônio do lesado, daí o sentido do art. 944 do Código Civil: "A indenização mede-se pela extensão do dano". A indenização será a prestação pecuniária (portanto, em moeda), correspondente ao dano. Porém, apenas serve para avaliar economicamente o dano, ou ainda, em danos de natureza extrapatrimonial, certa prestação pecuniária servirá para compensar o dano que é, por si, irreparável. O reconhecimento da dívida de indenização

---

[61] Arnoldo Wald, *Teoria das dívidas de valor*, Rio de Janeiro: Ed. Nacional de Direito, 1958, p. 17; Tulio Ascarelli, *Studi giuridici sulla moneta*, Milano: Giuffrè, 1952, p. 43 e ss. Paulo Barbosa Campos Filho, *Obrigações de pagamento em dinheiro*, Rio de Janeiro: Ed. Jurídica e Universitária, 1971, p. 11 e ss. Recentemente, na França, a tese de Thomas Le Gueut ao examinar a qualificação jurídica do pagamento das obrigações pecuniárias, defenda a aproximação das dívidas de dinheiro e das dívidas de valor, a partir desta própria noção de pagamento, Thomas Le Gueut, *Le paiement de l'obligation monétaire em droit privé interne*, Paris: LGDJ, 2016, p. 51 e ss.

[62] Bruno Miragem, *Direito bancário*, 3ª ed. São Paulo: RT, 2019, p. 55-56.

[63] Tulio Ascarelli, *Studi giuridici sulla moneta*, Milano: Giuffrè, 1952, p. 77.

[64] Gioachino Scaduto, *I debiti pecuniari e il deprezzamento monetário*, Milano: F. Vallardi, 1924, p. 182.

pressupõe a identificação das condições para a imputação de responsabilidade por um dano injusto. O *quantum* da indenização, contudo, dependerá da extensão da lesão, do porquê deverá ser, como regra, objeto de liquidação.

Por outro lado, são rejeitados, por expressa previsão legal, a convenção do pagamento em moeda estrangeira, ou também em ouro, bem como a compensação da diferença entre estas e o valor da moeda nacional, com exceção dos casos previstos na legislação especial (art. 318 do Código Civil). Este entendimento, ora consagrado no direito brasileiro, reverteu a ampla liberdade das partes de convencionar o objeto do pagamento das obrigações, mesmo a moeda em que este deveria ser feito, conforme constava no Código Comercial de 1850, assim como na redação original do art. 947, § 1º, do Código Civil de 1916. A justificação para esta maior intervenção do Estado, com a respectiva restrição à autonomia privada, devem-se, sobretudo, a razões de política econômica, como instrumento de prevenção à instabilidade monetária.

A definição de moeda corrente, prevista no art. 315 do Código Civil, de sua vez, compreende àquela que tem curso legal em determinado território, sendo meio legalmente previsto para o pagamento das obrigações, operando a eficácia liberatória do devedor. No caso do direito brasileiro, considera-se moeda corrente o Real, nos termos do art. 1º da Lei n. 9.069/95. Da mesma forma, a Lei n. 10.192/2001 estabelece que as estipulações de pagamento de obrigações pecuniárias exequíveis no território nacional deverão ser feitas em Real, pelo seu valor nominal (art. 1º). Proíbe, cominando de nulidade, estipulações que prevejam pagamento expressas em, ou vinculadas a ouro ou moeda estrangeira, ressalvado o disposto no Decreto n. 857/69, e contratos de arrendamento mercantil, nos quais tenham sido utilizados recursos captados no exterior (art. 6º da Lei n. 8.080/94, *in fine*).

O Real, igualmente, possui curso forçado, de modo que é de uso obrigatório, tanto na definição em valor monetário, das obrigações celebradas no país para aqui serem executadas. Nestes termos, registre-se que curso forçado é o atributo da moeda que faz com que deva ser obrigatoriamente aceita pelo credor para pagamento das obrigações, cuja recusa caracteriza um ilícito (que pode ser relativo, como a mora do credor, ou absoluto, como é o caso da recusa da venda de bens ou a prestação de serviços, diretamente a quem se disponha a adquiri-los mediante pronto pagamento, prática abusiva definida no art. 39, IX, do Código de Defesa do Consumidor).

O princípio do nominalismo, que informa o objeto do pagamento, comporta três exceções: (a) a primeira, são as hipóteses em que a lei admite a constituição de obrigações em moeda estrangeira; (b) a segunda, a possibilidade de atualização monetária de modo a preservar o valor real da obrigação; e (c) a terceira, a hipótese de mudança da moeda de curso legal entre o momento de constituição da obrigação e do seu pagamento, hipótese em que este deverá ser realizado em moeda diversa daquela constante no título da obrigação.

Em relação à primeira situação mencionada, há hipóteses definidas em lei para as quais se admite a constituição de obrigações em moeda estrangeira, as quais, em geral, para cumprimento no Brasil, deverão ser convertidas para a moeda corrente nacional. São os casos previstos no Dec.-lei n. 857/69 que contemplam, dentre outros, contratos de importação e exportação, empréstimos ou outras obrigações cujo credor ou devedor seja pessoa residente e domiciliada no exterior, dentre outros[65].

---

[65] Em razão do disposto no art. 2º do Decreto n. 857/69 não se aplica a obrigatoriedade de determinação do objeto da obrigação em moeda com curso legal: "I – aos contratos e títulos referentes a importação ou exportação de mercadorias; II - aos contratos de financiamento ou de prestação de garantias relativos às operações de exportação de bens e serviços vendidos a crédito para o exterior; (Redação dada pela Lei nº 13.292, de 2016)III – aos contratos de compra e venda de câmbio em geral; IV – aos empréstimos

Capítulo 6 · ADIMPLEMENTO E EXTINÇÃO DAS OBRIGAÇÕES | **177**

A segunda hipótese diz respeito à correção monetária. Trata-se a correção monetária de instrumento desenvolvido pela economia[66] para efeito de permitir o ajuste periódico de certos valores, tendo por base o valor da inflação do período, que ao determinar maior quantidade de moeda para aquisição de bens e serviços, implica perda do seu valor de compra. O fenômeno inflacionário é uma constante na economia brasileira e em outros países[67], com períodos de maior ou menor incidência, o que impacta na satisfação do interesse útil do credor em face da dissociação entre o valor nominal da obrigação, fixado quando de sua constituição, e o momento do efetivo pagamento. Para fazer frente a esta questão, originalmente, admitiu o Código Civil de 1916, a utilização da cláusula-ouro, pela já citada redação original do art. 947, § 1º, suspenso pelo Decreto n. 23.501/33, assim como de normas específicas prevendo a atualização de valores de distintas espécies de obrigações. A expressão técnica correção monetária, contudo, surge apenas com a Lei n. 4.357/64, no âmbito de uma série de reformas empreendidas pela União, para modernização da economia nacional.

Por correção monetária compreenda-se a atualização do valor nominal de quantia ou prestação fixada em moeda sujeita à desvalorização, de modo a manter, em razão do decurso do tempo, seu valor real. Nas obrigações, visa a atualizar o valor nominal,[68] de modo a manter o valor real da dívida. A correção monetária, desse modo, não se caracteriza como aumento da prestação, ou alteração do seu objeto, mas sim como atualização do valor original, modificando o valor nominal indicado no título da obrigação pela aplicação de índice percentual que mede a perda do poder aquisitivo da moeda. Da mesma forma, não caracteriza sanção, uma vez que seu objetivo não é o de onerar o devedor, senão o de evitar seu enriquecimento injustificado, que pode ocorrer em consequência da desvalorização da moeda.

Nas obrigações pecuniárias, o risco da perda do valor da moeda, como regra, é do credor, até o vencimento. Vencida a dívida e havendo o inadimplemento do devedor, este passa

---

e quaisquer outras obrigações cujo credor ou devedor seja pessoa residente e domiciliada no exterior, excetuados os contratos de locação de imóveis situados no território nacional; V – aos contratos que tenham por objeto a cessão, transferência, delegação, assunção ou modificação das obrigações referidas no item anterior, ainda que ambas as partes contratantes sejam pessoas residentes ou domiciliadas no país". Em relação aos contratos de locação de bens móveis que estipulem pagamento em moeda estrangeira, estabeleceu como condição de validade o registro no Banco Central do Brasil (art. 2º, parágrafo único).

[66] Há antecedentes bastante antigos para a correção do valor da prestação em face da evolução dos preços praticados no mercado, tanto nos sistemas de direito romano-germânico como no *common law*. Assim por exemplo, no *common law*, já em 1575 o *Act for maintenace of the Colleges in the Universitie, and of Winchester na Eaton* dispunha sobre o pagamento do arrendamento de terras por estas instituições, por quantia em dinheiro correspondente à cotação do melhor trigo e malte no mercado de Cambridge. Nesse sentido, Otto Gil, Correção monetária, *Revista de Informação Legislativa* 63, Brasília: Senado Federal, jul.-set. 1979. Para o conteúdo da lei inglesa, veja-se: J. Chitty, *A colection of statutes of practical utility with notes thereon*: intended as a circuit ad court companion, London: Willian Benning, 1829, v. I, part. II, p. 690.

[67] Daí a preocupação dos juristas nos diferentes sistemas jurídicos, com a perda do poder de compra da moeda, como assinala em conhecida monografia, Gioachino Scaduto, I debiti pecuniari e il deprezzamento monetario, cit. Da mesma forma, A. Trasbot, La dévaluation monétaire et les contrats em droit privé. Études offertes a Georges Ripert; *Le droit privé français au millieu du séc. XX*, Paris: 1950, t. II, p. 159 e ss; e Rémy Libchaber, *Recherches sur la monnaie em droit privé*, Paris: LGDJ, 1992, p. 295 e ss.

[68] Assim, por exemplo, é o caso da incidência de correção monetária, nos contratos de seguro, sobre o valor previsto de indenização na apólice, até a data do seu efetivo pagamento, conforme é, ademais, confirmado pela Súmula 632 do STJ: "Nos contratos de seguro regidos pelo Código Civil, a correção monetária sobre a indenização securitária incide a partir da contratação até o efetivo pagamento" (STJ, 2ª Seção, j. 08/05/2019, *DJe* 13/05/2019).

178 | DIREITO DAS OBRIGAÇÕES – *Bruno Miragem*

a responder pela atualização monetária (art. 389 do Código Civil). Podem as partes, contudo, convencionar a incidência de correção monetária sobre o valor nominal da prestação. Neste caso, deve ser aplicado o que dispõe o art. 2º da Lei n. 10.192/2001, que limita a possibilidade de convenção de correção monetária ou reajuste, apenas nos contratos com prazo igual ou superior a um ano, e sancionando como nula de pleno direito qualquer estipulação de reajuste ou correção monetária de periodicidade inferior a um ano.

O índice a ser aplicado para correção monetária é matéria de ordem pública, de modo que será fixado por norma cogente. Encontra seu fundamento no princípio do equilíbrio, que informa o direito das obrigações, tutelando o equilíbrio dos interesses de credor e devedor.

A terceira hipótese de exceção ao princípio do nominalismo diz respeito à alteração – por meio de lei – da moeda de curso legal entre o momento da constituição da obrigação e o seu vencimento, quando cumpra ao devedor realizar o pagamento. Trata-se de situação comum em momentos de instabilidade econômica, a fomentar a intervenção do Estado por intermédio de planos de estabilização monetária, tais como os experimentados pelo Brasil no final do século passado. Neste caso, o que normalmente ocorre é a própria norma que definiu a alteração da moeda com curso legal também prever regras de transição para pagamento das obrigações constituídas na moeda, cujo curso legal não mais exista.

4.3.2. Cláusula de escala móvel

Com o objetivo de precaver-se da perda do valor nominal da prestação, em vista da depreciação da moeda, podem as partes de determinada relação obrigacional predefinirem no momento da sua constituição, ou em momento posterior, critério para reajustamento deste valor. Trata-se do exercício da autonomia privada das partes, que livremente convencionam critérios de reajuste da prestação nas obrigações de trato sucessivo, de modo a tutelar a satisfação do interesse legítimo das partes ao tempo de sua execução. A esta estipulação negocial das partes, denomina-se cláusula de escala móvel. Constitui-se cláusula de escala móvel, segundo a melhor doutrina, aquela "que estabelece uma revisão, pré-convencionada pelas partes, dos pagamentos que deverão ser feitos de acordo com as variações do preço de determinadas mercadorias ou serviços, ou do índice geral do custo de vida, ou dos salários"[69].

O art. 316 do Código Civil expressamente admite sua estipulação ao definir: "É lícito convencionar o aumento progressivo de prestações sucessivas". A utilidade da cláusula de escala móvel reside justamente na determinação prévia de um critério de atualização do valor nominal da prestação, de modo a preservar, durante o tempo em que dure a obrigação, sua representação patrimonial para as partes. Nesse sentido, tem uma função que se aproxima daquela cumprida pela correção monetária, uma vez que visa à atualização dos valores da prestação. Há, todavia, clara distinção entre ambas, na medida em que a correção monetária dependerá, para poder incidir de permissivo legal expresso, enquanto a cláusula de escala móvel pode ser estipulada mediante exercício da autonomia privada dos sujeitos da relação obrigacional.

A convenção da cláusula de escala móvel no âmbito das obrigações em geral não escapa de certas limitações impostas pelo direito, em vista do interesse social. Na perspectiva da estabilidade econômica e monetária, a possibilidade de reajustamento das prestações, com base em índices ou critérios associados à evolução dos preços de mercado, ou ainda a partir de percentuais fixados pelas próprias partes, pode generalizar a indexação dos preços praticados,

---

[69] Arnoldo Wald, *A cláusula de escala móvel*, 2. ed., Rio de Janeiro: Ed. Nacional de Direito, 1959, p. 99-100.

Capítulo 6 · ADIMPLEMENTO E EXTINÇÃO DAS OBRIGAÇÕES | 179

promovendo o aumento da inflação, e nestes termos, fomentando a desvalorização da moeda que visa a combater. Em breve síntese, se desde logo as partes fixam determinado índice para reajuste das prestações, poderão estar antecipando um aumento dos custos que se realizará no futuro, de modo que a desvalorização monetária passe a incluir a inflação passada mais sua expectativa futura (a chamada inflação inercial).

Daí por que normas de política econômica e monetária buscam impor limites à livre estipulação destas cláusulas, seja impedindo a adoção de certos critérios para reajustamento – como, por exemplo, a vedação de utilização do valor do salário mínimo como indexador, prevista no art. 7º, IV, *in fine*, da Constituição da República[70] – ou limitando no tempo a possibilidade de reajustamento. Neste particular, refira-se mais uma vez o art. 2º da Lei n. 10.192/2001, que limita a possibilidade de convenção de correção monetária ou reajuste apenas nos contratos com prazo igual ou superior a um ano, e sancionando como nula de pleno direito qualquer estipulação de reajuste ou correção monetária de periodicidade inferior a um ano.

A imposição de limites à convenção da cláusula de escala móvel também observará razões à necessidade de proteção a determinados interesses particulares, considerados dignos de proteção pelo sistema jurídico, inclusive pelas cláusulas gerais que consagram a função social dos contratos[71] e a boa-fé (arts. 421 e 422 do Código Civil). É o caso de uma série de prestações consideradas essenciais, presentes em contratos de longa duração, caso das locações para fins residenciais (art. 17 da Lei n. 8.245/91), mensalidades escolares (art. 1º da Lei n. 9.870/99) e outras obrigações contratuais – muitas delas disciplinadas em comum também no direito do consumidor (art. 39, XIII, do CDC)[72] – em relação às quais se reconheça o atendimento de necessidades humanas essenciais. Este paradigma da essencialidade[73] que caracteriza certas prestações, e, por consequência, determinados contratos, como aqueles que, em estudos europeus vêm sendo denominados *Life time contracts*[74], poderão justificar o controle do conteúdo das obrigações contratuais em vista da preservação do interesse útil de uma das partes, que se coloca em situação de maior dependência em relação àquela prestação. Esta situação deverá ser demonstrada, observado também o disposto no art. 421-A do Código Civil, que ao estabelecer presunção de paridade e simetria entre as partes nos contratos civis e empresariais, exigem que eventual conclusão em contrário seja justificada pela presença de elementos concretos, garantindo ademais o respeito à alocação de riscos definida pelas partes, e a excepcionalidade da revisão contratual. Tais condições informam o exercício do controle, pelo Poder Judiciário (ou em procedimento arbitral, quando for o caso), da convenção de cláusulas de reajuste que, a este pretexto, possam servir à imposição de excessiva onerosidade a uma das partes, o que pode ocorrer, por exemplo, nos contratos de adesão (arts. 423 e 424 do Código Civil) e nos contratos de consumo[75].

---

[70] Na mesma linha, dispõe a Súmula vinculante nº 4, do STF: "Salvo nos casos previstos na Constituição, o salário mínimo não pode ser usado como indexador de base de cálculo de vantagem de servidor público ou de empregado, nem ser substituído por decisão judicial."

[71] Não se deixa de anotar, contudo, que a redação vigente do art. 421 do Código Civil, introduzida pela Lei 13.874/2019, incluiu parágrafo único prevendo que "nas relações contratuais privadas, prevalecerão o princípio da intervenção mínima e a excepcionalidade da revisão contratual". Este princípio da intervenção mínima conforma e delimita a eficácia da função social do contrato para efeito de controle do conteúdo do contrato, como é o caso.

[72] Bruno Miragem, *Curso de direito do consumidor*, 8. ed., São Paulo: RT, 2019, p. 412.

[73] A expressão em questão, vem da obra de Teresa Negreiros, *Teoria do contrato: novos paradigmas* cit., p. 342.

[74] Luca Nogler e Udo Reifner (Org.), *Life time contracts*, Eleven, 2014, p. 11 e ss.

[75] Bruno Miragem, *Curso de direito do consumidor* cit., 8. ed., p. 487.

180 DIREITO DAS OBRIGAÇÕES – *Bruno Miragem*

4.3.3. Cláusula de renegociação

Ao lado das cláusulas de escala móvel, previstas expressamente pelo Código Civil (art. 316), também podem resultar, do exercício de autonomia privada, outra espécie de cláusula presente nas obrigações negociais, que, embora não predeterminem um índice ou critério de reajuste do valor das prestações, estabelecem as condições nas quais poderá haver a renegociação e correspondente modificação do objeto da obrigação. Trata-se de estipulações comuns nas obrigações do comércio internacional e outras disciplinadas pelo direito empresarial, nas quais os valores ou os riscos envolvidos no negócio, ou ainda seu tempo de duração, recomendam prever-se a possibilidade de renegociação, na eventualidade da ocorrência das situações anormais descritas no ajuste.

Conhecida também pela sua designação em língua inglesa – cláusula de *hardship* – esta estipulação estabelece um dever de renegociação em vista da alteração das circunstâncias. De anotar que, embora possa aproximar-se de situações disciplinadas por lei, como a revisão do contrato por desequilíbrio decorrente de circunstâncias imprevisíveis, ou da força maior[76], distingue-se delas, justamente por antecipar a possibilidade de ocorrência de fatos que possam afetar o valor original das prestações, impondo, desde logo, um dever de renegociação das partes, ou ainda a submissão da questão a um árbitro, como formas de promover o reequilíbrio da obrigação. Trata-se de obrigação convencionada pelas partes que se submete à condição suspensiva, de modo que apenas quando e se ocorrer o evento previsto, que será sempre exterior às partes, torna-se eficaz o dever de renegociação. A necessidade de antecipar quais serão estes eventos cuja ocorrência determina o dever de renegociar, da mesma forma, já revela que não se trata de fatos imprevisíveis, tal como ocorre na hipótese legal de revisão judicial, prevista pelo art. 317 do Código Civil. Ao contrário, serão normalmente eventos previsíveis em diferentes graduações, sendo a estipulação da cláusula o modo pelo qual será mitigado o risco que representam para o adimplemento da obrigação.

Distingue-se, assim, das cláusulas de reajustamento, também por exigir a participação ativa das partes envolvidas, ou de terceiro a quem cumpra decidir, não predefinindo o critério para adaptação do contrato às novas circunstâncias, mas apenas estabelecendo o dever das partes de atuarem no sentido de recomposição do objeto da obrigação[77]. Sua eficácia, desse modo, é de um dever de procedimento – a obrigação de renegociar – e não necessariamente a obtenção de um resultado determinado[78]. Converte-se, por isso, em técnica para alocação dos riscos negociais em determinada relação obrigacional[79].

4.3.4. Revisão judicial do objeto da obrigação

A possibilidade de revisão do objeto da obrigação é dos temas mais complexos no direito obrigacional. Subjaz à admissibilidade de revisão do objeto a utilidade da prestação, assim

---

[76] A. H. Puelinckx, *Frustration, hardship, force majeure, imprevision*, Wegfall der Geschäftsgrundlage, Unmoglichkeit, changed circumstances: a comparative study in english, french, german and japanese laws. *Journal internationale l'arbitration*, 3, II, 1986, p. 47 e ss.

[77] B. Oppetit, L'adaptation des contrats internationaux aux changements de circonstance: la clause de hardship, *Journal de droit international* (Clunet), ano 101, n. 4, Paris: Editions Techniques, 1974, p. 794-813.

[78] Andreas Nelle, *Neuverhandlungspflichten*. Neuverhandlungen zur Vertragsanpassung und Vertragsergänzung als Gegenstand von Pflichten und Obliegenheiten, München: Beck, 1994, p. 17.

[79] A. Frignani, La hardship clause nei contratti internazionali e le tecniche di allocazione dei rischi negli ordinamenti di *civil law* e di *common law*, *Rivista di Diritto Civile*, ano 25, I, p. 703, Padova: Cedam, 1979.

Capítulo 6 · ADIMPLEMENTO E EXTINÇÃO DAS OBRIGAÇÕES | 181

como desenvolvimento da noção de justiça contratual. Sob a expressão revisão do objeto da obrigação, e em relação à espécie obrigacional mais relevante, o contrato, o sentido do que entenda por revisar compreende diferentes situações[80]. Revisar significa "tornar a ver". Quem "torna a ver", ou seja, revisa os termos da obrigação, podem ser as próprias partes, por interesses diversos, modificando de comum acordo – no exercício da autonomia privada – os termos originais da obrigação. Conforme ensina Emílio Betti, trata-se do procedimento de *reconstrução do conteúdo do contrato*[81].

Pode ocorrer, contudo, que a revisão se dê para identificar a existência de causas de invalidade – hipótese em que se pode anular ou decretar nulidade da obrigação, em face das diversas causas previstas em lei. É o caso da anulação do negócio jurídico obrigacional em razão de defeitos da sua constituição (art. 171, II, do Código Civil), ou ainda, as causas em que se autoriza a decretação de sua nulidade (art. 166 do Código Civil). Também há situações nas quais a revisão indique apenas a nulidade de parte da obrigação, como ocorre no caso da revisão dos contratos de consumo para decretar a nulidade de cláusulas abusivas (arts. 6º, V e 51 do CDC).

A revisão judicial do objeto da obrigação pressupõe a intervenção de um ente externo para avaliar seu conteúdo e sua concordância com o que dispõe o ordenamento jurídico, de acordo com certa compreensão vigente da relação obrigacional. Consagrou-se a ideia, especialmente, no domínio das obrigações contratuais, sobre a necessidade de preservar-se a equivalência das prestações, pressuposta nos contratos denominados comutativos, em que há reciprocidade de prestações entre as partes (prestação e contraprestação).

Seu desenvolvimento dogmático é crescente desde a modernidade. No direito romano, não se cogita de uma noção geral e abrangente de revisão do objeto do contrato, com fundamento da alteração das circunstâncias. Sobretudo pelo fato de que, na tradição romana, o cumprimento das obrigações não se fundamenta exclusivamente no consenso das partes. Identifica-se, todavia, especialmente nas obras de Cícero e Sêneca, o reconhecimento do dever moral de manutenção da promessa realizada, enquanto a situação fática permaneça a mesma. *A contrario sensu*, o único modo de escusar-se do cumprimento residiria na modificação da situação de fato[82]. Identificam-se, também, em fragmentos presentes no *Corpus iuris civilis*, a noção de alteração imprevista das circunstâncias e sua repercussão[83]. A formulação da possibilidade de revisão do objeto da obrigação por alteração das circunstâncias, contudo, começa a conformar-se com seu perfil atual a partir da Idade Média. Nesse particular, anote-se a influência do direito canônico sobre os estudos

---

[80]   No direito brasileiro, é ampla a doutrina sobre o tema, especialmente nas últimas décadas. Para uma visão compreensiva sobre a revisão do contrato no direito privado, vejam-se, dentre outros, os trabalhos de Luis Renato Ferreira da Silva, *Revisão dos contratos no Código Civil e no Código do Consumidor*, Rio de Janeiro: Forense, 1998; Renato José Moraes, *Cláusula rebus sic stantibus*, São Paulo: Saraiva, 2001; Fabiana Barletta, *Revisão contratual no Código Civil e no Código de Defesa do Consumidor*, São Paulo: Saraiva, 2002; Otávio Luiz Rodrigues Júnior, *Revisão judicial dos contratos*. Autonomia da vontade e teoria da imprevisão, São Paulo: Atlas, 2006; e Paulo Roque Khouri, *A revisão judicial dos contratos no novo Código Civil, Código do Consumidor e Lei n. 8.666/93*. A onerosidade excessiva superveniente, São Paulo: Atlas, 2006.

[81]   Emilio Betti, *Teoria geral do negócio jurídico*, Coimbra: Coimbra Ed., 1969, t. II, p. 239.

[82]   Giuseppe Osti, Clausola rebus sic stantibus. *Novissimo Digesto Italiano*, Torino: Utet, 1968, v. 3, p. 355.

[83]   Assim, a lição de Andreas Their ao tratar dos aspectos históricos da cláusula na obra organizada por Ewoud Hondious e Cristoph Grigoleit (Ed.), *Unexpected circumstances in european contract law*, Cambridge University Press, 2011, p. 16-17; Paulo Carneiro Maia, *Da cláusula rebus sic stantibus*, São Paulo: Saraiva, 1959, p. 43-44.

dos juristas acerca do direito romano. Em especial, a partir do exame das causas do pecado, pela qual se admite a possibilidade de não cumprimento de uma promessa no caso em que fatos supervenientes fizessem com que seu cumprimento não levasse ao bem[84]. Da mesma forma, os Decretais de Graciano (cerca de 1140 d.C.) são considerados como ponto de partida, no medievo, para que se passasse a discutir em que medida a alteração das circunstâncias repercute sobre modificações no contrato. O exemplo será o da alteração do estado mental do depositante, a autorizar o depositário a não restituir-lhe a coisa em depósito se puder usá-la indevidamente.

Contudo, foi o pragmatismo dos pós-glosadores que desenvolveu a possibilidade de revisão por alteração das circunstâncias, dando forma ao que se tornou conhecida como cláusula *rebus sic stantibus* (enquanto as coisas permanecerem as mesmas), mais pela aplicação prática do que por determinada definição exata de seu conteúdo. Nesse sentido, atribui-se ao jurista Acursio a criação da fórmula *rebus sic se habentibus*, sendo aplicada inicialmente por Bártolo, de modo mais restrito e, em seguida, por Baldus (*quod omnes promissio, intelligitur rebus sic habentibus*), de modo geral aos casos relativos a promessas. Tanto Bártolo quanto Baldus se utilizaram da teoria para limitar a eficácia vinculativa da promessa à existência da condição implícita, de modo que fossem entendidas e feitas de forma que as circunstâncias permanecessem as mesmas[85]. Em seguida, Philippus Decius (Felippo Decio) desenvolve uma regra geral segundo a qual as palavras utilizadas nas convenções e nas leis deverão ser compreendidas em acordo com as circunstâncias em que foram dadas, caso estas se alterem por causa superveniente[86].

A partir do humanismo jurídico, passa-se a desenvolver a noção de que o consenso das partes é a base dos contratos, discutindo-se, então – especialmente a partir do jurista Alciato –, a influência do tempo na manutenção da vontade das partes[87]. O reconhecimento da alteração das circunstâncias, por intermédio da cláusula *rebus sic stantibus* deixa de ser regra de interpretação e passa a ser uma regra de exceção à vinculatividade dos contratos, decorrente da modificação da situação fática presente no momento da sua constituição.

Com o advento do jusracionalismo, a ideia de justiça contratual passa a se basear na equivalência das prestações (*aequelitas*), admitindo-se a possibilidade de modificação da promessa feita a partir da alteração das circunstâncias de modo estrito – como presente na obra de Grotius[88] – ou como espécie de regra geral, conforme sustenta Leyser, porém, com o cuidado de advertir que não se trata da desvinculação da promessa, mas apenas sua modifi-

---

[84]   Guido Astuti, Contratto (Diritto intermedio), *Enciclopedia del diritto*, Milano: Giuffrè, 1961, t. IX, p. 775.

[85]   Assim, o comentário ao D. 46,3,38, n. 2, in: Baldus de Ubaldis, *Commentaria Omnia*, Veneza, 1599, v. IV, p. 36. Na literatura brasileira, veja-se o culto estudo de Renato José de Moraes, *Cláusula* rebus sic stantibus cit., p. 51.

[86]   Michael Rummel, Die clausula rebus sic stantibus: Eine dogmengeschichtliche Unteruchung unter Berücksichtigung der Zeit von der Rezeption im 14. *Jahrhundert bis zum jüngeren usus modernus in der ersten Hälfte des* 18, Jahrhunderts, Baden-Baden: Nomos, 1991, p. 24 e ss.

[87]   Andrea Alciato, *Responsa nunqua antehac excusa,* Petrus Fradin, 1561, p. CXXXVII; Nova passagem sobre a cláusula encontra-se na obra *Locubrationum in Ius Civile*, t. III, Basilea, 1549, p. 338; e em *Lucubrationum in Ius Civile et Pontificium:* Tomus quintus, qui Commentaria in Digestorum seu Pandectarum titulos aliquot, tertia abhinc pagina enumeratus continet, Basilea, 1571, p. 883-884. Veja-se: Giuseppe Osti, La così detta clausola *rebus sic stantibus* nel suo sviluppo storico, *Rivista di Diritto Civile*, Milano, 1912, p. 1 e ss. No direito brasileiro, Renato José de Moraes, *Cláusula* rebus sic stantibus cit., p. 56-58.

[88]   Hugo Grotius, *Le droit de la guerre et de la paix*, Paris: PUF, 2005, p. 395-414.

cação[89]. A possibilidade de modificação do objeto da obrigação, contudo, não foi considerada com maior atenção, sendo desprezada também pelas codificações.

Apenas a partir da pandectística alemã do século XIX, o tema voltou a ser objeto de atenção pelo direito, como fundamento para a flexibilização da imodificabilidade do objeto das obrigações, expressa pelo princípio do *pacta sunt servanda* que, em matéria de contratos, foi consagrado pelo Código Civil francês de 1804 (art. 1.101 e ss). Tem papel fundamental, então, a chamada teoria da pressuposição, elaborada inicialmente por Bernhard Windscheid, no direito alemão. Por esta teoria, compreende-se que a validade da declaração negocial pressupõe a existência de uma situação de fato que o contratante tenha como existente e que venha a permanecer, de modo que se não ocorressem tais fatos, não se estaria a tratar da vontade real do sujeito. Trata-se de uma condição não desenvolvida, de modo que a vontade declarada só venha a produzir seus efeitos diante da determinada situação de fato, enquanto esta perdure no tempo[90]. Assim, sustentava Windscheid que, se a outra parte tivesse conhecimento dos fatos pressupostos pelo declarante, que poderiam ser declarados expressamente ou inferidos pela parte a quem se destinava a partir do conteúdo da declaração[91], e estes não se realizassem ou permanecessem durante a execução da obrigação, deveria ser admitida sua extinção.

Exemplo de aplicação da teoria da pressuposição é o caso em que alguém contrate a prestação de determinado profissional, pressupondo sua necessidade em face de fatos que posteriormente não se revelem verdadeiros ou corretos, tal como: "contratei alguém para consertar algo que julgava necessitar de conserto, porém depois verifiquei que funcionava em perfeitas condições". Objeto de severas críticas, em especial as que identificavam a pressuposição e os motivos da declaração de vontade como algo que não deveria se opor ao vínculo estabelecido entre as partes (assim, por exemplo, o erro quanto aos motivos)[92], e recusada pelos autores do BGB[93], a teoria acabou sendo revalorizada a partir do início do século XX, em especial em face das crises econômicas, marcadas pela inflação e corrosão do valor da moeda, servindo para o desenvolvimento da teoria da base do negócio jurídico, como fundamento para a revisão dos contratos.

4.3.4.1. Revisão do objeto da obrigação e teoria da imprevisão

As transformações sociais, econômicas e políticas da segunda metade do século XIX às primeiras décadas do século XX, vão desafiar o dogma da imutabilidade do objeto da obrigação como resultado da força vinculativa da vontade. A resistência da jurisprudência em diferentes sistemas é quebrada, então, com o advento da I Guerra Mundial, na França, passando a se admitir a possibilidade de revisão do objeto do contrato a partir do caso da Companhia de Gás de Bordeaux, de 1916. Trata-se de caso decidido pelo Conselho de Estado, pelo qual esta empresa celebrara contrato com a cidade de Bordeaux, visando ao fornecimento de gás aos usuários do serviço, estabelecendo, inclusive, o preço que deveria ser cobrado por este fornecimento. Ocorreu que, com a alta do preço do carvão em razão da eclosão da I Guerra Mundial, e a ocupação das regiões produtoras, assim como a pressão de custos da empresa em

---

[89] Augustin Von Leyser, *Meditationes ad pandectas*, v. 7. Leipzig, 1744, p. 843. Veja-se: Zimmermann, *The law of obligations* cit., p. 580-581.

[90] Bernhard Windscheid, v. 1, p. 394 Karl Larenz, *Base del negocio jurídico y cumplimiento de los contratos*, p. 18.

[91] Bernhard Windscheid, v. 1, p. 397 e ss.

[92] Luis Renato Ferreira da Silva, *Revisão dos contratos no Código Civil e no Código do Consumidor* cit., p. 134.

[93] Franz Wieacker, *El principio general de la buena fé* cit., p. 598-599.

razão do conflito, o preço originariamente contratado passou a não ser suficiente para assegurar sua viabilidade econômica. O Conselho de Estado da França, então, acolheu a pretensão da Companhia de Gás para reconhecer a imprevisibilidade da situação e a possibilidade de reequilíbrio do contrato[94]. O que, em seguida, se expandiu para outra série de contratos de prestações contínuas, por intermédio da edição da *Lei Faillot*, de 1918, em vista das consequências da I Guerra Mundial, imprevisíveis quando da celebração dos respectivos contratos.

É desenvolvida largamente a partir de então, em diversos sistemas jurídicos e, inclusive, no direito brasileiro[95], sob diferentes fundamentos como da moralidade[96], ou equidade e vedação ao enriquecimento sem causa[97]. O reconhecimento da teoria da imprevisão como fundamento à revisão do contrato exige que o fato superveniente, que determine a desproporção das prestações, seja imprevisível às partes no momento da sua celebração, indicando a alteração das circunstâncias existentes no momento da constituição da obrigação, o qual torna exigível seu pagamento.

Note-se que a imprevisibilidade remete mais uma vez à avaliação sobre a possibilidade ou não das partes de tomarem conhecimento das circunstâncias que envolvem e repercutem na relação contratual. *Imprevisível* é qualidade do que não é possível, segundo regras ordinárias e de comportamento diligente e probo das partes, antecipar o conhecimento sobre sua ocorrência. Em matéria obrigacional, distingue-se do que seja previsível, porquanto este se caracteriza como inerente ao risco normal do adimplemento ou não da obrigação.

4.3.4.2. Revisão do objeto da obrigação e teoria da onerosidade excessiva

Deriva da teoria da imprevisão em sua matriz francesa a teoria da onerosidade excessiva, desenvolvida no direito italiano como causa de resolução do contrato, a partir do acolhimento, como regra geral, da cláusula *rebus sic stantibus*[98]. Em essência, a teoria da onerosidade excessiva tem por escopo permitir, nos contratos de execução continuada ou periódica, no caso de a prestação de uma das partes se tornar excessivamente onerosa em razão de acontecimentos extraordinários e imprevisíveis, que o prejudicado possa demandar a resolução do contrato.

---

[94] Marceau Long *et alli, Les grands arrêts de la jurisprudence administrative*, 16. ed., Paris: Dalloz, 2007, p. 189-197.

[95] Arnoldo Medeiros da Fonseca, *Caso fortuito e teoria da imprevisão*, 3. ed., Rio de Janeiro: Forense, 1958; Paulo Carneiro Maia, *Da cláusula* rebus sic stantbus cit.; Álvaro Villaça de Azevedo. *Teoria da imprevisão e revisão judicial dos contratos, RT* 733/109-119, São Paulo: RT, nov. 1996; Claudia Lima Marques, *Contratos no Código de Defesa do Consumidor* cit.; Luis Renato Ferreira da Silva, *Revisão dos contratos no Código Civil e no Código do Consumidor* cit.; Judith Martins-Costa, A teoria da imprevisão e a influência dos planos econômicos governamentais na relação contratual, *RT* 670/ 41-48, São Paulo: RT, ago. 1991; Anelise Becker, *Teoria geral da lesão nos contratos*, São Paulo: Saraiva, 2000; Fabiana Rodrigues Barletta, *A revisão dos contratos no Código Civil e no Código de Defesa do Consumidor*, São Paulo: Saraiva, 2002; Renato José Moraes, *Cláusula* rebus sic stantibus, São Paulo: Saraiva, 2001; Otávio Luiz Rodrigues Júnior, *Revisão judicial dos contratos*. Autonomia da vontade e teoria da imprevisão, São Paulo: Atlas, 2006; e Paulo Roque Khouri, *A revisão judicial dos contratos no novo Código Civil, Código do Consumidor e Lei n. 8.666/93*. A onerosidade excessiva superveniente, São Paulo: Atlas, 2006.

[96] Georges Ripert, *A regra moral das obrigações civis*, Campinas: Bookseller, 2000, p. 203 e ss.

[97] Cristophe Albiges, *De l'équité en droit prive, Paris:* LGDJ, 2000, p. 41 e ss.

[98] Giuseppe Osti, La così detta clausola *rebus sic stantibus* nel suo sviluppo storico, *Rivista di Diritto Civile*, Milano, 1912, p. 1-58. Noticia Renato José e Moraes que a adoção da teoria pelo direito italiano não foi pacífica, considerando a oposição de autores como Osilia e Pugliese, sob o argumento da própria "destruição da espinha dorsal da disciplina das obrigações, ou seja, o respeito ao princípio da palavra dada". Renato José de Moraes, *Cláusula* rebus sic stantibus cit., p. 83.

Foi prevista no art. 1.467 do Código Civil italiano de 1942, com a importante ressalva, no entanto, de que a resolução contratual não pode ser demandada, caso a onerosidade superveniente diga respeito à álea normal do contrato. No mesmo sentido, a possibilidade de resolução do contrato poderá ser afastada se a parte demandada se oferecer para modificar equitativamente as condições do contrato. A preocupação da doutrina e jurisprudência italiana, neste sentido, orienta-se tanto para uma adequada distribuição dos riscos do contrato[99], quanto da própria proteção das finalidades para as quais foi celebrado, de modo que a alteração das circunstâncias e a excessiva onerosidade não frustre estes objetivos[100].

A teoria da onerosidade excessiva foi recepcionada no direito brasileiro, expressamente, pelas disposições dos arts. 478 a 480 do Código Civil, fixando hipótese de resolução contratual, e, alternativamente, a modificação do objeto da obrigação, de modo que a resolução seja evitada, caso o réu se ofereça para modificar equitativamente as condições do contrato (art. 479). Ou ainda, quando se trate de prestação a ser executada apenas por uma das partes, a possibilidade de revisão judicial, de modo que haja a redução do valor da prestação ou alterado o modo de sua execução (art. 480). Todavia, para além da hipótese de resolução do contrato, ou sua revisão excepcional, a teoria da onerosidade excessiva influencia o direito brasileiro não apenas na extinção da obrigação, mas também na revisão para sua manutenção, nos termos do art. 317 do Código Civil.

4.3.4.3. Revisão do objeto da obrigação e teoria da base do negócio jurídico

Na tradição do direito alemão, outro fundamento desenvolveu-se para justificar a revisão do objeto da relação obrigacional, em vista da alteração das circunstâncias entre o momento de celebração e o da execução da obrigação: a denominada teoria da base do negócio jurídico.

A teoria da base do negócio jurídico (ou também conhecida a partir do fato que autoriza a revisão, qual seja, a quebra da base do negócio jurídico), tem sua origem associada à teoria da pressuposição desenvolvida por Windscheid, ainda no século XIX, e retomada pela doutrina no século XX, especialmente com o propósito de construir uma resposta do direito às sucessivas crises econômicas que provocavam instabilidade e incerteza quanto à manutenção da utilidade da prestação objeto das obrigações.

É relevante, neste particular, a obra de Paul Oertmann (*Die Geschäftsgrundlage: Ein neuer Rechtsbegriff*, 1921), que desenvolveu uma primeira concepção do que se tornaria conhecido como base subjetiva do negócio jurídico. Sustentou Oertmann que base do negócio é o que leva à celebração do contrato e é reconhecido pelas partes quanto ao seu significado ou porque a ele não se opuseram, ou ainda porque formaram um sentido comum às partes acerca da ocorrência de determinadas circunstâncias como base da vontade negocial[101]. Significa dizer: as pessoas, ao celebrarem obrigações contratuais, o fazem em consideração a determinado estado de fato, que, sendo de conhecimento comum das partes, uma vez que venha a sofrer tal ordem de alterações de circunstâncias, de modo a tornar impossível, ou mesmo inútil, a fruição da prestação a uma das partes, deixa de dar sentido e função à obrigação.

---

[99]   Vincenzo Roppo, *Il contrato*, Milano: Giuffrè, 2011, p. 952-953.

[100] Paolo Gallo, *Sopravvenienza contrattuale e problemi di gestione del contratto*, Milano: Dott. A. Giuffrè Editore, 1992, p. 275 e ss.

[101] "Geschäftsgrundlage ist die beim Vertragsschluss zutage tretende und vom etwaigen Gegner in ihrer Bedeutsamkeit erkannte und nicht beanstandete Vorstellung eines Beteiligten oder die gemeinsame Vorstellung der mehreren Beteiligten vom Sein oder vom Eintritt gewisser Umstände, auf deren Grundlage der Geschaftswille sich aufbaut." Paul Oertmann, *Die Geschäftsgrundlage*: Ein neuer Rechtsbegriff, Leipzig, Deichert W. Scholl, 1921, p. 37.

Esta concepção da base subjetiva do negócio, contudo, acabou sofrendo críticas em vista da insegurança que gerava às partes, uma vez que, por ela, bastava a um dos contratantes sustentar que determinada situação de fato que influenciou na sua declaração de vontade para a formação da relação obrigacional se modificou, ou deixou de existir, para se reconhecer exceção ao cumprimento do objeto tal como definido originalmente. Nesse sentido, sustentou-se a crítica que, para serem juridicamente relevantes, os fatos supostos quando da constituição da obrigação, e cuja modificação a frustraram, deveriam dizer respeito a uma representação comum de ambas as partes do negócio, de modo que os interesses de ambos fossem prejudicados pela situação fática superveniente[102].

Daí surge, desenvolvida por Karl Larenz, a teoria da base objetiva do negócio jurídico, compreendida como "o conjunto de circunstâncias e estado de coisas cuja existência ou subsistência é objetivamente necessária para que o contrato, segundo o significado que ele dá a ambos os contratantes, possa subsistir como uma relação dotada de sentido"[103]. Segundo o jurista, a base objetiva do negócio seria composta de circunstâncias cuja existência e sua permanência são objetivamente necessárias para que o contrato, tal qual concebido por ambos os contratantes, permaneça válido e útil, como algo dotado de sentido[104]. Ou como sugere Clóvis do Couto e Silva, a teoria da base objetiva relativiza, em situações dramáticas, a vontade, de modo a permitir a adaptação do contrato à realidade[105].

A teoria da base objetiva do negócio jurídico sustentará, então, a alteração das circunstâncias determinantes para a formação da declaração negocial das partes. Note-se que esta alteração das circunstâncias não dirá respeito à modificação da situação pessoal ou que esteja sob a influência de uma das partes, mas a um fato externo à possibilidade de atuação dos contratantes para evitá-lo. Desse modo, são circunstâncias que, uma vez alteradas, podem produzir os fins úteis pretendidos pelas partes da fruição da prestação do contrato, tais como a ordem econômica do país, ou circunstâncias que se liguem ao setor econômico em que se desenvolve a prestação contratual. Assim como a estabilidade da moeda ou outro fator de ordem econômica, social ou política, cuja alteração seja em tal grau que possa comprometer a finalidade útil do contrato para ambas as partes.

No direito brasileiro, a teoria da base objetiva do negócio jurídico é reconhecida como fundamento da interpretação e aplicação do art. 6º, inciso V, parte final, do Código de Defesa do Consumidor, que prevê o direito básico do consumidor à revisão do contrato quando "em razão de fatos supervenientes que as tornem excessivamente onerosas"[106]. Este entendimento foi assentado na jurisprudência relativa à revisão de contratos de *leasing* e financiamento de automóveis e bens cujo valor da prestação era vinculado à variação cambial. Por ocasião de forte desvalorização da moeda brasileira em face do dólar norte-americano, no final da década de 1990, a onerosidade excessiva da prestação a que deu causa para os consumidores que respondiam pelo débito, e que suportariam integralmente a oscilação do valor, deu origem à pretensão de revisão das prestações. A jurisprudência, então, firmou-se pelo reconhecimento

---

[102] Karl Larenz, *Base del negocio jurídico y cumplimiento de los contratos* cit., p. 95.
[103] Idem, ibidem.
[104] Idem, p. 41.
[105] Clóvis do Couto e Silva, A teoria da base do negócio jurídico, *O direito privado brasileiro na visão de Clóvis do Couto e Silva*, Porto Alegre: Livraria do Advogado, 1997, p. 93-94.
[106] Bruno Miragem, *Curso de direito do consumidor. 8ª ed. São Paulo: RT, 2019*, p. 292; Claudia Lima Marques, *Contratos no Código de Defesa do Consumidor* cit., p. 294-295.

da hipótese de revisão, dispensando a demonstração da imprevisibilidade da alteração das circunstâncias, para efeito de recompor o equilíbrio dos contratos[107].

O fundamento para utilização da teoria da base objetiva do negócio jurídico no direito brasileiro é a boa-fé objetiva, e seus deveres de cooperação e colaboração das partes para a consecução dos interesses legítimos da contraparte. No direito alemão, sua origem situava-se, igualmente, na boa-fé, embora este fundamento fosse criticado por Larenz, sendo, contudo, incorporada como hipótese legal específica pelo Código Civil alemão (BGB), a partir da reforma de 2002. Foi, então, incluído o § 313 do BGB, com a seguinte redação:

> (1) Se circunstâncias que são base do contrato se alteraram significativamente após sua celebração, de modo que as partes não teriam celebrado ou o teriam celebrado com outro conteúdo, se houvessem previsto esta alteração, poderá ser pretendida a revisão do contrato tendo em vista todas as circunstâncias do caso, em especial a repartição legal ou contratual dos riscos, pela qual uma das partes não pode razoavelmente ser obrigada a manter o contrato sem a respectiva alteração; (2) Equivalerá à alteração de circunstâncias se representações essenciais tomadas como base do contrato revelarem-se falsas; (3) Se a revisão do contrato não for possível, ou não se possa exigir que uma das partes razoavelmente a aceite, poderá a parte prejudicada resolver o contrato. No caso de obrigações duradouras, o direito de resolução dá lugar ao direito de denúncia[108].

Percebe-se, então, da redação do § 313 do BGB, a previsão normativa expressa tanto da base objetiva (alínea 1), quanto da base subjetiva (alínea 2), em termos que não se contradizem.

No direito brasileiro, a consequência da aplicação da teoria da base objetiva do negócio jurídico será, então, a de admitir a possibilidade de intervenção judicial para a revisão das prestações, visando à preservação do equilíbrio e o atendimento da finalidade útil do contrato. Sendo impossível a revisão, ou não sendo ela exigível de uma das partes – tal como ocorre

---

[107] "Direito do consumidor. Recurso especial. Ação de conhecimento sob o rito ordinário. Cessão de crédito com anuência do devedor. Prestações indexadas em moeda estrangeira (dólar americano). Crise cambial de janeiro de 1999. Onerosidade excessiva. Caracterização. Boa-fé objetiva do consumidor e direito de informação. – O preceito insculpido no inciso V do art. 6º do CDC dispensa a prova do caráter imprevisível do fato superveniente, bastando a demonstração objetiva da excessiva onerosidade advinda para o consumidor. – A desvalorização da moeda nacional frente à moeda estrangeira que serviu de parâmetro ao reajuste contratual, por ocasião da crise cambial de janeiro de 1999, apresentou grau expressivo de oscilação, a ponto de caracterizar a onerosidade excessiva que impede o devedor de solver as obrigações pactuadas. – A equação econômico-financeira deixa de ser respeitada quando o valor da parcela mensal sofre um reajuste que não é acompanhado pela correspondente valorização do bem da vida no mercado, havendo quebra da paridade contratual, à medida que apenas a sociedade de fomento ao crédito estará assegurada quanto aos riscos da variação cambial. – É ilegal a transferência de risco da atividade financeira ao consumidor, ainda mais quando não observado o seu direito à informação" (STJ, REsp 417.927/SP, Rel. Min. Nancy Andrighi, j. 21-5-2002, *DJU* 1º-7-2002, p. 339).

[108] No texto original: "(1) Haben sich Umstände, die zur Grundlage des Vertrags geworden sind, nach Vertragsschluss schwerwiegend verändert und hätten die Parteien den Vertrag nicht oder mit anderem Inhalt geschlossen, wenn sie diese Veränderung vorausgesehen hätten, so kann Anpassung des Vertrags verlangt werden, soweit einem Teil unter Berücksichtigung aller Umstände des Einzelfalls, insbesondere der vertraglichen oder gesetzlichen Risikoverteilung, das Festhalten am unveränderten Vertrag nicht zugemutet werden kann. (2) Einer Veränderung der Umstände steht es gleich, wenn wesentliche Vorstellungen, die zur Grundlage des Vertrags geworden sind, sich als falsch herausstellen. (3) Ist eine Anpassung des Vertrags nicht möglich oder einem Teil nicht zumutbar, so kann der benachteiligte Teil vom Vertrag zurücktreten. An die Stelle des Rücktrittsrechts tritt für Dauerschuldverhältnisse das Recht zur Kündigung".

188 | DIREITO DAS OBRIGAÇÕES – *Bruno Miragem*

quando o agravamento da situação de uma das partes não corresponde, necessariamente, a um ganho da outra – admite-se, então, à parte prejudicada, pretender a resolução do contrato.

4.3.4.4. Revisão do objeto da obrigação e exceção da ruína

Derivação da teoria da base objetiva do negócio jurídico, com fundamento na boa-fé objetiva, consiste na exceção da ruína. Tem suas raízes na Idade Média[109], e compreende também uma resposta do direito à alteração das circunstâncias que implique ruína de uma das partes contratantes no cumprimento do contrato, ou ainda, em razão do desequilíbrio causado por esta mudança na realidade fática, a própria frustração do fim do contrato não apenas a determinado contratante, senão a todos aqueles que se vinculem ao mesmo contratante, em relação de interdependência contratual. Na aplicação pela jurisprudência alemã do início do século passado, a preocupação decisiva se deu pelos efeitos que a execução de um contrato teria noutros contratos similares, não submetidos à sua apreciação[110]. Trata-se, pois, de instrumento de tutela à confiança no sistema contratual que se estabelece em certas situações de contratos que se relacionam a uma mesma situação econômica, como são os contratos fundados no mutualismo – caso do seguro e da previdência complementar, por exemplo – em que a alteração de circunstâncias, ao mesmo tempo em que justifica a revisão do objeto da obrigação, também faz com que as repercussões na alteração de cada contrato individual seja tomado em consideração no conjunto dos contratos que formam o sistema contratual.

No direito brasileiro, a identificação da exceção da ruína tem seu marco no direito do consumidor[111], porém, extensível em seus fundamentos à generalidade das obrigações, como resultado da boa-fé objetiva, cujos deveres de cooperação e lealdade que se projetam de seus efeitos, impedem o sacrifício do patrimônio ou da pessoa de um dos contratantes. Compreende, contudo, a alteração objetiva das circunstâncias negociais, não sendo admitida, *a priori*, em decorrência da modificação das condições subjetivas do devedor e de sua capacidade de cumprir a prestação.

Desse modo, a exceção da ruína caracteriza-se como espécie de exceção liberatória do devedor, impondo às partes um dever de adaptação do contrato às novas circunstâncias da realidade, com a finalidade de manter a relação jurídica sem a quebra do sistema, sendo exigível o dever de cooperação mútua para modificar o contrato do modo menos gravoso às partes. O recurso à exceção da ruína tem, contudo, caráter excepcional, justificando-se apenas quando seja cabalmente demonstrado que a manutenção do objeto da obrigação e a exigência de seu cumprimento nos termos em que ajustados originalmente, torna-se impossível sem a excessiva onerosidade para uma das partes, e o risco de ruína do próprio sistema contratual no qual se integra. Tem sido esta a tendência da jurisprudência brasileira no tema[112].

---

[109] António Menezes Cordeiro, *Da boa-fé no direito civil*, Coimbra: Almedina, p. 1009-1111, e conclusão geral, p. 1297.

[110] Idem, p. 1012.

[111] Claudia Lima Marques, *Contratos no Código de Defesa do Consumidor*, São Paulo: RT, 2011, p. 100 e 101.

[112] "RECURSO ESPECIAL. CIVIL. PLANO DE SAÚDE COLETIVO EMPRESARIAL. TRABALHADOR APOSENTADO. MIGRAÇÃO PARA PLANO NOVO. EXTINÇÃO DO CONTRATO ANTERIOR. LEGALIDADE. REDESENHO DO MODELO DE CONTRIBUIÇÕES PÓS-PAGAMENTO E PRÉ--PAGAMENTO. AUMENTO DA BASE DE USUÁRIOS. UNIFICAÇÃO DE EMPREGADOS ATIVOS E INATIVOS. DILUIÇÃO DOS CUSTOS E DOS RISCOS. COBERTURA ASSISTENCIAL PRESERVADA. RAZOABILIDADE DAS ADAPTAÇÕES. EXCEÇÃO DA RUÍNA. 1. Discute-se se o aposentado e o empregado demitido sem justa causa, migrados para novo plano de saúde coletivo empresarial na modalidade pré-pagamento por faixa etária, mas sendo-lhes asseguradas as mesmas condições de cobertura assistencial da época em que estava em vigor o contrato de trabalho, têm direito de serem mantidos em

Capítulo 6 · ADIMPLEMENTO E EXTINÇÃO DAS OBRIGAÇÕES | **189**

4.3.4.5. Revisão judicial do objeto da obrigação segundo o art. 317 do Código Civil

Estabelece o art. 317 do Código Civil: "Quando, por motivos imprevisíveis, sobrevier desproporção manifesta entre o valor da prestação devida e o do momento de sua execução, poderá o juiz corrigi-lo, a pedido da parte, de modo que assegure, quanto possível, o valor real da prestação".

Trata-se de regra que consagra, no Código Civil de 2002, a possibilidade de revisão judicial do contrato em razão da desproporção das prestações a que tenha dado causa fatos supervenientes à constituição e imprevisíveis, em termos que já vinham sendo admitidos pela jurisprudência[113]. Esta revisão judicial do objeto da obrigação para assegurar o equilíbrio das

---

plano de saúde coletivo extinto, possuidor de sistema de contribuições pós-pagamento, desde que arquem tanto com os custos que suportavam na atividade quanto com os que eram suportados pela empresa. 2. É garantido ao trabalhador demitido sem justa causa ou ao aposentado que contribuiu para o plano de saúde em decorrência do vínculo empregatício o direito de manutenção como beneficiário nas mesmas condições de cobertura assistencial de que gozava quando da vigência do contrato de trabalho, desde que assuma o seu pagamento integral (arts. 30 e 31 da Lei n. 9.656/1998). Os valores de contribuição, todavia, poderão variar conforme as alterações promovidas no plano paradigma, sempre em paridade com os que a ex-empregadora tiver que custear. Precedente. 3. Por 'mesmas condições de cobertura assistencial' entende-se mesma segmentação e cobertura, rede assistencial, padrão de acomodação em internação, área geográfica de abrangência e fator moderador, se houver, do plano privado de assistência à saúde contratado para os empregados ativos (art. 2º, II, da RN n. 279/2011 da ANS). 4. Mantidos a qualidade e o conteúdo de cobertura assistencial do plano de saúde, não há direito adquirido a modelo de custeio, podendo o estipulante e a operadora redesenharem o sistema para evitar o seu colapso (exceção da ruína), desde que não haja onerosidade excessiva ao consumidor ou a discriminação ao idoso.5. Nos contratos cativos de longa duração, também chamados de relacionais, baseados na confiança, o rigorismo e a perenidade do vínculo existente entre as partes pode sofrer, excepcionalmente, algumas flexibilizações, a fim de evitar a ruína do sistema e da empresa, devendo ser respeitados, em qualquer caso, a boa-fé, que é bilateral, e os deveres de lealdade, de solidariedade (interna e externa) e de cooperação recíprocos. 6. Não há ilegalidade na migração de inativo de plano de saúde se a recomposição da base de usuários (trabalhadores ativos, aposentados e demitidos sem justa causa) em um modelo único, na modalidade pré-pagamento por faixas etárias, foi medida necessária para se evitar a inexequibilidade do modelo antigo, ante os prejuízos crescentes, solucionando o problema do desequilíbrio contratual, observadas as mesmas condições de cobertura assistencial. Vedação da onerosidade excessiva tanto para o consumidor quanto para o fornecedor (art. 51, § 2º, do CDC). Função social do contrato e solidariedade intergeracional, trazendo o dever de todos para a viabilização do próprio contrato de assistência médica. 7. Não há como preservar indefinidamente a sistemática contratual original se verificada a exceção da ruína, sobretudo se comprovadas a ausência de má-fé, a razoabilidade das adaptações e a inexistência de vantagem exagerada de uma das partes em detrimento da outra, sendo premente a alteração do modelo de custeio do plano de saúde para manter o equilíbrio econômico-contratual e a sua continuidade, garantidas as mesmas condições de cobertura assistencial, nos termos dos arts. 30 e 31 da Lei n. 9.656/1998. 8. Recurso especial provido" (STJ, REsp 1479420/SP, Rel. Min. Ricardo Villas Bôas Cueva, 3ª Turma, j. 1º-9-2015, *DJe* 11-9-2015).

[113] "Revisão judicial do contrato. Não é 'contrato aleatório', por isso excluído da possibilidade de revisão, a venda a futuro de feijão-soja, cujo preço contratado veio a tornar-se inferior ao mínimo oficial por força a inflação e da aplicação da tabela deflatora Cruzeiro/Cruzado. De preferência à resolução ou anulação, cabe aí a revisão da condição preço, que se deve, pela intervenção judicial, elevar a igualdade com o preço mínimo de garantia. As normas instituidoras de preços mínimos não se destinam a privilegiar determinado setor da economia, mas a mantê-lo minimamente capitalizado e produtivo, no interesse de toda sociedade. Trata-se, pois, de regras de ordem pública. Intervenção do Ministério Público. Mesmo considerada cabível e omitida na instância de origem, supre-a a manifestação junto ao juízo de segundo grau, com expresso reconhecimento de não haver ocorrido prejuízo à própria atuação do *Parquet* (...) A onerosidade e a imprevisibilidade, no caso, dispensavam provas por decorrerem de fatos documentados uns e notórios outros. Apelação sem provimento, rejeitadas as preliminares" (TJRS, ApCiv 586053548, 6ª Câmara Cível, Rel. Adroaldo Furtado Fabrício, j. 24-3-1987).

prestações, incide sobre relações obrigacionais bilaterais e comutativas, ou seja, nas quais haja reciprocidade de prestações das partes, de cumprimento duradouro, sucessivo, ou de qualquer modo diferido no tempo. Pressupõe que a constituição da obrigação e a realização da prestação se deem em momentos distintos, de modo que o valor da prestação devida e do momento do pagamento apresente desproporção manifesta em razão de motivos imprevisíveis.

Observa-se que resta consagrado no art. 317 do Código Civil brasileiro a possibilidade de revisão judicial do objeto da obrigação em razão da desproporção das prestações, causada por motivos imprevisíveis. Trata-se, no exato teor da regra, de desproporção manifesta, o que retira do seu âmbito de aplicação situações que se caracterizem como oscilações do valor das prestações segundo a álea normal do contrato. Neste sentido, a interpretação do art. 317 deve se dar, de modo sistemático, com o disposto no art. 421-A, também do CC/02, introduzido pela Lei 13.874/2019. Esta norma, incluída no Código Civil ao lado de outras alterações promovidas pela lei mencionada, cognominada "Lei da Liberdade Econômica", ao tempo em que define a presunção de paridade das partes nos contratos civis e empresariais (afastada apenas mediante prova em contrário), assegura às partes a possibilidade de "estabelecer parâmetros objetivos para a interpretação das cláusulas negociais e de seus pressupostos de revisão ou de resolução" (inciso I), bem como de que a alocação de riscos que definirem "deve ser respeitada e observada" (inciso II). Remata dispondo que, nestes casos, "a revisão contratual somente ocorrerá de maneira excepcional e limitada." (inciso III). Mais uma vez refira-se que a alteração de circunstâncias por motivos imprevisíveis não compreende a modificação da situação subjetiva do devedor, mas sim a impossibilidade objetiva de cumprir a prestação tal como foi pactuada.

A desproporção manifesta das prestações, neste sentido, decorre de fator externo às partes, sendo, contudo, dispensável investigar a capacidade das partes de prever a alteração das circunstâncias. Toma-se em consideração a legítima expectativa das partes por ocasião da constituição da obrigação, e sua frustração em vista de motivos supervenientes que dão causa a um desequilíbrio manifesto das prestações, que não pode ser imputado ao comportamento do prejudicado, tampouco decorram da álea norma do contrato. A imprevisibilidade não diz respeito, necessariamente, à ocorrência de certos eventos, senão a sua repercussão concreta no conteúdo da obrigação. A imprevisibilidade, portanto, não se avalia em relação aos fatos em si, mas de sua repercussão.[114]

---

[114] O advento da pandemia do coronavírus, em 2020, no mundo todo, deu lugar à edição de leis emergenciais visando à disciplina das suas repercussões aos contratos. De forma inédita, a adoção de medidas administrativas visando a restringir a circulação de pessoas como modo de evitar a aceleração do contágio pelo vírus, repercutiu, entre outros âmbitos da atividade econômica e social, na execução das obrigações. No Brasil, a Lei 14.010/2020, ao instituir um "Regime Jurídico Emergencial e Transitório das relações jurídicas de Direito Privado (RJET) no período da pandemia do coronavírus (Covid-19)", previu em seu art. 6º que "As consequências decorrentes da pandemia do coronavírus (Covid-19) nas execuções dos contratos, incluídas as previstas no art. 393 do Código Civil, não terão efeitos jurídicos retroativos." No tocante à aplicação do art. 317 do Código Civil às relações obrigacionais afetadas pela pandemia e pelas medidas decorrentes do seu enfrentamento, dispôs o art. 7º, *caput*, da Lei: "Art. 7º. Não se consideram fatos imprevisíveis, para os fins exclusivos dos arts. 317, 478, 479 e 480 do Código Civil, o aumento da inflação, a variação cambial, a desvalorização ou a substituição do padrão monetário." Excluiu-se, portanto, como fatos que, tendo por causa a pandemia e suas repercussões, dessem causa à desproporção das prestações da determinada relação obrigacional a inflação, a variação cambial e a desvalorização ou a substituição do padrão monetário. A razão para tal foi considerar que estes eventos, característicos de situações de instabilidade econômica já experimentadas pelo país ao longo de décadas, foram já afastados como causa de revisão da obrigação por não serem considerados imprevisíveis frente à realidade brasileira, ao mesmo tempo em que seu reconhecimento poderia levar a um enfraquecimento excessivo do vínculo obrigacional. Este entendimento, largamente afirmado pela jurisprudência (e.g. STF, RE 80575/RJ, Rel. Min. Aldir Passarinho, j. 20/09/1983, p. 27/10/1983; STJ AgRg no Ag 12.795/RJ, Rel. Min. Dias

Capítulo 6 · ADIMPLEMENTO E EXTINÇÃO DAS OBRIGAÇÕES | 191

As obrigações duradouras se expõem, até pelo próprio tempo em que deverão produzir seus efeitos, a riscos de eventos supervenientes que afetem o valor das prestações conforme definido originalmente. A revisão judicial do objeto da obrigação, nos termos do art. 317 do Código Civil, terá lugar quando o evento superveniente der causa a uma expressiva, manifesta desproporção, de modo que o juiz venha a corrigi-la observando o parâmetro normativo de assegurar, tanto quanto possível, o valor real da prestação. Neste particular, note-se que o texto do art. 317 refere que "poderá o juiz" corrigir a prestação, a pedido da parte. A rigor, há pretensão à revisão do objeto da obrigação pela parte prejudicada quando presentes os elementos de fato previsto no art. 317, e observados os parâmetros previstos no art. 421-A, ambos do Código Civil. Neste caso, contudo, não há se considerar então presente uma faculdade judicial de promover a revisão, corrigindo o valor das prestações, senão um poder-dever que deverá ser exercido, uma vez demonstrada a presença dos elementos de fato que deem causa à incidência da norma.

4.3.5. Do lugar do pagamento

Compreende-se como lugar do pagamento aquele em que será realizada a prestação pelo devedor. O interesse prático de sua definição resulta nas consequências que traz às partes, tais como as despesas para realização do pagamento, ou ainda a incidência de normas tributárias sobre o valor da prestação. Não se confunde, neste particular, lugar do pagamento e foro da obrigação (ou do contrato). O primeiro é onde se deva realizar a prestação objeto da obrigação. O segundo, onde sejam dirimidos eventuais litígios decorrentes da relação obrigacional estabelecida pelas partes.

A definição do lugar do pagamento, seja pela incidência de norma legal, ou por convenção das partes, se agrega ao interesse do credor, de modo que nenhum dos sujeitos, credor ou devedor, poderão exigir que o cumprimento se dê em lugar diverso daquele que se definiu para este fim. No caso das obrigações pecuniárias, de sua vez, na imensa maioria das situações, serve-se o adimplemento de instituições financeiras, de modo que o pagamento e recebimento dos valores se deem pelos serviços de intermediação bancária.

O art. 327 do Código Civil estabelece: "Efetuar-se-á o pagamento no domicílio do devedor, salvo se as partes convencionarem diversamente, ou se o contrário resultar da lei, da natureza da obrigação ou das circunstâncias". Seu parágrafo único de sua vez, refere: "Designados dois ou mais lugares, cabe ao credor escolher entre eles".

Note-se que a regra do art. 327 é de natureza dispositiva, vale dizer, incide apenas se as partes não convencionarem diversamente, observadas as hipóteses específicas em que o lugar da prestação é definido por lei. Em regra, não dispondo diversamente convenção entre credor e devedor, a natureza da obrigação, ou a própria lei, o pagamento deve ser realizado no domicílio do devedor. É regra de *favor debitoris*, em benefício do devedor.

Trindade, 3ª Turma, j. 23/08/1991, DJ 16/09/1991; REsp 87.226/DF, Rel. Min. Costa Leite, 3ª Turma, j. 21/05/1996, DJ 05/08/1996). As disposições dos arts. 6º e 7º da Lei do RJET foram originalmente vetadas pelo Presidente da República sob o argumento de que "o ordenamento jurídico brasileiro já dispõe de mecanismos apropriados para modulação das obrigações contratuais em situação excepcionais, tais como os institutos da força maior e do caso fortuito e teorias da imprevisão e da onerosidade excessiva". O veto, porém, foi rejeitado pelo Congresso Nacional, que promulgou as disposições em questão. Relevante ainda mencionar que as regras sobre revisão contratual previstas no Código de Defesa do Consumidor foram preservados pela Lei do RJET (art. 7º, §1º), que todavia afastou expressamente sua aplicação das relações contratuais subordinadas ao Código Civil, incluindo aquelas estabelecidas exclusivamente entre empresas ou empresários." Veja-se: MIRAGEM, Bruno. A pandemia de coronavírus, alteração de circunstâncias e direito emergencial sobre os contratos. In: CARVALHOSA, Modesto; KUYVEN, Fernando (Coords.) Impactos jurídicos e econômicos da Covid-19 no direito brasileiro. São Paulo: RT, 2020, p. 137-152.

192 | DIREITO DAS OBRIGAÇÕES – *Bruno Miragem*

A definição do lugar do pagamento, mesmo na ausência de convenção expressa, não desconsidera as circunstâncias e as características da própria obrigação. Se alguém é contratado para prestar serviços de jardinagem e, portanto, torna-se devedor desta prestação de fazer, a execução dos serviços será indicada expressa ou tacitamente no lugar em que se situe o jardim em questão. De maior complexidade, contudo, serão as obrigações que envolvam o comércio internacional, com exportação ou importação de bens. Pois aí a precisa definição do lugar do pagamento – por exemplo, da entrega das coisas vendidas – será decisiva para definir quem responde pelo transporte, por exemplo. O vendedor pode ajustar que entrega em determinado depósito ou armazém, ou ainda, que transporta até determinado local de destino, que poderá, muitas vezes, inclusive ser diverso do domicílio dos sujeitos da obrigação.

Anota a doutrina que o lugar de realização da prestação não será sempre aquele em que seus efeitos sejam percebidos pelo credor. Pode o devedor enviar do seu domicílio, para que chegue ao credor. O ato concreto de pagamento realiza-se no domicílio do devedor, embora a satisfação do credor se dê onde venha a receber a prestação[115].

Da mesma forma, o próprio Código Civil prevê regra específica sobre o lugar para realização de pagamento que consista na tradição (entrega) de um imóvel ou prestações relativas ao imóvel. Define que deverão se dar no lugar de situação do bem, ou seja, onde este se encontre (art. 328 do Código Civil). Por prestações relativas ao imóvel, entendam-se aquelas que consistam em obrigações de fazer sobre o imóvel, tais como reparos, reformas ou construções, ou ainda entrega e instalação de acessórios do imóvel, cujas prestações devem ser executadas nele próprio. Não se referem a prestações relativas ao pagamento do preço, taxas e outras obrigações, que por sua natureza podem ser definidas para pagamento em outro lugar. No que diz respeito à tradição (entrega) do imóvel, muitas vezes ocorrerá o que se denomina tradição ficta, ou seja, uma ficção legal que se opera por intermédio da "entrega das chaves" e transcrição do título no registro.

É da tradição do direito brasileiro fazer referência a duas espécies de classificações no tocante à definição do lugar de pagamento. As obrigações com dívidas de ir ou mandar buscar, conhecidas comumente como dívidas *quérables* ou quesíveis, são aquelas cujo pagamento se dá no domicílio do devedor. É como se caracterizam todas aquelas obrigações em relação às quais as partes não tenham convencionado diversamente, incidindo o disposto no art. 327 do Código Civil. Já as obrigações com dívidas em que cabe ao devedor levar ou enviar, por sua conta e risco, são conhecidas como dívidas *portables*, de modo que o lugar do cumprimento será aquele em que deve ser recebida a prestação pelo credor, que poderá ou não ser o seu domicílio.

A doutrina contemporânea, então, inclui a esta classificação bipartida (dívidas *quérables* e dívidas *portables*), uma terceira espécie, das chamadas dívidas de envio ou de remessa, "em que o devedor cumpre a obrigação no próprio lugar da expedição da coisa para onde o credor a aceitará"[116]. Neste caso, o devedor cumpre desde o momento em que realiza o envio, ficando exonerado a partir de então, inclusive dos riscos de perda e deterioração durante o transporte, até que a coisa chegue ao credor.

Em relação às despesas para pagamento nas dívidas de envio ou de remessa, são objeto de extensas combinações passíveis de convenção pelas partes, o que se dá com particular atenção nos contratos empresariais, sistematizados nos denominados *Incoterms* (termos do comércio internacional), adotados como espécie de usos e costumes comerciais[117].

---

[115] Karl Larenz, *Derecho de obligaciones* cit., t. I, p. 257.

[116] Mário Júlio de Almeida Costa, *Direito das obrigações* cit., p. 940.

[117] É o caso das cláusulas EXW (*Ex-Works*), pela qual a mercadoria é entregue ao comprador no estabelecimento do vendedor; pelas cláusulas FCA (*free carrier*), FAS (*free alongside ship*) e FOB (*free on board*), nas quais a despesa do transporte principal é paga pela comprador, sendo a mercadoria entregue ao

O art. 329 do Código Civil, de sua vez, traz regra que estabelece exceção à realização do pagamento no lugar determinado originalmente na obrigação ou na lei, ao dispor que "ocorrendo motivo grave para que se não efetue o pagamento no lugar determinado, poderá o devedor fazê-lo em outro, sem prejuízo para o credor". Trata-se de regra de caráter excepcional, sem previsão no Código Civil de 1916, que permite a alteração do lugar de pagamento pelo devedor na hipótese da ocorrência de motivo grave, desde que – e, nestes termos, deve ser compreendido o sentido da norma – não cause prejuízo ao credor.

A ausência de prejuízo ao credor pode ser interpretada como se não seja admissível que ele suporte eventuais despesas extraordinárias decorrentes da alteração do lugar de pagamento. Certa linha de interpretação sustentará, contudo, que será preciso investigar-se a causa do motivo grave, para efeito de determinar-se a responsabilidade por eventuais despesas extraordinárias que decorrerem da alteração do domicílio. Assim, se o motivo grave que impede o pagamento no lugar definido originalmente for de responsabilidade do devedor, não pode se imputar ao credor nenhum prejuízo ao credor. Entretanto, se foi o credor quem deu causa ao motivo grave que implica alteração do lugar de pagamento, apenas ele deverá responder pelas despesas extraordinárias com a mudança. Porém, se o motivo grave decorrer de caso fortuito, força maior ou fato do príncipe[118], as despesas extraordinárias a que der causa a alteração do lugar de pagamento deverão ser divididas entre credor e devedor[119].

Não há definição legal para o que se caracterize como motivo grave. Deve-se considerá-lo um motivo sério que inviabilize a adequada realização da prestação no lugar originalmente

---

transportador por ele indicado; as cláusulas CFR (cost and freight), CIF (*cost, insurance and freight*), CPT (*carriage paid to*), e CIP (*carriage and insurance paid to*), pelas quais o vendedor contrata o transporte, mas não assume os riscos por perdas ou danos ou os custos adicionais decorrentes de eventos ocorridos após o embarque e despacho; e as cláusulas DAF (*delivered at frontier*), DES (*delivered Ex-Ship*), DEQ (*delivered Ex-Quay*), DDU (*Delivered duty unpaid*) e DDP (*Delivered duty paid*), pelas quais o vendedor se responsabiliza pelos custos e riscos para colocar a mercadoria no local de destino.

[118] O *fato do príncipe* é noção de larga tradição, especialmente no direito francês, onde já estava presente no direito costumeiro como causa que afastava a responsabilidade do devedor pelo inadimplemento em contratos como a *locatio conductio* de matriz romana, espécie unitária abrangente da locação e prestação de serviços (François Bourjon, *Le droit comum de la France et la coutume de Paris, reduit em principes*, t. I. Paris: 1747, p. 298; Petri Pacioni, *Tratactus de locatione et condutione*, Florença, 1840, p. 513-514). Em seguida, será conceito incorporado ao direito administrativo, especialmente na disciplina dos contratos administrativos, e das hipóteses que autorizam sua modificação ou resolução, no âmbito dos poderes exorbitantes da Administração. Da extensa bibliografia, registre-se a tese doutoral que se tornou referência obrigatória no tema, do jurista egípcio Saroit Badoui, *Le fait du prince dans les contrats administratifs en droit français et en droit égyptien*. Paris: LGDJ, 1955, p. 46 e ss. A adoção da teoria, contudo, não é isenta de críticas sobre a incerteza quanto a seus elementos definidores e seu campo de aplicação, conforme menciona, referindo-se à jurisprudência sobre o tema, dentre outros, René Chapus, *Droit administratif general*, t. I. 15 ed. Paris: Montchrestien. 2001, p. 1211.Questionando a capacidade da teoria do fato do príncipe e da teoria da imprevisão responder aos problemas a que se propõe no contrato administrativo, Charles Eisenmann, *Cours de droit administratif*, t. I. Paris: LGDJ, 2014, p. 334-335. No âmbito da responsabilidade civil, há força maior quando certo dano é causado por ordem de autoridade legítima, o que é fato que justifica o dano (René Savatier, *Traité de la responsabilité civile em droit français*, t. I. 2. ed. Paris: LGDJ, 1951, p. 230). Nas relações jurídicas privadas, é o ato de autoridade legítima que impossível ou perturba o adimplemento obrigacional, justificando a não-responsabilização do devedor. Assim, por exemplo, o caso em que impede a entrega de mercadorias objeto de apreensão judicial (STF, RE 22991, Rel. Min. Ribeiro da Costa, 1ª Turma j. 22/06/1953, DJ 31/12/1953); igualmente a indenização pelo fundo de comércio do locatário em contrato de locação comercial resolvida em razão da desapropriação do bem locado (STF, RE 20293, Rel. Orozimbo Nonato, 2ª Turma, j. 07/04/1953, DJ 19/08/1954).

[119] Gustavo Tepedino, Heloísa Helena Barbosa, Maria Celina Bodin de Moraes et alli, *Código Civil interpretado* cit., v. I, p. 622-623.

definido, sob pena de comprometer a segurança ou patrimônio das partes envolvidas, e o sacrifício de seus interesses legítimos. São abrangidos pelo conceito, dentre outras situações, o caso fortuito, a força maior, o fato do príncipe e outras situações de fato que inviabilizem a realização da prestação no lugar originalmente ajustado. E é justamente pela gravidade dos motivos exigidos por lei, que a interpretação dos fatos que o caracterizem deverá ter atenção para afastar alegações frívolas ou que não se conformem à noção de inviabilidade ou impossibilidade de realização do pagamento, em segurança de devedor e credor, no lugar originalmente definido para este fim.

Por fim, mencione-se que a definição do lugar de pagamento determinado por incidência da lei ou por convenção das partes no momento da constituição da relação obrigacional pode ter seus efeitos mitigados a partir da conduta concreta dos sujeitos da obrigação. É o que ocorre quando, embora definido expressamente determinado local para a realização da prestação, o pagamento é reiteradamente feito em outro lugar. Assim, por exemplo, quando conste em um contrato que os pagamentos mensais a serem feitos pelo devedor deverão ser realizados mediante depósito ou transferência bancária em favor do credor. Porém, apesar do estabelecido expressamente por convenção das partes, o devedor todos os meses procura pessoalmente o credor para realizar o pagamento, que aceita receber. Esta situação, por si só, caracterizaria, pela incidência do princípio da boa-fé, espécie de *supressio*, situação típica em que a eficácia de determinado direito (no caso do credor, de receber na forma convencionada) deixa de se produzir, em razão do seu não exercício por um tempo tal a gerar no outro sujeito da relação a expectativa legítima de que não mais o seria. Contudo, o próprio Código Civil resolveu, a respeito, estabelecer nesta situação uma presunção de renúncia ao direito de receber no local definido no contrato. É o que estabelece o seu art. 330, ao dispor que "o pagamento reiteradamente feito em outro local faz presumir renúncia do credor relativamente ao previsto no contrato". A rigor, sabe-se que não se trata de hipótese de renúncia, mas de espécie de conduta tácita do credor que, em vista da expectativa legítima de manutenção daquela situação no tempo, dá causa à modificação da obrigação original, para o que se cogita na hipótese da *supressio*, por efeito da boa-fé objetiva. Há, neste caso, mitigação dos efeitos de determinado dever (no caso, de pagar no lugar originalmente ajustado), em face da ausência de sua exigência pelo titular por tempo suficiente para dar causa à crença de que não mais o seria.

Ao contrário de outras legislações, o Código Civil não prevê regra que imponha critério no caso de mudança de domicílio das partes antes do cumprimento. Soluções diversas são aventadas pela doutrina na hipótese, desde a possibilidade do cumprimento no domicílio originalmente definido, assim como na ausência de fixação, no domicílio do devedor ao tempo da constituição da obrigação. Em relação ao domicílio do devedor, é esta a regra, por exemplo, do direito alemão, que mantém o lugar do pagamento no domicílio do momento de constituição da obrigação, ainda que tenha havido alteração (§ 269, 1). No direito português, ao contrário, o domicílio do devedor, considerado para o cumprimento, será o do momento da execução (art. 772, 2). O argumento do *favor debitoris* milita em favor do devedor, de modo que se no seu domicílio tenha de ser realizado o pagamento, e ele for alterado, deveria, por isso, reconhecer-se o novo domicílio do momento da execução para que fosse realizado o pagamento. Havendo a incidência da norma dispositiva do art. 327 do Código Civil, sustentam como lugar do pagamento o domicílio ao tempo da realização da prestação, dentre outros, Teixeira de Freitas (art. 1.055, 4º, do Esboço)[120]

---

[120] Assim o texto do art. 1.055, 4º: "Não sendo possível determinar o lugar do pagamento, entender-se-á que deve ser feito no lugar do domicílio do devedor ao tempo do cumprimento da obrigação". Augusto Teixeira de Freitas, *Código Civil*. Esboço, t. 1, p. 251.

e Clóvis Beviláqua[121]. O razoável, contudo, será determinar a quem altere o domicílio, dando causa, em razão disso, a novas despesas para o pagamento, arcar com elas, o que se justifica em vista da proteção da confiança das partes nos termos originais da obrigação.

4.3.6. Do tempo do pagamento

O tempo é critério decisivo para verificação da realização da prestação nos exatos termos definidos na obrigação. É preocupação que acompanha toda a tradição do direito. Atribui-se a Ulpiano a célebre passagem *"Minus solvit qui tardius solvit; nan tempore minus solvitur"*[122] – quem tarda em pagar paga menos.

O tempo é fixado como parte do conteúdo da prestação, que pode variar em termos mais estritos de exatidão, ou mais largos, conforme o caso. Pode-se dizer que determinada prestação deve ser realizada *até* certa data, ou *até* certo horário. Ou se pode definir especificamente determinado momento de cumprimento, *em tal data, em certo horário*, por exemplo. Isso coloca em destaque alguns conceitos. Pode ocorrer também que, por sua natureza, a prestação possa ser realizada apenas em certo horário – como no caso das obrigações pecuniárias que devam ser pagas por intermédio de instituições bancárias, o período em que estas admitam a realização das operações, inclusive pela internet. Tais elementos, quando definidos, integram o conteúdo da prestação, integrando-se ao que se exige do devedor.

4.3.6.1. Realização e exigibilidade da prestação conforme a espécie de obrigação

Quanto ao tempo para realização da prestação, as obrigações se classificam comumente em puras, condicionais, ou a termo. Tais espécies já foram objeto de exame nesta obra, quando da classificação das obrigações. Retorna-se a elas, contudo, para exata compreensão dos aspectos relativos ao tempo do pagamento.

As obrigações puras são aquelas em que não se define prazo para pagamento, de modo que toda sua eficácia se produz desde a constituição da obrigação, sendo exigível desde já a prestação, ou seja, o pagamento. É esta a regra geral no direito brasileiro, que resulta do art. 331 do Código Civil, ao estabelecer que "salvo disposição legal em contrário, não tendo sido ajustada época para o pagamento, pode o credor exigi-lo imediatamente". Também o art. 134 do Código Civil, ao dispor sobre o negócio jurídico, refere que "os negócios jurídicos entre vivos, sem prazo, são exequíveis desde logo, salvo se a execução tiver de ser feita em lugar diverso ou depender de tempo". Dizer-se que são exigíveis desde logo, ou imediatamente, não significa, contudo, que constituída a obrigação, e não tendo o devedor providenciado o pagamento imediatamente, será ele dado por inadimplente. Ademais porque, conforme será visto em detalhes mais adiante, quando se examine o inadimplemento das obrigações, na ausência de prazo, admite-se que a prestação será exigível desde logo. Por isso é necessário exigir. Ou seja, pode o credor exigir a prestação do devedor. A este ato denomina-se interpelação. Se interpelado pelo credor o devedor não realizar o pagamento, apenas então se configura o inadimplemento.

O caráter imediato do cumprimento e sua exigência se interpretam conforme os usos. Pode ser que sejam de cumprimento instantâneo, e, desse modo, a prestação possa ser realizada desde logo. Entretanto, poderão as partes não convencionar prazo, mas ainda assim não ser razoável, segundo as características do negócio, exigir o cumprimento imediato. A

---

[121] Clóvis Beviláqua, *Código Civil dos Estados Unidos do Brasil comentado*, t. IV, p. 83.
[122] Digesto 50,16,12,1.

própria natureza da obrigação, mesmo sem prazo, pode exigir que se protele a exigência. Melhor exemplo será o contrato de empréstimo, quando celebrado sem prazo. Qual sua utilidade se a transmissão da posse e a restituição forem exigidas, imediatamente, de modo sucessivo? O mesmo se diga quando se suponha a necessidade de atos preparatórios à execução, a complexidade da prestação, ou porque segundo os usos se interprete a existência de algum tempo entre a constituição da obrigação e o cumprimento, ainda que sem defini-lo com absoluta precisão. Assinala a melhor doutrina, inclusive, que ao tempo das Ordenações Filipinas, entendia-se vexatória exigência imediata da prestação, concedendo esta legislação, por isso, prazo de dez dias[123]. A exigibilidade imediata da prestação, na ausência de convenção das partes é característica comum de diferentes sistemas jurídicos[124]. Em algumas legislações, contudo, ressalvam-se as situações em que pelos usos, pela natureza da prestação ou o lugar do pagamento, na ausência de acordo das partes será definido pelo juízo, como se observa no art. 1.183 do Código Civil italiano[125] e no art. 777, 2, do Código Civil português[126].

Já as obrigações condicionais são aquelas submetidas a evento futuro e incerto, cujo implemento torna exigível a prestação. O evento futuro e incerto é o fato cuja ocorrência se subordina à exigibilidade. Pode ocorrer de ser obrigação subordinada à condição suspensiva. Neste caso, a exigibilidade da prestação resta suspensa até que se realize o evento. É o que estabelece o art. 332 do Código Civil, ao dispor que "as obrigações condicionais cumprem-se na data do implemento da condição, cabendo ao credor a prova de que deste teve ciência o devedor". O exemplo didático aqui será o do contrato de seguro, no qual a prestação do segurador, consistente no pagamento da indenização ao segurado ou beneficiário, só será exigível se ocorrer o sinistro, ou seja, a lesão ao interesse cuja garantia é objeto do contrato. Em outros termos, se alguém celebra contrato de seguro pelo prazo de um ano, para garantir os riscos de furto ou roubo de certo automóvel, e durante este prazo tais eventos não se verificam, não terá direito à indenização securitária. A prestação de indenização do segurador não ocorreu no prazo do contrato.

Pode ser, contudo, que a obrigação produza todos os seus efeitos desde logo, inclusive a exigibilidade da prestação, e seja sua extinção subordinada à determinada condição. Neste caso, estar-se-á perante a condição resolutiva, de modo que, nos termos do art. 127 do Código Civil, enquanto não se realizar "vigorará o negócio jurídico, podendo exercer-se desde a conclusão deste o direito por ele estabelecido". Tratando-se do pagamento, na ausência de outra disposição, poderá a prestação ser exigida desde logo pelo credor.

---

[123] Caio Mário da Silva Pereira, *Instituições de direito civil* cit., v. II, p. 190.

[124] Assim o § 271, 1, do Código Civil alemão: "Ist eine Zeit für die Leistung weder bestimmt noch aus den Umständen zu entnehmen, so kann der Gläubiger die Leistung sofort verlangen, der Schuldner sie sofort bewirken." Igualmente o art. 1.113 do Código Civil espanhol: "Será exigible desde luego toda obligación cuyo cumplimiento no dependa de un suceso futuro o incierto, o de un suceso pasado, que los interesados ignoren." Já no direito argentino, o Código Civil de 2015, em seu art. 750 é sucinto ao indicar que o pagamento deve ser feito na data de vencimento. Na ausência de termo de vencimento, o art. 751 remete à aplicação do art. 618, que se referindo às prestações pecuniárias estabelece que, na ausência de prazo, será confiado ao juiz decidir.

[125] Assim o art. 1.183 do Codice Civile: "Se non è determinato il tempo in cui la prestazione deve essere eseguita, il creditore può esigerla immediatamente. Qualora tuttavia, in virtù degli usi o per la natura della prestazione ovvero per il modo o il luogo dell'esecuzione, sia necessario un termine, questo, in mancanza di accordo delle parti, è stabilito dal giudice."

[126] Art. 777, 2, do Código Civil português: "Se, porém, se tornar necessário o estabelecimento de um prazo, quer pela própria natureza da prestação, quer por virtude das circunstâncias que a determinaram, quer por força dos usos, e as partes não acordarem na sua determinação, a fixação dele é deferida ao tribunal."

Já as obrigações a termo são aquelas subordinadas a um determinado instante temporal que fixa o prazo, o que para efeito da exigibilidade do pagamento usa-se referir ao "termo de vencimento". Há distinção das obrigações que se devam pagar *no vencimento* e aquelas que se devam pagar *até o vencimento*. Ao se fixar determinado prazo para o cumprimento das obrigações, pode significar que durante todo o prazo, até seu termo final, a prestação possa ser realizada pelo devedor. Se o devedor se dispuser a realizar o pagamento e o credor recusar, caracteriza-se a mora do credor (*mora creditoris*) com todos os seus efeitos. O proveito do prazo se dá para o devedor, que dele pode fazer uso ou não. O art. 133 do Código Civil refere, seguindo a tradição, que "em proveito do devedor, salvo, quanto a esses, se do teor do instrumento, ou das circunstâncias, resultar que se estabeleceu a benefício do credor, ou de ambos os contratantes". O que se limita é a exigibilidade da prestação pelo credor, que só é reconhecida quando ultrapassado seu termo final. Note-se, contudo, que estando dentro do prazo para pagamento, não se exige que o credor esteja permanentemente à disposição do devedor para receber a prestação. Será preciso, no caso, interpretar-se segundo as circunstâncias, tal como a solução do direito alemão (§ 299, BGB), em tudo aproveitável para nosso sistema, que só caracterizará a mora do credor, nestas situações, se tiver sido notificado pelo devedor, com razoável antecedência, sobre sua disposição e momento de realização da prestação.

Por outro lado, há obrigações a termo, em que se fixa não um prazo, mas um preciso momento de cumprimento, de modo que a prestação é útil ao credor na medida em que realizada em um momento específico, sendo imprestável, ou reduzindo expressivamente sua utilidade, se prestada antes ou depois. Nestes casos, não se cogita da possibilidade de prestar antes do termo, já que neste caso não se cogita de benefício do prazo ao devedor. Não poderá o devedor, nestas circunstâncias, obrigar o credor a receber antes do momento definido como o tempo específico em que deva ser realizada a prestação.

Nas obrigações a termo, é da prática comum fixar o vencimento em determinada data, sem no mais das vezes prestar-se a especificar a hora, ou até qual hora se admita a realização da prestação. Nem por isso, contudo, pode-se exigir que o credor esteja à disposição para receber e o devedor a realizar a prestação, em qualquer hora do dia. O Código Comercial alemão estabelece que relativamente às obrigações comerciais, deva o pagamento ser feito no horário comum aos negócios (§ 358, HGB). Na ausência de regra, no direito brasileiro, deverão ser tomados em consideração os usos e as circunstâncias do caso, de modo que não desborde do que seja razoável admitir nas relações obrigacionais a que se refiram, caracterizando o exercício abusivo de direitos e faculdades, tanto pelo devedor, quanto pelo credor.

4.3.6.2. Antecipação da exigibilidade da prestação

No caso das obrigações a termo, em que a exigibilidade da prestação pelo credor esteja subordinada à extinção do prazo, são admitidas situações em que, por efeito de lei, admita-se exigir a prestação antes de vencido o prazo para pagamento. Dizem respeito, sobretudo, a hipóteses que colocam em risco as garantias gerais ou especiais do credor, ou seja, sua possibilidade de receber a prestação ou seu equivalente, a que comumente se refere como situações em que há o *vencimento antecipado da dívida*.

O art. 333 do Código Civil estabelece que assiste ao credor o direito de cobrar a dívida antes de vencido o prazo convencionado ou previsto em lei, quando: I – houver falência do devedor ou concurso de credores; II – se os bens, hipotecados ou empenhados, forem penhorados em execução por outro credor; e III – se cessarem, ou se se tornarem insuficientes, as garantias do débito, fidejussórias, ou reais, e o devedor, intimado, se negar a reforçá-las.

No caso de falência, a hipótese de vencimento antecipado de todas as dívidas do falido resulta de efeito da sentença que a decreta (art. 77 da Lei n. 11.101/2005), e tem por finalidade permitir a habilitação dos créditos de todos os credores no respectivo processo, tornando eficaz a responsabilidade patrimonial do devedor. O mesmo ocorre, e pelas mesmas razões, em relação ao concurso de credores, sendo o vencimento antecipado das obrigações efeito da sentença que decreta a insolvência civil (art. 751, I, do CPC/73, que permanece em vigor – art. 1.052 do CPC/2015).

Já na segunda hipótese (art. 333, II), dos bens oferecidos em hipoteca ou penhor para garantir a dívida serem objeto de penhora em ação judicial promovida por outro credor, o risco de perda ou diminuição da garantia é que justifica o vencimento antecipado. A hipoteca e o penhor são direitos reais de garantia que oferecem ao credor a possibilidade de promover a alienação judicial do bem hipotecado ou empenhado para satisfação da sua dívida, em preferência aos demais credores. O fato de sobrevir penhora sobre os mesmos bens hipotecados ou empenhados gera dúvida legítima sobre a manutenção da preferência, razão pela qual há a antecipação da exigibilidade da prestação, de modo que o credor possa, desde logo, recebê--la ou executar a garantia.

A terceira situação prevista para antecipação da exigibilidade da prestação pelo credor (art. 333, III) diz respeito à situação genérica em que deixem de existir ou se tornem insuficientes as garantias reais e fidejussórias da dívida, e o devedor, sendo intimado pelo credor, deixe de reforçá-las. Neste caso, está-se a referir qualquer espécie de garantia especial que tenha sido constituída em favor do credor, real ou fidejussória. Não se confunde, desse modo, com situação genérica de diminuição do patrimônio do devedor, ainda que expressiva, de modo a colocar em dúvida sua capacidade de adimplemento, hipótese que, em relação às obrigações contratuais, atrai a incidência do art. 477 do Código Civil com outra solução. No caso do art. 477, há previsão de uma exceção (denominada exceção de insegurança ou inseguridade), ao autorizar um dos contratantes a recusar-se à prestação até o que aquele sobre o qual recai a dúvida sobre a capacidade de adimplemento realize a prestação que lhe incumbe, ou de garantia suficiente de que a realizará no tempo originalmente ajustado. Neste caso, não há propriamente uma antecipação da exigibilidade da prestação, mas exceção daquele de quem já é exigível a prestação, de que só a realizará se o outro contratante antecipar o cumprimento da sua.

No caso em exame, do vencimento antecipado em razão da cessação ou insuficiência de garantias especiais, reais e fidejussórias, pode ocorrer, por exemplo, tratando-se de garantia pessoal, se vier a falecer o garante. Refira-se, ainda, quando a convenção com as partes autorize, haja revogação da garantia (revogação da fiança, por exemplo). Ou no caso de haver uma garantia hipotecária da dívida, esta recaia sobre um imóvel que venha a sofrer um incêndio, perdendo seu valor. Ou o contrário, quando o valor da dívida aumente ao longo do tempo, em razão do acréscimo de juros, e com isso ultrapasse o valor da garantia oferecida. Em todos estes casos e em outros que se caracterizem pelo fato de cessar ou tornar insuficiente a garantia, o credor tem o ônus de intimar o devedor para que providencie o reforço da garantia, nos termos originalmente havidos. Será a abstenção do devedor em promover este reforço, oferecendo bens, seus ou de terceiros, ou ainda, constituindo quaisquer outras espécies de garantias, que dará, então, causa ao vencimento antecipado da dívida, de modo que possa o credor exigir a prestação imediatamente, ou executar os bens do devedor.

Em relação a esta hipótese, dois aspectos merecem atenção. Em primeiro lugar, quando a lei faz referência a se tornarem insuficientes as garantias, não se está fazendo referência a qualquer redução, como aquela que possa existir, por exemplo, nas garantias reais, em razão de pequenas oscilações no valor de mercado do bem objeto da garantia. Deve-se compreender

Capítulo 6 · ADIMPLEMENTO E EXTINÇÃO DAS OBRIGAÇÕES | **199**

a regra como indicando uma diminuição substancial da garantia, de modo a permitir conclusão razoável do credor, de que ela se tornou insuficiente, havendo risco de adimplemento da prestação ou dos efeitos de eventual inadimplemento. Um segundo aspecto a ser considerado, em acordo com a boa-fé que deve informar a relação obrigacional, é que esta cessação ou insuficiência da garantia não pode se dar em razão de fato imputável ao credor a quem ela aproveita. No direito português, há esta ressalva no tocante à garantia hipotecária[127]. A rigor, contudo, resulta da boa-fé a proibição do comportamento contraditório, de modo que não se admita ao próprio credor atentar contra garantia que lhe favorece, e, em seguida, em face do resultado da sua própria conduta, intimar o devedor para reforçá-la ou sob este argumento exigir antecipadamente toda a prestação. Nestes termos, se estaria a considerar típico exercício abusivo do direito pelo credor, nos termos do art. 187 do Código Civil.

Em qualquer das situações de antecipação da exigibilidade da prestação previstas no art. 333 do Código Civil, seu parágrafo único estabelece, quando se trate de obrigação solidária passiva, que o vencimento antecipado em relação a um dos devedores não se estende necessariamente aos demais.

4.4. Da prova do pagamento

Já foi mencionado em diversos momentos que o pagamento tem efeito liberatório do devedor e extintivo da obrigação. Entretanto, no interesse do devedor, pode ocorrer de ele ser chamado a provar a regular realização da prestação nos termos da obrigação, com a respectiva satisfação do credor. Poderá ter de fazer a prova do pagamento. Daí por que estabelece o art. 319 do Código Civil que "o devedor que paga tem direito a quitação regular, e pode reter o pagamento, enquanto não lhe seja dada". Observa-se que o direito brasileiro, neste particular, torna o ato de quitação distinto da própria obrigação a que tem direito o devedor ou quem pague a dívida.

4.4.1. O ato de quitação

A quitação é ato do credor, pelo qual ele reconhece o recebimento[128]. A quitação é ato que declara satisfeito o credor, de modo que se provada sua existência estará provado o adimplemento, fazendo jus o devedor a seus efeitos. A forma do ato de quitação é livre. Define o art. 320 do Código Civil que "sempre poderá ser dada por instrumento particular, designará o valor e a espécie da dívida quitada, o nome do devedor, ou quem por este pagou, o tempo e o lugar do pagamento, com a assinatura do credor, ou do seu representante". A celebração do instrumento particular é um dos modos pelos quais se realiza o ato de quitação, não o único. O próprio parágrafo único do mesmo artigo, na linha do que já era cogitado na tradição do direito brasileiro[129], faz referência a que ainda sem os requisitos que menciona, "valerá a quitação, se de seus termos ou das circunstâncias resultar haver sido paga a dívida".

---

[127] Assim o art. 170, 1, do Código Civil português: "Quando, por causa não imputável ao credor, a coisa hipotecada perecer ou a hipoteca se tornar insuficiente para segurança da obrigação, tem o credor o direito de exigir que o devedor a substitua ou reforce; e, não o fazendo este nos termos declarados na lei de processo, pode aquele exigir o imediato cumprimento da obrigação ou, tratando-se de obrigação futura, registar hipoteca sobre outros bens do devedor".

[128] Pontes de Miranda, *Tratado de direito privado* cit., t. XXIV, p. 204.

[129] Augusto Teixeira de Freitas já consignava no art. 1.097 do Esboço, que "Para sua validade, o pagamento não dependerá de alguma forma instrumental. A falta de quitação ou recibo do credor poderá ser suprida por qualquer outra prova". Augusto Teixeira de Freitas, *Código Civil*. Esboço, I, p. 258.

Pode haver quitação, portanto, sem um termo de quitação, um documento específico que contenha os elementos previstos no art. 320. Aliás, o desenvolvimento da informática e dos meios digitais que servem à comunicação entre as pessoas[130] e também ao pagamento de dívidas, torna obsoleta qualquer regra que exija requisitos específicos à quitação, sob pena de não valer. Nesse sentido, ao definir que valerá a quitação "se de seus termos ou das circunstâncias resultar haver sido paga a dívida" o legislador permitiu amplas possibilidades, tanto de realização da quitação, quanto do modo como se pode demonstrá-la. O art. 225 do Código Civil, a dispor sobre a prova dos atos jurídicos, estabelece: "As reproduções fotográficas, cinematográficas, os registros fonográficos e, em geral, quaisquer outras reproduções mecânicas ou eletrônicas de fatos ou de coisas fazem prova plena destes, se a parte, contra quem forem exibidos, não lhes impugnar a exatidão". Na mesma linha, é o que resulta das normas do processo. O art. 422 do CPC/2015, a este respeito, refere que "qualquer reprodução mecânica, como a fotográfica, a cinematográfica, a fonográfica ou de outra espécie, tem aptidão para fazer prova dos fatos ou das coisas representadas, se a sua conformidade com o documento original não for impugnada por aquele contra quem foi produzida".

A forma típica do instrumento de quitação é o recibo. É a declaração do credor de que recebeu. Antigamente era usual, inclusive, haver blocos de recibo pré-impressos, pelos quais aquele que era credor preenchia os campos disponíveis com o valor e espécie da dívida, quem era o devedor, quem realizou o pagamento, quem recebeu e a data do recebimento com respectiva assinatura, e, em muitos casos, carimbo. A introdução dos meios informáticos alterou sensivelmente a quitação. Atualmente, embora permaneça, em muitos casos, a emissão do recibo em papel, por vezes até em formulário, admite-se largamente a emissão eletrônica do ato de quitação, por cupons ou declarações eletrônicas de diferentes formas. Neste âmbito vige plena liberdade de forma. É essencial, contudo, até por configurar a quitação espécie de garantia do devedor – para que não seja dado por inadimplente ou lhe seja exigido pagar novamente – que dela resulte, essencialmente, dois aspectos: (a) que tenha sido emitida pelo credor ou seu representante; e (b) que permita identificar qual seja a dívida e a declaração de que foi satisfeita regularmente. Assim, por exemplo, nos estacionamentos de automóveis pagos, típicos das grandes cidades, emite-se recibo que expressa a dívida e seu pagamento, mas que também tem impresso código de barras que permitirá a quem o possua, fazer a leitura ótica que permitirá a saída. A utilização de serviços bancários prestados pela internet faz com que tanto o pagamento em si, quanto o recibo se expressem exclusivamente por registros digitais. Também quem paga para acessar a determinados lugares pode ter, em um mesmo documento, o cupom de legitimação para demonstrar tanto a existência do contrato e permitir a fruição da prestação (caso de bilhetes de ingresso ou de passagem), quanto a demonstração de que foi realizado o pagamento, servindo, desse modo, como prova da quitação da prestação que lhe cabia.

Quitação e termo de quitação, desse modo, não se confundem. Quitação é o ato praticado pelo credor, que declara o recebimento da prestação. O termo de quitação será o modo pelo qual será realizada a quitação. O devedor, nos termos do art. 319 do Código Civil, tem direito à quitação, mas não a determinado modo com que seja prestada. O critério a adotar-se para exigir o regular atendimento do direito daquele que paga à respectiva quitação observará o atendimento da função que ela deve cumprir, de demonstração da satisfação da prestação pelo devedor.

---

[130] Neste sentido a admissão de mensagens em aplicações de comunicação pela internet como demonstração da realização do pagamento pelo devedor, em conjunto com outras provas: TJSP, ApCiv 1056057-90.2015.8.26.0100, Rel. Azuma Nishi, 1ª Câmara Reservada de Direito Empresarial, j. 04/09/2019.

Capítulo 6 · ADIMPLEMENTO E EXTINÇÃO DAS OBRIGAÇÕES | 201

A forma livre da quitação, contudo, toma em consideração a produção de seus efeitos ordinários entre credor e devedor, sujeitos de determinada obrigação. No caso de eficácia perante terceiros, a quitação deve ser levada a registro em Cartório de Registro de Títulos e Documentos, nos termos do art. 129, 7º, da Lei de Registros Públicos (Lei n. 6.015/73). Todavia, o pagamento de dívidas oriundas de negócios jurídicos celebrados por instrumento público não necessita ser provado por instrumento público. Exigência legal existirá apenas para situação diversa, que é o distrato, por força do que estabelece o art. 472 do Código Civil[131].

Quanto à natureza da quitação, a doutrina distingue-se entre os que sustentam tratar-se de negócio jurídico unilateral ou ato jurídico em sentido estrito. A razão parece estar com quem sustenta a natureza de ato jurídico em sentido estrito. Como é sabido, o negócio jurídico caracteriza-se pelo fato de a vontade do declarante influenciar na formação dos efeitos do ato. Isso não ocorre na quitação, onde não há declaração de vontade, mas simples reconhecimento do adimplemento[132], sendo ato que o credor, ou quem o represente, pode praticar ou não (submetendo-se, no segundo caso, ao risco de retenção do pagamento pelo devedor). Porém, uma vez praticado, produz o efeito que lhe é típico, a declaração de satisfação do credor que libera o devedor e extingue a dívida. O efeito da quitação, portanto, é estranho à vontade do credor que a realiza. Este escolhe dar ou não a quitação. Emitindo a declaração, os efeitos são aqueles que lhe são próprios, e não os que desejar o credor.

4.4.2. Presunção de quitação

A quitação se pode dar tanto por instrumento particular, com os requisitos do art. 320 do Código Civil, como também pode resultar de presunções definidas em lei. E, para além delas, também há presunção que resulta dos usos negociais, tais como o gesto do credor que inutiliza ou rompe o título do débito. Ou nas relações do cotidiano, em que não se costuma passar recibo, a entrega da mercadoria ao comprador faz presumir que pagou o preço, salvo se o vendedor prove que tenha vendido a crédito, ou se trate de dívida constante de registros nos livros do credor[133]. A primeira delas resulta ser dada mediante a entrega do título ao devedor, o que dá causa à presunção do pagamento (art. 324 do Código Civil). Porém, a depender das circunstâncias em que se dê a entrega, também pode dar causa à presunção de remissão da dívida, nos termos do art. 386 do Código Civil[134].

Note-se, contudo, que é a entrega do título que dá causa à presunção, não a mera posse dele, que pode ocorrer porque o devedor o adquiriu clandestinamente ou mediante violência, por exemplo, ou porque houve a perda do título pelo credor. Ao fazer referência à entrega, supõe-se o ato voluntário do credor de entrega do título ao devedor e, nestes termos, deve ser interpretada a norma em questão. Dá causa, também, à presunção *juris tantum*, relativa, de que houve o pagamento, podendo o credor fazer prova em contrário. Neste caso, o parágrafo único do art. 324 do Código Civil define que "ficará sem efeito a quitação assim operada se o credor provar, em sessenta dias, a falta do pagamento". Trata-se de prazo decadencial para que

---

[131] Pontes de Miranda, *Tratado de direito privado* cit., t. XXIV, p. 222.

[132] Idem, p. 210.

[133] Orlando Gomes, *Obrigações* cit., p. 132; Francisco de Paula Lacerda de Almeida, *Obrigações*, 2. ed., Rio de Janeiro: RT, 1916, p. 365. Sobre a presunção de quitação decorrente dos registros dos livros do credor, já previa o art. 432 do Código Comercial, assim também o art. 1.105 do Esboço de Teixeira de Freitas, qualificando-o, contudo, como prova do pagamento. Teixeira de Freitas, *Código Civil*. Esboço cit., I, p. 259.

[134] Gustavo Tepedino, Heloísa Helena Barbosa, Maria Celina Bodin de Moraes et alli, *Código Civil interpretado* cit., v. I, p. 619.

202 | DIREITO DAS OBRIGAÇÕES – *Bruno Miragem*

o credor produza a prova em questão, após o que se estabiliza a presunção de que o pagamento foi realizado regularmente pelo devedor.

Pode ocorrer, contudo, que se trate de título desaparecido. Neste caso, o art. 321 do Código Civil estabelece a presunção de quitação que resulta de declaração do credor que inutilize o título desaparecido (art. 321 do Código Civil). Sendo, contudo, título que se transfira por endosso, não tem a declaração do credor como afastar a pretensão de terceiros de boa-fé que, de posse dele, venham a exigir o pagamento do devedor. Nesta situação, desaparecido o título, a liberação do devedor, evitando o risco de ter de pagar mais de uma vez, se faz com o depósito judicial da prestação, citando o credor e, por edital, eventuais terceiros interessados (art. 256, I, do CPC/2015). Da mesma forma, a posse de duplicatas sem aceite, em razão da própria natureza do título que expressa a obrigação não presume a quitação da dívida[135].

Quando se diz, desse modo, que o devedor tem direito à quitação significa que pode agir para obtê-la, ou recusando-se a pagar enquanto ela não for dada, ou com base em recibos ou outros meios de prova que demonstrem ter havido sucessivos pagamentos parciais, terá pretensão à quitação por declaração escrita do credor[136]. Esta pretensão poderá ser exercida judicialmente, de modo que a sentença, neste caso, valerá como quitação[137]. Tem direito à quitação não apenas o devedor, mas também o terceiro quando é ele que realiza o pagamento.

Pode ocorrer, por outro lado, que o devedor se disponha a pagar as parcelas atuais do débito, permanecendo inadimplente em relação às anteriores. Neste caso, a presunção pode ser afastada por simples ressalva feita pelo credor no termo de quitação, indicando a existência de parcelas não pagas[138].

Quando a obrigação seja de cumprimento diferido no tempo, de modo que o devedor deva realizar o pagamento em quotas periódicas, a quitação da última estabelece, até prova em contrário, a presunção de que as anteriores se encontram pagas (art. 322 do Código Civil). Trata-se também, de presunção *juris tantum* (relativa), admitindo-se, portanto, prova em contrário. A presunção de quitação, neste caso, tem lugar em situações comuns de pagamento de mensalidades, ou parcelas sucessivas, tais como se dá para adimplir financiamentos, por exemplo. Trata-se de regra em benefício do devedor, admitindo-se que razoavelmente não lhe seja exigível, independentemente do prazo de cumprimento das prestações – que podem se projetar por anos, mesmo por prazo indeterminado – tenha de guardar todos os termos de quitação relativos aos pagamentos feitos.

No caso das obrigações que caracterizem relação de consumo e tenham por objeto prestação de serviços, sejam serviços públicos ou privados, a Lei n. 12.007/2009 impõe um dever de o prestador-credor emitir e encaminhar ao consumidor declaração de quitação anual de débitos. Define a lei que a declaração de quitação – a qual, no caso, constitui espécie de termo de quitação e gera os efeitos do art. 320 do Código Civil – deve ser enviada ao consumidor por ocasião do encaminhamento da fatura a vencer no mês de maio do ano seguinte, ou no mês subsequente à completa quitação dos débitos do ano anterior ou dos anos anteriores, podendo ser emitida na própria fatura (art. 3º da Lei n. 12.007/2009). Os requisitos desta declaração de quitação compreendem a informação "de que ela substitui, para a comprovação do cumprimento das obrigações do consumidor, as quitações dos faturamentos mensais dos débitos do ano a que se refere e dos anos anteriores" (art. 4º da Lei n. 12.007/2009).

---

[135]   Orlando Gomes, *Obrigações* cit., p. 133.

[136]   Pontes de Miranda, *Tratado de direito privado* cit., t. XXIV, p. 206.

[137]   Caio Mário da Silva Pereira, *Instituições de direito civil* cit., v. II, p. 195.

[138]   Pontes de Miranda, *Tratado de direito privado* cit., t. XXIV, p. 227.

O art. 323 do Código Civil, de sua vez, estabelece que "sendo a quitação do capital sem reserva dos juros, estes presumem-se pagos". A regra propõe dois sentidos principais. O primeiro, de que pode o credor ressalvar o não pagamento dos juros na quitação em que o devedor pague apenas o capital. O segundo, de que os juros, sendo espécie de frutos civis, e desse modo, acessórios do capital, que é o principal, na ausência de reserva expressa do credor no ato de quitação, há presunção de que foram pagos. Justifica-se em vista do interesse do credor, de receber primeiro os juros, continuando a possuir, com isso, integralmente o direito ao capital, que continuará lhe rendendo juros. Da mesma forma, sendo devidos capital e juros e ausente reserva do credor na quitação, o pagamento será imputado primeiro aos juros vencidos e depois ao capital, nos termos do art. 354 do Código Civil: "Havendo capital e juros, o pagamento imputar-se-á primeiro nos juros vencidos, e depois no capital, salvo estipulação em contrário, ou se o credor passar a quitação por conta do capital". Neste caso, a presunção também será *juris tantum*, ou seja, admitirá prova em contrário.

Por fim, mencione-se que as despesas para realização do pagamento e da quitação presumem-se a cargo do devedor, nos termos do art. 325 do Código Civil. Ressalva a mesma regra que "se ocorrer aumento por fato do credor, suportará este a despesa acrescida". A presunção legal, neste caso, é uma vez mais, relativa, admitindo-se prova em contrário. A rigor, credor e devedor poderão livremente convencionar sobre as despesas, e apenas na ausência de estipulação incide a regra legal, de natureza dispositiva. Por despesas de pagamento e quitação, tomem-se em consideração as relativas a custas de tabelião, ou ainda as necessárias à contagem, pesagem, medição e transporte, débitos fiscais incidentes, dentre outras. Pontes de Miranda sustenta que "as despesas de quitação correm por conta do devedor que os há de antecipar"[139]. Não há regra no direito brasileiro, na hipótese de o dever de suportar as despesas de pagamento ser imputado ao credor, se lhe cumpre o dever de antecipá-las ou não ao devedor, como condição de receber o pagamento, razão pela qual resultará da convenção das partes, ou dos usos.

4.5. Modalidades especiais de pagamento

O pagamento, conforme já foi objeto de exame, compreende a realização da prestação pelo devedor ao credor. Para este fim, supõe-se certo grau de cooperação entre os sujeitos da obrigação, de modo que o devedor se disponha a cumprir e o credor a receber a prestação. Ocorre que há situações nas quais o programa original da obrigação, definido na sua constituição, pelo qual o adimplemento se dê com a realização da prestação devida, sofre intercorrências, de modo que a extinção da obrigação, inclusive com a satisfação do interesse do credor, se dá sem que se verifique o exato momento da prestação que constitui o seu objeto, ou ainda se discipline efeitos especiais deste pagamento.

Nessas hipóteses, se faz referência a modalidades especiais de pagamento ou, ainda, pagamento indireto, para justamente diferenciar do que seria a situação de pagamento propriamente dito, ou pagamento direto, que é a realização exata da prestação objeto da obrigação, nos termos ajustados. Trata-se de uma opção de como sistematizar estes modos de extinção da obrigação que se distinguem a realização espontânea da prestação pelo devedor, e outros modos de cumprimento que compreendem o pagamento, porém, segundo condições distintas, seja pelo modo como é efetuado o conteúdo da prestação ou os efeitos envolvidos. Distinguem-se, desse modo, de outras situações em que há extinção da obrigação sem paga-

---

[139] Pontes de Miranda, *Tratado de direito privado* cit., t. XXIV, p. 232.

204 | DIREITO DAS OBRIGAÇÕES – *Bruno Miragem*

mento, e que, por isso, serão tratados em capítulo diverso, casos da novação, da compensação, da confusão e da remissão.

Há várias formas de sistematizar os vários modos que se podem definir como pagamento especial, como pagamento indireto, ou ainda modos especiais de extinção das obrigações distintas do pagamento direto. A opção didática que aqui se faz é a de examinar de modo apartado, as hipóteses em que o Código Civil prevê hipóteses de pagamento, embora indicando características especiais e, no capítulo seguinte, os modos de extinção da obrigação sem pagamento.

Segundo estes critérios, quatro situações merecem disciplina específica: (a) o pagamento em consignação; (b) o pagamento com sub-rogação; (c) imputação do pagamento e (d) dação em pagamento. Há peculiaridades que caracterizam cada uma destas espécies. No pagamento em consignação, há entrega da prestação mediante depósito judicial, submetendo-se à decisão do juízo sua conformidade com o definido como objeto da obrigação. No pagamento com sub-rogação, disciplina-se a eficácia do pagamento, que não extingue objetivamente a obrigação, mas transfere a posição de credor àquele que realiza a prestação em favor do titular originário do crédito. Na imputação do pagamento, por sua vez, é disciplinado o direcionamento do pagamento feito quando existentes diversas dívidas entre credor e devedor, sem a possibilidade de todas serem adimplidas ao mesmo tempo. Já a dação em pagamento refere-se à hipótese em que a satisfação do interesse do credor não se dá pela realização da prestação originalmente prevista, mas pela oferta de outra prestação pelo devedor, que se compromete a executá-la, caso aceita pelo titular do crédito.

4.5.1. *Pagamento em consignação*

O pagamento em consignação consiste no depósito judicial ou extrajudicial (em estabelecimento bancário, ao que se dá ciência ao juízo), de bem ou quantia objeto da prestação, quando haja recusa do credor, ou outra causa que impeça sua realização direta pelo devedor. A disciplina do pagamento em consignação envolve, nestes termos, aspectos de direito substantivo e de direito processual, considerando tratar-se de procedimento específico pelo qual o devedor poderá, nas condições indicadas, obter o efeito liberatório e respectiva extinção da obrigação (art. 334 do Código Civil).

Observe-se que, embora se tenha, no exame da relação obrigacional, a prioridade do interesse do credor, não apenas este tem direito a receber o pagamento; também o devedor tem o direito de realizá-lo para se beneficiar da eficácia liberatória que produz. Disso resulta que nas hipóteses em que não seja possível ao devedor realizar o pagamento em razão das situações estabelecidas pela lei – porque houve recusa em receber ou outra causa prevista em lei que impede a realização da prestação – nasce para ele o direito de promover a consignação em pagamento, ou como prefere Pontes de Miranda, o direito a consignar para liberação[140].

Pode-se discutir se a consignação caracteriza, em si, forma de adimplemento, considerando-se que em seu sentido original, toma-se a expressão como modo de satisfação pelo devedor, mediante realização da prestação devida. Considerando que não se tenha, quando haja o pagamento em consignação, a satisfação do interesse útil do credor – até por fato que lhe seja imputável, como é o caso da recusa em receber a prestação –, pode-se discutir se há de se considerar a espécie como modo de pagamento propriamente dito. Já se disse que a noção de adimplemento é tomada em direito em dois sentidos, um estrito, outro amplo. Em sentido estrito, compreenda a realização da prestação devida pelo devedor, de modo a satisfa-

---

[140] Pontes de Miranda, *Tratado de direito privado* cit., t. XXIV, p. 273.

zer o interesse útil do credor. Em sentido amplo, será considerado todo o modo de satisfação do credor, ainda quando não haja a realização específica da prestação objeto da obrigação, como ocorre nas hipóteses de pagamento indireto, ou de extinção da obrigação nas hipóteses legalmente previstas (compensação, dação em pagamento, dentre outras). Nestes termos, é correto considerar o pagamento em consignação como modo de adimplemento, tomada a expressão em sentido amplo.

Trata-se de instituto reconhecido nos vários sistemas jurídicos. No direito português, inscrita como consignação em depósito, é tomada como uma das causas de extinção das obrigações além do cumprimento (art. 841 e seguintes, do Código Civil português). No direito francês, tem sua disciplina pelos arts. 1.257 a 1.264, do Code Civil (*Des offres de paiement, et de la consignation*). No direito alemão, a consignação (*Hinterlelung*) é objeto de capítulo específico, inaugurado pelo § 372 do BGB, que refere expressamente a possibilidade de consignação de dinheiro, títulos, documentos ou objetos de valor na hipótese de recusa do credor em recebê-las, ou ainda na hipótese de incerteza sobre quem seja o credor. O mesmo se diga em relação ao direito espanhol, no qual a oferta do pagamento e a consignação têm sua disciplina nos arts. 1.176 e ss do Código Civil espanhol. A parte final deste artigo inclusive autoriza a consignação "em todas as situações nas quais o cumprimento da obrigação se faça mais gravoso para o devedor por causas não imputáveis ao mesmo". No direito italiano, o Código Civil refere, ao disciplinar a mora do credor, a denominada oferta real e oferta por intimação (art. 1.209), assim como a faculdade de depósito pelo devedor e seu efeito liberatório (art. 1.210), definindo seus requisitos (art. 1.212) e ainda definindo a possibilidade de consignação de coisa imóvel (art. 1.216) e de prestação de fazer (art. 1.217). Na tradição histórica do direito ibérico, encontra-se previsão à consignação na Ley das Siete Partidas, de modo que o devedor, perante a mora do credor, estaria liberado depositando a coisa "em fidelidade de algum homem bom ou na sacristia de alguma Igreja". No direito brasileiro, anterior à codificação civil, encontrou-se no art. 393 e seguintes, do Regulamento 737 de 1850, que disciplinava o processo comercial, e depois no Decreto n. 763 de 1890, introduzido na legislação processual civil, onde figurou também em vários códigos de processo civil estaduais, até ser incorporado à legislação civil.

Nem toda a prestação pode servir-se do pagamento em consignação. Há obrigações de não fazer, ou ainda obrigações de fazer que dependam da cooperação do credor. Pode o devedor se colocar à disposição para cumprir, notificando o credor e lhe dando prazo razoável, mas não depositar. O pagamento em consignação só se dá em relação às prestações em que seja possível oferta real[141], entregando-a para depósito, o que ocorre com aquelas que consistam em um dar (e mesmo quando uma prestação de fazer contemple, em sequência, uma de dar, como o caso em que o escultor obriga-se a um fazer, cujo resultado é a escultura, sujeita à obrigação de dar). Admite-se, portanto, em relação a uma coisa ou ainda às obrigações pecuniárias, que permita o depósito da quantia em dinheiro. Mesmo bens imóveis podem ser objetos de consignação, sendo seu depósito simbólico, mediante entrega das chaves[142]. No caso da consignação de bens imóveis, o art. 341 do Código Civil refere que "se a coisa devida for imóvel ou corpo certo que deva ser entregue no mesmo lugar onde está, poderá o devedor citar o credor para vir ou mandar recebê-la, sob pena de ser depositada".

Tratando-se da obrigação de prestar coisa indeterminada, para consignar é preciso promover sua determinação. O procedimento definido em lei é que, cabendo a escolha da

---

[141] Caio Mário da Silva Pereira, *Instituições de direito civil* cit., v. II, p. 201.
[142] Odyr José Pinto Porto; Waldemar Mariz de Oliveira Jr., *Ação de consignação em pagamento*, São Paulo: RT, 1986, p. 38-39.

prestação ao credor, o devedor deverá promover sua citação para que a faça, no prazo de cinco dias, se outro não houver sido fixado em lei ou no contrato, sob pena de perder o direito de escolher, e permitindo ao devedor decidir o conteúdo da prestação (art. 342 do Código Civil), a qual, poderá então consignar. O art. 543 do CPC refere que ao despachar a petição inicial, o juiz deverá fixar lugar, dia e hora em que se fará a entrega, sob pena de depósito.

No tocante às obrigações de pagamento em dinheiro, anote-se que há pagamento em consignação de modo extrajudicial, mediante depósito do valor, pelo devedor, em estabelecimento bancário oficial no lugar do pagamento, do qual deve ter ciência o credor por carta com aviso de recebimento, e assinado o prazo de 10 dias para a manifestação da recusa (art. 539, § 1º, do CPC/2015). Decorrido o prazo em questão, sem a recusa do credor, opera-se, por força de lei, o efeito liberatório do devedor, ficando à disposição do credor a quantia depositada (art. 539, § 2º).

Tratando-se da consignação de prestações sucessivas, como é o caso das parcelas mensais de uma mesma dívida, com diferentes termos de vencimento, o Código de Processo Civil admite a possibilidade de que, consignada uma delas, pode o devedor continuar a depositar, na medida em que forem chegando ao vencimento, no mesmo processo, sem outras formalidades. Neste caso, o art. 541 do CPC apenas exige que tais depósitos sejam feitos em até cinco dias contados da data do respectivo vencimento.

O pagamento em consignação, desse modo, resulta em modalidade especial de pagamento pelo devedor, quando o credor deixe de cumprir com seu dever de cooperação, ou ainda quando haja insegurança quanto à regularidade do pagamento, seja porque haja dúvida sobre quem seja o credor, ou mesmo litígio sobre seu objeto. Assim, por exemplo, há situações em que o devedor deseja pagar, mas duas pessoas pretendem a legitimidade para receber, excluindo-se uma a outra. É inseguro para o devedor realizar a prestação sem saber se o pagamento será eficaz. Da mesma forma, se um devedor interpreta a obrigação e conclui que tem o dever de pagar X, porém o credor entende que o dever é de pagar X+1, este poderá se recusar a receber ou a dar a quitação[143]. Uma vez mais, o direito do devedor a realizar o pagamento e obter a liberação poderá ser exercido por intermédio da consignação. O sentido do depósito, seja ele extrajudicial (quando de prestação pecuniária em estabelecimento bancário) ou judicial, será o de tornar a prestação disponível para o credor, transferindo-lhe a posse de modo a obter a eficácia liberatória.

Por outro lado, assinale-se que, assim como para haver a liberação do devedor pelo pagamento em geral, este deva consistir na integralidade da prestação, também quando se trate do pagamento em consignação o devedor só se libera se depositar toda a prestação. Neste caso, inclusive, a insuficiência do depósito, por não se tratar da integralidade da prestação

---

[143] "TRIBUTÁRIO – CONSIGNAÇÃO EM PAGAMENTO – CABIMENTO – IPTU E TAXAS DE CONSERVAÇÃO E LIMPEZA – MUNICÍPIO DE CAMPINAS (SP) – PAGAMENTO PARCELADO DO IPTU INDEPENDENTE DA QUITAÇÃO DAS TAXAS DISCUTIDAS – APLICAÇÃO DO ART. 164, I, DO CTN – INCONSTITUCIONALIDADE DAS REFERIDAS TAXAS RECONHECIDA PELO STF – PRECEDENTES. – É cabível a ação consignatória para pagamento dos valores devidos a título de IPTU, independentemente do recolhimento das taxas de coleta e remoção de lixo e de combate a sinistros, constantes dos mesmos carnês de cobrança, desde que o contribuinte entenda indevida a cobrança das referidas taxas e pretenda discuti-las judicialmente. – Inteligência do art. 164, I do CTN. – O STF pacificou o entendimento no sentido de que são inconstitucionais as taxas nomeadas, por não terem por objeto serviço público divisível, mensurável e específico, devendo ser custeado por meio do produto da arrecadação dos impostos gerais. – Recurso especial conhecido e provido" (STJ, REsp 169.951/SP, Rel. Min. Francisco Peçanha Martins, 2ª Turma, j. 21-9-2004, *DJ* 28-2-2005, p. 260).

Capítulo 6 · ADIMPLEMENTO E EXTINÇÃO DAS OBRIGAÇÕES | 207

ou mesmo coisa do que é devido[144], é matéria que o credor poderá arguir em contestação, de modo a impedir que se produza a eficácia liberatória do devedor.

Por fim, mencione-se que a pretensão para o pagamento em consignação é do devedor, contudo, admite-se a legitimação de terceiros[145], nas mesmas condições em que se admite a realização do pagamento por terceiro interessado ou terceiro não interessado para o fim de satisfação do credor e extinção da obrigação.

4.5.1.1. Natureza jurídica do pagamento em consignação

A devida identificação da natureza jurídica do pagamento em consignação exige retomar a discussão sobre a própria natureza jurídica do pagamento em si. Conforme já se viu, distinção mais expressiva reside entre os que o consideram ato jurídico em sentido estrito ou ato-fato, conforme haja relevância e qualificação jurídica da vontade humana em sua realização (ato jurídico), ou apenas tomado como resultado, quanto a seus efeitos (ato-fato). A recusa do credor em receber coloca em destaque a vontade do devedor de realizar o pagamento, tendo por meio a consignação. Os que atribuem relevância e qualificam juridicamente a vontade no pagamento, indagam mesmo se na consignação há realmente pagamento, ou se, apesar da expressão, trata-se de outro meio de extinção da obrigação. Não seria, assim, forma de pagamento, mas meio de extinção da obrigação, uma vez realizado o depósito da prestação e aceito pelo credor, ou reconhecido por sentença – compreensão que abrange estudiosos de direito civil[146] e direito processual[147].

Superada a divergência quanto à qualificação jurídica do pagamento, e tomado ele a partir de sua eficácia extintiva da obrigação e liberatória, há possibilidade de se considerar como ônus do devedor, ou mera faculdade. Considerá-lo ônus é ideia que predomina se for considerado desde a perspectiva da eficácia liberatória pretendida com o pagamento. Para obter o efeito que lhe beneficia, tem o devedor de consignar. Contudo, é de prevalecer a concepção da consignação como faculdade do credor. O devedor tem direito de realizar o pagamento para liberar-se. Diante da recusa do credor em aceitá-lo, ou ainda, eventuais obstáculos para sua realização (incerteza quando a quem seja o credor, por exemplo), dá causa à hipótese da consignação em pagamento.

---

[144] "RECURSO ESPECIAL. AÇÃO DE CONSIGNAÇÃO EM PAGAMENTO. ALEGAÇÃO DE VIOLAÇÃO AOS ARTIGOS 334 E 335, I DO NOVO CÓDIGO CIVIL; 535 E 890 DO CPC E DISSÍDIO PRETO-RIANO. PRETENSÃO DE DEPOSITAR DINHEIRO NO LUGAR DE COISA DEVIDA: SACAS DE SOJA. IMPOSSIBILIDADE. RECURSO ESPECIAL NÃO PROVIDO. 1. Não há violação ao art. 535, II, do CPC quando o acórdão examinou as questões controvertidas na lide, expondo os fundamentos que o levaram às conclusões assumidas. 2. A consignação em pagamento visa a exonerar o devedor de sua obrigação, mediante o depósito da quantia ou da coisa devida, e só poderá ter força de pagamento se concorrerem 'em relação às pessoas, ao objeto, modo e tempo, todos os requisitos sem os quais não é válido o pagamento' (art. 336 do NCC). 3. Celebrado contrato entre as partes para a entrega de 372 sacas de soja de 60kg, a US$9,00 cada uma, sem estipulação de outra forma alternativa de cumprimento dessa obrigação, não é possível o uso da ação de consignação em pagamento para depósito em dinheiro daquilo que o devedor entende devido. 4. A consignação exige que o depósito judicial compreenda o mesmo objeto que seria preciso prestar, para que o pagamento possa extinguir a obrigação, pois 'o credor não é obrigado a receber a prestação diversa da que lhe é devida, ainda que mais valiosa' (art. 313 do NCC) 5. Recurso especial não provido" (STJ, REsp 1194264/PR, Rel. Min. Luis Felipe Salomão, 4ª Turma, j. 1º-3-2011, DJe 4-3-2011).

[145] Odyr José Pinto Porto; Waldemar Mariz de Oliveira Jr., *Ação de consignação em pagamento* cit., p. 40.

[146] Assim, por exemplo, Georges Ripert; Jean Boulanger, *Tratado de derecho civil según el tratado de Planiol, Obligaciones*, Buenos Aires: La Ley, 2007, t. V, 2ª parte, p. 591-592.

[147] Antônio Carlos Marcato, *Ação de consignação em pagamento*, São Paulo: RT, 1985, p. 16.

208 | DIREITO DAS OBRIGAÇÕES – *Bruno Miragem*

4.5.1.2. Situações que autorizam o pagamento em consignação

Os pressupostos para que se admita o pagamento em consignação podem se distinguir em gerais e especiais. São pressupostos gerais: (a) a própria característica da prestação e a possibilidade de que seja realizada sem a cooperação do credor e, nesta linha, que seja passível de depósito; (b) que tenha sido consignada a totalidade da prestação e não apenas parcialmente[148]; (c) a legitimação do devedor (ou terceiro interessado) para consignar, e daquele contra quem propõe a consignação, seja o credor ou quem o represente. Há quem inclua ainda a liquidez e certeza da dívida. Neste caso, o argumento principal é de que o pagamento em consignação caracteriza-se como espécie de execução invertida, razão pela qual, tal como o credor para executar deve citar, o devedor para pagar soma precisa ou, antes, promova liquidação; também, na consignação, a prestação deve ter a precisão que permita identificar ou não sua capacidade de caracterizar o adimplemento[149]. Em outro sentido, os que entendem haver limitações para a cognição na ação de consignação, de modo a admitir a discussão sobre o valor do débito (e, nestes termos, sua imprecisão), afastando a exigência de liquidez absoluta da dívida[150]. De fato, este o melhor entendimento, não deixando de observar a necessidade de preservar a finalidade da consignação e, por outro lado, evitar-se o abuso do direito de demanda pelo devedor, tornando ineficaz a ação consignatória proposta sem qualquer fundamento que justifique a prestação oferecida em depósito.

Os pressupostos especiais são os previstos no art. 335 do Código Civil. Tais hipóteses, embora encerrem a maior parte das situações em que o procedimento terá utilidade para o devedor, não exclui a possibilidade de que outras situações sejam identificadas, inclusive por legislação especial. É o caso, por exemplo, da consignação de aluguéis e acessórios da locação pelo locatário, prevista no art. 67 da Lei de Locações (Lei n. 8.245/91). Nesta, inclusive, há determinação expressa para que sejam especificados os aluguéis e acessórios da locação com indicação dos respectivos valores, objetos da consignação (art. 67, I, da Lei n. 8.245/91). Da mesma forma, observe-se que o pedido na ação deve abranger, igualmente,

---

[148] "RECURSO ESPECIAL. PROCESSUAL CIVIL. AÇÃO DE CONSIGNAÇÃO EM PAGAMENTO. PROCEDIMENTO QUE SE AMOLDA AO DIREITO MATERIAL, PROPICIANDO, EM VIRTUDE DE ALGUM OBSTÁCULO, A LIBERAÇÃO DO DEVEDOR DA OBRIGAÇÃO. DEPÓSITO DA QUANTIA OU COISA DEVIDA. PRESSUPOSTO PROCESSUAL OBJETIVO. REQUERIMENTO DO DEPÓSITO APENAS DAS PRESTAÇÕES QUE FOREM VENCENDO NO DECORRER DA TRAMITAÇÃO DO PROCESSO, SEM RECOLHIMENTO DO MONTANTE INCONTROVERSO E VENCIDO. DESCABIMENTO. 1. O procedimento da consignação em pagamento existe para atender as peculiaridades do direito material, cabendo às regras processuais regulamentar tão somente o procedimento para reconhecimento judicial da eficácia liberatória do pagamento especial. 2. Na consignação em pagamento, o depósito tem força de pagamento, e a ação tem por finalidade ver atendido o direito material do devedor de liberar-se da obrigação e de obter quitação, por isso o provimento jurisdicional terá caráter eminentemente declaratório de que o depósito oferecido liberou o autor da obrigação, relativa à relação jurídica material (REsp 886.757/RS, Rel. Ministro Teori Albino Zavascki, 1ª Turma, j. 15-2-2007, *DJ* 26-3-2007, p. 214). 3. Todavia, para que a consignação tenha força de pagamento, conforme disposto no art. 336 do Código Civil, é mister concorram, em relação às pessoas, ao objeto, modo e tempo, todos os requisitos sem os quais não é válido o pagamento. Destarte, a consignação em pagamento só é cabível pelo depósito da coisa ou quantia devida, não sendo possível ao recorrente pretender fazê-lo por montante ou objeto diverso daquele a que se obrigou, pois o credor (réu) não pode ser compelido a receber prestação diversa ou, em se tratando de obrigação que tenha por objeto prestação divisível, a receber por partes, se assim não se ajustou (arts. 313 e 314 do CC). 4. Recurso especial não provido" (STJ, REsp 1170188/DF, Rel. Min. Luis Felipe Salomão, 4ª Turma, j. 25-2-2014, *DJe* 25-3-2014).

[149] Caio Mário da Silva Pereira, *Instituições de direito civil* cit., v. II, p. 205.

[150] Carlos Roberto Gonçalves, *Direito civil brasileiro* cit., v. 2, p. 298.

Capítulo 6 · ADIMPLEMENTO E EXTINÇÃO DAS OBRIGAÇÕES | 209

"a quitação das obrigações que vencerem durante a tramitação do feito e até ser prolatada a sentença de primeira instância, devendo o autor promover os depósitos nos respectivos vencimentos" (art. 67, III).

Estabelece o art. 335 do Código Civil que "A consignação tem lugar: I – se o credor não puder, ou, sem justa causa, recusar receber o pagamento, ou dar quitação na devida forma; II – se o credor não for, nem mandar receber a coisa no lugar, tempo e condição devidos; III – se o credor for incapaz de receber, for desconhecido, declarado ausente, ou residir em lugar incerto ou de acesso perigoso ou difícil; IV – se ocorrer dúvida sobre quem deva legitimamente receber o objeto do pagamento; V – se pender litígio sobre o objeto do pagamento".

Note-se que mesmo as hipóteses legais expressas requerem precisão judicial na concretização de conceitos indeterminados como justa causa (inciso I), lugar de acesso perigoso ou difícil (inciso III), ou dúvida (inciso IV), que se pressupõe, neste último caso, seja razoável e séria, a ponto de desestimular o devedor a cumprir, considerando a possibilidade de vir a ser demandado novamente. Por outro lado, distinguem-se entre as hipóteses em que se supõe a mora do credor (incisos I e II), e as demais nas quais se trate de insegurança ou impossibilidade de realização da prestação (incisos III a V). Examine-se cada uma das hipóteses relacionadas na lei.

4.5.1.2.1. Mora do credor

As hipóteses de mora do credor não são culposas, senão aferíveis segundo critérios objetivos. Nestes termos, a consignação tem lugar, segundo o que dispõem os incisos I e II do art. 335, "se o credor não puder, ou, sem justa causa, recusar receber o pagamento, ou dar quitação na devida forma" (inciso I) e "se o credor não for, nem mandar receber a coisa no lugar, tempo e condição devidos" (inciso II).

A primeira hipótese é de impossibilidade subjetiva do credor, ou sua recusa injustificada de receber o pagamento ou dar a quitação. As situações que dão causa à impossibilidade subjetiva são diversas. Abrangem, por exemplo, caso fortuito e força maior, e são suficientes para que, não podendo o credor receber a prestação, seja reconhecido ao devedor o exercício da faculdade de consignar. A segunda hipótese, prevista no mesmo inciso, é da recusa sem justa causa de receber o pagamento ou dar quitação. A recusa do credor pode ser expressa ou ainda resultar da interpretação razoável quanto ao seu comportamento, tal como ocorra quando adote conduta esquiva, protelando o recebimento. Apenas se caracteriza a recusa, contudo, se tiver antes havido a oferta da prestação. Estando disposto o devedor a cumprir, e dando notícia ao credor, este não coopera para que ocorra o pagamento ou ainda a dar a quitação, que deve atender aos preceitos do art. 320 do Código Civil.

Não basta, no entanto, a mera recusa. Exige-se que seja recusa sem justa causa. O exato significado do que seja a justa causa para a recusa não resulta da lei, senão da casuística, a partir da qual se sedimenta determinada interpretação, que deve emergir da jurisprudência, sobre os deveres das partes em determinada relação obrigacional, assim como seu comportamento concreto em vista das características da relação estabelecida entre elas. Um exemplo de justa causa para a recusa será a situação em que o devedor se encontre inadimplente, tendo sacrificado, por isso, o interesse útil que a prestação poderia representar ao credor. Dispondo-se, o devedor, a realizar o pagamento após o sacrifício do interesse útil do credor, há justa causa para a recusa, caracterizando-se o inadimplemento absoluto da obrigação.

Receber a quitação é, da mesma forma, um direito do devedor que paga a dívida. Desse modo, se o credor recusar-se sem justa causa a dar a quitação espontaneamente, pode o devedor consignar para pagar. Assim, por exemplo, caracteriza a justa causa a recusa do credor em dar a quitação no caso de desconformidade entre o objeto do pagamento e a prestação originalmente ajustada.

Outra hipótese que admite o pagamento em consignação é a prevista no inciso II do art. 335, "se o credor não for, nem mandar receber a coisa no lugar, tempo e condição devidos". Trata-se de regra aplicável às obrigações quesíveis (*quérables*), ou seja, aquelas cuja prestação deva ser realizada fora do domicílio do credor, de modo que precise, para receber, ir ou mandar representante ao lugar em que se deva cumprir, ou ainda, adotar as providências necessárias a este fim (por exemplo, contratar o transporte do bem objeto da prestação). Neste caso, tem o devedor de demonstrar que ofereceu a coisa no lugar, tempo e condição devidas, e que o credor deixou de ir receber, tendo tal comportamento caracterizado a mora (*mora accipiens*) que legitima a consignação. Ao credor, para contestar, cumprirá caracterizar que atuou com diligência, atendendo aos critérios constantes da obrigação para receber o pagamento.

4.5.1.2.2. Insegurança subjetiva e objetiva quanto à realização satisfatória da prestação

Define, também, a legislação, hipóteses nas quais se promove o cabimento da consignação em pagamento por razões diversas que justificam a insegurança do credor em realizar de modo satisfatório a prestação, em vista de circunstâncias associadas ao credor, ou ainda ao próprio objeto da prestação.

A primeira destas hipóteses, a autorizar o pagamento em consignação pelo devedor, se dá quando "o credor for incapaz de receber, for desconhecido, declarado ausente, ou residir em lugar incerto ou de acesso perigoso ou difícil" (art. 335, III, do Código Civil). A situação de incapacidade do credor diz respeito ao reconhecimento da própria cooperação e colaboração que deve haver na realização do pagamento, o que exige que aquele que o recebe seja capaz. Se quem recebe deve aferir o conteúdo da prestação, ou mesmo, pratique ato específico como é a quitação, não é possível que possa fazê-lo sendo incapaz. Daí a hipótese em que, sendo incapaz o credor, não poderá tomar a si estas providências. Isso não se confunde com o caso em que, sendo o credor incapaz, o pagamento se realize a seu representante ou assistente, conforme o caso, para o que o pagamento possa ser feito, ainda que possa o devedor propor a consignação na hipótese de dúvida quanto à legitimidade ou regularidade da representação ou assistência.

Da mesma forma, cabe a consignação nas hipóteses em que o credor seja desconhecido, declarado ausente, ou residir em lugar incerto ou de acesso perigoso ou difícil. Sobre estes casos, note-se, em relação à ausência, que deve ser declarada pelo juiz, há nomeação de curador, cujos poderes e obrigações são fixados justamente para representação em atos da vida civil (art. 24 do Código Civil). Pode ocorrer, todavia, de o devedor não ter sido informado de quem seja o curador, ou mesmo da ausência, apenas se caracterizando a incerteza quanto à localização do devedor. Em relação à dificuldade de acesso ao lugar perigoso ou difícil onde resida o credor, trata-se naturalmente de hipótese cabível no caso das obrigações *portables*, nas quais a realização da prestação deve observar onde se encontre o credor. O que se tenha por lugar de acesso perigoso ou difícil retira-se das circunstâncias do caso. Assim, por exemplo, torna-se perigoso ou difícil o acesso a lugar em razão do rompimento de estradas ou pontes, ou por alagamento, por exemplo, que impeça o devedor de ir entregar a prestação.

Outra hipótese que autoriza o pagamento em consignação está no caso de haver dúvida sobre quem deva receber o pagamento (art. 335, IV, do Código Civil). Nesse caso, trata-se de dúvida que pode abranger tanto a identidade do credor (quem seja o credor), ou quem deva receber (quem tenha poderes para este fim)[151]. Trata-se de dúvida que pode ocorrer a qualquer homem comum, nas condições de identificar a quem deve pagar. O que pode se originar da própria interpretação do negócio jurídico em que se funda a dívida, ou de registros, mensagens ou orientações do credor de caráter inconclusivo ou confuso[152]. Situação usual em que se verifica a dúvida quanto ao credor no caso de beneficiários de seguro de vida ou de plano previdenciário, em que muitas vezes não se identificam os credores, ou eles pretendem se excluir mutuamente. Da mesma forma, pode ocorrer que a própria existência do crédito para determinada pessoa seja objeto de dúvida. Ou ainda, havendo a certeza quanto ao crédito, a dúvida sobre quem deva receber, inclusive quando vários sejam os que invoquem a condição de credor, inclusive com litígio sobre a titularidade do crédito.

Por fim, tem lugar o pagamento em consignação quando haja litígio sobre o objeto do pagamento (art. 335, inciso V, do Código Civil). Neste caso, o devedor pode estar certo sobre quem seja o credor, ele está identificado. Porém, pode surgir terceiro com pretensão sobre o objeto do pagamento, de modo que o torne litigioso. É o que ocorre no caso de penhora de crédito, ou ainda, da pretensão do condômino de coisa indivisa para exercício da preferência. Será a existência do litígio, desse modo, que faz inseguro ao devedor pagar para um ou para outro, mesmo quando não tenha dúvida sobre quem seja o credor. Ou seja, se duas ou mais pessoas surgem tendo pretensão sobre o objeto da prestação, o devedor poderá consignar, citando os litigantes para eliminar em comum os riscos de pagar mal (prestando a quem não tinha direito à prestação), e também a mora (tornando disponível a prestação no vencimento). Isso porque, conhecendo do litígio, e ainda assim realizar o pagamento a algum dos pretensos credores, o devedor assume o risco do pagamento. No caso de vencimento da dívida e pendente o litígio entre os pretensos credores, não promovendo o devedor a consignação, poderá qualquer dos litigantes requerer que o faça (art. 345 do Código Civil).

Tendo sido citados os litigantes, deverão fazer prova do seu direito sobre a prestação consignada. O juiz, após declarar extinta a obrigação, dará continuidade ao processo. Neste caso, não comparecendo ao juízo nenhum dos citados, o depósito se converterá em arrecadação de coisas vagas. Comparecendo apenas um deles, deve o juiz decidir de imediato. Comparecendo mais de um dos litigantes que se reclamam credores, o juiz decidirá, dentre eles, quem tem razão (art. 548 do CPC).

4.5.1.3. Pressupostos do pagamento em consignação

Os efeitos da consignação se produzem desde que atendidos os requisitos quanto às pessoas, ao objeto, modo e tempo. Quem pode propor que a consignação seja judicial, ou por depósito em estabelecimento bancário com a notificação do credor, é o devedor, admitindo-se também que possa fazê-lo terceiro, interessado ou não na extinção da dívida. A consignação deve ser feita para o credor, que é quem deve receber. Deve ser proposta a consignação contra quem deva receber por que é titular do crédito, ou seu representante, assim como tenha poder para exonerar o devedor.

Na consignação de aluguéis e encargos da locação, cuja disciplina é a da Lei de Locações, a ação pode ser proposta contra o locador, o sublocador, o espólio (no caso de morte do locador) ou a massa (havendo falência ou insolvência civil do locador). Discute-se o caso da administradora imobiliária perante o locatário para receber os aluguéis e os encargos da locação em nome do locador, ou ainda a taxa condominial em nome do condomínio, para o

---

[151] Pontes de Miranda, *Tratado de direito privado* cit., t. XXIV, p. 307.
[152] Idem, p. 308.

212 | DIREITO DAS OBRIGAÇÕES – *Bruno Miragem*

que a jurisprudência rejeita a legitimidade passiva para a consignação[153]. A doutrina, todavia, a reconhece em caráter excepcional, considerando, especialmente, a relação de confiança gerada pela conduta reiterada, e a presunção de concordância do locador no recebimento pela administradora, ademais, da dificuldade do devedor (locatário), em identificar ou localizar o credor (locador)[154].

Deve haver identidade entre o que foi consignado e o objeto da obrigação. Desse modo, deve ser oferecido e depositado pelo devedor a integralidade da prestação, ainda que se reconheça a possibilidade de o credor levantar a parcela incontroversa. Neste caso, vai haver liberação parcial do devedor quanto ao que foi prestado, mantendo-se a discussão sobre o que mais contra ele pretenda o credor. Verificada a insuficiência do depósito, pode o devedor completá-lo no prazo de dez dias (art. 545, *caput*, do CPC). Se não o fizer, respeitado entendimento jurisprudencial conduz à possibilidade de se reconhecer a procedência parcial da ação[155]. Em sentido contrário, no entanto, sustenta-se o argumento de que se admitir a procedência parcial para a consignação de parte da prestação pelo devedor, liberando-o quanto a esta parte, conflita com o direito do credor de não ser obrigado a receber por partes, se assim não convencionou (art. 314 do Código Civil). O art. 545, § 1º, do CPC, todavia, permite que o réu levante desde logo a quantia ou coisa depositada, com a consequente liberação parcial do devedor, prosseguindo o processo em relação à parcela controvertida. Neste caso, a sentença que concluir pela insuficiência do depósito, sempre que possível, determinará que o montante devido valerá como título executivo, cujo cumprimento poderá ser feito nos mesmos autos (art. 545, § 2º, do CPC).

---

[153] "PROCESSO CIVIL – RECURSO ESPECIAL – LOCAÇÃO – AÇÃO DE CONSIGNAÇÃO – ADMINISTRADORA DE IMÓVEIS – ILEGITIMIDADE PASSIVA *AD CAUSAM* – CARÊNCIA DECRETADA – ART. 267, VI, DO CPC – DISSÍDIO PRETORIANO NÃO COTEJADO. 1 – A teor do art. 255 e parágrafos, do RISTJ, não basta a juntada das cópias integrais dos acórdãos divergentes, devendo ser mencionadas e expostas as circunstâncias que identificam ou assemelham os casos confrontados. A falta do devido confronto analítico obsta o conhecimento do presente recurso pelo dissídio jurisprudencial aventado (art. 105, III, 'c', da CF). 2 – A Administradora de Imóveis é mera mandatária dos locadores, não possuindo legitimidade processual para figurar no polo passivo da Ação de Consignação. Isto porque não se pode confundir a condição de parte credora com quem a representa, ou seja, com o procurador *ad negotia*. Ilegitimidade passiva *ad causam* reconhecida. Carência decretada. Inteligência do art. 267, VI, do CPC. 3 – Precedentes desta Turma (REsp 253.155/RS e 227.011/ES). 4 – Recurso conhecido, nos termos acima expostos e, neste aspecto, provido para, reformando o v. acórdão de origem, reconhecer a ilegitimidade passiva *ad causam* e julgar a autora carecedora da ação, nos termos do art. 267, VI, do CPC, invertendo-se os ônus sucumbenciais, já fixados na r. sentença monocrática" (STJ, REsp 305.974/MG, Rel. Min. Jorge Scartezzini, 5ª Turma, j. 16-6-2002, *DJ* 26-8-2002, p. 284).
"CONSIGNAÇÃO EM PAGAMENTO. CONDOMÍNIO. AÇÃO PROPOSTA CONTRA A EMPRESA ADMINISTRADORA. ILEGITIMIDADE DE PARTE PASSIVA. – A administradora do condomínio não tem legitimidade para figurar no polo passivo da relação processual em ação de consignação em pagamento concernente a cotas condominiais. Recurso especial não conhecido" (STJ, REsp 288.198/RJ, Rel. Min. Barros Monteiro, 4ª Turma, j. 22-6-2004, *DJ* 11-10-2004).

[154] Jorge Cesa Ferreira da Silva, *Adimplemento e extinção das obrigações*, São Paulo: RT, 2007, p. 300-301.

[155] "CONSIGNAÇÃO EM PAGAMENTO. Interpretação do contrato. Insuficiência do depósito. 1. A ação de consignação em pagamento admite o exame da validade e da interpretação de cláusulas contratuais, uma vez que se trata hoje de instrumento processual eficaz para dirimir os desentendimentos entre as partes a respeito do contrato, em especial do valor das prestações. 2. A insuficiência do depósito não significa mais a improcedência do pedido, quer dizer apenas que o efeito da extinção da obrigação é parcial, até o montante da importância consignada, podendo o juiz desde logo estabelecer o saldo líquido remanescente, a ser cobrado na execução, que pode ter curso nos próprios autos. Art. 899 do CPC. Recurso não conhecido" (STJ, REsp 448.602/SC, Rel. Min. Ruy Rosado de Aguiar, 4ª Turma, j. 10-12-2002, *DJ* 17-2-2003, p. 292).

Capítulo 6 · ADIMPLEMENTO E EXTINÇÃO DAS OBRIGAÇÕES | 213

A integralidade da dívida, no caso de já haver o inadimplemento do devedor, deve compreender todos os seus acessórios, como aqueles que resultam da mora – caso dos juros moratórios (art. 337 do Código Civil) e correção monetária, por exemplo. O mesmo se diga da consignação de coisa, que deve ser entregue com seus respectivos acessórios, como os frutos a que o devedor tenha direito, segundo as regras da posse. O fato de o pagamento não ser integral deverá ser alegado pelo credor na contestação da ação de consignação em pagamento, devendo, para tanto, indicar o que considera ser o valor devido (art. 544, parágrafo único, do CPC).

4.5.1.4. Efeitos do pagamento em consignação

Os efeitos próprios do pagamento em consignação são a extinção da obrigação e a liberação do devedor. Tais efeitos, todavia, subordinam-se ao atendimento do disposto no art. 336 do Código Civil, que refere: "Para que a consignação tenha força de pagamento, será mister concorram, em relação às pessoas, ao objeto, modo e tempo, todos os requisitos sem os quais não é válido o pagamento". A expressão "força de pagamento", referida pela norma, remete aos efeitos que emergem da consignação em si, ou seja, desde o depósito da prestação, e que serão declarados por sentença, quando a consignação tiver se dado por ação judicial. Conforme já se examinou, igualmente, não se trata de considerar-se válido ou não o pagamento, como diz a norma, mas eficaz ou não. Sua natureza jurídica, como espécie de ato fato jurídico, não se presta ao exame no plano da validade. Toma-se em consideração sua capacidade de gerar efeitos. Será eficaz o pagamento que extinga a dívida e exonere o devedor. Para tanto, devem ser atendidos os requisitos mencionados na norma.

No caso de o pagamento em consignação se dar de modo extrajudicial, mediante depósito em estabelecimento bancário (art. 334 do Código Civil), naturalmente que não se cogita de sentença judicial. O devedor ou quem possa consignar, para tanto, deve depositar o valor devido em estabelecimento bancário oficial, onde houver, situado no lugar do pagamento, cientificando-se o credor por carta com aviso de recebimento, assinando o prazo de 10 (dez) dias para a manifestação de recusa. Se o credor não manifestar sua recusa no prazo indicado, que é contado da data do retorno do aviso de recebimento, o devedor será considerado liberado da obrigação. A quantia depositada, de sua vez, ficará à disposição do credor. Por outro lado, se houver recusa manifestada por escrito, pelo credor, ao estabelecimento bancário, poderá ser proposta, no prazo de um mês, ação judicial de consignação, instruindo a petição inicial com a prova do depósito e da recusa do credor. Não proposta a ação no prazo em questão, o depósito torna-se sem efeito e poderá ser levantado pelo depositante (art. 539 do CPC).

O efetivo depósito da prestação pelo devedor, no pagamento em consignação, também transfere os riscos da coisa e faz cessar os juros da dívida, salvo se for julgado improcedente (art. 337 do Código Civil). O regime dos riscos, em geral, admite sua transferência com a transmissão da posse, que se opera com o depósito. Tanto riscos da coisa, como é o caso de sua deterioração ou perda, assim como riscos relativos a outras espécies de prestação, em que pode ocorrer a impossibilidade superveniente de sua realização.

A consignação também serve para fazer cessar a mora do devedor, quando haja ainda a possibilidade de realização da prestação pelo devedor que se encontra inadimplente, no atendimento ao interesse útil do credor.

Existindo despesas decorrentes do depósito, no caso de procedência da consignação, serão suportadas pelo credor. Caso contrário, havendo improcedência, por elas responde o devedor (art. 343 do Código Civil).

214 | DIREITO DAS OBRIGAÇÕES – *Bruno Miragem*

4.5.1.5. Levantamento do depósito

O levantamento do depósito realizado para que se opere o pagamento em consignação é ato que pode ser realizado pelo devedor ou pelo credor, conforme o estágio da ação. Tendo sido realizado o depósito pelo devedor, e antes de o credor declarar que aceita o depósito ou impugná-lo, pode o devedor requerer o levantamento, pagando as respectivas despesas (art. 338 do Código Civil). Neste caso, a obrigação em relação à qual foi feito o depósito para pagamento subsistirá para todos os efeitos.

Admitido o depósito, ou seja, havendo sua aceitação pelo credor, ou, ainda, julgado procedente o pedido, não pode o devedor promover seu levantamento. Sendo julgada procedente a consignação, estabelece o art. 339 do Código Civil que o devedor não pode levantá--lo, mesmo se houver o consentimento do credor, quando haja outros devedores e fiadores. Deve-se bem entender a regra. Sendo reconhecida como procedente a consignação, se produz a eficácia extintiva da obrigação (art. 546 do CPC). A princípio, estarão liberados todos os devedores e fiadores da obrigação. Nesses termos, nada impede que o levantamento do depósito seja objeto de ajuste, consentindo o credor que o devedor o promova. Consentindo o credor com o levantamento, contudo, perde a preferência e garantia que tinha em relação à coisa. A anuência dos demais codevedores e fiadores, quando houver, poderá ter repercussão apenas se, em razão do levantamento feito pelo devedor, pretendam as partes que haja algum tipo de efeito em relação a eles. Mas tudo se dá mediante exercício da autonomia privada, esgotando-se os efeitos da consignação e a decisão de sua procedência, na eficácia extintiva e de liberação dos coobrigados que daí resulta.

Pode ocorrer, todavia, que o credor não aceite o depósito do devedor, oferecendo contestação, nos termos do art. 544 do Código de Processo Civil. Poderá, então, alegar em seu interesse, que: I) não houve recusa ou mora de sua parte; II) a recusa foi justa; III) o depósito não foi efetuado no prazo ou no lugar do pagamento; e IV) o depósito não é integral, hipótese em que deverá indicar o montante que entende devido. Tendo contestado a consignação, se posteriormente o credor consentir que haja o levantamento do depósito pelo autor da ação, também perderá a preferência e garantia sobre a coisa consignada, revigorando o crédito exigível do devedor, e ficando desobrigados os codevedores e fiadores que não tenham anuído com este levantamento (art. 340 do Código Civil).

4.5.2. *Pagamento com sub-rogação*

Sub-rogação existe quando se transfere determinada qualidade de uma pessoa a outra ou de uma coisa a outra. Refere-se à sub-rogação subjetiva, quando há transmissão de uma pessoa a outra, e sub-rogação objetiva, quando se transmite certa qualidade de uma coisa a outra. No caso do pagamento com sub-rogação, trata-se de sub-rogação pessoal, que se opera pelo pagamento, tendo por efeito a transmissão da qualidade de credor. Ou seja, o credor que recebe a prestação transfere esta sua qualidade àquele que realizou o pagamento. Adota--se, também, o sentido de substituição. Ou seja, quem paga ao credor, substitui este perante o devedor. Pode exigir a prestação que antes satisfez ao credor originário. Desse modo, o devedor não fica desde logo liberado em razão do pagamento feito pelo terceiro ao credor. Pontes de Miranda, em mais uma de suas célebres fórmulas, ao comparar o pagamento com consignação (ou consignação para adimplemento) e o pagamento com sub-rogação, refere que no primeiro há liberação sem satisfação; no segundo, satisfação sem liberação[156].

---

[156] Pontes de Miranda, *Tratado de direito privado* cit., t. XXIV, p. 373.

A sub-rogação como efeito do pagamento não era originalmente admitida pelo direito romano, em vista do caráter pessoal de que se revestia o vínculo obrigacional. Apenas no direito *justinianeu* passou-se a admitir o temperamento da situação, mediante o reconhecimento do *beneficium cedendarum actionum*, pelo qual aquele que o terceiro que fosse demandado para pagar (por exemplo, o fiador) poderia opor exceção à ação do credor, de modo a obter a cessão da titularidade do crédito como efeito do pagamento[157]. Adiante, outra figura, da *successio in locum creditoris*, passou a admitir que um credor hipotecário que tivesse em lugar posterior pudesse solver o crédito de outros credores hipotecários que tivessem prioridade sobre o mesmo bem, tendo por efeito ocupar seu lugar. Daí a origem do que vem a dar para a sub-rogação características distintas, com efeitos próprios e outros que se assemelham ao direito de regresso[158].

Em muitos sistemas, a sub-rogação é incluída entre os modos de transmissão das obrigações, ao lado da cessão de crédito e da assunção de dívida, inclusive no plano legislativo[159]. Não por acaso, identificam-se semelhanças entre o pagamento com sub-rogação e a cessão de créditos. Em ambos, há eficácia de transmissão decorrente do ato praticado. No primeiro caso, é o pagamento. No segundo, o negócio jurídico de transmissão. Naturalmente, contudo, que o fundamento do pagamento com sub-rogação é diverso. Ademais, porque o pagamento é causa típica de extinção da obrigação e liberação do devedor. Admitindo-se a sub-rogação, mantém-se eficaz a obrigação, apenas com a transmissão da posição de credor àquele que pagou ao credor originário (o *solvens*).

A sub-rogação distingue-se da cessão porque nesta a vontade de transmitir predomina. A cessão é sempre convencional. A sub-rogação será legal ou convencional. Da mesma forma, no caso da cessão, o cessionário ocupa a posição do cedente em relação ao crédito e todos os seus efeitos. A sub-rogação que resulta do pagamento tem efeitos mais limitados, de modo que o sub-rogado terá direito de exigir do devedor apenas o que desembolsou para o pagamento. Da mesma forma, a garantia do cedente ao cessionário sobre a existência e exigibilidade do crédito não se produzem necessariamente ao sub-rogado, salvo expressa convenção entre as partes, uma vez que fará jus aos efeitos a que faça jus o credor para quem realizou o pagamento.

O fundamento para se explicar a eficácia sub-rogatória e continuidade da obrigação é variável no tempo. Já no *Digesto*, encontra-se a afirmação de Paulo, estabelecendo a distinção entre o pagamento do preço ao vendedor e a possibilidade de conservarem-se as ações contra o devedor, em favor daquele que pagou (o *solvens*)[160]. O valor pago seria considerado como o preço pelo valor das ações. Isso dá origem à doutrina que busca explicar a sub-rogação como modo de transferência de crédito e suas ações pelo credor, tomada por alguns autores como Toullier, como cessão *sui generis*. Já para Pothier, movido pela preocupação de oferecer ao *solvens* as garantias e segurança em relação ao crédito que passará a exigir do credor, o qualifica como mandatário[161]. Recorreu-se, também, à teoria da ficção, criticada pelo seu conteúdo

---

[157] Zimmermann, *The law of obligations* cit., p. 132 e ss.

[158] Menezes Cordeiro, *Tratado de direito civil português* cit., v. II, t. IV, p. 226.

[159] No direito português: Menezes Cordeiro, *Tratado de direito civil português* cit., v. II, t. IV, p. 225; no direito francês, entre outros: Jacques Ghestin, Marc Billiau, Grégoire Loiseau, *Le regime des créances et des dettes*, Traité de droit civil, Paris: LGDJ, 2005, p. 387 e ss. O direito italiano, de sua vez, identifica-se com o direito brasileiro, dispondo sobre a sub-rogação como efeito do pagamento quando previsto em lei, ou por convenção entre as partes (arts. 1.201 a 1.205 do Codice Civile).

[160] "Non in solutum accepit, sed quadammodo solutum nomem debitoris venditi", *Digesto*, 46,3, 76.

[161] Robert-Joseph Pothier, *Traité des obligations* cit., p. 277.

DIREITO DAS OBRIGAÇÕES – *Bruno Miragem*

excessivamente abstrato – "modo cômodo e abstrato de resolver os problemas jurídicos", escreveu Héctor Lafaille[162], também reproduzido na doutrina nacional[163].

Nas hipóteses em que se prevê a existência de sub-rogação, o pagamento realizado por terceiro que não o devedor, não extingue a obrigação. A sub-rogação, que decorre de expressa disposição legal, ou de convenção entre as partes, faz com que a obrigação permaneça existindo, válida e eficaz, alterando-se, contudo, a pessoa que ocupa a posição de credor. O credor original, que tem satisfeita sua prestação, é substituído por aquele que realizou o pagamento. A sub-rogação, portanto, implica a substituição do credor original, pelo terceiro que realizou o pagamento. Daí por que o mais correto seja tratar-se a sub-rogação como espécie de cessão a título singular, figura distinta da cessão de crédito, por resultar da satisfação do credor originário mediante ato próprio daquele que realiza o pagamento.

Alguns sistemas expressamente preveem a sub-rogação parcial, de modo que aquele que realiza o pagamento parcial (o *solvens*) e o próprio credor a quem ainda falta satisfazer parte da prestação concorrem em face do patrimônio do devedor, para obter o pagamento (assim, por exemplo, o art. 1.205 do Código Civil italiano). No direito brasileiro, o art. 351 do Código Civil prevê a possibilidade de sub-rogação parcial, ao referir que: "O credor originário, só em parte reembolsado, terá preferência ao sub-rogado, na cobrança da dívida restante, se os bens do devedor não chegarem para saldar inteiramente o que a um e outro dever". Estabelece, em caso de pagamento parcial, a preferência do credor originário sobre o patrimônio do devedor, no caso de este ser insuficiente em relação ao sub-rogado que paga a dívida. A doutrina, contudo, ao criticar a disposição que privilegia o credor originário, destaca o reforço do dever de informar que deve ser reconhecido no ato que dê causa à sub-rogação, para esclarecimento ao sub-rogado acerca desta consequência[164].

As situações que dão causa ao pagamento com sub-rogação estão previstas em lei, ou podem ocorrer por convenção entre as partes, de modo que deve se distinguir entre a sub-rogação legal e a sub-rogação convencional.

4.5.2.1. Sub-rogação legal

Sub-rogação legal é a situação em que há transmissão da qualidade de credor ao *solvens*, pelo fato de o pagamento ao credor originário resultar de expressa disposição legal. A rigor, admite-se que a lei disponha sobre a eficácia do pagamento, respeitando seu conteúdo essencial, em especial, à luz dos princípios constitucionais que asseguram a liberdade e a propriedade. O art. 346 do Código Civil estabelece que "a sub-rogação opera-se, de pleno direito, em favor: I – do credor que paga a dívida do devedor comum; II – do adquirente do imóvel hipotecado, que paga a credor hipotecário, bem como do terceiro que efetiva o pagamento para não ser privado de direito sobre imóvel; III – do terceiro interessado, que paga a dívida pela qual era ou podia ser obrigado, no todo ou em parte".

A primeira hipótese prevista, do credor que paga a dívida do devedor comum (inciso I do art. 346), pressupõe a existência de pluralidade de credores, de modo que um deles realiza o pagamento da dívida do devedor comum para aquele a quem este deve, com a finalidade de evitar colocar em risco o seu próprio crédito. Ou seja, um dos credores realiza o pagamento para que o outro credor não promova a execução sobre o patrimônio do devedor, prejudi-

---

[162] Hector Lafaille, *Derecho civil*. Tratado de las obligaciones, 2. ed. Buenos Aires: La Ley, 2009, t. I, p. 681.

[163] Caio Mário da Silva Pereira, *Instituições de direito civil* cit., v. II, p. 213.

[164] Judith Martins-Costa, *Comentários ao Código Civil*. Do adimplemento e da extinção das obrigações, t. I, Rio de Janeiro: Forense, 2003, p. 467.

Capítulo 6 · ADIMPLEMENTO E EXTINÇÃO DAS OBRIGAÇÕES | 217

cando seu crédito, como, por exemplo, quando dê causa a um concurso de credores. Como efeito deste pagamento, a lei define a sub-rogação dos direitos do credor satisfeito. Assim, por exemplo: se A é credor de Y, de dívida de R$ 10.000,00 e B também é credor de Y por dívida de R$ 2.000,00. A paga para B a dívida de Y, passando a poder exigir deste, além do que já era credor, mais os R$ 2.000,00 que se sub-roga como efeito do pagamento que realizou.

A segunda situação de sub-rogação legal descrita na norma é a do adquirente de imóvel que paga a credor hipotecário, bem como do terceiro que efetiva o pagamento para não ser privado de direito sobre imóvel (inciso II do art. 346). Nestes casos, trata-se de dívida garantida por hipoteca – ou seja, aquela cujo bem garante a dívida, de modo que, se houver inadimplemento, ele próprio será alienado para promover a satisfação do credor. O adquirente do imóvel que está hipotecado tem interesse jurídico na extinção da hipoteca, o que se dá pelo pagamento do crédito ao qual ela serve de garantia. Da mesma forma, o titular de direito sobre o imóvel hipotecado tem interesse na extinção da garantia. Em ambas as situações, o que se pretende com o pagamento da dívida é a eliminação do risco de perda do imóvel em razão do inadimplemento da dívida, garantida por hipoteca sobre o bem, ou ainda, eventual desvalorização, justamente por estar submetido a gravame. A rigor, é hipótese que deve se estender também, por coerência, aos demais bens passíveis de hipoteca, como aeronaves e embarcações. Realizando o pagamento, tanto o adquirente, quanto o titular de direito sobre o bem hipotecado, extinguem a hipoteca, sub-rogando-se nos direitos do credor satisfeito, podendo exigir o que pagaram do devedor originário, que permanece obrigado.

A terceira situação descrita no art. 346 é do terceiro interessado, que paga a dívida pela qual era ou podia ser obrigado, no todo ou em parte. Por terceiro interessado se tem o titular de interesse jurídico (juridicamente relevante) na extinção da dívida. A própria norma define o critério para identificação deste interesse jurídico: ser ou poder ser ele próprio obrigado, no todo ou em parte, pela dívida. São numerosas as hipóteses em que tal ocorre, como é o caso do devedor solidário que paga a dívida comum, o codevedor de obrigação indivisível, e por força de convenção, também o fiador, e em muitos casos, o segurador. O devedor solidário que paga a dívida comum sub-roga-se nos direitos do credor, podendo exigir dos demais codevedores, proporcionalmente, sua parcela da dívida comum. O codevedor de obrigação indivisível, da mesma forma, realiza a prestação, podendo exigir dos codevedores que não participaram da satisfação do crédito, o equivalente, na proporção que lhes couber. Já no caso do fiador, satisfazendo a prestação que lhe cumpre garantir, poderá exigir do devedor originário a integralidade daquilo que pagou. Todavia, havendo outros fiadores, incide a regra do art. 831 do Código Civil, que define: "O fiador que pagar integralmente a dívida fica sub-rogado nos direitos do credor; mas só poderá demandar a cada um dos outros fiadores pela respectiva quota".

No caso do segurador, tem-se claro que o contrato de seguro tem por objeto a garantia de interesses legítimos contra riscos predeterminados (art. 757 do Código Civil). Há situações, como ocorre no seguro de dano, em que o segurador deve indenizar por força de contrato, danos pelos quais, ordinariamente, o causador do dano é que seria demandado pela reparação. A Súmula 188 do STF, editada em 1963, já dispunha sobre o direito de regresso do segurador, ao referir que "o segurador tem ação regressiva contra o causador do dano, pelo que efetivamente pagou, até o limite previsto no contrato de seguro". No direito vigente, tendo o segurador pago a indenização à vítima, incide o art. 786 do Código Civil, que dispõe: "Art. 786. Paga a indenização, o segurador sub-roga-se, nos limites do valor respectivo, nos direitos e ações que competirem ao segurado contra o autor do dano". Há, contudo, limites à sub-rogação, nestes casos, como se percebe do § 1º do mesmo art. 786, ao referir que "salvo dolo, a sub-rogação não tem lugar se o dano foi causado pelo cônjuge do segurado, seus descendentes ou ascendentes, consanguíneos ou afins". Da mesma forma, o § 2º do mesmo artigo refere que "é ineficaz qualquer ato do segurado que diminua ou extinga, em prejuízo do segurador, os direitos a que se refere este artigo".

4.5.2.2. Sub-rogação convencional

As situações que autorizam a sub-rogação convencional pressupõem a existência de consentimento válido entre os que participam da convenção. Incide a regra do art. 104 do Código Civil sobre os requisitos de validade da convenção. A forma do negócio jurídico em que se defina a sub-rogação é livre. Não há razão para se reconhecer, aqui, solenidades que são de outros sistemas, como ocorre no direito francês, que exige a celebração do negócio por notário (art. 1.250, 2, do Code Civil). A forma do negócio, nestes casos, será matéria de prova da sua existência e conteúdo, não requisito para sua validade.

O Código Civil prevê, em seu art. 347, duas espécies de sub-rogação convencional: "Art. 347. A sub-rogação é convencional: I – quando o credor recebe o pagamento de terceiro e expressamente lhe transfere todos os seus direitos; II – quando terceira pessoa empresta ao devedor a quantia precisa para solver a dívida, sob a condição expressa de ficar o mutuante sub-rogado nos direitos do credor satisfeito".

A primeira hipótese refere-se ao credor que recebe o pagamento de terceiro e expressamente lhe transfere todos os seus direitos. Neste caso, é pagamento feito por terceiro não interessado, sem qualquer vínculo ou subordinado aos efeitos da relação jurídica preexistente entre credor e devedor[165]. Define a regra que, tendo recebido o pagamento, o credor transfere todos os seus direitos e ações. Neste caso, percebem-se dois momentos: o de realização do pagamento e o de transferência expressa dos direitos pelo credor. A rigor, devem ser contemporâneos, ou seja, o recebimento do pagamento e a transferência dos direitos, mesmo como situações distintas, devem se dar ao mesmo tempo. Até porque, se assim não for, o pagamento extingue a obrigação. Conforme a melhor doutrina, "não se adimple para que se extinga; mas sim para que se lhe ceda"[166]. A transferência do crédito, nestes termos, pode ser feita, por exemplo, no termo em que o credor declara ter recebido o pagamento. Nada impede, igualmente, que a sub-rogação se dê em momento anterior ao pagamento, no que acaba assumindo o caráter de promessa de sub-rogação, cuja eficácia estará condicionada ao pagamento.

---

[165]　A jurisprudência anterior ao Código Civil de 2002 já expressava: "CIVIL E PROCESSUAL CIVIL. SUB-ROGAÇÃO PESSOAL. CONCEITO. MODALIDADES: LEGAL E CONVENCIONAL. TERCEIRO INTERESSADO. IRRELEVÂNCIA NA SUB-ROGAÇÃO CONVENCIONAL. TRANSFERÊNCIA EXPRESSA DE DIREITOS CREDITÓRIOS. AUSÊNCIA DE JUSTO MOTIVO DO DEVEDOR. RECURSO ESPECIAL. REEXAME DOS FATOS. VEDAÇÃO. ENUNCIADO N. 7 DA SÚMULA/STJ. RECURSO DESACOLHIDO. I – A sub-rogação pessoal é a substituição nos direitos creditórios, operada em favor de quem pagou a dívida ou para isso forneceu recursos. Em outras palavras, na sub-rogação se dá a substituição de um credor por outro, permanecendo todos os direitos do credor originário (sub-rogante) em favor do novo credor (sub-rogado). Dá-se, assim, a substituição do credor, sem qualquer alteração na obrigação do devedor. II – Existem dois tipos de sub-rogação pessoal: a legal (art. 985, Código Civil) e a convencional (art. 986, idem). A primeira decorre *ipso iure*, enquanto a segunda tem origem em acordo de vontades. III – Diversamente da legal (CC, art. 985), na sub-rogação convencional (art. 986) não se questiona a existência de interesse do terceiro que efetuou o pagamento para outrem, mas apenas a existência de contrato que transfira expressamente os direitos creditórios e a ausência de justo motivo do devedor para recusar o pagamento. IV – O recurso especial não se presta ao reexame dos fatos da causa, a teor do Enunciado n. 7 da súmula/STJ" (STJ, REsp 141.971/PR, Rel. Min. Sálvio de Figueiredo Teixeira, 4ª Turma, j. 27-4-1999, *DJ* 21-6-1999, p. 160).

[166]　Pontes de Miranda, *Tratado de direito privado* cit., t. XXIV, p. 377.

Capítulo 6 · ADIMPLEMENTO E EXTINÇÃO DAS OBRIGAÇÕES | **219**

O art. 348 do Código Civil define que, em relação a esta hipótese de sub-rogação convencional, incidem as regras relativas à cessão de crédito. Isso implica conhecida discussão, se a hipótese em que há transmissão expressa pelo credor que recebe o pagamento do terceiro seria de fato sub-rogação ou sua própria natureza indicaria que se trata de cessão de crédito. Independentemente de outros critérios, há em relação a ambas uma nítida distinção de grau. Enquanto a sub-rogação é efeito reflexo do pagamento, na cessão de crédito trata-se do efeito pretendido, que integra o objeto do negócio jurídico de transmissão. Da mesma forma, na sub-rogação, o terceiro que se torna credor poderá exigir do devedor apenas o que pagou ao credor originário (art. 350 do Código Civil). Na cessão de crédito, o cessionário poderá, em qualquer caso, exigir todo o crédito de que era titular o cedente e lhe foi transmitido.

A segunda hipótese de sub-rogação convencional prevista no Código Civil ocorre quando um terceiro empresta, ao devedor, para solver a dívida, sob a condição expressa de ficar o mutuante sub-rogado nos direitos do credor satisfeito. Trata-se de situação em que a sub-rogação se dá por ato do devedor, que toma emprestado a quantia precisa para pagar o credor.

Esta hipótese de pagamento com sub-rogação tem por pressuposto a existência de um negócio jurídico válido entre o devedor e terceiro. A doutrina, sob a égide do direito anterior, entendia que a menção ao empréstimo do terceiro para o devedor era meramente exemplificativa. Assinala-se que "pode ter sido por conta de trabalho, ou como adiantamento por obra ou outra prestação. O que importa saber-se é que o devedor e o terceiro acordaram em que a contraprestação seria o débito que ele solve, ou o que ele dá para o que devedor solva"[167].

Um exemplo comum na experiência brasileira ocorre no âmbito do financiamento imobiliário, em que a instituição financeira empresta ao adquirente quantia necessária para o pagamento do preço de imóvel alienado fiduciariamente a outra instituição financeira, sob condição expressa de sub-rogar-se nos seus direitos, de modo a tornar-se a própria instituição que empresta os valores, titular de garantia fiduciária sobre o bem.

É decisiva, todavia, a vinculação do negócio jurídico celebrado entre o terceiro e o devedor, e o pagamento realizado ao credor. Há, neste ponto, preocupação clara em evitar-se a fraude ou a simulação[168]. O negócio jurídico deve ser antecedente ao pagamento, pois dele resulta os recursos para o devedor realizá-lo. No direito português, tal condição é expressa em seu art. 590 do Código Civil ("O terceiro que cumpre a obrigação pode ser igualmente sub-rogado pelo devedor até ao momento do cumprimento, sem necessidade do consentimento do credor"). No direito brasileiro, trata-se de inferência lógica totalmente aplicável. Da mesma forma, para efeito de provar a sub-rogação, deve constar do negócio jurídico a finalidade da transferência dos valores do terceiro para o devedor, que é a satisfação da dívida, assim como o efeito de sub-rogação que em razão desta transferência se opera em favor do terceiro.

4.5.2.3. Efeitos do pagamento com sub-rogação

São efeitos típicos da sub-rogação a transmissão para aquele que realiza o pagamento (art. 346 e 347, I), ou que torna disponíveis os recursos para que o devedor realize o pagamento (art. 347, II), da qualidade de credor. Em razão disso, o art. 349 do Código Civil estabelece

---

[167] Pontes de Miranda, *Tratado de direito privado* cit., t. XXIV, p. 383.
[168] Caio Mário da Silva Pereira, *Instituições de direito civil* cit., v. II, p. 218; Orlando Gomes, *Obrigações* cit., p. 138-139; Gustavo Tepedino e Anderson Schreiber, *Código Civil comentado*. Direito das obrigações cit., t. IV, p. 268; Tepedino, Barbosa, Bodin de Moraes et alli, *Código Civil interpretado...* cit., v. I, p. 639; Miguel Maria de Serpa Lopes, *Curso de direito civil* cit., v. II, p. 218-219.

que "a sub-rogação transfere ao novo credor todos os direitos, ações, privilégios e garantias do primitivo, em relação à dívida, contra o devedor principal e os fiadores".

O pagamento com sub-rogação dá causa a dois efeitos principais. O efeito liberatório do devedor em relação ao credor originário. E o efeito translativo, que se consubstancia na transmissão ao terceiro que satisfez o crédito, a qualidade de credor, com todos os direitos, ações, privilégios e garantias em relação à dívida, que poderá exigir tanto do devedor quanto de seus coobrigados, tais como os garantes da dívida (dentre os quais a própria lei faz referência aos fiadores).

No caso de sub-rogação legal, o art. 350 do Código Civil limita os efeitos em favor do credor sub-rogado apenas à soma que tiver desembolsado para desobrigar o devedor. Vale dizer, se conseguiu abatimento da dívida para pagar menos do que a prestação original, apenas o valor efetivamente desembolsado é o que poderá exigir do devedor. Nesse sentido, não parece assistir razão ao entendimento, especialmente em relação à sub-rogação convencional, em que se apliquem as regras da cessão de crédito (art. 347, I c/c 348 do Código Civil), que possa o terceiro pagar menos ao credor (tal como ocorre na cessão de crédito onerosa, com respectivo deságio), e exigir o valor integral da dívida primitiva do devedor. A função do pagamento com sub-rogação não parece se prestar a fins especulativos, dominando o aspecto da garantia e segurança para o terceiro que realiza o pagamento. Todavia, a doutrina parece admitir a possibilidade de que a sub-rogação convencional sirva a fins especulativos. Milita em favor deste entendimento o fato que o terceiro assume, como regra, o risco de inadimplemento do devedor, podendo quantificá-lo e precaver-se pagando a menor do que exige. Da mesma forma, a sub-rogação convencional se dá sob o domínio da autonomia privada entre credor e terceiro, independentemente da aquiescência do devedor, e reguladas pelas regras da cessão[169], diversamente do caráter estrito do disposto no art. 350 que faz referência apenas à sub-rogação legal[170].

No caso em que o pagamento tiver sido parcial, o credor terá preferência em relação ao sub-rogado para cobrança do que restar do seu crédito, na hipótese dos bens do devedor não serem suficientes para saldar inteiramente o que a um e outro dever. Ou seja, nestas condições, primeiro o credor originário deverá satisfazer o seu crédito para apenas então o sub-rogado poder exigir o que pagou, até onde alcance o patrimônio do devedor.

Como regra, o sub-rogado não tem pretensão contra o credor originário, no caso de insolvência do devedor, ainda que sobre isso possam convencionar diversamente as partes. Por outro lado, tratando-se de eventual inexistência da dívida a que se deveria referir a sub-rogação, a pretensão do terceiro que acreditou sub-rogar-se em relação àquele para quem pagou, observadas as condições dos arts. 884 a 886 do Código Civil, regula-se pela disciplina da restituição no caso de enriquecimento sem causa. Ou ainda, quando pressuponha a existência de negócio jurídico, mediante sanção a eventual defeito na sua formação válida.

4.5.3. Imputação do pagamento

Há situações em que o devedor é obrigado à satisfação de mais de uma prestação para o mesmo credor sem, contudo, ter condições de realizar o pagamento de ambas simultaneamente. Em razão disso, diferentes sistemas preveem meio técnico pelo qual é identificada

---

[169] Corresponde ao *beneficium cedendarum actionum* do direito romano, como ensina Clóvis Beviláqua, *Código Civil dos Estados Unidos do Brasil comentado* cit., t. IV, p. 115.

[170] Carlos Roberto Gonçalves, *Direito civil brasileiro* cit., v. 2, p. 316; Jorge Cesa Ferreira da Silva, *Adimplemento e extinção das obrigações* cit., p. 363-364.

Capítulo 6 · ADIMPLEMENTO E EXTINÇÃO DAS OBRIGAÇÕES | **221**

a qual prestação se dirige o pagamento, o que se designa como imputação do pagamento. Trata-se de saber como se aplica, e a quem cumpre a faculdade de definir a que prestação se refere o pagamento, assim como, na ausência de manifestação das partes, qual a solução que a legislação estabelece.

No direito francês, por exemplo, o devedor tem o direito de escolher sobre qual prestação devida realiza o pagamento, porém não pode indicar que satisfaz o capital antes dos juros (art. 1.254 do Code Civil). No direito alemão, também se outorga a escolha ao devedor, mas na ausência desta, imputa-se o pagamento primeiro à dívida já vencida, e se for mais de uma, à dívida que ofereça menores garantias ao credor (§ 366 do BGB). No direito italiano, se ausente a declaração do credor, segue-se o critério de imputação à dívida vencida, e entre várias vencidas, a com menor garantia; dentre várias com a mesma garantia, a mais onerosa; dentre várias igualmente onerosas, a mais antiga (art. 1.193 do Codice Civile). No direito espanhol, preserva-se, igualmente, a escolha do devedor. Contudo, a exemplo do direito francês, não admite satisfazer o capital antes dos juros (art. 1.173 do Código Civil Espanhol), assim como, ausente a manifestação do devedor, reputa-se o pagamento à mais onerosa ao devedor dentre as vencidas, e se forem todas de igual natureza e garantia, presumem-se pagas todas *pro rata* (art. 1.174 do Código Civil Espanhol).

O direito brasileiro, ao dispor sobre o tema, define certos critérios que se compreendem como pressupostos da imputação do pagamento, quais sejam: (a) que se trate de pluralidade de débitos; (b) que estes vários débitos tenham um mesmo credor e um mesmo devedor; (c) que sejam débitos da mesma natureza, líquidos e vencidos; e (d) que o pagamento feito pelo devedor seja suficiente para adimplir ao menos um dos débitos, mas insuficiente para extinguir todos eles.

A solução brasileira, de sua vez, acompanha as dos vários sistemas jurídicos ao atribuir o direito de escolha entre as várias dívidas ao devedor. Contudo, apenas admite a regra se todos os débitos forem líquidos e vencidos. Assim, o art. 352 do Código Civil estabelece que "a pessoa obrigada por dois ou mais débitos da mesma natureza, a um só credor, tem o direito de indicar a qual deles oferece pagamento, se todos forem líquidos e vencidos". A regra definida pelo direito brasileiro, desse modo, ao exigir – para que se permita ao devedor fazer a escolha de quais pretende realizar o pagamento. É um direito do devedor fazer a escolha sobre qual débito adimplir, não podendo o credor, nestas circunstâncias, impedir ou criar obstáculos a tal escolha, o que pode ser caracterizado, inclusive, como exercício abusivo do direito de crédito. É o caso, por exemplo, do correntista de instituição financeira que, ao autorizar diversos débitos em conta corrente, não tenha recursos suficientes para adimplir a todos quando do vencimento, do que se deve admitir a possibilidade de imputação do pagamento de uns em preferência de outros. Por outro lado, registre-se que a jurisprudência também modera o exercício da escolha que a lei lhe assegura, de fazer a imputação, quando esta se dê em prejuízo de interesse legítimo do credor[171].

---

[171] "CIVIL E PROCESSUAL CIVIL. PRESTAÇÕES PERIÓDICAS. CONSIGNAÇÃO EM PAGAMENTO. RECUSA EM RECEBER A ÚLTIMA, ANTES DE SOLVIDAS AS ANTERIORES. ART. 943, CC. PRESUNÇÃO RELATIVA. ÔNUS DA PROVA CONTRÁRIA ATRIBUÍDO AO CREDOR. LEGITIMIDADE DA RECUSA. EMBARGOS DE DECLARAÇÃO. LITIGÂNCIA DE MÁ-FÉ. ARTS. 538, PARÁGRAFO ÚNICO, E 17, VII, CPC. MULTA. CARÁTER PROTELATÓRIO. CABIMENTO. RECURSO DESACOLHIDO. I – Em se tratando de prestações periódicas, a quitação da última gera a presunção relativa de já terem sido pagas as anteriores, incumbindo a prova em contrário ao credor, conforme o art. 943 do Código Civil. II – Pode o credor recusar a última prestação periódica, estando em débito parcelas anteriores, uma vez que, ao aceitar, estaria assumindo o ônus de desfazer a presunção *juris tantum* prevista no art. 943 do Código Civil, atraindo para si o ônus da prova. Em outras palavras, a imputação do pagamento, pelo

222 | DIREITO DAS OBRIGAÇÕES – *Bruno Miragem*

Faz referência, o art. 352, à pessoa obrigada, no que se inclui não apenas o devedor, mas também terceiros coobrigados ou não. Assim é que pode exercer o direito e fazer a escolha, assim como pode silenciar, incidindo a lei, supletivamente, diante da ausência de escolha. Ou pode pré-excluir o direito de escolher, conferindo ao credor o poder de fazer a imputação do pagamento.

O direito de escolha de qual dívida deve ser adimplida é espécie de direito-poder – direito formativo, conforme prefere a doutrina dominante[172] –, cuja eficácia independe de aceitação daquele a quem se dirige, que se sujeita aos seus efeitos.

Outro pressuposto das dívidas, sobre as quais se realiza a imputação de pagamento, é que se trate de dívidas de mesma natureza, líquidas e vencidas. Por dívidas de mesma natureza, entenda-se que, para que se mostre a necessidade de imputar o pagamento a uma ou mais entre diversas dívidas existentes, será porque o pagamento seria admitido a qualquer delas. São dívidas fungíveis, cuja prestação seja de mesma espécie e qualidade. A dívida de dinheiro é o melhor exemplo, uma vez que será preciso imputar o pagamento a uma ou mais dívidas, porque poderá satisfazer ao menos a uma delas, o que só ocorre sendo da mesma espécie a prestação (dívidas pecuniárias).

Da mesma forma, serem as dívidas líquidas e vencidas, completam as exigências da lei sobre as características do débito. Líquidas são as dívidas que têm conteúdo preciso, certas quanto a sua existência e determinadas quanto ao objeto, têm montante apurado. Vencidas são as dívidas já exigíveis, que podem ser pretendidas pelo credor em relação ao devedor, em razão de já ter sido implementado o termo ou condição para sua exigibilidade.

O último pressuposto da imputação de pagamento é que o pagamento feito pelo devedor seja suficiente para adimplir a menos um dos débitos havidos com o credor. A imputação serve para verificar qual dos débitos será satisfeito para efeito de extinção da respectiva obrigação. Afinal, não pode a prestação oferecida em pagamento ser suficiente apenas para satisfazer parte de um dos débitos, sob pena de se estar obrigando o credor a receber em partes, o que contraria o disposto no art. 314 do Código Civil. Desse modo, sendo o pagamento feito insuficiente para a satisfação, ao menos, de um dos débitos, não há se cogitar de imputação do pagamento, tendo o credor liberdade para aceitar ou não o pagamento, conforme seu próprio interesse.

4.5.3.1. As espécies de imputação

A imputação de pagamento pode se dar de diversos modos. O primeiro deles constitui regra geral, pela qual se confere ao devedor o direito de indicar, dentre várias dívidas de mesma natureza, líquidas e vencidas, com o mesmo devedor, a qual delas se refere o pagamento (art. 352 do Código Civil). Usa-se mencionar como imputação do pagamento por indicação do devedor. Questão de interesse é se pode o devedor realizar o pagamento e imputá-lo a uma

---

devedor, na última parcela, antes de oferecidas as anteriores, devidas e vencidas, prejudica o interesse do credor, tornando-se legítima a recusa no recebimento da prestação. III – Não tendo os embargos de declaração apontado omissão, contradição ou obscuridade no acórdão, nem se aferindo de seu teor o intuito de prequestionamento, uma vez que os dispositivos de lei federal, cuja violação apontou o recurso especial, bem como a matéria neles tratada, não foram abordados nos declaratórios, evidencia-se o caráter protelatório do recurso, sendo cabível a multa prevista no art. 538, parágrafo único, CPC. IV – A multa prevista para a litigância de má-fé, na hipótese do art. 17, VII, CPC, com a redação dada pela Lei n. 9.668/98, equivale à multa por embargos de declaração protelatórios prevista no art. 538, parágrafo único, sendo irrelevante que o órgão julgador aplique a sanção por qualquer desses dois fundamentos legais" (STJ, REsp 225.435/PR, Rel. Min. Sálvio de Figueiredo Teixeira, 4ª Turma, j. 22-2-2000, *DJ* 19-6-2000).

[172] Veja-se, por todos, Pontes de Miranda, *Tratado de direito privado* cit., t. XXIV, p. 391.

Capítulo 6 · ADIMPLEMENTO E EXTINÇÃO DAS OBRIGAÇÕES | **223**

das dívidas, quando o faça antes do vencimento da dívida. O art. 352 do Código Civil faz referência tão somente às dívidas líquidas e vencidas. A solução, todavia, não passa apenas pela interpretação desta norma, senão pela interpretação sobre o prazo de pagamento e sua estipulação. Se o prazo de pagamento é definido em favor do credor, não se cogita que possa haver pagamento antes do fim do prazo estipulado e, menos ainda, imputado do pagamento em relação à dívida não vencida. Por outro lado, se o prazo for estipulado em favor do devedor, como a lei presume em relação aos contratos (art. 133 do Código Civil), pode o beneficiado renunciar a ele e pagar antes do vencimento. Neste caso, sustenta-se a possibilidade de que também possa fazer a imputação do pagamento dentre os vários débitos nas mesmas condições[173].

Pode ocorrer, contudo, que o devedor não faça a indicação, ou tal não conste no termo de quitação, hipótese em que incide a lei, realizando-se a imputação do pagamento por eficácia legal (imputação legal). O art. 355 do Código Civil então refere: "Se o devedor não fizer a indicação do art. 352, e a quitação for omissa quanto à imputação, esta se fará nas dívidas líquidas e vencidas em primeiro lugar. Se as dívidas forem todas líquidas e vencidas ao mesmo tempo, a imputação far-se-á na mais onerosa". É critério que acompanha soluções já examinadas de direito comparado, pretendendo-se benéfica ao devedor, visando a extinguir as dívidas nas quais já esteja em mora, ou entre várias delas, a que lhe for mais onerosa. Assim, por exemplo, reputa-se mais onerosa a dívida de maior valor, ou aquela cujos efeitos da mora se avolumem.

Por outro lado, há situações em que a imputação do pagamento poderá ser feita pelo credor, dentre as várias dívidas pelas quais esteja obrigado o devedor. A primeira delas é quando, por convenção das partes, conferirem o direito de escolha, que é disponível ao credor. A segunda, quando o direito de escolha do débito que está sendo satisfeito pertence ao devedor, porém, este não faz a indicação. Nesse caso, poderá o credor tomar a si fazer a indicação, do que não pode o devedor reclamar. A não ser que demonstre ter o devedor procedido de modo malicioso, ou ainda, mediante violência (art. 353 do Código Civil).

4.5.3.2. Imputação do pagamento e tutela do interesse do credor

A liberdade que se confere por lei ao devedor para que faça a indicação dentre débitos variados, com o mesmo credor, sobre qual imputa o pagamento quando este é insuficiente para satisfazer a todas as prestações, não significa que a vontade do devedor possa avançar sobre o interesse útil do credor na obrigação. A rigor, embora possa dispor mesmo do direito de fazer a indicação, abstendo-se de exercê-lo, renunciando expressamente a ele, ou ainda convencionando de modo diverso com o credor, não pode comprometer as próprias características do débito.

Este é o sentido do que dispõe o art. 354 do Código Civil, segundo o qual "havendo capital e juros, o pagamento imputar-se-á primeiro nos juros vencidos, e depois no capital, salvo estipulação em contrário, ou se o credor passar a quitação por conta do capital". A prevalência do pagamento dos juros antes do capital tem raízes no direito romano (*Primo in usuras, id quod solvitur, deinde in sortem, accepto feretur*) que reverbera em outros sistemas (art. 1.173 do Código Civil espanhol; art. 785 do Código Civil português, por exemplo). E é da tradição do nosso direito brasileiro, estando presente no art. 1.094 do Esboço de Teixeira de Freitas[174], do art. 433, 5, do Código Comercial de 1850, bem como no art. 993 do Código Civil de 1916. Todavia, se percebe o domínio da autonomia privada, admitindo-se que solu-

---

[173] Caio Mário da Silva Pereira, *Instituições de direito civil* cit., v. II, p. 221; Carlos Roberto Gonçalves, *Direito civil brasileiro* cit., v. 2, p. 323.

[174] Teixeira de Freitas, *Código Civil. Esboço* cit., v. 1, p. 258.

224 | DIREITO DAS OBRIGAÇÕES – *Bruno Miragem*

ção diversa se defina por convenção das partes, ou ainda por vontade do credor, caso decida passar a quitação por conta do capital.

4.5.4. Dação em pagamento

É assentado no direito das obrigações, que o credor não é obrigado a receber prestação diversa da que lhe é devida, ainda que mais valiosa (art. 313 do Código Civil). É que se costuma referir como princípio da congruência ou da identidade do pagamento. Vale destacar, contudo: o credor não pode ser obrigado; não significa que não pode consentir em receber outra coisa, quando ofertada pelo devedor. Então é que se caracteriza a dação em pagamento. Trata-se do ato de substituição da prestação originalmente definida para a obrigação, mediante consentimento do credor, de modo que outra prestação seja realizada em lugar daquela. É, assim, espécie de negócio jurídico bilateral pelo qual o devedor oferece e o credor aceita receber prestação diversa daquela originalmente devida, dando causa aos efeitos liberatório e extintivo, próprios do pagamento.

A dação em pagamento é instituto de grande utilidade prática. Não são poucas as vezes que tendo sido constituída a obrigação, o devedor deixa de ter como realizar a prestação, ou mesmo a possibilidade de substituir a prestação original se apresente como uma oportunidade. Pode propor ao credor a substituição, cabendo a este aceitar ou não. Aceitando, há negócio jurídico, cuja eficácia típica é a extinção da obrigação e liberação do devedor.

As origens da dação em pagamento repousam no direito romano, embora a terminologia para o instituto fosse extremamente variada[175]. *Datio in solutum* – ou dação em solução da dívida – no direito romano, já explicitava a possibilidade de substituição da prestação originariamente definida pela obrigação, por outra a ser executada em satisfação do credor, *datio solutum voluntaria*, por exigir o consentimento do credor[176]. Na época de Justiniano, desenvolve-se a *datio in solutum necessaria*, na qual era dispensado o próprio consentimento do credor para que houvesse a substituição, o que se justificava à época, pela escassez de moeda corrente. Desenvolve-se, no direito contemporâneo, com larga influência da pandectística alemã[177], como espécie de negócio jurídico oneroso de alienação.

Aliás, a natureza jurídica da dação em pagamento é, por vezes, colocada em causa. Discute-se se de fato se trata de modalidade de pagamento ou nova prestação, abrangendo, inclusive, a expressão que designa o instituto. Assim, por exemplo, usa-se, no Código Civil italiano, prestação em lugar do pagamento[178], embora doutrinariamente se utilize, igualmente, *dazione in pagamento*[179]. No direito brasileiro, Teixeira de Freitas fez referência em seu Esboço, ao pagamento pela entrega de bens[180]. Contudo, consagrou-se que se designe a hipótese

---

[175] Entre outras expressões, observam-se as locuções *"rem in solutum dare"* e *"aliud pro alio solvere"*, assim como *"rem pro pecunia solvere"*, *"rem pro re solvere"*, *"pro eo quod debeo, aliquid solvere"*, *"in solutum pro debito dare"*, *"pro soluto dare"* etc. Conforme Vittorio Polacco, *Della dazione in pagamento*, Padova: Drucker & Senigaglia, 1888, v. I, p. 14-15; Hans Steiner, *Datio in solutum*, München: C.H.Beck, 1914, p. 48 e ss.

[176] Robert von Römer, *Die Leistung an Zahlungsstatt nach dem römischen und gemeinen Recht, mit Berücksichtigung der neueren Gesetzbücher*, Tübingen: Laupp, 1866, p. 1 e ss.

[177] Para um panorama da evolução do instituto no direito alemão, veja-se: Manfred Harder, *Die Leistung an Erfüllungs Statt* (datio in solutum), Berlin: Duncker e Humblot, 1976, cit.

[178] Examinando a melhor aplicação do conceito: Alessio Zaccaria, *La prestazione in luogo deli adempimento. Fra novazione e negozio modificativo del rapporto*, Milano: Giuffrè, 1987, p. 254.

[179] Cesare Bianca, *Diritto civile. L'obbligazzione*, Milano, Giuffrè, 1993, v. 4, p. 431.

[180] Teixeira de Freitas, *Código Civil. Esboço* cit., v. 1, p. 261.

Capítulo 6 · ADIMPLEMENTO E EXTINÇÃO DAS OBRIGAÇÕES | 225

como dação em pagamento, tal como previsto no direito romano (*datio in solutum*), o que é expresso na legislação desde o Código Civil anterior, e segue o que também se observou em outros países (*dation em paiement*, no direito francês, *Leistung an Erfüllungsstatt* ou no direito alemão, por exemplo).

No direito brasileiro, segue-se a tradição de considerar-se a dação em pagamento como modalidade de pagamento, distinguindo-se apenas pelo fato de haver a substituição da prestação. A doutrina a trata como meio supletivo de pagamento[181], espécie de negócio jurídico solutório[182]. Pode envolver a substituição de prestação original de dinheiro por bem móvel ou imóvel (*rem pro pecunia*), de uma coisa por outra (*rem pro re*), de uma coisa por uma prestação de fazer (*rem pro facto*), de prestação de dinheiro por título, e assim por diante.

É reconhecida grande liberdade para a realização da dação em pagamento, de modo que as partes possam ajustar seus interesses diante da impossibilidade, dificuldade ou desinteresse na prestação originalmente ajustada. Não era assim no direito anterior, no qual o art. 995 do Código Civil de 1916 impedia o credor de receber como dação em pagamento, dinheiro, em substituição a quaisquer outras prestações, sob o argumento de que ao se tratar de medida geral de valor, estaria caracterizado contrato de compra e venda[183]. Por outro lado, quando se diz que a dação em pagamento caracteriza-se como negócio jurídico real, em que deve haver a efetiva realização da prestação oferecida pelo devedor e aceita pelo credor, para que haja a extinção da obrigação, não se caracteriza como dação em pagamento a alteração do objeto da obrigação, mediante consentimento das partes, que tenha por objetivo facilitar o pagamento[184]. A chamada *dação pro solvendo*, presente no art. 840 do Código Civil português[185], não se confunde com a dação em pagamento, podendo resultar, no direito brasileiro, do exercício da autonomia privada das partes para, mediante consentimento mútuo, alterar o objeto da obrigação original visando a facilitar o cumprimento pelo devedor e consequente satisfação do credor.

No perfil contemporâneo da dação em pagamento, que lhe dá o art. 356 do Código Civil, em qualquer situação na qual haja a realização de prestação diversa daquela que foi originalmente ajustada, há dação em pagamento. Estabelece a regra: "O credor pode consentir em receber prestação diversa da que lhe é devida".

4.5.4.1. Requisitos

Sendo a dação em pagamento espécie de negócio jurídico bilateral entre o credor e o devedor, observa os requisitos exigidos dos negócios jurídicos em geral, previstos no art. 104 do Código Civil. Devedor e credor devem ser capazes para oferecer e consentir. Por outro lado, a possibilidade de que haja dação em pagamento pressupõe a existência de uma dívida já constituída, não importando se já seja exigível ou não, ou seja, se já tenha vencido o prazo para pagamento pelo devedor[186]. Da mesma forma, a prestação oferecida em substituição, deve ser lícita, possível e determinada. Precisa, nestes termos, ter existência atual, que lhe

---

[181] Orlando Gomes, *Obrigações* cit., p. 139.

[182] Pontes de Miranda, *Tratado de direito privado* cit., XXV, p. 60.

[183] Clóvis Beviláqua, *Direito das obrigações* cit., 2000, p. 177.

[184] Mário Júlio de Almeida Costa, *Direito das obrigações* cit., p. 1021-1022.

[185] Assim o art. 840 do Código Civil português: "Se o devedor efectuar uma prestação diferente da devida, para que o credor obtenha mais facilmente, pela realização do valor dela, a satisfação do seu crédito, este só se extingue quando for satisfeito, e na medida respectiva".

[186] Em sentido contrário, exigindo o vencimento da dívida original: Orlando Gomes, *Obrigações* cit., p. 139.

permita ser efetivamente prestada. Se oferecida prestação de realização futura, não há dação em pagamento, mas alteração do objeto original da obrigação para cumprimento futuro.

O consentimento do credor pode ser expresso ou tácito. Deve haver a efetiva entrega da prestação. A promessa de prestar não caracteriza a dação em pagamento. Quem promete não dá efetivamente e, portanto, não extingue a obrigação. Por pagamento deve haver a realização efetiva da nova prestação oferecida, seja pela entrega de dinheiro, da entrega de coisa, ou da prestação de fato. Daí ser afirmação corrente que a dação em pagamento é negócio jurídico real, ou seja, que só existe com a efetiva entrega da prestação[187]. Não se deixe de notar que pela liberdade de disposição que caracteriza o negócio jurídico de dação, a rigor, pode ocorrer de a prestação que vise a substituir a original não se realizar mediante entrega, mas seja prestação de fato, consistente em um comportamento ativo (fazer) ou mesmo uma abstenção (não fazer) do devedor. É, nestes termos, em que se deve compreender seu reconhecimento como negócio jurídico real, não como entrega em si, mas realização de certa prestação pelo devedor, em substituição à original, com o consentimento do credor[188].

Importante distinguir a dação em pagamento daquilo que seja uma alteração objetiva da prestação devida, pelo consentimento das partes. Afinal, credor e devedor podem, em acordo de vontades, alterar o conteúdo da prestação. Se simplesmente realizam a alteração, mas não há a efetiva prestação, não se trata de dação em pagamento, mas de novo negócio jurídico que altera o anterior. Se vai haver ou não a realização da nova prestação no futuro, é tema que se resolverá pelas regras gerais do adimplemento ou inadimplemento das obrigações.

Assim, por exemplo, se A deve R$ 50.000,00 para B, porém, oferece para substituir a prestação original, um veículo usado. Havendo o consentimento de B, mas sem a entrega do veículo, o que há é alteração do objeto da obrigação original, mas não negócio jurídico. A passa a dever a prestação do veículo em questão, que poderá ou não cumprir no tempo ajustado. Importa aqui o *animus* de extinguir a obrigação, demonstrado pela efetiva entrega da coisa. Se há oferta do devedor de nova prestação para substituir a anterior, com o *animus* de extinguir a obrigação, o consentimento do credor e a efetiva realização da prestação caracterizam a dação em pagamento. Se simplesmente se altera o objeto da obrigação para prestar depois, não há pagamento, mas modificação da obrigação original.

Não se exige, também, que haja identidade entre os valores da prestação original e o daquela que a substitua. Pode ser que a prestação efetivamente realizada em substituição à original seja mais valiosa ou, ao contrário, seja de menor valor. Isso não impede ou compromete a dação em pagamento. Da mesma forma, coloca-se em questão se é possível a dação em pagamento apenas de parte da prestação original. A lei não trata expressamente do ponto. Contudo, parece certo que o exercício da autonomia privada e a ampla liberdade das partes para oferecer e aceitar a nova prestação faz com que se reconheça esta possibilidade. Pode o devedor oferecer nova prestação para extinguir totalmente a obrigação, ou para extingui-la parcialmente.

O art. 357 do Código Civil estabelece que "determinado o preço da coisa dada em pagamento, as relações entre as partes regular-se-ão pelas normas do contrato de compra e venda". A regra tem sede na tradição romana. Incide, naturalmente, quando a prestação que substitui a original consiste em dar coisa móvel ou imóvel. A repercussão da incidência destas regras deve ser ponderada. Teria sido melhor que o legislador tivesse aposto, como o faz em

---

[187] Pontes de Miranda, *Tratado de direito privado* cit., t. XXV, p. 60.

[188] Para crítica da caracterização da dação em pagamento como negócio jurídico real, vejam-se os argumentos de Umberto Breccia, *Le obbligazzioni* cit., p. 556-557.

muitas situações, ao final da oração, a expressão "no que couber". Porque, de fato, as normas da compra e venda se aplicam no que couber, em especial, quando não desnaturem a própria função e características da dação em pagamento.

A incidência das normas da compra e venda, contudo, terão aplicação quando a prestação substituta for coisa móvel ou imóvel, para série de efeitos, como os que dizem respeito às despesas para a transmissão do domínio, ao que o art. 490 do Código Civil refere: "Salvo cláusula em contrário, ficarão as despesas de escritura e registro a cargo do comprador, e a cargo do vendedor as da tradição". Ou ainda, a regra do art. 502 do Código Civil, que ao dispor sobre os débitos que gravem a coisa vendida refere que "o vendedor, salvo convenção em contrário, responde por todos os débitos que gravem a coisa até o momento da tradição". Da mesma forma se aplicam as regras sobre capacidade e legitimidade para alienar (em especial para aferir a validade do negócio jurídico), assim como os relativos aos vícios redibitórios.

Da mesma forma, considerando que em relação à substituição por prestação de dar coisa faz com que a dação em pagamento assuma natureza de negócio jurídico real, as regras de transmissão do domínio tem incidência impositiva para caracterizar a efetiva realização da prestação. Se a nova prestação oferecida pelo devedor for de dar coisa móvel, só há dação em pagamento quando houver a tradição. Se for de dar coisa imóvel, será necessário o registro do título translativo do domínio no competente registro de imóveis.

No caso de se tratar de título de crédito, a coisa dada em pagamento, a entrega do título implica cessão do crédito nele consubstanciado. Trata-se, conforme doutrina uníssona, de dação *in soluto*, ou seja, regendo-se pelas regras dos arts. 295 e 296 do Código Civil. Significa dizer que, salvo convenção em contrário, aquele que cede o crédito responde apenas pela existência do crédito, mas não pela solvência do devedor.

Todavia, aqui se trata da hipótese em que o título de crédito corresponde ele próprio à prestação substituta oferecida pelo devedor e aceita pelo credor. Não incide a regra, nem caracteriza dação em pagamento, quando o devedor é quem emite título de crédito para realizar o pagamento. Ou seja, quando o título de crédito (assim, por exemplo, um cheque) é emitido pelo devedor para satisfazer a exata prestação original ajustada, o que há simplesmente é pagamento, que produz por si o efeito extintivo da obrigação. A dação em pagamento supõe a substituição da prestação original por outra.

Nesse sentido, o credor que receba o título de crédito como prestação substituta, por dação em pagamento, não fazendo constar expressamente que a quitação será dada apenas na hipótese de vir a receber o crédito que o documento expressa, não impede a extinção da obrigação com o devedor cedente do crédito. Trata-se de orientação legislativa do direito brasileiro existente desde o Código Civil de 1916 (art. 997), ora reafirmada pelo art. 358 do Código Civil vigente, que refere expressamente que "se for título de crédito a coisa dada em pagamento, a transferência importará em cessão". Outra é a solução do direito português (art. 840, 2, do Código Civil português) e italiano (art. 1.198, primeira parte, do Codice Civile), ao prever, salvo disposição em contrário, que a obrigação original só é extinta com a satisfação do crédito cujo título foi entregue como dação em pagamento.

4.5.4.2. Efeitos

O efeito típico da dação em pagamento é a extinção da dívida com a satisfação do credor que consente em receber prestação diversa da original, e consequente liberação do devedor. Pode ocorrer que a prestação oferecida pelo devedor não sirva para satisfazer integralmente a dívida original, de modo que possa o credor aceitar recebê-la para satisfação parcial do seu interesse, dando, por isso, quitação parcial.

A hipótese de invalidade do negócio jurídico que originou obrigação em relação à qual se realiza a dação em pagamento, faz desaparecer a causa pela qual o devedor realizou a prestação. Por isso, faz nascer a pretensão de restituição do que foi pago, em razão do enriquecimento sem causa daquele que foi considerado, antes da invalidade, como credor (art. 876 do Código Civil)[189]. A nulidade do negócio jurídico solutório de dação em pagamento, de sua vez, faz com que a dívida retorne a ser exigível pelo credor[190].

Outra situação se dá quando ocorre evicção do credor em relação à prestação substituta dada em pagamento. Por evicção entenda-se a situação pela qual aquele a quem foi transmitida a propriedade sobre algum bem, a perde em razão da ilegitimidade do alienante que promoveu a transmissão. Ou seja, quem deu em pagamento a prestação não podia fazê-lo porque não tinha poder de disposição sobre ela, de modo que aquele que a recebeu perde em favor do legítimo titular. Assim, por exemplo, se A devia dinheiro a B, mas oferece em pagamento uma coleção de livros, entregando-os ao credor, e se tal coleção de livros não era de A, mas sim de C, este tem poder de reivindicá-la de quem com ela estiver (trata-se do direito de sequela que caracteriza a propriedade). Desse modo, B, que a tem consigo em virtude da dação em pagamento feita por A, irá perder a coleção quando C exercer a pretensão para retomá-la.

A discussão sobre os efeitos da evicção na dação em pagamento remonta ao direito romano. Para o jurista Marciano, a evicção da prestação substituta fazia restabelecer a obrigação extinta (*"Si quis aliam rem pro alia volenti solverit et evicta fuerit res, manet pristina obligatio (...)" Digesto*, 46,3,46). Já Ulpiano considerava que a obrigação extinta não era restaurada, respondendo o devedor pelos efeitos da evicção da prestação substituta que ofereceu. Equiparava com isso, a dação em pagamento à compra e venda (*Digesto* 13,7,24)[191]. Os vários sistemas de tradição romanística optaram por uma das duas soluções. No direito alemão, por exemplo, optou-se pela solução de Ulpiano, definindo que o devedor deve oferecer garantia para a evicção do mesmo modo como o vendedor, e mantendo extinta a obrigação primitiva (§ 365 BGB). No Brasil, era essa também a proposição de Teixeira de Freitas em seu Esboço: "A evicção do credor, em cuja posse for demandada a coisa recebida por ele em pagamento, dar-lhe-á direito para ser indenizado como um comprador, mas não para fazer reviver a obrigação extinta" (art. 1.119)[192].

No direito português, por outro lado, se dá a opção ao credor que sofra a evicção da prestação substituta dada em pagamento, de escolher entre a garantia pelos vícios da coisa ou do direito transmitido (evicção), ou a restauração da prestação primitiva e reparação dos

---

[189] Pontes de Miranda, *Tratado de direito privado* cit., t. XXV, p. 84.

[190] "CIVIL. FRAUDE CONTRA CREDORES. DAÇÃO EM PAGAMENTO. Mesmo que tenha por objeto dívida vencida, a dação em pagamento pode, em face das peculiaridades do caso, caracterizar fraude contra credores; mas o reconhecimento de que a dação em pagamento foi fraudulenta não prejudica o crédito, sendo ele incontroverso, de modo que a anulação do negócio restabelece o *status quo ante*, desfazendo a quitação. Recurso especial conhecido e provido em parte" (STJ, REsp 143.046/SP, Rel. Min. Ari Pargendler, 3ª Turma, j. 16-12-1999, *DJ* 13-3-2000, p. 177).

[191] A afirmação de Ulpiano fazia referência ao devedor de um penhor, na qual assegura a existência de uma *actio utilis ex empto*, ou seja, a pretensão do comprador que sofre, na compra e venda a evicção. Assim o trecho original: "Eleganter apud me quaesitum est, si impetrasse! creditor a Caesare, ut pignus possideret idque evictum esset, an habeat contrariam pigneraticiam. Et videtur finita esse pignoris obligatio et a contractu recessum. Immo utilis ex empto accommodata est, quemadmodum si pro soluto ei res data fuerit, ut in quantitatem debiti ei salisfiat vel in quantum eius intersit, et compensationem habere potest creditor, si forte pigneraticia vel ex alia causa cum eo agetur" (D. 13,7,24).

[192] Teixeira de Freitas. *Código Civil.* Esboço cit., I, p. 261.

Capítulo 6 · ADIMPLEMENTO E EXTINÇÃO DAS OBRIGAÇÕES | **229**

danos causados (art. 838 do Código Civil português), a semelhança do que também foi a opção do direito italiano (art. 1.197 do Codice Civile).

No direito brasileiro, fez-se a opção pela solução defendida por Marciano no direito romano, fazendo restaurar a prestação primitiva no caso de evicção da prestação substituta dada em pagamento. Segundo Clóvis Beviláqua, "a razão, a lógica e a equidade alicerçam esta decisão"[193]. Assim dispunha o art. 998 do Código Civil de 1916, reproduzido pelo art. 359 do Código Civil vigente.

Estabelece o art. 359 do Código Civil, que a evicção do credor em relação à coisa recebida em pagamento faz com que se restabeleça a obrigação primitiva, ficando sem efeito a quitação dada, ressalvados os direitos de terceiros. O restabelecimento da obrigação primitiva faz com que o devedor volte a ser obrigado à prestação original. Esta volta a ser exigível nos exatos termos da obrigação celebrada, e cuja extinção não se verificou, inclusive quanto aos efeitos da mora. Recupera-se o vencimento original da dívida, de modo que se na obrigação original havia termo final para o pagamento, ou termo certo, daí se contam os juros.

Em relação às garantias do crédito, em termos lógicos, seria de concluir por sua restauração, considerando o restabelecimento da obrigação original. Todavia, em relação à fiança, o art. 838, III, do Código Civil, orienta em sentido contrário, ao dispor: "se o credor, em pagamento da dívida, aceitar amigavelmente do devedor objeto diverso do que este era obrigado a lhe dar, ainda que depois venha a perdê-lo por evicção". Em relação às garantias reais, dividia-se a doutrina sob a égide do Código Civil anterior, dentre os que sustentavam a extensão a elas da regra de extinção prevista para a fiança[194], e os que concluíam pela manutenção das garantias (em especial a hipoteca). Isso em vista do restabelecimento da obrigação original em sua inteireza[195], com efeitos repristinatórios, inclusive em relação às obrigações acessórias[196], sendo a exclusão da garantia fidejussória uma exceção[197].

Segundo o direito vigente, ao contrário do que dispunha o Código Civil de 1916, há expressa ressalva em relação aos direitos de terceiro. Vale dizer, os efeitos próprios da evicção em relação à dação em pagamento, que implicam restabelecimento da obrigação original, se dão ressalvados os direitos de terceiro. Assim já se sustentava no direito anterior, diante de situações de impossibilidade de restauração da garantia hipotecária quando sobre o mesmo bem já tivesse sido constituída outra hipoteca no período entre a dação em pagamento e a evicção da prestação[198]. Em caso de nulidade da dação em pagamento, o STJ condicionou a reinscrição da hipoteca que garantia o débito original à comprovação da inexistência de outras inscrições feitas entre o cancelamento e a restauração do débito[199]. Este entendimento pode ser utilizado, em linha de princípio, para as situações em que se caracterize a evicção da prestação

---

[193] Clóvis Beviláqua, *Direito das obrigações* cit., p. 178.

[194] João Luís Alves, *Código Civil da República dos Estados Unidos do Brasil anotado*, 3. ed., Rio de Janeiro: Borsói, 1958, v. 4, p. 109.

[195] Carvalho de Mendonça, *Doutrina e practica das obrigações* cit., I, p. 598-601; J. M. Carvalho Santos, *Código Civil interpretado* cit., t. XIII, p. 148.

[196] Caio Mário da Silva Pereira, *Instituições de direito civil* cit., II, p. 228.

[197] Serpa Lopes, *Curso de direito civil* cit., v. II, p. 234.

[198] Idem, p. 234.

[199] "Dação em pagamento. Nulidade. Decretada a nulidade do ato de dação em pagamento, feito por terceiros em favor do devedor, permanece o crédito contra este. Hipoteca. Cancelamento. Nova inscrição. A nova inscrição da hipoteca somente valerá depois da sua renovação, daí a necessidade de se comprovar a inexistência de outros registros porventura feitos entre o cancelamento e a restauração. Recursos não conhecidos" (STJ, REsp 222.815/SP, Rel. Min. Ruy Rosado de Aguiar, 4ª Turma, j. 7-10-1999, *DJ* 16-11-1999).

substituta na dação em pagamento, de modo a dar sentido e alcance à ressalva estabelecida aos direitos de terceiro. Todavia, não se perde de vista que será reclamado destes terceiros um comportamento de boa-fé, em especial que não tenham participado ou tido conhecimento da causa da evicção (tal como ocorre em situações de fraude a credores, ou fraude à execução).

Para as conclusões aqui expendidas, não importa se a evicção é parcial ou total. A dação em pagamento implica substituição da prestação original por outra. Se a prestação substituta se perde, ainda que parcialmente, não há substituição, incidindo o art. 359 do Código Civil e seu efeito típico de restabelecimento da obrigação primitiva.

5. NOVAÇÃO

A novação consiste na extinção de uma obrigação em razão da constituição de uma nova obrigação, que ocupa seu lugar. Ocorrendo a novação, a obrigação não se extingue pela realização da prestação devida, tampouco se supõe o inadimplemento. O que há é a constituição de uma nova obrigação com a finalidade de extinguir a antiga. A obrigação nova tanto poderá alterar os sujeitos da obrigação anterior (novo credor ou novo devedor), hipótese em que se tem uma novação subjetiva, quanto poderá manter os mesmos sujeitos, porém, alterando seu objeto, modificando a prestação quanto ao seu conteúdo, modo ou tempo de execução (novação objetiva).

A novação é instituto de larga tradição histórica, e que ao longo do tempo terá distinta utilização, conforme as necessidades de cada época. Segundo a conhecida fórmula de Ulpiano, sob influência de Gaio[200], *"Novatio est prioris debiti in aliam obligationem vel civilem vel naturalem transfusio atque traslatio"* ("Novação é a transformação ou transmutação de um débito anterior em outra obrigação civil ou natural")[201]. No direito romano, a *stipulatio* com o fim de promover a novação, nasce como meio para buscar o resultado prático de alteração da obrigação original, o que era vedado então pelo princípio reconhecido de intransmissibilidade (a título particular) e à imutabilidade (do conteúdo) da obrigação[202]. Ou seja, não era possível que a alteração da obrigação se desse por mera vontade das partes, mantendo a relação original. Era preciso extinguir a obrigação original e constituir outra nova, com o mesmo débito (*idem debitum*) e novos sujeitos, ou alterando as características desejadas[203]. Já na época de Justiniano, acrescentou-se à novação outro elemento relevante, o *animus novandi*, ou ânimo de novar. Até então a prova da intenção das partes era de difícil produção, tendo-se criado fórmulas para que as partes declarassem não querer novar. Justiniano, então, inverte o sentido da declaração, de modo a qualificar como novação as obrigações apenas na hipótese de as partes declararem querer novar[204].

Atualmente, multiplicam-se os meios de transmissão das obrigações a título particular, tais como a cessão de crédito, cessão de contrato, assunção de dívida ou sub-rogação. Com isso, a função de transferir o crédito deixa de ser útil, em frente de fórmulas mais ágeis para

---

[200] Antonio Masi, Novazione. Diritto romano. *Enciclopedia del Diritto*, t. XXVIII. Milano: Giuffrè, 1978, p. 767-769; Agostino Elefante, Novazione. Diritto romano. *Novissimo Digesto italiano*, Torino: Utet, 1957, t. XI, p. 425-431.

[201] D. 46, 2, 1, par.

[202] Giovani Doria, *La novazione della obbligazione*, Milano: Giufrè, 2012, p. 3.

[203] Max Kaser; Rolf Knütel, *Römisches privatrecht* cit., p. 316; Biondo Biondi, *Istituzioni di diritto romano* cit., p. 420-422; Antonio Masi, Novazione. Diritto romano, *Enciclopedia del diritto*, Milano: Giuffrè, 1978, XXVIII, p. 767-773.

[204] Max Kaser; Rolf Knütel, *Römisches privatrecht* cit., p. 317; Reinhard Zimmermann, *The law of obligations* cit., p. 634-635.

Capítulo 6 · ADIMPLEMENTO E EXTINÇÃO DAS OBRIGAÇÕES | **231**

este fim. Isso leva ao entendimento quanto à redução da sua importância. Não parece a melhor observação. Sua utilidade hoje permanece, e seu exame é de interesse. Tem lugar, no direito brasileiro contemporâneo, especialmente como resultado da renegociação de dívidas, diante de dificuldades do devedor para promover o adimplemento. Nestes casos, resulta da renegociação a definição de novas características da prestação, envolvendo a modificação de prazos para execução, ou mesmo seu conteúdo. Em tais situações, é comum que seja celebrada nova obrigação que contemple os termos ajustados, substituindo e extinguindo a obrigação anterior.

A novação caracteriza um duplo efeito. Caracteriza efeito constitutivo ao criar uma obrigação nova, em razão da qual produz efeito extintivo em relação à obrigação anterior (obrigação novada). A causa da obrigação nova será a obrigação anterior, e sua extinção. A novação se opera por negócio jurídico, em cujo objeto consta nova prestação com o propósito de extinguir a obrigação anterior. Este negócio jurídico pode ser bilateral (em especial, contrato), ou mesmo unilateral, quando, por exemplo, emita-se título de crédito com o ânimo de extinguir a obrigação anterior.

Outra questão diz respeito ao vínculo jurídico entre os sujeitos da obrigação original que será extinta por novação. Não há continuidade do vínculo, mas segmentação estrita entre as obrigações, com a extinção de uma e sua substituição por outra[205]. Também não é certo entender que há transformação da obrigação. Quando se trate de novação serão sempre duas obrigações, a que se constitui para extinguir e a que é extinta, de modo que constituição e extinção são efeitos interdependentes e praticados em um único momento[206]. Por isso, veja-se que nada impede que alguém celebre um negócio jurídico novo, sem que produza a extinção de outro ao qual mesmo se refira, como ocorre quando subordina a eficácia extintiva da condição (a novação sob condição a que se referia o art. 1.130 do Esboço de Teixeira de Freitas)[207].

5.1. Pressupostos da novação

Resultando a novação de negócio jurídico bilateral ou unilateral, serão exigíveis para este os requisitos gerais estabelecidos em lei, a saber, agente capaz; objeto lícito, possível, determinado ou determinável; e forma prescrita ou não defesa em lei (art. 104 do Código Civil).

Porém, além deles, para que haja novação será necessário que se caracterizem como pressupostos da novação: (a) a existência de uma obrigação anterior; (b) a criação de uma obrigação nova; (c) o elemento novo (*aliquid novi*) presente na obrigação nova, que justifique a substituição; (d) o ânimo de novar (*animus novandi*).

Em relação à existência de obrigação anterior, trata-se de pressuposto lógico, uma vez que a eficácia extintiva típica da novação só se produz se houver algo a ser extinto, no caso, a obrigação já constituída. Não é de exigir que a obrigação seja eficaz, ou seja, exigível. Neste caso, tanto quando se trate de obrigações cujos efeitos estejam em suspenso, em razão de condição, se tratem de prestações cuja pretensão de exigir o cumprimento está prescrita, ou mesmo de obrigação natural, uma vez que em todas estas hipóteses a obrigação existe, ainda que seus efeitos tenham sido em parte limitados ou extintos. No caso da obrigação natural, lembre-se de que ela existe e produz efeitos jurídicos, ainda que limitados. Não pode ter seu cumprimento demandado pelo credor, que não possui pretensão para exigir, mas constitui prestação cuja realização espontânea pelo devedor dá causa ao adimplemento. Nesta hipótese,

---

[205] Manuel Inácio Carvalho de Mendonça, *Doutrina e practica das obrigações* cit., v. I, p. 603-604.
[206] Miguel Maria de Serpa Lopes, *Curso de direito civil* cit., v. II, p. 236.
[207] Teixeira de Freitas, *Código Civil*. Esboço cit., I, p. 263.

o devedor não pode exigir a restituição do que tenha sido pago, uma vez que a dívida existia, embora não podendo ser objeto de cobrança pelo credor.

O mesmo não se diga, contudo, quando o negócio jurídico que funda obrigação anterior seja nulo. Neste caso, a nulidade faz com que não haja obrigação válida, não há débito, ainda que a declaração de nulidade se dê posteriormente. Daí a precisão do art. 367 do Código Civil, ao estabelecer que "Salvo as obrigações simplesmente anuláveis, não podem ser objeto de novação obrigações nulas ou extintas". Leia-se, as obrigações fundadas em negócios jurídicos nulos, ou ainda já extintos. Neste caso, se houver negócio jurídico visando a constituir obrigação nova para extinguir a anterior, não há como extinguir o que não existe, e nestes termos, este negócio jurídico que cria a obrigação nova não se constituiria validamente, pela ausência de causa e, ademais, objeto impossível juridicamente (art. 166, II, do Código Civil).

Em relação aos negócios jurídicos anuláveis, são eficazes enquanto e se a invalidade não for declarada. Desse modo, sendo anuláveis, mas não tendo sido anulados, podem ser objeto de novação, com a ressalva de que se eventual anulação se der depois de sua extinção por novação, a obrigação nova poderá cessar sua eficácia a partir de então. Pode ocorrer, por outro lado, de haver a própria confirmação do negócio anulável pelo mesmo negócio jurídico que constitua a nova obrigação. Confirmação que será expressa ou tácita, porém, exigindo que aquele que tenha o direito de anular saiba do defeito que inquina a obrigação original, ainda assim celebre o negócio jurídico que constitui a nova obrigação, convalidando o anterior[208].

Um aspecto, todavia, ainda merece atenção em relação à obrigação anterior. No direito romano, a ideia de transformação da continuação implicava uma linha de continuidade entre as obrigações antiga e nova (*transfusio atque traslatio*). O direito contemporâneo tratou de segmentá-las totalmente, tratando da obrigação nova e da obrigação antiga extinta. Esta absoluta separação, contudo, é devidamente ponderada em determinadas circunstâncias, sem que necessariamente se tenha de estabelecer uma absoluta separação entre elas. Conforme ensina a boa doutrina, há situações em que ambas as obrigações guardam uma identidade econômica entre si[209], ou ainda expressam momentos de uma mesma relação jurídica complexa[210]. Isso dá causa, especialmente, ao entendimento de que eventuais invalidades ou abusividades que venham a ser identificadas no conteúdo da obrigação primitiva, extinta pela obrigação nova, não deixam de poder ser conhecidas e examinadas. É o que ocorre na jurisprudência atual em relação ao reconhecimento da possibilidade de revisão de negócios jurídicos extintos, do que é exemplo a Súmula 286 do STJ: "A renegociação de

---

[208] Teophilo B. de Souza Carvalho, *A novação em direito romano e em direito civil*, Duprat, 1914, p. 36; Joaquim Soriano de Sousa Neto, *Da novação*, 2. ed., São Paulo: Saraiva, 1937, p. 119; Rui Geraldo Camargo Viana, *A novação*, São Paulo: RT, 1979, p. 28-29.

[209] Luís Manuel Teles de Menezes Leitão, *Direito das obrigações*, 8. ed., Coimbra: Almedina, 2011, v. 2, p. 217.

[210] Decidiu o STJ: "PROCESSUAL CIVIL. RECURSO ESPECIAL. OMISSÃO. ACÓRDÃO RECORRIDO. NÃO CARACTERIZAÇÃO. VIOLAÇÃO. ART. 535, INCISO II, DO CPC. AFASTAMENTO. CIVIL. CONFISSÃO DE DÍVIDA. TESTEMUNHAS. ASSINATURAS ILEGÍVEIS. NULIDADE DO TÍTULO. INOCORRÊNCIA. JULGAMENTO ANTECIPADO DA LIDE. PRODUÇÃO DE PROVAS. AFERIÇÃO. SÚMULA 7-STJ. NOVAÇÃO. BEM DE FAMÍLIA. PENHORA. SUBSISTÊNCIA. (...) 4 – Efetivada a penhora em imóvel excepcionado da impenhorabilidade, consoante o art. 3º, inciso II, da Lei n. 8.009/90, a novação, instrumentalizada em contrato de confissão de dívida, conquanto extintiva da primitiva dívida, compartilha com esta uma gênese comum, não tendo, por isso mesmo, força bastante para desconstituir aquela constrição processual. 5 – Recurso especial não conhecido" (STJ, REsp 225.071/SP, Rel. Min. Fernando Gonçalves, 4ª Turma, j. 1º-4-2004, *DJ* 19-4-2004).

Capítulo 6 · ADIMPLEMENTO E EXTINÇÃO DAS OBRIGAÇÕES | **233**

contrato bancário ou a confissão da dívida não impede a possibilidade de discussão sobre eventuais ilegalidades dos contratos anteriores"[211].

Um segundo pressuposto da novação é a constituição de uma nova obrigação. É esta nova obrigação que terá por objeto a extinção e consequente substituição da obrigação anterior. Conforme já foi mencionado, exige-se do negócio jurídico que constitua a nova obrigação, que atenda aos requisitos gerais de validade (art. 104 do Código Civil). A invalidade do negócio jurídico que constitua a obrigação nova faz com que se restaure a obrigação anterior, uma vez que não se produz a novação.

A existência de uma obrigação nova associa-se, então, a um terceiro pressuposto da novação, que é a existência do elemento novo, ou o *aliquid novi*, conforme se expressa em latim. A identificação do *aliquid novi* como pressuposto autônomo da novação não é admitido por parte da doutrina, que ora o associa à ideia de constituição de nova dívida (ou de nova obrigação), ora o associa com o ânimo de novar (*animus novandi*). Parece claro, contudo, que com tais elementos não se confundem. Conceitualmente, a novação se caracteriza pela substituição de uma obrigação antiga por outra nova. A obrigação nova não se caracteriza simplesmente pela constituição de um negócio jurídico novo de onde ela venha a se originar, mas de algum elemento do seu conteúdo que seja distinto da obrigação original. O elemento novo (*aliquid novi*) presente na obrigação nova[212]. Não há sentido e utilidade em constituir-se obrigação nova reproduzindo integralmente o conteúdo da obrigação original. Por outro lado, a associação entre o elemento novo e o ânimo de novar se deve, em boa medida, ao disposto no art. 361 do Código Civil, ao referir que "Não havendo ânimo de novar, expresso ou tácito mas inequívoco, a segunda obrigação confirma simplesmente a primeira". Porém, o elemento novo (*aliquid novi*) não se confunde com o ânimo de novar, que é elemento subjetivo dos sujeitos da obrigação, senão com modificação concreta do conteúdo da obrigação. Trata-se da constituição de uma nova dívida, vale dizer, como novo conteúdo em relação à dívida que se extinga com a novação. O que a fará nova pode ser o valor, assim como o conteúdo, modo ou tempo de realização da prestação. Pode ser, ainda, a *causa debendi*, como ocorre quando se substitui compra e venda por doação, ou locação por comodato, por exemplo[213]. Exige-se, para ser nova, que seja uma obrigação diversa da anterior, inclusive no seu conteúdo. Adverte a doutrina que não há novação caso se verifique apenas alterações secundárias da dívida, como alteração do prazo ou da regra para incidência dos juros ou sua redução[214]. Deve haver sua alteração substancial, caracterizada pela constituição de nova dívida, ou da alteração do devedor ou do credor da obrigação (art. 360 do Código Civil). A importância da identificação do elemento novo se destaca na hipótese de não haver sido expressamente manifestado pelas partes o *animus novandi*, o que acaba por exigir na interpretação dos termos do negócio jurídico que constitui a obrigação nova, a existência tácita do ânimo de novar.

Este, aliás, o quarto pressuposto da novação, a existência, expressa ou tácita, do ânimo de novar (*animus novandi*). Sua exigência, atualmente, não deixa de ser objeto de crítica, por uma "exagerada reverência à tradição voluntarista e individualista do direito civil"[215]. Em

---

[211]   Súmula 286, 2ª Seção, j. 28-4-2004, *DJ* 13-5-2004.

[212]   Teophilo B. de Souza Carvalho, *A novação em direito romano e em direito civil* cit., p. 43; Joaquim Soriano de Sousa Neto, *Da novação* cit., p. 53.

[213]   Pontes de Miranda, *Tratado de direito privado* cit., t. XXV, p. 139.

[214]   Gustavo Tepedino e Anderson Schreiber, *Código Civil comentado*. Direito das obrigações cit., t. IV, p. 291; Carlos Roberto Gonçalves, *Direito civil brasileiro* cit., v. 2, p. 339.

[215]   Gustavo Tepedino e Anderson Schreiber, *Código Civil comentado*. Direito das obrigações cit., t. IV, p. 293.

sua origem, o *animus novandi* surge justamente para distinguir, na hipótese da celebração de uma nova obrigação, entre a coexistência de duas obrigações, ou se a nova fora constituída para a extinção da anterior[216]. Trata-se de elemento psicológico[217], que deve constar de modo expresso ou tácito do negócio jurídico que constitui a obrigação nova.

A ausência de *animus novandi* não produz novação, de modo que a obrigação nova apenas confirma a anterior (art. 361 do Código Civil). Dizer-se que pode estar presente de modo expresso ou tácito não dá chance a que seja incerto ou duvidoso. Ânimo de novar expresso é aquele que resulta da declaração expressa de vontade, tal como, sendo o negócio jurídico que constitui a obrigação nova, celebrado por escrito, conste também por escrito no respectivo instrumento. Tácita é a manifestação que se pode compreender pela interpretação do negócio jurídico constitutivo da obrigação nova e de suas circunstâncias. Assim se dá o exemplo, na novação objetiva, quando há incompatibilidade entre a obrigação nova e a precedente, "cercada de tais circunstâncias que permitem se induzir claramente a intenção de novar"[218].

5.2. Espécies de novação

Quanto às espécies de novação costuma-se distinguir entre a *novação objetiva*, quando o credor constitui com o devedor nova dívida para substituir a anterior (art. 360, I, do Código Civil), e compreendendo alterações no objeto da obrigação primitiva; e a *novação subjetiva*, quando consta na obrigação nova outro credor ou devedor diverso da obrigação primitiva (art. 360, II e III); ou ainda, *novação mista*, quando conste na obrigação nova tanto a substituição de um dos sujeitos da obrigação primitiva (credor ou devedor), quanto de seu objeto.

5.2.1. Novação objetiva ou real

A novação objetiva, também chamada novação real, caracteriza-se pelo fato de que na obrigação nova se estabeleça como elemento novo (*aliquod novi*) outra prestação que não aquela presente na obrigação primitiva, ou mesmo uma nova causa para a dívida. Ocorre com frequência em situações nas quais o devedor não tem condições de realizar a prestação originalmente prevista na obrigação primitiva.

Assim, por exemplo, o devedor A teria de pagar para B a prestação em dinheiro no total de dez mil reais. Não tendo o valor para realizar integralmente, constitui nova obrigação, pelo qual a obrigação passa a ser a de prestar serviços em valores ajustados até o que corresponda aos dez mil reais, segundo critérios reconhecidos para a remuneração do serviço. Ou, ainda, aquele que ajustou concluir, em certa data, determinada obra. Não podendo fazê-lo, constitui com o credor nova obrigação, tendo por objeto tanto a conclusão da obra em prazo mais dilatado, quanto outros serviços que não estavam previstos na obrigação original, mas que assume como prestação devida na obrigação nova.

Em ambos os casos, a nova obrigação, para caracterizar a novação, extinguirá a obrigação primitiva, estando presente, de modo expresso ou tácito, o ânimo de ambas as partes de realizar a novação (*animus novandi*).

---

[216] Joaquim Soriano de Sousa Neto, *Da novação* cit., p. 163; Rui Geraldo Camargo Viana, *Da novação* cit., p. 13-14; B. de Souza Carvalho, *A novação em direito romano e em direito civil* cit., p. 47.

[217] Serpa Lopes, *Curso de direito civil* cit., v. II, p. 243.

[218] Idem, p. 243.

Da mesma forma ocorre no processo de recuperação judicial empresarial. Estabelece o art. 59 da Lei n. 11.101/2005 (Lei de Recuperação Judicial e Falências), que "o plano de recuperação judicial implica novação dos créditos anteriores ao pedido, e obriga o devedor e todos os credores a ele sujeitos, sem prejuízo das garantias, observado o disposto no § 1º do art. 50 desta Lei". O § 1º do art. 50, de sua vez, refere-se às garantias reais, ao referir que "na alienação de bem objeto de garantia real, a supressão da garantia ou sua substituição somente serão admitidas mediante aprovação expressa do credor titular da respectiva garantia". Trata--se de hipótese em que o devedor, ao requerer a recuperação judicial propõe plano que, uma vez aprovado pelos credores, opera eficácia novativa em relação às obrigações anteriores ao pedido de recuperação. Aqui, a solução legal é diversa daquela havida na legislação anterior em que expressamente se afastava o efeito novatório da concordata (art. 148 do revogado Decreto n. 4.661/45). Note-se, todavia, que enquanto a concordata resultava de sentença judicial, a aprovação do plano de recuperação judicial pelos vários credores tem natureza de negócio jurídico, dele resultando, a partir da homologação, a eficácia novatória que extinguirá as obrigações constituídas até o pedido, cuja satisfação dos créditos constará do plano aprovado. Discussão há sobre a eficácia da novação legal imposta pelo art. 59 da Lei n. 11.101/2005 em relação à extinção das garantias das obrigações primitivas. Em especial no tocante à possibilidade de execução das garantias oferecidas por terceiros, mesmo após homologado o plano de recuperação, uma vez que dispõe o art. 49, § 1º, da mesma Lei: "Os credores do devedor em recuperação judicial conservam seus direitos e privilégios contra os coobrigados, fiadores e obrigados de regresso". Neste caso, o entendimento prevalente é o de que, em razão de ressalva legal expressa, a novação operada por lei não extingue as garantias oferecidas por terceiros, de modo que a "recuperação judicial do devedor principal não impede o prosseguimento das execuções nem induz suspensão ou extinção de ações ajuizadas contra terceiros devedores solidários ou coobrigados em geral, por garantia cambial, real ou fidejussória"[219].

5.2.2. Novação subjetiva ou pessoal

A novação subjetiva, também denominada novação pessoal, distingue-se em ativa e passiva. Na novação subjetiva ativa, a nova obrigação é celebrada com a alteração do credor. Na novação subjetiva passiva, a obrigação nova opera a alteração do devedor. A novação subjetiva ativa, com alteração do credor, tem atualmente reduzido interesse prático, especialmente em razão da maior utilidade das formas de transmissão da obrigação, notadamente a cessão de crédito e a cessão do contrato. Da mesma forma, não se confunde a novação subjetiva ativa, com outras figuras como a sub-rogação, que resulta, eventualmente do efeito do pagamento da dívida por terceiro, transmitindo àquele que pagou o direito de exigir o crédito do devedor.

---

[219] "RECURSO ESPECIAL REPRESENTATIVO DE CONTROVÉRSIA. ART. 543-C DO CPC E RESOLUÇÃO STJ N. 8/2008. DIREITO EMPRESARIAL E CIVIL. RECUPERAÇÃO JUDICIAL. PROCESSAMENTO E CONCESSÃO. GARANTIAS PRESTADAS POR TERCEIROS. MANUTENÇÃO. SUSPENSÃO OU EXTINÇÃO DE AÇÕES AJUIZADAS CONTRA DEVEDORES SOLIDÁRIOS E COOBRIGADOS EM GERAL. IMPOSSIBILIDADE. INTERPRETAÇÃO DOS ARTS. 6º, *CAPUT*, 49, § 1º, 52, INCISO III, E 59, *CAPUT*, DA LEI N. 11.101/2005. 1. Para efeitos do art. 543-C do CPC: 'A recuperação judicial do devedor principal não impede o prosseguimento das execuções nem induz suspensão ou extinção de ações ajuizadas contra terceiros devedores solidários ou coobrigados em geral, por garantia cambial, real ou fidejussória, pois não se lhes aplicam a suspensão prevista nos arts. 6º, *caput*, e 52, inciso III, ou a novação a que se refere o art. 59, *caput*, por força do que dispõe o art. 49, § 1º, todos da Lei n. 11.101/2005'. 2. Recurso especial não provido" (STJ, REsp 1333349/SP, Rel. Min. Luis Felipe Salomão, 2ª Seção, j. 26-11-2014, *DJe* 2-2-2015).

Exigem-se da novação subjetiva ativa, os pressupostos da novação em geral, de modo que a obrigação nova seja constituída com o propósito de extinção da anterior, presente o *animus novandi* expresso ou tácito das partes.

Já a novação subjetiva passiva, pela qual obrigação nova é constituída com o propósito de extinguir a obrigação anterior, com a substituição do devedor, distingue-se em duas subespécies, a saber: a novação por expromissão; e a novação por delegação.

A novação por expromissão, ou simplesmente designada como expromissão, se dá quando uma terceira pessoa se apresenta ao credor, de modo espontâneo, com o propósito de constituir obrigação nova na qual assuma como devedor, substituindo e liberando o devedor da obrigação originária. No caso de expromissão, a constituição de obrigação nova com a substituição do devedor da obrigação originária por terceiro pode se dar de modo independente e mesmo contrário à sua vontade[220]. Há neste caso, clara exceção ao princípio da relatividade das obrigações (*res inter alios acta, aliis nec prodest nec nocet*), o que é expressamente previsto pelo art. 362 do Código Civil, ao referir que "a novação por substituição do devedor pode ser efetuada independentemente de consentimento deste".

Exigirá, para que se constitua validamente, apenas o consentimento do credor e o do terceiro expromitente, que assume, na nova obrigação constituída, a posição do devedor. O consentimento do credor, de sua vez deve expressar o *animus novandi*, manifestando a vontade de que a nova obrigação substitua a anterior, liberando o devedor originário. A ausência de manifestação expressa do credor, neste caso, no sentido de que a nova obrigação serve para extinguir a anterior, faz com que o novo negócio jurídico não se caracterize como hábil a produzir a novação, senão reforce a obrigação originária, inclusive lhe servindo como garantia, com a inclusão de mais um devedor (*adpromissio*).

Pode ocorrer quando determinado agricultor se compromete a entregar certo número de sacas de soja em data definida pelas partes. Porém, por dificuldades na colheita, não consegue obter a quantidade de produto a tempo. Pode ser que um segundo agricultor, em vez de simplesmente realizar o pagamento, assuma com o credor uma nova obrigação, extinguindo a obrigação originária e liberando o devedor primitivo. Neste caso, não se cogita de sub-rogação, pois não há o pagamento de dívida alheia, mas de extinção da obrigação original em virtude da constituição de uma nova, com um novo devedor, a partir do consentimento deste e do credor.

A segunda espécie de novação subjetiva passiva é a denominada novação por delegação, ou simplesmente delegação. Nesta espécie de novação, três são os sujeitos cujas vontades intervêm na formação do consentimento para constituição da nova obrigação que extingue a obrigação primitiva. São eles, o devedor da obrigação original, denominado delegante; o credor da obrigação original, delegatário; e o novo devedor que assumirá o dever de realizar a prestação objeto da nova obrigação, designado como delegado.

A delegação se distingue da expromissão justamente pelo fato da participação do devedor originário na formação do consentimento que constitui a nova obrigação. Conforme a manifestação de vontade do credor da obrigação, contudo, pode-se classificá-la em delegação perfeita ou delegação imperfeita. Denomina-se delegação perfeita aquela em que o credor ao consentir, expressamente aceita que o novo devedor assuma o débito, liberando expressamente o devedor primitivo. É a hipótese do art. 360, II, do Código Civil, "quando novo devedor sucede ao antigo, ficando este quite com o credor". Pode ocorrer de o credor consentir que na nova obrigação intervenha o novo devedor, porém sem a liberação do

---

[220] Rui Geraldo Camargo Viana, *Da novação* cit., p. 50.

devedor originário, de modo a que passe a contar com dois devedores pelo débito constante da obrigação nova. No caso de delegação imperfeita, não se terá propriamente novação, cuja característica essencial implica eficácia extintiva da obrigação originária e liberatória do devedor primitivo.

5.2.3. Novação mista

Embora não esteja expressamente prevista no Código Civil, nada impede que se estruture espécie de novação mista (ou também denominada subjetiva-objetiva)[221], quando ocorra da obrigação nova, constituída para extinguir a obrigação primitiva, conter alteração tanto no seu objeto, quanto ao menos em relação a um dos sujeitos (credor ou devedor) que figuravam originalmente. Encontra-se a constituição de obrigação nova com estas características no domínio do exercício da autonomia privada.

5.3. Efeitos da novação

Ao caracterizar-se pela constituição de uma nova obrigação cujo objeto compreende a extinção de uma obrigação primitiva e respectiva liberação do devedor, a novação caracteriza-se por uma eficácia, ao mesmo tempo, extintiva e constitutiva, conforme se tenha em vista a obrigação primitiva ou a nova obrigação.

Ao extinguir a obrigação primitiva, a novação também produz eficácia liberatória em relação ao devedor original, ao tempo em que produz eficácia vinculativa relativamente à obrigação nova. Ocorrendo da obrigação primitiva se encontrar vencida, e o devedor em mora, a eficácia extintiva da novação compreende também a cessação da mora e suas consequências, tais como os juros que dela decorram. Da mesma forma, há liberação de todos aqueles que estando vinculados à obrigação primitiva, não venham a participar da nova obrigação. É o caso daqueles que apareçam como sujeitos da obrigação primitiva, mas que não participem da obrigação nova, sejam como devedores, credores ou titulares de obrigação de garantia.

Em relação ao efeito liberatório da novação para os devedores solidários que não venham a participar da obrigação nova, dispõe o art. 365 do Código Civil que "operada a novação entre o credor e um dos devedores solidários, somente sobre os bens do que contrair a nova obrigação subsistem as preferências e garantias do crédito novado. Os outros devedores solidários ficam por esse fato exonerados". Da mesma forma, em relação aos acessórios e garantias da dívida, o art. 364 do Código Civil os reputa extintos com a novação, ressalvada a hipótese em que haja estipulação em contrário. No caso da garantia de penhor, hipoteca ou anticrese de bens pertencentes a terceiro, esta só será válida com a expressa anuência do titular do bem. Trata-se estes três, de direitos reais de garantia, razão pela qual gravam o bem, só podendo ser mantidos tendo havido novação, no caso de expressa anuência dos respectivos proprietários. Segue o mesmo princípio a fiança, importando exoneração do fiador à novação feita sem seu consenso com o devedor principal (art. 366 do Código Civil).

A obrigação nova existe e produz seus efeitos por si mesma, em nada dependendo ou se vinculando aos termos da obrigação anterior, que se encontra extinta pela novação. Não se produz o efeito da *transfusio* ou *traslatio* típica do direito romano, ou seja, não se trata de transformação da obrigação original em uma nova obrigação, mas extinção pura e simples da primeira, em razão da constituição da segunda.

---

[221] Caio Mário da Silva Pereira, *Instituições de direito civil* cit., v. II, p. 238.

Daí por que, como regra, o devedor primitivo, no caso de novação subjetiva passiva, não responde pela insolvência do novo devedor (art. 363 do Código Civil). O efeito liberatório e extintivo da obrigação primitiva lhe aproveita integralmente, a não ser que tenha obtido por má-fé o consentimento do credor. A má-fé, neste caso, caracteriza-se pelo fato de o devedor primitivo conhecer da insolvência do devedor original, ou de sua disposição *ex ante* de não realizar o pagamento, ou qualquer outra circunstância relevante que oculta do delegado (novo devedor). Neste caso, incide a boa-fé, tanto na sua acepção subjetiva (ausência de dolo), quanto objetiva, impondo ao delegatário um dever de informar o delegado acerca das circunstâncias relevantes para a celebração da obrigação nova.

Contudo, se houver na obrigação primitiva solidariedade entre codevedores, a novação concluída pelo credor e um ou alguns destes devedores, exonera os demais que não forem parte da nova obrigação, de modo que as preferências e garantias do crédito novado só subsistem em relação aos bens daqueles que se vincularam expressamente na nova obrigação (art. 365 do Código Civil). Os codevedores da obrigação primitiva que participaram da obrigação nova são exonerados do vínculo original, que afinal é extinto pela novação.

Nestes termos, a eficácia extintiva da novação faz com que as pretensões, ações ou exceções, que tenham por origem a obrigação primitiva extinta, deixem igualmente de existir, de modo que credor e devedor não poderão, a qualquer título, reclamar seu exercício.

6. COMPENSAÇÃO

A compensação é modo de extinção das obrigações em razão de serem as mesmas pessoas, reciprocamente, credora e devedora, uma da outra. As dívidas se contrapõem uma à outra, de modo que a mesma pessoa é credora em uma e devedora em outra, e a outra devedora naquela e credora nessa. Serão extintas desde que atenda a certas qualidades previstas em lei. Como assinala a boa doutrina, representa um encontro de contas entre pessoas que sejam credor e devedor recíprocos entre si, em distintas obrigações[222]. Na definição de Modestino, *compensatio est debiti et credit inter se contributio*[223].Uma neutralização recíproca entre um crédito e um débito[224].

O art. 368 do Código Civil estabelece: "Se duas pessoas forem ao mesmo tempo credor e devedor uma da outra, as duas obrigações extinguem-se, até onde se compensarem". Assim, por exemplo, se A deve a B prestação em dinheiro correspondente a R$ 10.000,00, e B torna-se devedor de A, de prestação em dinheiro correspondente a R$ 6.000,00, ao se operar a compensação entre as dívidas, A torna-se devedor de B apenas da obrigação de pagar R$ 4.000,00. No montante em que concorreram débitos e crédito recíprocos estes se extinguiram, ocorrendo, no caso, uma compensação parcial. Se, contudo, A devesse para B a prestação correspondente a R$ 10.000,00 e B devesse para A prestação em valor idêntico, seria operada a compensação total, extinguindo-se totalmente ambas as obrigações.

Trata-se de instituto de larga tradição histórica, tendo sua sede comum no direito romano, em que não se caracterizava como uma causa geral de extinção da obrigação, mas instituto de aplicação limitada a certos casos especiais. Admitiram-se assim, exceções ao princípio de que a cada pretensão deveria corresponder uma ação. Destas exceções resulta o perfil contemporâneo da compensação. Eram elas: a *bonae fidei iudicia*, em que o juiz poderia deduzir créditos e dívidas decorrentes de uma mesma relação obrigacional (*ex eadem causa*); a pretensão dos

---

[222] Mário Júlio de Almeida Costa, *Direito das obrigações* cit., 9. ed., p. 1025.

[223] *Digesto* 1, 16, 2.

[224] Charles Louis Appleton, *Histoire de la compensation en droit romain*, Paris: G. Masson, 1895, p. 56.

banqueiros (*argentarius*), que só podiam demandar seus clientes pelo saldo que lhes coubesse depois da dedução dos créditos que estes tivessem contra eles; e as situações de aquisição dos bens do falido, (*bonum emptor*), em que só seria exigível um crédito pertencente à massa falida após a dedução dos créditos que o demandado tivesse contra ela. Da mesma forma, no direito clássico, admitiam-se os casos de compensação definidos por pacto entre as partes, ou ainda por exceção (*exceptio doli*) em processo de execução, admitindo o pagamento apenas do saldo. Já no período pós-clássico, sob Justiniano, um efeito instantâneo (*ipso iure*) no caso da concorrência de créditos, o que adiante será objeto de discussões já entre os glosadores, sustentando depender a compensação da vontade do interessado[225].

Ao longo de sua formação histórica, formaram-se várias ramificações acerca da disciplina e eficácia da compensação. No direito francês, a partir do art. 1.290 do Código Civil de 1804, a compensação se estabelece de pleno direito (*ipso iure*), independentemente de manifestação das partes ou de declaração judicial. Este entendimento, decorrente de certa interpretação do direito romano, acabou atenuado pela jurisprudência que seguiu a sua aplicação, seja exigindo requerimento do devedor para que haja aplicação pelo juiz; a interrupção da prescrição apenas quando invocada, assim como a possibilidade das partes renunciarem à compensação, seja antecipadamente, ou quando ela vier a ocorrer[226]. Nos sistemas alemão (§ 388 do BGB) e suíço (art. 124 do Código das Obrigações), de sua vez, será exigido, para que haja compensação, uma declaração de vontade expressa das partes, como ato de disposição sobre o crédito. Há, neste particular, no sistema alemão, distinção entre a situação de compensação (*Aufrechnungslage*), que é a reunião dos requisitos para que ocorra, e a declaração de compensação (*Aufrechnungserklärung*), manifestação de vontade necessária para que produza eficácia[227]. No direito italiano, o art. 1.242 do Codice Civile, a exemplo do que resulta do direito português e brasileiro antigo, admite a compensação em juízo, sem expressa declaração de vontade, mas subordinado a iniciativa ou alegação[228] da parte interessada. Trata-se no caso, do exercício de um direito potestativo (ou formativo) extintivo, que dá a conhecer à outra parte sobre o propósito de operar a compensação. Porém, apenas dá a conhecer à outra parte, comunica sobre a compensação, não sendo exigido que haja aceitação. Conforme ensina a melhor doutrina, é "comunicação de fato de exercício de direito"[229]. Presentes os requisitos para a compensação, basta à parte interessada comunicar a outra que seja sua credora e devedora recíproca, a alegação de compensação. Este entendimento, embora não seja unânime – havendo renomada doutrina que sustenta a eficácia de pleno direito, independentemente da manifestação do interessado[230] –, prevalece

---

[225]   Max Kaser; Rolf Knütel, *Römisches privatrecht* cit., p. 314-315; Biondo Biondi, *La compensazione nel diritto romano*, Cortona: Stab. Tip. Commerciale, 1927, p. 18 e ss; Guido Astuti, Compensazione (storia), *Enciclopedia del diritto*, Milano: Giuffrè, VIII, p. 9 e ss; Reinhard Zimmermann, *The law of obligations* cit., p. 760-767.

[226]   Menezes Cordeiro, *Tratado de direito civil português* cit., v. II, t. IV, p. 408-409.

[227]   Gerhard Kegel, *Probleme der Aufrechnung:* Gegenseitigkeit und Liquidität rechtsvergleichend dargestellt, Berlim: Walter de Gruyter, 1938, p. 158 e ss.

[228]   Para referência ao direito italiano, veja-se Umberto Breccia, *Le obbligazzioni* cit., p. 730; para o direito português e brasileiro antigos, veja-se Pontes de Miranda, *Tratado de direito privado* cit., t. XXIV, p. 410-413.

[229]   Pontes de Miranda, *Tratado de direito privado* cit., t. XXIV, p. 421.

[230]   Caio Mário da Silva Pereira, *Instituições de direito civil* cit., v. II, p. 254; Serpa Lopes, *Curso de direito civil* cit., v. II, p. 255; José Soriano de Souza Neto, *Da compensação*, Recife: Diário da Manhã, 1933, p. 38; Manoel Ignacio Carvalho de Mendonça, *Doutrina e practica das obrigações* cit., p. 625; Carvalho Santos, *Código Civil interpretado* cit., t. XIII, p. 220.

na tradição do nosso direito[231], de modo a reconhecer a exigência do ato do interessado, credor e devedor, para que se opere a compensação[232].

Refere-se à compensação tanto o instituto em si, quanto o efeito que dele resulta[233]. Sua utilidade é evidente, ao simplificar a satisfação dos créditos, uma vez que dispensa a necessidade de que seja feito um pagamento relativamente a cada uma das obrigações. Eliminam-se, com a compensação, riscos da realização sucessiva das prestações devidas reciprocamente, dando mais segurança à realização dos interesses dos sujeitos das obrigações compensáveis entre si, ao eliminar o risco de insolvência das partes, bem como reduzir os custos de transação.

A importância da compensação revela-se tanto como forma de extinção de obrigações entre credores e devedores recíprocos em obrigações isoladas, quanto na organização de sistemas de compensação, essenciais ao funcionamento regular do sistema financeiro e a relação entre as diferentes instituições que o integram, em especial na disciplina das sucessivas operações diárias de débito e crédito próprias da mobilização e circulação monetária. Regem-se, naturalmente, por regras especiais, mas subordinadas aos princípios e institutos essenciais do direito das obrigações. No direito brasileiro, esta atividade é disciplinada pelo Conselho Monetário Nacional e supervisionada pelo Banco Central do Brasil, a partir do Sistema de Pagamentos Brasileiro, instituído pela Lei n. 10.214/2001[234].

6.1. Espécies

A melhor compreensão da disciplina legal da compensação como modo de extinção das obrigações, contudo, se dá com o exame de suas espécies a saber: a compensação (a) legal; (b) convencional; e (c) judicial. Cada qual exigirá distintos pressupostos a serem atendidos para que se possa operar a eficácia extintiva das obrigações. A razão de ser da classificação é evidente. Compensação legal é a que se produz mediante o preenchimento dos requisitos definidos em lei. Convencional é a compensação que resulta do exercício da autonomia privada, mediante consentimento das partes, que, portanto, ficam livres para dispor sobre seus respectivos créditos nos limites definidos pelo ordenamento jurídico. Já a compensação judicial é a que resulta de decisão judicial, uma vez presentes as condições definidas em lei. Examine-se cada uma delas.

---

[231] É o que resulta da tradição do nosso direito desde as Ordenações Filipinas, onde se pressupunha a alegação ao referir: "E a compensação ha lugar assi na acção real, como na pessoal, com tanto que se allegue de quantidade a quantidade" (Livro 4, LVXXVIII). Conforme a leitura de Teixeira de Freitas, "das palavras – comtanto que se allegue – tem-se inferido que a compensação não se induz *ipso jure*. Ora, sem que a parte opponha a compensação, o Juiz certamente não póde adivinhar, qual seja seu crédito; mas, quando se diz que a compensão opéra seus effeitos *ipso jure*, é no sentido de obrar retroactivamente; e de tal sorte que se reputa ter ficado extincta a dívida desde o momento, em que a outra dívida começou a existir. A parte pois allega, que a compensação se fez, e o Juiz, devidamente instruido, assim o declara. As consequencias desta doutrina são importantes, porque desde o momento da compensação as cauções, e as hypothecas, também se extinguem, e os juros cessão de correr". Augusto Teixeira de Freitas, *Consolidação das leis civis*, 3. ed., Rio de Janeiro: H. Garnier, 1896, p. 506. No mesmo sentido, as notas de Candido Mendes de Almeida, em *Ordenações Filipinas*. Ordenações e leis do Reino de Portugal, Rio de Janeiro: Typ. do Instituto Philomathico, 1870, p. 893.

[232] Assim sustentam: Pontes de Miranda, *Tratado de direito privado* cit., t. XXIV, p. 420-421; Clóvis Beviláqua, *Código Civil dos Estados Unidos do Brasil comentado* cit., t. IV, p. 130; Paulo Lôbo, *Direito civil: Obrigações* cit., p. 214; Judith Martins-Costa, *Comentários ao novo Código Civil*, Do adimplemento e da extinção das obrigações, Rio de Janeiro: Forense, 2003, t. I, p. 570.

[233] Menezes Cordeiro, *Tratado de direito civil português* cit., v. II, t. IV, p. 383.

[234] Bruno Miragem, *Direito bancário. 3ª ed. São Paulo: RT, 2019*, p. 65 e ss.

6.1.1. Compensação legal

Define-se como compensação legal a que é reconhecida mediante atendimento dos requisitos definidos na lei. A eficácia instantânea da compensação, preenchidas as condições legais, exige para que seja reconhecida, a alegação do interessado, mediante exercício de direito potestativo, ao qual não pode se opor à outra parte, sendo apenas reconhecido pelo juiz. Por isso, se afirma que produz efeitos de pleno direito (*ipso iure*), de modo instantâneo, tão logo as obrigações cujas dívidas concorram para sua extinção cumpram os requisitos definidos em lei, assim como não contem com certas qualidades em razão das quais a restrinja a possibilidade de compensação.

Podem ser relacionados como requisitos da compensação legal: (a) a reciprocidade de dívidas; (b) liquidez, exigibilidade e fungibilidade da dívida; e (c) a manifestação do interessado em compensar.

a) Reciprocidade de dívidas

A reciprocidade de dívidas é pressuposto lógico da compensação. Deve haver mais de uma obrigação, nas quais a mesma pessoa seja devedora em uma delas e credora na outra, assim como a outra pessoa seja respectivamente credora e devedora, tornando-as devedoras e credoras recíprocas. Isso pressupõe haver mais de uma obrigação, decorrente de causas distintas, entre as mesmas pessoas. Serão dois contratos, por exemplo, nos quais em um deles, A é credor e B é devedor, e no outro é B o credor e A o devedor, de modo que se caracterize a reciprocidade das dívidas que deverão ser compensadas[235]. O fato de o pagamento ser feito em lugares distintos não impede a compensação, porém, com a dedução das despesas necessárias à operação (art. 378 do Código Civil).

Da mesma forma a reciprocidade das dívidas diz respeito a pessoas que sejam devedoras e credoras em obrigações distintas. Costuma-se fazer referência à personalidade da dívida, de modo que só aquele que seja devedor compensa sua dívida com a dívida que seu credor lhe deve. Afasta-se a possibilidade de que aquele que celebre a obrigação como representante do devedor não poderá compensar dívida da qual seja titular, com aquela que contrair em nome do devedor. O art. 376 do Código Civil é expresso: "Obrigando-se por terceiro uma pessoa, não pode compensar essa dívida com a que o credor dele lhe dever".

Há de se ter o cuidado, contudo, na caracterização desta reciprocidade das dívidas em certas situações. Assim, por exemplo, não são recíprocas as dívidas entre os herdeiros e aqueles que tenham créditos ou dívidas em relação ao *de cujus* antes de formalizada a partilha dos bens. Até a partilha, os créditos e dívidas do morto são exigíveis da herança, a partir dela é que respondem os herdeiros (art. 1.997 do Código Civil). Outra situação diz respeito à impossibilidade de compensação dos honorários advocatícios de sucumbência, objeto de decisões judiciais. Trata-se de evidente equívoco decisão judicial que declare compensação dos honorários de sucumbência de autor e réu em ações judiciais diversas, nas quais haja procedência parcial do pedido. Está ausente, nestas situações a reciprocidade das dívidas[236],

---

[235] Assim, a possibilidade de compensação entre dívidas decorrentes de empréstimo contraído pelo devedor que, em razão de ato ilícito da instituição financeira, sofreu danos do qual se torna credor de indenização pecuniária, razão pela qual se extinguiram até onde concorriam entre credor e devedor recíprocos, os respectivos créditos e débitos: REsp 1496018/MA, Rel. Min. Ricardo Villas Bôas Cueva, 3ª Turma, j. 17-5-2016, *DJe* 6-6-2016.

[236] AgRg no REsp 1563629/RS, Rel. Ministro Mauro Campbell Marques, 2ª Turma, j. 24-11-2015, *DJe* 2-12-2015; REsp 1402616/RS, Rel. Ministro Sérgio Kukina, Rel. p/ acórdão Ministro Napoleão Nunes Maia Filho, 1ª Seção, j. 10-12-2014, *DJe* 2-3-2015.

uma vez que a parte da relação controvertida entre autor e réu, os honorários advocatícios, são créditos cujo titular é o advogado que atuou no processo em questão (art. 23 da Lei n. 8.906/94; art. 85, § 14, do CPC)[237].

Por outro lado, a exigência da reciprocidade de dívidas sofre mitigação em vista de hipóteses previstas na própria legislação, que estendem a possibilidade de compensação a terceiros em certas situações. É o caso do fiador que, sendo ele titular de crédito em relação ao credor do seu afiançado, pode compensá-lo com a dívida pela qual venha a ter de responder em razão da fiança. E da mesma forma, quando o credor tiver dívida com o devedor principal (afiançado), esta poderá ser invocada pelo fiador, para o fim de promover a compensação (art. 371 do Código Civil).

No caso de cessão do crédito, o devedor não poderá opor ao cessionário a compensação que poderia opor ao cedente, se tendo sido notificado, não se opôs à cessão. Contudo, se o devedor não tiver sido notificado da cessão, a lei admite que possa opor ao cessionário a compensação de sua dívida com o crédito que tinha contra o cedente (art. 377 do Código Civil). Da mesma forma, sendo várias dívidas compensáveis, deverá se observar, ao compensá-las, as regras definidas para a imputação do pagamento (art. 379 do Código Civil).

b) Liquidez, exigibilidade e fungibilidade da dívida

Mais atenção merece, contudo, o segundo requisito da compensação legal, o qual exige que as dívidas sejam líquidas, exigíveis e sobre coisas fungíveis. É o que resulta, inclusive, de expressa disposição legal, conforme se vê no art. 369 do Código Civil: "A compensação efetua-se entre dívidas líquidas, vencidas e de coisas fungíveis".

Considera-se líquida a dívida que seja certa quanto a sua existência[238] e delimitada quanto a seu objeto, em especial quanto a sua extensão. Diz-se líquida a dívida que se pode identificar com precisão o valor pecuniário, ou esteja quantificada a prestação devida. A dívida líquida, desse modo é aquela que se identifica com precisão o conteúdo, sendo desnecessário qualquer processo de apuração, ainda que não se exclua da liquidez a dívida sobre a qual se tenha, para identificar o valor preciso, recorrer a cálculo aritmético simples, como a aplicação de índice ou cotação, ou ainda para verificar a incidência de juros determinados.

Da mesma forma, não deixa de ser líquida a dívida só porque o devedor a contestou, inclusive fazendo-a objeto de litígio judicial. A dívida apenas deixa de ser certa quando daí resulte desconstituição ou modificação do seu conteúdo.

---

[237] Sob a égide do Código de Processo Civil de 1973, todavia, editou, o STJ, a Súmula 306, que expressa o seguinte entendimento: "Os honorários advocatícios devem ser compensados quando houver sucumbência recíproca, assegurado o direito autônomo do advogado à execução do saldo sem excluir a legitimidade da própria parte".

[238] "(...) Dívida ilíquida. Devedor de nota promissória que pretende se utilizar da compensação com base em seu crédito futuro que vier a ser apurado em ação ordinária de indenização por perdas e danos, por ele ajuizada. Não se compensa dívida líquida e exigível com créditos que nem sequer foram constituídos" (STJ, REsp 1446315/MG, Rel. Min. Moura Ribeiro, 3ª Turma, j. 25-8-2015, DJe 11-9-2015). No mesmo sentido: "(...) Indiscutível que a dívida do recorrido para com a Cooperativa recorrente pode ser qualificada como líquida e vencida, tanto que há execução em curso na 1ª Vara da Comarca de Machado – MG. Entretanto, o mesmo não se pode afirmar quanto ao crédito do recorrido decorrente da apuração de haveres ante a sua eliminação do quadro de cooperados que, conforme asseverou o Tribunal de origem, não ficou definido o exato valor devido, motivo pelo qual foi enviada à liquidação. Nesse contexto, não é possível admitir a compensação legal de dívida líquida com dívida ainda sujeita à liquidação. 6. Recurso especial não provido" (STJ, REsp 1229843/MG, Rel. Min. Luis Felipe Salomão, 4ª Turma, j. 20-2-2014, DJe 17-3-2014). Em sentido semelhante: STJ, REsp 1415721/PI, Rel. Min. João Otávio de Noronha, 3ª Turma, j. 5-3-2015, DJe 16-3-2015.

Capítulo 6 · ADIMPLEMENTO E EXTINÇÃO DAS OBRIGAÇÕES | **243**

A dívida para ser compensada deve ser exigível. Exigíveis são as dívidas que o credor possui pretensão para constranger o devedor a cumprir ou a responder pela não satisfação do crédito. Há dívidas que tendo sido subordinadas a termo, serão exigíveis apenas a partir do seu implemento, a partir do qual poderá o credor constranger o devedor a realizar a prestação ou responder pelo inadimplemento. Assim, as dívidas que se dizem possam ser pagas até certo dia, seu termo de vencimento, ou cuja exigibilidade depende do implemento de condição, que é evento futuro e incerto, pode ocorrer ou não. Com a advertência de que "os prazos de favor, embora consagrados pelo uso geral, não obstam a compensação" (art. 372)[239]. Por prazos de favor, entendam-se aqueles que são estipulados pelo credor de modo gracioso em favor do devedor.

A razão de se exigir, para a compensação, que se trate de dívidas exigíveis, diz respeito à própria função da compensação, que é a de simplificar a satisfação dos créditos. Daí se justifica que se delimite sua realização em relação a dívidas que já possam ser pagas ou exigidas. Essa a razão para tomar-se o sentido de dívidas *vencidas*, expressa na lei (art. 369 do Código Civil) como dívidas *exigíveis*. Isso exclui a possibilidade de compensação legal de dívidas que não sejam exigíveis, ou seja, que não tenham pretensão. É o caso das obrigações cuja exigibilidade tenha sido impedida temporariamente pela oposição de uma exceção dilatória pelo devedor, como é o caso da exceção de contrato não cumprido (art. 476 do Código Civil), ou a exceção de inseguridade (art. 477 do Código Civil), cujas dívidas não serão compensáveis enquanto perdurar a situação.

Da mesma forma, as dívidas que decorram de obrigação natural. Note-se, contudo, que embora não sendo exigível, a obrigação natural existe. Desse modo, nada impede que seja objeto de compensação convencional, mediante acordo de vontades entre as partes que sejam credores e devedores recíprocos, uma vez que não se exigem, neste caso, os requisitos de liquidez, exigibilidade e fungibilidade da dívida.

As dívidas prescritas não são exigíveis, uma vez que a prescrição caracteriza-se justamente como efeito extintivo da pretensão, ou seja, do poder do credor de exigir a prestação do devedor, ou os efeitos da responsabilidade pelo inadimplemento. Contudo, é preciso distinguir em que momento ocorre a prescrição. Se já estão presentes os requisitos (há reciprocidade de dívidas, e as dívidas são líquidas, exigíveis e fungíveis), e só depois ocorre a prescrição de um dos créditos, estará configurada a situação de compensação, de modo que produzirá seus efeitos, uma vez alegada pelo interessado. Outra situação é aquela em que, antes de se configurar a reciprocidade de dívidas, assim como sua liquidez, venha a ocorrer a prescrição, impedindo a exigibilidade de ao menos um dos créditos, caso em que estará ausente um dos requisitos exigidos para que se caracterize a situação de compensação. Em outros termos, se a prescrição de um dos créditos é anterior ao implemento dos demais requisitos para a compensação, ele não será compensável. Se ao contrário, a prescrição do crédito for superveniente ao atendimento de todos os requisitos para compensação, ele será compensável, mediante alegação do interessado. Esta solução é a solução que se encontra também no direito alemão, no qual, expressamente, a lei consigna que a prescrição não exclui a compensação se a pretensão não se encontrava prescrita no momento em que, pela primeira vez, o crédito pôde ser compensado, ou a prestação pôde ser recusada (§ 215, BGB).

As dívidas, para serem compensáveis, também devem ser fungíveis. A fungibilidade das prestações explica-se pelo fato de que tendo sido constituída a obrigação, conforme o

---

[239] Em sentido diverso, o Código Civil português dispõe em seu art. 849: "O credor que concedeu gratuitamente um prazo ao devedor está impedido de compensar a sua dívida antes do vencimento do prazo".

princípio da identidade ou da congruência do pagamento, o credor não ser obrigado a receber prestação diversa da que lhe é devida, ainda que mais valiosa (art. 313 do Código Civil). Refere-se a doutrina, também, à homogeneidade das prestações, de modo que a compensação deixe o credor "na situação em que ficaria se tivesse recebido o que lhe era devido"[240]. Desse modo, o que se exige é que as prestações sejam fungíveis entre si no momento da compensação. Desse modo é que, por exemplo, se a prestação de uma das partes é infungível (por exemplo, decorrente de uma obrigação de fazer personalíssima), não poderá ser objeto de compensação. Contudo, se tendo ocorrido o inadimplemento desta prestação, a obrigação se converte em perdas e danos, cujo conteúdo da prestação é pecuniário, nada impede que seja compensada com outra dívida que também tenha caráter pecuniário. Da mesma forma, prestações de dar coisa indeterminada ou ainda prestações alternativas, são compensáveis, desde que no momento da compensação tenha já ocorrido, conforme determina a obrigação ou a lei, a determinação da prestação, ou a escolha, dentre as opções estabelecidas, da prestação a ser realizada[241].

O art. 370 do Código Civil refere: "Embora sejam do mesmo gênero as coisas fungíveis, objeto das duas prestações, não se compensarão, verificando-se que diferem na qualidade, quando especificada no contrato". Tratando-se de prestações de dar coisa, para que sejam compensáveis, não basta que sejam do mesmo gênero, senão, igualmente, de mesma qualidade. Se a prestação tem por objeto a entrega de certo vinho de determinada safra, tal característica expressa uma qualidade. Não será compensável com outra prestação de dar o mesmo vinho, porém de safra distinta, quando isso se entender como distinção quanto à qualidade. Se a prestação se distinguir por determinada qualidade, será esta exigida de modo que serão compensáveis apenas aquelas que tiverem idênticas qualidades.

Discute-se, por outro lado, a fungibilidade ou não das prestações de fato, em especial, da prestação de fazer. Regra geral, entende-se pela impossibilidade de compensação, uma vez que não se caracterize a fungibilidade e homogeneidade das prestações[242]. Contudo, nada depõe contra a compensação de dívidas relativas a prestações de fazer, se caracterizada, em estritos casos, a possibilidade de que se substituam umas às outras em vista do interesse útil dos credores[243].

c) A manifestação do interessado em compensar

Conforme já se examinou, dividem-se aqueles que entendem que os efeitos da compensação se operam de pleno direito (*ipso iure*), desde o momento em que estejam presentes os requisitos previstos em lei, independentemente de manifestação do interessado, e outros que sustentam a necessidade de manifestação do interessado, mediante exercício de um direito à compensação. Assiste razão ao segundo entendimento, consentâneo com a tradição do direito brasileiro, de modo que a manifestação do interessado não depende da aceitação ou anuência do outro sujeito da obrigação, mas é relevante para delimitar o interesse das partes, ainda que os efeitos da compensação se deem *ex tunc*, ou seja, desde o momento em que presentes os demais requisitos estabelecidos em lei.

---

[240] Mário Júlio de Almeida Costa, *Direito das obrigações* cit., p. 1028-1029.

[241] Serpa Lopes, *Curso de direito civil* cit., v. II, p. 257.

[242] Caio Mário da Silva Pereira, *Instituições de direito civil* cit., II, p. 246; Mário Júlio de Almeida Costa, *Direito das obrigações* cit., p. 1029; Serpa Lopes, *Curso de direito civil* cit., v. II, p. 258; Carvalho de Mendonça, *Doutrina e practica das obrigações* cit., I, p. 633 e ss.

[243] Jorge Cesa Ferreira da Silva, *Adimplemento e extinção das obrigações* cit., p. 484.

Capítulo 6 · ADIMPLEMENTO E EXTINÇÃO DAS OBRIGAÇÕES | **245**

Ensina a melhor doutrina que "no direito brasileiro, a alegação de compensação é exercício de direito formativo extintivo; não é negócio jurídico"[244]. Esta natureza de direito formativo (ou potestativo) é eficaz independentemente de aceitação ou manifestação de vontade do outro sujeito da relação obrigacional.

6.1.2. Compensação convencional

A compensação convencional é aquela que resulta de convenção das partes, mediante exercício da autonomia privada. Não há, na legislação brasileira, previsão expressa sobre a possibilidade de compensação convencional, razão pela qual será admitida como expressão da liberdade negocial que se reconhece aos particulares na realização de seus respectivos interesses no domínio das relações negociais. A compensação, neste caso, resulta como efeito de negócio jurídico entre pessoas que sejam credores e devedores entre si. Pode compensar quem tenha poder de disposição do crédito[245].

A compensação convencional, nesse sentido, não fica submetida aos requisitos estabelecidos para a compensação legal. Por acordo das partes, são compensáveis dívidas, mesmo que não sejam líquidas, exigíveis ou fungíveis, sendo admitido inclusive, acordo para compensação de créditos e dívidas atuais no futuro (*compensatio in futurum*) ou créditos futuros, que venham ainda a se constituir (*pactum de compensando*)[246].

O negócio jurídico bilateral de que resulta o acordo de compensação deve observar os requisitos gerais de validade (art. 104 do Código Civil), assim como outras regras que definem limites ao exercício do poder de disposição das partes (assim, por exemplo, o art. 187 do Código Civil, que veda o abuso do direito, submetendo-se às causas gerais de extinção (nulidade, anulabilidade, resolução). Da mesma forma, nos contratos de consumo, se a cláusula de compensação caracterizar-se como abusiva, será nula de pleno direito (art. 51 do CDC), impedindo a extinção das dívidas. Desse modo, a eficácia extintiva da compensação operada segue o destino do negócio jurídico que a promoveu. Sendo inválido o negócio jurídico que dá causa à compensação, a rigor, são restauradas as dívidas tal qual existiam antes da sua celebração.

Além desses limites gerais ao exercício da autonomia privada das partes para obter a compensação, também operam as restrições legais específicas, como aquelas que resultam de diferença de causas definidas em lei (art. 373 do Código Civil), ou em prejuízo de direito de terceiro (art. 380 do Código Civil).

Da mesma forma, a possibilidade de compensação pode ser afastada pelas partes, tanto quando excluam esta possibilidade por mútuo acordo (*pactum de non compensando*), quanto na hipótese de renúncia prévia de uma delas ao direito de compensar (art. 375 do Código Civil). A previsão legal expressa sobre a renúncia, aliás, reforça a caracterização do direito potestativo à compensação, cuja extinção só se opera por renúncia do titular. Já a hipótese de exclusão da compensação por mútuo acordo das partes terá natureza negocial, e deve observar os requisitos de validade definidos em lei (art. 104 do Código Civil). Pode ocorrer tanto antes quanto depois de estarem preenchidos os requisitos para a compensação. A exclusão da compensação por negócio jurídico, de sua vez, se dá por contrato, cláusula ou pacto adjecto ao próprio contrato de onde deriva uma das dívidas[247]. Para celebrá-lo é necessário ter

---

[244] Pontes de Miranda, *Tratado de direito privado* cit., t. XXIV, p. 453.

[245] Idem, p. 501.

[246] Idem, p. 503-504.

[247] Pontes de Miranda, *Tratado de direito privado* cit., t. XXIV, p. 505.

246 | DIREITO DAS OBRIGAÇÕES – *Bruno Miragem*

disponibilidade sobre o interesse a que se refere, o que coloca sob atenção situações às quais o direito imponha restrições de ordem pública ao poder de disposição das partes, como é o caso das relações de consumo ou das relações de trabalho, por exemplo.

6.1.3. Compensação judicial

A compensação judicial é aquela em que havendo a reciprocidade de dívidas, uma delas não é líquida ou exigível, sendo declarada pelo juiz que a líquida suspende a condenação[248]. Todavia, é de registrar que nem toda a compensação que seja declarada pelo juiz em um processo judicial, por isso seja reconhecida como compensação judicial. Conforme já se referiu, a compensação legal pode se dar tanto judicialmente, quanto extrajudicialmente, de modo que, se a alegação do interessado se dá no âmbito do processo judicial, isso, por si, não dá causa a uma especificidade tal que permita distingui-la como espécie própria de compensação. Conforme a melhor doutrina, "a alegação no processo não é, materialmente, diferente da alegação fora do processo"[249]. O que distingue a compensação judicial é que ela se dá exclusivamente no âmbito do processo judicial, por isso será necessariamente reconhecida pelo juiz. Não configura, assim, uma possibilidade de alegação pelo interessado no processo judicial (como se tivesse a possibilidade de fazê-lo também extrajudicialmente), mas o único modo de promover a compensação.

Desse modo, a compensação judicial ocorre quando o réu de ação judicial em que o autor pretende exigir dele determinada prestação, ao contestar a ação, oferece reconvenção[250]. Nela sustenta a existência de pretensão sua à prestação devida pelo autor da ação, de modo que, uma vez sendo reconhecida pelo juízo, torne líquida e exigível a dívida da qual ele, réu, é credor, compensando-a com a do autor da ação. A reconvenção, como se sabe, é instituto de direito processual, pela qual o réu de determinada ação formula pretensão contra o autor da ação. Estabelece o art. 343 do Código de Processo Civil: "Na contestação, é lícito ao réu propor reconvenção para manifestar pretensão própria, conexa com a ação principal ou com o fundamento da defesa". A tradição do nosso direito já admitia a figura, conforme anunciava o art. 1.176 do Esboço de Teixeira de Freitas: "Se a compensação não for admitida pelo Juiz com o fundamento de não haver dívida líquida, poderá o devedor deduzir a reconvenção, se a natureza e estado da causa o permitirem, conforme se regular no Código de Processo"[251].

Alguns sistemas jurídicos expressamente preveem a possibilidade da reconvenção como modo de obter a compensação com o crédito pretendido pelo autor da ação. É o caso do direito português, que em seu art. 266, 2, "c", admite a reconvenção "quando o réu pretende o reconhecimento de um crédito, seja para obter a compensação seja para obter o pagamento do valor em que o crédito invocado excede o do autor".

No direito brasileiro, tradicionalmente, a doutrina resistiu inicialmente em reconhecer a autonomia da espécie de compensação como forma de compensação judicial, ou reconvencional, em relação à hipótese típica de compensação legal[252]. No direito francês, de sua vez, identificam-se distinções não apenas formais, mas também substanciais entre a compensação legal e a compensação judicial. Isso porque, a compensação judicial admite-se em relação a

---

[248] Orlando Gomes, *Obrigações* cit., p. 154.
[249] Pontes de Miranda, *Tratado de direito privado* cit., t. XXIV, p. 513.
[250] Idem, p. 511; Jorge Cesa Ferreira da Silva, *Adimplemento e extinção das obrigações* cit., p. 461.
[251] Augusto Teixeira de Freitas, *Código Civil*. Esboço cit., I, p. 270.
[252] Clóvis Beviláqua, *Código Civil dos Estados Unidos do Brasil comentado* cit., t. IV, p. 131; Carvalho Santos, *Código Civil interpretado* cit., v. XIII, p. 218.

dívidas para as quais não estão presentes todos os requisitos exigidos pela compensação legal. Do ponto de vista estrutural, também a intervenção do juiz não se dá do mesmo modo, já que, na compensação legal, ele apenas aprecia a presença ou não das condições de compensação, enquanto na compensação judicial, o magistrado atua decisivamente na realização dos requisitos exigidos por lei, no tocante à liquidez e exigibilidade da dívida[253]. Os mesmos argumentos podem ser utilizados para sustentar o preciso reconhecimento da compensação judicial no direito brasileiro.

De qualquer sorte, resulta de jurisprudência recente que a alegação de compensação – para que caracterize a compensação judicial – será veiculada em ação própria, reconvenção, ou mesmo como exceção daquele que seja demandado por dívida cujo autor da ação seja ao mesmo tempo seu devedor[254].

6.2. Dívidas insuscetíveis de compensação

Não são todas as dívidas que são passíveis de compensação. Há razões de ordem pública para que a própria lei exclua a possibilidade de compensação de certas dívidas, em razão de determinadas características que justificam a expressa vedação legal quanto à possibilidade de compensação. O art. 373 do Código Civil refere: "A diferença de causa nas dívidas não impede a compensação, exceto: I – se provier de esbulho, furto ou roubo; II – se uma se originar de comodato, depósito ou alimentos; III – se uma for de coisa não suscetível de penhora".

Como regra, são compensáveis todas as dívidas, independentemente da diferença de causas, com exceção daquelas arroladas nos incisos do art. 373. Neste caso, as causas aqui referidas, são as causas geradoras das respectivas dívidas. Na primeira situação, observe-se que não se admite a compensação de dívidas que provenham de esbulho, furto ou roubo, que são espécies de atos ilícitos, praticados com dolo pelo respectivo autor. Recusa-se, portanto, que aquele que tenha praticado um ato ilícito possa deduzir crédito do qual porventura seja titular, para deixar de cumprir com o dever de restituição da coisa objeto do ilícito, assim como da prestação de indenização que tenha realizar, em razão das perdas e danos decorrentes de sua atuação ilícita. Segundo a fórmula célebre em nosso direito, antes de tudo, nas situações de

---

[253] Jacques Ghestin; Marc Biliau; Gégoire Loiseau, *Le régime des créances et des dettes* cit., p. 1062-1063.

[254] "RECURSO ESPECIAL. CIVIL E PROCESSUAL CIVIL. ARTS. 368 E 369 DO CÓDIGO CIVIL. COMPENSAÇÃO. POSSIBILIDADE DE ALEGAÇÃO EM CONTESTAÇÃO. DEFESA INDIRETA DE MÉRITO. PRINCÍPIOS DA ECONOMIA E DA CELERIDADE PROCESSUAL. CONCENTRAÇÃO DOS ATOS DE DEFESA DO RÉU. INTELIGÊNCIA DO NOVO CÓDIGO DE PROCESSO CIVIL. 1. Cuida-se, na origem, de ação de despejo cumulada com cobrança de aluguéis na qual o réu alega a ocorrência de compensação de dívidas. 2. A compensação é meio extintivo da obrigação, caracterizando-se como exceção substancial ou de contradireito do réu, que pode ser alegada em contestação como matéria de defesa, independentemente da propositura de reconvenção em obediência aos princípios da celeridade e da economia processual. Precedentes. 3. Hipótese em que o réu defende o não pagamento da dívida cobrada pelo autor com base em compensação de dívidas, sem, contudo, formular pedido de cobrança de eventual diferença de valores compensados. O acórdão recorrido entendeu que a alegação de compensação se deu na via inadequada, pois somente poderia ser feita em ação reconvencional. 4. Não é razoável exigir o ajuizamento de ação reconvencional para a análise de eventual compensação de créditos, devendo-se prestigiar a utilidade, a celeridade e economia processuais, bem como obstar enriquecimento sem causa. 5. O Novo Código de Processo Civil no seu art. 343, atento aos princípios da economia e da celeridade processual, adotou a concentração das respostas do réu, facultando a propositura da reconvenção na própria contestação. 6. Recurso especial provido para que o tribunal local proceda a novo julgamento da apelação, analisando o tema da compensação como entender de direito" (STJ, REsp 1524730/MG, Rel. Min. Ricardo Villas Bôas Cueva, 3ª Turma, j. 18-8-2015, *DJe* 25-8-2015).

violação da posse, há o dever de restituir (*spoliatus ante omnia restituendo*)[255]. Desse modo, a interpretação doutrinária da regra é ampliativa, de modo a considerá-la abrangente de todas as situações em que o direito rejeite a subtração dolosa de bens e valores, impedindo que a dívida decorrente de tais fatos possa ser objeto de compensação[256]. A própria homogeneidade das dívidas que se requer para a compensação já impediria a maior parte das situações em que se contrastasse dívida de restituir com outras de natureza diversa. Contudo, mesmo se ambas as dívidas recíprocas fossem decorrentes de esbulho, furto ou roubo, ainda assim, embora homogêneas, não poderiam ser compensadas por resultar de ilícito.

Por outro lado, sustenta-se que a vedação legal à compensação deva ser excetuada em relação àquele que sofreu o ilícito. Isso para que ele, tendo dívida em que seja credor o autor do ato ilícito, possa alegar compensação com a dívida que daí se origine, evitando maior prejuízo àquele que já sofreu lesão decorrente da ilicitude[257].

A segunda hipótese em que se impede a compensação resulta se uma das dívidas se originar de comodato, depósito ou alimentos. As situações descritas no inciso II do art. 373 não se justificam pelas mesmas razões. No caso das dívidas decorrentes de contratos de comodato e depósito, veda-se a compensação em razão das características destas relações jurídicas, como espécies de contrato real, que se aperfeiçoam apenas com a entrega da coisa, cuja custódia se mantém com o cocontratante, devendo ser restituída ao final do vínculo. Há tutela da confiança daquele que dá o bem em comodato ou depósito, e pretende sua restituição ao final do contrato, pelo comodatário ou depositário. Da mesma forma, a dívida que daí resulta é de restituir coisa certa e infungível que foi entregue na constituição do contrato.

Todavia, não se desconhece que a própria coisa dada em depósito ou comodato pode se deteriorar ou se perder por fato imputável ao devedor. Neste caso, surge dívida que não é de restituir, mas sim de indenizar as perdas e danos decorrentes da deterioração ou perda. Tal indenização será em dinheiro, que é bem fungível, assim como ocorre no dever de restituir decorrente do chamado depósito irregular, que é justamente o depósito de bens fungíveis (por exemplo, o depósito de dinheiro em instituição financeira, ou o depósito de grãos). Aliás, no depósito irregular, transfere-se a propriedade do bem, cujo dever de restituir compreende a devolução de bem de mesma qualidade e quantidade, mas não o mesmo que foi objeto do depósito.

Desse modo, se tomado o fundamento da compensação na natureza da dívida de restituição, poderia admitir-se como compensáveis as dívidas de indenização no caso de perda ou deterioração da coisa dada em depósito ou comodato, assim como as decorrentes de depósito irregular. Em relação a este último, inclusive, admite-se a compensação de dívidas que o cliente tenha em relação ao banco, com os valores depositados em conta corrente da mesma instituição, desde que haja autorização do cliente[258]. A questão é saber se há ou não, à luz do que dispõe o art. 373, inciso II, a possibilidade de se compensar dívidas decorrentes de depósito irregular, em especial do depósito bancário. É de reconhecer esta possibilidade já afirmada na jurisprudência, dada a natureza própria do depósito bancário em conta corrente, cuja causa determinante é justamente a custódia do dinheiro depositado,

---

[255]   Augusto Teixeira de Freitas, *Código Civil*. Esboço cit., I, p. 269.

[256]   Pontes de Miranda, *Tratado de direito privado* cit., t. XXIV, p. 485.

[257]   Gustavo Tepedino e Anderson Schreiber, *Código Civil comentado*. Direito das obrigações cit., t. IV, p. 314.

[258]   STJ, REsp 636.226/DF, Rel. Min. Carlos Alberto Menezes Direito, 3ª Turma, j. 24-8-2006, *DJ* 18-12-2006; STJ, REsp 193.297/SE, Rel. Min. Aldir Passarinho Junior, 4ª Turma, j. 9-3-2006, *DJ* 15-5-2006, AgRg no Ag 83.545/DF, Rel. Min. Barros Monteiro, 4ª Turma, j. 22-4-1996, *DJ* 10-6-1996.

executando sob ordens do correntista, operações de débito e crédito[259]. Da mesma forma, quando se trate de dívida pecuniária, como o são as dívidas de indenização do comodatário ou do depositário que não cumprem o dever de restituição da coisa. A princípio também serão compensáveis[260], se contarem com os outros requisitos exigidos em lei, em especial, a homogeneidade da dívida (compensarão com outra dívida pecuniária recíproca do comodante ou depositante).

A dívida de alimentos, de sua vez, não será compensável em razão de sua própria finalidade, que é a de assegurar a subsistência do credor. Permitir-se a compensação, neste caso, seria admitir a possibilidade de que o credor pudesse ser privado da prestação, em evidente contradição com o caráter necessário à subsistência que lhe é reconhecido pela ordem jurídica. A impossibilidade de compensação da dívida de alimentos, aliás, integra o próprio conteúdo da indisponibilidade de que se reveste o crédito de alimentos, do qual não se admite a renúncia, cessão, compensação ou penhora (art. 1.707 do Código Civil), a propósito do estrito atendimento de sua finalidade.

São insuscetíveis de compensação também as dívidas em que uma for de coisa não suscetível de penhora (art. 372, III, do Código Civil). Admitir-se a compensação de coisa impenhorável seria contradição em si mesmo, uma vez que se estaria admitindo a possibilidade de alienação de coisa que a lei impede de alienar. Todavia, sustenta-se que a melhor interpretação da regra é a que define a impossibilidade de compensação não apenas de dívidas em que uma for coisa impenhorável, senão mais preciso referir-se a créditos impenhoráveis, como, aliás, é o exemplo o art. 853, I, *b*, do Código Civil português, que exclui a compensação "dos créditos impenhoráveis, excepto se ambos forem da mesma natureza". Penhora, como se sabe, é o ato judicial pelo qual se vincula bens do devedor à satisfação de dívida com determinado credor. Por intermédio de processo judicial, se o devedor não satisfizer a dívida, o bem penhorado lhe será expropriado para satisfação do credor. A impossibilidade de compensação de dívidas de coisas impenhoráveis, nesse particular, resulta da própria restrição à disponibilidade dos bens para a satisfação de dívidas, de modo que se não pode expropriar o impenhorável para satisfazer a dívida, também não pode compensar.

Por fim, refira-se à compensação de dívidas fiscais. No Código Civil de 1916, o art. 1.017 expressamente vedava a possibilidade de serem compensadas, ao dispor: "As dívidas fiscais da União, dos Estados e dos Municípios também não podem ser objeto de compensação, exceto nos casos de encontro entre a administração e o devedor, autorizados nas leis e regulamentos da Fazenda". O Código Civil de 2002, quando de sua edição, contava com o art. 374, que dispunha, ao contrário, sobre a possibilidade de compensação, ao definir: "A matéria da compensação, no que concerne às dívidas fiscais e parafiscais, é regida pelo disposto neste capítulo". Tal regra, contudo, foi revogada mesmo antes da entrada em vigor, evitando uma série de dificuldades práticas.

É da tradição do direito brasileiro, que as dívidas fiscais apenas são compensáveis segundo critérios definidos na lei, segundo as normas de direito público que incidem na espécie (art. 170 do Código Tributário Nacional). Estas de sua vez, ao mesmo tempo em que exigem lei específica que defina as condições de compensação, também vedam, expressamente, "a compensação mediante o aproveitamento de tributo, objeto de contestação judicial pelo sujeito passivo, antes do trânsito em julgado da respectiva decisão judicial" (art. 170-A do

---

[259] Bruno Miragem, *Direito bancário*. 3ª ed. São Paulo: RT, 2019, p. 329. Admitindo a compensação no contrato de depósito irregular em estabelecimento bancário: Caio Mário da Silva Pereira, *Instituições de direito civil* cit., II, p. 251-252.

[260] Pontes de Miranda, *Tratado de direito privado* cit., t. XXIV, p. 487.

DIREITO DAS OBRIGAÇÕES – Bruno Miragem

Código Tributário Nacional). Segundo normas de direito público incidentes à espécie, portanto, a compensação de dívidas fiscais se faz apenas se houver lei específica que a autorize, e em acordo com seus termos. A razão de ser da vedação é a preservação da receita pública, em relação à desorganização financeira a que estaria submetido o Estado na hipótese de se admitir que cada particular que fosse seu credor, invocasse o crédito com o objetivo de deixar de adimplir as respectivas obrigações tributárias.

6.3 Restrições à compensação

Além das hipóteses de dívidas insuscetíveis de compensação, estabelece a lei, também, certas situações nas quais ela não será admitida em vista dos efeitos concretos que possa produzir. É o caso da restrição da compensação de dívidas que se dê em prejuízo do direito de terceiro (art. 380 do Código Civil)[261]. Assim, por exemplo, se o crédito oriundo de determinada relação obrigacional seja objeto de penhor, ou os créditos tenham sido eles próprios oferecidos em garantia, mesmo sem o penhor. Nestas hipóteses, a compensação é vedada para preservar o direito de terceiro sobre o crédito. O mesmo se diga em relação à dívida cujo crédito respectivo tenha sido objeto de penhora, hipótese em que a restrição da disponibilidade operada pelo ato judicial impede a compensação. Reunindo-se os demais requisitos para compensação depois da penhora de um dos créditos, fica impedida a compensação. Todavia, caso as dívidas reúnam os requisitos da compensação antes da efetivação da penhora, serão compensáveis.

6.4. Efeitos da compensação

Efeito próprio da compensação é a extinção das dívidas. Pode ser total ou parcial, conforme os créditos se compensem integralmente ou não. Como modo de extinção das obrigações sem pagamento, mesmo sem que haja a realização da prestação devida opera a liberação dos devedores, ficando os credores reciprocamente satisfeitos[262]. Há satisfação dos interesses de ambos os credores, uma vez que, embora não recebendo o crédito a que fariam jus, deixam, por igual, de desfalcar o patrimônio com o desembolso da prestação devida. Preserva-se, desse modo, o patrimônio, sem exigir ou ser exigido das prestações respectivas.

A eficácia da compensação no direito brasileiro se produz desde quando configurada a situação de compensação, presentes os requisitos exigidos. Porém, dependem da manifestação do interessado, que exerce direito potestativo (formativo) com eficácia extintiva da dívida. Não há efeito automático, deve ser querido pelo interessado que se manifesta para produzi-lo. A outra parte, de outro lado, não pode recusar a compensar. Apenas se sujeita aos efeitos da declaração.

Se a compensação vier a ser declarada em processo judicial, a decisão do juiz tem efeitos *ex tunc*[263], ou seja, opera retroativamente, extinguindo-se o débito desde a origem.

---

[261] A preservação do direito de terceiros, mediante restrição da compensação é da tradição do nosso direito. O art. 1.186 do Esboço de Teixeira de Freitas, já referia: "Em nenhum caso terá lugar a compensação com prejuízo de direitos adquiridos por terceiros, ou sejam em virtude de hipotecas, penhores, penhoras, embargos, ou sequestros; ou sejam em virtude de cessões notificadas, falências do devedor, ou aceitação de herança a benefício do inventário". Augusto Teixeira de Freitas, *Código Civil*. Esboço cit., I, p. 271.

[262] Karl Larenz, *Derecho de obligaciones* cit., I, p. 425 e ss. Pontes de Miranda, *Tratado de direito privado* cit., t. XXIV, p. 458.

[263] Caio Mário da Silva Pereira, *Instituições de direito civil* cit., II, p. 256.

Capítulo 6 · ADIMPLEMENTO E EXTINÇÃO DAS OBRIGAÇÕES | 251

7. CONFUSÃO

Confusão é modo de extinção da obrigação em razão da reunião, em uma mesma pessoa, das qualidades de credor e devedor. A rigor, a expressão confusão remete a outras situações em direito, tal como aquela que prevê a confusão entre coisas pertencentes a diversos proprietários, para o que o direito das coisas estabelece critérios de atribuição da propriedade, quando se possam separá-las entre si sem deterioração, ou quando não seja possível a indicação de quinhão proporcional a cada proprietário das coisas em estado original (arts. 1.272 a 1.274 do Código Civil).

No direito das obrigações, esta reunião em uma mesma pessoa das qualidades de credor e devedor se deve, sobretudo, a algum acontecimento posterior à constituição da obrigação, o qual faz com que a pessoa que, originalmente, detinha a qualidade de credora, também passe a ostentar a qualidade de devedora, ou o inverso. Isso ocorrerá em razão de ato jurídico ou fato jurídico posterior à constituição da obrigação, que altera a situação do credor ou do devedor. Assim, por exemplo, se determinada sociedade A é devedora da sociedade B, credora. A certa altura, na constância do vínculo obrigacional, há a fusão das sociedades, ou ainda, a incorporação de uma pela outra. A sociedade que resulte dos negócios jurídicos em questão reunirá, relativamente àquela obrigação, as qualidades de credor e devedor. Também as hipóteses de sucessão universal, como no caso da sucessão hereditária, quando as obrigações estabelecidas entre o herdeiro e aquele que deixa em herança (*de cujus*), extinguem-se no momento em que a transmissão do patrimônio se opera, ainda que não na morte em si, mas a partir da partilha dos bens. Neste caso, transmite-se o débito ou crédito àquele herdeiro ao qual o vínculo obrigacional se refira. Ainda refira-se a situação em que uma pessoa emita título de crédito para circulação no mercado, e após sucessivas transmissões, o mesmo título venha a retornar à propriedade do emitente, que passa a reunir as qualidades de devedor e credor.

A confusão tem sua origem no direito romano (*confusio*), sendo reconhecida na hipótese de reunião das qualidades de credor e devedor na mesma pessoa como circunstância que em certas situações promovia a extinção da obrigação, em outras, apenas paralisava a pretensão do credor[264]. A confusão era tomada em dois sentidos, como reunião na mesma pessoa, de qualidades que não podiam subsistir reunidas e a própria extinção do direito ou da dívida.

No direito atual, a extinção da obrigação é seu efeito típico, previsto no art. 381 do Código Civil. Porém, nem sempre será efeito instantâneo, como exemplifica o caso em que o credor hipotecário que adquire o bem dado em hipoteca e, desse modo, torna-se devedor da obrigação de garantia em relação à determinada dívida. A extinção da obrigação de garantia, nesta hipótese, realiza-se apenas com o cancelamento da hipoteca no Registro Imobiliário, o que poderá ou não ocorrer, inclusive com a possibilidade de desinteresse em cancelar a garantia que tenha prioridade em relação a outras hipotecas constituídas sobre o mesmo bem. Da mesma forma, a extinção da obrigação no caso e superveniência de confusão gerada pela reunião em uma mesma pessoa das qualidades de credor e devedor em um contrato. Assim, o exemplo do contrato de locação, em que o locatário adquire a propriedade do bem locado do locador. Nessa hipótese, o contrato de locação será dado por extinto, em vista da confusão, na mesma pessoa, das qualidades de locatário e locador. Contudo, a dívida já constituída até a extinção (aluguéis vencidos, por exemplo) permanece eficaz, podendo ser exigida.

A eficácia típica da confusão será a extinção da obrigação. Há no reconhecimento deste efeito o pressuposto da própria finalidade da relação obrigacional, que é o de assegurar a reali-

---

[264] Joseph Laurens, *De la confusion des dettes en droit romain et en droit français*, Toulouse: Imprimerie Troyes ouvriers reunis, 1865, p. 14 e ss; Max Kaser; Rolf Knütel, *Römisches privatrecht* cit., p. 315-316.

zação de determinada prestação com a satisfação do interesse útil do credor. Confundindo-se as pessoas do credor e do devedor, não há sentido prático em assegurar que a pessoa realize determinado comportamento em seu próprio favor, tampouco deverá a prestação, como regra, se transferir de um patrimônio a outro, tratando-se da mesma pessoa. Nesse sentido, não havendo razão para manutenção do vínculo – como ocorre no caso da hipoteca supramencionado, e em outros sistemas jurídicos do denominado benefício de inventário[265] – a perda de finalidade da obrigação constituída justifica a eficácia extintiva do vínculo obrigacional, próprio da confusão.

Esta vinculação da eficácia extintiva à finalidade da obrigação constituída resulta em situações específicas, reconhecidas pela doutrina, em que, apesar da reunião na mesma pessoa das qualidades de credor e devedor, não se produz, necessariamente, a extinção. O exemplo mais referido pela doutrina é o da reunião, na mesma pessoa, da qualidade de credor ou devedor e a de fiador. Teixeira de Freitas, em seu Esboço, tratava expressamente da hipótese, ao referir que: "A confusão do direito do credor com a obrigação do devedor principal extingue a obrigação acessória do fiador ou fiadores, mas a confusão do direito do credor com a obrigação acessória do fiador não extingue a obrigação do devedor principal" (art. 1.193)[266]. O Código Civil não dispõe sobre o tema. Neste caso, a obrigação de garantia deixa de ter razão de ser, uma vez que o fiador não será mais um terceiro à relação obrigacional. A dívida entre credor e devedor, todavia, se mantém, denominando-se esta situação de extinção da garantia como confusão imprópria.

Da mesma forma, é de se ter em conta os limites à eficácia extintiva da confusão em face da tutela do interesse legítimo de terceiros sobre o crédito. Nesse sentido, tratando-se de crédito submetido à penhora, ou ainda sobre bem dado em usufruto, por exemplo, não se opera o efeito extintivo, devendo ser preservado o interesse legítimo do terceiro. Trata-se de eficácia, na hipótese, do princípio da função social do qual resulta a chamada tutela externa do crédito perante terceiros, tanto no sentido negativo (de oponibilidade do direito que resulta da obrigação perante terceiros), quanto positivo (tutelando o direito de terceiro diante de determinado efeito da relação obrigacional ao qual tenham dado causa os respectivos sujeitos).

7.1. Pressupostos da confusão

Para que se opere a confusão, devem concorrer três pressupostos, a saber: (a) a unidade na relação obrigacional; (b) a reunião na mesma pessoa, das qualidades de credor e devedor; e (c) a ausência da separação de patrimônios desta mesma pessoa.

Em relação ao primeiro pressuposto, da unidade na relação obrigacional, entende-se que é pressuposto da confusão que a identidade da pessoa com as qualidades de credor e devedor digam respeito a débitos e créditos presentes em uma mesma relação obrigacional. Se houver

---

[265] O benefício de inventário é instituto previsto em diversos sistemas jurídicos, pelo qual é assegurado ao herdeiro manter a separação do seu patrimônio pessoal e o recebido em herança, de modo que os encargos da herança sejam suportados apenas pelo patrimônio recebido a causa de morte, hipótese em que se distinguem dois patrimônios pertencentes a um mesmo titular. Presente em diversos sistemas jurídicos como Alemanha, França, Itália e Portugal, no direito brasileiro deixa de ter funcionalidade em vista da regra estabelecida no art. 1.792 do Código Civil, pela qual o herdeiro não responde, em qualquer hipótese, por encargos superiores às forças da herança. Para as origens do instituto e seu desenvolvimento histórico no direito francês – a partir da tradição romana – veja-se: L.G.S. Dufresne, *Traité de la séparation des patrimoines suivant les principes du droit romain et du code civil et la jurisprudence des tribunaux*, Paris: Auguste Durand, 1842, p. 175 e ss.

[266] Augusto Teixeira de Freitas, *Código Civil*. Esboço cit., I, p. 272.

Capítulo 6 · ADIMPLEMENTO E EXTINÇÃO DAS OBRIGAÇÕES | 253

a mesma pessoa com crédito e débito em obrigações distintas, mas exigíveis reciprocamente com outra, pode haver compensação em relação a débito e crédito, não confusão. Daí a ideia de unidade da obrigação. Há confusão quando a reunião das qualidades se dá na mesma obrigação.

O segundo pressuposto, da reunião na mesma pessoa das qualidades de credor e devedor, independe da causa que promove esta identidade das posições. Pode ocorrer que credor e devedor se reúnam por negócio jurídico mais amplo, que reúna crédito e dívida, como é o exemplo das hipóteses de fusão ou incorporação de pessoas jurídicas que sejam credora e devedora entre si. A confusão resulta como efeito do negócio jurídico, ainda que não seja o móvel de sua celebração. O efeito extintivo, neste sentido, independe da vontade.

O terceiro pressuposto é da ausência da separação de patrimônios da pessoa que reúna as qualidades de credor e devedor. Afinal, a extinção se opera, por confusão, pelo fato que o débito e o crédito, ao se reunir em uma mesma pessoa, passam a integrar um mesmo patrimônio. Desse modo, há um fundamento lógico na extinção da obrigação, uma vez que a realização do crédito em relação ao mesmo patrimônio do qual deverá ser retirado o suficiente para satisfazer a prestação não tem qualquer utilidade prática. Assim é que, na sucessão aberta, não se opera a confusão desde logo, enquanto permanecerem distintos o patrimônio do *de cujus* e os de seus herdeiros. Da mesma forma, quando instituído o patrimônio de afetação nas incorporações imobiliárias, a separação de patrimônios se dá por força de lei (art. 31-A da Lei n. 4.591/64).

7.2. Espécies de confusão

A confusão se distingue conforme se dê em razão de ato *inter vivos* ou *mortis causa*. No primeiro caso há, como regra, negócio jurídico que reúne na mesma pessoa as qualidades de credor e devedor. Na segunda, a confusão se dá por sucessão *mortis causa*, legal ou testamentária, a título singular ou universal.

Da mesma forma, a confusão também pode ser total ou parcial. Nos termos do art. 382 do Código Civil, será total quando disser respeito a toda a dívida, e parcial quando referir-se apenas à parte dela. A extinção da obrigação se dá até onde se reúna o crédito e débito na mesma pessoa, como ocorre no caso de sucessão, em que recebendo o herdeiro quota menor do que sua dívida, mantém-se esta no que exceder ao que recebeu do *de cujus* para quem devia.

Da mesma forma ocorre em relação à obrigação solidária, em relação a qual o art. 383 do Código Civil dispõe: "A confusão operada na pessoa do credor ou devedor solidário só extingue a obrigação até a concorrência da respectiva parte no crédito, ou na dívida, subsistindo quanto ao mais a solidariedade". Conforme já se observou ao tratar das obrigações solidárias, sabe-se que tem relevo na sua compreensão a distinção de seus efeitos entre as relações externas e internas. No caso da solidariedade passiva, as relações externas se compreendem entre os codevedores em conjunto e o credor; as relações internas, aquelas dos codevedores entre si. A situação descrita pelo art. 383 repercute nas relações internas entre os codevedores, na medida em que define a extinção da obrigação na parte em que houver confusão, mantendo em relação ao restante todos os efeitos, inclusive a solidariedade. Desse modo, se um dos codevedores tornar-se também o credor, extingue-se a obrigação apenas em relação a sua quota. Assim, por exemplo: se A, B, C e D são devedores solidários de E, da quantia de R$ 1.000,00, sendo que a dívida pertence proporcionalmente a cada um, ainda que possa ser exigida por inteiro em razão da solidariedade. Na hipótese de haver a confusão entre A e E (por exemplo, E falece e deixa A como único herdeiro), B, C e D serão devedores solidários de apenas R$ 750,00, extinguindo-se por confusão, a parte da dívida que correspondia a A. O mesmo ocorre em relação à solidariedade ativa, com a diferença, contudo, que serão os cocredores

254 | DIREITO DAS OBRIGAÇÕES – *Bruno Miragem*

que poderão exigir apenas a parte da dívida que não tiver sido extinta. A confusão não afeta a obrigação, mas exime o devedor (*personam eximit ab obligatione*)[267].

7.3. Efeitos da confusão

A confusão é modo de extinção das obrigações. Extingue a dívida pela reunião, na mesma pessoa, de credor e devedor, até onde concorra. É causa de extinção de pleno direito (*ipso iure*), sendo desnecessário para que se produza qualquer ato judicial que a reconheça, ou manifestação de vontade dos interessados. Da mesma forma, extinguindo a obrigação principal, também extingue as obrigações acessórias[268]. Todavia, havendo confusão em relação à obrigação acessória, esta não leva à extinção da obrigação principal. Assim ocorre quando há confusão entre o credor e o fiador, ou entre o devedor e o fiador, hipótese em que se extingue a obrigação de garantia, mas não a obrigação principal, ao que se denomina confusão imprópria[269].

O caráter singelo destas conclusões sobre o efeito extintivo da confusão, contudo, é perturbado pela regra do art. 384 do Código Civil, que estabelece: "Cessando a confusão, para logo se restabelece, com todos os seus acessórios, a obrigação anterior". Embora já seja da tradição do direito brasileiro, o texto da regra não é o melhor, pois pode conduzir a interpretações contraditórias sobre a função e os efeitos da confusão. Ao referir que "cessando a confusão, para logo se restabelece", pode levar a crer que a confusão de verdade não extingue, mas apenas paralisa a pretensão do credor, como ocorria, em certas situações, no direito romano. Ou ainda, outros modos de pensar que levassem a concluir sobre a provisoriedade da confusão, enfraquecendo sua utilidade como modo extintivo de obrigações. Registre-se que na tradição do direito brasileiro, admitiu-se a provisoriedade do fato que dá causa à confusão[270], o que serviu de fomento ao debate em questão.

Atualmente, contudo, não é de prosperar esta interpretação. Na tradição do direito, encontram-se os que submetem a extinção da confusão à ocorrência de fato novo, tal como a rescisão, resolução ou revogação do ato que lhe deu causa[271]. No direito brasileiro, a doutrina se lembra das hipóteses de invalidade (anulação ou nulidade) do negócio que dá causa à confusão (o contrato ou o testamento, por exemplo), o que de fato se trata, não de cessação (como algo que produziu efeitos e deixou de produzir), senão de afetação da validade do negócio jurídico, que por isso, não produziu os efeitos necessários. Se é inválido o negócio jurídico, simplesmente não ocorreu a reunião na mesma pessoa das qualidades de credor e devedor, porque a transmissão do crédito ou da dívida não ocorreu. Daí por que não se deva falar em ressurreição do crédito, preferindo a melhor doutrina referir-se a "pós-ineficacização" da confusão[272]. Tornou-se ineficaz, depois, porque inválida a causa da produção de efeitos. Isso se produz igualmente em relação às obrigações acessórias, mesmo no caso, por exemplo, de garantias prestadas por terceiros, por mais que seja objeto de legítima preocupação a surpresa destes em relação à restauração de vínculo que julgavam extintos[273]. Porém não pode ser outra a conclusão a que se chegue, considerando que nestes casos a confusão jamais ocorreu.

---

[267] Robert-Joseph Pothier, *Traité des obligations* cit., p. 325.

[268] Robert-Joseph Pothier, *Traité des obligations* cit., p. 324-325.

[269] Mário Júlio de Almeida Costa, *Direito das obrigações* cit., p. 1043.

[270] Em especial, Clóvis Beviláqua, *Direito das obrigações* cit., p. 193.

[271] Joseph Laurens, *De la confusion des dettes en droit romain et en droit français* cit., p. 98 e ss.

[272] Pontes de Miranda, *Tratado de direito privado* cit., t. XXIV, p. 99-100.

[273] Tepedino e Schreiber, *Código Civil comentado*. Direito das obrigações cit., t. IV, p. 332.

Outra situação mencionada pela doutrina diz respeito ao fideicomisso. Como se sabe, o fideicomisso resulta da possibilidade do testador "instituir herdeiros ou legatários, estabelecendo que, por ocasião de sua morte, a herança ou o legado se transmita ao fiduciário, resolvendo-se o direito deste, por sua morte, a certo tempo ou sob certa condição, em favor de outrem, que se qualifica de fideicomissário" (art. 1.951 do Código Civil). Neste caso, pode ocorrer de o fiduciário que recebe o patrimônio seja credor do *de cujus*, importando a transmissão dos bens, ainda que em caráter provisório, em confusão. Todavia, quando resolvido o direito do fiduciário sobre os bens, de modo que sejam transmitidos aos fideicomissários, a confusão desapareceria, fazendo ressurgir a dívida[274]. A hipótese, por demais específica, não permite que se diga que a confusão não operou, ainda que coloque em relevo se de fato o que há em relação ao fideicomissário, é a restauração do crédito original, ou novo crédito[275], decorrente do aproveitamento do fiduciário, da extinção por confusão, do crédito anterior.

8. REMISSÃO DE DÍVIDAS

Remissão é a liberalidade do credor consistente na dispensa de pagamento da dívida pelo devedor, tendo por efeito a extinção total ou parcial da respectiva obrigação. Sua origem, no direito romano, resulta tanto de situações em que se admitiam apenas o cumprimento simbólico da dívida (*solutio per aes et libram*), outras que sob fórmula de pergunta e resposta produziam a liberação do devedor mesmo sem a realização da prestação (*acceptilatio*), e ainda, em relação a certas obrigações por pacto com o devedor (*pactum de non petendo*)[276].

O art. 385 do Código Civil brasileiro estabelece que "a remissão da dívida, aceita pelo devedor, extingue a obrigação, mas sem prejuízo de terceiro". A norma coloca em destaque a discussão sobre a natureza jurídica da remissão. Quem tem o poder de remitir (e não remir, que significa resgatar, livrar, e cujo ato ou efeito é a remição) é porque tem o poder de disposição sobre o crédito e pode exercê-lo pessoalmente. Pode dispor, o credor, se irá remitir total ou parcialmente. Define, por vontade sua, portanto, o conteúdo do ato. Daí por que a natureza jurídica da remissão, no direito brasileiro, é de negócio jurídico.

Todavia, a remissão precisa ser aceita pelo devedor. Sendo assim, é negócio jurídico bilateral, que se forma apenas com a manifestação do devedor. É o que resulta do texto expresso da lei que, no ponto, inovou em relação ao Código Civil anterior, que não contava com regra semelhante. Por esta razão, com cuidado deve ser examinada a doutrina que tenha se debruçado sobre o direito anterior, tomando-a como negócio jurídico unilateral. Como observa a boa doutrina, esta reorientação do direito brasileiro, exigindo a aceitação para que haja a remissão, contempla o interesse do devedor, a quem pode ocorrer o propósito de adimplir a dívida, inclusive por motivos éticos e profissionais, em face da repercussão social da ausência de pagamento[277].

A manifestação de vontade pode ser expressa ou tácita, uma vez que é autorizada por lei a interpretação do silêncio como anuência (art. 111 do Código Civil: "O silêncio importa

---

[274] Serpa Lopes, *Curso de direito civil* cit., v. II, p. 315-316.

[275] Jorge Cesa Ferreira da Silva, *Adimplemento e extinção das obrigações* cit., p. 520.

[276] Max Kaser; Rolf Knütel, *Römisches privatrecht* cit., p. 312-313; Biondo Biondi, *Istituzioni di diritto romano*, p. 429.

[277] Paulo Lôbo, *Direito civil: Obrigações* cit., p. 227.

256 | DIREITO DAS OBRIGAÇÕES – *Bruno Miragem*

anuência, quando as circunstâncias ou os usos o autorizarem, e não for necessária a declaração de vontade expressa").

Não se confundem a remissão e a renúncia do crédito[278]. A remissão é negócio jurídico bilateral, forma-se com a soma das vontades do credor que exerce a liberalidade e o devedor, que aceita. A renúncia do crédito é ato jurídico unilateral, dependerá exclusivamente da manifestação de vontade do titular, caracterizando-se como direito potestativo. Quem é titular de direito, inclusive do direito de crédito, e tem disponibilidade sobre ele, pode renunciar. A renúncia é a extinção do direito por ato do titular, por declaração não receptícia, ou seja, que não precisa ser aceita pelo outro sujeito da relação jurídica.

Já fixados os termos da remissão como negócio jurídico bilateral, também é de dizer que se trata de negócio abstrato. Isso significa dizer que, ao contrário do que ocorre com os negócios jurídicos causais[279], a causa, ou seja, a razão de ser pela qual o negócio jurídico foi celebrado, não é relevante para a remissão. Não importa se a remissão se deu porque o credor, ao realizá-la, tinha em vista certo interesse que depois não se realizou. Como negócio jurídico bilateral abstrato, a eficácia extintiva da obrigação com a respectiva liberação do devedor ocorre desde o momento em que houve a celebração. Nada impede, contudo, que as partes ao celebrarem o negócio jurídico que de regra é abstrato, façam constar a causa, tornando-o, por isso, causal. É o que ocorre quando ao remitir a dívida, o credor declara expressamente que para que ocorra a extinção, esta depende de certa solução de outra obrigação[280].

Outro aspecto relevante sobre a remissão, diz respeito a caracterizar-se como negócio jurídico necessariamente gratuito, ou se também admite ser celebrada a título oneroso. Em regra, o exercício da liberalidade pelo credor não exige contraprestação do devedor. Se o fizesse, não se estaria a tratar de liberalidade de remitir, mas de outros institutos também aptos a extinguir as obrigações, tais como, conforme o caso, a dação em pagamento, a novação ou a transação[281]. Todavia, há quem sustente a possibilidade de a remissão ser celebrada a título oneroso, equiparando-a à transação[282], ou contrapondo o benefício da extinção da obrigação, ao compromisso da outra parte, de um comportamento vantajoso ao credor, que não implique necessariamente uma prestação[283]. É o que pode ocorrer, especialmente, quando se admita a introdução de causa no negócio jurídico de remissão, caracterizando-o como negócio causal[284], em que a causa defina determinada prestação devida pelo devedor da obrigação a ser remitida, em razão da remissão concedida pelo credor.

8.1. Espécies de remissão

A remissão se distingue em total ou parcial, conforme tenha por efeito a extinção de toda a dívida ou apenas de parte dela. Da mesma forma, ela pode ser remissão expressa, tácita ou presumida, uma vez que não obedece a forma especial. Remissão expressa é a que resulta de declaração de vontade do credor, por instrumento público ou particular, que

---

[278] Clóvis Beviláqua, *Direito das obrigações* cit., p. 193.

[279] Para a distinção entre negócios jurídicos causais e abstratos remete-se a: Bruno Miragem, *Teoria geral do direito civil*. São Paulo: Forense, 2021, no prelo.

[280] Pontes de Miranda, *Tratado de direito privado* cit., t. XXIV, p. 114.

[281] Serpa Lopes, *Curso de direito civil* cit., v. II, p. 318; Caio Mário da Silva Pereira, *Instituições de direito civil* cit., II, p. 267.

[282] Orlando Gomes, *Obrigações* cit., p. 148.

[283] Jorge Cesa Ferreira da Silva, *Adimplemento e extinção das obrigações* cit., p. 531.

[284] Serpa Lopes, *Curso de direito civil* cit., v. II, p. 321.

deverá ser objeto de aceitação pelo devedor. A remissão tácita resulta do comportamento concludente do credor, que aceita e dá a quitação total ao receber apenas parte da dívida, desde que inequívoca a vontade de liberar o devedor. A mera tolerância ou liberalidade do credor ao aceitar a prestação, ou parcela desta, a menor ou diferente do que consta como objeto da obrigação não caracteriza, por si só, a remissão tácita. É necessária a vontade de liberar o devedor da dívida.

Não se confunde a remissão tácita, igualmente, com a perda da eficácia do direito de exigir o crédito em razão de comportamento do credor, cujas características, por incidência da boa-fé objetiva, caracterizem a *supressio*. Distinguem-se a remissão tácita e a *supressio* na caracterização e nos efeitos. A remissão tácita pressupõe a manifestação de vontade do credor, ainda que não seja de forma expressa. Ocorrendo a *supressio* em relação ao direito do credor de exigir a prestação do devedor, vai haver a ineficácia do direito em questão, em razão da tutela da confiança do devedor em face do comportamento do credor, que podendo exercer, não exerce o direito, gerando a expectativa de que não virá a exercê-lo. Atinge a eficácia deste direito de exigir o crédito, mas não extingue a obrigação. Já a remissão presumida, ocorre segundo previsão legal, quando a lei previamente estabelece a remissão como efeito de uma presunção (por exemplo, art. 386 do Código Civil), tratando-se sempre de presunção relativa.

8.2. Presunções de liberação

A ausência de forma especial para presunção faz com que a liberalidade do credor possa ser exercida por qualquer modo inequívoco. Contudo, há situações em que da própria lei resultam presunções, seja de remissão propriamente dita, ou de renúncia à garantia real.

O art. 386 do Código Civil define que "A devolução voluntária do título da obrigação, quando por escrito particular, prova desoneração do devedor e seus coobrigados, se o credor for capaz de alienar, e o devedor capaz de adquirir". Sendo a obrigação constituída por título particular, sua devolução voluntária pelo credor faz presumir remissão, desde que tanto quem entrega quanto o devedor que recebe o título tenham poderes de disposição para exercer a liberalidade e aceitá-la, respectivamente. A devolução do título se dá pelo credor, porque é dele o domínio. E é voluntária, podendo se investigar no ato do credor o propósito de promover a liberação do devedor[285]. Não faz remissão, a entrega do título por terceiro, a não ser que este seja quem representa o credor, com poderes suficientes para o ato.

A regra em questão, todavia, deve ser cotejada com a do art. 324 do Código Civil, segundo a qual "a entrega do título ao devedor firma a presunção do pagamento". Isso porque a entrega do título, conforme se vê, é fato que pode dar ensejo a distintas presunções legais, ou de remissão, ou de pagamento. Diferentemente das situações mencionadas no caso da presunção de pagamento, o parágrafo único do art. 324 do Código Civil refere que "ficará sem efeito a quitação assim operada se o credor provar, em sessenta dias, a falta do pagamento". Ou seja, no caso da presunção de pagamento, o credor tem prazo decadencial de sessenta dias para afastar a presunção. Já no caso da presunção de remissão, uma vez preenchidas as condições legais, refere a lei que a entrega do título "prova desoneração", o que conduz ao reconhecimento de presunção absoluta (*jure et de jure*)[286], cuja desconstituição só será alcançada se demonstrado que não reúne os requisitos legais[287].

---

[285] STJ, REsp 76.153/SP, Rel. Min. Sálvio de Figueiredo Teixeira, 4ª Turma, j. 5-12-1995, *DJ* 5-2-1996.

[286] Serpa Lopes, *Curso de direito civil* cit., v. II, p. 327.

[287] Caio Mário da Silva Pereira, *Instituições de direito civil* cit., II, p. 265.

Outra presunção legal é a que estabelece o art. 387 do Código Civil, ao dispor que "a restituição voluntária do objeto empenhado prova a renúncia do credor à garantia real, não a extinção da dívida". Trata-se de presunção de renúncia à garantia real oferecida no contrato de penhor. O penhor, como se sabe, se constitui pela "transferência efetiva da posse que, em garantia do débito ao credor ou a quem o represente, faz o devedor, ou alguém por ele, de uma coisa móvel, suscetível de alienação" (art. 1.431 do Código Civil). Trata-se de contrato real, que se constitui com a entrega do bem oferecido em garantia. Daí o sentido da presunção que resulta da restituição voluntária, pelo credor, do objeto empenhado em garantia. Presume a renúncia à garantia por justamente deixar de manter em seu poder o bem que, em caso de inadimplemento do devedor, poderá alienar para satisfazer seu crédito. Trata-se, todavia, de presunção relativa (*juris tantum*), confirmada, ademais, pelo que dispõe o art. 1.436, § 1º, do Código Civil ("Presume-se a renúncia do credor quando consentir na venda particular do penhor sem reserva de preço, quando restituir a sua posse ao devedor, ou quando anuir à sua substituição por outra garantia"). Nada impede, entretanto, que faça prova o credor de que a entrega se deu para certo fim, ou em caráter provisório, em comum acordo das partes, afastando a presunção de renúncia.

A existência da dívida, contudo, não é atingida pela presunção legal do art. 387, que se limita à renúncia da garantia. Não há, portanto, presunção de remissão da dívida, mantendo-se válida e eficaz a obrigação. Apenas a garantia é que se reputará extinta.

8.3. Efeitos da remissão

Constitui efeito típico da remissão a extinção da obrigação, que pode ser total ou parcial, conforme o caso. Tal efeito pode ser subordinado à condição ou termo, quando assim seja constituído o negócio jurídico bilateral, fazendo a remissão condicional ou a termo. Tratando-se de remissão condicional, pode estar submetida à condição suspensiva ou resolutiva. É possível definir que o negócio jurídico de remissão produza seus efeitos desde que seja implementada uma condição, como, por exemplo, haja o pagamento pelo devedor de parte da dívida, remitindo-se o restante, ou que a remissão dependa da pontualidade e certo pagamento parcial. Por outro lado, pode-se remitir e subordinar os efeitos da remissão à implementação de condição resolutiva. Nesse caso, extingue-se a dívida, porém, se implementada a condição, como, por exemplo, a impontualidade do pagamento da parte restante, no caso de remissão parcial, há cessação dos efeitos, deixando de estar extinta a dívida, que se restaura com todas as suas características.

Por outro lado, a própria lei define efeitos específicos à remissão quando se trate de obrigação solidária passiva. Estabelece o art. 388 do Código Civil: "A remissão concedida a um dos codevedores extingue a dívida na parte a ele correspondente; de modo que, ainda reservando o credor a solidariedade contra os outros, já lhes não pode cobrar o débito sem dedução da parte remitida". Trata a hipótese legal de remissão pessoal e subjetiva, dirigida apenas a um ou alguns dos codevedores solidários, especializando a regra geral constante no art. 277 do Código Civil, que ao disciplinar a solidariedade define que a remissão obtida por um dos devedores não aproveita aos demais, senão até a concorrência da quantia paga ou relevada.

Desse modo, a remissão obtida por um dos devedores fará com que a dívida seja reduzida, deduzindo-se a parte que lhe corresponda, liberando-o do pagamento da dívida. Preserva, contudo, o dever de responder proporcionalmente aos demais pela parte de outro codevedor que seja insolvente, em acordo com os efeitos reconhecidos das relações internas entre todos os codevedores solidários (art. 284 do Código Civil).

Capítulo 7
INADIMPLEMENTO DAS OBRIGAÇÕES

1. CARACTERIZAÇÃO DO INADIMPLEMENTO DAS OBRIGAÇÕES

As obrigações se constituem para ser cumpridas, o que equivale à realização da prestação devida, que é o seu objeto. Como já foi examinado, a isso se denomina adimplemento[1]. De fato, compõem-se "do conjunto de atividades necessárias à satisfação do interesse do credor"[2]. Inúmeras situações, entretanto, fazem com que o devedor deixe de realizar a prestação devida. Situações estas que podem ser imputáveis ou não ao devedor, conforme se reconheça a possibilidade de que ele, com seu comportamento, os evite, satisfazendo a prestação devida, ou ao contrário, não tenham como impedi-las, razão pela qual torna impossível o cumprimento tal qual exigido pelo direito.

A exigibilidade da prestação é efeito do vínculo jurídico que resulta da relação obrigacional. A obrigação, de sua vez, se constitui por diferentes formas, de modo que se possa falar do vínculo que resulte do contrato, da própria lei, ou de quaisquer outras fontes das obrigações. Quem deixa de realizar o dever de prestação, nos termos em que delimitado como objeto da obrigação, dá causa ao inadimplemento e fica sujeito aos seus efeitos. Tais efeitos podem decorrer da própria lei, ou da vontade das partes, que previamente os ajustam, tendo em vista a tutela dos interesses do credor (tais como a reparação das perdas e danos que decorram do inadimplemento), ou mesmo como estímulo ao cumprimento da prestação pelo devedor.

Quando o comportamento do devedor não corresponda ao exigido segundo a obrigação, estará caracterizado o inadimplemento. Todavia, não se perca de vista que compõe a relação obrigacional não apenas o dever principal de prestação, senão igualmente deveres acessórios e também deveres anexos ou de conduta (*Verhaltenspflichten*)[3], decorrentes não do título da obrigação em si, ou mesmo de expressa previsão legal, mas da tutela da confiança dos sujeitos da obrigação e os efeitos que daí decorrem, como é o caso dos deveres que resultam da incidência da boa-fé.

É relevante compreender a distinção exata do que se entende por inadimplemento em si, e o que caracteriza a violação de deveres jurídicos absolutos que, ao causar dano, constituem obrigação e dão causa à responsabilidade, com imputação do dever de indenizar. Caracteriza-se o inadimplemento pela violação de um dever decorrente de uma relação obrigacional preexistente. Ou seja, há obrigação constituída, de cujos efeitos resultam deveres jurídicos para aqueles que a integram. A violação desses deveres jurídicos caracteriza o inadimplemento. Assim, por exemplo, há inadimplemento quando alguém celebra um contrato e deixa de cumprir, não realizando a prestação com que se obrigou. O fato de não cumprir o dever de

---

[1] Karl Larenz, *Derecho de obligaciones* cit., I, p. 279.

[2] Clóvis do Couto e Silva, *A obrigação como processo* cit., p. 20.

[3] Karl Larenz, *Derecho de obligaciones* cit., I, p. 21-22.

prestação caracteriza, então, o inadimplemento do devedor. Distingue-se, portanto, das situações em que há violação de deveres jurídicos definidos em caráter geral pelo ordenamento jurídico, e que tenha como consequência a causação de danos, hipótese que comumente se refere à responsabilidade civil em sentido estrito, responsabilidade por danos ou, simplesmente, responsabilidade civil. Neste caso, será o exemplo do motorista que, por negligência, atropela um pedestre. Não há relação jurídica específica anterior entre o ofensor e a vítima. Em razão do atropelamento, que se qualifica como ato ilícito, surge a obrigação de indenizar, da qual será credora a vítima. Todavia, a relação jurídica aqui estabelecida é disciplinada pela responsabilidade civil[4].

O mesmo cuidado é devido quando, referindo-se ao inadimplemento das obrigações, para seu exame e análise, quanto à caracterização e efeitos, da noção com que é utilizada a expressão inadimplemento. Em *sentido estrito*, o inadimplemento se caracteriza pela não realização da prestação principal da obrigação. Em *sentido amplo*, inadimplemento deve ser tomado como o desatendimento a quaisquer deveres decorrentes da obrigação, que podem ser imputados tanto ao credor quanto ao devedor, como é o caso dos deveres acessórios e os deveres anexos que dela resultem.

Note-se, contudo, que nem toda a situação de inadimplemento gera responsabilidade do devedor. Será necessário, para que se possa atribuir responsabilidade ao devedor, que o inadimplemento lhe seja imputável. Isso significa dizer que, sendo exigível o dever de prestação, a consequente impossibilidade do seu cumprimento será imputada ao devedor, uma vez atribuído, ao seu comportamento, a causa do inadimplemento. Nestes casos, pode ser que o inadimplemento se deu, por exemplo, porque o devedor se recusou a realizar a prestação; ou porque agiu em desconformidade a padrões exigíveis de diligência e prudência deixando, em razão disso, de poder cumprir; ou ainda porque, segundo certo critério assumido pela lei, pelos usos negociais, ou mesmo por convenção das partes, encontra-se definido que certos riscos relativos ao descumprimento lhe são imputáveis.

Na tradição do direito costumou-se distinguir em inadimplemento culposo e não culposo do devedor. Trata-se de terminologia fundada na centralidade que a culpa observou como pressuposto da responsabilidade pela violação do dever no direito privado em geral, em especial a partir do pensamento jurídico moderno, depois consagrado nas codificações civis. No direito brasileiro, o Código Civil distingue os efeitos do inadimplemento em culposo e não culposo, de modo que, havendo culpa, responde o devedor pelos efeitos do inadimplemento, tais como as perdas e danos (por exemplo, arts. 234, 248 e 251 do Código Civil). É preciso, contudo, contextualizar a noção de culpa nestes casos. Considerando a influência francesa sobre nosso direito, a rigor a noção de culpa resulta da tradução da expressão *faute*, nuclear da responsabilidade naquele direito, e compreende em si tanto o elemento subjetivo da conduta do devedor (o dolo, a negligência ou a imprudência que contribuem para a não realização do comportamento devido), como também a própria violação do dever. Consideram-se, nesta visão, conceitos dependentes entre si[5], de modo que estaria pressuposta a culpa no caso de inadimplemento. A melhor doutrina rejeita a confusão das expressões, tomando por falta a violação do dever, que não se confunde com a culpa[6].

---

[4]   Veja-se, a respeito: Bruno Miragem, *Responsabilidade civil*. 2ª ed. São Paulo: Forense, 2021, p. 63.

[5]   Henri Mazeaud; Léon Mazeaud; Jean Mazeaud; François Chabas, *Leçons de droit civil* cit., p. 440 e ss.

[6]   Pontes de Miranda, *Tratado de direito privado* cit., t. XXIII, p. 201. Teixeira de Freitas, de sua vez, preferiu referir-se com maior exatidão à *falta* no cumprimento das obrigações, como causa de responsabilização do devedor (arts. 827, 844, 882 e 883 do Esboço). Augusto Teixeira de Freitas, *Código Civil*. Esboço cit., I, p. 208.

Capítulo 7 · INADIMPLEMENTO DAS OBRIGAÇÕES | 261

Todavia, o relevante a notar é que, no estágio atual do direito das obrigações, embora a culpa permaneça cumprindo papel relevante na definição do inadimplemento imputável, não é mais fator exclusivo a ser considerado. Tanto a própria noção de culpa se redefine como ausência do esforço concreto exigível do devedor na realização da prestação[7], como também é dispensável em muitas situações, em que a realização ou não da prestação devida, e seus efeitos, estão associados a outros critérios, como ocorre em certas obrigações de resultado (por exemplo, a decorrente do contrato de transporte)[8]. E, da mesma forma, em obrigações cuja realização ou não da prestação esteja associada a riscos do próprio negócio, ou resulte simplesmente da desconformidade ou ausência da prestação (por exemplo, a decorrente do regime de vícios da prestação nos contratos de consumo, arts. 18 a 20 do CDC).

É, portanto, tendência marcada no domínio da responsabilidade pelo inadimplemento, a gradual redução do papel nuclear da identificação e demonstração da culpa como pressuposto genérico e necessário para imputação. Isso ocorre tanto no âmbito do inadimplemento de relações obrigacionais que decorrem da existência de vínculo negocial, como é o caso dos contratos (responsabilidade contratual)[9], quanto no domínio da responsabilidade civil por danos (responsabilidade extracontratual), cuja função precípua é a de reparação das consequências da violação ao direito à pessoa ou ao patrimônio da vítima[10].

Porém mesmo nos antecedentes do direito brasileiro, já se revelava que à impossibilidade de cumprimento da prestação por causa estranha ao devedor, não há inadimplemento imputável. Assim é citada a ausência de obrigação de indenizar do comodatário, se a coisa dada em comodato perecesse por caso fortuito[11]. É o que ocorre quando o inadimplemento: resulta de força maior ou caso fortuito, de causa imputável ao próprio credor, ou tenha sido causado por terceiro; ou seja, sem que nestes casos haja qualquer fato ou omissão imputável ao devedor[12].

Disso resulta que embora o inadimplemento se caracterize pela não realização, pelo devedor, da prestação devida, a causa pela qual não ocorre o cumprimento da prestação será relevante para identificar, em que situações será imputável a responsabilidade ao inadimplente. Como regra, quem responde pelo inadimplemento é o devedor que a ele deu causa. Todavia, há situações nas quais podem responder terceiros que não participaram diretamente ou não tinham necessariamente como evitar o inadimplemento, como ocorre com aqueles que assumem obrigações de garantia, o risco quanto ao evento, sem que possam invocar causa estranha que tenha tornado a prestação impossível[13]. O mesmo ocorre na responsabilidade civil por danos, nas situações em que se imputa legalmente a certas pessoas a obrigação de indenizar o dano causado por outrem, nas distintas hipóteses previstas pelo ordenamento jurídico (arts. 927 e 931 do Código Civil, por exemplo).

Desse modo, a determinação dos efeitos do inadimplemento dependerá se o descumprimento se dá por fato imputável ou não ao devedor. Para tanto, será necessário definir se a

---

[7] Michele Giorgianni, Inadempimento. Diritto privato. *Enciclopedia del diritto*, Milano: Giuffrè, 1970, t. XX, p. 881.

[8] Bruno Miragem, *Contrato de transporte*, São Paulo: RT, 2013, p. 104.

[9] Refira-se, no direito brasileiro, dentre outros os recentes estudos de José Virgílio Vita Neto, *A atribuição da responsabilidade contratual*, Tese de doutorado, São Paulo: USP, 2007, p. 38 e ss; e Marcos Catalan, *A morte da culpa na responsabilidade contratual*, São Paulo: RT, 2013, p. 238 e ss.

[10] Bruno Miragem, *Responsabilidade civil*. 2. ed. São Paulo: Forense, 2021, p. 43.

[11] Candido Mendes de Almeida, Codigo Philippino, ou, *Ordenações e leis do Reino de Portugal*: recopiladas por mandado d'El-Rey D. Philippe I, IV, Rio de Janeiro: Typ. do Instituto Philomathico, 1870, p. 847.

[12] Pontes de Miranda, *Tratado de direito privado* cit., t. XXVI, p. 59.

[13] Mário Júlio de Almeida Costa, *Direito das obrigações* cit., p. 972.

262 | DIREITO DAS OBRIGAÇÕES – *Bruno Miragem*

realização da prestação devida se tornou impossível, e se para esta impossibilidade contribuiu ou não o devedor. Da mesma forma, poder-se-á considerar o inadimplemento a partir da atuação do devedor, de modo que, embora não seja objetivamente impossível a prestação, esta não se realiza em razão da conduta do devedor, que se recusa ou deixa de realizar o comportamento que lhe era exigível. Em tais situações, os efeitos do inadimplemento devem observar a variação, conforme seja possível ou não, ainda assim, a satisfação do interesse útil do credor.

1.1. Inadimplemento e deveres decorrentes da relação obrigacional

Conforme já se referiu, ao examinar os efeitos das obrigações, resulta da relação obrigacional uma série de deveres jurídicos, que se articulam para satisfação do interesse útil das partes. São eles os deveres principais de prestação, os deveres secundários ou laterais, e os deveres anexos. Os deveres principais integram o núcleo da relação obrigacional e compreendem a finalidade imediata das partes na sua constituição. Na obrigação que resulte do contrato de compra e venda, são deveres principais de prestação o de pagar o preço e o de entregar a coisa. No contrato de seguro, são os deveres de pagar o prêmio e o de garantir o interesse em relação ao risco. Usualmente, se faz referência ao inadimplemento quando o devedor deixa de realizar o dever principal de prestação.

Porém, também se deve considerar inadimplemento a violação dos demais deveres oriundos da relação obrigacional, quais sejam, os deveres secundários e os deveres anexos. Como exemplo de dever secundário, que podem ser acessórios ou de prestação autônoma, conforme se caracterizem como providências preparatórias, ou que de qualquer modo tenham por objeto viabilizar a prestação principal, ou ainda que lhe sejam sucedâneos. Assim por exemplo, o dever de promover o transporte da coisa objeto da compra e venda, ou ainda, a de prestar certa garantia contra vícios que tenha sido determinada em contrato.

Os deveres anexos ou laterais são os decorrentes da incidência da boa-fé objetiva, tais como os deveres de cuidado, cooperação e respeito às expectativas legítimas da outra parte; aos deveres de informação e advertência; aos deveres de proteção de cuidado com a pessoa e o patrimônio da contraparte, e eventuais deveres de abstenção a comportamentos lesivos. Em todos estes casos, a violação dos deveres decorrentes da boa-fé não se confunde com a violação dos deveres de prestação. Pode ocorrer de o devedor realizar plenamente o dever de prestação principal, porém violar dever anexo decorrente da boa-fé. Assim, por exemplo, o profissional que tem acesso a certas informações reservadas em razão da prestação de serviços ajustadas com o cliente, tal como o advogado ou o médico, e que viola o sigilo inerente a esta relação, dando causa a dano objeto de indenização. O inadimplemento dos deveres de boa-fé, neste aspecto, tem eficácia própria, independentemente da realização do dever principal de prestação[14].

Por outro lado, observe-se que será a função ocupada pelo dever na estrutura da relação obrigacional que definirá sua natureza como dever principal de prestação, como dever acessório ou como dever anexo ou lateral. Um bom exemplo, a este respeito, é o dever de informar, que se traduz em dever principal quando diga respeito a serviços de consultoria, por exemplo, cuja atividade principal exigida seja justamente o fornecimento de certas informações especializadas. Por outro lado, pode ser dever acessório, quando se trate, por exemplo, do repasse de informações necessárias para a adequada fruição da prestação principal, como

---

[14] Menezes Cordeiro, *Da boa-fé no direito civil* cit., p. 586 e ss; no direito brasileiro, vejam-se as conclusões de Marcos Ehrhardt Jr., *Responsabilidade civil pelo inadimplemento da boa-fé*, Belo Horizonte: Fórum, 2014, p. 153 e ss.

ocorre em relação às informações de instalação ou utilização de uma máquina adquirida por determinada empresa. E pode ser propriamente um dever anexo, decorrente da boa-fé, quando consista na informação sobre riscos relativamente a certo uso ou a características do bem ou da prestação, de modo a bem formar a decisão da outra parte sobre a oportunidade, conveniência e utilidade da contratação.

1.2. Inadimplemento e interesse útil do credor

A concepção dinâmica de obrigação, que resulta na atenção ampla aos interesses legítimos das partes, coloca em relevo, para efeito de caracterização do inadimplemento, a utilidade da prestação para o credor, para o que concorrem distintas condições. Na definição legal de mora, estabelecida pelo Código Civil, é definido que "se considera em mora o devedor que não efetuar o pagamento e o credor que não quiser recebê-lo no tempo, lugar e forma que a lei ou a convenção estabelecer" (art. 394 do Código Civil). Tais critérios, contudo, devem ser compreendidos em vista do que se identifique como sendo o interesse útil do credor na respectiva relação obrigacional. Conforme ensina a melhor doutrina, "deriva da utilidade da coisa ou do ato satisfazer o interesse do credor", de modo que a prestação inútil "é a feita com atraso ou imperfeições tais, que ofendam substancialmente a obrigação, provocando o desaparecimento do interesse do credor, por inutilidade"[15].

Desse modo, pode ocorrer que o descumprimento do prazo originalmente ajustado para a satisfação da prestação possa sacrificar ou não o interesse útil do credor. Exemplo didático bastante difundido é o da contratação de serviços para confecção de um vestido, definindo-se data certa de entrega. Tratando-se de vestido que a adquirente queira para usar no cotidiano, sem uma destinação especial, pode ocorrer que o atraso na entrega não comprometa seu interesse útil na prestação. Neste caso, caracteriza-se a mora, que poderá ser purgada, realizando-se, ainda que em tempo diverso daquele originalmente ajustado, a satisfação do credor. Contudo, se disser respeito a um vestido de noiva, cujo uso se vincula a certa data em que se deva realizar a cerimônia, o atraso na entrega poderá sacrificar o interesse útil do credor, afinal, não há qualquer utilidade em recebê-lo depois do dia indicado para a celebração do casamento.

O mesmo se diga em relação ao lugar da prestação ou a forma de sua execução. O desajuste do comportamento do devedor em relação à prestação devida pode sacrificar ou não o interesse útil do credor. De modo que possa ou não ser, mesmo violado o dever originalmente constituído, realizada a prestação fora do tempo, de modo satisfatório ao interesse do credor, a prestação.

É possível aproximar a noção do interesse útil do credor a de obrigação fundamental, estruturada no *common law*, ou de base do contrato, do direito germânico, reconhecendo como o núcleo de interesses essenciais que justifica objetivamente a existência da obrigação. Isso leva a que o exame sobre o adimplemento ou não da obrigação possa ser feito tomando em vista as circunstâncias negociais e de suas características, desde a perspectiva das partes e do seu reconhecimento pelo próprio ordenamento jurídico. No *common law*, por exemplo, resultará a violação da obrigação fundamental de causa própria de inadimplemento (*fundamental breach of contract*)[16], o que tem influência no direito brasileiro, em especial, a partir do art. 25 da Convenção das Nações Unidas sobre Contratos de Compra e Venda Internacional

---

[15] Ruy Rosado de Aguiar Júnior, *Extinção dos contratos por incumprimento do devedor* cit., 2004, p. 132.

[16] John W. Carter, *Carter's breach of contract*, Oxford: Hart Publishing, 2012, p. 23 e ss; Linda Mulcahy, *Contract Law in Perspective*, Routledge, 2008, p. 202; Francis Dawson, Fundamental Breach of Contract,

de Mercadorias, de 1980, incorporada no direito brasileiro pelo Decreto n. 8.327/2014. Assim, a norma em questão: "A violação ao contrato por uma das partes é considerada como essencial se causar à outra parte prejuízo de tal monta que substancialmente a prive do resultado que poderia esperar do contrato, salvo se a parte infratora não tiver previsto e uma pessoa razoável da mesma condição e nas mesmas circunstâncias não pudesse prever tal resultado".

Por outro lado, o sacrifício do interesse útil do credor distinguirá – conforme se demonstrará adiante – o inadimplemento absoluto (onde há o sacrifício definitivo do interesse) e o inadimplemento relativo (em que a violação dos deveres originários afetam o interesse, porém sem sacrificá-lo). A determinação do atendimento ou não deste interesse útil do credor é fato que se determina e justifica na interpretação da legítima expectativa do credor e função que se reconhece ao contrato, não se definindo exclusivamente a partir de motivos particulares, dissociados da causa da obrigação[17]. Afirma a melhor doutrina que o "o credor não pode recusar a prestação se o que falha é mínimo e não diminui o valor do que se lhe quer entregar, ou se nada se opõe a que receba"[18]. Os parâmetros para avaliação acerca da satisfação ou não do interesse útil do credor se definem em vista das características da obrigação e de padrões objetivos de utilidade e suficiência da prestação, para o que concorrem os usos e a boa-fé.

1.3. Inadimplemento e tutela da confiança

Tomado o adimplemento contratual como finalidade precípua das obrigações, o direito se projeta não apenas em relação ao conteúdo expresso do título da obrigação ou da lei para a delimitação da prestação devida, mas também de comportamentos das partes, em diferentes momentos da relação obrigacional (antes de sua constituição, durante a execução, ou após). Isso para efeito de tutela das expectativas legítimas das partes no cumprimento, ou para imputação de responsabilidade no caso de sua violação.

Chama-se a atenção do direito para a necessidade de tutela de situações da realidade que, a par das formalidades e modos típicos de constituição das obrigações, certas atuações na vida negocial e sua repercussão nas várias formas de interação social geram situações de confiança. É corrente que os modelos de cooperação social, em que indivíduos em geral buscam realizar objetivos comuns ou paralelos, nem sempre seguem as fórmulas legais estritas. Antes mesmo que se constitua, formal ou explicitamente, uma relação obrigacional, já há cooperação entre os indivíduos, sob a forma de comportamentos diversos, o que provoca a atenção do direito para assegurar certo grau de confiabilidade desta atuação. Por esta razão, a tutela da confiança nas relações jurídicas assume o caráter de um imperativo ético-jurídico, porém com função de promoção e desenvolvimento do tráfico jurídico e das relações negociais[19]. Sua eficácia projeta-se, objetivamente, tanto na proteção de expectativas e tutela da aparência, pretensões de cumprimento, e imputação de responsabilidade no caso de violação, e consequente dever de indenizar.

Neste particular, não há incompatibilidade entre a tutela da confiança e do tratamento dogmático que se define à boa-fé, seja em direito comparado ou no direito brasileiro. A tutela da confiança é abrangente da boa-fé e dos efeitos que ela projeta sobre a relação obrigacional.

Law Quarterly Review, 91, 1975, p. 380-405; Ruth Sefton-Green, *La notion de d'obligation fundamentale: comparaison franco-anglaise*, Paris: LGDJ, 2000, p. 261.

[17] Mário Júlio de Almeida Costa, *Direito das obrigações* cit., p. 984.

[18] Pontes de Miranda, *Tratado de direito privado* cit., t. XXVI, p. 61.

[19] Claus Wilhelm Canaris, *Die Vertrauenshaftung im deutschen Privatrecht*, München: C.H. Beck, 1981, p. 266 e ss.

Capítulo 7 · INADIMPLEMENTO DAS OBRIGAÇÕES | 265

Mas nela não se esgota, reconhecida também, especialmente em outros sistemas – devendo sê--lo também no direito brasileiro, por força do art. 187 do Código Civil – a eficácia da proteção aos bons costumes, como "sentido geral de decência", ou "cláusula de salvaguarda do mínimo ético-jurídico reclamado pelo direito e exigível de todos os membros da comunidade"[20]. Atuam com a função de limites gerais à liberdade de ação – uma dimensão geral – distinta da boa-fé, que atua em uma dimensão relacional, intersubjetiva, compreendendo os interesses concretos dos indivíduos em determinada relação jurídica[21].

Os modelos legislativos de como promover a tutela da confiança variam entre os vários sistemas jurídicos. No direito alemão, de onde se origina a concepção contemporânea da boa-fé que informa a relação obrigacional, a reforma do direito das obrigações de 2002 introduziu uma noção compreensiva de direito da *perturbação das prestações* (*Recht der Leistungstörungen*)[22] sistematizando institutos dogmaticamente diversos afetos à impossibilidade da prestação e consequente inadimplemento[23]. Concentra-se na violação do dever que, tanto pode ser aquele objeto da convenção, quanto dever legal, ou os deveres de conduta originários da boa-fé. No direito brasileiro, a centralidade assumida pelos princípios, tais como o da boa-fé (art. 422 do Código Civil), secundado também pela função social do contrato (art. 421 do Código Civil) – este, porém, sem que seu conteúdo substantivo tenha sido afirmado de modo sistemático pela jurisprudência e ora delimitado pelo princípio da intervenção mínima[24] – é relevante, porém exige sua aplicação em acordo com as posições jurídicas sobre as quais devam incidir. Ao lado da força dos princípios em si, há normas que definem uma disciplina concreta para o inadimplemento, exigindo a interpretação e aplicação coordenadas das regras da parte geral das obrigações (art. 389 e seguintes do Código Civil), e as que se relacionem mediatamente ou imediatamente a situações de inadimplemento em relação aos contratos, tais como algumas relativas a sua extinção (por exemplo, arts. 473, parágrafo único, e 474 a 480 do Código Civil) e mesmo, da responsabilidade civil (em especial as regras sobre indenização, art. 944 e ss.). Expressam também um modelo de tutela da confiança, que sob o influxo da interpretação influenciada por doutrina e jurisprudência devem resultar na proteção de expectativas legítimas em acordo com o imperativo ético-jurídico, também com a finalidade de promoção e desenvolvimento das relações negociais, em vista de sua utilidade para o desenvolvimento econômico e social.

1.4. Inadimplemento e impossibilidade de realização da prestação devida

A constituição da obrigação implica distribuição dos riscos não apenas em relação ao comportamento das partes, mas também à própria possibilidade de realização futura

---

[20] Manuel António de Castro Portugal Carneiro da Frada, *Teoria da confiança e responsabilidade civil,* Coimbra: Almedina, 2004, p. 844-845.

[21] Já se propôs a distinção na exegese do art. 187 do Código Civil, conforme se vê em: Bruno Miragem, *Abuso do direito,* 2. ed., São Paulo: RT, 2013, p. 160.

[22] A origem doutrinária da expressão Recht der Leistungstörungen reputa-se à obra de Heinrich Stoll, *Die Lehre von den Leistungstörungen:* Denkschrift des Ausschusses für Personen, Vereins und Schuldrecht, Tübingen: Mohr, 1936. Para a distinção entre as várias situações de perturbação das prestações e o inadimplemento, veja-se Ulrich Huber, *Handbuch des Schuldrechts,* Band I. Leistungsstörungen, Tübingen: Mohr Siebeck, 1999, p. 2 e ss.

[23] A tradução da expressão em língua portuguesa deve-se a Menezes Cordeiro, *Tratado de direito civil português* cit., II, t. IV, p. 111-112.

[24] O parágrafo único do art. 421 do Código Civil, introduzido pela Lei 13.874/2019, dispõe que: "Nas relações contratuais privadas, prevalecerão o princípio da intervenção mínima e a excepcionalidade da revisão contratual".

da prestação devida. Pode ocorrer, desse modo, de no momento definido para realização da prestação se caracterize a impossibilidade de que seja cumprida. Trata-se esta hipótese, para efeito de caracterizar-se o inadimplemento, de impossibilidade superveniente, ou seja, cujo fato que torna impossível o cumprimento surge após a constituição da obrigação. Isso porque se a impossibilidade é contemporânea à constituição da obrigação, não se cogitará de inadimplemento, mas de defeito que a impede de se formar validamente, como é o caso da nulidade do negócio jurídico por impossibilidade do objeto (art. 166, II, do Código Civil).

A impossibilidade de realização da prestação devida pode ser imputável ou não ao devedor. Quando for imputável, deflagra o efeito de sua responsabilidade pelo inadimplemento. Responde o devedor nos termos do art. 389 do Código Civil. Todavia, não sendo a impossibilidade imputável ao devedor, não há responsabilidade, sendo consequência natural a resolução, como modo de extinção da obrigação (a impossibilidade "sem culpa do devedor", dos arts. 234, 248 e 250).

Diferenciam-se também a impossibilidade subjetiva e objetiva, conforme o que torne impossível a realização da prestação devida sejam circunstâncias pessoais do devedor ou do credor, ou causa estranha a eles, tais como a que resulta de fato natural, ou de um impedimento de ordem jurídica.

Porém, distinguem-se a impossibilidade definitiva e a impossibilidade temporária. A primeira caracteriza um obstáculo à realização da prestação que não deve desaparecer ou se atenuar com a fluência do tempo. A segunda circunscreve a impossibilidade a certo período, indicando que a prestação devida ainda poderá ser realizada, ainda que não no prazo que tenha sido originalmente previsto.

A impossibilidade pode ser absoluta e relativa. Apenas a impossibilidade absoluta extingue a obrigação e libera o devedor, não a impossibilidade relativa, que se traduz como espécie de dificuldade ou onerosidade da prestação. Neste caso, o devedor ainda permanece vinculado ao dever de realizar a prestação, mesmo que em vista dos deveres de boa-fé e da proteção da equivalência material das prestações, em certas situações o próprio credor possa vir a responder, quando se tratar de impossibilidade causada por fato a ele imputável[25]. Por outro lado, a exigibilidade da prestação devida, pelas mesmas razões, poderá ser confirmada, onerando-se o credor, se a distribuição dos riscos originariamente definida pelos contratantes, no exercício de sua autonomia privada, permite inferir que se trata de risco que foi assumido no momento da constituição da obrigação. Neste caso, não viola a boa-fé a exigibilidade da prestação devida, independentemente do sacrifício do devedor. Em outras situações, contudo, percebe-se tendência de, em acordo com a boa-fé, o devedor poder recusar a realização da prestação, quando isso requeira um esforço desproporcional em vista do interesse do credor. Trata-se de uma impossibilidade prática, ou seja: realizar a prestação ainda é possível, porém não é razoável, em vista do esforço a ser despendido pelo devedor, que será, muitas vezes, maior do que a própria utilidade da prestação. Trata-se de hipótese que foi positivada no § 275, 2 do Código Civil alemão (BGB), a partir da reforma de 2002, sob a forma de cláusula geral, a demandar preenchimento em vista das circunstâncias de cada caso[26]. Refere a regra, ao tratar das hipóteses de exclusão do dever de pagamento, que o devedor pode se recusar a realizar a prestação se, tendo em conta seu conteúdo e as exigências de boa-fé, os esforços para cumprimento sejam manifestamente desproporcionais ao interesse no cumprimento.

---

[25] Mário Júlio de Almeida Costa, *Direito das obrigações* cit., p. 1003.

[26] Menezes Cordeiro, *Tratado de direito civil português* cit., II, t. IV, p. 174-175.

Pondera, contudo, que no exame sobre a razoabilidade dos esforços exigíveis do devedor, terá de ser levado em conta se ele próprio foi quem deu causa aos obstáculos ao cumprimento.

No direito brasileiro, contudo, a situação resultará da incidência da boa-fé. Assim, por exemplo, no caso de obrigações duradouras ou muitas vezes associadas a um sistema contratual, em que o agravamento expressivo da situação do devedor por fato que não lhe seja diretamente imputável, nem se insira nos riscos que assumiu, pode justificar a adaptação da prestação, de modo a evitar os efeitos da ruína não apenas entre as partes, mas para todo o sistema contratual (a exceção da ruína)[27].

A impossibilidade temporária, de sua vez, pode ser imputável ou não às partes. A impossibilidade temporária que seja imputável ao devedor, como geralmente ocorre, ou mesmo ao credor, caracteriza a mora, ou inadimplemento relativo. Todavia, pode ocorrer de a impossibilidade temporária, que atrasa a satisfação da prestação devida, não ser imputável às partes. Em especial, porque lhe tenha dado causa um fato estranho aos sujeitos da relação obrigacional, cujo risco não foi por eles expressamente assumido. Define o art. 393 do Código Civil, que "o devedor não responde pelos prejuízos resultantes de caso fortuito ou força maior, se expressamente não se houver por eles responsabilizado". Os efeitos da impossibilidade temporária imputável serão os da mora. Já os da impossibilidade temporária não imputável, quando impliquem prejuízo do interesse do credor, fazem nascer para ele o direito de resolução.

2. CLASSIFICAÇÃO DAS ESPÉCIES DE INADIMPLEMENTO

O modo como se classifiquem as espécies de inadimplemento é variado na doutrina, conforme os critérios diversos que se utilizem para análise do fenômeno. É possível se referir ao inadimplemento total ou parcial, partindo-se do critério se a prestação foi realizada no todo ou em parte; ou ainda no inadimplemento subjetivo e objetivo, para a hipótese de ser motivada por comportamento voluntário ou culposo do devedor (por exemplo, a hipótese da recusa voluntária de cumprimento da prestação devida), ou dispense o elemento subjetivo da conduta para sua caracterização (como ocorre nas obrigações de resultado).

Para efeitos de clareza da exposição concentra-se no exame das duas espécies tradicionais de inadimplemento, absoluto e relativo, dentro das quais se promovem as discussões sobre as demais características do inadimplemento. Em seguida, merecerá atenção a situação de inadimplemento específico dos deveres anexos ou laterais originários da boa-fé, mesmo quando haja violação do dever principal de prestação, sistematizados sob a forma de violação positiva do crédito.

2.1. Inadimplemento absoluto

Caracteriza o inadimplemento absoluto a não realização da prestação devida em acordo com as condições definidas como objeto da obrigação, de modo que não mais seja possível realizá-la de modo útil ao credor. A melhor doutrina identifica o inadimplemento absoluto com sua característica mais destacada, que é o caráter definitivo em relação à impossibilidade de cumprimento. Ou porque "a prestação não puder ser mais efetuada (impossibilidade) ou exigida (modificação superveniente das circunstâncias), ou sendo possível e exigível, não tiver

---

[27] STJ, REsp 1479420/SP, Rel. Min. Ricardo Villas Bôas Cueva, 3ª Turma, j. 1º-9-2015, *DJe* 11-9-2015; STJ, AgRg no AREsp 558.918/SP, Rel. Min. Ricardo Villas Bôas Cueva, 3ª Turma, j. 15-10-2015, *DJe* 22-10-2015; STJ, REsp 1558456/SP, Rel. Min. Marco Buzzi, 4ª Turma, j. 15-9-2016, *DJe* 22-9-2016.

mais utilidade para o credor"[28]. Ou em outros termos, quando a prestação se tornou objetivamente impossível; a prestação tenha se tornado inexigível em razão das circunstâncias; ou a prestação não seja mais capaz de satisfazer os interesses objetivos do credor[29].

A impossibilidade definitiva de realização da prestação devida assume este caráter pelo sacrifício do interesse útil do credor. Este sacrifício resulta de que não há mais condições objetivas, fáticas ou jurídicas para seu cumprimento, ou porque, mesmo que existam, a prestação não satisfaz mais o interesse útil do credor. Reitere-se, contudo, o que já se afirmou no tocante ao interesse útil do credor. O exame da possibilidade ou não da satisfação deste interesse útil do credor se dá objetivamente. Não se circunscreve aos motivos ou intenções do credor, exigindo a demonstração concreta e razoável de que a prestação, realizada de modo diverso do que consta no objeto da obrigação, não mais representa uma vantagem para o credor, o que é a razão para que não seja mais possível realizar a prestação. Ou seja, o que faz o inadimplemento ser absoluto não é, isoladamente, o fato de que houve o atraso do cumprimento, ou porque se prestou de forma diversa do que constava originalmente como prestação devida. O que torna o inadimplemento absoluto é sua repercussão perante o interesse útil do credor na prestação devida. Porque o devedor não cumpriu nos termos originalmente ajustados, a prestação deixa de interessar ao credor.

Porque não pode mais realizar a prestação devida, com a satisfação do interesse útil do credor, responde o devedor pelos efeitos do inadimplemento (art. 389 do Código Civil). Se não tiver havido prestação do credor, a responsabilidade do devedor resulta de obrigação de indenizar as perdas e danos em decorrência do inadimplemento. Se, no caso, já tiver havido prestação do credor, responde também o devedor pelo equivalente – além de indenizar, tem que devolver o que já recebeu. Pode, igualmente, se tiver sido convencionado pelas partes, realizar prestação decorrente de cláusula penal, que é espécie de obrigação acessória cujos efeitos são deflagrados pelo inadimplemento. Também responde pelos juros incidentes e atualização monetária, até que venha a pagar as parcelas devidas, assim como os honorários advocatícios, e demais ônus sucumbenciais que forem gerados, caso credor tenha de exercer judicialmente a pretensão que resulte do inadimplemento.

2.1.1. *Inadimplemento absoluto e responsabilidade por danos decorrentes de ato ilícito absoluto*

A disciplina do inadimplemento das obrigações, conforme já foi referido, tem aplicação geral, tanto para situações que envolvam obrigações constituídas por negócio jurídico – como é o caso, especialmente, dos contratos, e consequente responsabilidade contratual – como também das decorrentes de atos ilícitos. Estas últimas são comumente examinadas sob a exclusive indicação de "responsabilidade civil", "responsabilidade civil em sentido estrito" ou ainda "responsabilidade civil por atos ilícitos". Apenas responsabilidade civil é a opção, embora abrangente, adotada nesta obra[30]. Responsabilidade "em sentido estrito" é terminologia que adota boa doutrina[31]. Já "por atos ilícitos" é terminologia também utilizada, porém com cada vez menor frequência, considerando sua insuficiência diante de hipóteses em que a responsabilidade será imputada com frequência em situações nas quais os danos indenizáveis não

---

[28] Ruy Rosado de Aguiar Júnior, *Extinção dos contratos por incumprimento do devedor* cit., 2004, p. 94-95.

[29] Jorge Cesa Ferreira da Silva, *Adimplemento e extinção das obrigações* cit., p. 36.

[30] Assim também em Bruno Miragem, *Responsabilidade civil.* 2ª ed. São Paulo: Forense, 2021, p. 3 e ss.

[31] Fernando Noronha, *Direito das obrigações* cit., p. 451.

Capítulo 7 · INADIMPLEMENTO DAS OBRIGAÇÕES | 269

tenham como causa, necessariamente, atos ilícitos absolutos, nem resultem da violação de deveres decorrentes de obrigações negociais (em especial, dos contratos).

O inadimplemento absoluto é termo utilizado com maior frequência para referir-se ao descumprimento do dever de realizar a prestação devida pelo devedor, com sacrifício do interesse útil do credor, tornando impossível o posterior cumprimento. A própria legislação não observa o uso da terminologia com o mesmo rigor. Isso demonstra a regra do art. 398, do Código Civil, de grande relevância prática para indicar a extensão da responsabilidade do devedor. Estabelece a norma que "Nas obrigações provenientes de ato ilícito, considera-se o devedor em mora, desde que o praticou". Não pode haver confusão aqui entre o inadimplemento – no caso da norma o inadimplemento relativo, a mora – e a contrariedade a direito que caracteriza o ilícito absoluto, de onde resultem danos injustos a que o direito assegura a reparação. Daí por que, embora a norma refira-se à mora, e haja situações em que a indenização – prestação típica do ilícito que causa danos – possa recompor o patrimônio da vítima[32], em inúmeras hipóteses não se tratará de recomposição, mas mera compensação, como ocorre no caso de danos extrapatrimoniais. A utilidade do art. 398, todavia, é evidente no que diz respeito ao marco inicial dos juros nas indenizações por danos decorrentes de atos ilícitos, assim como outros danos injustos não associados ao inadimplemento de obrigações negociais (contratuais). Se desde a prática do ato, é considerado "em mora", significa que deverá responder pelos juros incidentes da indenização desde então. Ou seja, os juros contam desde a data do evento danoso[33]. Aliás, é este o entendimento afirmado pelo STJ, conforme refere sua Súmula 54: "Os juros moratórios fluem a partir do evento danoso, em caso de responsabilidade extracontratual".

2.1.2. Inadimplemento de obrigações positivas e de obrigações negativas

O inadimplemento de obrigações positivas, que são as que o devedor se obriga a realizar prestação de coisa (entregar ou tornar disponível a coisa ou dinheiro ao credor), ou de fazer (que implica determinado comportamento ativo do devedor, tal como ocorre com aquele que contrata a prestação de um serviço), se dá quando o devedor não realiza o comportamento devido. Pode ser absoluto, se sacrificar, com o descumprimento, o interesse útil do credor; ou relativo, quando seja possível ainda realizar a prestação com aproveitamento do credor.

Já nas obrigações negativas, que são aquelas nas quais o devedor se obriga a determinada abstenção, o inadimplemento se dá desde o momento em que executou o ato em relação ao qual tinha a obrigação de se abster. Dispõe o art. 390 do Código Civil: "Nas obrigações negativas o devedor é havido por inadimplente desde o dia em que executou o ato de que se devia abster". Por rigor lógico, não há possibilidade de retardamento ou qualquer outra variante em relação às obrigações negativas[34]. Se o devedor realiza o ato do qual deveria se abster, há inadimplemento. Todavia, não se confunda o caráter instantâneo do inadimplemento, reputando-lhe como definitivo. Pode ocorrer, nas obrigações negativas, que a prática, pelo devedor, do ato do qual deveria se abster, implique sacrifício dos interesses do devedor. Caracteriza-se, assim, o inadimplemento absoluto. Porém, nada impede que o ato em si, ou suas consequências, possam ser revertidos. Ou seja, que seus efeitos sejam passíveis de mi-

---

[32] Pontes de Miranda, *Tratado de direito privado* cit., t. XXIII, p. 204.

[33] STJ, AgRg no AREsp 486.514/SP, Rel. Min. Sidnei Beneti, 3ª Turma, j. 24-4-2014, *DJe* 16-5-2014; AgRg no REsp 1.209.123/SP, Rel. Min. Luis Felipe Salomão, 4ª Turma, j. 18-2-2014, *DJe* 12-3-2014.

[34] Agostinho Alvim, *Da inexecução das obrigações e suas consequências*, 4. ed., São Paulo: Saraiva, 1972, p. 133.

270 | DIREITO DAS OBRIGAÇÕES – *Bruno Miragem*

tigação ou mesmo reversão pelo comportamento do próprio devedor, de modo espontâneo ou mediante constrangimento judicial[35]. Situação na qual se deve admitir a caracterização da mora, e a pretensão do credor para que o ato ou seu resultado concreto seja desfeito, ou cesse seus efeitos, conforme o caso. Isso, a par das demais sanções do inadimplemento, tais como a indenização dos prejuízos sofridos. Havendo possibilidade fática de ser elidido o efeito do inadimplemento, o devedor pode purgar a mora, voltando a se abster de praticar o ato[36].

2.1.3. Distinção entre contratos benéficos e onerosos em relação à responsabilidade do devedor por inadimplemento

Há regras especiais quanto à imputabilidade do inadimplemento em relação aos contratos benéficos. Consideram-se contratos benéficos – também denominados gratuitos – aqueles em que apenas um dos contratantes se vincula à realização de determinada prestação, de modo que o outro cocontratante dela aproveita, sem que tenha de oferecer contraprestação. Opõem-se aos contratos onerosos, no qual para fazer jus a determinada prestação, deve contraprestar, comprometendo-se com certo comportamento em favor do interesse da outra parte. São exemplos de contratos benéficos: a doação pura, ou o comodato, por exemplo. O ordenamento jurídico define regras especiais para os contratos benéficos, mais favoráveis à parte que realiza a prestação, o que se justifica ao reconhecer o esforço daquele que age com liberalidade ao oferecer a prestação à outra parte que apenas dela aproveita.

Nestes termos deve ser interpretado o art. 392 do Código Civil, ao definir que "nos contratos benéficos, responde por simples culpa o contratante, a quem o contrato aproveite, e por dolo aquele a quem não favoreça. Nos contratos onerosos, responde cada uma das partes por culpa, salvo as exceções previstas em lei". A regra geral é de que a imputação de responsabilidade pelo inadimplemento se dá por culpa do devedor, ainda que se admitam situações de inadimplemento imputável mesmo ausente a culpa. Todavia, nos contratos benéficos, aquele que realiza a prestação, sem fazer jus à contraprestação, responderá, não por culpa, mas apenas por dolo. Ou seja, se celebrou o contrato e dolosamente se recusa a cumpri-lo. Já o contratante que aproveita o benefício e não se obriga à contraprestação, permanece respondendo por culpa ou dolo. A jurisprudência, neste aspecto, equipara em certas situações, o dolo à culpa grave, como é o caso da responsabilidade do transportador, no caso de transporte desinteressado, em que a Súmula 145 do STJ refere: "No transporte desinteressado, de simples cortesia, o transportador só será civilmente responsável por danos causados ao transportado quando incorrer em dolo ou culpa grave".

Nos contratos onerosos, a imputação de responsabilidade pelo inadimplemento segue a regra geral da culpa. Desonera-se da responsabilidade o devedor inadimplente, se provar a ocorrência de caso fortuito ou força maior, e que não tenha expressamente se responsabilizado por eles (art. 393, *caput*).

Não se perde de vista que, tanto nos contratos onerosos, quanto nos contratos benéficos, há de se considerar a incidência da tutela da confiança, de modo que, conforme a situação, baseando-se a relação entre os contratantes em vínculo de lealdade e confiança recíprocas, o comportamento que viole os deveres decorrentes da boa-fé poderão caracterizar o inadimplemento imputável, independentemente de culpa.

---

[35] STJ, REsp 351.474/SP, Rel. Min. Humberto Gomes de Barros, 3ª Turma, j. 23-3-2004, *DJ* 19-4-2004.

[36] Pontes de Miranda, *Tratado de direito privado* cit., t. XXII, p. 192.

2.2. Inadimplemento relativo (mora)

O inadimplemento relativo resulta da situação em que o devedor não realizou prestação devida nos termos em que definida na obrigação; porém pode ainda realizá-la, satisfazendo o interesse útil do credor, hipótese em que responde pelos efeitos do descumprimento até que a efetue. Trata-se de hipótese de inadimplemento não definitivo, que se caracteriza pela não realização da prestação no tempo, lugar e modo devidos, embora o cumprimento permaneça sendo possível, exigível e hábil a satisfazer o interesse útil do credor[37].

O inadimplemento relativo costuma-se denominar – a também a lei o faz – como mora. Sua definição, segundo ampla doutrina, caracteriza-se pelo retardamento da realização da prestação devida[38]. A noção, contudo, é incompleta, uma vez que se deve qualificar como mora também a realização da prestação em modo ou lugar diverso do definido originalmente. Ou ainda, se for considerado que a realização da prestação devida pode ser obstaculizada não apenas pelo retardamento imputável ao devedor, senão também pela conduta do credor, como será a o caso em que ele se recusa ou não manda receber a prestação. O devedor tem não apenas o dever de pagar, mas interesse no pagamento, para obter a extinção da obrigação e sua liberação. Desse modo, pode-se chegar à conclusão de que caracteriza inadimplemento relativo – ou mora – portanto, tanto o comportamento imputável do devedor, quanto do credor, que impliquem a não realização da prestação devida, a qual, entretanto, permanece possível, exigível e apta a satisfazer o interesse útil do credor.

Encontram-se disciplinadas, no Código Civil, as hipóteses de mora do devedor e mora do credor. O art. 394 do Código Civil, seguindo tradição do direito brasileiro[39], optou pela compreensão unitária da mora, em acordo com os interesses do credor e do devedor. Possuem, a mora do devedor e a mora do credor, elementos comuns. Inicialmente, observe-se que a eficácia liberatória, natural ao adimplemento, não se opera no momento devido. Da mesma forma, independentemente de se tratar de mora do devedor ou do credor, traço comum é que não houve, ainda, o sacrifício do interesse do credor na prestação. Admite-se, portanto, a possibilidade de purgação da mora, e realização da prestação, nos termos ajustados no objeto da obrigação.

Examinam-se, a seguir, as características essenciais das situações que representam a mora do devedor e a mora do credor.

2.2.1. Mora do devedor

A mora do devedor caracteriza-se pela não realização da prestação devida por fato ou omissão que lhe seja imputável. Nos termos do art. 394, "considera-se em mora o devedor que não efetuar o pagamento e o credor que não quiser recebê-lo no tempo, lugar e forma que a lei ou a convenção estabelecer". Conforme já foi mencionado, caracteriza a mora o fato de a prestação devida não ter sido realizada no tempo, lugar e modo devidos, preservando-se, todavia, a possibilidade de sê-lo posteriormente, em proveito do interesse do credor.

O primeiro requisito para constituição do devedor em mora é que a impossibilidade de realização da prestação devida lhe seja imputável. A imputabilidade, como regra, é presumida, de modo que, uma vez não tendo sido realizada a prestação, presume-se que a razão

---

[37] Ruy Rosado de Aguiar Júnior, *Extinção dos contratos por incumprimento do devedor* cit., 2004, p. 95.

[38] Serpa Lopes, *Curso de direito civil* cit., v. II, p. 353.

[39] Assim também constava no n. 1.070 do Esboço de Teixeira de Freitas: "Ficará constituído em mora o devedor, que não fizer o pagamento, e o devedor que não quiser receber, em tempo oportuno". Teixeira de Freitas, *Código Civil*. Esboço cit., I, p. 253.

impeditiva de sua realização seja imputável ao devedor. É da tradição do direito brasileiro[40]. A rigor, a imputabilidade decorre da culpa, presumindo-se que o devedor não foi diligente o bastante para preservar e/ou realizar a prestação. Também será imputável o inadimplemento quando há recusa voluntária ao cumprimento, assim como nas situações em que decorra de disposição legal expressa (assim, por exemplo, o caso da responsabilidade por vícios do produto e do serviço dos arts. 18 e 20 do CDC, que independem de culpa do devedor). No caso da imputação culposa, trata-se de uma presunção relativa (*juris tantum*), que surge do descumprimento. Para desonerar-se da responsabilidade decorrente da mora, o devedor precisa demonstrar que o inadimplemento se deu por causa que lhe é estranha, como o caso fortuito e a força maior (art. 393 do Código Civil).

O segundo requisito da mora é a exigibilidade imediata da prestação. Salvo a hipótese estrita em que se admite o inadimplemento antecipado, para que se caracterize o inadimplemento, necessariamente, a prestação deve ser exigível, ou seja, estar em condições de ser realizada pelo devedor e, caso não o seja, objeto de pretensão do credor. Deve ser prestação certa, líquida e que já possa ser pretendida pelo credor. Não há mora, portanto, se ainda não venceu o prazo em benefício do devedor, dentro do qual está definido que pode cumprir (por exemplo, as dívidas que poderão ser pagas até certa data de vencimento).

A mora do devedor se extingue quando ele, mesmo em desconformidade ao objeto original da obrigação, realiza a prestação posteriormente, com a satisfação do credor, bem como responde pelos efeitos do inadimplemento até o momento do cumprimento. Ou, ao contrário, deixa de haver mora porque, em razão do tempo decorrido ou das características da prestação e sua finalidade presumida para o credor, ela se tornou inútil, não podendo mais satisfazer objetivamente o interesse do credor. Retornando ao exemplo do vestido de noiva, se ajustada a entrega pelo estilista que se comprometeu a confeccioná-lo, cinco dias antes da cerimônia religiosa, não cumprido o prazo, é possível presumir que ainda será possível cumprir, satisfazendo o interesse útil do credor, e respondendo pelas consequências da mora, até a data da cerimônia. Se fez a entrega poucos minutos antes da cerimônia, ou em data posterior, não há mais mora, mas sim inadimplemento absoluto, pois reputa-se não ser mais possível a satisfação do interesse útil do credor. Neste caso, incide o parágrafo único do art. 395, do Código Civil: "se a prestação, devido à mora, se tornar inútil ao credor, este poderá enjeitá-la, e exigir a satisfação das perdas e danos". Neste caso, o credor pode enjeitar a coisa e resolver o contrato. Embora sempre se tenha em consideração que a aptidão da prestação para satisfazer os interesses do credor é avaliada segundo critérios objetivos[41], se diz inutilidade subjetiva, porque é inutilidade da prestação especificamente para o credor[42]. Voltando ao exemplo didático, ainda se tem um vestido de noiva que pode ser usado em cerimônia religiosa de certo casamento, mas não mais atende ao interesse do credor que pretendia fosse utilizado em determinada cerimônia na qual não será mais possível.

Observe-se que as normas do Código Civil sobre a mora têm natureza dispositiva. Desse modo, podem as partes convencionar que, mesmo não se tratando de fato imputável – como

---

[40] O art. 885 do Esboço de Teixeira de Freitas, assim definia: "Todo o devedor constituído em mora tem contra a presunção de estar em falta, até que prove o contrário; isto é, até que prove não ter sido omisso na diligência que lhe incumbia empregar, ou que não cumprira a obrigação por motivo de caso fortuito" (Teixeira de Freitas, *Código Civil.* Esboço cit., I, p. 209).

[41] Ruy Rosado de Aguiar Júnior, *Extinção dos contratos por incumprimento do devedor* cit., 2004, p. 132; à luz do direito português, no qual o art. 808, 2, do Código Civil expressamente consigna que "a perda do interesse na prestação é apreciada objectivamente", veja-se Mário Júlio de Almeida Costa, *Direito das obrigações* cit., p. 984.

[42] Agostinho Alvim, *Da inexecução das obrigações e suas consequências* cit., p. 54.

Capítulo 7 · INADIMPLEMENTO DAS OBRIGAÇÕES | **273**

é o caso do inadimplemento que resulte de caso fortuito ou força maior que impossibilite a realização da prestação –, o devedor assume a responsabilidade pelo inadimplemento (art. 393, *caput*, *in fine*). E da mesma forma, em sentido diverso, podem estipular, quando ausente limitação de ordem pública ao exercício da autonomia privada, que certas consequências do inadimplemento não serão de responsabilidade do devedor, ou ainda, que este responderá até determinado limite – caso da estipulação convencional de cláusulas que limitem ou exonerem o dever de indenizar as perdas e danos. Pode ainda fazer cessar a mora o acordo do devedor com o credor, que altere o vencimento da obrigação para mais tarde, colocando termo à situação de mora para o futuro, ou ainda com efeitos retroativos, de modo a descaracterizar a mora já ocorrida até a convenção[43].

Outras hipóteses que levam à extinção da mora do devedor decorrem da própria purgação da mora, hipótese em que ele oferece a prestação ao credor, mais a importância dos prejuízos decorrentes do atraso (art. 401, I, do Código Civil), ou ainda a inversão da mora, quando o devedor inadimplente tenha oferecido a prestação ainda útil para o credor, porém este se recusa injustificadamente a recebê-la, caracterizando a partir de então a mora do credor.

2.2.1.1. Constituição em mora (mora *ex re* e mora *ex persona*)

A situação de mora do devedor pode se dar de distintos modos, em acordo como estiver definida a prestação devida na obrigação. Trata-se a mora, conforme a melhor doutrina, de um estado de contrariedade a direito[44], decorrente da violação de dever jurídico de prestação. São reconhecidos, neste sentido, dois modos de constituição do devedor em mora. No primeiro deles, denominado mora *ex re*, a constituição do devedor como inadimplente se dá sem a necessidade de qualquer ato por parte do credor. É definido, em geral, pelo simples advento do termo que torna exigível a dívida, sem que tenha havido o adimplemento pelo devedor. Pode o devedor pagar até o termo, que é *dies a quo* da mora, no caso de não ser até este instante realizada a prestação. Já a mora *ex persona* dependerá de interpelação do devedor, ou seja, ele apenas será considerado inadimplente após ter sido interpelado pelo credor.

a) Mora ex re

O art. 397, *caput*, do Código Civil estabelece: "O inadimplemento da obrigação, positiva e líquida, no seu termo, constitui de pleno direito em mora o devedor". O tempo interpela em lugar do homem (*dies interpellat pro homine*), é regra que marca a tradição do direito, desde os glosadores[45]. O fundamento da regra resulta do fato de que o prazo para cumprimento é definido em comum pelas partes, e consta de termo que se presume conhecido do devedor, já predefinindo o tempo em que a prestação deve ser realizada e recebida. Nesse sentido, sustenta-se a necessidade de que o termo seja de conhecimento do devedor, como condição para que eventual inadimplemento lhe possa ser imputável. Não desnatura, todavia, a presunção de conhecimento, uma vez que tenha participado no momento de constituição da obrigação onde este termo foi definido expressamente.

Para que se dê a mora *ex re*, a obrigação deve ser positiva, líquida e submetida a termo. Termo é o evento futuro e certo que subordina a eficácia jurídica da obrigação, no caso, a data em que determinada prestação deve ser realizada e passa a ser exigível. São positivas, de

---

[43] Mário Júlio de Almeida Costa, *Direito das obrigações* cit., p. 985.

[44] Pontes de Miranda, *Tratado de direito privado* cit., t. XXIII, p. 257.

[45] Ainda que não isento de avaliação crítica, conforme observa Jules Anspach, *De l'adage dies interpelat pro homine; ou de la mise en demeure du débiteur dans les obligations a terme en droit romain*, Bruxelles: Librairie Polytechnique D'Aug Decq, 1853, p. 15 e ss.

sua vez, as obrigações que implicam um comportamento ativo do devedor, de dar ou fazer (em contraposição às obrigações negativas, que compreendem uma abstenção). Já líquidas são as obrigações em que há certeza quanto à existência da dívida e seu exato conteúdo, seja determinado montante ou a prestação específica que deve ser realizada pelo devedor.

Por outro lado, sendo definido que a prestação deva ser realizada no domicílio do devedor (dívida *quérable*), sua constituição em mora dependerá de saber se o credor foi ou mandou receber a prestação neste lugar. A omissão do credor, neste aspecto, em ir ou mandar receber, impede a constituição do devedor em mora, mesmo quando se tenha termo para o pagamento. Se a dívida é de ir buscar (dívida *quérable*), o credor vai ao domicílio do devedor receber, não interpelar[46]. Nesta hipótese, se deve presumir a oferta da prestação, a cujo inadimplemento não é o devedor quem dá causa. Da mesma forma, pode ocorrer de a execução da prestação, embora subordinada a termo, depende não apenas da oferta pelo devedor, mas também da adoção de certas providências pelo credor para receber. Assim, por exemplo, a entrega da coisa objeto de compra e venda, no domicílio do credor, que dependerá de estar o credor ou quem o represente para recebê-la. Também a transmissão de bem imóvel, que para escritura e registro dependerá não apenas que o devedor, mas também o credor apresente a documentação exigida ou compareça pessoalmente. É a precisão destas circunstâncias de cumprimento da prestação que também definirão em que termos deverá ser constituído em mora o devedor.

b) Mora ex persona

A mora *ex persona* é a situação de inadimplemento relativo do devedor na qual, dada a inexistência de termo certo definido na obrigação para a realização da prestação devida, constitui-se mediante interpelação promovida pelo credor. A interpelação do devedor, pelo credor, é ato jurídico *stricto sensu*, para o qual se exige a manifestação de vontade. Contudo, seus efeitos são os que resultam da lei. Nesses termos, a interpelação feita por incapaz pode ser invalidada, mas é eficaz se demonstra que foi conhecida do devedor. O art. 397, parágrafo único, do Código Civil, estabelece: "não havendo termo, a mora se constitui mediante interpelação judicial ou extrajudicial". Serve a interpelação para chamar o devedor para o cumprimento, dando-lhe ciência da exigência da prestação pelo credor. Com a interpelação, não havendo o cumprimento, caracteriza-se a mora do devedor.

A interpelação judicial pode ser feita, especificamente, como modo de chamar o devedor ao cumprimento, por escolha do credor, ou quando a lei o exija. Seu propósito essencial é dar conhecimento ao devedor sobre a exigibilidade da dívida. A interpelação judicial se processa pelo disposto no art. 726 do CPC. A citação para responder ao processo também constitui em mora o devedor (art. 240 do CPC), quando não haja exigência legal específica de forma especial e antecedente para este fim[47]. Da mesma forma, no distrato de contrato de compra e venda, a jurisprudência reconhece exigência de que haja interpelação como condição antecedente para extinção do vínculo, ao que se denomina de *interpelação premonitória*[48]. Mais recentemente, em relação ao contrato de seguro, também foi este o entendimento jurisprudencial consolidado, reconhecendo como requisito essencial para a suspensão ou resolução do contrato de seguro, a comunicação prévia do segurado acerca do atraso no pagamento do prêmio.[49]

---

[46] Pontes de Miranda, *Tratado de direito privado* cit., t. XXIII, p. 227.

[47] STJ, REsp 130.012/DF, Rel. Min. Salvio De Figueiredo Teixeira, 4ª Turma, j. 23-11-1998, *DJ* 1º-2-1999.

[48] STJ, REsp 605.469/PR, Rel. Min. Carlos Alberto Menezes Direito, 3ª Turma, j. 7-6-2005, *DJ* 12-9-2005.

[49] Súmula 616, do STJ: "A indenização securitária é devida quando ausente a comunicação prévia do segurado acerca do atraso no pagamento do prêmio, por constituir requisito essencial para a suspensão ou resolução do contrato de seguro." (STJ, 2ª Seção, j. 23/05/2018, *DJe* 28/05/2018)

Capítulo 7 · INADIMPLEMENTO DAS OBRIGAÇÕES | **275**

É o que ocorre, igualmente, em relação ao compromisso de compra e venda de imóveis regulados pelo Dec.-lei n. 58/37, em que a interpelação pode ser feita judicialmente ou por intermédio do oficial do registro de imóveis, assim como no caso do contrato relativo à aquisição de imóveis loteados (art. 32 da Lei n. 6.766/79). No caso da aquisição de imóveis por intermédio de alienação fiduciária, a interpelação será feita sempre pelo oficial do registro de imóveis competente, a quem cumpre, no caso do devedor não purgar a mora, consolidar a propriedade em nome do credor (art. 26 da Lei n. 9.514/97). Em todos estes casos, a interpelação é antecedente, de modo a permitir que o devedor promova a purgação da mora, daí falar-se, igualmente, em interpelação premonitória[50].

A interpelação extrajudicial não tem forma especial definida em lei, de modo que pode resultar de qualquer ato que caracterize a exigência da prestação pelo credor. Há situações, inclusive, que a própria jurisprudência dispensa expressamente a necessidade de que conste o valor da prestação devida, como ocorre na mora das dívidas garantidas por alienação fiduciária (Súmula 245 do STJ)[51]. Em outros casos, a petição inicial da execução da hipoteca em garantia de dívida de contrato do Sistema Financeiro da Habitação exige a juntada de dois avisos de cobrança (Súmula 199 do STJ)[52]. A forma, neste aspecto, é matéria de prova, ou seja, de como demonstrar que a interpelação foi efetivamente realizada e chegou ao conhecimento do devedor. Daí por que, exemplificativamente, poderá ser feita por escrito, com comprovação de recebimento, ou mesmo verbalmente, sendo imperativo ao interesse do credor que se possa prová-la, o que será admitido por qualquer meio lícito. Pode, também, o próprio negócio jurídico que deu causa à obrigação definir um procedimento ou prazo para interpelação, assim como para que produza seus efeitos. Assim, por exemplo, poderá definir que a interpelação seja feita por escrito, e o devedor, após a ciência, tenha certo prazo para cumprir.

Por outro lado, a interpelação que convoca ao cumprimento deve dar ao devedor, a partir da ciência do ato, tempo suficiente para que possa realizar a prestação. Tratando-se de obrigação sem termo certo para cumprimento, a interpelação chama o devedor a cumprir, e deve oferecer prazo razoável para este fim. Inclusive como projeção do dever de cooperação das partes para o adimplemento, o que, caso não ocorra, pode ser objeto de pretensão do devedor para que se lhe assegure o tempo suficiente para mobilizar-se com o objetivo de realizar a prestação devida. Conforme ensina a melhor doutrina, "o devedor deve estar pronto a cumprir. Não pode, é claro, esperar a interpelação, para só depois ir aparelhar-se. Mas essa prontidão deve ser entendida em termos, uma vez que não haja dia marcado para o cumprimento, ou quando havendo, seja direito dele esperar pela interpelação, por se tratar de obrigação sem prazo"[53]. De fato, dependerá das circunstâncias o que se tenha por prazo razoável para cumprimento, conforme as características da prestação, e a maior ou menor dificuldade para realizá-la, segundo regras ordinárias de experiência.

---

[50] STJ, REsp 206.767/RS, Rel. Min. Antônio de Pádua Ribeiro, 3ª Turma, j. 3-10-2000, *DJ* 6-11-2000; REsp 11.023/SP, Rel. Min. Sálvio de Figueiredo Teixeira, 4ª Turma, j. 23-11-1999, *DJ* 13-3-2000.

[51] Assim a Súmula 245 do STJ: "A notificação destinada a comprovar a mora nas dívidas garantidas por alienação fiduciária dispensa a indicação do valor do débito".

[52] Refere a Súmula 199 do STJ: "Na execução hipotecária de crédito vinculado ao Sistema Financeiro da Habitação, nos termos da Lei n. 5.741/71, a petição inicial deve ser instruída com, pelo menos, dois avisos de cobrança".

[53] Agostinho Alvim, *Da inexecução das obrigações e suas consequências* cit., p. 129.

276 | DIREITO DAS OBRIGAÇÕES – *Bruno Miragem*

2.2.1.2. Responsabilidade do devedor pela mora

A mora do devedor faz com que responda pelos prejuízos a que, em razão do inadimplemento, dá causa, mais os juros, a atualização dos valores monetários segundo índices oficiais regularmente estabelecidos, e honorários de advogado. Responde, igualmente, caso tenha sido convencionado na obrigação, pela dívida decorrente da cláusula penal.

A responsabilidade do devedor, nestes casos, se dá em razão do inadimplemento lhe ser imputável, como ocorre nas situações que, por culpa sua, deixa de oferecer, ao credor, a prestação devida. Neste sentido, refere o art. 396 do Código Civil: "Não havendo fato ou omissão imputável ao devedor, não incorre este em mora". O ônus de provar que a causa do inadimplemento se trata de fato que não lhe é imputável, será do devedor.

Um dos efeitos da mora do devedor é o que se conhece como a *perpetuação da obrigação*. Ou seja, em vista do inadimplemento, a dívida permanece exigível razão pela qual permanece o devedor suportando os riscos da prestação que não foi efetuada. Se ela se tornar impossível quando se encontre o devedor em mora, responderá pela impossibilidade, mesmo que resulte de caso fortuito ou de força maior. Porém, ressalva o art. 399 do Código Civil, que deixará de responder se provar que não agiu com culpa, ou que o dano sobreviria ainda se a obrigação tivesse sido oportunamente desempenhada. Vale dizer, a coisa teria se perdido por caso fortuito ou força maior, mesmo se não tivesse havido mora do devedor e, portanto, a prestação devida tivesse sido realizada nos termos definidos originalmente na obrigação.

Neste ponto, ensina a melhor doutrina, o direito brasileiro ficou a meio termo entre a teoria da culpa e a teoria do fato do inadimplemento. Isso porque, como regra, o devedor em mora responde no caso em que, durante o inadimplemento, a prestação se tornou impossível. Todavia, exclui-se sua responsabilidade caso demonstre não ter concorrido culposamente para dar causa à impossibilidade ou também quando demonstre que o fato determinante (caso fortuito ou de força maior) teria ocorrido mesmo no caso em que a prestação tivesse sido realizada oportunamente. A impossibilidade neste caso, não diria respeito ao devedor e sua capacidade de cumprir, senão a impossibilidade total de realizar-se a prestação[54]. Assim, por exemplo, no contrato de locação de um imóvel à beira do mar, celebrado por prazo indeterminado, em que o locador deixa de dar posse ao locatário na data ajustada, incorrendo em mora. Dias depois, uma forte ressaca faz com que as águas do mar invadam e destruam parcialmente o imóvel, impossibilitando a prestação. Há força maior que teria ocorrido mesmo que a prestação tivesse sido oportunamente realizada, razão pela qual não responderá o devedor pela impossibilidade.

2.2.1.3. Purga da mora pelo devedor

A purga da mora (também chamada emenda da mora) consiste no comportamento espontâneo do inadimplente que, mesmo tendo descumprido as condições originais de realização da prestação devida, realiza o pagamento, acrescido das obrigações que decorram do próprio inadimplemento temporário, visando a obter a satisfação do credor e consequente liberação do vínculo e extinção da obrigação. Também o terceiro pode purgar a mora do devedor, nas exatas hipóteses em que se admite que possa realizar o pagamento.

O art. 401, inciso I, do Código Civil, estabelece que se purga a mora "por parte do devedor, oferecendo este a prestação mais a importância dos prejuízos decorrentes do dia da oferta". Trata-se de regra expressiva do princípio de *favor debitoris*, em benefício do devedor, o qual mesmo não conseguindo realizar a prestação devida, nas condições originalmente definidas

---

[54] Pontes de Miranda, *Tratado de direito privado* cit., t. XXIII, p. 254.

Capítulo 7 · INADIMPLEMENTO DAS OBRIGAÇÕES | 277

na obrigação, pretende realizar o cumprimento. Este será acrescido da dívida que resulte como efeito da mora, tal como as perdas e danos (ou a cláusula penal, quando for convencionada previamente pelas partes), juros, atualização monetária, e honorários advocatícios.

A purga da mora pressupõe a oferta da prestação pelo devedor ao credor, assim como a satisfação da dívida relativa aos prejuízos decorrentes do inadimplemento. A oferta da prestação para que sirva à purga da mora, não pode se caracterizar como simples promessa; deve ser uma oferta real, cuja utilidade para o credor ainda esteja presente. O esforço para cumprir é do devedor, embora se possa reconhecer, em face do dever de cooperação das partes, oriundo da boa-fé, que o credor não possa criar obstáculos ou dificuldades à purga da mora. Nestes termos, oferecida a prestação pelo devedor inadimplente ao credor, mais a dívida decorrente da mora, este deve aceitá-la, sob pena de ele próprio ser constituído em mora (*mora creditoris*).

A questão a ser delimitada é até quando pode o devedor realizar a purga da mora. Sustenta-se que pode ser feita até a contestação da lide que resulte do exercício judicial da pretensão de cobrança pelo credor, e a resistência do devedor[55]. Há, todavia, ilustrada posição minoritária, que admite a possibilidade de purga da mora até a sentença, considerando que só então há segurança sobre a possibilidade dos interesses do credor ainda serem satisfeitos de modo útil pela prestação do devedor, cabendo ao juiz sua avaliação objetiva[56]. Mencione-se ainda, certas obrigações para as quais a própria lei defina prazo, como ocorre, por exemplo, com as dívidas garantidas por alienação fiduciária de bens móveis, nos quais a purga da mora é admitida apenas em cinco dias contados da busca e apreensão do bem, sendo exigido para tanto o pagamento da integralidade da dívida pendente (art. 3º, § 2º, do Dec.-lei n. 911/69)[57]. Por outro lado, havendo convenção no próprio título da obrigação, quanto à inutilidade da prestação ao credor no caso de mora do devedor (pacto comissório, cláusula de resolução ou condição imprópria), a possibilidade de purga da mora é pré-excluída, de modo que a falta da prestação caracteriza, de pleno direito, o inadimplemento absoluto.

Outra situação é a que o credor admita, em especial nas obrigações sucessivas, a purga da mora, sem exigir do devedor a dívida que resulta do inadimplemento, tal como a indenização dos prejuízos ou a cláusula penal, mais os juros e demais acréscimos. Nestes casos, questiona-se se, tendo admitido uma vez, por liberalidade, o pagamento da prestação, excluídos os acréscimos da mora, há dever de admitir o mesmo procedimento do devedor em outras situações. A resposta é, obviamente, negativa. Porém, adotando-se o comportamento de aceitar reiteradamente a prestação após o vencimento, pode ocorrer de, com isso, tornar ineficaz o termo original de vencimento para o futuro, ou ainda deixar de poder exigir os efeitos da mora em relação a prestações vincendas, que forem cumpridas no mesmo prazo. Pode-se reconhecer aqui a renúncia tácita à exigência das dívidas já constituídas pela mora[58], ou para o futuro, a *supressio*, que resulta da incidência da boa-fé objetiva, em decorrência da reiteração de comportamento por certo tempo, suficiente para caracterizar a expectativa de que será mantido pelo credor.

---

[55] Agostinho Alvim, *Da inexecução das obrigações e suas consequências* cit., p. 158.

[56] Ruy Rosado de Aguiar Júnior, *Extinção dos contratos por incumprimento do devedor* cit., 2004, p. 121; Jorge Cesa Ferreira da Silva, *Adimplemento e extinção das obrigações* cit., p. 138-139.

[57] Esse também é o entendimento firme do STJ, conforme o REsp 1418593/MS, Rel. Min. Luis Felipe Salomão, 2ª Seção, j. 14-5-2014, *DJe* 27-5-2014. No caso da alienação fiduciária de imóveis, precedentes do STJ reconhece a possibilidade de purga da mora mesmo depois da consolidação da propriedade com o credor fiduciário, dada sua finalidade preponderante de garantia da dívida, conforme: REsp 1462210/RS, Rel. Min. Ricardo Villas Bôas Cueva, 3ª Turma, j. 18-11-2014, *DJe* 25-11-2014.

[58] Agostinho Alvim, *Da inexecução das obrigações e suas consequências* cit., p. 161.

278 | DIREITO DAS OBRIGAÇÕES – *Bruno Miragem*

Os efeitos da mora, para o devedor, são os que define o art. 395 do Código Civil. O devedor inadimplente responde pelos prejuízos a que sua mora der causa, assim como pelos juros e atualização monetária até o efetivo pagamento, mesmo que retardado, mediante realização da prestação devida, assim como os honorários de advogado caso haja a necessidade do exercício da pretensão mediante representação deste profissional. No caso do exercício judicial da pretensão, serão devidos, ainda, os ônus sucumbenciais pelo vencido.

2.2.2. *Mora do credor*

A mora do credor se caracteriza pela ausência de cooperação do credor para receber a prestação, o que ocorre quando manifesta recusa expressa, ou cria obstáculos à sua realização pelo devedor. A oferta da prestação, pelo credor, deve ser feita pelo devedor ou seu representante; ou ainda por terceiro, interessado ou não na solução da dívida. Em qualquer destes casos, não pode o credor rejeitar a prestação, caso ela seja oferecida nos termos em que constam no objeto da obrigação – compreendendo tempo, lugar e modo devidos.

Desse modo, existindo obrigação cuja eficácia determina a realização da prestação pelo devedor, são requisitos da mora do credor que: (a) tenha havido a oferta da prestação; (b) perante ela, o credor tenha recusado, sem justa causa, recebê-la (neste caso, a recusa deve ser expressa ou tácita).

Há dever de cooperação do credor no sentido de promover o adimplemento, mesmo quando lhe incumba o exercício de um direito, tal como ocorre quando tenha de escolher a escolha da prestação devida, no caso das obrigações alternativas. Pode haver também a necessidade de que o credor colabore objetivamente com o devedor para receber a prestação, como, por exemplo, colocando à disposição local para receber ou se depositar, ou ele próprio se disponibilizando a certo comportamento que é logicamente antecedente à prestação (fornecendo informações, tornando disponível pessoa ou bem). A ausência de cooperação do credor, nestas situações, também poderá caracterizar sua mora.

Para que haja mora do credor, é necessário que a prestação lhe tenha sido oferecida pelo devedor. Tendo isso ocorrido, o credor deixa de recebê-la. Diferentemente da mora do devedor, contudo, na mora do credor, a ausência de recebimento da prestação é por si imputável, de modo que inclusive se não recebeu, não importa se queria ou não (e neste ponto, verifica-se a imprecisão do art. 394 do Código Civil), ou se outra foi a causa. Não se lhe exige culpa. O mesmo se diga se o credor, diante da oferta da prestação pelo devedor, recusa-se a realizar a quitação ou a entregar o respectivo termo. Será também hipótese em que se caracteriza a mora do credor.

Contudo, não se descuida da possibilidade do credor recusar-se justificadamente, a receber. É o que ocorre quando há desconformidade entre a oferta do devedor e a prestação devida. Aqui incide o princípio da identidade do pagamento. Recorde-se a lição básica da matéria: o credor não é obrigado a receber prestação diversa da que lhe é devida, ainda que mais valiosa; e do mesmo modo não será obrigado a receber em partes, se assim não ajustou (arts. 313 e 314 do Código Civil). Ou ainda, quando a recusa do credor se dá porque não está o devedor pronto para cumprir, ou porque é impossível que consiga cumprir no prazo restante[59]. Da mesma forma, não há mora do credor quando, mesmo havendo a oferta da prestação pelo devedor, verifica-se a violação, por ele, de deveres anexos ou laterais (violação positiva do crédito), que fundamentam o exercício de direito de resolução.

---

[59] Agostinho Alvim, *Da inexecução das obrigações e suas consequências* cit., p. 71.

Capítulo 7 · INADIMPLEMENTO DAS OBRIGAÇÕES | **279**

2.2.2.1. Responsabilidade do credor pela mora

Os efeitos da mora do credor resultam do não recebimento da prestação ofertada pelo devedor. Não deve ser acolhido o entendimento de que os efeitos da mora do credor se deem apenas com o depósito da prestação, no caso de consignação em pagamento, o qual tem por base a interpretação do art. 337 do Código Civil ("O depósito requerer-se-á no lugar do pagamento, cessando, tanto que se efetue, para o depositante, os juros da dívida e os riscos, salvo se for julgado improcedente")[60]. Isso porque a consignação em pagamento, embora faça cessar certos efeitos ao devedor (juros da dívida e riscos da prestação), não caracteriza, por si só, modo de constituição do credor em mora. A consignação em pagamento é mera possibilidade, uma faculdade do devedor, não requisito da constituição em mora do credor. Esta se dá pela simples recusa em receber.

A mora do credor transfere-lhe os riscos da prestação (a inversão do risco[61]). Desse modo, ao contrário do que ordinariamente ocorre, quando pertencem ao devedor os riscos da prestação até o adimplemento, com a mora do credor os riscos de perda ou deterioração da prestação passam a ser seus. Naturalmente, isso não isenta o devedor do dever de diligência ordinária. Porém invertem-se a regra original de atribuição dos riscos próprios da coisa, indicando que esta perece para o dono (*res perit domino*), de modo que, salvo no caso do devedor agir dolosamente, não responderá perante o credor pela perda ou deterioração da coisa[62]. Assim, por exemplo, se o vendedor oferece a coisa para entrega ao comprador, e este a recusa, configura-se a mora do credor. Se depois a coisa vem a ser furtada ou roubada do vendedor, que não a entregou em razão da recusa do comprador, ele não responde pela perda, fazendo jus, ainda, ao preço.

Da mesma forma, a mora do credor o obriga às despesas empregadas para sua conservação, bem como o sujeita a receber, no caso de oscilação do valor da prestação, pela estimação mais favorável ao devedor, entre a data que a prestação deveria ter sido realizada, e aquela em que, de fato, venha a ser efetuada (art. 400 do Código Civil).

2.2.2.2. Purga da mora pelo credor

A purga da mora pelo credor se dá quando, após ter recusado a prestação, se prontifica a recebê-la, e a indenizar a dívida que decorre do período de inadimplência. Faz para extinguir a mora, o que deveria ter feito ao tempo da oferta original da prestação pelo devedor, devendo ainda responder pelas despesas que em razão do inadimplemento deu causa, como as despesas de conservação da coisa, ou outros prejuízos que demonstre ter tido, o devedor, em razão de sua conduta. É o que estabelece o art. 401, inciso II, do Código Civil, ao referir que se purga a mora, "por parte do credor, oferecendo-se este a receber o pagamento e sujeitando-se aos efeitos da mora até a mesma data".

2.3. Inadimplemento de deveres anexos ou laterais: a violação positiva do crédito

A violação positiva do crédito (*positive Forderungsverletzung*), largamente desenvolvida também como violação positiva do contrato (*positive Vertragsverletzung*), compreende a ca-

---

[60]   Assim sustenta, corretamente, Agostinho Alvim, *Da inexecução das obrigações e suas consequências* cit., p. 74. Discorda-se, no ponto, do entendimento sustentado por Carlos Roberto Gonçalves, *Direito civil brasileiro* cit., v. 2, p. 394.

[61]   Mário Júlio de Almeida Costa, *Direito das obrigações* cit., p. 1010.

[62]   Pontes de Miranda, *Tratado de direito privado* cit., t. XXIII, p. 313-314.

280 | DIREITO DAS OBRIGAÇÕES – *Bruno Miragem*

racterização do inadimplemento em razão do não cumprimento de deveres anexos ou laterais, originários da boa-fé objetiva, que dão causa à lesão ao interesse útil do credor. Trata-se de categoria dogmática desenvolvida, originalmente, pela doutrina e jurisprudência germânicas, ao lado das situações tradicionais de impossibilidade de realização da prestação por causa imputável ao devedor (*Unmöglichkeit der Leistung*) e do atraso de cumprimento (*Verzug*)[63]. Estas se caracterizariam como violações negativas, na medida em que o devedor deixa de realizar a prestação devida (inadimplemento absoluto ou relativo). Não estaria contemplado na legislação àquele tempo, contudo, situações em que o devedor realiza formalmente a prestação, mas deixa de considerar outros interesses do credor, o que adiante será associado, pela doutrina, com violação dos deveres de proteção[64], ou ainda, cumprimento defeituoso[65], em qualquer caso sendo obstáculo à satisfação do credor. Nestes casos, a realização da prestação principal não é suficiente para satisfação do interesse do credor, considerando a violação de outros deveres (acessórios ou anexos), que comprometem sua utilidade. É o que ocorre quando para além da realização do dever principal de prestação, o devedor acaba lesando o patrimônio ou a pessoa do credor. Daí a melhor compreensão ao designar o instituto, atualmente, como violação positiva do crédito[66].

No direito brasileiro, a violação positiva foi recepcionada pela doutrina, de modo associado à violação dos deveres decorrentes da boa-fé[67], assim como da lesão ao interesse útil do credor. Nos exemplos reiteradamente citados pela doutrina, a partir do exame de direito comparado, destaca-se o caso daquele que foi contratado para realizar o conserto de um telhado, realiza a prestação, porém ao sair, deixa cair um cigarro que, em contato com a madeira que sustenta as telhas, produz um incêndio[68]. O exemplo é ilustrativo, porque se

---

[63] O estudo original para o desenvolvimento da tese é de Hermann Staub, de 1902, com reedições. Examina-se a edição de Hermann Staub, *Die positiven Vertragsverletzungen*, editada por Eberhard Müller, Walter de Gruyter, 1904, p. 5 e ss.

[64] Em conhecido estudo crítico no marco dos trinta anos da publicação original da tese de Staub, é o que sustentou, com êxito, Henrich Stoll, Abschied von der Lehre von der Abschied von der Lehre von der positiven Vertragsverletzung. Betrachtungen zum dreißigjährigen Bestand der Lehre. *Archiv für die civilistische Praxis*, 136. Tübingen: J. C. B. Mohr, 1932, p. 257-320. No mesmo sentido Karl Larenz, *Derecho de obligaciones* cit., I, p. 367.

[65] Mário Júlio de Almeida Costa, *Direito das obrigações* cit., p. 986-991.

[66] Assim sugere na doutrina contemporânea, ao sistematizar as outras formas de inadimplemento a par do inadimplemento absoluto e da mora, Volker Emmerich, *Das Recht der Leistungsstörungen*, 6. ed. München: C.H.Beck, p. 310 e ss.

[67] Orlando Gomes, *Transformações gerais do direito das obrigações* cit., p. 157; Clóvis do Couto e Silva, O princípio da boa-fé no direito brasileiro e português, *Direito privado brasileiro na visão de Clóvis do Couto e Silva*, Porto Alegre: Livraria do Advogado, 1997, p. 37-38; Ruy Rosado de Aguiar Júnior, *Extinção dos contratos por incumprimento do devedor* cit., 2004, p. 125; Vera Fradera, Quebra positiva do contrato, *Revista da Associação dos Juízes do Rio Grande do Sul (Ajuris)* 44/144 e ss, Porto Alegre: Ajuris, 1988. Registre-se, mais recentemente, pela contribuição à divulgação contemporânea da teoria no Brasil, a dissertação de Jorge Cesa Ferreira da Silva, *A boa-fé e a violação positiva do contrato*, Rio de Janeiro: Renovar, 2002, p. 207 e ss. No direito português, veja-se, por todos, Menezes Cordeiro, *Da boa-fé no direito civil* cit., p. 594-602.

[68] Este exemplo do defeito na execução de reparos no telhado da casa é, inclusive, o adotado linearmente para explicitação da responsabilidade do devedor em obras expressivas da tradição jurídica romano-germânica, conforme se percebe em Karl Larenz, *Derecho de obligaciones* cit., I, p. 363; Pothier, de sua vez, dá o mesmo exemplo, apenas indicando o inadimplemento e danos daí decorrentes, de modo que tendo consertado mal o telhado, quando na primeira chuva os móveis são danificados pela água. Neste caso, não se trataria de violação positiva, mas inadimplemento culposo, em vista da falha na execução da prestação. Assim, Robert-Joseph Pothier, *Traité des obligations* cit., p. 69, atribuindo-o ao humanista Charles Dumoulin, no século XVII.

cumpriu a prestação: houve o conserto. Porém, por comportamento do próprio devedor, produziu-se dano ao patrimônio do credor. Porque se o dever de prestação fosse cumprido mal, as consequências que a lei prevê expressamente são a resolução ou abatimento do preço (no caso dos vícios redibitórios da coisa, previstos nos arts. 441 a 446 do Código Civil) ou, além destas, mais a possibilidade de reexecução (arts. 18 e 20 do CDC), que também pode ser obtida, nas obrigações em geral pela tutela processual ao cumprimento específico (arts. 497 e ss; 806 e 814 do Código de Processo Civil).

No direito brasileiro atual, a violação positiva do crédito circunscreve-se a situações nas quais a realização do dever principal de prestação, por si só, não serve para a satisfação do interesse do credor, que em razão da atuação do devedor sofre lesão ao seu interesse útil relacionado à obrigação, em vista da violação de deveres laterais ou anexos. Em especial, dos deveres de proteção à pessoa e ao patrimônio do devedor[69]. É o caso do advogado que contratado para defender o cliente em uma causa, o faz com toda a diligência necessária, porém acaba violando o dever de sigilo ao revelar a terceiros, informações do próprio cliente, que apenas em razão da contratação teve acesso. Outro exemplo é a contratação de equipe de empreiteiros para a realização de reparos em um condomínio. Durante a execução dos reparos, contudo, integrantes da equipe se indispõem por agirem de forma agressiva e ameaçadora com alguns condôminos, ou instalam seus petrechos de trabalho em área de circulação de moradores e visitantes, em desacordo com orientações prestadas. Ou ainda, na compra e venda de móveis, em que o vendedor assume a obrigação de entregá-los no domicílio do adquirente, mas que por ocasião da entrega, a movimentação das partes do móvel acaba causando a quebra de vidros da janela, arranhando paredes e daí por diante. São todos exemplos em que o dever de prestação estava realizado ou por realizar-se (a defesa do cliente, as reformas do condomínio, a entrega dos móveis), porém outro interesse do credor, associado à proteção da sua pessoa ou de seu patrimônio, foi lesado.

Da mesma forma, nas obrigações duradouras, cuja base do relacionamento entre os sujeitos da relação se pauta pela confiança recíproca e proximidade das partes, a quebra desta confiança, pela violação de deveres de consideração e cooperação mútuos, mesmo quando realizado o dever principal de prestação, caracteriza o inadimplemento, por violação positiva do crédito. O rompimento desta relação de confiança, que deverá ser objetivamente avaliada, em razão de sua repercussão nos interesses do credor, pode dar causa ao direito de resolução, ou ainda, resultando danos, também à pretensão de indenização do lesado.

No direito alemão contemporâneo, especialmente após a reforma do direito das obrigações de 2002, é reconhecido que o adimplemento resulta da realização não apenas do dever principal de prestação, mas também da satisfação dos demais interesses do credor (§ 241,2, BGB). Desse modo, considera-se que a violação positiva do crédito está contemplada no BGB em duas situações: (a) reconhecendo o dever de indenizar imputável ao credor que viole qualquer dever resultante da relação obrigacional (§ 280, 1); e (b) assegurando ao credor o direito de resolução no caso de violação, pelo devedor, de qualquer dever decorrente da relação obrigacional, especialmente do contrato (§ 324)[70].

No direito brasileiro, é de reconhecer os mesmos efeitos como resultantes da violação positiva do crédito, tanto dando causa ao direito de resolução, quanto à pretensão de indenização do sujeito lesado, na relação obrigacional. O fundamento da pretensão, neste caso,

---

[69] Henrich Stoll, Abschied von der Lehre von der Abschied von der Lehre von der positiven Vertragsverletzung. Betrachtungen zum dreißigjährigen Bestand der Lehre, cit.

[70] Reinhard Zimmermann, *Breach of contract and remedies under the new german law of obligations*, Roma: Centro di Studi e Ricerche di Diritto Comparato e Straniero, 2002, p. 21 e ss.

282 DIREITO DAS OBRIGAÇÕES – *Bruno Miragem*

será tanto a interpretação que se dá ao inadimplemento, não apenas como violação do dever principal de prestação, mas também dos demais deveres que resultam da obrigação (secundários, anexos ou laterais). E da mesma forma, por efeito da incidência da boa-fé objetiva sobre a relação obrigacional e imposição dos deveres de cooperação e respeito às expectativas legítimas das partes.

2.4. Inadimplemento antecipado

O inadimplemento antecipado é noção que remete, para parte da doutrina, à violação positiva do crédito[71]. Todavia, tomado o sentido aqui afirmado, da violação positiva do crédito como inadimplemento que se vincula à violação dos deveres anexos ou laterais oriundos da boa-fé, o inadimplemento antecipado se caracteriza por situação que não deve se subsumir exclusivamente a eles, a não ser se tomado em sentido demasiadamente amplo o seu significado. Embora, se deva registrar, tem sua origem também no *common law*, de efeito do dever de consideração e respeito entre as partes, advindo da boa-fé (*antecipatory breach of contract*)[72]. Mais recentemente, o inadimplemento antecipado foi consagrado também pelos arts. 71 a 73 da Convenção das Nações Unidas sobre Contratos de Compra e Venda Internacional de Mercadorias, de 1980, incorporada no direito brasileiro pelo Decreto n. 8.327/2014[73].

---

[71] Ruy Rosado de Aguiar Júnior, *Extinção dos contratos por incumprimento do devedor* cit., 2004, p. 126-127; Jorge Cesa Ferreira da Silva, *A boa-fé e a violação positiva do contrato* cit., p. 256.

[72] Anelise Becker, Inadimplemento Antecipado do Contrato, *Revista de Direito do Consumidor* 12/74, São Paulo: RT, out.-dez. 1994. No *common law*, anota-se a origem do instituto a partir do caso Hochster *vs.* De La Tour, julgado na Inglaterra em 1853, no qual De La Tour havia contratado Hochster para auxiliá-lo em viagem à Europa continental que se iniciaria em 1º de junho e duraria três meses. No dia 11 de maio, De la Tour comunica Hochster que não mais tem interesse na prestação e, em 22 de maio Hochster ingressa com demanda indenizatória sob o argumento de quebra do contrato. Foi julgada procedente a ação de Hochster sob o argumento de que, uma vez tendo havido o repúdio do contrato é reconhecido à parte inocente demandar perdas e danos, bem como ficar dispensada do cumprimento. A partir deste caso, tanto na Inglaterra, quanto nos Estados Unidos, passam a ser admitidas demandas por idêntico fundamento, afirmando-se jurisprudencialmente a *antecipatory breach of contract*, depois consagrada tanto no First e no Second Restatement of Contracts, quanto na inclusão da hipótese, nos anos 60 do século passado, no art. 2-610 do Uniform Commercial Code norte-americano, de 1977. Assim, Ewan McKendrick, *Contract law*. Texts, cases and materials. Oxford: Oxford University Press, 2012, p. 801; Para a visão comparatística, veja-se, por todos, Heinz Weidt, *Antizipierter Vertragsbruch*: eine Untersuchung zum deutschen und englischen Recht. Tübingen: Mohr Siebeck, 2008, p. 51 e ss. Para um histórico detalhado em língua portuguesa, igualmente, Aline de Miranda Valverde Terra, *Inadimplemento anterior ao termo*, Rio de Janeiro: Renovar, 2010, p. 129 e ss; e Luiz Philipe Tavares de Azevedo Cardoso, *Inadimplemento anteipado do contrato no direito civil brasileiro*, São Paulo: Malheiros, 2015, p. 53 e ss.

[73] Assim o arts. 71 a 73 da Convenção: "Artigo 71 – (1) Uma parte poderá suspender o cumprimento de suas obrigações se, após a conclusão do contrato, tornar-se evidente que a outra parte não cumprirá parcela substancial de suas obrigações, devido: (a) a grave insuficiência em sua capacidade de cumpri-las, ou em sua solvência; ou (b) à maneira como se dispõe a cumprir ou como cumpre o contrato. (2) Se o vendedor houver expedido as mercadorias antes de se tornarem evidentes os motivos a que se refere o parágrafo anterior, poderá se opor a que o comprador tome posse das mercadorias, ainda que este seja portador de documento que lhe permita obtê-la. Este parágrafo refere-se somente aos direitos respectivos do comprador e do vendedor sobre as mercadorias. (3) A parte que suspender o cumprimento de suas obrigações, antes ou depois da expedição das mercadorias, deverá comunicá-lo imediatamente à outra parte, mas deverá prosseguir no cumprimento se esta oferecer garantias suficientes do cumprimento de suas obrigações; Artigo 72 – (1) Se antes da data do adimplemento tornar-se evidente que uma das partes incorrerá em violação essencial do contrato, poderá a outra parte declarar a rescisão deste. (2) Se dispuser do tempo necessário, a parte que pretender declarar a rescisão do contrato deverá comunicá-la à outra parte com antecedência razoável, para que esta possa oferecer garantias suficientes

Caracterizam-se como inadimplemento antecipado as situações em que, antes de tornar--se exigível a prestação, o devedor se comportar mediante a realização de atos que permitam concluir pela impossibilidade de adimplemento futuro da obrigação – também mencionados como inadimplemento anterior ao termo[74]. É quebra da confiança sobre o futuro adimplemento[75], como ocorre com aquele que deve fornecer produtos ou bens, e pouco antes do prazo do pagamento aliena todo o estoque, dando causa a fundado receio do credor em relação à manutenção do seu propósito de realizar a prestação na data avençada. Ou ainda, conhecido caso julgado pelo Tribunal de Justiça do Rio Grande do Sul, em 1983, nos quais os partícipes de contrato em conta de participação buscaram se desobrigar ao pagamento de quotas de empreendimento no qual o responsável por sua execução não havia adotado qualquer providência com este propósito[76].

As situações que caracterizam o inadimplemento antecipado compreendem aquelas em que, antes de se tornar exigível a prestação, o devedor (a) se encontre impedido de realizá-la nos termos ajustados; (b) se manifeste, expressamente, informando que não vai cumprir; ou (c) por seu comportamento, permita ao credor concluir, objetivamente, que ele não irá realizar o adimplemento conforme estabelecido no objeto da obrigação. A doutrina clássica sobre o tema reconhece apenas as situações descritas nos itens (b) e (c) como hipóteses de inadimplemento antecipado[77]. A primeira situação (a), em que se verifique um impedimento, ou ao menos se torne duvidosa a capacidade econômica do devedor para realização da prestação devida, subsume-se à hipótese da exceção de inseguridade, expressamente prevista no art. 477 do Código Civil, e cuja eficácia é a pretensão de constituição ou reforço de garantia, ou antecipação da pretensão de cumprimento, cuja violação dá causa ao direito de resolução da obrigação[78].

A rigor, o inadimplemento antecipado dá causa ao direito de resolução da obrigação. Nesta hipótese, discute-se se o devedor pode vir a retratar-se, manifestando expressamente vontade de realizar a prestação devida, como forma de impedir a resolução e conservar o

---

de que cumprirá suas obrigações. (3) Os requisitos do parágrafo anterior não serão aplicáveis quando a outra parte houver declarado que não cumprirá suas obrigações; Artigo 73 – (1) Nos contratos que estipularem entregas sucessivas de mercadorias, o descumprimento por uma das partes das obrigações relativas a qualquer das entregas que constituir violação essencial do contrato em relação a esta entrega dará à outra parte o direito de declarar rescindido o contrato quanto a essa mesma entrega. (2) Se o descumprimento, por uma das partes, de suas obrigações relativas a qualquer das entregas der à outra parte fundados motivos para inferir que haverá violação essencial do contrato com relação a futuras entregas, esta outra parte poderá declarar o contrato rescindido com relação ao futuro, desde que o faça dentro de prazo razoável. (3) O comprador que declarar resolvido o contrato com relação a qualquer entrega poderá simultaneamente declará-lo resolvido com respeito a entregas já efetuadas ou a entregas futuras se, em razão de sua interdependência, tais entregas não puderem se destinar aos fins previstos pelas partes no momento da conclusão do contrato."

[74] Conforme prefere referir Aline de Miranda Valverde Terra, *Inadimplemento anterior ao termo*, Rio de Janeiro: Renovar, 2010, p. 121-122.

[75] Ruy Rosado de Aguiar Júnior, *Extinção dos contratos por incumprimento do devedor* cit., 2004, p. 128.

[76] "Contrato de participação, assegurando benefícios vinculados à construção de hospital, com compromisso de completa e gratuita assistência médico-hospitalar. O Centro médico hospitalar de Porto Alegre Ltda. não tomou a mínima providência para construir o prometido hospital, e as promessas ficaram no plano das miragens; assim, ofende todos os princípios de comutatividade contratual pretender que os subscritores de quotas estejam adstritos à integralização de tais quotas, sob pena de protesto dos títulos. Procedência da ação de rescisão de contratos em conta de participação" (TJRS, Apelação cível 582000378, 1ª Câmara Cível, Rel. Des. Athos Gusmão Carneiro, j. 8-2-1983).

[77] Luigi Mosco, *La risoluzione del contrato per inadempimento*, Napoli: Eugenio Jovene, 1950, p. 35.

[78] Pontes de Miranda, *Tratado de direito privado* cit., t. XXVI, p. 224-227.

vínculo. Tendo havido recusa ou comportamento que objetivamente demonstravam que não deveria adimplir, a retratação do devedor, ou sua declaração de que pretende cumprir, pode se caracterizar como espécie de comportamento contraditório, o que é rejeitado como efeito do princípio da boa-fé (proibição do *venire contra factum proprium*)[79]. Contudo, antes do reconhecimento da situação que autorize o exercício do direito de resolução, cuja prova cabe ao credor, pode este proteger sua situação jurídica, pretendendo a suspensão da exigibilidade de sua prestação, quando for o caso. Submete-se, naturalmente, ao risco – se ao final do processo não se verifique caracterizada qualquer das situações que configurem o inadimplemento antecipado – dele próprio, credor, ser considerado inadimplente, suportando os efeitos daí decorrentes[80].

Pode ocorrer, igualmente, de a situação de inadimplemento antecipado, conforme as circunstâncias do caso, também dar causa à pretensão de cumprimento antecipado pelo credor, assim como às perdas e danos, conforme o caso[81]. De acordo com a melhor doutrina, a pretensão de cumprimento é sempre a solução que tem prioridade no direito das obrigações[82]. O cumprimento é a regra; o inadimplemento a exceção[83]. As perdas e danos, de sua vez, serão devidas conforme resultem, direta e imediatamente, do inadimplemento, nos mesmos termos em que a lei reputa exigíveis no caso de inadimplemento absoluto (art. 389 do Código Civil).

3. SITUAÇÕES QUE EXCLUEM A RESPONSABILIDADE PELO INADIMPLEMENTO: O CASO FORTUITO OU DE FORÇA MAIOR

O inadimplemento imputável dá causa à responsabilidade do devedor, assim como do credor, quando se trate de *mora creditoris*. A imputabilidade resulta de fatores reconhecidos na conduta das partes, ordinariamente a culpa. Porém, conforme se examinou, há situações diversas de imputação, independentemente de culpa, como ocorre em certas obrigações de resultado (como a decorrente do contrato de transporte), ou ainda as que decorram, atualmente, dos riscos do próprio negócio, ou da desconformidade ou ausência da prestação (por exemplo, a decorrente do regime de vícios da prestação nos contratos de consumo).

Em caráter ordinário, contudo, dentre as situações que excluem a responsabilidade pelo inadimplemento, a principal, prevista no art. 393 do Código Civil, é a que se caracterize como de caso fortuito ou força maior, reconhecidos como causa estranha ao comportamento do devedor que compromete a realização do dever de prestação. Em outros termos, o que determina o inadimplemento, tornando impossível a realização da prestação, será um evento estranho ao credor e ao devedor, cuja ocorrência e respectivas consequências não podem impedir.

O caso fortuito e a força maior, atualmente, identificam-se como causas que excluem o nexo de causalidade entre o comportamento do devedor e o inadimplemento. Refere o art. 393 do Código Civil: "O devedor não responde pelos prejuízos resultantes de caso fortuito ou força maior, se expressamente não se houver por eles responsabilizado". Igualmente, o parágrafo único do mesmo artigo refere o caso fortuito e a força maior, como "fato necessário, cujos efeitos não eram possíveis evitar ou impedir". Trata-se, pois, de fato externo e irresistível ao agente, que não pode impedi-lo, de modo que assume, o próprio evento, a causa do dano.

---

[79] Ruy Rosado de Aguiar Júnior, *Extinção dos contratos por incumprimento do devedor* cit., 2004, p. 129.

[80] Aline de Miranda Valverde Terra, *Inadimplemento anterior ao termo*, p. 250-251.

[81] Idem, p. 252.

[82] João Calvão da Silva, *Cumprimento e sanção pecuniária compulsória*. 4. ed., Coimbra: Almedina, 2007, p. 78.

[83] Agostinho Alvim, *Da inexecução das obrigações e suas consequências* cit., p. 6.

Capítulo 7 · INADIMPLEMENTO DAS OBRIGAÇÕES | **285**

É da tradição do direito brasileiro o reconhecimento, na responsabilidade por inadimplemento, de exceções causais. Assim a *vis maior*, presente no direito romano tardio, como causa de exoneração da responsabilidade pela custódia de coisas do credor, as quais deveriam ser posteriormente restituídas, a qual dá origem à força maior no direito atual[84]. E, após a expansão da responsabilidade por *dolus* também para responsabilidade por *culpa*, já presente em certas ações, por obra da *bona fides iudicia*, admite-se a demonstração do *casus* como hipótese em que se excluiria a responsabilidade do devedor, de onde resulta, no direito atual, o caso fortuito[85].

Ainda na tradição jurídica, igualmente, firmou-se a noção romana, a partir da leitura dos juristas modernos: *nemo praestet casus fortuitos*[86]. Na legislação, igualmente, mesmo em situações nas quais se exclui a culpa como fator de imputação de responsabilidade por inadimplemento, manteve-se desde a origem a exclusão no caso de demonstração de caso fortuito ou força maior. Assim, se dá, no direito brasileiro, com o Decreto n. 2.681/12, em seu art. 1º, 1º, ao disciplinar a responsabilidade das estradas de ferro. Todavia, tal situação levou a certa associação imprópria entre o caso fortuito e a força maior como causas de exclusão da culpa do agente, a qual era presumida na hipótese de inadimplemento. Era o que sustentava a denominada corrente de interpretação subjetivista, concentrando seu exame na presença ou não de culpa. Em sentido diverso, a corrente de interpretação objetivista sustentou que o efeito do caso fortuito e da força maior, de exoneração do devedor, não decorria de ausência de culpa, mas do rompimento do nexo causal entre a conduta imputada ao devedor o inadimplemento. Ou seja, que este decorria de uma causa necessária, que fazia com que fosse impossível evitar ou impedir o inadimplemento. Portanto, era um evento irresistível e exterior ao agente, que se converte em causa, afastando aquela originalmente imputada a ele.

Embora previstos como causa de exoneração da responsabilidade pelo inadimplemento, o caso fortuito e a força maior são reconduzidos, igualmente, tanto às obrigações negociais (tais como os contratos), quanto às obrigações que resultem de infração a deveres legais, de onde também tenha por consequência a imputação de responsabilidade por danos[87]. Ou seja, o rompimento da conduta e do nexo causal opera-se, tanto nas hipóteses de responsabilidade negocial (ou contratual), quanto legal (ou extracontratual).

3.1. Características do caso fortuito e da força maior

Caso fortuito e força maior é qualificação jurídica de fatos da realidade que impedem, no âmbito da relação obrigacional, a caracterização do inadimplemento imputável, e, por consequência, da responsabilidade do inadimplente. Para que determinado fato seja qualificado como caso fortuito ou força maior, contudo, é exigido, nos termos do parágrafo único do art. 393, que se caracterize como "ato necessário, cujos efeitos não era possível evitar ou impedir".

Duas são as condições que se exigem do fato em si: (a) que seja um fato necessário; e (b) que seja inevitável. Há certo tempo cogitava-se, também, da imprevisibilidade do fato. Não há

---

[84] Max Kaser; Rolf Knütel, *Römisches privatrecht* cit., p. 212; Biondo Biondi, *Istituzioni di diritto romano*, p. 364; Reinhard Zimmermann, *The law of obligations* cit., p. 193.

[85] Max Kaser; Rolf Knütel, *Römisches privatrecht* cit., p. 217; Reinhard Zimmermann, *The law of obligations* cit., p. 794.

[86] Robert-Joseph Pothier, *Traité des obligations* cit., p. 64.

[87] Trata-se de um princípio geral da responsabilidade civil, conforme observa Paul-Henri Antonmattei, *Contribution à l'étude de la force majeure*, Paris: LGDJ, 1992, p. 177.

sentido, todavia, em tomá-lo de modo autônomo[88]. A imprevisibilidade do fato pode existir, de modo a torná-lo inevitável. Ou seja, não se pode impedir ou evitar, justamente porque não se pode prever. Porém o inverso não é verdadeiro, uma vez que, mesmo se tratando de fato previsível, nem sempre, por isso, será evitável (assim, por exemplo, os eventos climáticos). Da mesma forma, a inevitabilidade é dos fatos, tais como se apresentem em certo lugar e tempo, seja em relação ao que dê causa ao inadimplemento, como em relação aos seus efeitos[89].

Ao caráter inevitável e necessário do fato, de sua vez, vincula-se uma terceira característica, que é a de dar causa à impossibilidade de realização da prestação devida. Esta impossibilidade é tomada em vista, não apenas de uma impossibilidade fática (a prestação é passível ou não de ser executada no plano fático), mas também toma em consideração qual o esforço do devedor será necessário para sua realização, de modo que não se deva exigir que realize providências extremamente gravosas ou extraordinárias para efeito de realizar a prestação.

3.2. Distinção entre caso fortuito e força maior. Situação atual

Alguma dificuldade é percebida, contudo, quando se trata da distinção entre caso fortuito e força maior. De interesse mais acadêmico do que prático, resulta que a distinção entre os dois conceitos é controversa, havendo inclusive o reconhecimento expresso, que mesmo na interpretação atual do direito romano, se tomem por igual, uma vez que produzirão o mesmo efeito[90]. A razão para tanto, segundo observa Giuseppe Luzzatto, se dá pelo modo como os compiladores medievais passaram a interpretar as noções romanas de *casus* em contraposição à culpa e a construção do sentido de um novo conceito *justinianeu* de custódia, a justificar uma responsabilidade sem culpa em vista da atividade ordinária do custodiante. Para tanto, tornou-se necessária a contraposição entre um *casus minor* e um *casus maior*, e de um *casus voluntarius* de um *casus fortuitus*, uma *vis cui resisti non potest*, em contraposição à violência ordinária *cui resisti potest*. Assim, os compiladores passaram a considerar os termos originais utilizados no *Corpus Iuris Civilis* como fungíveis, passando a empregá-los desse modo[91].

Daí que, segundo certos autores, caso fortuito seria aquele derivado da força da natureza, tais como o raio, o terremoto ou a inundação; enquanto a força maior conteria intervenção humana, como é o caso da ação da autoridade (fato do príncipe), furto, roubo, ou a desapropriação. Em sentido diverso, há quem sustente que a distinção reside no fato de o caso fortuito tratar de hipótese que caracteriza impossibilidade relativa, enquanto a força maior seria o caso de impossibilidade absoluta[92]. Ou seja, que no caso fortuito, o inadimplemento ou o dano estaria associado a uma impossibilidade relacionada à pessoa do titular do dever, enquanto na força maior, a impossibilidade seria genérica, reconhecida a qualquer pessoa. A distinção que opera essa classificação tem relevância quando se trata de responsabilidade objetiva, fundada no risco.

Nas situações de responsabilidade subjetiva, fundada na culpa do agente, tanto o caso fortuito quanto a força maior caracterizam-se como impossibilidade de atuação diversa. Nas

---

[88] Pontes de Miranda, *Tratado de direito privado* cit., t. XXIII, p. 156-157.

[89] Idem, p. 164.

[90] Gerth Gotthold, *Der Begriff der Vis Maior im romischen und Reichsrecht,* Berlin: Siemenroth & Worms, 1890, p. 103.

[91] Giuseppe Ignazio Luzzatto, *Caso fortuito e forza maggiore come limite alla responsabilità contrattuale. La responsabilità per la custodia.* Milano: Giuffrè, 1938, p. 20-21; Adolf Exner, *Der Begriff der Höheren Gewalt (vis major) im römischen und heutigen Verkehrsrecht.* Wien: Alfred Holder, 1883, p. 9 e ss.

[92] Agostinho Alvim, *Da inexecução das obrigações e suas consequências* cit., p. 329-330.

Capítulo 7 · INADIMPLEMENTO DAS OBRIGAÇÕES | 287

situações de responsabilidade objetiva, a culpa é irrelevante, de modo que apenas aquela impossibilidade genérica, reconhecida a qualquer pessoa, poderá ser invocada para escusar a responsabilidade do agente, portanto, a força maior, também denominada aqui como caso fortuito externo.

3.3. O fortuito interno e o fortuito externo

Como regra geral, identificam-se o caso fortuito e a força maior quanto aos efeitos de exoneração da responsabilidade do devedor. A adoção de outro critério de classificação, distinguindo a impossibilidade relativa (por caso fortuito), da impossibilidade absoluta (por força maior), permite que, no caso de responsabilidade objetiva, apenas se admita alegação de causa para afastar a imputação do devedor, quando esta seja comum a todas as pessoas. Ou seja, que fosse causa estranha a qualquer pessoa e, portanto, não esteja na esfera de risco que caracterize a conduta ou atividade do devedor, passando a se identificar como risco que lhe é inerente. Diz-se, assim, caso fortuito interno porque o caracteriza um risco que decorre da atividade do devedor, embora o inadimplemento ou o dano não decorra de um ato específico seu. Sendo inerente o risco, o inadimplemento e o dano resultam de fato que só existe em razão da atividade do devedor, que potencializa sua ocorrência. Distingue-se, nesse particular, do caso fortuito externo (ou força maior), em que o dano decorre de causa completamente estranha à conduta do agente[93], e por isso causa de exoneração de responsabilidade. Nesse ponto, convém observar que a exterioridade da causa é condição que se afirma para excluir a imputação de responsabilidade. Assim, para que se admita a exoneração de responsabilidade, a causa deve ser estranha, externa ao agente[94].

A jurisprudência brasileira admitiu, expressamente, a distinção entre o caso fortuito externo (força maior) e o caso fortuito interno, identificando, neste último, situações de risco inerentes à atividade do agente. Hipótese consagrada é a prevista na Súmula 479 do Superior Tribunal de Justiça, que dispõe: "As instituições financeiras respondem objetivamente pelos danos gerados por fortuito interno relativo a fraudes e delitos praticados por terceiros no âmbito de operações bancárias". Em outros termos, a Súmula 479 consagra entendimento daquela Corte, no sentido de que as fraudes e delitos praticados por terceiros, no curso das operações bancárias, integram-se à esfera de risco da instituição financeira, de modo que os danos daí decorrentes são de sua responsabilidade. Será o caso de desvio de recursos por terceiros[95], como os praticados na internet ou mesmo em terminais de autoatendimento, por exemplo.

---

[93] "Agravo regimental no recurso especial. Processual civil. Responsabilidade civil. Estacionamento de lanchonete. Roubo de veículo. Força maior. Precedentes. Súmula 7/STJ. 1. 'A força maior deve ser entendida, atualmente, como espécie do gênero fortuito externo, do qual faz parte também a culpa exclusiva de terceiros, os quais se contrapõem ao chamado fortuito interno. O roubo, mediante uso de arma de fogo, em regra é fato de terceiro equiparável a força maior, que deve excluir o dever de indenizar, mesmo no sistema de responsabilidade civil objetiva' (REsp 976.564/SP, Rel. Min. Luis Felipe Salomão, *DJe* 23-10-2012). 2. A desconstituição das conclusões a que chegou o Colegiado *a quo* em relação à ausência de responsabilidade da lanchonete pelo roubo ocorrido em seu estacionamento, como pretendido pelo recorrente, ensejaria incursão no acervo fático da causa, o que, como consabido, é vedado nesta instância especial, nos termos da Súmula 7 desta Corte Superior. 3. Agravo regimental não provido" (STJ, AgRg no REsp 1.218.620/SC, Rel. Min. Ricardo Villas Bôas Cueva, 3ª Turma, j. 15-8-2013, *DJe* 22-8-2013).

[94] Geneviève Viney e Patrice Jourdain, *Traité de droit civil. Las conditions de la responsabilité*. 3. ed., Paris: LGDJ, 2006, p. 252-253.

[95] "As instituições bancárias respondem objetivamente pelos danos causados por fraudes ou delitos praticados por terceiros – como, por exemplo, abertura de conta-corrente ou recebimento de empréstimos mediante fraude ou utilização de documentos falsos –, porquanto tal responsabilidade decorre do risco

288 | DIREITO DAS OBRIGAÇÕES – *Bruno Miragem*

Questão mais tormentosa será a de identificar as situações que se qualifiquem como caso fortuito interno, ou seja, em que as características de determinada atividade possam definir certa esfera de risco inerente a ela,[96] pela qual se identifique um dever de segurança e proteção, e sua violação. Situação em que o devedor venha a responder independentemente da demonstração de culpa, e mesmo de que sua conduta tenha dado causa diretamente ao inadimplemento. Este exame não deve ser feito genericamente, senão em atenção às circunstâncias concretas que caracterizam a atividade e a coerência de utilização do mesmo critério para definição de determinada situação como dotada de risco inerente e outras semelhantes.

3.4. Efeitos do caso fortuito e da força maior

Os efeitos do reconhecimento de caso fortuito e força maior é a exoneração do devedor pelos efeitos do inadimplemento, deixando de responder ao credor por suas consequências. Esta é a regra geral que, todavia, comporta exceções. A primeira delas diz o próprio art. 393, *in fine*, do Código Civil: não responde o devedor, "se expressamente não se houver por eles responsabilizado". É reconhecido por lei, portanto, que mediante exercício da autonomia privada, o devedor possa convencionar expressamente que, em relação a certos riscos, ou a determinados danos deles decorrentes, assume a responsabilidade.

Por outro lado, há situações em que o caso fortuito e a força maior não excluem a responsabilidade do devedor. É o caso do devedor que se encontre em mora, quando ocorra, já no período do inadimplemento, a impossibilidade de cumprimento. A regra é que responda pelos danos daí decorrentes, salvo se demonstrar que ocorreriam mesmo se a prestação devida tivesse sido realizada regularmente (art. 399 do Código Civil). Também o devedor da obrigação de dar coisa incerta não se libera do vínculo se, antes da escolha, alega perda ou deterioração da coisa, ainda que por força maior ou caso fortuito (art. 236 do Código Civil). Assim, por exemplo, o locatário que notificado pelo locador deixa de entregar o bem locado, estando então em mora, responde pelo dano que ela venha a sofrer, mesmo que proveniente de caso fortuito (art. 575 do Código Civil). Também o comodatário que preferir salvar os seus bens, a salvar os do comodante, responde perante este pelo dano, ainda que se possa atribuí-lo a caso fortuito ou força maior (art. 583 do Código Civil). Na obrigação resultante do contrato de mandato, o mandatário responde ao mandante pelos danos, mesmo quando provenientes de caso fortuito, se desatendendo à proibição expressa, se fez substituir por terceiro na execução do contrato. Exonera-se apenas se provar que o dano teria ocorrido mesmo se não tivesse havido violação à proibição expressa (art. 667, § 1º). Já na gestão de negócios, "o gestor responde pelo caso fortuito quando fizer operações arriscadas, ainda que o dono costumasse fazê-las, ou quando preterir interesse deste em proveito de interesses seus" (art. 868 do Código Civil).

No âmbito da responsabilidade legal por danos, que independe da existência de obrigação negocial preconstituída, há situações em que será exigível a indenização dos danos decorrentes da violação do dever, mesmo quando haja caso fortuito e força maior. De mais antiga previsão na tradição do direito, por exemplo, está a hipótese da responsabilidade daquele que habita o prédio pelos danos causados pelas coisas dele caídas ou lançadas em lugar indevido (*actio de deiectis et effusis*), prevista no art. 938 do Código Civil, o qual responderá em qualquer caso.

---

do empreendimento, caracterizando-se como fortuito interno" (REsp 1.199.782/PR, Rel. Min. Luis Felipe Salomão, 2ª Seção, j. 24-8-2011, *DJe* 12-9-2011).

[96] Do mesmo modo, no caso de inadimplemento das obrigações negociais, o insucesso do empreendimento é tomado como risco inerente à atividade empresarial, insuscetível de ser alegado para exmir a responsabilidade do devedor: STJ, REsp 1341605/PR, Rel. Min. Luis Felipe Salomão, 4ª Turma, j. 10/10/2017, DJe 06/11/2017.

Capítulo 7 · INADIMPLEMENTO DAS OBRIGAÇÕES | 289

Em relação à responsabilidade por danos decorrentes determinadas atividades, reúnem-se tais situações sob a indicação de imputação de responsabilidade por risco integral. É o que ocorre em relação aos chamados danos nucleares, e também, por interpretação jurisprudencial atual, na reparação dos danos ambientais[97].

4. EFICÁCIA LEGAL DO INADIMPLEMENTO IMPUTÁVEL E RESPONSABILIDADE DO DEVEDOR

O inadimplemento imputável ao devedor dá causa a determinados efeitos legais, resultado da responsabilidade do devedor inadimplente. O art. 389 do Código Civil sistematiza alguns destes efeitos, ao referir que "não cumprida a obrigação, responde o devedor por perdas e danos, mais juros e atualização monetária segundo índices oficiais regularmente estabelecidos, e honorários de advogado". O art. 394 reproduz os mesmos efeitos em relação à mora. Também dão à parte que sofre o inadimplemento o direito de resolução da obrigação, de modo a promover sua extinção.

Todavia, para além destes efeitos, note-se que do inadimplemento também pode resultar eficácia definida pelas próprias partes no negócio jurídico, como ocorre quando convencionam cláusula penal, ou seja, uma obrigação acessória devida no caso de descumprimento dos deveres decorrentes da obrigação, sejam eles o dever principal de prestação, ou algum dever específico. Tem a função de reforçar ou estimular o cumprimento dos deveres que integram a obrigação, razão pela qual assume um caráter coativo, ao mesmo tempo em que pode servir para a pré-estimação dos danos.

Examinam-se, a seguir, os principais efeitos legais definidos ao inadimplemento imputável.

4.1. Direito de resolução

O inadimplemento das obrigações que decorram de contratos dá causa ao direito de resolução. Trata-se de direito potestativo do credor que sofre o inadimplemento, de pôr fim à relação obrigacional, extinguindo-a. Não se confunde com a condição resolutiva, que é a estipulação feita pelas partes em contrato bilateral, no caso de inadimplemento de prestação relevante para a economia do contrato[98], hipótese a que a lei refere como cláusula ou condição resolutiva expressa (art. 474 do Código Civil), cujos efeitos se dão independentemente de sentença judicial, mas que exige a manifestação do credor.

Pode, também, a condição resolutiva ser tácita, hipótese em que: (a) define-se o conteúdo, tempo e modo de cumprimento da prestação, referindo, expressamente, que o inadimplemento se caracteriza como causa de perda do interesse do credor na prestação, com a possibilidade de resolução do contrato; ou (b) conveciona-se que a prestação só poderá ser cumprida em certa data, ou sob certas circunstâncias, o que, caso não ocorra, importa no inadimplemento definitivo[99]. O direito potestativo de resolução será exercido na medida em que o credor que não tenha dado causa ao inadimplemento, passe a ter interesse na extinção da obrigação, restituindo as partes ao estado anterior ao da constituição da relação obrigacional. Contudo, ensina

---

[97] STJ, REsp 1114398/PR, Rel. Min. Sidnei Beneti, 2ª Seção, j. 8-2-2012, *DJe* 16-2-2012. Nesse sentido, desenvolve-se em Bruno Miragem, *Responsabilidade civil*. 2. ed. São Paulo: Forense, 2021, p. 267 e ss.

[98] Ruy Rosado de Aguiar Júnior, *Comentários ao novo Código Civil*. Da extinção do contrato, Rio de Janeiro: Forense, 2011, v. VI, t. II, p. 394.

[99] Idem, p. 421.

290 | DIREITO DAS OBRIGAÇÕES – *Bruno Miragem*

a melhor doutrina, optando pela execução específica do contrato, ou a prestação equivalente, mais as perdas e danos, o credor não está obrigado a restituir o que lhe foi pago e a receber de volta o que prestou[100]. Quem vende algo e o entrega ao adquirente, mas deixa de receber parte do preço, pode exercer o direito de resolver o contrato e tomar de volta a coisa vendida e devolver a parte do preço que recebeu; ou pode manter o contrato e cobrar a parte do preço que não foi paga. O interesse determinante do que deverá ocorrer é do credor. O exercício do direito de resolução pelo credor é que extingue o contrato, não depende de sentença judicial. A eficácia da resolução, nos termos do art. 474 do Código Civil, será de pleno direito, mas dependente do exercício do direito potestativo do credor. Se assim não fosse, e a cláusula resolutiva operasse de forma automática, confirmar ou não o contrato estaria subordinado à decisão do devedor. Se resolvesse não cumprir, daria causa à resolução, que se produziria de modo automático[101]. Não é este o sentido da legislação, que privilegia o adimplemento e a priorização do interesse do credor.

Em obrigações contratuais duradouras, de sua vez, a parte que esteja realizando a prestação não poderá suspender a realização em face do inadimplemento da outra, caso haja previsto cláusula *solve et repete* em favor de quem esteja recebendo a prestação. Pela cláusula *solve et repete*, a hipótese de inadimplemento de uma parte não autoriza a suspensão do cumprimento da prestação pela outra, autorizando-a apenas a restituir-se do que pagou mediante exercício de pretensão específica. Caracteriza convenção que afasta a possibilidade de alegar-se exceção de contrato não cumprido. A falta de pagamento não afetará, neste caso, a realização da prestação pela outra parte, podendo, todavia, o interessado pretender em juízo a resolução, demonstrando a gravidade do inadimplemento, e consequente impossibilidade de continuação do negócio jurídico[102]. Isso não impedirá, todavia, que se possa judicialmente examinar a estipulação contratual à luz da necessária equivalência material das obrigações e dos deveres inerentes à boa-fé objetiva[103].

4.2. Perdas e danos

No caso de inadimplemento imputável, o devedor responde pelas perdas e danos dele decorrentes. Deve indenizar todos os prejuízos causados. Perdas e danos remetem à noção de dano, compreendendo a lesão ao patrimônio ou à pessoa do credor. A noção de patrimônio aqui se toma, em sentido amplo, como conjunto de bens e direitos de que seja titular a pessoa. É lesão a interesses juridicamente protegidos. Ou como indica a doutrina, "a diminuição ou supressão de uma situação favorável reconhecida ou protegida pelo direito"[104]. Utiliza-se a legislação da expressão perdas e danos, porém também se utiliza referir aos *prejuízos reparáveis*, às *perdas e interesses*, ou ainda desdobra-se o conceito, como aqui será feito, para dizer de suas espécies, distinguindo entre os *danos emergentes* e *lucros cessantes*. O sentido de todas essas expressões reconduz à noção de *dano injusto*[105], ou seja,

---

[100] Idem, p. 398.

[101] Ruy Rosado de Aguiar Júnior, *Comentários ao novo Código Civil...* cit., t. II, p. 398-399.

[102] Idem, p. 404.

[103] Não há, todavia, *a priori*, limite de ordem pública ao exercício da autonomia privada para convenção da cláusula solve e repete, segundo afirmou decisão do STJ em homologação de sentença estrangeira: SEC 3.932/EX, Rel. Min. Felix Fischer, Corte Especial, j. 6-4-2011, *DJe* 11-4-2011.

[104] António Menezes Cordeiro, *Tratado de direito civil português* cit., v. II, t. III, p. 511.

[105] A distinção entre os danos emergentes e os lucros cessantes tornou-se mais nítida a partir, sobretudo, da preocupação dos canonista, a partir da Idade Média, com o propósito de assegurar a prevenção da usura, conforme Zimmermann, *The law of obligations* cit., p. 827.

causado por conduta antijurídica mediante interferência indevida no patrimônio jurídico alheio. No caso do inadimplemento imputável, o injusto do dano decorre da violação dos deveres originários da obrigação, sejam eles os deveres principais de prestação, os deveres acessórios ou secundários, ou os deveres anexos.

Distinguem-se bens jurídicos de interesses. Como ensina a doutrina, bens são externos à pessoa, são corpóreos ou incorpóreos. Interesses relacionam as pessoas aos bens. Podem ser interesses econômicos (com conteúdo ou reflexo econômico), ou interesses ideais[106]. Quando há dano, há lesão a bens ou a interesses. A violação a direitos patrimoniais, como ocorre, em regra, no caso de inadimplemento da obrigação, dá causa à lesão a interesses econômicos, ainda que, subsidiariamente, possa também lesar interesses meramente ideais ou afetivos, como ocorrerá no caso do inadimplemento de certas obrigações, dada sua natureza, ou em vista das circunstâncias. O inadimplemento de um contrato de plano de assistência à saúde, ou de prestação de serviços médicos, por exemplo, pode causar lesão à saúde e integridade do paciente que é credor dos serviços. Pode implicar tanto prejuízos econômicos, tais como os decorrentes da incapacitação para o trabalho ou despesas de tratamento – os danos patrimoniais –, quanto lesão a interesses ideais ou afetivos, compreendidos como danos extrapatrimoniais.

O conteúdo das perdas e danos, de sua vez, é definido pelo art. 402 do Código Civil: "Salvo as exceções expressamente previstas em lei, as perdas e danos devidas ao credor abrangem, além do que ele efetivamente perdeu, o que razoavelmente deixou de lucrar". A ressalva legal refere-se, sobretudo, a hipóteses de responsabilidade civil por danos de natureza extranegocial, ou seja, independente de obrigação preexistente. É o caso da denominada indenização por equidade, prevista no art. 944, parágrafo único, e causalidade concorrente entre o autor do dano e a vítima, prevista no art. 945, ambos do Código Civil[107]. Nestes casos, admite-se que a indenização não compreenda, necessariamente, todos os danos causados à vítima. Em relação às perdas e danos que resultem do inadimplemento das obrigações, podem os próprios sujeitos da relação obrigacional convencionarem, ao constituir a obrigação, causas de exoneração ou limitação de responsabilidade no caso de inadimplemento, conhecidas como cláusulas de exclusão ou limitação de indenização. Tais cláusulas resultam do exercício da autonomia privada das partes, submetem-se ao controle da ordem pública, sendo admitidas apenas quando o direito à reparação das perdas e danos seja disponível às partes, como ocorre, especialmente, nos contratos empresariais e em boa parte dos contratos civis. Não serão admitidas, senão em situação excepcional, nos contratos de consumo (art. 51, I, do CDC).

Os danos indenizáveis, no caso de inadimplemento da obrigação, serão todos os prejuízos suportados pela parte que sofre o inadimplemento. A regra é de reparação integral, nos termos do art. 944 do Código Civil, que refere: "A indenização mede-se pela extensão do dano". Em relação aos prejuízos passíveis de avaliação econômica, a que se designam genericamente como danos patrimoniais, o valor da indenização será rigorosamente o correspondente à perda, e que se considera necessário para a recomposição do estado anterior ao dano (*status quo ante*). Da mesma forma, integram a reparação as vantagens que deixou de obter em razão do tempo em que esteve privado da prestação (no caso de mora), ou pelo fato de que não será cumprida em definitivo (no caso do inadimplemento absoluto), ao que se denominam lucros cessantes. Tudo isso é reconduzível a uma avaliação econômica, e passível de ser recomposto mediante indenização em dinheiro.

---

[106] Fernando Noronha, *Direito das obrigações*, 2010, p. 579-580.
[107] Bruno Miragem, *Responsabilidade civil*. 2. ed. São Paulo: Forense, 2021, p. 195 e ss.

292 | DIREITO DAS OBRIGAÇÕES – *Bruno Miragem*

Porém, também integram as perdas e danos o que resulte de lesão a interesses originalmente insuscetíveis de avaliação econômica, embora, paradoxalmente, também são indenizáveis sob a forma de indenização em dinheiro: os danos extrapatrimoniais. Os danos extrapatrimoniais resultam da violação de direitos subjetivos referentes a atributos da personalidade, que visam à proteção de uma dimensão existencial da pessoa, embora nada impeça que estes mesmos atributos também sejam passíveis de proveito econômico (assim, por exemplo, uma modelo ou atriz que explore economicamente a própria imagem).

São pressupostos para a responsabilização do inadimplente pelas perdas e danos: a existência do inadimplemento; que ele seja imputável ao inadimplente; que deste inadimplemento tenha resultado prejuízos à outra parte. É do inadimplemento, absoluto ou relativo, que resulta a pretensão à indenização das perdas e danos dele decorrentes. Compreende, igualmente, quaisquer prejuízos que decorram da violação de deveres decorrentes da relação obrigacional, tanto os deveres principais de prestação, quanto os deveres secundários e acessórios, anexos ou laterais (em relação a estes últimos, trata-se das perdas e danos decorrentes da violação positiva do crédito).

Observe-se que as perdas e danos decorrentes da mora e do inadimplemento absoluto não se confundem, nem são compreendidas umas nas outras. Na hipótese de conversão da mora em inadimplemento absoluto, é legítimo ao credor distinguir os danos ressarcíveis que se tenham produzido por ocasião da mora, e os que resultem do inadimplemento definitivo[108]. Serão também os danos emergentes e os lucros cessantes, cujo exato significado, para o direito das obrigações em geral, se deve agora precisar.

4.2.1. Distinção entre interesses contratuais positivos e interesses contratuais negativos

A indenização pelo inadimplemento de obrigação – responsabilidade contratual ou negocial – tem em conta a distinção entre lesão de interesses positivos e interesses negativos do credor em relação ao contrato. Por interesses positivos, entendam-se os interesses de cumprimento da prestação, com a execução do contrato. Ou seja, são indenizáveis os interesses contratuais positivos, na medida em que se reconheçam como dano os prejuízos que decorrem do inadimplemento do contrato, assim entendido, tanto o seu inadimplemento absoluto, quanto o cumprimento tardio ou defeituoso da prestação pelo devedor. Serve para repor, a parte, na situação que estaria se o contrato tivesse sido cumprido. Ou seja, a pretensão de indenização de interesses contratuais positivos não exclui a pretensão de cumprimento do contrato, apenas a cumula com a dívida de perdas e danos em razão do inadimplemento originário (art. 402 do Código Civil).

Já os interesses contratuais negativos são aqueles que decorrem da não celebração definitiva e válida do contrato. Encontram-se tutelados pela proteção da confiança e da boa-fé. Consistem no interesse daquele que tem frustrado seu interesse legítimo na celebração do contrato, em razão de: (a) recusa injustificada de uma das partes com quem havia estabelecido negociações; (b) conduta da contraparte de (b.1) violação dos deveres de sigilo e/ou de informação; ou (b.2) dar causa à invalidade do contrato[109]. Nesse sentido, a pretensão de indenização pelos interesses contratuais negativos abrange os prejuízos que o lesado poderia ter evitado se não tivesse confiado legitimamente na conduta da contraparte, acreditando

---

[108] Jorge Cesa Ferreira da Silva, *Inadimplemento das obrigações*, São Paulo: RT, 2007, p. 90.

[109] Paulo Mota Pinto, *Interesse contratual negativo e interesse contratual positivo*, Coimbra: Ed. Coimbra, 2008, v. I, p. 1.197 e s.

que o responsável cumpria os deveres impostos pela boa-fé às partes, ou ainda a crença na própria validade do negócio.

Em matéria de inadimplemento das obrigações, a indenização relativa aos interesses positivos lesados deve corresponder à estimativa do valor da prestação que deveria ter sido executada, em moeda corrente (art. 315 do Código Civil). Opera-se, no caso, pelo método de sub-rogação, ou seja, pelo qual a prestação originária é substituída por prestação de indenização em dinheiro.

Resiste, igualmente, a possibilidade de exigir-se o cumprimento, sem prejuízo de perdas e danos pela resistência do devedor em realizar prestação devida. Nesse caso, mesmo havendo o cumprimento forçado da prestação, o credor ainda assim pode ter sofrido danos decorrentes da mora, os quais serão indenizáveis. O credor, igualmente, poderá optar em não exigir o cumprimento da prestação, mas exercer seu direito de resolução da obrigação, extinguindo o vínculo, sem prejuízo da pretensão às perdas e danos que tiver suportado pelo inadimplemento.

4.2.2. Conteúdo dos danos emergentes

Os prejuízos econômicos que resultam para o credor, diretamente, e importam na diminuição do seu patrimônio, em razão do inadimplemento imputável do devedor, denominam-se danos emergentes. Há, neste caso, a redução – um empobrecimento – do patrimônio da vítima.

Os danos emergentes devem ser demonstrados pelo credor que sofre o inadimplemento, e calculados sobre o valor dos bens e direitos lesados ao tempo em que a prestação devida teria de ser realizada e não foi, apurando-se as perdas decorrente deste fato. Trata-se de aplicação da teoria da diferença, pela qual o dano corresponde ao resultado aritmético do patrimônio da vítima antes da lesão, e aquele que resulte posterior à lesão[110]. Na lição de Aguiar Dias, os danos emergentes referem-se ao "cômputo de direitos apreciáveis economicamente e o passivo patrimonial"[111]. A parcela em que se reduziu o patrimônio da vítima considera-se dano. Todavia, note-se que, para efeito de cálculo da indenização do dano patrimonial, essa noção nem sempre é diferença. Isso porque, o propósito principal da indenização no dano patrimonial será sua função reparatória, de restituição do estado anterior à sua ocorrência. Desse modo, nem sempre há de se identificar exata correspondência entre o valor da perda econômica havida pela vítima e aquele necessário para recompor o bem ou o direito. A indenização das perdas e danos, desse modo, deve abranger todo o necessário para a recomposição do patrimônio do lesado.

Da mesma forma, integram as perdas e danos apenas aqueles prejuízos considerados certos. Ou seja, não se indenizam prejuízos que sejam mera hipótese, ou eventualidade de perda futura, sem que razoavelmente se identifique sua relação com o inadimplemento. São indenizáveis apenas os danos que razoavelmente resultem do inadimplemento, não se admitindo que contemplem alegados prejuízos que não existam concretamente, e cuja ocorrência futura, em razão do mesmo fato, não seja razoável supor. Isso não exclui, naturalmente, a possibilidade de perdas e danos caracterizada como o dano decorrente da frustração da chance de obter uma vantagem futura ou de evitar uma lesão, em decorrência da conduta antijurídica imputável. Frustra-se, desse modo, um evento aleatório futuro,[112]

---

[110] Friedrich Mommsen, *Erörterungen aus dem Obligationenrecht*, C. A. Schwetschke, 1859, v. 2, p. 5 e ss.

[111] José de Aguiar Dias, *Da responsabilidade civil*, São Paulo: Saraiva, 1979, v. 2, p. 403.

[112] François Chabas. La perte d'une chance en droit français. In: Olivier Guillod (Coord.). *Développements récents du droit de la responsabilité civile*. Zurique: Schulthess, 1991, p. 131-143.

DIREITO DAS OBRIGAÇÕES – *Bruno Miragem*

de modo que a chance perdida seja séria e tenha certa importância como condição para que venha a ser reparada.[113]

Estabelece o art. 403 do Código Civil: "Ainda que a inexecução resulte de dolo do devedor, as perdas e danos só incluem os prejuízos efetivos e os lucros cessantes por efeito dela direto e imediato, sem prejuízo do disposto na lei processual". Os danos emergentes indenizáveis são apenas aqueles que resultem, direta e imediatamente, do inadimplemento.

Trata-se aqui, da aplicação da teoria do dano direto e imediato, desenvolvida, originalmente, por Pothier, no século XVIII, e consagrada até hoje como critério para a delimitação dos danos indenizáveis. Por ela distinguem-se os danos diretos e indiretos, de modo que apenas os primeiros serão indenizáveis como regra, e os segundos apenas excepcionalmente (os chamados danos por ricochete)[114]. Assim, "o devedor não está obrigado mais do que às perdas e danos que tenha sido possível prever quando do contrato, que o credor poderá sofrer em razão do inadimplemento da obrigação (...) ordinariamente, se espera que as partes não tenham previsto mais do que as perdas e danos que resultam, para o credor, do inadimplemento da obrigação, relacionadas com a coisa que constitui seu objeto, e não aqueles que da inexecução se tenha causado a outros bens. É por isso que, neste caso, o devedor não é responsável por estes últimos, senão apenas por aqueles sofridos relacionados com o objeto da obrigação: *damni et interesse, propter ipsam rem non habitam*"[115]. É do mesmo Pothier um ilustrativo exemplo didático. Se alguém contrata a venda de um cavalo, mas deixa de entregá-lo ao comprador, e este, necessitando do animal, vai adquiri-lo em valor maior do que o do contrato, o vendedor inadimplente sobre isso deverá indenizar o credor, considerando que a variação de preços é algo previsível ordinariamente pelas partes. Contudo, se o comprador do cavalo fosse dar certa utilização para ele, da qual não fosse exigível ao devedor conhecer, nem estivesse vinculada à prestação, não estará obrigado a indenizar, a não ser que tenha, de modo tácito ou expresso, previsto esta utilidade pressuposta do credor[116]. Registre-se, contudo, que a previsibilidade quanto ao proveito da prestação não se exige individualmente de determinado devedor, senão a utilidade que, de modo objetivo e razoável, dela se presuma.

A teoria do dano direto e imediato, utilizada para identificação dos danos indenizáveis, também é reconhecida, no âmbito da responsabilidade civil, como critério de aferição do nexo de causalidade para efeito de imputação do próprio dever de indenizar[117]. Dá causa a uma visão unitária do nexo causal, tanto como pressuposto para imputação do dever de indenizar, quanto na sua função original de determinar a extensão dos danos indenizáveis[118].

São passíveis de indenização, dentre os danos emergentes, aqueles que se denominam danos atuais. Dano atual é o que existe, concretamente, ao tempo do exercício da pretensão indenizatória. Distingue-se do dano futuro, o qual se define como aquele que ainda não existe,

---

[113]   Geneviève Viney; Patrice Jourdain. *Traité de droit civil. Las conditions de la responsabilité.* 3. ed., n. 283. Paris:LGDJ, 2006, p. 98-102. No direito brasileiro, decidiu o STJ reconhecendo-a: STJ, REsp 788459/BA, Rel. Min. Fernando Gonçalves, 4ª Turma, j. 08/11/2005, *DJ* 13/03/2006; STJ, REsp 1.210.732/SC, Rel. Min. Luis Felipe Salomão, 4ª Turma, j. 02/10/2012, *DJe* 15/03/2013.

[114]   Bruno Miragem, *Direito civil:* responsabilidade civil cit., p. 209.

[115]   Robert-Joseph Pothier, *Traité des obligations* cit., p. 68.

[116]   Robert-Joseph Pothier, *Traité des obligations* cit.

[117]   Bruno Miragem, *Direito civil:* responsabilidade civil cit., p. 234 e ss; Wilson Melo da Silva, Responsabilidade sem culpa, cit., p. 129; Gustavo Tepedino, Notas sobre o nexo de causalidade, cit., p. 63-81; Antônio Herman V. Benjamin, Responsabilidade civil pelo dano ambiental, *Revista de Direito Ambiental,* v. 9, São Paulo: RT, jan./mar. 1998, p. 5-52; Gisele Sampaio da Cruz, O problema do nexo causal na responsabilidade civil, cit., p. 107.

[118]   Gisele Sampaio da Cruz, O problema do nexo causal na responsabilidade civil, cit., p. 100-101.

Capítulo 7 · INADIMPLEMENTO DAS OBRIGAÇÕES | 295

mas que certamente existirá. Tome-se, por exemplo, o dano que resulte das despesas necessárias a uma cirurgia estética reparatória futura, em razão de um dano estético atual. A visão clássica de restringir o dano indenizável apenas àquele que fosse atual, hoje se altera, não permitindo que se exclua *a priori* o dano futuro, quando for demonstrado que ele efetivamente ocorrerá, como consequência do inadimplemento ou do ilícito.

Neste particular, não se deve confundir o dano futuro e o dano eventual. O dano futuro ainda não ocorreu, mas é certo que venha a ocorrer. O dano eventual é aquele que não se tem como precisar se vai ocorrer ou não. O dano futuro, sendo certo, poderá compreender os danos indenizáveis. Já o dano eventual, sendo incerto que venha realmente a ocorrer, não será considerado como passível de ser indenizado.

Serão indenizáveis ainda, compreendidos na concepção de danos emergentes, o que se costuma definir como dano superveniente ou agravamento do dano. São aqueles danos que decorram direta e imediatamente do inadimplemento, representando, contudo, acréscimo ou maior extensão em relação ao dano inicialmente sofrido. Assim, por exemplo, aquele sujeito que tendo sofrido um dano à sua saúde, decorrente do inadimplemento culposo de uma obrigação de fazer, vem, em razão das consequências do dano, a falecer. O dano morte, neste caso, será consequência causal do dano à saúde, decorrente do inadimplemento da obrigação, de modo que não se rompe a cadeia causal, mas, sim, agrava-se o dano sofrido, o que faz com que permaneça como dano indenizável.

4.2.3. Conteúdo dos lucros cessantes

Os lucros cessantes consistem na vantagem econômica que a vítima deveria obter no curso normal de sua atividade, mas que, em razão da conduta antijurídica do agente, restou impedida perceber. Há, nesse caso, a frustração de um enriquecimento legítimo.

Os lucros cessantes devem ser demonstrados pelo lesado para efeito de atribuição de indenização, segundo padrões objetivos, que permitam aferir, caso não houvesse ocorrido o inadimplemento, se o curso normal da sua atividade teria permitido que obtivesse, no futuro, determinada vantagem econômica. Assim, por exemplo, ocorre com quem se compromete a realizar a manutenção de uma máquina para determinada indústria, de modo que ela deixe de ser utilizada pelo prazo ajustado para conclusão do serviço. Ao deixar de cumprir o prazo, o prestador de serviços de manutenção torna-se inadimplente, e o credor da prestação, por não contar com a máquina, deixa de produzir certa quantidade de produtos. O devedor em mora, neste caso, deverá indenizar a vantagem que a indústria deixará de obter pelo fato de a máquina não estar em funcionamento a partir da data ajustada para que voltasse a funcionar.

Há situações em que o valor dos lucros cessantes pode ser previsto com maior exatidão, em outras, isso não é possível. A locução legal, nesse caso, é perfeita, formando o conteúdo da indenização com o que o lesado *razoavelmente deixou de lucrar*. No exemplo didático citado acima, observe-se que os lucros cessantes compreendem a vantagem que o credor deixou de obter em razão da não utilização da máquina para fabricação de bens para a venda. Qual seria este valor? Naturalmente, não será o preço dos bens produzidos, que afinal de contas, compreendem todos os outros custos de produção. Da mesma forma, não basta demonstrar que poderiam ser produzidos pela máquina em manutenção, no período da mora do prestador de serviços, determinada quantidade de produtos. É necessário demonstrar que já se encontrava contratada sua venda, ou, ao menos, que fosse razoável supor que seriam comercializadas tão logo fossem produzidas. Neste caso, os lucros cessantes propriamente ditos compreendem a vantagem que o credor obteria de sua venda, portanto, o preço, abatido de outros custos necessários à produção.

Note-se que não há presunção em relação à existência de lucros cessantes, devendo aquele que sofre o inadimplemento fazer prova destes. Casos há, especialmente quando em razão do inadimplemento resultam danos à pessoa do credor – como em acidente imputável ao transportador ou erro médico de que resultem lesões incapacitantes para o trabalho –, em que os lucros cessantes poderão compreender o certo valor da remuneração a que a vítima não mais poderá obter. Ou seja, como resultado do inadimplemento, torna-se incapaz para o trabalho, em caráter transitório ou permanente, de modo que a indenização deverá compreender aquilo que deixará de receber por não poder mais exercer o trabalho.

A razoabilidade dos ganhos que deixam de ser obtidos em razão do inadimplemento deve ser objeto de atento exame pelo intérprete. São exigidos padrões objetivos para aferição do dano e de suas consequências, de modo que as expectativas de ganho, porventura frustradas pela ocorrência da lesão, devem contar com certo substrato fático, como o que decorre do curso normal da relação obrigacional até a ocorrência do prejuízo, por causa direta e imediatamente do inadimplemento. Assim, por exemplo, se já havia compromissos formalmente assumidos, frustrados em razão do inadimplemento, ou que tenha ocorrido a redução dos ganhos habituais pela mesma razão. Da mesma forma, podem assim também ser considerados os fatos externos às partes, passíveis de aferição, identificando-se que o prejuízo se caracterize pela impossibilidade da obtenção de determinada vantagem econômica. São, em substância, fatos pretéritos relativamente consolidados, como a remuneração até então recebida, ou contratos já formalizados, fora do que se observa certa tendência de considerar, na ausência dessas circunstâncias, como mero dano hipotético, sem substrato na realidade da vida, e, por isso, não computável na indenização por lucros cessantes.

Para bem compreender, pense-se no exemplo de uma modelo de sucesso que, ao se submeter a determinada cirurgia, sofre danos estéticos que a impedem de cumprir contratos já celebrados com diversas empresas. A vantagem econômica que deixará de obter em razão da impossibilidade de cumprir esses contratos caracteriza-se claramente como lucros cessantes. Considere-se, então, que nas mesmas circunstâncias, a lesada tenha sido uma modelo iniciante, que ainda não tem contratos a cumprir, mas que também venha a sofrer dano estético em razão de erro médico, prejudicando a futura carreira. Neste caso, os lucros cessantes não compreenderão a vantagem decorrente de contratos que deixará de cumprir, pelo simples fato de que estes não existem, tratando-se de uma iniciante na carreira. A eventual expectativa de êxito futuro não pode ser determinada, nem as condições ou a extensão em que ocorreria, razão pela qual não há sequer indício de vantagem econômica frustrada. A indenização neste caso, embora possivelmente deva compreender outros danos sofridos, não contemplará eventuais lucros cessantes, que sequer minimamente tenham sido demonstrados. Falta, assim, a razoabilidade na vantagem econômica frustrada. Desse modo, em relação aos lucros cessantes, exige-se a exemplo de quaisquer perdas e danos passíveis de indenização, a certeza quanto à situação que o inadimplemento deu causa para o lesado.

4.3. Juros

Tanto o art. 389, que define os efeitos do inadimplemento absoluto, quanto o art. 395 do Código Civil, relativo aos efeitos da mora, estabelecem que aquele que deixar de cumprir a obrigação deve responder pelos juros.

Os juros são espécies de frutos civis, o que, conceitualmente, compreendem aquilo que acresce a coisa e se lhe pode retirar sem fratura ou dano. Os juros acrescem a determinado capital, sendo calculados em razão dele, a certa proporção, normalmente percentual, definida em lei ou por convenção das partes. Há juros que nascem em decorrência de um fato previsto em lei, caso daqueles que decorrem do inadimplemento da obrigação. Pode também ser efeito de negócio jurídico, como contraprestação a que faz jus aquele que presta o capital, como ocorre no contrato de mútuo (art. 591 do Código Civil). Compreende, no caso de inadimplemento da obrigação, em espécie de obrigação acessória, que depende da existência da principal, que a prestação que deixou de ser cumprida, ou seu respectivo valor equivalente.

A doutrina identifica a origem etimológica das expressões latina "juros" e germânica "Zinsen" (recepcionada no latim "census") origem da noção de interesses do dinheiro. É daí que, a partir da crescente dessacralização dos regimes políticos, parte-se de uma original condenação jurídico-formal absoluta da cobrança de juros como usura, para restringir a qualificação de usurários apenas aos juros ilícitos[119].

A disciplina de juros é matéria comum a normas de direito público e privado. No direito público, interessa à condução da política econômica, influenciando nas iniciativas de Estado de fomento ao desenvolvimento, à formação de preços no mercado, ao nível de crédito, dentre outros aspectos da vida econômica que interessa a todos. No direito privado, podem ser normas dispositivas ou imperativas, desde que se queira suprir eventual falta da deliberação comum das partes no contrato, ou impor limites ao estabelecimento de juros como modo de proteção do tomador de crédito, sob diferentes justificativas.

Assim, no plano negocial, em especial nas obrigações de caráter eminentemente financeiras, há uma série de taxas de juros consideradas referenciais, consagradas no mercado, e que servem para padronização da remuneração de diversos contratos. Podem ser tanto taxas oficiais, definidas pelo Estado, como taxas de mercado, convencionadas por entidades representativas do setor financeiro (assim, por exemplo, a taxa Selic; a Taxa Básica Financeira (TBF); a Taxa Referencial (TR); a Taxa de Juros de Longo Prazo (TJLP); a taxa DI-Cetip; a taxa Anbid; as taxas Libor; e as taxas Euribor)[120].

Para o direito, identificam-se, normalmente duas espécies de juros, os compensatórios e os moratórios. São juros compensatórios, ou também denominados remuneratórios, aqueles devidos em contraprestação por quem recebe prestação de capital. É o que deverá pagar aquele que toma capital, como ocorre no contrato de empréstimo de dinheiro (mútuo), em que o mutuário se compromete a restituir o capital que recebeu, acrescido de juros, ao mutuante. Ou ainda, são os devidos no caso do inadimplemento definitivo da obrigação, caso em que se destaca sua função compensatória dos prejuízos do devedor, em vista do tempo decorrido entre o momento em que a prestação devida teria de ser realizada, e aquele em que o inadimplente realiza o equivalente, e presta a indenização das perdas e danos.

Já os juros moratórios são aqueles devidos em caso de mora, ou seja, pelo inadimplemento não definitivo da prestação devida. Tem natureza de indenização, ou sanção pelo atraso[121]. São presumidos e devidos independentemente da demonstração de prejuízo, no caso de mora relativa

---

[119] Ruy Cirne Lima, Do juro do dinheiro, *Revista de Direito Bancário e do Mercado de Capitais*, v. 45, p. 345, São Paulo: RT, jul. 2009.

[120] Para detalhes sobre a utilidade e aplicação de cada uma das taxas mencionada, remete-se a Bruno Miragem, *Direito bancário. 3ª ed. São Paulo: RT, 2019, p.* 70 e ss; Igualmente, o estudo de Fabiano Jantalia, *Juros bancários*, São Paulo: Atlas, 2012, p. 144 e ss.

[121] Pontes de Miranda, *Tratado de direito privado* cit., t. XXIII, p. 265; Orlando Gomes, *Obrigações* cit., p. 203; Paulo Lôbo, *Direito civil:* Obrigações cit., p. 255. No direito italiano, a opção do Código Civil de 1942, foi a de distinguir três categorias de juros, identificando espécie para remuneração convencional, ou seja, contraprestação, do capital (*interessi corrispettivi*, art. 1.282) e os juros compensatórios, definidos em situações expressamente previstas em lei (arts. 1.499, 1.815 e 1.825), ao lado dos juros moratórios (art. 1.224). Nesse sentido, Mario Libertini, Interessi. *Enciclopedia del diritto*, Milano: Giuffrè, 1972, t. XXII, p. 97-98.

a qualquer espécie de prestação, seja pecuniária ou de qualquer outra espécie. Dispõe o art. 407 do Código Civil: "Ainda que se não alegue prejuízo, é obrigado o devedor aos juros da mora que se contarão assim às dívidas em dinheiro, como às prestações de outra natureza, uma vez que lhes esteja fixado o valor pecuniário por sentença judicial, arbitramento, ou acordo entre as partes".

O momento inicial de sua incidência dependerá da exigibilidade da prestação e caracterização de seu inadimplemento. Há célebre máxima, da tradição jurídica, sobre a impossibilidade de fluência de juros nas obrigações ilíquidas: *in illiquidis non fit mora*. No Código Civil de 1916, havia regra expressa no sentido de que os juros, nas obrigações ilíquidas, passavam a contar desde a citação inicial (art. 1.536, § 2º). No direito atual, distingue-se conforme o modo de constituição do devedor em mora. Incidem sobre o valor da prestação devida, a partir da fluência do termo de vencimento, nos casos de mora instantânea (mora *ex re*)[122], ou da citação do devedor, no caso da mora dependente de interpelação (mora *ex persona*)[123]. Neste último caso, conforme define o art. 405 do Código Civil: "Contam-se os juros de mora desde a citação inicial". Já em relação a indenizações decorrentes de responsabilidade extracontratual, os juros contam desde a data do evento danoso. Nesse sentido dispõe a Súmula 54 do STJ: "Os juros moratórios fluem a partir do evento danoso, em caso de responsabilidade extracontratual".

Examinam-se, agora, com maior precisão, as distinções entre os juros compensatórios (ou remuneratórios) e os moratórios.

4.3.1. Juros compensatórios

Os juros serão compensatórios, ou também denominados remuneratórios, quando compensam ou remuneram a disponibilidade de certo capital ou equivalente. Podem se constituir, por convenção, na remuneração devida àquele que presta capital, como ocorre, por exemplo, no contrato de mútuo. Ou podem compensar a indisponibilidade do capital pelo credor, no caso de inadimplemento do devedor. Afinal, se o devedor deixar de realizar a prestação devida, a torna indisponível para o credor, que por isso tem direito à compensação por juros.

No tocante à prestação de juros como remuneração do capital, há conhecida tradição, não apenas jurídica, mas também cultural, de limitação ou condenação da cobrança de juros como remuneração do empréstimo de dinheiro. Neste aspecto, inclusive, deitam suas raízes institutos jurídicos de direito privado como a lesão e, em panorama mais amplo, a pura e simples condenação à usura, que da influência do direito canônico resultou, já no direito contemporâneo, na sua tipificação penal (a usura como crime). Atualmente, atenua-se esta compreensão, em especial pela óbvia necessidade de circulação de valores e mobilização do crédito, razão pela qual à prestação de juros cumpre abranger os custos destas operações, como ocorre no caso das instituições financeiras, bem como do proveito econômico legítimo que aufere no exercício da atividade de intermediação de moeda.

Não se cogita, portanto, de predefinir limites aos agentes econômicos, os quais, integrando regularmente o Sistema Financeiro Nacional, têm atividade típica de intermediação financeira (art. 17 da Lei n. 4.595/64)[124]. As operações ativas de instituições financeiras não se submetem aos limites estabelecidos em lei para obrigações de empréstimo celebradas por quaisquer outros sujeitos, e definidos no art. 591 do Código Civil: "Destinando-se o mútuo a fins econômicos, presumem-se devidos juros, os quais, sob pena de redução, não poderão exceder a taxa a que se refere o art. 406, permitida a capitalização anual". Da mesma forma,

---

[122] STJ, REsp 1513262/SP, Rel. Min. Ricardo Villas Bôas Cueva, 3ª Turma, j. 18-8-2015, *DJe* 26-8-2015.

[123] STJ, EREsp 1250382/RS, Rel. Min. Sidnei Beneti, Corte Especial, j. 2-4-2014, *DJe* 8-4-2014.

[124] Bruno Miragem, *Direito bancário. 3ª ed. São Paulo: RT, 2019*, p. 268.

antes da vigência do Código Civil, e sob a égide da Lei de Usura (Decreto n. 22.626/33), tanto o Supremo Tribunal Federal, quanto o Superior Tribunal de Justiça já afastavam a incidência do índice de 12% (doze por cento) de juros ao ano, previsto nessa norma, como limite máximo para remuneração do capital das operações ativas de instituições financeiras. Nesse sentido, o STF, já em 1976, editou a Súmula 596, observando que "as disposições do Decreto n. 22.626/33 não se aplicam às taxas de juros e aos outros encargos cobrados nas operações realizadas por instituições públicas ou privadas que integram o sistema financeiro nacional". No caso do STJ, observa-se o mesmo entendimento, recentemente consagrado na Corte, por intermédio do procedimento de uniformização de jurisprudência, em vista de recursos repetitivos[125]. Em relação ao entendimento jurisprudencial é de mencionar ainda a Súmula 530, do STJ: "Nos contratos bancários, na impossibilidade de comprovar a taxa de juros efetivamente contratada – por ausência de pactuação, ou pela falta de juntada do instrumento aos autos –, aplica-se a taxa média de mercado, divulgada pelo Banco Central do Brasil, praticada nas operações da mesma espécie, salvo se a taxa cobrada for mais vantajosa para o devedor".

Isso não significa, todavia, que a fixação de juros deixe de se subordinar a qualquer controle. É reconhecido, especialmente, o exercício, pelo devedor, de pretensão revisional no caso da fixação de juros excessivos, seja sob o fundamento da lesão (art. 157 do Código Civil), da ilicitude do exercício abusivo do direito (art. 187 do Código Civil), ou ainda pela incidência da boa-fé objetiva (art. 422 do Código Civil). No plano das obrigações que se caracterizem como contrato de consumo, o controle se dá, sobretudo, pela incidência do art. 51 do CDC, paradigma de controle das cláusulas contratuais abusivas, impondo nulidade da cláusula ou sua modificação (art. 6º, V, do CDC)[126].

Todas as demais obrigações que não sejam celebradas por instituições financeiras, que envolvam o empréstimo de dinheiro, a convenção dos juros remuneratórios deverá observar os limites definidos no art. 591, o qual remete à taxa prevista no art. 406, ambos do Código Civil.[127] A taxa em questão será aquela "que estiver em vigor para a mora do pagamento de impostos devidos à Fazenda Nacional". Qual seja esta taxa, examina-se agora, no tratamento dos juros moratórios.

4.3.2. Juros moratórios

Configurando-se a mora, ou seja, o inadimplemento relativo, ou não definitivo, da obrigação, são devidos juros moratórios. São juros com natureza de indenização, em relação a prejuízos presumidos em razão do atraso no cumprimento. São devidos independentemente de alegação do credor, podendo ser convencionados ou definidos por lei. Tem a função, segundo a melhor doutrina, de encher "o lugar ao que se tirou do patrimônio do credor, – atendendo ao valor real do bem, *verum rei pretium, vera rei aestimatio*"[128].

O Código Civil regula detalhadamente a disciplina dos juros moratórios. Tratando-se de obrigação de dar ou fazer líquida (ou seja, de objeto certo e determinado), seu não cumprimento no termo constitui, instantaneamente, o devedor em mora (mora *in re*), momento a partir do

---

[125] STJ, REsp 1061530/RS, Rel. Min. Nancy Andrighi, 2ª Seção, j. 22-10-2008, *DJe* 10-3-2009.

[126] Bruno Miragem, *Curso de direito do consumidor.*, 8. ed. São Paulo: RT, 2019, p. 293-294 e ss; Claudia Lima Marques, *Contratos no Código de Defesa do Consumidor*, 8. ed. cit., p. 1037 e ss.

[127] Assim, por exemplo, sociedade empresária não pode estipular, em suas vendas a crédito, pagas em parcelas, juros remuneratórios superiores a 1% ao mês, ou a 12% ao ano: REsp 1720656/MG, Rel. Ministra Nancy Andrighi, 3ª Turma, j. 28/04/2020, DJe 07/05/2020.

[128] Pontes de Miranda, *Tratado de direito privado* cit., t. XXIV, p. 78.

300 | DIREITO DAS OBRIGAÇÕES – *Bruno Miragem*

qual serão devidos juros moratórios. No caso de inexistir termo final para o cumprimento da obrigação, é necessário, para constituir o devedor em mora, que haja sua interpelação pelo devedor (mora *in personam*, art. 397, *caput* e parágrafo único, do Código Civil). No caso de obrigação ilíquida, a mora do devedor se dá apenas com a citação (art. 240 do CPC).

O art. 406 do Código Civil estabelece: "Quando os juros moratórios não forem convencionados, ou o forem sem taxa estipulada, ou quando provierem de determinação da lei, serão fixados segundo a taxa que estiver em vigor para a mora do pagamento de impostos devidos à Fazenda Nacional". Trata-se a norma de caráter dispositivo, uma vez que só incide na ausência de convenção das partes. Nesse caso, os juros estarão definidos na própria obrigação ou, na falta de estipulação, nos termos do art. 406 do Código Civil, serão aqueles estipulados "segundo a taxa que estiver em vigor para a mora do pagamento de impostos devidos à Fazenda Nacional". Identificam-se os juros moratórios e os legais, razão pela qual a taxa a que se refere o art. 406 não só incide quando não haja estipulação de juros, ou não se precise a taxa, como também é limite à convenção das partes.

Conforme se referiu, incide o art. 406 na ausência de convenção das partes, ou seja, quando não houver estipulação, ou forem fixados os juros, porém sem taxa. Neste particular, diga-se que a jurisprudência assentou entendimento no sentido de que, a partir da vigência do art. 406, ou seja, em 11 de janeiro de 2003, é cabível a incidência da taxa nele definida para cálculo dos juros moratórios[129].

Essa regra para a liquidação das obrigações dá causa à discussão sobre a taxa aplicável no caso de ausência de estipulação. O primeiro entendimento sustenta a aplicação da taxa Selic, (Sistema Especial de Liquidação e Custódia), que remunera os títulos da dívida pública federal, e é definida pelo Comitê de Política Monetária (Copom), do Banco Central do Brasil. Tem a função original de definir a remuneração dos títulos da dívida pública federal, e é utilizado para cálculo dos juros de mora do pagamento de impostos devidos à Fazenda Nacional, em vista do que dispõe o art. 84 da Lei n. 8.981/95[130]. Outro entendimento, entretanto, conduz à aplicação da taxa de 1% ao mês, prevista pelo art. 161, § 1º, do Código Tributário Nacional[131].

---

[129] O Enunciado 164 da III Jornada de Direito Civil do STJ, de sua vez, em relação às obrigações que tivessem lugar na mora iniciada na vigência do Código Civil de 1916, firmou entendimento de que "tendo início a mora do devedor ainda na vigência do Código Civil de 1916, são devidos juros de mora de 6% ao ano, até 10 de janeiro de 2003; a partir de 11 de janeiro de 2003 (data de entrada em vigor do novo Código Civil), passa a incidir o art. 406 do Código Civil de 2002".

[130] Arnoldo Wald, *Direito civil*. Direito das obrigações e teoria geral dos contratos, 22. ed., São Paulo: Saraiva, 2015, v. 2, p. 183-184.

[131] Entre outros, Jorge Cesa Ferreira da Silva, *Inadimplemento das obrigações* cit., p. 225-228; Rodolfo Pamplona Filho e Pablo Stolze Gagliano, *Novo curso de direito civil* cit., v. II, p. 336; Flávio Tartuce, *Direito civil*. Direito das obrigações e responsabilidade civil, 11. ed., Rio de Janeiro: Forense, 2016, p. 235 e ss. Assinalando os termos do controle dos juros, Maria Helena Diniz, *Curso de direito civil brasileiro*, 22. ed., São Paulo: Saraiva, 2007, p. 393. Em relação aos contratos de consumo, sustenta a abusividade de cláusulas que impliquem cumulação, porém se referir-se especificamente à taxa Selic, Claudia Lima Marques, *Contratos no Código de Defesa do Consumidor*, 8. ed. cit., p. 1268 e ss. Sustentando este segundo entendimento encontra-se o enunciado n. 20, da I Jornada de Direito Civil, promovida pelo Centro da Justiça Federal, em 2002, ao referir que "a taxa de juros moratórios a que se refere o art. 406 é a do art. 161, § 1º, do Código Tributário Nacional, ou seja, um por cento ao mês". Entre as justificativas do enunciado indicou-se que "a utilização da taxa Selic como índice de apuração dos juros legais não é juridicamente segura, porque impede o prévio conhecimento dos juros; não é operacional, porque seu uso será inviável sempre que se calcularem somente juros ou somente correção monetária; é incompatível com a regra do art. 591 do novo Código Civil, que permite apenas a capitalização anual dos juros, e pode ser incompatível com o art. 192, § 3º, da Constituição Federal, se resultarem juros reais superiores a doze por cento ao ano". Observe-se que a regra do art. 192, § 3º, da Constituição, vigente à época de prolação do enunciado

Capítulo 7 · INADIMPLEMENTO DAS OBRIGAÇÕES | **301**

A taxa Selic foi criada pela Circular 466/79, do Banco Central, e é a aplicada para remuneração de títulos públicos federais negociados no Sistema Especial de Liquidação e Custódia (Selic). Trata-se de um sistema informatizado para registro, custódia e liquidação de títulos emitidos pelo Tesouro Nacional, administrado pelo Banco Central, em parceria com a Associação Brasileira das Entidades dos Mercados Financeiro e de Capitais (Anbima). É obtida "mediante cálculo da taxa média ponderada e ajustada das operações de financiamento por um dia, lastreadas em títulos públicos federais e cursadas no referido sistema ou em câmaras de compensação e liquidação de ativos, na forma de operações compromissadas"[132].

Desta definição surgiu a discussão sobre a aplicação da taxa Selic, utilizada nos casos de mora para atualização dos tributos federais, ao cálculo dos juros de mora das obrigações em geral. Isto porque a fórmula de cálculo da taxa Selic integraria o cômputo de juros moratórios mais a correção monetária, o que implicaria a impossibilidade de cobrança desta última de forma cumulativa aos juros[133]. Cotejada a questão em relação à situação de inadimplemento das obrigações privadas em geral, distinguem-se os juros remuneratórios e os juros moratórios. Em relação aos juros moratórios, entende-se que se aplicam as regras do Decreto n. 22.626/33 (Lei de Usura), limitando-os a taxa de 12% ao ano[134]. Em relação aos contratos bancários, no âmbito do procedimento de decisão dos recursos repetitivos, decidiu o STJ, editando a Súmula 379, que "nos contratos bancários não regidos por legislação específica, os juros moratórios poderão ser convencionados até o limite de 1% ao mês".

4.3.3. *Indenização suplementar no inadimplemento de obrigações pecuniárias*

O art. 404 do Código Civil refere que as perdas e danos, nas obrigações de pagamento em dinheiro, serão pagos com atualização monetária, segundo índices oficiais regularmente estabelecidos, abrangendo juros, custas e honorários de advogado, sem prejuízo da pena convencional. Seu parágrafo único, contudo, refere que "provado que os juros da mora não

---

foi depois revogada pela Emenda Constitucional n. 40/2003, que limitava os juros reais das operações praticadas pelo Sistema Financeiro Nacional a 12% ao ano. Esta disposição constitucional, contudo, tendo sido considerado pelo STF na ADI 4, como não sendo autoaplicável, e dependente de regulamentação, nunca chegou a ser de fato regulamentada até sua revogação expressa, razão pela qual seus efeitos foram admitidos apenas parcialmente pela jurisprudência da época. O entendimento predominante, assim, é de que a definição de juros para remuneração de operações bancárias ativas submete-se à competência legal do Conselho Monetário Nacional para regular o Sistema Financeiro Nacional. A decisão da ADI 4/DF foi no sentido de reconhecer como recepcionada pela ordem constitucional vigente, a Lei n. 4.595/64, que ao regulamentar o Sistema Financeiro Nacional, define as competências do Conselho Monetário Nacional. Neste caso, entendeu-se no âmbito da competência do órgão a regulação das operações bancárias. E no exercício desta regulação, o Conselho Monetário Nacional expediu a Resolução n. 1.064, de 5 de dezembro de 1985, a qual estabelece que a taxa de juros de operações ativas de bancos comerciais, de investimento e de desenvolvimento serão de livre pactuação entre as partes. E na hipótese de não serem pactuados, presumem-se devidos no mútuo para fins econômicos (art. 591 do Código Civil), a taxa de mercado, salvo se os praticados pela instituição financeira forem mais vantajosos, segundo entendimento uniforme do STJ, a partir da decisão do REsp 1.112.879/PR, Rel. Min. Nancy Andrighi; 2ª Seção, j. 12-5-2010, *DJe* 19-5-2010.

[132] Bruno Miragem, *Direito bancário. 3ª ed. São Paulo: RT, 2019*, p. 71; Fabiano Jantalia, *Juros bancários* cit., p. 146.

[133] REsp 1.139.997/RJ, 3ª Turma, Rel. Min. Nancy Andrighi, *DJe* 23.2.2011; AgRg no Ag 1.330.171/MS, 2ª Turma, Rel. Min. Humberto Martins, *DJe* 9-11-2010; AgRg no REsp 598.614/PR, 2ª Turma, Rel. Min. Herman Benjamin, *DJe* 20-4-2009; REsp 781.411/PE, 1ª Turma, Rel. Min. Denise Arruda, Rel. p/ acórdão Min. José Delgado, *DJ* 14-6-2007.

[134] STJ, REsp 1061530/RS, Rel. Min. Nancy Andrighi, 2ª Seção, j. 22-10-2008, *DJe* 10-3-2009.

cobrem o prejuízo, e não havendo pena convencional, pode o juiz conceder ao credor indenização suplementar".

Trata-se de inovação do Código Civil vigente, em relação ao direito anterior. Note-se que, no caso de inadimplemento sem que haja a demonstração específica de certos danos a serem indenizados pelo devedor inadimplente, os juros de mora presumem-se devidos com natureza indenizatória. Todavia, pode ocorrer que haja prejuízos específicos, não abrangidos pelos juros, e que também não o são pela pena convencional, quando não convencionada pelas partes. Desse modo, ao permitir que o juiz conceda indenização suplementar aos juros insuficientes para reparar o prejuízo do credor, realiza-se, em concreto, o princípio da reparação integral. Trata-se de solução à crítica doutrinária pronunciada em relação à regra do art. 1.061 do Código Civil de 1916: "Suponha-se que alguém, confiado em que certo pagamento será feito, planeja uma viagem, faz gastos, recusa serviços e, no dia do recebimento do dinheiro, o devedor falha. Só paga com atraso. As perdas e danos, ou seja, os juros calculados a seis por cento ao ano, não cobrem aqueles prejuízos. Todavia, a lei não permite outra indenização"[135]. O direito vigente, ao permitir a indenização suplementar, mediante prova, pelo credor que sofre o inadimplemento, de que os prejuízos sofridos superam o valor devido a título de juros moratórios, e sem a previsão de cláusula penal, orienta-se pela solução atual adotada em outros sistemas. Assim o art. 806, 3, do Código Civil português, ao prever o direito à indenização suplementar se "o credor provar que a mora lhe causou dano superior aos juros referidos (...) e exigir a indemnização suplementar correspondente, quando se trate de responsabilidade por facto ilícito ou pelo risco". No mesmo sentido é observado no direito alemão (§ 288, 4, do *BGB*), no direito italiano (art. 1.224, *in fine*, do *Codice Civile*), e no direito francês (art. 1.231-6 do *Code Civil*).

Nesse sentido, o ônus da prova de que os prejuízos excedem o valor dos juros moratórios será do credor que sofre o inadimplemento, constituindo aí direito seu, que poderá exercer, convencionando com inadimplemento a satisfação da indenização suplementar, e no caso de recusa deste, no exercício judicial da pretensão.

4.4. Atualização monetária

O inadimplemento do devedor – ao dar causa à pretensão do credor ao equivalente, e às perdas e danos decorrentes da não realização da prestação devida – subordina-se ao princípio da reparação integral. Toda a perda patrimonial do credor em razão do inadimplemento deve ser reparada pelo devedor. Nesse sentido, tanto o art. 389, quanto o art. 395, do Código Civil, definem o direito à atualização dos valores monetários. As regras mencionadas consignam a responsabilidade do devedor pelas perdas e danos, *mais* juros e atualização monetária, segundo índices oficiais regularmente estabelecidos. Aqui há de se cuidar eventual imprecisão conceitual. Quando a lei refere como devidos "mais atualização monetária", não significa parcela autônoma, senão que os valores devidos a título de perdas e danos e juros devam ser atualizados, segundo os índices que determinem a perda de valor da moeda. O princípio é que a indenização a ser paga pelo inadimplente recomponha o patrimônio do credor que suporta o inadimplemento. A perda de valor da moeda influencia no valor da indenização, em atenção ao princípio da reparação integral.

Observe-se que, entre o inadimplemento e a satisfação tardia da prestação devida (no caso de mora), ou ainda a indenização devida pelo devedor, pode haver o transcurso do tempo no qual a moeda deteriore seu valor. Manter o valor nominal da prestação devida mais os juros,

---

[135] Agostinho Alvim, *Da inexecução das obrigações e suas consequências* cit., p. 185-186.

ou indenizar conforme o valor da época em que deveria ter sido cumprida originalmente a prestação, pode encobrir a perda do valor da moeda, de modo que não mais represente o efetivo valor patrimonial da prestação. Isso equivaleria a que o credor suportasse os efeitos do tempo e do comportamento imputável do devedor inadimplente. Daí por que a atualização monetária dos valores, por força de lei, tem por finalidade a preservação do valor da moeda para as dívidas de valor a serem pagas com prazo, ou ainda em prestações periódicas.

Conforme já foi mencionado, a correção monetária é instrumento desenvolvido pela ciência econômica para permitir o ajuste periódico de certos valores, tendo por base o valor da inflação do período, que ao determinar maior quantidade de moeda para aquisição de bens e serviços, implica perda do seu valor de compra. Trata-se, portanto, da atualização do valor nominal de quantia ou prestação fixada em moeda sujeita a desvalorização, de modo a manter, em razão do decurso do tempo, seu valor real.

No caso do inadimplemento das obrigações, visa a atualizar o valor nominal da prestação devida, ou das perdas e danos decorrentes do descumprimento, até o efetivo pagamento. Tem caráter instrumental, e não se caracteriza como sanção, uma vez que seu objetivo não é o de onerar o devedor, mas evitar seu enriquecimento injustificado, que pode ocorrer em consequência da desvalorização da moeda até que realize, finalmente, a prestação, ou indenize os prejuízos do inadimplemento.

Nas obrigações pecuniárias, o risco da perda do valor da moeda, como regra, é do credor, até o vencimento. Vencida a dívida, e havendo o inadimplemento do devedor, este passa a responder pela atualização monetária (arts. 389 e 395 do Código Civil).

O índice a ser aplicado para correção monetária é matéria de ordem pública, de modo que será fixado por norma cogente. Encontra seu fundamento no princípio da equivalência material, que informa o direito das obrigações, tutelando o equilíbrio dos interesses de credor e devedor.

No caso das obrigações decorrentes de responsabilidade civil por danos, nem sempre se sabe qual é o valor da indenização devida pelo dano, o que acontece, especialmente, quando se tratar do dano extrapatrimonial, cuja indenização seja definida por arbitramento. A Lei n. 6.899/81 estabeleceu que a correção monetária incide desde a data da decisão judicial, de modo que, sendo certa e líquida a dívida, passa a calcular-se desde o seu vencimento. Ocorre que tal disposição foi objeto de severo debate jurisprudencial, tendo o STJ editado a Súmula 43, nos seguintes termos: "Incide a correção monetária sobre a dívida por ato ilícito a partir da data do efetivo prejuízo".

Desse modo, resta definido atualmente que a correção monetária incide desde o arbitramento da indenização, quando se tratar de hipótese de responsabilidade extracontratual. Dispõe a Súmula 362 do STJ: "A correção monetária do valor da indenização do dano moral incide desde a data do arbitramento". No caso de danos patrimoniais, incidirá, todavia, desde a data do efetivo prejuízo (Súmula 43 do STJ). No caso do inadimplemento da obrigação, tenha-se em conta, a data desde que a obrigação devia ter sido cumprida e não foi, fixando daí o direito do credor em exigi-la íntegra.

4.5. Honorários advocatícios

Os honorários advocatícios a que se obrigue lançar mão o credor, para efeito de exigir a satisfação da prestação devida (no caso de mora), ou a responsabilidade patrimonial do devedor em razão do inadimplemento, integram o valor da indenização pela qual será demandado o inadimplente. É efeito que resulta dos arts. 389 e 395 do Código Civil.

Note-se, só obrigam à indenização os valores de honorários de advogado, quando de fato tenha havido efetiva prestação de serviços deste profissional para o exercício da pretensão do credor. Não há, necessariamente, que haver o exercício judicial da pretensão, que em regra exigirá a atuação do advogado, admitindo-se também a atuação extrajudicial, que se encontra entre as atividades próprias deste profissional. Todavia, não se presumem devidos os honorários apenas porque houve o inadimplemento. E, da mesma forma, não se confundem os honorários advocatícios a que se refere a lei, com os custos de outros serviços tomados pelo credor para cobrança da dívida, os quais se inserem no termo geral de perdas e danos, podendo ser convencionados ou, na ausência de convenção, devendo ser provados pelo credor, assim como demonstrado que decorrem direta e imediatamente da conduta imputável ao devedor. Havendo o exercício judicial da pretensão, os honorários advocatícios serão devidos em acordo com o disposto no art. 85 do Código de Processo Civil.

5. CLÁUSULA PENAL

Ao lado dos efeitos legais do inadimplemento imputável, também podem as partes definir, mediante exercício da autonomia privada[136], certos efeitos decorrentes do inadimplemento. Entre estes efeitos está a cláusula penal, disposição de natureza convencional que pode ser constituída pelas partes, de modo que seus efeitos estejam condicionados ao inadimplemento total ou parcial da obrigação, ou ainda em segurança do cumprimento de determinado dever específico pelo devedor.

Também tratada sob as denominações de pena convencional ou de multa contratual, a origem da cláusula penal reside no direito romano, na *stipulatio poenae*, espécie de convenção entre credor e devedor que definia o pagamento de prestação em dinheiro no caso de descumprimento da obrigação existente[137]. Daí a sua recondução, até os dias de hoje, usualmente, como espécie de prestação em dinheiro[138], embora isso não seja elemento característico, podendo a prestação do devedor que descumpre o dever assegurado pela cláusula penal consistir em outra espécie de prestação, ou ainda na perda ou preclusão de um direito (*Verfalklausel*). Neste último caso, estarão, sob estrito controle do direito, no tocante, especialmente, ao equilíbrio de interesses na obrigação. É o que ocorre, por exemplo, quando é previsto como sanção do inadimplemento, a perda de parcelas já pagas da prestação ("cláusulas de decaimento"). Por incidência da boa-fé, ou mesmo regra legal expressa (no caso dos contratos de consumo, o art. 53 do CDC), o cabimento de tais cláusulas será avaliado conforme se dê sua repercussão no equilíbrio das prestações na relação obrigacional.

Quanto a sua natureza jurídica, a cláusula penal é obrigação acessória à obrigação principal, razão pela qual tem sua existência e validade dependente desta. Ou ainda, como promessa de prestação de pena, cuja eficácia fica submetida ao inadimplemento do devedor[139]. Sua eficácia é a imposição, àquele que infringe a obrigação, de uma sanção econômica, consistente em dinheiro ou outro bem estimável[140], podendo ser convencionada juntamente com a obrigação principal, ou em apartado.

---

[136] António Pinto Monteiro, *Cláusula penal e indenização*, Coimbra: Almedina, 1990, p. 47.

[137] Rolf Knütel, *Stipulatio poenae*. Studien zur römischen Vertragsstrafe, Koln/Wien: Bohlau, 1976, p. 20 e ss; Max Kaser; Rolf Knütel, *Römisches privatrecht*, p. 238; Reinhard Zimmermann, *The law of obligations* cit., p. 95 e ss; Biondo Biondi, *Istituzioni di diritto romano*, p. 447-448.

[138] Pontes de Miranda, *Tratado de direito privado* cit., t. XXVI, p. 147.

[139] Pontes de Miranda, *Tratado de direito privado* cit., t. XXVI, p. 145; Caio Mário da Silva Pereira, *Instituições de direito civil* cit., v. 2, p. 141.

[140] "Penas ou, antes, multas", conforme referia Clóvis Beviláqua, *Direito das obrigações* cit., p. 104.

O caráter de acessoriedade da cláusula penal em relação à obrigação principal revela o conhecido preceito de que o acessório segue o principal (*accessorium sequitur suum principale*). Desse modo, a invalidade da obrigação principal, em regra, importa no mesmo destino da cláusula penal[141], identificando a boa doutrina, contudo, duas exceções: (a) a primeira, no negócio de alienação, quando dele resulte evicção, e pretensão de perdas e danos do evicto contra o alienante; e (b) se expressamente for pactuado que a cláusula penal serve à garantia da própria nulidade da obrigação principal[142]. Nestes casos, contudo, é de se refletir se, de fato, a obrigação em questão se mantém como espécie de obrigação acessória, ou o fato de garantir a própria inexistência ou manutenção do negócio (e não seu inadimplemento), lhe outorgue autonomia, como espécie de obrigação de garantia[143]. Afinal, não será concebida para atuar sobre os efeitos do inadimplemento imputável da obrigação principal, mas como garantia da própria existência da obrigação.

Desse modo, pode-se afirmar que cláusula penal é a obrigação acessória, definida por convenção entre credor e devedor, cuja eficácia se subordina a condição suspensiva de inadimplemento do dever principal de prestação, ou de dever acessório ou anexo. Compreende a obrigação daquele que viola o dever predefinido na cláusula, de satisfazer determinada prestação pecuniária, ou ainda, a perder ou transferir certa vantagem ou direito de que seja titular para a outra parte, no caso de inadimplemento. É o que resulta do art. 409 do Código Civil, que refere: "A cláusula penal estipulada conjuntamente com a obrigação, ou em ato posterior, pode referir-se à inexecução completa da obrigação, à de alguma cláusula especial ou simplesmente à mora".

5.1. Funções da cláusula penal

Tradicionalmente, são duas as funções básicas reconhecidas à cláusula penal[144]. A primeira função consiste em estimular o devedor ao adimplemento do dever assegurado pela cláusula penal (estímulo ao adimplemento). O fato de se convencionar a exigibilidade de prestação acessória, normalmente em dinheiro, para o caso de inadimplemento de determinada obrigação, serve como estímulo para que o devedor realize a prestação devida ou dever acessório a ela concernente. A prestação acessória, neste caso, será exigível de pleno direito, independentemente de qualquer outra providência ao encargo das partes.

A segunda função, comumente identificada, é a de pré-estimativa de danos no caso de haver inadimplemento. O fato de definir-se certa prestação pecuniária faz reconhecer, no valor estipulado, a estimativa prévia das perdas e danos que venham ser suportados pelo credor. Havendo o inadimplemento, não há necessidade de demonstração de prejuízo pelo credor, sendo exigível a prestação acessória, de pleno direito.

O fato da sua compulsoriedade, e mesmo por argumentos históricos, levou a cogitar-se de uma função propriamente punitiva, como espécie de sanção privada pelo inadimplemento. Esta compreensão, todavia, é hoje afastada pela doutrina. O fato de apresentar-se como

---

[141]   Clóvis Beviláqua, *Direito das obrigações* cit., p. 108.

[142]   Miguel Maria de Serpa Lopes, *Curso de direito civil* cit., v. II, p. 157. Teixeira de Freitas admitia a preservação da cláusula penal mesmo quando prejudicada a obrigação principal, na hipótese em que esta tenha sido celebrada para cumprimento de terceiro, e este não aceitar o contrato, ou em favor de terceiro, nas mesmas condições. Augusto Teixeira de Freitas, *Código Civil*. Esboço cit., I, p. 239.

[143]   Admitindo a possibilidade de autonomia da cláusula penal em razão da causa diversa da obrigação principal, Andre Magazzú, Clausola penale, *Enciclopedia del diritto*, Milano: Giuffrè Editore, t. VII, p. 190.

[144]   António Pinto Monteiro, *Cláusula penal e indenização* cit., p. 647-650.

incentivo ao cumprimento, e ao mesmo tempo, com função indenizatória, não se confunde com a simples punição. Até porque, a rigor, as funções não coexistem em concreto, devendo a característica da cláusula penal, no contexto de determinada relação obrigacional, destacar uma ou outra função[145].

É de observar que, embora sirva a cláusula penal para ambas as funções, de estímulo ou coerção ao adimplemento, e como pré-estimativa de danos, não é o único instituto, no direito das obrigações, que cumpre estas funções. Também servem como estímulo ao adimplemento as arras ou a caução. Já a função indenizatória, com pré-estimativa de danos, também se realiza em termos pelas arras, ou pelas cláusulas de limitação de indenização[146]. O que vai caracterizar a cláusula penal será a conjunção de certas características concorrentes, a saber: que seja convencionada pelas partes, como resultado do exercício da sua autonomia privada; tenha caráter acessório à determinada obrigação principal; e tenha seus efeitos subordinados à condição do inadimplemento do devedor.

Não se perde de vista, contudo, que dependendo do modo como for convencionada, a cláusula penal pode se revelar, também, como espécie de cláusula de limitação da indenização[147]. Daí o alerta, no direito comparado, de que se o valor fixado na cláusula penal for baixo, ou puramente simbólico, há risco de que consagre a irresponsabilidade[148], razão pela qual se recomenda que seja fixada em quantia tal que coloque o devedor em situação de evitar incorrer nela[149]. Naturalmente, dependerá de qual espécie de cláusula penal se refira, pois haverá aquela em que a sanção convencional soma-se à prestação principal, e outra em que poderá substituí-la, a critério do credor[150]. A rigor, se a cláusula penal for definida como prestação substituta do dever de prestação principal, ou seja, podendo ser exercida faculdade alternativa de escolha, entre o cumprimento tardio e correspondente purga da mora, e a satisfação da prestação acessória, a escolha se traduz na possibilidade de substituição da prestação original, por aquela definida como cláusula penal. Assim dispõe o art. 410 do Código Civil: "Quando se estipular a cláusula penal para o caso de total inadimplemento da obrigação, esta converter-se-á em alternativa a benefício do credor".

Tenha-se em conta, todavia, que o fato de serem identificadas, tradicionalmente, as funções precípuas de incentivo ao adimplemento e pré-estimativa de danos, a previsão concreta da cláusula penal na obrigação é que lhe dará o exato perfil. Inclusive para distinguir o que seja sua função propriamente coercitiva ou compulsória, ou no que se aproxima mais da cláusula de pré-liquidação de perdas e danos (*Schadensersatzpauchale*; *Liquidated damages clause*[151]), que pode advir do exercício da autonomia privada.

5.2. Espécies

A cláusula penal se distingue em cláusula penal compensatória e cláusula penal moratória, conforme estejam estipulados seus efeitos em relação ao inadimplemento de determinada obrigação.

---

[145] António Pinto Monteiro, *Cláusula penal e indenização* cit., p. 656.
[146] Idem, p. 61.
[147] Idem, p. 16; Andre Magazzú, Clausola penale cit., p. 187.
[148] Inocêncio Galvão Telles, *Direito das obrigações* cit., 7. ed., p. 438.
[149] Karl Larenz, *Derecho de obligaciones* cit., I, p. 369.
[150] João de Matos Antunes Varela, *Das obrigações em geral* cit., II, p. 140.
[151] Hugh Collins, *The law of contract*, London: Cambridge University Press, 2003, p. 373.

5.2.1. Cláusula penal compensatória

A cláusula penal compensatória, como se percebe da sua própria denominação, visa a compensar o inadimplemento, razão pela qual se compreende como a prevista para o inadimplemento total da obrigação. Está definida no art. 410 do Código Civil, que refere: "Quando se estipular a cláusula penal para o caso de total inadimplemento da obrigação, esta converter-se-á em alternativa a benefício do credor". A finalidade da cláusula penal compensatória, neste caso, será a de recompor o patrimônio do credor em razão do inadimplemento a que deu causa o devedor. Predomina, neste caso, a função de pré-estimativa de danos da cláusula penal, tendo caráter satisfativo. O art. 410 do Código Civil estabelece: "Quando se estipular a cláusula penal para o caso de total inadimplemento da obrigação, esta converter-se-á em alternativa a benefício do credor".

A regra do art. 410 poderia ser interpretada de modo a restringir o conteúdo e extensão da cláusula penal compensatória. Faz referência à cláusula penal para o caso de inadimplemento total da obrigação. Nada impede, contudo, que também possa ser estipulada para hipóteses de inadimplemento parcial. Como se sabe, o inadimplemento parcial confere ao credor o direito de resolver a obrigação e reclamar perdas e danos ou exigir o cumprimento específico da parte faltante. Não há porque recusar a possibilidade de que se convencione cláusula penal compensatória para o caso de inadimplemento parcial, também de caráter alternativo para o credor. Ou seja, hipótese em que, havendo o inadimplemento parcial, possa o credor escolher entre o exercício da pretensão de perdas e danos, o cumprimento específico da parcela faltante, ou requerer a prestação de caráter compensatório de eventuais prejuízos, prevista na cláusula penal. Assim, por exemplo, uma editora que ajuste a venda e entrega de certo número de livros para que sejam revendidos por uma livraria. Por desacertos de envio, entrega apenas parte dos livros, que logo passam a ser oferecidos ao público pela livraria. Nada impede que tenha sido convencionada cláusula para o caso de inadimplemento parcial, que pré-estime compensação dos prejuízos em relação à parcela da prestação que não tenha sido realizada. A exigência ou não da prestação prevista na cláusula subordina-se, então, ao que melhor realize o interesse do credor[152].

5.2.2. Cláusula penal moratória

A cláusula penal moratória compreende a obrigação acessória convencionada pelas partes, visando a incentivar o devedor ao cumprimento da prestação devida, no tempo, lugar e modo originalmente estabelecidos. Sua função é compelir o devedor ao adimplemento, tal qual fora convencionado, de modo que se reveste de natureza precipuamente sancionatória. Por essa razão, não tem por efeito a faculdade de substituição da prestação originalmente ajustada, mas ao contrário, poderá ser exigida em conjunto, ou seja, cumulativamente com a prestação devida.

A cláusula penal moratória está prevista no art. 411 do Código Civil, o qual estabelece: "Quando se estipular a cláusula penal para o caso de mora, ou em segurança especial de outra cláusula determinada, terá o credor o arbítrio de exigir a satisfação da pena cominada, juntamente com o desempenho da obrigação principal". A exigibilidade da cláusula penal moratória se dá com o inadimplemento, podendo ser, a partir daí, objeto de pretensão do credor. Poderá

---

[152] Encontra-se na jurisprudência o entendimento pela impossibilidade de cumulação da cláusula penal compensatória com as arras, com prevalência para a exigibilidade destas últimas, dada a identidade de funções que desempenham, de caráter indenizatório do credor, em razão da inexecução do contrato pelo devedor: STJ, REsp 1617652/DF, Rel. Min. Nancy Andrighi, 3ª Turma, j. 26-9-2017, *DJe* 29-9-2017.

ser estipulada para o caso de inadimplemento total, ainda que não definitivo, como também em razão de características ou deveres específicos que se relacionem com a prestação devida. Daí a menção, pela norma, da possibilidade de sua convenção "em segurança especial de outra cláusula determinada". Neste caso, os termos em que seja definida a cláusula dependerão do interesse útil das partes e, especialmente, do credor a quem assegura.

A rigor, embora a função precípua da cláusula penal moratória seja a de incentivo ao adimplemento, não é incompatível com a função de antecipação de indenização, de caráter compensatório. É o que ocorre, por exemplo, quando se estipule a cláusula em segurança do cumprimento, pelo devedor, de obrigação de não fazer. Havendo o inadimplemento, a infração ao dever de abstenção, pelo devedor, poderá desde logo causar prejuízos ao credor. A exigência da prestação acessória prevista na cláusula penal terá por efeito, também, servir como compensação dos danos, independentemente de se reservar ao credor a pretensão para exigir o desfazimento do ato realizado pelo devedor, recompondo a situação anterior à infração do dever.

Será moratória, como regra, a cláusula penal fixada em segurança da prestação de dar, entregar ou restituir, visando a sancionar o devedor pela impontualidade na realização da prestação devida. Em relação às cláusulas penais estabelecidas para o inadimplemento das obrigações de fazer, poderão, igualmente, serem tomadas como moratórias – quando se refiram à impontualidade no seu cumprimento pelo devedor –, ou compensatórias – conforme admitam a substituição da prestação do devedor pela prestação fixada em caráter acessório à obrigação principal.

Determinado negócio jurídico pode conter diversas cláusulas penais, de distintas naturezas (compensatórias ou moratórias), relativas ao adimplemento de diversos deveres específicos. Segundo a melhor doutrina, "onde quer que haja, ou possa surgir dever, e não só dívida de prestar, pode haver cláusula penal"[153]. Desse modo, pode ser convencionada cláusula que defina sanção inadimplemento total da obrigação, de natureza compensatória, ao lado de diversas cláusulas penais moratórias relativas ao retardamento da execução do comportamento devido pelo devedor, seja em relação ao dever principal de prestação, assim como a deveres acessórios ou anexos.

Por fim, tenha-se em conta que nem sempre, do texto do negócio jurídico do qual decorra a obrigação, resultará evidente qual a espécie de cláusula penal estabelecida, exigindo que tal sentido resulte de esforços do intérprete ao investigar seu sentido e alcance. Há quem sugira que se interprete em acordo com o valor estipulado, apontando, se mais próximo do valor da prestação principal, tratar-se de cláusula penal compensatória. O critério, todavia, parece demasiado frágil. Não dando quaisquer indícios o texto da cláusula, caberá ao intérprete investigar as circunstâncias em que o contrato foi celebrado, assim como o predomínio do interesse útil do credor, para definir a qual espécie de cláusula penal se refira no instrumento da obrigação.

5.3. Efeitos

Os efeitos da cláusula penal operam de pleno direito. Responde pela cláusula penal o devedor inadimplente, bastando, para que se torne exigível, o fato do inadimplemento. Não importa, neste caso, se o devedor inadimpliu culposamente ou não a obrigação. Nesse sentido, é de criticar a referência, no art. 408 do Código Civil, à conduta culposa do devedor. Menciona

---

[153] Pontes de Miranda, *Tratado de direito privado* cit., t. XXVI, p. 179. No mesmo sentido, Caio Mário da Silva Pereira, *Instituições de direito civil* cit., v. II, p. 150.

a regra: "Incorre de pleno direito o devedor na cláusula penal, desde que, culposamente, deixe de cumprir a obrigação ou se constitua em mora". O art. 921 do Código Civil de 1916 não continha referência à culpa: "Incorre de pleno direito o devedor na cláusula penal, desde que se vença o prazo da obrigação, ou, se o não há, desde que se constitua em mora".

A exigibilidade da prestação acessória definida em cláusula penal, desse modo, embora tenha havido a inserção da culpa pelo descumprimento no texto do art. 408, de fato não a exige para efeito de imputação da responsabilidade do devedor. Basta que haja o inadimplemento e será exigível a prestação definida como cláusula penal. Ademais, porque sua aplicação geral compreenderá situações diversas, tanto aquelas em que o inadimplemento de fato dependa da demonstração de culpa (como é o caso de certas obrigações de fazer, como a prestação de serviços por médicos), como outras em que não se cogita sobre o elemento interno da conduta do agente. Desse modo, melhor interpretação é a que não considere em termos estritos a referência à culpa, feita pelo art. 408 do Código Civil, tomando-se a expressão como inadimplemento imputável ao devedor.

Dessa maneira, é o inadimplemento que torna exigível a prestação acessória estabelecida como cláusula penal. Sua eficácia é de pleno direito (*ipso iure*), nos termos do art. 408 do Código Civil, o que significa dizer que não necessita de qualquer espécie de manifestação ou ato do credor. Naturalmente, se o próprio inadimplemento, para se constituir, dependa de ato do credor – como ocorre nas hipóteses de mora *ex persona* – o ato do credor serve para constituir o devedor como inadimplente, não para tornar exigível a cláusula penal, que será evento consequente, fazendo desnecessário qualquer outra providência adicional.

5.3.1. Cláusula penal compensatória e indenização suplementar

O art. 416 do Código Civil, de sua vez, refere que "para exigir a pena convencional, não é necessário que o credor alegue prejuízo". Dada a natureza da cláusula penal, e suas funções já examinadas, a exigibilidade e consequente pretensão da prestação acessória por ela definida independe da alegação de prejuízo, uma vez que se dispensa a liquidação dos danos, tornando desnecessária qualquer investigação sobre a existência ou extensão de prejuízos ao credor.

Contudo, pode ocorrer que, ao buscar cumprir sua função como pré-estimativa de danos pelo inadimplemento, o valor estipulado pela cláusula penal não abranja todos os prejuízos suportados pelo credor. Neste caso, o parágrafo único do art. 416 define regra cogente, cujo preceito indica que "ainda que o prejuízo exceda ao previsto na cláusula penal, não pode o credor exigir indenização suplementar se assim não foi convencionado. Se o tiver sido, a pena vale como mínimo da indenização, competindo ao credor provar o prejuízo excedente".

Ou seja, fixada a cláusula penal para o caso de inadimplemento, de modo que compense os danos dele decorrentes, este será presumido, de modo que a prestação acessória cumpra a função indenizatória que dela se reclama. Contudo, se as partes não convencionarem de modo diverso, o credor terá direito apenas à prestação acessória para compensação dos respectivos danos. A norma abre a possibilidade, contudo, de por convenção das partes, permitir-se ao credor exigir indenização suplementar, vale dizer, pretender do devedor inadimplente o ressarcimento em relação aos prejuízos que excedam ao valor estipulado na cláusula penal. Todavia, se em relação ao valor fixado na cláusula penal se presume devido sem a necessidade de sua demonstração pelo credor, sobre o que exceder a ele caberá ao credor provar quais os danos a ressarcir. O ônus da prova em relação ao excesso, portanto, é do credor que pretenda a indenização. Deverá, neste caso, provar o valor total dos danos sofridos, de modo que se verifique o que excede ao valor estipulado na respectiva cláusula penal.

310 | DIREITO DAS OBRIGAÇÕES – *Bruno Miragem*

5.3.2. *Efeitos da cláusula penal conforme a divisibilidade da obrigação*

O art. 414 do Código Civil estabelece: "Sendo indivisível a obrigação, todos os devedores, caindo em falta um deles, incorrerão na pena; mas esta só se poderá demandar integralmente do culpado, respondendo cada um dos outros somente pela sua quota". Trata-se de regra que se relaciona com o disposto no art. 263 do Código Civil, o qual define que perde o caráter de indivisibilidade a obrigação que se resolva em perdas e danos, porém preserva para o devedor que tenha dado causa ao inadimplemento, a responsabilidade pelas perdas e danos. Neste caso, imputando-se a todos os devedores a causa pelo inadimplemento, responderão em partes iguais; se apenas um deles for culpado, ele responderá pelas perdas e danos, exonerando os demais.

Em relação à cláusula penal, desse modo, tratando-se de inadimplemento de obrigação indivisível, com pluralidade de devedores, se apenas um deles der causa ao inadimplemento, basta para que o credor possa exigir integralmente a cláusula penal. Todavia, poderá exigi-la integralmente, apenas do devedor que deu causa ao inadimplemento. Em relação aos demais devedores, poderá exigir apenas a respectiva quota-parte. Assim, por exemplo: Sendo A e B devedores de C, em obrigação indivisível, na qual foi convencionada cláusula penal no valor de R$ 1.000,00; ocorrendo o inadimplemento em razão do comportamento de A, C poderá exigir a prestação definida na cláusula penal. Poderá assim, pretender receber de A, quem deu causa ao inadimplemento, todo o valor, de R$ 1.000,00. Todavia, se exercer sua pretensão contra B, deste poderá obter apenas sua quota-parte, o que presumindo ser a obrigação constituída em partes iguais, corresponderá apenas a R$ 500,00.

Os devedores que não tenham dado causa ao inadimplemento, e de quem foi exigido, pelo credor, o pagamento do valor estipulado para a cláusula penal, à razão de sua respectiva quota-parte, poderão, de sua vez, pretender regressivamente do devedor faltoso, pelo que pagaram a este título. É o que dispõe o parágrafo único do art. 414 do Código Civil: "Aos não culpados fica reservada a ação regressiva contra aquele que deu causa à aplicação da pena". Retomando o exemplo didático: se o credor tiver exercido contra o devedor B a pretensão à cláusula penal, ao realizar o pagamento, este adquire o direito de exercer a pretensão de regresso contra o devedor A, que deu causa ao inadimplemento, para obter os R$ 500,00 que pagou ao credor.

Aqui há de se ter cuidado em distinguir o que, por efeito do art. 414 do Código Civil, resulta do fato de haver codevedores de obrigação indivisível, e a eficácia da pretensão do credor à cláusula penal na hipótese de se tratar de obrigação solidária, com pluralidade de devedores solidários. No caso de solidariedade a solução deverá ser substancialmente distinta. Isso porque, embora o art. 279 do Código Civil confira apenas àquele que deu causa ao inadimplemento a obrigação de responder pelas perdas e danos, a cláusula penal, tendo natureza de prestação acessória condicional, torna-se exigível de todos os codevedores, quando ocorra o inadimplemento. Isso pelo fato de a cláusula penal compreender-se no objeto da obrigação originalmente constituída por todos, ou seja, o objeto da obrigação é comum, não se subordinando ao critério da culpa pelo inadimplemento[154].

Tratando-se de obrigações divisíveis, dispõe o art. 415 do Código Civil: "Quando a obrigação for divisível, só incorre na pena o devedor ou o herdeiro do devedor que a infringir, e proporcionalmente à sua parte na obrigação". A solução aqui é substancialmente diversa. As obrigações divisíveis são aquelas cuja prestação devida é divisível, ou seja, pode ser realizada em partes. Neste caso, distingue-se a situação dos devedores que tenham infringido o dever de prestação e os que o tenham realizado regularmente. Responderá pela prestação acessória

---

[154] Serpa Lopes, *Curso de direito civil* cit., v. II, p. 139 e 166.

Capítulo 7 · INADIMPLEMENTO DAS OBRIGAÇÕES | 311

estipulada na cláusula penal o devedor que tenha inadimplido, proporcionalmente ao que deixou de cumprir, ou seja, à sua quota-parte na obrigação.

Justifica a solução em relação às obrigações divisíveis, o fato de que não poderão os codevedores que tenham adimplido sua respectiva parcela da prestação, responder pela falta do inadimplente, sem que haja lei ou convenção que o preveja (art. 265 do Código Civil). E, do mesmo modo, porque se presume que o prejuízo do credor com o inadimplemento, restrinja-se àquela parcela da prestação que deixou de realizar o inadimplente.

5.4. Limite e controle judicial do valor da cláusula penal

A circunstância de a cláusula penal resultar do exercício da autonomia privada pode fazer crer, em um primeiro momento, que dela resulta alto grau de liberdade na fixação do seu conteúdo, em atenção ao interesse útil das partes, ou mesmo de uma delas, conforme exerça poder de disposição das cláusulas contratuais. Esta impressão, todavia, deve ser logo afastada, tendo em vista os limites estritos que o próprio Código Civil define para sua estipulação.

A orientação da legislação, em diferentes sistemas jurídicos, é a de impor limites à estipulação da cláusula penal, assim como mecanismos para sua redução, quando se entendê-la como excessiva. Em geral, estes limites resultam em norma com caráter imperativo[155]. Nesse sentido orienta-se o direito alemão, ao prever a possibilidade de redução judicial no caso da cláusula penal for excessiva ou desproporcional (§ 343 do BGB). No direito português, à semelhança do direito brasileiro, define-se tanto o valor da obrigação principal como limite ao valor da cláusula penal (art. 811, 3, do Código Civil português), quanto a possibilidade de sua redução judicial, no caso em que seja manifestamente excessiva, ou a prestação tiver sido cumprida parcialmente (art. 812 do Código Civil português). Também o art. 163 do Código Suíço das Obrigações confere ao juiz o poder para reduzir a cláusula penal considerada excessiva. O Código Civil chileno chega a definir como critério o dobro da prestação devida (art. 1.544 do Código Civil). O Código Civil y Comercial argentino, de sua vez, também definem a possibilidade de redução da cláusula penal, quando "seu montante excessivo ou a gravidade da falta que sancionam, tendo em conta o valor das prestações e demais circunstâncias do caso, configuram o aproveitamento abusivo da situação do devedor" (art. 794, segunda parte).

Os fundamentos para admitir-se o controle da cláusula penal são diversos. O principal será a própria preservação da equivalência material, de modo a impedir que, por convenção, se imponha sanção desproporcional ao devedor inadimplente. Por outro lado, há disposições, também na legislação especial, com claro propósito de proteção do sujeito vulnerável em determinadas relações obrigacionais (como, por exemplo, a regra do CDC que limita a cláusula penal moratória a 2%).

Este universo de situações distintas desafia as próprias funções tradicionais reconhecidas à cláusula penal. Servindo como pré-estimativa de danos, sem a necessidade de demonstração prova dos danos sofridos caso de inadimplemento, é indubitável que os valores estipulados a título de cláusula penal devam ser objeto de limite e eventual redução, quando a prestação acessória se revelar excessivamente desproporcional em relação ao efetivo prejuízo do credor. Isso é especialmente dotado de sentido nas obrigações civis e de consumo. Tratando-se de obrigações entre empresários, todavia, pelas próprias características da atividade, a relação entre o valor da prestação principal a qual se refira eventual inadimplemento, com mais frequência deixa de guardar qualquer relação com o valor de prejuízo do credor. Em outros

---

[155] Karl Larenz, *Derecho de obligaciones*, I, p. 371; Denis Mazeaud, La notion de clause pénale, Paris: LGDJ, 1992, cit.; Isabel Espín Alba, *La cláusula penal*, Madrid: Marcial Pons, 1997, p. 95 e ss.

termos, o valor da prestação principal da obrigação descumprida pode não guardar mínima relação com o prejuízo do credor, decorrente do inadimplemento. Nestes termos, a função própria da cláusula penal como pré-estimativa de danos é mitigada em vista da proteção da equivalência material, ao limitar-se o poder de disposição das partes para sua estipulação.

O Código Civil, em seu art. 412, dispõe que: "O valor da cominação imposta na cláusula penal não pode exceder o da obrigação principal". Ou seja, o valor máximo de qualquer estipulação será o da obrigação principal (leia-se: valor da prestação principal). Revela o que o credor perdeu – eventualmente, os danos emergentes –, mas não as vantagens que deixou de obter, e que são igualmente indenizáveis (os lucros cessantes). A incidência do art. 412, todavia, não se restringe às cláusulas penais compensatórias, abrangendo também as moratórias. Aqui se exigirá proporcionalidade entre o conteúdo e extensão do inadimplemento e a sanção cominada, até o limite da obrigação principal. A observância do limite máximo, como se verá a seguir, não serve, por si, para atestar a conformidade da cláusula penal ao direito. Incidirão os princípios da equivalência material e da boa-fé, para efeito de assegurar proporção entre a falta e a sanção, ou adiante, entre os danos ao credor e a pena.

Por outro lado, é de anotar que a referência do limite ao valor da obrigação principal (novamente: valor da prestação principal), não considera que o interesse útil do credor é abrangente de uma série de deveres, dentre os quais o dever principal de prestação, mas também deveres acessórios, secundários e anexos, todos apreciáveis economicamente. Nestes termos, pode ocorrer que a limitação do valor da cláusula penal ao da prestação principal, também sob este aspecto, frustre a função típica da cláusula penal, de pré-estimativa de danos. Por outro lado, pode ocorrer que o valor da prestação principal não seja desde logo conhecido, no caso de dívida ilíquida. Neste caso, o paradigma para controle só poderá ser estabelecido quando houver sua liquidação, tornando conhecido com precisão o valor da prestação principal.

Há situações em que a lei define limites mais estritos à cláusula penal moratória. No direito anterior, também a lei de usura fixava à cláusula penal o limite de 10% do valor da prestação principal, gerando a discussão quanto a sua aplicabilidade apenas ao mútuo de dinheiro, ou aos contratos em geral[156]. No direito vigente, no caso das obrigações condominiais, o art. 1.336, § 1º, do Código Civil define a cláusula penal moratória de 2% do valor da dívida. Contudo, trata-se de norma de caráter dispositivo, admitindo-se que os condôminos convencionem de modo diverso. Nas relações de consumo, de sua vez, o Código de Defesa do Consumidor, em sua redação original, previa o limite máximo de 10% do valor da dívida, o que foi reduzido em alteração legislativa posterior, que definiu o limite máximo em 2% do valor da prestação (art. 52, § 1º, do CDC)[157].

Porém, ao lado da imposição legal de um limite máximo para a estipulação do valor da cláusula penal, o Código Civil ainda confere ao juiz competência para sua redução quando ela, mesmo respeitando o limite máximo fixado pelo art. 412, revelar-se, ainda assim, excessiva ou desproporcional. Neste sentido, estabelece o art. 413 do Código Civil: "A penalidade deve ser reduzida equitativamente pelo juiz se a obrigação principal tiver sido cumprida em parte, ou se o montante da penalidade for manifestamente excessivo, tendo-se em vista a natureza e a finalidade do negócio".

Ao contrário do que dispunha o Código Civil de 1916, no qual a redução consistia em espécie de faculdade judicial ("pode o juiz...", art. 924), no direito vigente, o art. 413

---

[156] Serpa Lopes, *Curso de direito civil* cit., v. II, p. 162.

[157] Claudia Lima Marques, Antônio Herman Benjamin e Bruno Miragem, *Comentários ao Código de Defesa do Consumidor*, 4. ed., São Paulo: RT, 2013, p. 1247.

Capítulo 7 · INADIMPLEMENTO DAS OBRIGAÇÕES | 313

consagra dever impositivo ao julgador ao consignar que "deve ser reduzida". A razão da alteração se dá para afastar a interpretação havida no direito anterior, sobre o caráter dispositivo da norma, de modo que as partes convencionassem a impossibilidade de redução do valor, retirando a possibilidade que, posteriormente, o juiz viesse a promovê-la[158]. Mesmo àquele tempo, todavia, a jurisprudência repelia a possibilidade das partes, por convenção, se furtarem ao controle judicial da cláusula. No direito vigente, a disposição do art. 413 se reconhece como norma de ordem pública,[159] insuscetível de convenção em contrário das partes ao constituírem a obrigação.

A redução equitativa da cláusula penal, neste caso, orienta-se, conforme já se referiu, pela preservação da equivalência material, assim também como a incidência do princípio da boa-fé. As hipóteses que a autorizam são o cumprimento parcial da obrigação e seu caráter excessivo, considerando a natureza e finalidade do negócio.[160] O cumprimento parcial bem se identifica como causa de redução em vista de um critério de proporcionalidade, aplicável às cláusulas penais compensatórias[161]. Afinal, se são elas previstas para o inadimplemento total da prestação, resta evidente que o cumprimento parcial indica razão suficiente para sua redução.

Maior atenção exige a hipótese em que o excesso manifesto resulte caracterizado, em vista da natureza e finalidade do negócio. É aqui de sugerir critérios variados, como os danos previsíveis ao tempo de constituição da obrigação, e o efetivo prejuízo do credor em razão do inadimplemento[162], assim como as circunstâncias em que foi celebrado o negócio. A rigor esta segunda causa de redução, embora diga respeito especialmente às cláusulas penais compensatórias, não é de afastar totalmente no caso das cláusulas penais moratórias. Ainda que, em relação a estas, a prevalência da função compulsória, de estímulo ao cumprimento, não vá admitir os mesmos critérios para efeito de promover a redução. Prevalece, neste caso, uma avaliação de proporcionalidade entre as consequências da impontualidade, o valor da cláusula moratória fixada, e o valor da prestação principal inadimplida.

5.5. Distinção da cláusula penal e outras figuras afins

Compreendidas a natureza e as funções da cláusula penal, para que se evitem confusões desnecessárias, recomenda-se sejam esclarecidas suas diferenças em relação a figuras afins.

5.5.1. *Cláusula penal e cláusula de arrependimento (ou multa penitencial)*

Uma primeira distinção a ser feita é entre cláusula penal e cláusula de arrependimento (também chamada na doutrina clássica, multa penitencial). A possibilidade de arrependimento resulta da lei ou de cláusula constante da obrigação. Tem sua origem no direito romano como espécie de pacto adjeto à compra e venda (*pactum displicentiae*), que conferia ao comprador o direito de resolução, no caso da coisa não ser do seu agrado (compra com reserva de agradar)[163].

---

[158] Gustavo Tepedino, Maria Celina Bodin de Moraes, Heloísa Helena Barboza et alli, *Código Civil interpretado conforme a Constituição da República* cit., v. I, p. 751.

[159] STJ, REsp 1447247/SP, Rel. Min. Luis Felipe Salomão, 4ª Turma, j. 19/04/2018, *DJe* 04/06/2018.

[160] STJ, REsp 1447247/SP, Rel. Min. Luis Felipe Salomão, 4ª Turma, j. 19/04/2018, *DJe* 04/06/2018.

[161] STJ, REsp 39.466/RJ, Rel. Min. Waldemar Zveiter, 3ª Turma, j. 30-9-1993, *DJ* 7-2-1994; STJ, REsp 1353927/SP, Rel. Min. Luis Felipe Salomão, 4ª Turma, j. 17/05/2018, *DJe* 11/06/2018.

[162] Mário Júlio de Almeida Costa, *Direito das obrigações* cit., p. 745.

[163] Max Kaser; Rolf Knütel, *Römisches privatrecht* cit., p. 257; Reinhard Zimmermann, *The law of obligations* cit., p. 146 e ss; Biondo Biondi, *Istituzioni di diritto romano*, p. 496.

314 DIREITO DAS OBRIGAÇÕES – *Bruno Miragem*

O direito de arrependimento estabelecido em lei, ou em cláusula contratual específica, outorga àquele a quem beneficia o direito de resilição unilateral da obrigação, extinguindo-a mediante declaração unilateral de vontade[164].

Prevista em lei, por exemplo, é a possibilidade de arrependimento como direito subjetivo do consumidor, em relação aos contratos celebrados fora do estabelecimento comercial, assim considerados aqueles firmados por telefone, ou ainda pela internet, dentre outros, no prazo de sete dias, nos termos do art. 49 do CDC. Da mesma forma, o direito do passageiro de desistir da viagem, extinguindo o contrato de transporte, conforme previsto no art. 740 do Código Civil. Neste caso, a lei prevê o direito à restituição do valor pago da passagem, desde que feita a comunicação ao transportador em tempo de ser renegociada, podendo ser deduzida a importância de 5% do valor a ser devolvido, a título de multa compensatória (art. 740, § 3º).

Quando resulte de convenção, todavia, em seu perfil contemporâneo, a cláusula de arrependimento é compreendida como cláusula acessória, que assegura ao devedor a faculdade de não cumprir, ou seja, não realizar a prestação devida, mediante o pagamento de determinada quantia. As distinções da cláusula de arrependimento em relação à cláusula penal, desse modo, são evidenciadas[165]. A cláusula de arrependimento é modo de liberação do devedor, prevendo alternativa em seu benefício. Há um direito de liberar-se do dever de prestação, cumprindo a obrigação acessória. A cláusula penal, ao contrário, reforça o vínculo, e mesmo quando se configura como obrigação alternativa (caso da cláusula penal compensatória), o é em benefício do credor. A eficácia da cláusula de arrependimento não supõe o inadimplemento da obrigação. A cláusula penal, de sua vez, só é eficaz se houver inadimplemento.

5.5.2. Cláusula penal e abono de pontualidade

Também não se confundem a cláusula penal e o abono de pontualidade. Pode ocorrer de, por livre convenção das partes, e visando a assegurar a diligência do devedor na realização da prestação devida no tempo ajustado, que se convencione espécie de desconto ou abono, para efeito de cumprimento no tempo ajustado. É convenção que resulta do exercício da autonomia privada. Nesse sentido, o valor da prestação principal será reduzido para o devedor atender a determinada condição que, normalmente, é seu pagamento até determinada data estipulada na obrigação. Dessarte é de reconhecer, conforme o interesse das partes, que as fórmulas de incentivo à pontualidade tanto podem conformar o desconto para o adimplemento pontual, quanto definir valores distintos da contraprestação como forma de estimular certo tempo de cumprimento. Quem pretende receber pontualmente pode, da mesma forma, comprometer-se a contraprestar com acréscimo, no caso do atendimento desta condição.

Aceso debate, contudo, resulta da possibilidade de utilização do abono de pontualidade como espécie de cláusula penal oculta ou disfarçada. O argumento, neste caso, é que o desconto oferecido para pagamento na data ajustada, a rigor disfarçaria eventual cláusula penal superior ao limite legal no caso de pagamento após o vencimento, como efeito da purga da mora. A discussão tem lugar, especialmente, nos contratos de consumo, em que o limite legal de 2% do valor da prestação principal, no caso de cláusula penal moratória, é impositivo. Assim, por exemplo, suponha-se uma obrigação de cumprimento diferido, na

---

[164] Ruy Rosado de Aguiar Júnior, *Comentários ao novo Código Civil...* cit., v. VI, t. II, p. 291.

[165] Manoel Inácio Carvalho de Mendonça, *Doutrina e practica das obrigações* cit., I, p. 388-389; Giorgio Giorgi, *Teoria delle obbligazioni nel diritto moderno italiano*, v. IV. 3. ed. Firenze: Fratelli Cammelli, 1891, p. 530-531; Caio Mário da Silva Pereira, *Instituições de direito civil* cit., II, p. 150; Orozimbo Nonato, *Curso de obrigações* cit., II, p. 375-378.

qual a parcela periódica a ser adimplida é de R$ 100,00, com vencimento no dia 30 de cada mês. Todavia, para quem pague antes, ou até o vencimento, se estipula abono de 10%. Logo, quem realize o pagamento até o dia 30, deverá prestar, na verdade, R$ 90,00. Já o devedor que cumpra um dia depois não fará jus ao abono, pagando os R$ 100,00, mais os efeitos da mora. A diferença de valor da prestação para o devedor em mora superará 10%, o que – segundo este raciocínio – violaria a lei. O STJ ao decidir questão semelhante entendeu pela licitude do abono de pontualidade como espécie de sanção premial, incentivando o comportamento diligente do devedor[166]. Trata-se de questão que exige atento exame. A rigor, não há razão em sustentar-se a proibição do abono de pontualidade. E aqui, nem se precisa argumentar em excesso. Não há proibição, porque não há lei que o faça, prevalecendo, no plano obrigacional, o predomínio da autonomia privada. O que se cogita é que, em certas situações, a convenção do abono de pontualidade com o propósito de burlar limite legal impositivo ao valor da cláusula penal, possa configurar fraude à lei, dando causa a sua nulidade (art. 166, VI). Outra solução indicada pela jurisprudência é a restrição de cumulação, para o inadimplente, dos efeitos próprios do inadimplemento e da cláusula penal moratória[167], ou ainda sua incidência sobre o valor com desconto[168].

5.5.3. Cláusula penal e cláusula limitativa de indenização

Não se confundem a cláusula penal e a cláusula limitativa de indenização. A primeira, na sua dupla função de incentivo ao cumprimento e de pré-estimativa de danos, tem sentido diverso daquela que visa a limitar os efeitos do inadimplemento para o devedor. A cláusula penal visa a compelir o devedor ao cumprimento, de modo que atua na tutela do interesse do credor. A cláusula limitativa de indenização objetiva predefinir e atenuar os efeitos da responsabilidade pelo inadimplemento, razão pela qual, predomina, na sua eficácia, a tutela do interesse do devedor[169].

A cláusula limitativa de indenização, embora resulte do exercício da autonomia privada das partes, também se submete a alguns limites gerais ou específicos, fixados pelo ordenamento jurídico para sua convenção (veja-se item 6.1, *infra*). Por outro lado, não é desconhecido que, ao se definir certa cláusula penal compensatória com caráter substitutivo, e sem previsão de indenização suplementar, ela acaba configurando-se como cláusula de pré-liquidação de danos, aproximando seu perfil ao da cláusula limitativa de indenização. A distinção, neste caso, estará na possibilidade ou não, admitida na obrigação, de pretender o credor, no caso de inadimplemento do devedor, indenização suplementar. Se a pretensão for admitida, a convenção se identificará com a cláusula penal, em acordo com o art. 416, parágrafo único, do Código Civil. Se a cláusula predefinir o valor devido no caso de inadimplemento, sem a previsão de indenização suplementar, aproximam-se a cláusula penal compensatória e a cláusula limitativa de indenização.

---

[166] STJ, REsp 1424814/SP, Rel. Min. Marco Aurélio Bellizze, 3ª Turma, j. 4-10-2016, *DJe* 10-10-2016.

[167] TJSP, ApCiv 10256919020148260007, Rel. Ruy Coppola, 32ª Câmara de Direito Privado, j. 17-9-2015, *DJ* 18-9-2015; TJSP, ApCiv 00051775920118260001, Rel. Vianna Cotrim, 26ª Câmara de Direito Privado, j. 18-12-2013, *DJ* 18-12-2013; TJSC, ApCiv 20120291749, 5ª Câmara de Direito Civil, Rel. Henry Petry Junior, j.12-9-2012. Na doutrina, alinha-se com este entendimento, Carlos Roberto Gonçalves, *Direito civil brasileiro* cit., v. 2, p. 425.

[168] REsp 832.293/PR, Rel. Min. Raul Araújo, 4ª Turma, j. 20-8-2015, *DJe* 28-10-2015.

[169] António Pinto Monteiro, *Cláusula penal e indenização* cit., p. 263; José de Aguiar Dias, *Cláusula de não indenizar*, 3. ed., Rio de Janeiro: Forense, 1976, p. 127-130.

316 | DIREITO DAS OBRIGAÇÕES – *Bruno Miragem*

5.5.4. *Cláusula penal e arras*

Cláusula penal e arras são institutos que têm semelhanças quanto a certas funções que desempenham, mas com substanciais diferenças em relação à sua estrutura. As arras consistem na entrega, a um dos contraentes, de determinada coisa (normalmente, certa quantia em dinheiro), no momento de celebração de contrato ou pré-contrato, visando a demonstrar a existência do acordo (daí denominar-se também sinal), antecipar ou garantir seu cumprimento, ou ainda, assegurar possibilidade de arrependimento (veja-se item 5.5.1, *supra*). Nesses termos, quando se tomem as arras a partir de sua função de garantia ou reforço do acordo, conforme se apresentavam no direito romano[170], percebem-se pontos de contato com a cláusula penal.

Nesse sentido, havendo nas arras a entrega da coisa ou dinheiro de uma parte a outra, e posteriormente não houver o adimplemento da obrigação, será necessário que se verifique quem lhe deu causa. Se quem deixou de realizar a prestação foi quem prestou as arras, irá perdê-las em favor do outro contratante. Porém, se quem deixou de cumprir foi quem recebeu as arras, deverá devolvê-las, acrescidas do seu equivalente. Regra geral, as arras não excluem a possibilidade de aquele que sofre com o inadimplemento exigir indenização suplementar, se provar que os danos sofridos são superiores ao valor prestado. A não ser que seja convencionada expressamente a possibilidade de arrependimento, hipótese em que as arras se consideram com natureza indenizatória, afastando-se indenização suplementar. Neste caso, a noção de reforço ou garantia de cumprimento da obrigação das arras, se assemelha à função de incentivo ao adimplemento que cumpre a cláusula penal. Todavia, em termos estruturais, as diferenças se evidenciam. As arras são negócio jurídico real, uma vez que deve haver a entrega da coisa ou quantia em dinheiro para que se repute constituído. Sua eficácia se produz desde logo, sendo a perda ou devolução do que foi recebido, mais o equivalente, efeito que se condiciona a inexecução. A cláusula penal, como se sabe, produz eficácia jurídica apenas se houver o inadimplemento. É promessa de prestação condicionada ao inadimplemento[171]. Uma vez prevista na obrigação, terá seus efeitos subordinados à condição do inadimplemento do devedor.

6. SITUAÇÕES QUE ATENUAM A RESPONSABILIDADE PELO INADIMPLEMENTO

Há situações que excluem ou atenuam a responsabilidade do devedor, e impedem que se produzam outros efeitos do inadimplemento. Sua origem é variada. Podem resultar de convenção das partes, como é o caso das cláusulas de limitação ou de exclusão de responsabilidade, assim como de situações reconhecidas a partir de interpretação doutrinária e jurisprudencial pela eficácia dos princípios das obrigações.

As cláusulas de limitação ou de exclusão de responsabilidade, conforme se percebe dos respectivos termos, estabelecem, por convenção das partes, uma atenuação da responsabilidade do devedor pelo inadimplemento, ou mesmo sua exclusão. Resultam do exercício da autonomia privada, a qual, todavia, é informada por limites impostos pela ordem pública e pela boa-fé, assim como pela incidência de normas cogentes.

Hipótese já razoavelmente consagrada no direito brasileiro é a do adimplemento substancial, que resulta da incidência da boa-fé objetiva, caracterizando um adimplemento tão próximo

---

[170] Max Kaser; Rolf Knütel, *Römisches privatrecht* cit., p. 241-242; Biondo Biondi, *Istituzioni di diritto romano*, p. 448-449; Reinhard Zimmermann, *The law of obligations* cit., p. 230 e ss.

[171] Pontes de Miranda, *Tratado de direito privado* cit., t. XXVI, p. 145.

ao resultado final, que, tendo-se em vista a conduta das partes, atenua-se a eficácia do direito de resolução[172]. Trata-se, desse modo, de um inadimplemento insignificante, que não serve para sacrificar ou deixar de atender ao proveito do interesse útil do credor na obrigação. Há, portanto, satisfação do interesse do credor, ainda que sem a realização integral da prestação. Neste particular, justifica-se porque tratar do tema no item próprio às situações que excluem ou atenuam a responsabilidade pelo inadimplemento, e não no relativo ao adimplemento, como o faz boa parte da doutrina nacional[173]. O adimplemento substancial, nestes termos, revela ainda assim um inadimplemento qualitativo ou quantitativo da prestação. Neste caso, o devedor não realizou a prestação devida, mas vai se considerar que satisfez o interesse útil do credor, em especial, para efeito de retirar deste a possibilidade de promover certos efeitos, como o direito de resolução da obrigação. Isso será útil, especialmente, em obrigações continuadas, como é o caso dos contratos de duração, impedindo sua extinção em razão de um inadimplemento mínimo.

Da tradição do direito advém, por outro lado, a compensação de danos e lucros do credor, como causa de redução da responsabilidade do devedor por perdas e danos. A *compensatio lucri cum damni* é figura jurídica já conhecida e de substrato lógico evidente: se o credor que sofre o inadimplemento também tem, em vista das circunstâncias, vantagens daí decorrentes, elas devem ser consideradas na apreciação das perdas e danos devidos. Nesta mesma linha, também devem ser abatidos das perdas e danos devidos pelo devedor os danos que não decorram diretamente de sua conduta, senão do agravamento das consequências do inadimplemento a que deu causa o comportamento do próprio credor. Daí a dedução dos danos causados pelo credor, que a doutrina nacional – inspirada nas soluções de direito comparado – compôs a partir do reconhecimento de um dever do credor de mitigar os próprios prejuízos (*duty to mitigate the loss*).

Outra situação que tem aptidão para atenuar a responsabilidade pelo inadimplemento é categoria ainda incipiente no direito brasileiro, mas que merece atenção por sua firme vinculação à própria utilidade do direito das obrigações: o denominado inadimplemento eficiente. Trata-se de categoria desenvolvida no âmbito da *Law and economics*, cuja utilidade resulta do reconhecimento de situações em que o adimplemento da obrigação se revela como resultado economicamente menos útil do que o inadimplemento, com a correspondente indenização dos prejuízos do credor.

Examina-se, em separado, cada uma destas situações.

6.1. Cláusulas de limitação e de exclusão de responsabilidade

As cláusulas de limitação e exclusão de responsabilidade decorrem do exercício da autonomia privada no plano negocial, resultando da convenção das partes que, avaliando determinada distribuição de riscos relativos ao cumprimento da obrigação[174], ajustam limitar ou excluir a responsabilidade do devedor, em relação a fatos que caracterizem o inadimplemento de deveres nela estabelecidos. São cláusulas de limitação de responsabilidade quando predefinem, em relação a determinados fatos que caracterizem o inadimplemento, ou suas

---

[172] Clóvis do Couto e Silva, O princípio da boa-fé no direito brasileiro e português cit., p. 45.

[173] Paulo Lôbo, *Direito civil*. Obrigações cit., p. 195.

[174] As cláusulas de exclusão da responsabilidade, ao lado das cláusulas de interpretação contratual, consideram-se entre os principais instrumentos de gestão dos riscos contratuais, conforme observa Guido Alpa, Il contratto in generale, I – Fonti, teorie, metodi, *Trattato di diritto civile e commerciale*, Milano: Giuffrè, 2014, p. 532.

consequências, o conteúdo e extensão da responsabilidade do devedor. Assim, pode haver a limitação no tocante à extensão dos danos abrangidos pela responsabilidade do devedor, ou até qual valor será devida a indenização por perdas e danos. Já as cláusulas de exclusão afastam a responsabilidade do devedor em relação às perdas e danos decorrentes de determinados eventos que caracterizem o inadimplemento do dever.

Trata-se, desse modo, de convenções que, mediante exercício da autonomia privada, limitam ou excluem efeito jurídico ordinário das obrigações, que é a responsabilidade do devedor no caso de seu inadimplemento. Por esta razão, historicamente, são cláusulas que se submetem a limitações legais, seja por intermédio de cláusulas gerais ou regras específicas, assim como a estrito controle judicial[175]. Nesse sentido, não se perde de vista que o exercício da autonomia privada, e consequentemente da liberdade contratual que encerra, tem a reconhecida utilidade social de permitir, aos indivíduos, a gestão dos próprios riscos, em relação às obrigações que constituem, identificando, mensurando e precisando seus custos. Daí a admissão de que seja possível, em relação a alguns destes riscos, limitar sua repercussão patrimonial ou mesmo excluí-lo, mediante convenção das partes[176].

As cláusulas limitativas de responsabilidade do devedor tem, na experiência negocial, uma expressiva diversidade de fórmulas[177]. Em relação às mais comuns, podem se caracterizar com cláusulas de limitação do montante da indenização, ou das situações que dão causa à responsabilidade. No primeiro caso, há geralmente limite de valor pecuniário a ser suportado pelo devedor. No segundo caso, há limite quanto aos fatos que vão dar causa à responsabilidade do devedor. Da mesma forma, pode ocorrer que, da formulação de cláusulas com imputação expressa de responsabilidade do devedor, resultem como efeito consequente a limitação ou exclusão de responsabilidade. Assim ocorre quando se estipula, por exemplo, que "o devedor só responderá..." ou "a responsabilidade do devedor fica restrita a ..." Da mesma forma, produzem efeitos de limitação, ou mesmo de exclusão da responsabilidade, as cláusulas de atribuição do ônus da prova, de modo que definam que só responderá o devedor quando o credor provar determinado fato, ou ao inverso, deixará de responder o devedor se demonstrar tal circunstância. Se a prova que se exige seja extremamente difícil de ser produzida pelo

---

[175] António Pinto Monteiro, *Cláusulas limitativas e de exclusão de responsabilidade*, Coimbra: Almedina, 2003, p. 32-33; José de Aguiar Dias, *Cláusula de não indenizar* cit., p. 41-45.

[176] Assim decidiu o STJ: "(...) Validade da cláusula limitativa do valor da indenização devida em razão de avaria da carga objeto de transporte marítimo internacional. Nos termos da jurisprudência firmada no âmbito da Segunda Seção, considera-se válida a cláusula do contrato de transporte marítimo que estipula limite máximo indenizatório em caso de avaria na carga transportada, quando manifesta a igualdade dos sujeitos integrantes da relação jurídica, cuja liberdade contratual revelar-se amplamente assegurada, não sobressaindo, portanto, hipótese de incidência do art. 6º, inciso VI, do Código de Defesa do Consumidor, no qual encartado o princípio da reparação integral dos danos da parte hipossuficiente (REsp 39.082/SP, Rel. Ministro Nilson Naves, Rel. p/ acórdão Min. Fontes de Alencar, 2ª Seção, j. 9-11-1994, *DJ* 20-3-1995). Nada obstante, é de rigor a aferição da razoabilidade e/ou proporcionalidade do teto indenizatório delimitado pela transportadora, o qual não poderá importar em quantia irrisória em relação ao montante dos prejuízos causados em razão da avaria da mercadoria transportada, e que foram pagos pela seguradora. (...)" (REsp 1076465/SP, Rel. Min. Marco Buzzi, 4ª Turma, j. 8-10-2013, *DJe* 25-11-2013).

[177] Ana Prata, *Cláusulas de exclusão e limitação da responsabilidade contratual*, Coimbra: Almedina, 1985, p. 56 e ss. Da mesma forma, indique-se sua especial relevância como aceitação de riscos, e seus reflexos para a responsabilidade civil, conforme Philippe Malaurie; Laurent Aynés; Philippe Stoffel-Munck, *Les obligations*, 2. ed., Paris: Defrénois, 2005, p. 64-66.

Capítulo 7 · INADIMPLEMENTO DAS OBRIGAÇÕES | **319**

credor, por exemplo, a cláusula equivalerá muitas vezes, na prática, à cláusula de exclusão de responsabilidade[178].

Da mesma forma, no caso das cláusulas de exclusão de responsabilidade, a técnica jurídica também pode prever distintas fórmulas para sua estipulação, seja de modo genérico, afastando a responsabilidade por certo fato ou sua consequência; mediante qualificação expressa – ao definir que certos eventos não caracterizam inadimplemento –; ou ainda, em sentido positivo, que determinados fatos são considerados como força maior, pelos quais o devedor não responde. Em relação a este último exemplo, naturalmente, o interesse imediato das partes em convencionar o que se deva entender por força maior, em vista da amplitude do conceito, pode não estar vinculado ao propósito de afastar, simplesmente, a responsabilidade do devedor, mas reduzir a incerteza quanto a sua interpretação.

6.1.1. *Limites à estipulação das cláusulas de limitação e exclusão de responsabilidade*

Por reduzirem ou excluírem responsabilidade legal ordinária do devedor em razão do inadimplemento da obrigação, as cláusulas de limitação e exclusão de responsabilidade sujeitam-se a limitações estritas, submetendo-se ao controle judicial. Há limites que são expressos em lei, ou ainda limites de ordem pública, que resultam da incidência de cláusulas gerais, como a boa-fé, e princípios do ordenamento jurídico, como ocorre diante da necessidade de preservação da equivalência material nas obrigações de caráter comutativo.

Assim, por exemplo, embora não sejam propriamente cláusulas de limitação ou exclusão de responsabilidade, há determinado modo de convencionar a obrigação, limitando seu objeto, que tem por efeito a irresponsabilidade do devedor. Em outros termos, ao delimitar o objeto da obrigação, convencionam as partes retirar dela certos deveres que tivessem de ser cumpridos, ou por força de lei, ou em razão das características que lhe fossem próprias. Estar-se-ia, desse modo, reduzindo as obrigações, razão pela qual não haveria o que violar ou deixar de atender, para dar causa à responsabilidade do devedor[179].

A princípio, quando a própria disciplina legal dos contratos típicos admita a possibilidade da disposição pelas partes sobre aspectos do contrato, ou ainda, na ausência de lei que diretamente imponha certos deveres, em tese é possível que, pela delimitação do objeto da obrigação, chegue-se à limitação ou exclusão de responsabilidade do devedor. Todavia, há de se considerar também a possibilidade de controle, em determinadas situações, da disposição para reduzir ou suprimir efeitos da obrigação. Os limites a ser considerados envolvem, nestes casos, tanto a causa da obrigação, ou seja, sua função jurídico-econômica, quanto hipóteses em que a lei expressamente define certa responsabilidade, ou impede sua limitação ou exclusão. O risco que aqui se põe é o de fraude à lei[180], de modo que o devedor se furte à responsabilidade que lhe seria ordinária por força de lei ou pela natureza da obrigação celebrada, mediante exclusão, na delimitação do objeto da obrigação, de deveres que a caracterizam e distinguem. Nestes termos sustenta-se a nulidade, por exemplo, de uma cláusula que exclua toda e qualquer responsabilidade do devedor pelo inadimplemento da obrigação, seja sob a forma ativa de exclusão, seja sob a forma de renúncia antecipada de direitos[181], sob pena de

---

[178] António Pinto Monteiro, *Cláusulas limitativas e de exclusão de responsabilidade* cit., p. 111.

[179] António Pinto Monteiro, *Cláusulas limitativas e de exclusão de responsabilidade* cit., p. 118.

[180] Idem, p. 119.

[181] O Código Civil português, ao contrário do direito brasileiro, possui regra geral expressa indicando que "é nula a cláusula pela qual o credor renuncia antecipadamente a qualquer dos direitos que lhe são facultados nas divisões anteriores nos casos de não cumprimento ou mora do devedor" (art. 809). Porém, ressalva

320 | DIREITO DAS OBRIGAÇÕES – *Bruno Miragem*

frustrar a própria razão de ser de uma relação obrigacional juridicamente vinculante[182]. Todavia, a prevalência da autonomia privada sustenta a admissão da possibilidade de limitação e exclusão de responsabilidade, à exceção das hipóteses em que a vedação a este efeito resulte de normas de ordem pública.

No tocante à causa do contrato como limite às cláusulas de limitação ou exclusão de responsabilidade, tenha-se como exemplo contratos cuja causa se associe à custódia de determinado bem. Assim, por exemplo, o contrato de depósito. Se, por convenção das partes, fique definido excluir o dever de custódia da coisa, ou qualquer responsabilidade do devedor por sua violação, altera-se o próprio tipo contratual. Não se terá mais depósito, mas outra espécie de contrato, mesmo atípico.

Por outro lado, mantendo-se o exemplo do dever de custódia, isso não impede que se delimitem os termos do objeto da obrigação quanto a sua extensão, consequentemente definindo a obrigação por cujo inadimplemento o devedor terá de responder. É o que ocorre, por exemplo, em contratos de locação de cofre em banco, no qual, apesar do *nomen juris* utilizado comumente, predomina a causa de custódia, aproximando-se da figura do depósito[183]. Violaria a causa do contrato a exclusão da responsabilidade do banco pela custódia dos bens deixados no cofre pelo cliente, e nestes termos, seria de reconhecer sua invalidade. Todavia, será diferente se o banco definir limite de valor para os bens deixados no cofre. Nesta hipótese, não se trata de cláusula de limitação ou exclusão de responsabilidade, mas definição do objeto do contrato, porém com mesmo efeito de limitação. Admitida esta linha de raciocínio, tanto a responsabilidade do banco será definida até valor determinado que se encontre descrito no objeto da obrigação, quanto o fato de o cliente deixar em depósito no cofre bens superiores a este valor, podem caracterizar infração contratual. E nada impede que se convencione o depósito de bens em valor superior, desde que ajustada a garantia específica, por exemplo. O mesmo se diga em relação aos contratos de penhor que envolvam a entrega efetiva do bem dado em garantia ao credor, sob o dever de restituí-lo ao proprietário no caso de satisfação da dívida garantida. Será inválida a cláusula que exclua a responsabilidade do credor pignoratício que afaste completamente o seu dever de custódia do bem.[184]

Dois aspectos, contudo, devem ser considerados ainda, no tocante aos limites legais para convenção de cláusulas de limitação ou de exclusão de responsabilidade. O primeiro deles diz respeito aos contratos de adesão. Estabelece o art. 424 do Código Civil: "Nos contratos de adesão, são nulas as cláusulas que estipulem a renúncia antecipada do aderente a direito resultante da natureza do negócio". Igualmente, se a renúncia a direito resultante da natureza do negócio é cominada de nulidade, parece razoável entender, também, que o efeito da violação a estes direitos, no caso, a responsabilidade do devedor a quem a disposição nula favoreça, também não pode ser admitida. Não raro, nestas situações, o efeito de

---

a possibilidade de convencionar-se a limitação e exclusão de responsabilidade desde que não definidas em normas de ordem pública (art. 800, 2). Nesse sentido, veja-se Antunes Varela, *Das obrigações em geral* cit., II, p. 135-138.

[182] No direito francês, tais limites associam-se à própria causa do contrato, em vista de um atentado a uma obrigação essencial do contrato, conforme refere Muriel Fabre-Magnan, *Droit de obligations, I.* Contrat et engagement unilateral, 4. ed., Paris: PUF, 2016, p. 448-451.

[183] Bruno Miragem, *Direito bancário. 3ª ed. São Paulo: RT, 2019*, p. 393; Rodolfo Camargo Mancuso, Responsabilidade civil do banco em caso de subtração fraudulenta do conteúdo de cofre locado a particular – Da ação ressarcitória cabível, *RT* 616/24, São Paulo: RT, fev. 1987.

[184] Assim a Súmula 638 do STJ: "É abusiva a cláusula contratual que restringe a responsabilidade de instituição financeira pelos danos decorrentes de roubo, furto ou extravio de bem entregue em garantia no âmbito de contrato de penhor civil." (STJ, 2ª Seção, j. 27/11/2019, *DJe* 02/12/2019)

Capítulo 7 · INADIMPLEMENTO DAS OBRIGAÇÕES | 321

irresponsabilidade do devedor pela violação do dever pode surpreender a parte prejudicada pela exclusão, razão pela qual a rejeição à cláusula se dá por caracterizar-se como cláusula-surpresa (Überraschende Klauseln), definida, expressamente, no direito alemão (§ 305c, 1, do BGB)[185], e no direito brasileiro decorrente da violação dos deveres de boa-fé (art. 422 do Código Civil; art. 46 do CDC).

O art. 448 do Código Civil admite, expressamente, que as partes podem, por convenção expressa, reforçar, diminuir ou excluir a responsabilidade pela evicção, ainda que a própria lei defina seus efeitos, assegurando, no mínimo, o direito do adquirente de reaver o preço que pagou pela coisa, se não soube do risco, ou sendo informado, não o assumiu.

6.1.2. Cláusulas de limitação e exoneração de responsabilidade nos contratos de consumo

Nas obrigações que resultem de contrato de consumo, o art. 25 do CDC expressamente proibiu a estipulação contratual de cláusula que impossibilite, exonere ou atenue a obrigação de indenizar, tanto no caso de responsabilidade do consumidor por vícios (inadequação de produtos e serviços, arts. 18 a 20 do CDC), quanto por danos causados à pessoa e ao patrimônio do consumidor (arts. 12 a 14 do CDC). A proibição decorre da indisponibilidade do direito de ressarcimento do consumidor[186], consagrada como norma de ordem pública. Igualmente, o art. 51, inciso I, define expressamente como abusivas, cominando-as de nulidade, as cláusulas que "impossibilitem, exonerem ou atenuem a responsabilidade do fornecedor por vícios de qualquer natureza dos produtos e serviços ou impliquem renúncia ou disposição de direitos. Nas relações de consumo entre o fornecedor e o consumidor pessoa jurídica, a indenização poderá ser limitada, em situações justificáveis".

Conforme se interpreta da norma, nos contratos de consumo, são nulas quaisquer cláusulas de exclusão da responsabilidade do fornecedor. Já no caso de cláusulas limitativas de responsabilidade, a hipótese estrita em que se admite a sua convenção, em contrato de consumo, será aquela que, em situações justificáveis, tenha como sujeito da obrigação pessoa jurídica consumidora. Anote-se, todavia, que o fato de referir-se, a lei, a "situações justificáveis", impõe parâmetro de controle cuja concretização é judicial. Caberá ao juiz definir, em vista das circunstâncias do caso, quais sejam as situações justificáveis. Alguns critérios úteis, por exemplo, serão: a identificação, em concreto, do poder de barganha da pessoa jurídica consumidora, a possibilidade que teve de vistoriar, antes, os produtos adquiridos, não reclamando vícios aparentes; ou a vantagem que tenha obtido em razão do contrato, nas condições específicas em que foi celebrado.

6.2. Adimplemento substancial (ou inadimplemento irrelevante)

Denomina-se substancial o adimplemento parcial da obrigação, suficiente para satisfazer o interesse útil do credor. O devedor não realiza integralmente a prestação devida, porém o faz em termos qualitativos ou quantitativos, em tal grau que permite reconhecer objetivamente a satisfação do interesse do credor. O preceito é de que "o credor não pode recusar a prestação se o que lhe falta é mínimo e não diminui o valor do que se quer entregar, ou se nada se opõe

---

[185] Dieter Medicus, *Allgemeiner Teil des BGB*, 9. Aufl, Heidelberg: C.F. Müller, 2006, p. 162.

[186] Bruno Miragem, *Curso de direito do consumidor* cit., 8. ed. São Paulo: RT, 2019, p. 478-480. Claudia Lima Marques, Antônio Herman Benjamin, Bruno Miragem, *Comentários ao Código de Defesa do Consumidor* cit., 4. ed., p. 692.

a que a receba"[187]. A expressão adimplemento substancial resulta da tradução do anglicismo *substantial performance*, uma que vez que as origens da teoria residem no *common law*. Na sua compreensão original, tratou-se de uma limitação ao direito de resolução do contrato, de modo que, apenas quando se tratasse do inadimplemento de um dever principal (referida como *condition*)[188], poderia o credor resolver o contrato; se o desrespeito se desse em relação a deveres acessórios ou secundários (*warranties*), o direito do credor se restringiria a reclamar perdas e danos, mantendo-se, todavia, a obrigação[189].

A limitação do exercício do direito do credor, em caso de adimplemento substancial pelo devedor, desse modo, assumiu consequências distintas, nos vários sistemas jurídicos, tendo como traço comum o de constituir obstáculo à resolução do negócio. Assim no direito italiano, o art. 1.455 do Codice Civile, o qual refere que "o contrato não pode ser resolvido se o inadimplemento de uma das partes for de escassa importância, observado o interesse da outra"[190]. No direito alemão, o § 323, 5, refere: "Se o devedor houver cumprido parcialmente, o credor poderá resolver o contrato apenas se não tiver interesse no adimplemento parcial. Se o devedor não adimpliu em conformidade com o contrato, o credor não poderá resolver o contrato se a violação do dever for irrelevante"[191]. No direito português, o art. 802, 2, refere "O credor não pode, todavia, resolver o negócio, se o não cumprimento parcial, atendendo ao seu interesse, tiver escassa importância". Também no art. 25 da Convenção das Nações Unidas sobre Contratos de Compra e Venda Internacional de Mercadorias, de 1980, o direito de resolução por inadimplemento não distinguirá, como o faz o *common law*, entre deveres principais ou acessórios, dispensando-lhe tratamento unitário para o fim de identificar-se no que consistirá a violação fundamental[192].

No direito brasileiro, as hipóteses de adimplemento substancial, para efeito de limitar o exercício do direito de resolução do devedor, resultam da incidência da boa-fé. Compreendem tanto situações de cumprimento inexato, quanto a violação de deveres acessórios, o atraso de cumprimento, ou vícios que não comprometam o interesse útil do credor na prestação[193]. Segundo a melhor doutrina, o que se deve considerar, para efeito de reconhecer o adimplemento substancial, são os fins econômicos do contrato, assim como as exigências éticas decorrentes da boa-fé. Para tal ponderando tanto a falta da prestação para a economia do negócio, quanto o comportamento das partes, e seu interesse no adimplemento exato da obrigação[194]. Na lição de direito comparado, devem-se valorizar as circunstâncias, segundo

---

[187] Pontes de Miranda, *Tratado de direito privado* cit., t. XXVI, p. 61.

[188] John W. Carter, *Carter's breach of contract* cit., p. 157 e ss.

[189] Anelise Becker, A doutrina do adimplemento substancial no direito brasileiro e em perspectiva comparativa, *Revista da Faculdade de Direito da UFRGS* 9/60, Porto Alegre, 1993.

[190] No original: "Il contratto non si può risolvere se l'inadempimento di una delle parti ha scarsa importanza, avuto riguardo all'interesse dell'altra".

[191] No original: "Hat der Schuldner eine Teilleistung bewirkt, so kann der Gläubiger vom ganzen Vertrag nur zurücktreten, wenn er na der Teilleistung kein Interesse hat. Hat der Schuldner die Leistung nicht vertragsgemäß bewirkt, so kann der Gläubiger vom Vertrag nicht zurücktreten, wenn die Pflichtverletzung unerheblich ist".

[192] Ruy Rosado de Aguiar Júnior, A Convenção de Viena (1980) e a resolução do contrato por incumprimento, *Revista da Faculdade de Direito da Universidade Federal do Rio Grande do Sul* 10/7-21, Porto Alegre: Sulina, jul. 1994.

[193] Eduardo Luiz Bussatta, *Resolução dos contratos e teoria do adimplemento substancial*, São Paulo: Saraiva, 2007, p. 111 e ss.

[194] Ruy Rosado de Aguiar Júnior, *Comentários ao novo Código Civil...* cit., v. VI, t. II, p. 541-542; Araken de Assis, *Resolução do contrato por inadimplemento*, 3. ed., São Paulo: RT, 1999, p. 121.

Capítulo 7 · INADIMPLEMENTO DAS OBRIGAÇÕES | **323**

uma *ratio* de proporcionalidade, considerando a função e o peso da prestação inadimplida na economia do contrato[195]. Assinale-se, ainda, que o inadimplemento deve ser irrelevante. O ônus da prova sobre a irrelevância do inadimplemento, contudo, cabe ao inadimplente[196].

O efeito do reconhecimento do adimplemento substancial, nestes casos, será a admissão de exercício pelo credor dos direitos às prestações pecuniárias devidas em razão do inadimplemento do devedor, ainda que irrelevante. Poderá, assim, pretender a indenização dos prejuízos que sofrer, e os respectivos juros e atualização monetária, bem como a cláusula penal, se tiver sido convencionada. Limita-se, todavia, o direito à resolução da obrigação, ou a recusa de realizar a sua prestação, no caso de seus interesses patrimoniais serem reconhecidos como satisfeitos pela prestação parcialmente realizada pelo devedor. Ou, segundo a afirmação jurisprudencial, "é pela lente das cláusulas gerais previstas no Código Civil de 2002, sobretudo a da boa-fé objetiva e da função social, que deve ser lido o art. 475, segundo o qual '[a] parte lesada pelo inadimplemento pode pedir a resolução do contrato, se não preferir exigir-lhe o cumprimento, cabendo, em qualquer dos casos, indenização por perdas e danos (...) nessa linha de entendimento, a teoria do substancial adimplemento visa a impedir o uso desequilibrado do direito de resolução por parte do credor, preterindo desfazimentos desnecessários em prol da preservação da avença, com vistas à realização dos princípios da boa-fé e da função social do contrato'"[197].

Nos contratos de alienação fiduciária em garantia, este vinha sendo o entendimento do STJ para reconhecer a possibilidade de purga da mora pelo devedor, com o efeito de evitar a resolução. Aquela Corte, contudo, alterou mais recentemente seu entendimento, considerando que a inexistência de previsão expressa na legislação, sobre a possibilidade de purgação da mora, torna prevalente o direito de resolução do credor. Privilegia interpretação estrita da lei para considerar o vencimento antecipado de toda a dívida no caso de inadimplemento[198].

Percebe-se a preocupação contemporânea em não estimular uma interpretação extensiva do instituto, de modo a reforçar a regra de cumprimento do contrato[199]. Contudo, em certas

---

[195] Vincenzo Roppo, *Il contrato*, 2. ed., Milano: Giuffrè, 2011, p. 899-900.

[196] AgInt no AREsp 494.175/RJ, Rel. Min. Paulo de Tarso Sanseverino, 3ª Turma, j. 13-9-2016, *DJe* 29-9-2016.

[197] STJ, REsp 1.051.270/RS, Rel. Min. Luis Felipe Salomão, 4ª Turma, j. 4-8-2011, *DJe* 5-9-2011.

[198] Originalmente, admitia o STJ a aplicação da teoria do adimplemento substancial à alienação fiduciária, nos seguintes termos: "*Alienação fiduciária. Busca e apreensão. Deferimento liminar. Adimplemento substancial.* Não viola a lei a decisão que indefere o pedido liminar de busca e apreensão considerando o pequeno valor da dívida em relação ao valor do bem e o fato de que este é essencial à atividade da devedora. Recurso não conhecido" (STJ, REsp 469.577/SC, Rel. Min. Ruy Rosado de Aguiar Júnior, j. 25-3-2003; *DJU* 5-5-2003, p. 310). Esse entendimento prosperou por bom tempo conforme: REsp 1200105/AM, Rel. Min. Paulo de Tarso Sanseverino, 3ª Turma, j. 19-6-2012, *DJe* 27-6-2012. Mais recentemente, contudo, inverteu-se o entendimento da Corte: "*Alienação fiduciária em garantia. Decreto-lei n. 911/1969. Alteração introduzida pela Lei n. 10.931/2004. Purgação da mora e prosseguimento do contrato. Impossibilidade. Necessidade de pagamento do total da dívida (parcelas vencidas e vincendas).* 1) A atual redação do art. 3º do Decreto-lei n. 911/1969 não faculta ao devedor a purgação da mora nas ações de busca e apreensão de bem alienado fiduciariamente. 2) Somente se o devedor fiduciante pagar a integralidade da dívida, no prazo de 5 (cinco) dias após a execução da liminar, ser-lhe-á restituído o bem, livre do ônus da propriedade fiduciária. 3) A entrega do bem livre do ônus da propriedade fiduciária pressupõe pagamento integral do débito, incluindo as parcelas vencidas, vincendas e encargos. 4) Inexistência de violação do Código de Defesa do Consumidor. Precedentes. 5) Recurso especial provido" (STJ, REsp 1.287.402/PR, Rel. Min. Marco Buzzi, 4ª Turma, j. 3-5-2012, Rel. p/ acórdão Min. Antonio Carlos Ferreira, *DJe* 18-6-2013).

[199] Paulo Lôbo, *Direito civil:* Obrigações cit., p. 196. Nos tribunais, veja-se: STJ, REsp 1.581.505/SC, Rel. Min. Antonio Carlos Ferreira, 4ª Turma, j. 18-8-2016, *DJe* 28-9-2016.

324 DIREITO DAS OBRIGAÇÕES – *Bruno Miragem*

obrigações, o adimplemento substancial segue sendo reconhecido como limite ao direito de resolução, em especial em contratos de duração, nos quais se reforçam os deveres de cooperação. É o que se percebe, por exemplo, em certos contratos, como o seguro[200], quando o segurado deixa de pagar pequena parcela do prêmio; ou o de previdência privada[201], em que o inadimplemento que se restrinja a poucas parcelas, limita o direito do credor promover a extinção do vínculo desenvolvido, continuamente, por longo tempo, admitindo-se o direito da purga da mora pelo devedor.

6.3. Compensação dos benefícios e prejuízos do credor (*Compensatio lucri cum damni*)

Um dos aspectos mais difíceis em tema de responsabilidade pelo inadimplemento diz respeito à compensação dos benefícios obtidos pela parte que sofre o inadimplemento e os danos que dele decorrem. A regra geral de que o inadimplente responde por todos os danos a que deu causa o inadimplemento (reparação integral), se contrapõe à ideia de que também possa dele ter resultado vantagens ao credor. O princípio, conforme ensina a melhor doutrina, é de que a indenização não deve fazer com que o prejudicado alcance uma situação mais favorável que teria caso não tivesse se dado o fato que fundamenta o dever de indenizar[202]. Desse modo, admite-se a compensação dos danos indenizáveis ao lesado com as vantagens que tenham resultado do mesmo fato, se concorrerem duas situações: (a) se resultarem do inadimplemento diretamente, tanto vantagens como desvantagens para o credor, ou seja, que entre o fato danoso e a vantagem haja verdadeiro nexo de causalidade e não mera coincidência acidental[203]; e (b) não houver preceito que pré-exclua a possibilidade de compensação[204]. Nestes termos, a possibilidade de compensação dos benefícios e prejuízos do credor caracteriza situação que atenua a responsabilidade do devedor.

O exemplo didático oferecido pela doutrina é do agricultor que, temeroso que a cultura de tomate fosse ruinosa, encomendou sementes para iniciar nova cultura. Todavia, estas não lhe foram entregues a tempo, fazendo com que renovasse a plantação de tomates. Contra todas as expectativas, porém, a lavoura de tomates foi muito bem-sucedida. Desse modo, ao determinar-se eventuais perdas e danos (em especial lucros cessantes), decorrentes do inadimplemento da entrega das sementes para que iniciasse a nova cultura, necessariamente deverão ser descontados os ganhos que ele obteve com a plantação que fez e não teria feito, caso a entrega tivesse sido realizada a tempo[205].

A origem da *compensatio lucri cum damni* situa-se no direito romano. Assim a passagem do *Digesto*: "Se administrarás os negócios de um ausente, e este o ignore, deves responder por culpa ou dolo. Mas Próculo disse que, às vezes, deves responder também pelo caso fortuito, por exemplo, se em nome do ausente fizera um negócio novo que ele não estava acostumado a fazer, como comprar escravos novos, ou empreendendo alguma negociação. Porque se disso houver resultado uma perda será de tua conta, mas se em algumas coisas

---

[200]   STJ, REsp 415.971/SP, Rel. Min. Nancy Andrighi, 3ª Turma, j. 14-5-2002, *DJ* 24-6-2002; REsp 76.362/MT, Rel. Min. Ruy Rosado de Aguiar, 4ª Turma, j. 11-12-1995, *DJ* 1º-4-1996.

[201]   REsp 877.965/SP, Rel. Min. Luis Felipe Salomão, j. 22-11-2011, *DJ* 1º-2-2012.

[202]   Karl Larenz, *Derecho de obligaciones* cit., I, p. 204-205.

[203]   Antunes Varela, *Das obrigações em geral* cit., I, p. 937-938; Salvatore Puleo, Compensatio lucri cum damni, *Enciclopedia del diritto*, Milano: Giuffrè, 1961, VIII, p. 29-30.

[204]   Miguel Maria de Serpa Lopes, *Curso de direito civil* cit., v. II, p. 402-403.

[205]   Antunes Varela, *Das obrigações em geral* cit., I, p. 937.

tenha obtido ganhos para o ausente e em outras perdas, o ausente deve compensar o benefício com o dano"[206]. No direito alemão é tratada literalmente como "compensação de benefícios" (*Vorteilsausgleichung*), e identificada como causa de redução de indenização devida, no caso de responsabilidade por dano[207].

O tratamento do tema, tradicionalmente, se dá no exame do dano indenizável[208], em especial por sua associação com a teoria da diferença na avaliação do prejuízo ao patrimônio do devedor[209]. Melhor caminho, talvez, esteja em examinar a questão, não por esta perspectiva, senão pelos efeitos da *compensatio lucri cum damni* sobre a responsabilidade do devedor. Isso porque não está em causa o dever de indenizar todos os danos, que é a regra no direito das obrigações. Não se reduz o dano, mas sim, atenua-se a responsabilidade do devedor em relação à indenização que deverá satisfazer. No plano da responsabilidade civil por danos, o exemplo mais significativo refere-se à possibilidade de dedução do valor da indenização pela qual venha a responder o causador do dano, do que a vítima já tenha recebido em decorrência de seguro de responsabilidade, em razão do mesmo fato. Da mesma forma, o depositário que tem a coisa sob sua custódia roubada ou furtada, é obrigado a indenizar o depositante. Porém, se após a indenização a coisa for recuperada, há pretensão do depositante. Karl Larenz dá conta da divergência se a pretensão será a própria coisa ou a restituição da indenização, o que se coloca em discussão em razão de regra própria, tanto no direito alemão (§ 255 do BGB)[210], quanto no direito português (art. 568 do Código Civil)[211], que preveem expressamente a cessão da pretensão ao bem ou ao direito àquele que responde pela indenização. O Código Civil brasileiro não conta com disposição semelhante. Fora de dúvida, pois, que com exceção das hipóteses de sub-rogação legal (o *commodum subrogationis*, como no caso do seguro, art. 786 do Código Civil)[212], será do proprietário da coisa o poder de reivindicá-la. Desse modo, aquele que indenizou a perda da coisa, tendo ela retornado ao lesado, terá direito a restituir-se da indenização que se torne em razão disso excedente, uma vez que, neste caso, o dano, senão desaparece completamente, ao menos resta mitigado.

A compensação de benefícios e vantagens como causa de atenuação da responsabilidade do credor observa limites de ordem geral e específica. De ordem geral, será o próprio constrangimento da tese de que possa o inadimplente alegar em seu benefício a própria torpeza (*turpitudinem suam allegans non auditur*). Exclui-se, portanto, a possibilidade de invocar-se a

---

[206] *Digesto*, 3, 5, 11: "Si negocia absentis et ignoratis geras, et culpan, et dolum praestare debes. Sed Proculos, interdum etiam casum praestare debere, veluti si novum negotium, quad nom sit solitus absens facere, tu nomine Rius geras, veluti venales novicios coemendo, vel aliquanm negotiationen ineudo. Nam si quid damnun ex ea re seciti, fiero. Te sequetur lucrum vero absentem, quodsi in quibusdam lucrum Facttum fuerit, in quibusdam damnun, absens pesare lucrum cum damno debet". Veja-se, sobre a origem do preceito: Heinrich Honsell, *Römisches Recht*, 8. Aufl, Berlin: Springer, 2015, p. 149.

[207] William B. Fisch, *Die Vorteilsausgleichung im amerikanischen und deutschen Recht*, Frankfurt: A. Metzner, 1974, p. 17 e ss.

[208] Pontes de Miranda, *Tratado de direito privado* cit., t. XXVI, p. 134; Alfredo Orgaz, *El daño ressarcible* (actos ilícitos), Córdoba: Marcos Lerner Ed., 1992, p. 186.

[209] Hermann Lange e Gottfried Schiemann, *Schadensersatz*, Tübingen: Mohr Siebeck, 2003, p. 486 e ss.

[210] Assim o § 255 do BGB: "Wer für den Verlust einer Sache oder eines Rechts Schadensersatz zu leisten hat, ist zum Esatz nur gegen Abtretung der Ansprüche verpflichtet, die dem Ersatzberechtigten auf Grund des Eigentums an der Sache oder auf Grund des Rechts gegen Dritte zustehen".

[211] Assim o art. 568 do Código Civil português: "Quando a indemnização resulte da perda de qualquer coisa ou direito, o responsável pode exigir, no acto do pagamento ou em momento posterior, que o lesado lhe ceda os seus direitos contra terceiros".

[212] "Art. 786. Paga a indenização, o segurador sub-roga-se, nos limites do valor respectivo, nos direitos e ações que competirem ao segurado contra o autor do dano."

compensação de benefícios no caso de inadimplemento doloso. De ordem específica, a própria lei restringirá expressamente as hipóteses de compensação. Assim, por exemplo, em relação à responsabilidade do mandatário perante o mandante, dispõe o art. 669 do Código Civil: "O mandatário não pode compensar os prejuízos a que deu causa com os proveitos que, por outro lado, tenha granjeado ao seu constituinte". Assim também a proibição de compensação dos frutos pendentes a que tenha direito o dono da coisa quando cesse o usufruto, com as despesas daquele que teve seu direito extinto (art. 1.396, parágrafo único, do Código Civil). Isso não impede, contudo, que o próprio Código Civil defina situações em que a *compensatio lucri cum damni* se dê por força de lei, como, por exemplo, no caso da responsabilidade por evicção, em que o art. 1.221 dispõe: "As benfeitorias compensam-se com os danos, e só obrigam ao ressarcimento se ao tempo da evicção ainda existirem". Refira-se, ainda, a possibilidade de o credor pignoratício compensar o dano que resulte pela perda ou deterioração da coisa em sua posse, com a dívida que esta visava a garantir (art. 1.435, I, do Código Civil).

6.4. Dedução dos danos resultantes de agravamento do devedor

A responsabilidade do devedor pelo inadimplemento tem por consequência a imputação do dever de indenizar as perdas e danos dele decorrentes. Todavia, há situações em que os prejuízos que têm por causa o inadimplemento se agravam em razão da própria conduta do credor, que se omite ao não adotar providências visando à sua limitação ou mitigação. No domínio da responsabilidade civil por danos, a contribuição do lesado para o agravamento do dano é reconhecida como causa de redução ou eliminação do dever de indenizar do ofensor[213]. A transposição do tema para o plano negocial, de sua vez, dá causa ao reconhecimento, por efeito do dever de cooperação das partes, decorrente da boa-fé objetiva, que ao lado do comportamento do devedor de realizar a prestação devida, havendo o inadimplemento, também se imputa ao credor o dever de não promover o agravamento dos prejuízos que dele se originam.

É possível discutir-se se o não agravamento dos danos pelo credor se coloca como questão de um dever jurídico que lhe é imposto em decorrência da boa-fé objetiva, ou se a questão restringe-se apenas ao exame do nexo de causalidade. Ou seja, que as perdas e danos indenizáveis ao credor, no caso de inadimplemento do devedor, serão apenas aquelas das quais a não realização da prestação se configure como causa direta e imediata (art. 403 do Código Civil).

No direito brasileiro, todavia, maior prestígio tem a primeira solução, identificando-se a existência de um dever do credor de mitigar o próprio prejuízo, decorrente da boa-fé objetiva (art. 422 do Código Civil), ou ainda da proibição do comportamento abusivo (art. 187 do Código Civil). Sua inspiração são soluções de direito comparado, tanto o dever reconhecido na *common law* (*duty to mitigate the loss*), quanto seu reconhecimento, com distintas intensidades, em outros sistemas jurídicos[214]. Da mesma forma, a Convenção das Nações Unidas sobre Contratos de Compra e Venda Internacional de Mercadorias, de 1980, incorporado no direito brasileiro pelo Decreto n. 8.327/2014, dispõe em seu art. 77: "A parte que invocar o inadimplemento do contrato deverá tomar as medidas que forem razoáveis, de acordo com as circunstâncias, para diminuir os prejuízos resultantes do descumprimento, incluídos os lucros

---

[213] Antunes Varela, *Das obrigações em geral* cit., I, p. 917-918.

[214] Véra Maria Jacob de Fradera, Pode o credor ser instado a diminuir o próprio prejuízo? *Revista Trimestral de Direito Civil* 19/109-119, Rio de Janeiro: Padma, jul.-set. 2004.

Capítulo 7 · INADIMPLEMENTO DAS OBRIGAÇÕES | 327

cessantes. Caso não adote estas medidas, a outra parte poderá pedir redução na indenização das perdas e danos, no montante da perda que deveria ter sido mitigada".

No direito brasileiro, o reconhecimento de um dever de mitigação do credor foi também admitido pelo Enunciado n. 169 da III Jornada de Direito Civil, promovida pelo Centro da Justiça Federal, em 2004, nos seguintes termos: "O princípio da boa-fé objetiva deve levar o credor a evitar o agravamento do próprio prejuízo". Observa-se nos tribunais a ressonância da tese, a exigir certo comportamento ativo do credor para, dentre outros efeitos, reconhecer a limitação dos prejuízos decorrentes do inadimplemento[215]; deixar de reconhecer a exigibilidade de certas prestações em razão de sua ocorrência[216]; bem como avaliar o tempo e modo do exercício da pretensão pelo seu titular[217]. A rigor, os exemplos trazidos pela doutrina, em parte seriam solucionados pela incidência da boa-fé e a *supressio*: assim o caso do locador que ficou sem receber os aluguéis por muitos anos, após os quais, ao intentar exercer o direito de resolução, este não lhe foi reconhecido. Ou ainda, pela ausência de causalidade entre o dano que se pretende indenizar e o inadimplemento (exemplo da empresa que contratou transporte de gases e que, tendo sofrido inadimplemento, pretendeu indenização de fretes não realizados, as despesas com demissão de funcionários e o valor do caminhão comprado para cumprir o contrato)[218].

Note-se, todavia, que mesmo no *common law*, o *duty to mitigate the loss* não é compreendido exclusivamente na perspectiva individual do interesse das partes, e em especial do devedor para reduzir a indenização devida, senão em acordo com um interesse social de otimização ou não desperdício de recursos, pela não adoção de providências razoáveis para evitar a extensão do dano[219]. Por outro lado, se de fato se considere a mitigação de prejuízos como dever do credor, a única sanção admissível para sua violação deve ser a redução de indenização em situações estritas, sob pena de inverter-se o sentido lógico da obrigação, pelo qual o devedor é quem responde pelo inadimplemento, e dele se exige, com maior ênfase o comportamento direcionado à realização da prestação. A interpretação de um dever de mitigação dos danos não pode inverter as posições típicas de credor e devedor, de modo que se exija do primeiro aquilo que compreende o dever de diligência comum para a realização da prestação e o que resulte como consequência do seu inadimplemento[220]. Ao credor que sofre o inadimplemento cumpre ser reparado, deduzindo-se da indenização a ser paga pelo devedor, os danos que porventura tenham sido causados por sua inércia imputável. Ou seja, será exigível do credor apenas a adoção de providências que se revelem como esforços razoáveis, que não impliquem novas despesas para reduzir a extensão dos danos.

---

[215] STJ, REsp 758.518/PR, Rel. Min. Vasco Della Giustina (Des. Convocado do TJRS), 3ª Turma, j. 17-6-2010, *DJe* 28-6-2010. Da mesma forma, a decisão do TJSP em contrato de empreitada para a construção de uma piscina, no qual após desacerto negocial, o tomador do serviço impede que o empreiteiro tenha acesso a obra para corrigir eventuais vícios, o que faz com que, em que pese a frustração do objeto contratual, impede que lhe sejam ressarcidos danos morais em decorrência do descumprimento (TJSP, ApCiv 1036109800, 34ª Câmara de Direito Privado, Rel. Rosa Maria de Andrade Nery, j. 27-6-2007, *DJ* 6-7-2007).

[216] STJ, REsp 1401233/RS, Rel. Min. Paulo de Tarso Sanseverino, 3ª Turma, j. 17-11-2015, *DJe* 26-11-2015.

[217] STJ, REsp 1325862/PR, Rel. Min. Luis Felipe Salomão, 4ª Turma, j. 5-9-2013, *DJe* 10-12-2013. A invocação da doutrina em questão se põe mesmo fora dos limites do direito privado, como se percebe na decisão dos HC 266.426/SC, Rel. Min. Maria Thereza de Assis Moura, 6ª Turma, j. 7-5-2013, *DJe* 14-5-2013; e HC 171.753/GO, Rel. Min. Maria Thereza de Assis Moura, 6ª Turma, j. 4-4-2013, *DJe* 16-4-2013.

[218] TJRS, ApCiv 70025267683, Rel. Umberto Guaspari Sudbrack, 5ª Câmara Cível, j. 18-2-2009.

[219] Edward Allan Farnsworth, *Contracts*, 3. ed., New York: Aspen Law, 1999, p. 806.

[220] STJ, REsp 1489784/DF, Rel. Min. Ricardo Villas Bôas Cueva, 3ª Turma, j. 15-12-2015, *DJe* 3-2-2016.

328 | DIREITO DAS OBRIGAÇÕES – *Bruno Miragem*

Por tais razões, respeitada a eficácia da boa-fé objetiva, a possibilidade de redução dos danos indenizáveis pelo devedor, no caso de inadimplemento, caso ocorra seu agravamento pelo credor, não se dissocia do exame, sob bases seguras, do nexo de causalidade. De modo que se reconheçam como indenizáveis apenas aquelas consequências que resultem direta e imediatamente da não realização da prestação devida.

6.5. O inadimplemento eficiente

É crescente, no direito das obrigações, a influência da *Law and economics*, escola de pensamento de forte influência anglo-saxônica, mas já com razoável desenvolvimento nos sistemas de direito romano-germânico, que sugere a utilização de instrumentos da ciência econômica tanto para o processo de criação do direito, quanto para interpretação e aplicação de suas normas. Desta escola de pensamento jurídico, que valoriza a utilidade nas relações negociais, resulta o instituto denominado de inadimplemento eficiente. Seu sentido, em essência, compreende o reconhecimento de situações nas quais seja autorizado ao devedor deixar de realizar a prestação devida, quando for mais útil, diante de alteração de circunstâncias objetivas do negócio, em vez de promover seu adimplemento. Em outros termos, as vantagens econômicas que o credor e devedor obtêm com o inadimplemento, inclusive com a reparação dos danos dele decorrentes, superam as que viriam a obter com o adimplemento[221]. Neste caso, seria admitido ao devedor, alternativamente, (a) a renegociação com o credor, visando a liberar-se do dever de prestação original; ou (b) o inadimplemento, respondendo por suas consequências[222]. Em relação a estas alternativas, note-se que tanto podem contemplar a reparação as perdas e danos sofridos pelo credor, como também a utilização da cláusula penal.

Os termos de aplicação da teoria do inadimplemento eficiente, se admitidos, confinam-se aos contratos empresariais, considerando os custos de celebração e cumprimento do contrato, e as vantagens decorrentes de seu eventual inadimplemento. Deixar de cumprir, neste sentido, dependeria não apenas de uma impossibilidade de cumprimento, senão do surgimento, depois da constituição da obrigação, de uma nova oportunidade negocial, cuja vantagem ao devedor permite que promova a reparação de todas as consequências do inadimplemento e, ainda assim, obtenha ganho, gerando excedente econômico[223].

Em especial, nas obrigações empresariais, a possibilidade de se determinar certa opção de fruição da prestação ou compensar credor, por convenção entre as partes é reconhecida (por exemplo, cláusulas *take or pay*). Contudo, a possibilidade de, não havendo convenção prévia, estabelecer-se admitir-se o descumprimento como algo conforme ao direito, desafia vários fundamentos do direito das obrigações, bem como concepções morais relativas ao cumprimento de um compromisso expressamente assumido pelas partes. Em primeiro lugar, opõe-se ao princípio da vinculatividade (*pacta sunt servanda*), e à consideração de que o interesse do credor é a prestação, não a indenização subsequente das perdas e danos. Da mesma forma, eventual assimetria de informação entre as partes pode fazer com que eventual convenção sobre pré-estimativa de danos do credor que venha a sofrer o inadimplemento, em razão de

---

[221] Richard A. Posner, *Economic analysis of law*, 8. ed., New York: Aspen Publishers, 2011, p. 151. Em língua portuguesa, veja-se o estudo de Fernando Araújo, *Teoria econômica do contrato*, Coimbra: Almedina, 2007, p. 735-760.

[222] Robert Cooter e Thomas Ulen, *Direito e economia*, 5. ed., Porto Alegre: Bookman, 2008, p. 264-265.

[223] Assim propõe em sua dissertação de mestrado, Marcos Brossard Iolovich, *Efficiente breach theory*. A análise do rompimento eficiente dos contratos empresariais à luz da legislação brasileira e da *law and economics*, Dissertação de mestrado, Porto Alegre: UFRGS, 2016, p. 126.

Capítulo 7 · INADIMPLEMENTO DAS OBRIGAÇÕES | **329**

perdas e danos, não atenda adequadamente sua finalidade, ao não indenizar os prejuízos efetivamente sofridos[224]. Da mesma forma, a boa-fé importa no dever de cooperação para o adimplemento, de modo que o comportamento deliberado de uma das partes no sentido de descumprir a obrigação, pode ser considerado como violador deste dever (art. 422 do Código Civil), ou ainda como comportamento abusivo (art. 187 do Código Civil).

Porém, a crítica mais relevante à teoria resulta daqueles que identificam, no direito das obrigações, a prioridade da pretensão de cumprimento[225]. Ou seja, embora a solução usual, no caso de inadimplemento da obrigação, seja a indenização de perdas e danos, a prioridade do sistema jurídico seria o adimplemento, ainda que pelo exercício de pretensão específica. Afirma-se que "nos sistemas jurídicos continentais, a regra jurídica é, sem dúvida, a da exigibilidade do cumprimento *in natura*, em qualquer limitação do credor a uma indenização, ou qualquer concessão de uma faculdade alternativa ao devedor, de optar por esta última"[226]. Da mesma forma, a incerteza na avaliação de custos e benefícios, e a dificuldade de avaliações interpessoais de utilidade (entre credor e devedor), é apresentado como argumento contrário à aceitação da teoria[227].

Considerando as premissas sobre as quais se assentam os contratos empresariais – à diferença dos contratos civis e de consumo – a admissão da possibilidade de inadimplemento eficiente da obrigação, quando fosse demonstrada sua utilidade para uma das partes e, ao menos, a reparação integral dos prejuízos da outra parte, não parece colidir, necessariamente, com a boa-fé. Em especial, considerando a possibilidade de satisfação do interesse útil das partes e, mesmo, do interesse social que resulte de ganhos concorrenciais. Coloca-se a questão se, entre o inadimplemento puro e simples e o distrato, ou ainda, mesmo quando se verifique a menor utilidade econômica da manutenção da obrigação para credor e devedor, prevaleceria eventual interesse no cumprimento em vez da resolução.

Por tais razões, se reconhecido no direito brasileiro – o que ainda não se percebe – o inadimplemento eficiente – necessariamente o será de modo a excluir ao menos um dos efeitos próprios do inadimplemento imputável, que é a pretensão do credor ao cumprimento específico da obrigação, objeto de tutela judicial nos termos dos arts. 497 e ss; 806 e 814 do Código de Processo Civil.

---

[224] Juliana Krueger Pella, O inadimplemento eficiente (*efficient breach*) nos contratos empresariais, *Revista Jurídica Luso-Brasileira*, ano 2, n. 1, p. 1096, 2016.

[225] João Calvão da Silva, *Cumprimento e sanção pecuniária compulsória*, 4. ed., Coimbra: Almedina, 2002, p. 137.

[226] Paulo Mota Pinto, *Interesse contratual negativo e interesse contratual positivo* cit., I, p. 377.

[227] Idem, p. 391.

Capítulo 8
DAS ARRAS OU SINAL

1. DEFINIÇÃO E FUNÇÃO

As arras ou sinal são prestação consistente na quantia em dinheiro ou outra coisa, entregue por uma das partes a outra, no momento da constituição da obrigação, ou mesmo depois, com o propósito de demonstrar seu compromisso no cumprimento da obrigação assumida, ou ainda como antecipação de indenização, no caso de arrependimento em relação ao negócio. Poderá coincidir, a coisa entregue, com a própria prestação, de modo que neste caso a entrega será considerada como antecipação do cumprimento.

A origem das arras situa-se nos direitos grego e romano (*arrha*)[1]. Porém é no direito romano, em que o consenso das partes, ao celebrarem o contrato, dependia para efeito de certeza e segurança sobre o vínculo formado, de determinados sinais exteriores que afirmassem sua existência[2], embora não se caracterizasse como uma formalidade necessária para que se constituísse a vinculação[3]. Um dos contratantes entregava um anel ou uma quantia em dinheiro para dar certeza da celebração do contrato, sendo que, havendo adimplemento, o anel era devolvido àquele que o havia oferecido (*arra confirmatoria*). Tratando-se de dinheiro, o valor entregue como arras era computado no valor do preço. Por outro lado, quem após a entrega se arrependesse do negócio, perdia o que deu em favor do outro contratante (*arra poenalis*). Se, todavia, quem se arrepende é aquele que recebeu as arras, deveria devolvê-las em dobro (*arra poenitentialis*)[4].

No direito brasileiro, as arras eram definidas, no Código Civil anterior, na disciplina relativa aos contratos. Em parte por influência da disposição da matéria no Código Civil italia-

---

[1] No direito grego, a inexistência dos contratos consensuais fazia das arras necessárias ao nascimento da responsabilidade contratual, conforme Reinhard Zimmermann, *The law of obligations* cit., p. 231-232.
[2] Silvio Rodrigues, *Das arras*, São Paulo: RT, 1955, p. 17.
[3] Reinhard Zimmermann, *The law of obligations* cit., p. 230.
[4] Max Kaser; Rolf Knütel, *Römisches privatrecht* cit., p. 241-242; Biondo Biondi, *Istituzioni di diritto romano*, p. 448-449; Reinhard Zimmermann, *The law of obligations* cit., p. 230 e ss; Franz Wieacker, *Lex commissoria*: Erfüllungszwang und widerruf im römischen Kaufrecht, Berlin/Heidelberg: Springer, 1932, p. 79 e ss. Na tradição jurídica luso-brasileira, as arras tiveram lugar não apenas em matéria contratual (Quarto Livro das Ordenações, II), mas também em matéria de esponsais, quando no casamento, o futuro marido entregava àquela com quem iria casar dinheiro ou bens em segurança do futuro compromisso (Quarto Livro das Ordenações, XLVII). A respeito, veja-se: Candido Mendes de Almeida, *Codigo Philippino, ou, Ordenações e leis do Reino de Portugal*: recopiladas por mandado d'El-Rey D. Philippe I, IV, Rio de Janeiro: Typ. do Instituto Philomathico, 1870, p. 835-837. Tal hipótese tem sua origem reputada ao direito grego e romano, conforme menciona, entre outros, Salvatore Riccobono, Arra sponsalicia secondo la const. 5 Cod. de sponsali bus V-1, in: *Studi in onore di F. Pepere*, Napoli, 1900, p. 191 a 198. Para a origem grega das arras, veja-se: Mario Talamanca, *Istituzzioni di diritto romano*, Milano: Giuffrè, 1990, p. 583.

332 | DIREITO DAS OBRIGAÇÕES – *Bruno Miragem*

no, alteraram sua localização no sistema do Código Civil vigente, restando agora, em seguida à disciplina da cláusula penal, na parte geral das obrigações. Desse modo, não é de se fazer maiores restrições à sua utilização às obrigações em geral, sendo superado o entendimento doutrinário de que só caberiam em contratos bilaterais, ou ainda em contratos translativos de domínio. A rigor, sequer apenas a contratos se restringe o instituto, já que nada impede estejam previstas arras, caso se revele sua utilidade, em obrigações decorrentes de negócios jurídicos unilaterais. Nestes termos, refere o art. 417 do Código Civil: "Se, por ocasião da conclusão do contrato, uma parte der à outra, a título de arras, dinheiro ou outro bem móvel, deverão as arras, em caso de execução, ser restituídas ou computadas na prestação devida, se do mesmo gênero da principal". Daí se retiram algumas de suas principais características.

As arras ou sinal são espécie de negócio jurídico real, que se qualificam como acessório à obrigação, de modo que só se pode reputar como existente se houver efetiva entrega do dinheiro ou coisa de um contratante a outro. Se houver simples promessa de entrega, o compromisso será válido, porém não se poderá qualificá-lo como arras.

Da mesma forma, se houver o cumprimento da obrigação, o que for prestado a título de arras será necessariamente computado na prestação devida, razão pela qual se afirma tratar-se de parcela, princípio ou antecipação de parte da prestação, se do mesmo gênero. Tratando-se de coisas distintas as que se prestam como arras e após, como prestação principal, nada impede que as arras sejam restituídas. Assim, por exemplo, se as arras são prestadas em dinheiro, assim como deverá sê-lo a prestação principal, ao cumprir-se esta, deverá computar-se o que já foi prestado anteriormente, de modo a compor o respectivo valor a ser pago. Por outro lado, se alguém entrega coisa a título de arras, e a prestação principal é de natureza pecuniária, ao realizar o cumprimento, aquele que recebeu as arras deverá restituí-las.

Cumprem as arras, conforme sua espécie, diferentes funções. Uma primeira função é atuar como *garantia e confirmação do negócio*, já que, ao prestar dinheiro ou coisa, um contratante põe em segurança o outro em relação ao seu propósito, assim como já constitui garantia para o caso de inexecução. A segunda função das arras é a de servir como *princípio ou antecipação de pagamento*. O que for prestado inicialmente integra o todo da prestação devida, e dela deve ser abatido por ocasião do cumprimento definitivo. Uma terceira função das arras é de funcionar como prestação característica de *pré-liquidação de danos,* para o caso de inadimplemento[5]. O contratante que as recebeu poderá permanecer com elas no caso de aquele que as prestou não realizar a prestação devida por contrato. E, por fim, as arras poderão servir para assegurar a *possibilidade de arrependimento do negócio*, sem que tal se caracterize como inadimplemento, uma vez que previamente ajustado pelas partes, com a eficácia de perda do valor antecipado a este título.

2. ESPÉCIES

Em diversos sistemas jurídicos se dá, por opção do legislador, prevalência a certa função que devem cumprir as arras. No direito brasileiro não é diferente, sendo duas as espécies de arras definidas, denominadas confirmatórias ou penitenciais, conforme as funções que desempenhem.

---

[5] Daí o entendimento jurisprudencial de impossibilidade de cumulação das arras com a cláusula penal compensatória, em razão de cumprirem a mesma função de indenização pelo inadimplemento. Hipótese em que prevalece a perda das arras para quem as prestou e inadimpliu, conforme: STJ, REsp 1617652/ DF, Rel. Min. Nancy Andrighi, 3ª Turma, j. 26-9-2017, *DJe* 29-9-2017.

Capítulo 8 · DAS ARRAS OU SINAL | **333**

Se as partes convencionarem as arras, sem especificar a qual espécie se refiram, serão consideradas como confirmatórias. Para que sejam arras penitenciais, exige-se que as partes disponham expressamente neste sentido.

2.1. Arras confirmatórias

As arras confirmatórias têm por função o reforço do vínculo obrigacional. Nesse sentido, uma vez prestadas as arras por uma das partes, se a prestação principal vier a ser realizada, o que já se entregou será computado como parte do pagamento, se forem coisas do mesmo gênero (prestações em dinheiro, por exemplo). Todavia, no caso de inadimplemento, duas situações são possíveis: (a) se quem deixou de cumprir foi a parte que prestou as arras, a outra poderá ter a obrigação como resolvida, hipótese em que o inadimplente perderá o que prestou em favor daquele que sofreu o inadimplemento; (b) se, ao contrário, quem deixou de cumprir foi aquele que recebeu as arras, quem as prestou poderá resolver o contrato, exigindo a devolução do que foi pago, mais o equivalente (repetição em dobro), acrescidos de atualização monetária, juros e honorários de advogado (art. 418 do Código Civil).

Observe-se que a resolução da obrigação no caso de inadimplemento resulta do exercício de um direito do credor. O fato de haver sido pactuado arras não torna a resolução efeito instantâneo do inadimplemento. Pode o credor escolher resolver e reter as arras, ou pretendê-las em dobro, assim como, conforme verifique melhor satisfazer o seu interesse, poderá pretender o cumprimento específico da obrigação, valendo as arras como mínimo da indenização decorrente do inadimplemento.

O direito a reter o recebido como arras, assim também, no caso de o inadimplemento ser causado por quem as tenha prestado, o dever de restituí-las acrescidas do equivalente, têm função comum de garantia e pré-liquidação de danos. Ainda que, neste caso, seja desnecessária a demonstração da existência de prejuízo pelo credor. Neste particular, se explicita: a função das arras, neste caso, é de garantia, porque incentiva o cumprimento. Para não perder o que prestou, ou para não ter que devolver em dobro, o devedor cumpre. E também é de pré-liquidação de danos, uma vez que aquele que sofre o inadimplemento pode pretender indenização suplementar, se provar que seu prejuízo foi maior, servindo as arras como o mínimo. Se não superar o prejuízo, o credor, conforme o caso, permanece com as arras ou as devolve, de modo que também serve para indenizar, ainda que isso não exclua sua função de estímulo ao cumprimento[6].

Aliás, discutia-se, sob a vigência do direito anterior (Código Civil de 1916), sobre a possibilidade de que aquele que sofre o inadimplemento em obrigação constituída com arras poderia, além delas, ainda pretender indenização suplementar. No direito vigente não subsiste qualquer dúvida. Conforme foi referido, o art. 419 do Código Civil é expresso ao referir a possibilidade nos seguintes termos: "A parte inocente pode pedir indenização suplementar, se provar maior prejuízo, valendo as arras como taxa mínima. Pode, também, a parte inocente exigir a execução do contrato, com as perdas e danos, valendo as arras como o mínimo da indenização".

---

[6] O reconhecimento de ambas as funções às arras confirmatórias não é pacífica. Discordam do entendimento aqui sustentado, ao apontar o predomínio, nas arras confirmatórias, da função de pré-liquidação de danos, Jorge Cesa Ferreira da Silva, *Inadimplemento das obrigações* cit., p. 309-310. Segundo o jurista, inclusive, esta função de pré-liquidação de danos justificaria o controle de seu valor no caso de este se caracterizar como manifestamente excessivo em relação aos danos efetivamente sofridos no caso de inadimplemento. Também discordam do entendimento que aqui se sustenta, mas por razões opostas, excluindo a função de pré-liquidação de danos das arras confirmatórias, Gustavo Tepedino, Maria Celina Bodin de Moraes, Heloísa Helena Barboza et alli, *Código Civil interpretado*... cit., v. I, p. 762.

334 DIREITO DAS OBRIGAÇÕES – *Bruno Miragem*

2.2. Arras penitenciais

As arras penitenciais são aquelas que, convencionadas pelas partes, preveem a possibilidade de arrependimento do negócio. O direito de arrependimento que delas resulta caracteriza-se como direito de resilição unilateral do negócio jurídico, mediante declaração de vontade do interessado. Neste caso, se quem exercer o direito de arrependimento for aquele que prestou as arras, as perderá em favor de quem as recebeu. Por outro lado, se quem se arrepende é aquele que recebeu as arras, por efeito do exercício do direito deverá restituir o que recebeu, mais o equivalente, ou seja, deverá restituir em dobro.

É o que define o art. 420 do Código Civil: "Se no contrato for estipulado o direito de arrependimento para qualquer das partes, as arras ou sinal terão função unicamente indenizatória. Neste caso, quem as deu perdê-las-á em benefício da outra parte; e quem as recebeu devolvê--las-á, mais o equivalente. Em ambos os casos não haverá direito a indenização suplementar".

Efeito próprio das arras penitenciais é o de que não será devida, por aquele que exerce o direito de arrependimento, indenização suplementar a outra parte. Isso porque, neste caso, não há inadimplemento, mas exercício de direito potestativo de arrependimento, cujo simples exercício produz os efeitos de extinção da obrigação. E, nestes termos, a própria prestação de arras realiza a função de pré-estimativa de danos.

Isso não significa que, em qualquer caso, o fato de serem convencionadas arras penitenciais elimina a possibilidade de haver indenização. Não se cogita o dever de indenizar apenas em razão do exercício do direito de arrependimento assegurado pela cláusula de arras penitenciais. Observe-se que o titular do direito ao arrependimento, no caso de ser titular de outro direito que tenha por efeito, igualmente, a extinção do vínculo, poderá escolher sobre o exercício de qualquer deles. Da mesma forma, embora não possa exigir a indenização em razão do arrependimento, a infração de outro dever que nada tenha haver com as arras, pode dar causa a prejuízos indenizáveis. Assim ocorre, por exemplo, em relação ao negócio que tendo sido celebrado com as arras, também deu causa a vício redibitório, ou outra causa de onde resulte direito à indenização. Nestes casos, o exercício do direito à indenização tem outro fundamento que não o exercício do arrependimento[7], podendo o credor decidir exercer aquele que lhe for mais benéfico. Assim, por exemplo, se A celebra promessa de compra e venda com B, visando a adquirir determinado bem imóvel ao preço de R$ 500.000,00, sendo convencionadas arras no valor de R$ 25.000,00, e prevista a possibilidade de arrependimento. Transmite-se a posse do imóvel já a partir do contrato de promessa, ajustando-se a transferência definitiva, e o pagamento do restante do preço, assim que providenciada a documentação necessária, e pagos os respectivos tributos. Ocorre que, imitido na posse, A percebe que o imóvel possui diversos problemas elétricos e hidráulicos decorrentes de má-execução do prédio, que lhe legitimam as pretensões de redibição ou de abatimento do preço, nos termos do art. 441 e seguinte do Código Civil. Nesse sentido, poderá escolher entre o arrependimento, e perder o que pagou como arras, ou exercer as pretensões de redibição – para resolver o contrato – ou de abatimento do preço, buscando reduzir o valor remanescente da dívida.

3. ARRAS E RELAÇÕES DE CONSUMO

A convenção de cláusula de arras em contratos de consumo observa certos limites. Uma primeira situação a ser considerada diz respeito à hipótese em que é previsto legalmente o direito de arrependimento do consumidor. Quando o art. 49 do Código de Defesa do Consu-

---

[7] Pontes de Miranda, *Tratado de direito privado* cit., t. XXIV, p. 254.

midor define o direito de arrependimento para a contratação de produtos e serviços realizada fora do estabelecimento comercial, a ser exercido em até sete dias a contar de sua assinatura ou do ato de recebimento do produto ou serviço, seu parágrafo único expressamente exclui a possibilidade da convenção de arras penitenciais. Dispõe a norma: "Se o consumidor exercitar o direito de arrependimento previsto neste artigo, os valores eventualmente pagos, a qualquer título, durante o prazo de reflexão, serão devolvidos, de imediato, monetariamente atualizados". "A qualquer título", implica dizer que qualquer valor pago pelo consumidor, na hipótese de exercer o direito de arrependimento previsto em lei, deve ser devolvido, esvaziando de sentido a estipulação do pagamento de qualquer valor a título de arras, dada a impossibilidade legal de sua retenção.

Mais atenção, todavia, merece o art. 53 do CDC. Define, ele, que "nos contratos de compra e venda de móveis ou imóveis mediante pagamento em prestações, bem como nas alienações fiduciárias em garantia, consideram-se nulas de pleno direito as cláusulas que estabeleçam a perda total das prestações pagas em benefício do credor que, em razão do inadimplemento, pleitear a resolução do contrato e a retomada do produto alienado". Há, na regra, expressa vedação à perda total das prestações pagas em benefício do credor. Isso, por si, todavia, não implica vedação à convenção de arras de qualquer espécie, sejam confirmatórias ou penitenciais. O que resulta da norma do art. 53 do CDC é um limite à estipulação das arras, não sua proibição. Nesse sentido, a norma mencionar que não se possa estabelecer a perda total das prestações pagas, não significa a vedação a que se convencione a perda parcial, como ocorre nas arras. Uma vez convencionadas as arras nestes contratos, todavia, ficam sujeitas ao controle que é próprio nas relações de consumo, em especial no tocante a eventual onerosidade excessiva que possam dar causa, em vista do disposto no art. 51, IV, e § 1º, do CDC)[8].

---

[8] Bruno Miragem, *Curso de direito do consumidor*, 8. ed. São Paulo: RT, 2019, p. 487; Claudia Lima Marques, Antônio Herman Benjamin e Bruno Miragem, *Comentários ao Código de Defesa do Consumidor* cit., 4. ed., p. 1276 e ss.

Capítulo 9
GARANTIAS DAS OBRIGAÇÕES

1. A NOÇÃO DE GARANTIA DAS OBRIGAÇÕES

A disciplina jurídica das obrigações e sua compreensão dualista, mediante a relação estrutural entre débito (*Schuld*) e responsabilidade (*Haftung*), coloca em destaque a função das garantias para o caso de inadimplemento. A disciplina do vínculo obrigacional e sua eficácia, que é a possibilidade de exigir determinado comportamento do devedor, sob a ameaça de, no caso de descumprimento, avançar sobre certo patrimônio para satisfazer o interesse do credor, em nosso sistema também deve ser examinado à luz da mesma compreensão dualista. Nesse sentido, ao exame da constituição da obrigação, suas características fundamentais, modos e efeitos do adimplemento e do inadimplemento, deve se somar a sistematização das garantias oferecidas ao credor, que sofre os efeitos do inadimplemento da obrigação.

O exame sistemático das garantias das obrigações não é da tradição do direito brasileiro. Do ponto de vista legislativo, tanto o Código Civil de 1916, quanto o Código Civil de 2002 dispõem de modo esparso sobre o tema, disciplinando as várias espécies de garantias conforme critérios que considera determinantes. Desse modo, as garantias reais serão disciplinadas no âmbito dos direitos reais, assim como algumas garantias estabelecidas por contrato estarão tratadas como o tipo contratual que representam (caso da fiança, por exemplo).

É possível que, sobretudo por esta razão, também na doutrina nacional a opção prevalente seja a de não endereçar um exame sistemático das garantias. Em outros sistemas, varia o tratamento da matéria. Na Itália, o tema é tratado, segundo opção metodológica do Código Civil de 1942, a partir da noção de uma disciplina de direito material à tutela dos direitos (arts. 2.740 e ss). No direito português, as garantias das obrigações são objeto de tratamento sistemático pelo Código Civil de 1966 (art. 601 e ss), o que se refletiu, igualmente, na opção de parte da doutrina em desenvolver, nestes termos, um direito das garantias[1]. No direito francês, embora não se tenha a opção legislativa original pelo tratamento sistemático, alterações posteriores[2] vieram a consagrar esta visão, do que resulta, na doutrina, esforço no sentido de definir também o estudo de um direito das garantias (*droit des sûretés*)[3].

---

[1] L. Miguel Pestana de Vasconcellos, *Direito das garantias*, Coimbra: Almedina, 2011; Luis Manoel Teles de Menezes Leitão, *Garantia das obrigações*, Coimbra: Almedina, 2012; Pedro Romano Martinez e Pedro Fuzeta Ponte, *Garantias de cumprimento*, Coimbra: Almedina, 2006.

[2] Nesse sentido, no direito francês, a Ordonnance 2006-346, de 23 de março, alterou a disciplina legal prevista em livro próprio (Livro IV) pelo Code Civil para as garantias das obrigações.

[3] A título de exemplo: Pascal Ancel. *Droit des sûretés*, 4. ed., Paris: Litec, 2006; Jean-Baptiste Seube, *Droit des sûretés*, 6. ed., Paris: Dalloz, 2012; Philippe Simler e Philippe Delebecque, *Droit civil. Les sûretes. La publicite foncière*, 6. ed., Paris: Dalloz, 2012; Yves Picot, *Droit des sûretés*, 2. ed., Paris: PUF, 2011; Dominique Legeais, *Sûretés et garanties du crédit*, Paris: LGDJ, 2011.

338 | DIREITO DAS OBRIGAÇÕES – *Bruno Miragem*

É de questionar se, no direito brasileiro, justifica-se a mesma opção sistemática, alterando substancialmente o modo como se visualiza o tema das garantias das obrigações[4]. A importância das garantias para a dinâmica e efetividade das relações obrigacionais no Brasil parece recomendar opção por um exame sistemático. A rigor, a segurança jurídica no cumprimento das obrigações, seja em vista da recuperação do crédito (em especial nas obrigações pecuniárias), seja a recomposição do patrimônio do devedor em face das perdas e danos sofridas em razão do inadimplemento, é aspecto dos mais relevantes em termos teóricos e práticos no direito das obrigações. O sentido prático de haver a disciplina jurídica das relações obrigacionais é o de conferir exigibilidade aos comportamentos humanos definidos como devidos.

Neste contexto, o exame sistemático das garantias contribui tanto para sua melhor compreensão – estabelecendo-se padrões de comparação entre as várias formas de garantia existentes –, quanto para o reforço de sua função de assegurar a própria efetividade da relação obrigacional, tutelando o interesse legítimo do credor.

A noção de garantia em uma obrigação observa uma noção ampla e uma noção estrita (geralmente associada às denominadas garantias especiais)[5]. Em sentido amplo, compreende a própria eficácia jurídica decorrente do vínculo obrigacional, a exigibilidade da prestação pelo credor e os meios para o fim de alcançar o patrimônio do devedor para satisfação do crédito. Estabelece o art. 391 do Código Civil: "Pelo inadimplemento das obrigações respondem todos os bens do devedor". Segue a tradição de outros sistemas, como o direito italiano, cujo art. 2.740 do Código Civil refere: "O devedor responde pelo adimplemento das obrigações com todos os seus bens presentes e futuros. A limitação da responsabilidade não é admitida a não ser nas hipóteses definidas em lei". O art. 601 do Código Civil português, de sua vez, refere: "Pelo cumprimento da obrigação, respondem todos os bens do devedor susceptíveis de penhora, sem prejuízo dos regimes especialmente estabelecidos em consequência da separação de patrimónios".

Por outro lado, em sentido estrito, associa-se a modalidades de garantias especiais, decorrentes da vinculação de determinado patrimônio, o qual deverá ser utilizado para satisfação da obrigação, geralmente em caráter acessório, na hipótese de inadimplemento do devedor principal (ou originário). A garantia serve para suportar o risco de inadimplemento do devedor principal. Implica afetação de um bem (garantia real) ou o patrimônio de um terceiro (garantia pessoal) à satisfação da dívida. Daí a importância decisiva para o direito das obrigações, considerando sua função de reforço da tutela dos créditos[6].

A garantia da obrigação é constituída como espécie de relação jurídica obrigacional, geralmente de caráter acessório a uma obrigação principal, tendo parte de sua eficácia subordinada a uma condição suspensiva, que é o inadimplemento do devedor. Ou seja, será exigível a prestação que caracteriza a garantia, apenas na hipótese de o devedor ser inadimplente, total ou parcialmente. Bem se adverte que a relação jurídica que surge da constituição de garantia "é atributiva de um direito expectativo ao sujeito outorgado e de uma responsabilidade ao sujeito outorgante. O direito expectativo permitirá ao outorgado obter a compensação do que perder se advier a concretização do risco com lesão ao seu interesse. A responsabilidade põe o sujeito outorgado em posição passiva, tendo de responder de modo objetivo se o fato previsto acontecer"[7].

---

[4]   Em sentido afirmativo, defendendo a conveniência e propondo um modelo de sistematização das garantias, veja-se a primeira parte da tese de doutoramento de Adalberto Pasqualotto, *Garantias no direito das obrigações:* um ensaio de sistematização, Porto Alegre: UFRGS, 2008.

[5]   Mário Júlio Almeida Costa, *Direito das obrigações* cit., p. 783.

[6]   L. Miguel Pestana de Vasconcellos, *Direito das garantias* cit., p. 16.

[7]   Adalberto Pasqualotto, *Garantias no direito das obrigações...* cit., p. 4.

Capítulo 9 · GARANTIAS DAS OBRIGAÇÕES | **339**

A rigor, a existência de direito de crédito resultante de uma relação jurídica obrigacional confere ao credor diversidade de meios para sua tutela. A tutela dos créditos, desse modo, se dá mediante instrumentos que visem tanto a providências acautelatórias do interesse do credor, assim como os que tenham o propósito de conservar o interesse prático ou os bens compreendidos como garantias em relação ao risco de inadimplemento. Da mesma forma, observam as medidas coercitivas e coativas visando à satisfação do interesse do credor[8].

1.1. Meios conservatórios do interesse do credor

Os meios conservatórios visam à preservação do patrimônio do devedor em relação a quaisquer atos que possam importar no seu desfalque, e que venha a comprometer sua função de garantia geral das obrigações[9]. Tais medidas conservatórias são estabelecidas mediante iniciativas de natureza processual, exigindo a intervenção de autoridade judicial[10]. Orlando Gomes relaciona, fundamentalmente, duas hipóteses de medidas conservatórias: o arresto e a ação pauliana.

Será o *arresto* espécie de tutela de urgência, de natureza cautelar (art. 301 do Código de Processo Civil), consistente na apreensão judicial de bens do devedor impedindo que este proceda a sua alienação, nas hipóteses em que esteja caracterizado perigo real de perda da garantia. A *ação pauliana*, de sua vez, revela pretensão anulatória do negócio jurídico de alienação de bens, no caso de quem o pratique seja devedor já insolvente ou reduzido à insolvência em razão deste negócio, característico de fraude a credores (arts. 158 e 159 do Código Civil). São pressupostos da ação pauliana a existência de prejuízo efetivo para o credor em razão do negócio de alienação que se pretenda anular (*eventus damni*, que é seu pressuposto objetivo), e a intenção do devedor, ou deste em acordo com o terceiro adquirente, em frustrar o interesse do credor em relação à execução da garantia representada pelo bem alienado (*consilium fraudis*, que é seu pressuposto subjetivo). A exigência de demonstração do *consilium fraudis* (pressuposto subjetivo) se dá apenas em relação às alienações a título oneroso, bastando para a anulação por fraude a credores, nas alienações a título gratuito, da demonstração do prejuízo ao credor em razão do negócio (pressuposto objetivo).

Neste caso, em relação ao terceiro adquirente, entende-se que não será necessário demonstrar que está em acordo manifesto/expresso com o devedor. Basta que, de acordo com as circunstâncias do caso, se possa identificar que a pessoa sabia ou devesse saber resultar da alienação a frustração do interesse legítimo do credor. Não se exige, desse modo, *animus nocendi* (dolo) do terceiro adquirente, mas apenas que esteja em posição, de acordo com as circunstâncias, para estar consciente do prejuízo aos credores do alienante, em razão do negócio jurídico celebrado. A interpretação destas circunstâncias fáticas se dá em acordo com a boa-fé objetiva.

1.2. Meios coercitivos de tutela do interesse do credor

Por medidas coercitivas tenham-se aquelas que visam a constranger o devedor ao cumprimento da prestação. Constituem medidas coercitivas o exercício do direito de retenção pelo credor, assim como a exceção oposta por um dos contratantes ao outro, visando a se precaver

---

[8]   Orlando Gomes, *Obrigações* cit., p. 265.

[9]   Mário Júlio de Almeida Costa prefere referir-se aos meios conservatórios da garantia patrimonial. *Direito das obrigações* cit., p. 788.

[10]   Orlando Gomes, *Obrigações* cit., p. 269.

da diminuição do patrimônio que torne duvidoso o cumprimento da prestação – exceção de inseguridade (art. 477 do Código Civil).

No caso do direito de retenção, de origem romana, trata-se da "faculdade assegurada ao credor, independentemente de qualquer convenção, de continuar a deter a coisa a outrem devida até ser satisfeita, ou ficar extinta, uma obrigação existente para com ele"[11]. Favorece, indiretamente, a satisfação do crédito, sem a necessidade de intervenção judicial, o que apresenta inegáveis vantagens práticas[12]. O direito de retenção é reconhecido em situações nas quais o credor já detenha consigo bem alheio, de modo que possa retê-lo em garantia de crédito certo e já exigível, relativo à relação obrigacional a qual este bem se vincule. O exercício do direito de retenção se dá regularmente pelo credor que se recusa a devolver a coisa sob sua posse. O direito de retenção é previsto, no direito brasileiro, em diversas disposições.

Há direito de retenção da coisa locada pelo locatário, até que lhe sejam ressarcidas as perdas e danos decorrentes da denúncia do contrato pelo locador, antes do vencimento (art. 571 do Código Civil), assim como para ressarcimento do custo que tiver despendido para realização de benfeitorias necessárias ou, com a autorização expressa do locador, de benfeitorias úteis (art. 578 do Código Civil)[13]. Igualmente, tem direito o depositário, no contrato de depósito oneroso, à retenção da coisa depositada, até que lhe seja paga a remuneração ajustada (art. 644 do Código Civil). O mesmo direito é reconhecido ao mandatário que tenha coisa em razão do exercício de mandato remunerado, até que lhe seja paga a retribuição (art. 681 do Código Civil). O comissário tem direito à retenção de bens e valores em seu poder, em virtude do contrato de comissão, até que lhe sejam reembolsadas as despesas, e pagas as comissões devidas. O transportador tem direito à retenção da bagagem do passageiro para garantir o pagamento do valor da passagem (art. 742 do Código Civil). O possuidor de boa-fé tem direito à retenção da coisa, visando à indenização das benfeitorias necessárias e úteis que tenha executado (art. 1.219 do Código Civil). Também o credor pignoratício tem direito à retenção da coisa até o pagamento da dívida garantida (art. 1.433, II, do Código Civil), assim como o credor anticrético (art. 1.507, § 2º, do Código Civil).

A outra espécie de medida coercitiva caracteriza-se pela denominada exceção de inseguridade, em contratos bilaterais. Por ela, um dos contratantes, em vista da diminuição do patrimônio da contraparte, que seja capaz de comprometer ou tornar duvidoso o cumprimento da prestação, recusa-se a realizar a que lhe incumbe até que o outro antecipe o adimplemento da sua, ou preste garantia suficiente. Está prevista no art. 477 do Código Civil. Neste caso, o contratante, que é ao mesmo tempo credor da prestação devida pelo outro que tem seu patrimônio diminuído, e devedor de contraprestação, condiciona o cumprimento que lhe incumbe a determinado comportamento da contraparte. Caberá a esta, então, escolher antecipar a execução da prestação que lhe incumbe, ou oferecer garantia de que vai realizá-la. É preciso, neste caso, a demonstração de que a diminuição do patrimônio do contratante é de tal ordem a colocar em risco o cumprimento da prestação, importando para isso a possibilidade de realização do ativo, dos meios para isso e o tempo do vencimento das dívidas[14].

Registre-se que os meios coercitivos de tutela do interesse do credor previstos no Código Civil não excluem aqueles previstos na legislação processual, inclusive as medidas que resultam do poder de direção do processo pelo juiz – as medidas coercitivas atípicas ou anômalas.

---

[11]   Arnoldo Medeiros da Fonseca, *Direito de retenção*, 2. ed., Rio de Janeiro: Forense, 1944, p. 100-101.

[12]   Idem, p. 308.

[13]   Assim a Súmula 335 do STJ: "Nos contratos de locação, é válida a cláusula de renúncia à indenização das benfeitorias e ao direito de retenção." *DJ* 07.05.2007 p. 456.

[14]   Pontes de Miranda, *Tratado de direito privado* cit., t. XXVI, p. 225-226.

Neste sentido, dispõe o art. 139, IV, do CPC: "Art. 139. O juiz dirigirá o processo conforme as disposições deste Código, incumbindo-lhe: (...) IV – determinar todas as medidas indutivas, coercitivas, mandamentais ou sub-rogatórias necessárias para assegurar o cumprimento de ordem judicial, inclusive nas ações que tenham por objeto prestação pecuniária". O conteúdo e extensão destas medidas sempre se colocam sob o controle da proporcionalidade. Assim por exemplo, o caso da restrição imposta pelo juízo à utilização pelo condômino inadimplente, das áreas comuns do condomínio,[15] apreensão de passaporte ou licença para conduzir veículos, que frequentemente suscitam o exame sobre o limite do seu cabimento em face dos direitos fundamentais do devedor.[16]

1.3. Meios acautelatórios do interesse do credor

As medidas acautelatórias compreendem a constituição de garantias especiais, visando a obter maior facilidade na execução do crédito.

A garantia geral das obrigações abrange todo o patrimônio do devedor, com exceção dos bens definidos como impenhoráveis. Sua função é a de assegurar ao credor que sofra o inadimplemento, que obtenha, por meio coativo, a satisfação, ainda que parcial, do seu interesse (quando se trate de obrigações pecuniárias). Ou ainda a recomposição do patrimônio, em vista das perdas e danos decorrentes do descumprimento do dever de prestação pelo devedor. É possível reconhecer-se também, uma função de estímulo ao cumprimento pelo devedor, se considerada a expectativa de constrição patrimonial, mediante utilização de todos os meios coativos por parte do credor. Neste ponto, são relevantes – inclusive para exame do eficiente cumprimento da função da garantia – o tempo e o custo necessários para sua execução. O retardamento da execução no tempo, ou um elevado custo para execução das garantias, são fatores que comprometem sua função de tutela do interesse legítimo do credor, e sua utilidade no domínio do direito obrigacional. O tema da execução das garantias envolve institutos de direito substantivo e de direito processual. Nesse sentido, tanto será relevante o exame específico das diversas espécies típicas de garantia, quanto os procedimentos necessários à sua execução.

Para além dos instrumentos de garantia estabelecidos na legislação civil, contudo, podem-se definir, no domínio da autonomia privada, o desenvolvimento de outros modelos negociais com a mesma função. É o que ocorre, por exemplo, em relação às garantias decorrentes de negócios bancários, nos quais bancos figurem como credores[17]. Neste caso, podem configurar garantias específicas, acessórias ao contrato principal de crédito, ou autônomas, embora com ele se relacionem, como é o caso do seguro de crédito. Contudo, também ao cliente bancário servem garantias. Nesse sentido, a garantia pode surgir como uma prestação do banco em contrato próprio (fiança bancária, por exemplo), ou garantia que, embora não esteja vinculada a uma relação contratual específica, abrange uma série de obrigações com as mesmas características, mesmo no interesse institucional de proteção da confiança no sistema de depósitos (assim as obrigações de garantia confiadas ao Fundo Garantidor de Créditos).

---

[15] STJ, REsp 1699022/SP, Rel. Min. Luis Felipe Salomão, 4ª Turma, j. 28/05/2019, *DJe* 01/07/2019.

[16] Sustentando a necessidade de interpretação restritiva à regra do art. 139, IV, do CPC, em especial para não confundir-se um único tratamento ao cumprimento das decisões judiciais e às normas específicas que regulam o cumprimento específico das obrigações de dar, fazer e não fazer (arts. 497 e ss do CPC), veja-se: ARRUDA ALVIM, Teresa et alli. Primeiros comentários ao novo Código de Processo Civil. São Paulo: RT, 2015. p. 264.

[17] Bruno Miragem, *Direito bancário*. 3ª ed. São Paulo: RT, 2019, p. 514 e ss.

DIREITO DAS OBRIGAÇÕES – *Bruno Miragem*

Não observam as garantias bancárias especialização em relação às garantias das obrigações em geral, ainda que disso resulte crítica quanto a certa inadequação[18]. Admite-se, contudo, associação a uma função de garantia a contratos que não tenham essa função original, como é o caso da conta vinculada, de que tratam normas regulatórias bancárias (Res. 2.525/98, do Conselho Monetário Nacional) pela qual se faculta "às instituições financeiras a manutenção de contas vinculadas às suas operações de crédito, em nome dos clientes, não movimentáveis por esses e remuneradas com os mesmos encargos incidentes em cada operação" (art. 1º). Admite--se sua constituição apenas para que sirvam de garantia de operação de crédito específica.

1.4. Meios coativos de tutela do interesse do credor

Medidas coativas, segunda a classificação da melhor doutrina, são aquelas que resultam, em termos gerais, do exercício do direito de crédito e da responsabilidade patrimonial do devedor[19]. Nesse sentido, tem lugar a responsabilidade do devedor no caso de inadimplemento, permitindo que o devedor avance sobre o conjunto dos bens que integram seu patrimônio, visando à satisfação do seu interesse. Trata-se dos efeitos da responsabilidade patrimonial do devedor (*Haftung*), espécie de garantia geral das obrigações.

A execução da dívida pelo credor, neste caso, se dá mediante recurso a medidas de natureza processual, para o que têm predomínio as normas do Código de Processo Civil. Estabelece o art. 789 do Código de Processo Civil: "O devedor responde com todos os seus bens presentes e futuros para o cumprimento de suas obrigações, salvo as restrições estabelecidas em lei". Dito isso, nota-se que, no direito processual, adquirem protagonismo soluções que pretendem a tutela específica do interesse do credor. Assim, no cumprimento de sentença relativa a obrigações da dar, fazer e não fazer, em que se prioriza a *efetivação da tutela específica ou a obtenção de tutela pelo resultado prático equivalente* (art. 536 do CPC), ou ainda no caso da obrigação de entregar coisa, com expedição de mandado de busca e apreensão ou de imissão na posse, conforme o caso (art. 538 do CPC).

A ausência de patrimônio do devedor para responder pela dívida, de sua vez, dará causa ao reconhecimento de sua insolvência, para o que são definidos distintos procedimentos conforme se trate de pessoa natural ou jurídica disciplinadas pelo Código Civil, ou sociedades empresárias, submetidas à Lei de Recuperação Judicial e Falência (Lei n. 11.101/2005). Ou ainda, certas sociedades, tais como bancos, seguradoras, corretoras de valores etc., que serão submetidas à liquidação extrajudicial, sob o controle de entidades governamentais de supervisão e fiscalização da atividade (Banco Central do Brasil, Superintendência dos Seguros Privados, Comissão de Valores Mobiliários, entre outras).

2. LIMITES À EFICÁCIA DA RESPONSABILIDADE PATRIMONIAL DO DEVEDOR

O caráter patrimonial da garantia das obrigações orienta também o alcance dos procedimentos para sua execução. Desse modo, por efeito de longa tradição no direito das obrigações, a responsabilidade pelo inadimplemento não alcança, como regra, a pessoa do devedor.

Desde a *Lex poetelia papiria*, de 326 a.C., compreende-se no direito romano que inspira e fundamenta o direito contemporâneo, a separação entre a responsabilidade da pessoa do devedor em relação à dívida, deixando de colocar à disposição do credor sua atividade física e

---

[18]   Frédéric Georges, *Le saisie de la monnaie scripturale*, Bruxelles: Larcier, 2006, p. 135.

[19]   Orlando Gomes, *Obrigações* cit.

Capítulo 9 · GARANTIAS DAS OBRIGAÇÕES | **343**

força de trabalho[20], e definindo que por ela responda apenas seu patrimônio. Tendo fomentando a valorização social da liberdade individual em Roma[21], antes dela, reconhecia-se o direito do credor que sofria o inadimplemento de manter o devedor sob grilhões (a *captio diminutio maxima*), inclusive tendo assegurado a célebre Lei das Doze Tábuas, garantias mínimas de modo a assegurar sua dignidade[22].

Algumas exceções, todavia, consagraram-se, como é o caso do contrato de depósito, o qual, fundado na obrigação essencial de custódia[23] e restituição da coisa pelo depositário[24], passou-se a justificar a prisão não como pena, mas modo de execução coercitiva da obrigação (técnica de execução indireta). O Código Civil de 1916, em seu art. 1.287, estabelecia: "Seja voluntário ou necessário o depósito, o depositário, que o não restituir, quando exigido, será compelido a fazê-lo mediante prisão não excedente a um ano, e a ressarcir os prejuízos (art. 1.273)". O Código Civil de 2002 reproduziu a disposição em seu art. 652: "Seja o depósito voluntário ou necessário, o depositário que não o restituir quando exigido será compelido a fazê-lo mediante prisão não excedente a um ano, e ressarcir os prejuízos".

Em relação ao depósito, portanto, a admissão da prisão civil do devedor ligou-se à proteção da confiança do depositante de que o depositário desincumbiria bem a obrigação de custódia até o tempo em que, reclamando a restituição da coisa, esta lhe fosse entregue *incontinenti*. Nesse sentido, inclusive, é que a hipótese de prisão é cogitada apenas quando haja efetiva possibilidade de custódia do bem, caso em que admissível caracterizar-se a infidelidade do depositário[25].

No direito anterior à Constituição de 1988, justificava-se a possibilidade de prisão do depositário infiel, procurando distingui-la da qualidade de sanção, mas como técnica de execução indireta. E que só esta possibilidade justificaria a existência de ação própria – ação de depósito. Desse modo, a ação de depósito, sem que se cogitasse possibilidade de prisão, seria ela própria pouco favorável ao seu autor[26].

---

[20] Francesco Di Martino, *Storia economica di Roma* ântica, Firenze: La nuova Italia, 1979, p. 31.

[21] Orlando Patterson, *Freedom in the making of western culture*, London: I.B. Tauris e co., 1991, p. 208.

[22] Carla Masi Doria, Status and contract in Ancient Rome, With some toughts on the future of obligations, in: Thomas McGinn (Ed.), *Obligations in roman law. Past, presente and future*, University of Michigan Press, 2008, p. 108-109.

[23] Auguste-Jean Bourgeois, *Specimem inaugurale juridicum dee contractu depositi secundum juris hodieni praecepta*, Brussels: Typis M. de Vroom, 1830, p. 9.

[24] Pontes de Miranda, *Tratado de direito privado* cit., t. XLII; Paulo Lôbo, *Direito civil*. Contratos, São Paulo: Saraiva, p. 396; Gustavo Tepedino, Heloísa Barboza, Maria Celina Bodin de Moraes et alli, *Código Civil interpretado conforme a Constituição da República* cit., v. II, p. 384; Teresa Ancona Lopez, *Comentários ao Código Civil*, São Paulo: Saraiva, 2003, p. 343.

[25] Orlando Gomes, *Contratos*, 26. ed., Rio de Janeiro: Forense, 2009. Na jurisprudência, veja-se: STF, Habeas Corpus 83.416-7, Rel. Min. Antonio Cezar Peluso, 1ª Turma, j. 14-10-2003, *DJU* 12-8-2005.

[26] Assim justificava Moreira Alves, em artigo doutrinário: "Ação de depósito, sem possibilidade de prisão, ao invés de favorecer o autor – e só para isso é que há a ação de depósito com rito especial – o prejudica, pois a ação ordinária seguida da execução por coisa certa lhe será mais benéfica. De feito, se o réu não quiser, voluntariamente, restituir a coisa, as características do rito especial da ação de depósito se tornam inócuas (assim, a citação de conteúdo mais amplo – restituir, depositar ou consignar – e o mandado de cumprimento da sentença), e o resultado final se apresenta mais reduzido: a execução por quantia certa, sem perdas e danos, para cuja obtenção será preciso que se proponha outra ação. Já a ação ordinária, que pode ser acumulada com a de perdas e danos, dará ao autor (o depositante), com o julgamento de procedência em face das mesmas defesas que o réu, irrestritamente, poderia invocar na ação de depósito, a possibilidade de execução para entrega de coisa certa (inclusive com busca e apreensão), bem como para o pagamento das perdas e danos, e até, se não for encontrada a coisa depositada, a de execução substitutiva para haver o valor da res além das perdas e danos" (José Carlos Moreira Alves, A ação de

344 | DIREITO DAS OBRIGAÇÕES – *Bruno Miragem*

A natureza excepcional da medida, de sua vez, já constava de certa tradição constitucional brasileira, firmada desde a Constituição de 1946 (art. 141, § 32), passando pela Constituição de 1967 (art. 150, § 17) e respectiva Emenda Constitucional n. 1, de 1969 (art. 153, § 17). Todas prevendo no rol de garantias individuais a vedação à prisão civil por dívidas, com exceção do devedor de alimentos e do depositário infiel. A Constituição de 1988, embora tenha reproduzido a exceção terá, como resultado de sua aplicação, clara tendência restritiva à interpretação da exceção. Em especial, considerando os valores fundantes de proteção e valorização da pessoa humana, que se projetará sobre o direito privado.

A prisão civil por dívidas é providência excepcional no direito brasileiro. E assim é tratada pela Constituição de 1988, a qual, ademais, instituiu no país a ordem democrática após duas décadas sob regime de exceção. Por isso, uma das marcas da Constituição é a valorização da liberdade individual em todas as dimensões, assim como o destaque ao princípio da dignidade da pessoa humana como fundamento do Estado de Direito.

As hipóteses de prisão civil, e, portanto, a privação de liberdade individual como sanção visando ao cumprimento de obrigação, observa distintos propósitos no direito civil, onde é adotada excepcionalmente, e no direito penal, onde tem sua sede original, como espécie de pena para os comportamentos antijurídicos considerados mais ofensivos à vida social. Para o direito penal, ao menos em perspectiva teórica, a pena de prisão serve tradicionalmente para a ressocialização e exemplaridade da sanção, de modo a desencorajar a prática de delitos.

No caso da prisão civil, a regra geral é a da sua proibição. Entre as Constituições da região, veja-se que a Constituição do Paraguai, de 1993, estabelece em seu art. 13 a possibilidade de prisão civil exclusivamente no caso de dívida alimentar ou por não pagamento de custas ou encargos judiciais. E a Constituição do Uruguai de 1967, atualizada em 2004, estabelece no seu art. 52 que "ninguém poderá ser privado de sua liberdade por dívidas".

E este é o comando do art. 5º, LXVII, da Constituição de 1988. Inicia a norma: "Não haverá prisão civil por dívida (...)". E prossegue: "(...) salvo a do responsável pelo inadimplemento voluntário e inescusável de obrigação alimentícia e a do depositário infiel". Apenas duas as hipóteses. No primeiro caso, admite-se a prisão como sanção para o inadimplemento de obrigação alimentar. Porém, veja-se: não qualquer inadimplemento, mas apenas aquele voluntário e inescusável. Em relação ao devedor de alimentos convencionou-se adotar conhecido critério tríplice para a definição do conteúdo do dever. Diz que deverá observar a possibilidade do alimentante, a necessidade do alimentado e a proporcionalidade entre ambos. No caso do depositário infiel, embora a Constituição não tenha feito qualquer distinção expressa, a interpretação evolutiva da legislação pela jurisprudência o faz.

Em primeiro lugar, há depósito voluntário e depósito necessário. O primeiro depende, essencialmente, da vontade das partes, movidas pela confiança. Em especial da disposição e das condições do depositário de promover a custódia da coisa. O depósito necessário ou é o legal, quando em cumprimento de disposição de lei, como é o caso do que se dá em auxílio à justiça (arts. 139 e 148 a 150, do Código de Processo Civil) ou o miserável, quando o exija uma dada calamidade[27]. Depositário é quem tem a coisa em depósito, que assume obrigação de guarda. E o depósito é contrato real, de modo que se exige a entrega da coisa para que haja contrato, e em consequência, depositário (que terá o dever de conservar a coisa consigo, para restituir).

---

depósito e o pedido de prisão. Exegese do § 1º do art. 902 do Código de Processo Civil. *Revista de Processo* 36/7 e ss, São Paulo: RT, out. 1984).

[27] Orlando Gomes, *Contratos* cit., p. 415.

Capítulo 9 · GARANTIAS DAS OBRIGAÇÕES | **345**

A prisão civil do depositário infiel, ou seja, daquele que viola o dever de custódia e, em especial, a confiança do depositante, não serve para punir ou segregar o indivíduo de comportamento antissocial. Sua finalidade é o reforço do crédito de restituição. Assim como no devedor de alimentos, do crédito de prestação. É estímulo a mais para a satisfação da dívida, além das sanções comuns ao inadimplemento das obrigações em geral. Ocorre que, também aqui, passa-se a evidenciar, no tocante ao inadimplemento do dever de restituição da coisa pelo depositário no contrato de depósito, a desproporção entre suas consequências patrimoniais e a privação de liberdade do devedor.

Um primeiro nível desta inconformidade se deu mediante distinção entre o depósito voluntário e o depósito necessário, em especial no caso de depósito judicial, em que a alguém é determinado assumir a custódia da coisa, por ordem judicial. Neste caso, a hipótese de infidelidade do depositário ofenderia não o direito de um credor de restituição, mas a própria autoridade do juízo[28]. O que, sob certa visão, reforçaria a justificativa para a prisão do depositário. Em outro nível coloca-se a rejeição pura e simples da prisão civil, em vista da oposição entre interesses patrimoniais e a liberdade pessoal, patrimônio e pessoa. De modo que a solução adequada, sob a égide do Estado de Direito fundado na dignidade da pessoa humana, deve sempre recair em favor da pessoa.

Outra situação de grande repercussão envolveu, durante largo tempo, o devedor inadimplente em contrato de alienação fiduciária em garantia. Isso porque, nos negócios que envolvem alienação fiduciária, devedor terá a posse direta do bem, como representação de prerrogativas inerentes à propriedade – uso e fruição. Não terá apenas o poder de disposição, o qual adquire, mediante consolidação da propriedade, com a satisfação integral da dívida. Sua qualificação como depositário decorre de equiparação legal. A dicção do art. 66 da Lei n. 4.728/65, com a redação que lhe deu o Dec.-lei n. 911/69 *torna o devedor possuidor direto e depositário*. A posse direta, por óbvio, é insuscetível de ficção legal. É situação de fato, de modo que terá ou não poder imediato sobre a coisa. Ficta é sua qualificação como depositário, de modo que promove a existência de depositário sem que haja depósito. Daí falar-se em equiparação[29].

Esta ficção legal é que se passa a entender como conflitante com a ordem constitucional democrática – como a fundada pela Constituição de 1988 – quando se percebe o caráter excepcional, e ainda assim questionável – da admissão da prisão civil, de modo a constranger o depositário à restituição da coisa ou à satisfação dos efeitos patrimoniais do inadimplemento.

O Supremo Tribunal Federal, em um primeiro momento, manteve-se firme em sua posição original[30], em que pese a crescente resistência das demais Cortes em deferir o cabimento da prisão do devedor de contrato de alienação fiduciária como depositário infiel. Evoluiu, contudo, a partir advento da Emenda Constitucional n. 45, e o novo *status* introduzido aos tratados de

---

[28] Também por isso a Súmula 619 do STF dispensou a prévia interposição de ação de depósito para a decretação da prisão, em caso de infidelidade do depositário judicial.

[29] Lembre-se de que há hipóteses em que se admite a prisão sem que se cogite do depósito. É o caso daquele que recebe título de crédito para aceite ou pagamento e se recuse a devolvê-lo (arts. 885 e 886 do CPC).

[30] Assim, por exemplo: "Alienação fiduciária em garantia. Prisão civil. – Esta Corte, por seu Plenário (HC 72.131), firmou o entendimento de que, em face da Carta Magna de 1988, persiste a constitucionalidade da prisão civil do depositário infiel em se tratando de alienação fiduciária em garantia, bem como de que o Pacto de São José da Costa Rica, além de não poder contrapor-se à permissão do art. 5º, LXVII, da mesma Constituição, não derrogou, por ser norma infraconstitucional geral, as normas infraconstitucionais especiais sobre prisão civil do depositário infiel. – Esse entendimento voltou a ser reafirmado, também por decisão do Plenário, quando do julgamento do RE 206.482. – Dessa orientação divergiu o acórdão recorrido. Recurso extraordinário conhecido e provido" (STF, RE 344585, Rel. Min. Moreira Alves, 1ª Turma, j. 25-6-2002, *DJ* 13-9-2002).

346 | DIREITO DAS OBRIGAÇÕES – *Bruno Miragem*

direitos humanos, seja pela exigência de *quorum* especial para que sejam recebidos pela ordem jurídica interna como norma de hierarquia constitucional, seja o reconhecimento de supralegalidade àqueles que, embora não tendo sido aprovados por *quorum* especial, seriam superiores à legislação ordinária, paralisando sua eficácia naquilo que com ele conflitar. Esta posição se percebe já do voto do Min. Sepúlveda Pertence no RHC 79785/RJ, em que considerou possível admitir os tratados de direitos humanos quando incorporados ao direito brasileiro, como normas supralegais[31]. E foi mais desenvolvida no voto-vista do Min. Gilmar Mendes, por ocasião do julgamento do RE 466.343/SP, em que se discutiu justamente a possibilidade de prisão civil por dívida, nos contratos de alienação fiduciária em garantia, e alterou o entendimento da Corte.

Afirmou o Min. Gilmar Mendes por ocasião do julgamento do RE 466.343/SP, que "os tratados sobre direitos humanos seriam infraconstitucionais, porém, diante de seu caráter especial em relação aos demais atos normativos internacionais, também seriam dotados de um atributo de supralegalidade". E da mesma forma, que "os tratados sobre direitos humanos não poderiam afrontar a supremacia da Constituição, mas teriam lugar especial reservado no ordenamento jurídico. Equipará-los à legislação ordinária seria subestimar o seu valor especial no contexto do sistema de proteção da pessoa humana"[32].

Em sequência, o Min. Celso de Mello, que tinha posição original no sentido da incorporação dos tratados com hierarquia de lei[33], evoluiu no sentido de admitir o *status* constitucional dos tratados de direitos humanos, quando incorporados antes da vigência da Emenda Constitucional n. 45, que introduziu o § 3º do art. 5º da Constituição Federal[34].

A mudança de entendimento do STF consagra-se a partir da decisão do RE 466.343, de que foi relator o Min. Cezar Peluso, em que a Corte passa a entender que "não há mais base legal para prisão civil do depositário infiel, pois o caráter especial desses diplomas internacionais sobre direitos humanos lhes reserva lugar específico no ordenamento jurídico, estando abaixo da Constituição, porém acima da legislação interna. O *status* normativo supralegal dos tratados internacionais de direitos humanos subscritos pelo Brasil torna inaplicável a legislação infraconstitucional com ele conflitante, seja ela anterior ou posterior ao ato de adesão"[35].

---

[31]   RHC 79785, Rel. Min. Sepúlveda Pertence, j. 15-8-2000, *DJ* 30-8-2000.

[32]   Voto vista do Min. Gilmar Mendes, no RE 466.343-1/SP, p. 21.

[33]   HC 77.631-5/SC, *DJU* 158-E, de 19-8-1998.

[34]   HC 87.585-8/TO.

[35]   "Prisão civil do depositário infiel em face dos tratados internacionais de direitos humanos. Interpretação da parte final do inciso LXVII do art. 5º da Constituição Brasileira de 1988. Posição hierárquico--normativa dos tratados internacionais de direitos humanos no ordenamento jurídico brasileiro. Desde a adesão do Brasil, sem qualquer reserva, ao Pacto Internacional dos Direitos Civis e Políticos (art. 11) e à Convenção Americana sobre Direitos Humanos – Pacto de San José da Costa Rica (art. 7º, 7), ambos no ano de 1992, não há mais base legal para prisão civil do depositário infiel, pois o caráter especial desses diplomas internacionais sobre direitos humanos lhes reserva lugar específico no ordenamento jurídico, estando abaixo da Constituição, porém acima da legislação interna. O *status* normativo supralegal dos tratados internacionais de direitos humanos subscritos pelo Brasil torna inaplicável a legislação infraconstitucional com ele conflitante, seja ela anterior ou posterior ao ato de adesão. Assim ocorreu com o art. 1.287 do Código Civil de 1916 e com o Decreto-lei n. 911/69, assim como em relação ao art. 652 do Novo Código Civil (Lei n. 10.406/2002). Alienação fiduciária em garantia. Decreto-Lei n. 911/69. Equipação do devedor-fiduciante ao depositário. Prisão civil do devedor-fiduciante em face do princípio da proporcionalidade. A prisão civil do devedor-fiduciante no âmbito do contrato de alienação fiduciária em garantia viola o princípio da proporcionalidade, visto que: a) o ordenamento jurídico prevê outros meios processuais-executórios postos à disposição do credor-fiduciário para a garantia do crédito, de forma que a prisão civil, como medida extrema de coerção do devedor inadimplente, não passa no exame da proporcionalidade como proibição de excesso, em sua tríplice configuração: adequação, necessidade e proporcionalidade em sentido estrito; e b) o Decreto-lei n. 911/69, ao instituir uma ficção jurídica,

Capítulo 9 · GARANTIAS DAS OBRIGAÇÕES | **347**

Porém, foi o STF foi além. Não apenas reconheceu como incabível a prisão civil no caso do devedor de contrato de alienação fiduciária em garantia equiparado a depositário infiel, como entendeu atentatória à Constituição, qualquer espécie de prisão pelo descumprimento do dever de restituição no depósito. E consagrou o novo entendimento por intermédio da edição da Súmula Vinculante 25, que estabelece: "É ilícita a prisão civil de depositário infiel, qualquer que seja a modalidade do depósito". Orientou-se, assim, pela compreensão de que a possibilidade de prisão pelo descumprimento de obrigação civil violaria o princípio da proporcionalidade que deve orientar os limites do âmbito de proteção dos diversos direitos fundamentais, uns em relação aos outros[36].

Desse modo, no direito brasileiro atual, a prisão civil por dívida, como técnica de execução indireta da obrigação, só será admitida ao devedor de alimentos, nos exatos termos da exceção consagrada pelo art. 5º, LXVII, da Constituição da República.

3. IGUALDADE ENTRE OS CREDORES: *PAR CONDITIO CREDITORUM*

Em regra, sendo vários os credores de um mesmo devedor, não há entre eles preferência pelo patrimônio, ao qual todos concorrem, mediante princípio do *par conditio creditorum*. Trata-se de reconhecer, na ausência de preferências ou privilégios especiais, definidos por lei ou por convenção das partes, a ideia de que todos os credores têm igual direito ao patrimônio do devedor, independentemente da data de constituição do direito, de seu montante, ou sua fonte.

O art. 957 do Código Civil refere: "Não havendo título legal à preferência, terão os credores igual direito sobre os bens do devedor comum". Desse modo, na hipótese de os bens do devedor serem insuficientes para satisfazer a integralidade de suas obrigações, a regra é de que se submeta a um rateio entre os credores comuns, em posição de igualdade.

Na hipótese de insuficiência dos bens do devedor para satisfação de todos os seus credores, estar-se-á diante da situação de insolvência do devedor, a ensejar procedimento específico, caso se trate de pessoa natural (insolvência civil), ou pessoa jurídica de fins não econômicos ou sociedade empresarial, aos quais, conforme o caso, definir-se-ão procedimentos de extinção. As sociedades empresárias, como regra, deverão ser submetidas a procedimento de recuperação judicial ou falência, em acordo com o disposto na Lei n. 11.101/2005. No processo falimentar, o princípio do *par conditio creditorum* é relativizado em vista dos privilégios e preferências legais definidos por lei para as diferentes classes de credores (art. 83 da Lei n. 11.101/2005).

Daí a técnica legal definir situações nas quais a regra de igualdade entre os diversos credores possa ser exceptuada, seja em vista do reconhecimento de preferências e privilégios

---

equiparando o devedor-fiduciante ao depositário, para todos os efeitos previstos nas leis civis e penais, criou uma figura atípica de depósito, transbordando os limites do conteúdo semântico da expressão 'depositário infiel' insculpida no art. 5º, inciso LXVII, da Constituição e, dessa forma, desfigurando o instituto do depósito em sua conformação constitucional, o que perfaz a violação ao princípio da reserva legal proporcional. Recurso extraordinário conhecido e não provido" (STF, RE 349703, Pleno, j. 3-12-2008, Rel. Min. Carlos Britto, *DJe* 5-6-2009); e da mesma forma: "Prisão civil. Depósito. Depositário infiel. Alienação fiduciária. Decretação da medida coercitiva. Inadmissibilidade absoluta. Insubsistência da previsão constitucional e das normas subalternas. Interpretação do art. 5º, inc. LXVII e §§ 1º, 2º e 3º, da CF, à luz do art. 7º, § 7º, da Convenção Americana de Direitos Humanos (Pacto de San José da Costa Rica). Recurso improvido. Julgamento conjunto do RE 349.703 e dos HCs 87.585 e 92.566. É ilícita a prisão civil de depositário infiel, qualquer que seja a modalidade do depósito" (STF, RE 466343, Pleno, j. 3-12-2008, Rel. Min. Cezar Peluso, *DJe* 5-6-2009).

[36] Claudia Lima Marques e Valério Mazzuoli, O consumidor-depositário infiel, os tratados de direitos humanos e o necessário diálogo das fontes nacionais e internacionais: a primazia da norma mais favorável ao consumidor. *Revista de Direito do Consumidor* 70/93-138, São Paulo: RT, abr.-jun. 2009.

DIREITO DAS OBRIGAÇÕES – *Bruno Miragem*

especiais definidos pela própria lei, seja, no domínio da autonomia privada, a possibilidade de se definir certas garantias especiais, vinculadas ao adimplemento de determinadas obrigações.

4. INSOLVÊNCIA DO DEVEDOR

As situações em que o patrimônio do devedor não é suficiente para responder pela integralidade de suas dívidas permite que se reconheça a situação de insolvência. A insolvência do devedor tem lugar sempre que as dívidas excedam à importância dos bens do devedor (art. 955 do Código Civil). O estado de insolvência é aquele em que há impossibilidade do devedor de realizar o pagamento de todas as suas dívidas exigíveis em face da ausência de patrimônio suficiente para este fim. Para caracterizar o estado de insolvência, desse modo, não se deve exigir apenas a existência de dívidas em montante superior ao patrimônio do devedor, senão que, de um lado, se tratem de dívidas exigíveis, ou seja, que já sejam passíveis de ser executadas; e, de outro, que este montante seja superior ao patrimônio do devedor que pode ser alcançado para o pagamento das dívidas. Do que se excluem, portanto, aqueles bens que se definam como impenhoráveis.

Assim por exemplo, não se cogita ser insolvente aquele que adquire bem imóvel mediante financiamento bancário, cuja dívida seja muitas vezes superior ao valor do bem. Não sendo exigível toda a dívida desde logo, mas ao contrário, havendo o vencimento das parcelas sucessivamente no tempo, não há impossibilidade de pagamento. Por outro lado, os bens que sejam impenhoráveis por disposição de lei, como, por exemplo, o bem de família (Lei n. 8.009/90), ou ainda por disposição de vontade, como é o caso daquele gravado com tal qualidade pelo testador (arts. 1.848, *a contrario sensu*, e 1.911 do Código Civil), não são considerados, como regra, ao alcance do credor, para efeito de responsabilidade patrimonial do devedor.

Por outro lado, pode ocorrer de a insolvência não decorrer de plena insuficiência de patrimônio tomado exclusivamente na totalidade dos bens do devedor. Pode ocorrer de lhe faltar disponibilidade imediata para satisfação dos credores, o que caracteriza impossibilidade ocasional de pagamento que, todavia, repercute no interesse do credor que sofre o inadimplemento[37].

O modo que o direito dispõe para o reconhecimento do estado de insolvência do devedor, ou seja, a impossibilidade de realizar o pagamento de todas as dívidas exigíveis em razão da insuficiência de patrimônio merece distintas soluções legais. O Código Civil, no âmbito do direito das obrigações, trata de regras gerais sobre o estado de insolvência, que se aplicam, como regra, a pessoas naturais e a pessoas jurídicas que não desenvolvam atividade empresarial, tal como associações e fundações. Todavia, o procedimento para decretação de insolvência é tema de direito processual, de modo a se aplicarem as normas de processo civil. No caso, o Código de Processo Civil de 2015 não dispôs expressamente sobre o tema. Seu art. 1.052, ao contrário, estabeleceu que "até a edição de lei específica, as execuções contra devedor insolvente, em curso ou que venham a ser propostas, permanecem reguladas pelo Livro II, Título IV", do Código de Processo Civil de 1973.

Tais regras, que permanecem em vigor, estão dispostas nos arts. 748 e seguintes, do Código de Processo Civil de 1973. A doutrina identifica, no ponto, três estágios do processo de insolvência. Primeiro, a declaração de insolvência; segundo o estágio de instrução ou de informação sobre as dívidas, suas características e seu montante; e terceiro, o estágio de liquidação[38].

A declaração do estado de insolvência, de sua vez, pode ser requerida pelo credor, pelo próprio devedor, ou pelo inventariante do espólio do devedor (art. 753 do CPC/73). Pode atingir o devedor ou seu cônjuge, quando este assuma a responsabilidade por dívidas, mas

---

[37]   Pontes de Miranda, *Comentários ao Código de Processo Civil*, Rio de Janeiro: Forense, 1976, v. XI, p. 20.

[38]   Humberto Theodoro Júnior, *A insolvência civil*, 4. ed., Rio de Janeiro: Forense, 1997, p. 119.

Capítulo 9 · GARANTIAS DAS OBRIGAÇÕES | 349

não é titular de bens próprios suficientes para o adimplemento. Assim o art. 749 do CPC/73: "Se o devedor for casado e o outro cônjuge, assumindo a responsabilidade por dívidas, não possuir bens próprios que bastem ao pagamento de todos os credores, poderá ser declarada, nos autos do mesmo processo, a insolvência de ambos".

Os efeitos da declaração do estado de insolvência consistem em: (i) o vencimento antecipado das suas dívidas; (ii) a arrecadação de todos os seus bens suscetíveis de penhora, quer os atuais, quer os adquiridos no curso do processo; (iii) a execução por concurso universal dos seus credores (art. 751 do CPC/73). Da mesma forma, o devedor declarado insolvente perde o direito de administrar seus bens, e dispor deles até a liquidação da massa (art. 752 do CPC/73).

O estado de insolvência do devedor, nestes termos, é reconhecido por sentença judicial, que tem caráter declaratório, uma vez que reconhece a situação de fato da impossibilidade de pagamento das dívidas exigíveis, por insuficiência de patrimônio do devedor. Ao atribuir o estado de insolvência ao devedor, contudo, possui, igualmente, eficácia constitutiva, dando origem a um regime específico de relacionamento entre o devedor insolvente e seus credores, mediado pelo processo.

A sentença que declarar a insolvência do devedor, de sua vez, deverá conter a nomeação dentre os credores maiores, de um administrador da massa, assim como a expedição de edital para convocação dos credores para que apresentem, no prazo de 20 dias, a declaração do crédito, acompanhada do respectivo título (art. 761 do CPC/73). O juízo em que se prolatar a sentença tornar-se-á juízo universal, onde concorrerão todos os créditos, assim como as execuções já existentes (art. 762 do CPC/73).

Habilitados os créditos, serão intimados os credores para que aleguem suas preferências, assim como eventuais nulidades, simulação, fraude ou falsidade de dívidas e contratos (art. 768 do CPC/73; art. 956 do Código Civil). Da mesma forma, pode o devedor insolvente propor acordo com os credores para pagamento das dívidas, cuja eventual aceitação deve ser submetida à aprovação pelo juiz (art. 783 do CPC/73). O propósito da regra é evitar que créditos legítimos sejam preteridos por outros, objeto de atuação ilícita do devedor ou de terceiro. Daí por que se devam definir os títulos de preferência, que constituem exceção à regra de igualdade entre os credores (*par conditio creditorum*).

Ao administrador cumprirá realizar a arrecadação dos bens, assim como a representação ativa e passiva da massa, a alienação de seus bens, mediante autorização judicial, assim como promover os atos conservatórios de direitos e ações e a cobranças das dívidas no interesse da massa (art. 766 do CPC/73).

A insuficiência de bens do devedor declarado insolvente faz com que, sendo liquidada a massa sem o pagamento integral de todos os credores, permanecerá obrigado pelo saldo que restar (art. 774 do CPC/73). Desse modo, responderá com os bens penhoráveis que venha a adquirir até que se declare a extinção das obrigações (art. 775 do CPC/73).

A extinção das obrigações do devedor insolvente, de sua vez, se dá decorrido o prazo de cinco anos contados do encerramento do processo de insolvência (art. 778 do CPC/73), o que poderá ser requerido pelo devedor insolvente. Neste caso, podem se opor os credores alegando não ter transcorrido o prazo legal, ou ainda a aquisição, pelo devedor, de bens sujeitos à arrecadação (art. 780 do CPC/73). A decisão judicial que julgar extintas as dívidas será publicada em edital, e habilita o devedor à prática, sem restrições, de todos os atos da vida civil (art. 782 do CPC/73). No tocante à prescrição das dívidas, é interrompida com a instauração do concurso de credores, recomeçando a fluir o prazo prescricional do trânsito em julgado da sentença que encerrar o processo de insolvência (art. 777 do CPC/73).

Deve ser destacado, no entanto, que tais normas processuais que disciplinam a declaração de insolvência civil, têm pouco apelo prático atualmente. Em especial, pela dificuldade do credor de obter a satisfação do seu crédito, e o elevado custo deste procedimento eminentemente judicial. Contam-se, na realidade forense, muito poucos processos de declaração de insolvência civil, segundo as normas do Código de Processo Civil. O direito brasileiro, neste ponto, ressente-se de legislação que torne mais ágil e eficaz a satisfação dos interesses dos credores, ao tempo em que delimite no tempo, e incentive a recuperação dos devedores mediante o pagamento de suas dívidas.

Quando se trate dívidas de consumidores, estudos no âmbito do direito do consumidor referem-se à situação de superendividamento, e sugerem alterações legislativas visando à definição de procedimento judicial específico para pagamento, segundo o propósito lógico de limitar ou impedir sua exclusão completa do mercado de consumo e da possibilidade de celebração de negócios de disposição patrimonial e de crédito[39]. O desafio, no ponto, é o equilíbrio entre a adequada facilitação do pagamento pelo devedor, e o risco de incentivar condutas que possam ser interpretadas como tendentes ao inadimplemento (denominado, pela ciência econômica, como risco moral)[40]. Por outro lado, o advento da lei especial sobre insolvência civil a que se refere o art. 1.052 do Código de Processo Civil, deverá ponderar tais circunstâncias em benefício da exequibilidade do crédito e satisfação do interesse legítimo do credor, e o agravamento, segundo a proporcionalidade, da situação do devedor inadimplente.

No caso em que seja devedor insolvente empresário ou sociedade empresária, incide lei especial, no caso, a Lei de Recuperação Judicial e Falências (Lei n. 11.101/2005), a qual define procedimento judicial seja para repactuação das dívidas originais, seja para realização do patrimônio do devedor com efeito de satisfação dos credores. Da mesma forma, quando se trate o devedor de instituição financeira, cooperativa de crédito, administradora de consórcio, entidade de previdência complementar, sociedade operadora de plano de saúde, sociedade seguradora, de capitalização, ou equiparadas, sua insolvência observará normas próprias que disciplinam cada setor, dadas as peculiaridades que possuem as entidades que realizam, de diferentes modos, captação de poupança popular.

5. PREFERÊNCIAS E PRIVILÉGIOS CREDITÓRIOS

Constituem as preferências e privilégios creditórios em exceção ao princípio da igualdade dos credores quanto à exequibilidade do seu crédito (*par conditio creditorum*). Preferência creditória compreende a vantagem de determinado credor de receber seu crédito, quando em concurso com outros credores, antes dos demais ou mesmo preterindo aqueles que com ele concorram. Resultam de privilégios definidos em lei, ou ainda de direitos reais de garantia que guarnecem o crédito (art. 958 do Código Civil).

Os privilégios creditórios constituem-se em vantagem conferidas por lei a determinados créditos, cuja eficácia fica submetida à insuficiência de patrimônio do devedor para adimplemento da obrigação, de modo a se manifestar apenas na hipótese de haver

---

[39] Sobre a evolução legislativa do tratamento do endividamento e da insolvência civil no direito privado, veja-se o estudo de Sílvio Javier Batello, A (in)justiça dos endividados brasileiros: uma análise evolutiva, assim como os demais estudos reunidos por Claudia Lima Marques e Rosângela Lunardelli Cavalazzi, *Direitos do consumidor endividado. Superendividamento e crédito*, São Paulo: RT, 2006, p. 211-229. Para as proposições legislativas sobre o tema, vejam-se os estudos de Claudia Lima Marques, *Contratos no Código de Defesa do Consumidor*, 8. ed. cit., p. 1317; Clarissa Costa de Lima, *O tratamento do superendividamento e o direito de recomeçar dos consumidores*, São Paulo: RT, 2014, p. 25 e ss; Karen Danilevicz Bertoncello, *Superendividamento do consumidor*, São Paulo: RT, 2015, p. 25 e ss; André Perin Schmidt, *Revisão dos contratos com base no superendividamento*. Do Código de Defesa do Consumidor ao Código Civil, Curitiba: Juruá, 2012, p. 189 e ss.

[40] Bruno Miragem, *Direito bancário*. 3ª ed. São Paulo: RT, 2019, p. 217.

Capítulo 9 · GARANTIAS DAS OBRIGAÇÕES | 351

a concorrência de vários credores pelos bens de um mesmo devedor. Os direitos reais de garantia (garantias reais) recaem sobre certos bens, que no caso de inadimplemento, devem ser alienados, sendo o produto da venda revertido em favor do credor titular do crédito garantido.

Pode ocorrer de haver, entre os vários credores, distintos títulos de preferência, razão pela qual cumpre à lei definir também a prevalência entre eles. Nestes termos, o art. 961 do Código Civil refere que "o crédito real prefere ao pessoal de qualquer espécie; o crédito pessoal privilegiado, ao simples; e o privilégio especial, ao geral". É da tradição do direito brasileiro o reconhecimento da prevalência do crédito real – e no caso, das garantias reais, que recaem sobre determinada coisa – em relação aos créditos pessoais, resultado do direito do credor advindo, exclusivamente, de relação jurídica obrigacional. Da mesma forma, o crédito ao qual seja conferido determinado privilégio especial, relativo a determinado bem, terá preferência em relação aos créditos dotados de privilégio geral, sobre todos os bens do devedor.

Os privilégios podem ser gerais ou especiais. Ainda no direito romano, os privilégios podiam ser reconhecidos para determinadas pessoas. Atualmente, é a natureza do direito critério que determina o reconhecimento ou não de privilégio, que será definido em lei, segundo razões de interesse público ou de ordem moral. Os privilégios serão *gerais* quando determinarem a preferência do credor privilegiado em relação ao todos os bens do devedor insolvente. Serão privilégios *especiais* quando se dirijam a apenas alguns dos bens do devedor. É entendimento também contido em norma do direito italiano, que ao defini-los refere, de modo didático: "O privilégio é geral ou especial. O primeiro se exerce sobre todos os bens móveis do devedor, o segundo sobre determinados bens móveis ou imóveis" (art. 2.746 do Codice Civile).

No direito brasileiro, os privilégios especiais são previstos no art. 964 do Código Civil, que relaciona os bens do devedor e dívidas às quais poderão servir, com preferência, para pagamento. Já os privilégios gerais são os definidos em razão da causa da dívida, sendo relacionados no art. 965 do Código Civil, bem como na legislação especial.

5.1. Privilégios especiais

O art. 964 do Código Civil define como dotados de privilégios especiais, determinados bens que deverão servir ao adimplemento das dívidas que relaciona. Trata-se, todavia, de enumeração exemplificativa, uma vez que o privilégio especial poderá ser fixado por outras normas. Assim é que, tem privilégio especial:

I) *sobre a coisa arrecadada e liquidada, o credor de custas e despesas judiciais feitas com a arrecadação e liquidação*: neste caso, se trata do privilégio por despesas decorrentes do processo de liquidação concursal, tais como as realizadas para depósito e conservação da coisa que será utilizada para o pagamento do credor, bem como aquelas decorrentes do processo judicial com este propósito;

II – *sobre a coisa salvada, o credor por despesas de salvamento*: neste caso, justifica-se o privilégio especial pelo fato de que o salvamento da coisa aproveita aos credores, uma vez que integra o patrimônio do devedor. Assim sendo, o privilégio beneficia não apenas terceiro que tenha atuado para salvar ou preservar o bem que integre o patrimônio do devedor, como também algum dos credores que tenham utilizado recursos próprios para este fim;

III – *sobre a coisa beneficiada, o credor por benfeitorias necessárias ou úteis*: o crédito por benfeitorias necessárias ou úteis aproveitam, igualmente, aos credores, uma vez que, no caso das primeiras, preservam a integridade do bem integrante do patrimônio do devedor, e que servirá à satisfação indireta de seus interesses. E no caso das benfeitorias úteis, aumentam o valor do bem ao acrescer-lhe utilidade, incrementando a garantia dos credores, daí por que se justifica o privilégio especial daqueles que realizaram despesas na implementação destas benfeitorias;

IV – sobre os prédios rústicos ou urbanos, fábricas, oficinas ou quaisquer outras construções, o credor de materiais, dinheiro, ou serviços para a sua edificação, reconstrução, ou melhoramento: neste caso são invocadas, em favor do credor, as mesmas razões pelas quais se concede o privilégio especial ao credor de despesas com benfeitorias. Quais sejam, o fato de que aquele que contribui com materiais, dinheiro ou serviços para edificação de imóvel, sua reconstrução ou melhoramentos, em razão do qual torna-se credor, promove acréscimo do patrimônio do devedor, em benefício da garantia geral dos demais credores. Daí resultaria injusto que um dos credores, sozinho, suportasse o incremento da garantia que favorece a todos, razão pela qual se justifica o privilégio especial do seu crédito;

V – sobre os frutos agrícolas, o credor por sementes, instrumentos e serviços à cultura, ou à colheita: da mesma forma, neste caso, entende-se que aquele que contribui com a conservação do bem ou sua valorização, como ocorre com o que se torna credor com privilégio especial sobre os frutos da atividade agrícola, em razão de ter realizado prestação dos respectivos insumos, deve ter preferido seu crédito em razão das despesas respectivas;

VI – sobre as alfaias e utensílios de uso doméstico, nos prédios rústicos ou urbanos, o credor de aluguéis, quanto às prestações do ano corrente e do anterior: o privilégio especial neste caso, em favor do credor de aluguéis se dá em face dos bens e utensílios de uso doméstico do locatário, no contrato de locação de bem imóvel. O art. 967, VI, do Código Civil, contudo, deve ser lido em harmonia com o que dispõe o inciso II do art. 1.467, que impõe o penhor legal do dono do prédio rústico ou urbano "sobre os bens móveis que o rendeiro ou inquilino tiver guarnecendo o mesmo prédio, pelos aluguéis ou rendas".

Contudo, necessário é distinguir a hipótese de privilégio especial do credor de aluguéis previsto no art. 964, VI, e o penhor legal definido pelo art. 1.467, II, em especial considerando que: (a) o privilégio especial diz respeito a todos os bens que adornem ou sirvam ao uso doméstico, independentemente de ato do credor, enquanto o penhor legal recai apenas sobre os bens apreendidos pelo credor; (b) o privilégio especial se dá pelo crédito de aluguéis vencidos e não pagos no ano corrente e no anterior, enquanto o penhor legal garante tais dívidas, independentemente do tempo em que se constituíram; (c) o privilégio especial só produz eficácia no caso em que instituído o concurso de credores, enquanto o penhor legal pode ser eficaz a qualquer tempo; e (d) há prevalência do penhor legal, que por se tratar de direito real de garantia, prefere o privilégio especial;

VII – sobre os exemplares da obra existente na massa do editor, o autor dela, ou seus legítimos representantes, pelo crédito fundado contra aquele no contrato da edição: há privilégio especial do autor da obra ou seus representantes, pelo crédito de que sejam titulares em relação ao editor, em decorrência do contrato de edição. O art. 53 da Lei n. 9.610/98, refere-se ao contrato de edição como sendo aquele pelo qual o editor se obriga a reproduzir e divulgar a obra literária, artística ou científica, "ficando autorizado, em caráter de exclusividade, a publicá-la e a explorá-la pelo prazo e nas condições pactuadas". A definição de privilégio especial sobre os exemplares da obra existente na massa do editor, em preferência do crédito do autor ou seus representantes, se dá em proteção do seu trabalho intelectual;

VIII – sobre o produto da colheita, para a qual houver concorrido com o seu trabalho, e precipuamente a quaisquer outros créditos, ainda que reais, o trabalhador agrícola, quanto à dívida dos seus salários: o privilégio especial que se confere ao produto da colheita, em favor dos créditos de natureza trabalhista do trabalhador rural, observa finalidade social, reconhecendo-lhe a preferência para que satisfaça indiretamente seu crédito com o resultado do próprio esforço laboral. Neste caso, eleva-se a proteção do trabalhador rural pelos créditos do seu trabalho, definindo que preferem, inclusive, os créditos reais;

IX – sobre os produtos do abate, o credor por animais: o privilégio especial sobre os produtos do abate, em relação ao crédito pela alienação dos respectivos animais, orienta-se no sentido de proteger aquele que, ao celebrar a venda de animais, venha a ser surpreendido pela insolvência do devedor. Projeta também para a atividade pecuária, a proteção do esforço pessoal do credor e o resultado do seu trabalho em relação a outros créditos que concorram em relação ao devedor insolvente.

Nesses casos relacionados no Código Civil, tem o credor preferência em relação aos créditos quirografários, e também aos que tenham privilégio geral, em relação ao bem que dá origem ao privilégio. Trata-se, contudo, de enumeração exemplificativa, considerando que há na legislação outras espécies de privilégio especial. É o caso do credor de nota de crédito industrial e comercial, sobre certos bens do devedor (art. 17 do Dec.-lei n. 413/69 e art. 5º da Lei n. 6.840/80). Da mesma forma, a preferência de certos credores no caso de alienação de embarcação (art. 470 do Código Comercial), ou ainda, na hipótese de quebra ou insolvência do armador, o privilégio especial pelo preço do navio aos créditos a cargo da embarcação (art. 475 do Código Comercial).

No caso de empresários e sociedades empresárias submetidos, em razão de insolvência, ao regime da falência, o art. 83 da Lei n. 11.101/2005, ao definir a ordem de classificação dos créditos, pontua a preferência de créditos derivados da legislação trabalhista, limitados a 150 salários-mínimos por credor, e aqueles decorrentes de acidentes de trabalho (inciso I); os créditos gravados com direito real de garantia até o limite do valor do bem gravado (inciso II); e créditos tributários, independentemente da sua natureza e do tempo de constituição, exceto os créditos extraconcursais e as multas tributárias (inciso III). A reforma da Lei 11.101/2005 pela Lei 14.112/2020 excluiu da ordem de classificação dos créditos, no regime falimentar, aqueles com privilégio especial, previstos no art. 964 do Código Civil, assim como outros previstos em leis civis e comerciais, os com direito de retenção previsto em lei, ou dos microempreendedores individuais e microempresas e empresas de pequeno porte, eu em razão da alteração tornam--se créditos quirografários (art. 83, § 6º). Previu da mesma forma, que para efeito da falência, "os créditos cedidos a qualquer título manterão sua natureza e classificação" (art. 83, § 5º). Já as obrigações de restituição em dinheiro relativas à coisa que deva ser devolvida pelo falido, a adiantamento de contrato de câmbio para exportação, ou em decorrência de revogação ou ineficácia do contrato ao contratante de boa-fé são definidos como créditos extraconcursais, e nesta condição com precedência em relação aos demais (art. 84 c/c art. 86 da Lei 11.101/2005).

5.2. Privilégios gerais

Os privilégios gerais são aqueles que recaem sobre todos os bens do devedor, preferindo o credor privilegiado em relação aos demais. Tradicionalmente, sua definição se deu, ao longo do tempo, pelo Código Civil. Contudo, a tutela de distintos interesses por intermédio da legislação especial – tais como a proteção do trabalhador, e mesmo do interesse público, estabelecendo o privilégio dos créditos da Fazenda Pública – faz com que a ordem definida na legislação civil (em especial no art. 965 do Código Civil), não possa ser considerada isoladamente, devendo necessariamente ser cotejada com outras disposições legais.

Como regra, têm primeira preferência, por força da legislação trabalhista, os créditos do trabalhador oriundos da relação de trabalho. Assim define o art. 449, § 1º, da Consolidação das Leis do Trabalho, e o art. 83, inciso I, da Lei n. 11.101/2005 (Lei de Falências). Contudo, cede espaço, assim como de regra, os demais créditos previstos no mesmo art. 83, aos denominados créditos extraconcursais, relacionados no art. 84 da mesma Lei, conforme redação definida pela Lei 14.112/2020.[41]

---

[41]   Dispõe o art. 84 da Lei 11.101/2005, com a redação que lhe determinou a Lei 14.112/2020: "Art. 84. Serão considerados créditos extraconcursais e serão pagos com precedência sobre os mencionados no art. 83

354 | DIREITO DAS OBRIGAÇÕES – *Bruno Miragem*

Da mesma forma, os créditos tributários merecem preferência, consagrando a especialidade das normas do Código Tributário Nacional em relação à disciplina dos privilégios do crédito definidos pelo Código Civil. O art. 186, *caput*, do Código Tributário Nacional refere: "O crédito tributário prefere a qualquer outro, seja qual for sua natureza ou o tempo de sua constituição, ressalvados os créditos decorrentes da legislação do trabalho ou do acidente de trabalho". O art. 187 da mesma lei arremata: "A cobrança judicial do crédito tributário não é sujeita a concurso de credores ou habilitação em falência, recuperação judicial, concordata, inventário ou arrolamento". Tal ordem de preferência é respeitada na Lei de Recuperação e Falências (art. 83).

Tomado em consideração este reajuste da ordem de preferências em relação aos créditos com privilégio geral é que devem ser examinadas as hipóteses legais mencionadas no art. 965 do Código Civil. Segundo a norma em questão, tem privilégio especial: "I – o crédito por despesa de seu funeral, feito segundo a condição do morto e o costume do lugar; II – o crédito por custas judiciais, ou por despesas com a arrecadação e liquidação da massa; III – o crédito por despesas com o luto do cônjuge sobrevivo e dos filhos do devedor falecido, se foram moderadas; IV – o crédito por despesas com a doença de que faleceu o devedor, no semestre anterior à sua morte; V – o crédito pelos gastos necessários à mantença do devedor falecido e sua família, no trimestre anterior ao falecimento". Orientam esta ordem de preferência dos créditos duas ordens de fatores: (a) razões de ordem moral, visando a homenagear o comportamento

---

desta Lei, na ordem a seguir, aqueles relativos: I – (revogado); I-A – às quantias referidas nos arts. 150 e 151 desta Lei; I-B – ao valor efetivamente entregue ao devedor em recuperação judicial pelo financiador, em conformidade com o disposto na Seção IV-A do Capítulo III desta Lei; I-C – aos créditos em dinheiro objeto de restituição, conforme previsto no art. 86 desta Lei; I-D – às remunerações devidas ao administrador judicial e aos seus auxiliares, aos reembolsos devidos a membros do Comitê de Credores, e aos créditos derivados da legislação trabalhista ou decorrentes de acidentes de trabalho relativos a serviços prestados após a decretação da falência; I-E – às obrigações resultantes de atos jurídicos válidos praticados durante a recuperação judicial, nos termos do art. 67 desta Lei, ou após a decretação da falência; II – às quantias fornecidas à massa falida pelos credores; III – às despesas com arrecadação, administração, realização do ativo, distribuição do seu produto e custas do processo de falência; IV – às custas judiciais relativas às ações e às execuções em que a massa falida tenha sido vencida; V – aos tributos relativos a fatos geradores ocorridos após a decretação da falência, respeitada a ordem estabelecida no art. 83 desta Lei. § 1º As despesas referidas no inciso I-A do caput deste artigo serão pagas pelo administrador judicial com os recursos disponíveis em caixa. § 2º O disposto neste artigo não afasta a hipótese prevista no art. 122 desta Lei." Dentre os créditos em dinheiro objeto de restituição, o art. 86 da Lei prevê: "Art. 86. Proceder-se-á à restituição em dinheiro: I – se a coisa não mais existir ao tempo do pedido de restituição, hipótese em que o requerente receberá o valor da avaliação do bem, ou, no caso de ter ocorrido sua venda, o respectivo preço, em ambos os casos no valor atualizado; II – da importância entregue ao devedor, em moeda corrente nacional, decorrente de adiantamento a contrato de câmbio para exportação, na forma do art. 75, §§ 3º e 4º, da Lei nº 4.728, de 14 de julho de 1965, desde que o prazo total da operação, inclusive eventuais prorrogações, não exceda o previsto nas normas específicas da autoridade competente; III – dos valores entregues ao devedor pelo contratante de boa-fé na hipótese de revogação ou ineficácia do contrato, conforme disposto no art. 136 desta Lei; IV – às Fazendas Públicas, relativamente a tributos passíveis de retenção na fonte, de descontos de terceiros ou de sub-rogação e a valores recebidos pelos agentes arrecadadores e não recolhidos aos cofres públicos." Particularmente em relação aos adiantamentos de contrato de câmbio, o legislador consagra o entendimento que lhe assegurava o privilégio – agora na condição de crédito extraconcursal, já presente na jurisprudência: STJ, 4ª Turma, AgRg no REsp 1047458/RS, Rel. Min. Raul Araújo, j. 7-8-2012, DJe 3-9- 2012; STJ, 3ª Turma, AgRg no Ag 1048209/SP, Rel. Min. Massami Uyeda, j. 18-12-2008, DJe 5-2-2009. Registre-se, contudo, no ponto, a resistência da jurisprudência das Cortes estaduais: Em sentido contrário, veja-se decisão do TJRS: "Apelação cível. Falência. Restituição de adiantamento de contrato de câmbio. Mesmo em se tratando de pedido de restituição, deve-se respeitar, de forma absoluta, a preferência de que gozam os créditos acidentários e trabalhistas, inclusive em relação aos valores a serem restituídos ao banco apelante. Negaram provimento ao recurso. Unânime" (TJRS, 6ª Câm. Civ., ApCiv 70047296686, Rel. Luís Augusto Coelho Braga, j. 12-4-2012). A respeito, veja-se: Bruno Miragem, Direito bancário. São Paulo: RT, 2019, p. 472.

Capítulo 9 · GARANTIAS DAS OBRIGAÇÕES | **355**

solidário na hipótese de falecimento do devedor, ou ainda, das dívidas contraídas para sua manutenção e dos familiares; (b) o interesse comum nas providências para satisfação dos credores da massa, de modo que não sejam suportadas apenas por um ou alguns dos interessados.

As outras hipóteses previstas no art. 965, notadamente o crédito de impostos devidos à Fazenda Pública, e o crédito pelos salários dos empregados do serviço doméstico do devedor (incisos VI e VII), não subsistem na ordem de preferência dada, diante daquela definida pela legislação especial (notadamente, a Consolidação das Leis do Trabalho e o Código Tributário Nacional, já mencionados).

Para além desses casos, é de mencionar que constam na legislação outras hipóteses que conferem privilégio geral a determinados créditos. É o caso do crédito resultante de financiamento rural (crédito rural) que não seja assegurado por garantia real – caso da nota de crédito rural, da nota promissória rural e da duplicata rural –, o qual será dotado de privilégio geral, nos termos do art. 64 do Dec.-lei n. 167/67. Igualmente, será privilegiado o crédito que resulta de nota de crédito industrial (art. 54 do Dec.-lei n. 413/69), assim como o das debêntures com garantia flutuante, previstas no art. 58, § 1º, da Lei das Sociedades Anônimas (Lei n. 6.404/76), e o crédito de honorários advocatícios reconhecido em sentença judicial, conforme art. 24 do Estatuto da Advocacia (Lei n. 8.906/94).

6. CLASSIFICAÇÃO DAS GARANTIAS

Conforme já foi mencionado, a expressão "garantia" define em sentido amplo a responsabilidade do devedor. Todavia, no uso comum, há classificação que resulta útil na identificação do modelo sobre o qual se estrutura esta responsabilidade, desde quando decorra da lei, ou que resulte do exercício da autonomia privada. A distinção precisa das diversas categorias auxilia o estudo e exata compreensão dos vários modelos de garantia. E o contrário é verdadeiro. O uso indiscriminado do termo pode conduzir a confusões que prejudicam a interpretação e aplicação das normas que disciplina sua constituição e execução.

Daí por que se examina a seguir, as principais espécies de garantia, segundo classificação dominante. Distingue-se, assim entre: (a) garantia geral e garantias especiais; (b) garantias reais e garantias pessoais; e (c) garantias acessórias e garantias autônomas.

6.1. Garantia geral e garantias especiais

Usa-se denominar garantia das obrigações, ou garantia geral, como expressão sinônima de responsabilidade patrimonial do devedor. Ou seja, constitui garantia geral das obrigações o patrimônio do devedor que possa ser alcançado pelo credor, mediante procedimentos executivos, para o fim de obter a satisfação indireta do crédito. Conforme já foi exposto mais acima, nem todo o patrimônio do devedor está ao alcance do credor, considerando, especialmente, a reserva dos bens que se considerem impenhoráveis, ou seja, insuscetíveis de utilização para satisfazer a dívida de seu proprietário ou de terceiro.

As garantias especiais, de sua vez, são aquelas que resultam da especialização de certos bens do devedor, ou de terceiro, sobre os quais deverá recair a execução, ou ainda, um modelo distinto para esta execução, na hipótese de inadimplemento. Caracteriza um reforço qualitativo da possibilidade de satisfação do crédito. Resulta, assim, em conferir responsabilidade a outro patrimônio, pelo cumprimento da obrigação, ou ainda a atribuição, para o credor, de certos direitos sobre bens determinados do próprio devedor ou de terceiro[42]. A constituição

---

[42]   Mário Júlio de Almeida Costa, *Direito das obrigações* cit., p. 819.

356 | DIREITO DAS OBRIGAÇÕES – *Bruno Miragem*

de garantias especiais resulta da lei ou da vontade das partes, e constitui-se por modelos específicos pelos quais se definem a preferência do crédito garantido a determinados bens, assim como, em certos casos, a determinado procedimento para satisfação indireta do interesse do credor, no caso de inadimplemento do devedor.

6.2. Garantias pessoais, garantias reais e garantias fiduciárias

As garantias especiais se distinguem tradicionalmente em garantias pessoais e garantias reais. Garantias pessoais são aquelas em que se atribui a outra pessoa, além do próprio devedor, a responsabilidade patrimonial em razão do inadimplemento. O fundamento da garantia pessoal é a fidúcia, ou seja, a confiança de que na hipótese de inadimplemento do devedor, além dele próprio, outra pessoa também responderá com seu patrimônio, pela satisfação indireta do interesse do credor. Daí por que se denominam as garantias pessoais, também, como garantias fidejussórias.

As garantias reais são aquelas que vinculam a determinado bem integrante do patrimônio do próprio devedor, ou de terceiro, a satisfação indireta do interesse do credor, no caso de inadimplemento. Tradicionalmente, desde suas origens romanas, as garantias reais outorgavam ao credor o direito a obter os rendimentos do bem gravado como garantia, ou ainda, o resultado de sua alienação para o adimplemento do crédito, caso dos direitos reais de garantia típicos, como a anticrese, o penhor e a hipoteca.

Os desafios de qualificação das garantias no âmbito do direito das obrigações, diante da complexidade da vida negocial, deram causa ao desenvolvimento de novos modelos de garantia pelo exercício da autonomia privada, a partir da cisão dos poderes inerentes ao domínio de determinados bens, e que resultam da concepção clássica de propriedade (poderes de usar, fruir, dispor e reivindicar a coisa). Exemplo destes modelos que resultaram previstos em lei é a propriedade fiduciária – que separa o poder de disposição, dos poderes de uso e fruição do bem, de modo que conserva o credor o primeiro, e tem direito à consolidação do domínio no caso de inadimplemento do devedor. Da mesma forma, na cessão fiduciária de direitos, isso ocorre com a separação entre a titularidade e a fruição dos direitos, e a possibilidade de sua consolidação pelo credor na hipótese de inadimplemento. Refira-se, ainda, que a legislação brasileira designa como *patrimônio de afetação*, espécie de patrimônio separado dos demais bens de titularidade de um mesmo devedor, o qual se vincula ao pagamento apenas de certas e determinadas dívidas relacionadas com aquele próprio patrimônio (assim, por exemplo, o art. 31-A da Lei de Incorporações Imobiliárias (Lei n. 4.591/64)[43].

Estas e outras formas de garantia que resultem da criatividade e necessidade da vida negocial não podem, sem as devidas reservas e explicitações, serem classificadas como garantias pessoais ou reais, ainda que se aproximam significativamente desta última categoria, a ponto de boa doutrina designá-la como espécie de garantias reais impróprias[44]. Deve-se ter o cuidado para não se tornar escravo de esforços excessivamente formalistas do uso de classificações antigas para institutos novos – ou ao menos com nova formatação jurídica. Dessa maneira, até para fins didáticos, de modo a destacar o que de essencial distingue esta espécie de garantia – seu elemento fiduciário – é que se opta por distingui-las das garantias pessoais e reais, tomando-se de modo separado, sob a categoria própria de garantias fiduciárias.

---

[43] Assim, o art. 31-A da Lei n. 4.591/1964: "A critério do incorporador, a incorporação poderá ser submetida ao regime da afetação, pelo qual o terreno e as acessões objeto de incorporação imobiliária, bem como os demais bens e direitos a ela vinculados, manter-se-ão apartados do patrimônio do incorporador e constituirão patrimônio de afetação, destinado à consecução da incorporação correspondente e à entrega das unidades imobiliárias aos respectivos adquirentes".

[44] Fernando Noronha, *Direito das obrigações*, p. 221 e ss.

6.3. Garantias acessórias e garantias autônomas

Outra distinção útil é a existente entre garantias acessórias e autônomas. As garantias especiais normalmente se apresentam como espécies de garantias acessórias, uma vez que supõe a existência da obrigação principal cuja dívida visa a garantir. Desse modo, só há sentido na obrigação de garantia uma vez que se suponha a existência de uma obrigação a que se refira diretamente. Consequência prática disso, é que a obrigação de garantia ao supor a existência do principal, segue-lhe no destino, o acessório segue o principal (*acessorium sequitur principale*). Daí que a nulidade da obrigação principal induz a invalidade da obrigação de garantia de adimplemento, que se torna sem objeto.

Algumas garantias, contudo, não guardam esta relação de dependência do crédito garantido, objeto da obrigação principal, razão pela qual são denominadas garantias autônomas. A autonomia resulta da própria desvinculação com o direito a que ela se refere, como é o caso do aval e de modelos de garantia utilizados no comércio internacional[45]. Têm em comum o fato de guardarem autonomia em relação ao crédito que visam a garantir, tornando-se espécie de negócios jurídicos abstratos. Em razão disso, a responsabilidade do garante poderá sobreviver à própria invalidade da obrigação objeto da garantia, como ocorre com o aval, em que, havendo a equiparação do garante ao devedor "subsiste a responsabilidade do avalista, ainda que nula a obrigação daquele a quem se equipara, a menos que a nulidade decorra de vício de forma" (art. 899, § 2º, do Código Civil).

Da mesma forma, as garantias do comércio internacional, que são, sobretudo, garantias bancárias. Exemplo destas serão as cartas de conforto (*Patronatserklärung*[46]; *Comfort letters*[47]), espécie de crédito documentário cuja eficácia e exigibilidade perante o credor não dependem da obrigação principal, em relação ao qual cumprem a função de garantia do pagamento.

7. ESPÉCIES DE GARANTIAS ESPECIAIS

Realiza-se o exame, agora, das várias espécies de garantias especiais. Advirta-se, contudo, que neste volume relativo à teoria geral das obrigações a finalidade do exame é apenas revelar as características principais de cada uma das principais espécies de garantia. Maior detalhamento será deixado quando se tratar especificamente de cada uma delas, conforme sua natureza. As garantias que se estruturam como contrato típico – caso da fiança, por exemplo – tem seu exame detalhado no volume relativo aos contratos. Do mesmo modo, as garantias reais são tratadas com maior detalhamento, no volume relativo aos direitos reais, e assim por diante. Há outras garantias, cuja especialidade e aplicação recomendam que sejam examinadas com maior profundidade em estudos específicos, como já se fez, por exemplo, em outra obra, no tocante às garantias bancárias[48].

O que é essencial para exame das várias garantias especiais, no plano da teoria geral das obrigações, compreende suas características principais e sua aptidão para oferecer ao credor instrumento de mitigação dos riscos do inadimplemento, visando à satisfação, ainda que indireta, de seu interesse útil na relação obrigacional.

Os modos de classificar as diversas garantias especiais são variados. Interessa aqui, sobretudo, a finalidade didática, e neste propósito orienta-se a opção adotada. Daí que a

---

[45] Adotamos no ponto, a classificação de Adalberto Pasqualotto, *Garantias no direito das obrigações...* cit., p. 142.

[46] Jens Koch, *Die Patronatserklärung*, Tübingen: Mohr Siebeck, 2005, p. 11 e ss.

[47] Matti Kurkela, *Letters of credit and bank guarantees under international trade law*, New York: Oxford University Press, 2008, p. 7.

[48] Bruno Miragem, *Direito bancário*. 3ª ed. São Paulo: RT, 2019, p. 514 e ss.

DIREITO DAS OBRIGAÇÕES – *Bruno Miragem*

estrutura da análise das garantias especiais parte da distinção entre garantias acessórias e garantias autônomas. A partir daí, distinguem-se as garantias pessoais das garantias reais e das garantias fiduciárias. Seria possível indicar estas últimas, como propõe boa doutrina, de garantias reais impróprias. Isso, todavia, faz pouco evidente sua característica essencial, que é o caráter fiduciário, por isso mesmo objeto de viva atenção e utilidade na vida negocial contemporânea. Daí a opção metodológica aqui adotada.

7.1. Garantias acessórias

Denominam-se as garantias como acessórias porque supõem na constituição e ao longo do desenvolvimento da relação obrigacional, a existência e validade da obrigação principal, cuja dívida de prestação resulta de seu objeto. Em termos práticos, conforme já visto, subordina--se ao clássico critério de pertinência, pelo qual o acessório segue o principal (*acessorium sequitur principale*).

Distingue-se o exame entre garantias pessoais, representada pela fiança, das garantias reais, representadas por (a) hipoteca; (b) penhor; e (c) anticrese; e as garantias fiduciárias, representadas por (a) propriedade fiduciária; (b) alienação fiduciária; e (c) cessão fiduciária de direitos.

7.2. Garantias pessoais

As garantias pessoais têm por eficácia a vinculação de uma terceira pessoa e seu patrimônio à obrigação de satisfação do crédito. Obriga o terceiro a uma prestação, como regra pecuniária, visando à satisfação do crédito. Ou como ensina a doutrina, ao distinguir que, "nas garantias pessoais, não se constitui direito real sobre coisa alheia em favor do credor. O garante responde com base num princípio de confiança. Daí a garantia chamar-se fidejussória, apesar de não persistir no mundo dos negócios atualmente a base de fidúcia que deu origem à fiança romana"[49]. Distinguem-se em fiança e aval. O aval, contudo, por não se configurar como garantia acessória, uma vez que sua autonomia em relação à obrigação garantida, incorporando-se no título, faz com que se qualifique como espécie de garantia autônoma, será examinado mais à frente, nesta qualidade.

7.2.1. Fiança

A fiança se constitui por obrigação acessória[50] do fiador pela satisfação do crédito do credor de obrigação principal, na hipótese de inadimplemento do devedor (afiançado). Há vínculo entre o fiador e o devedor afiançado, decorrente do consentimento das partes em um segundo negócio jurídico (a fiança) cuja causa é a garantia de um negócio jurídico principal ou originário, entre credor e devedor. Não se exige que o fiador tenha relação com o devedor da obrigação originária. É o credor da obrigação original que também o será da obrigação assumida pelo fiador, embora na fiança bancária, por exemplo, em que o banco é fiador de dívida, prestador da garantia, se pressuponha a existência de contrato entre o devedor originário e o banco. Neste caso, será prestação que o banco realiza ao devedor/cliente por força

---

[49] Adalberto Pasqualotto, *Contratos nominados II*: seguro, constituição de renda, jogo e aposta, fiança, transação e compromisso, São Paulo: Ed. RT, 2008, p. 224.

[50] O art. 824 do CC confirma o caráter acessório da fiança, ao dispor que "as obrigações nulas não são suscetíveis de fiança, exceto se a nulidade resultar apenas de incapacidade pessoal do devedor". A garantia supõe a obrigação a ser garantida. Sobre a acessoriedade da fiança, vejam-se Gildo dos Santos, *Fiança*, São Paulo: RT, 2006, p. 59; José Augusto Delgado, *Comentários ao novo Código Civil* – Arts. 803 a 853, Rio de Janeiro: Forense, 2006, v. 11, t. II, p. 205. No mesmo sentido: STJ, 5ª Turma, AgRg no AgIn 1.158.649/RJ, Rel. Min. Arnaldo Esteves Lima, j. 2-3-2010, *DJe* 29-3-2010.

Capítulo 9 · GARANTIAS DAS OBRIGAÇÕES | 359

de contrato entre ambos, e pelo qual faz jus à remuneração, sendo oferecida a garantia ao terceiro credor do devedor/cliente[51].

A exigibilidade da prestação de garantia objeto da fiança é que está condicionada ao evento do inadimplemento do devedor da obrigação originária. Tratando-se de prestação de garantia, tem conteúdo patrimonial, exigindo poder de livre disposição sobre os bens[52].

A definição legal de fiança, do art. 818 do Código Civil refere: "Pelo contrato de fiança, uma pessoa garante satisfazer ao credor uma obrigação assumida pelo devedor, caso este não a cumpra". A fiança, portanto, é contrato, e não se confunde com a promessa unilateral de pagamento de dívida. Exige o assentimento do credor, expresso ou pelo silêncio[53]. Não se perde de vista, contudo, a lição doutrinária de que "a ideia de fiança como ato unilateral também é cogitável"[54]. Nesse sentido, a prestação de fiança ao credor, independentemente do devedor, encontra fundamento no art. 820 do Código Civil, que estabelece: "Pode-se estipular a fiança, ainda que sem consentimento do devedor ou contra a sua vontade". Pressuporá, contudo, vontade do credor, sua anuência.

Já no caso de contratos bancários que envolvam fiança, seja como prestação do banco, seja como garantia de dívida decorrente de contrato bancário, ressalta-se seu caráter sempre contratual. Isso porque não se alteram as características e a natureza da fiança, seja quando o banco figure como afiançado/garantido (a fiança como garantia de adimplemento do cliente em relação a crédito concedido pelo banco), seja quando a ofereça como espécie de serviço bancário, mediante remuneração, figurando como fiador/garantidor de dívida assumida pelo cliente. Note-se, todavia, que, no tocante à exigência de aceitação pelo credor original, devem ocorrer situações em que poderá ser dispensada, quando se trate de fiança bancária[55]. É o caso, por exemplo, da fiança bancária oferecida como garantia do processo de execução, conforme dispõe o art. 656, § 2º, do CPC. A natureza do instituto da fiança, contudo, pressupõe que a garantia de adimplemento da dívida seja oferecida por terceiro, de modo que, por exemplo, não poderá o banco que é devedor lançar mão de fiança bancária sua para garantir a própria dívida[56].

A fiança se caracteriza por impor a responsabilidade subsidiária do fiador, que só poderá ser demandado no caso de inadimplemento do devedor principal (art. 818 do Código Civil). Ou seja, primeiro o credor deve exigir a dívida do devedor principal, e apenas se este não adimplir, poderá exigir que o fiador o faça. É o que se denomina benefício de ordem. Contudo, admite-se que o fiador possa renunciar a este benefício de ordem (art. 827, parágrafo único, do Código Civil)[57].

---

[51] Bruno Miragem, *Direito bancário*. 3ª ed. São Paulo: RT, 2019, p. 517-518.

[52] Daí a exigência de outorga uxória para prestação de fiança quando se trate de fiador casado no regime de comunhão de bens. Assim a Súmula 332 do STJ: "A fiança prestada sem autorização de um dos cônjuges implica a ineficácia total da garantia".

[53] Pontes de Miranda, *Tratado de direito privado* cit., t. XLIV, p. 199.

[54] Adalberto Pasqualotto, *Contratos nominados II...* cit., p. 229.

[55] STJ, REsp 1.254.431/SP, Rel. Min. Mauro Campbell Marques, j. 13-12-2011, *DJe* 2-2-2012.

[56] Assim decidiu o STJ, no sentido de que "a natureza do instituto da fiança pressupõe que ela seja ofertada por terceiro, porquanto ela se destina a assegurar o cumprimento de obrigação de outrem. A fiança bancária, nesse sentido, pressupõe três pessoas distintas: o credor, o devedor-afiançado, ou executado, e o banco-fiador, ou garante. Incabível, portanto, a prestação de fiança bancária, para garantia do processo de execução fiscal, pelo próprio banco devedor" (STJ, 2ª Turma, REsp 183.648/SP, Rel. Min. Franciulli Netto, j. 26-3-2002, *DJ* 1º-7-2002, p. 277). No mesmo sentido, a decisão da qual se extrai que "a fiança bancária, como toda fiança, pressupõe três pessoas distintas: o credor, o devedor-afiançado e o banco-fiador" (STJ, 2ª Turma, REsp 62.198/SP, Rel. Min. Adhemar Maciel, j. 16-5-1997, *DJ* 9-6-1997).

[57] Conforme ensina Pasqualotto, o benefício de ordem "é instituto peculiar à fiança, em vista do caráter subsidiário que ordinariamente acompanha a garantia fidejussória. Para exercê-lo, o fiador deve nomear bens do devedor bastantes para solver o débito (art. 827, parágrafo único). Assim o fazendo, o fiador cumpre o ônus que lhe incumbe, permitindo ao credor a satisfação do crédito. Se o credor, no entanto, deixar que retarde a execução, vindo o devedor a cair em insolvência, ficará liberado o fiador, não sendo

DIREITO DAS OBRIGAÇÕES – *Bruno Miragem*

Da mesma forma, admite-se que possa renunciar também ao benefício que a lei assegura de exonerar-se por conveniência da obrigação de garantia, quando a tenha assumido sem limitação de tempo – revogação da fiança (art. 835 do Código Civil) –, e ao de extinção da fiança em face da concessão, pelo credor, de moratória ao devedor (art. 838, I, do CC). Embora apenas em relação ao benefício de ordem haja previsão da possibilidade de renúncia expressa (art. 828, I, do CC), as demais se admitem em vista da natureza dispositiva das normas do Código Civil. E, uma vez tendo havido a renúncia, não pode o fiador invocá-lo quando demandado pelo pagamento[58]. O mesmo não se diga, contudo, em relação à exclusão de benefícios revestidos de ordem pública[59], que delimitam conteúdo normativo de caráter imperativo, inatingível pelo exercício da autonomia privada, como é o caso do art. 836 do CC, que dispõe: "A obrigação do fiador passa aos herdeiros; mas a responsabilidade da fiança se limita ao tempo decorrido até a morte do fiador, e não pode ultrapassar as forças da herança".

Igualmente, é consagrado o entendimento quanto à interpretação restritiva do contrato de fiança em relação às obrigações do fiador[60]. Inclusive no tocante à prorrogação ou à eventual modificação dos termos da obrigação principal cuja dívida garante, não implica esta necessariamente na prorrogação da vigência da fiança, se com a primeira o fiador não anuiu[61]. Aqui também se insere a fiança a débito genericamente definido, conhecida como fiança *omnibus*, cuja validade se defende em contratos bancários[62], porém o risco de abusividade está presente, considerando o poder contratual da instituição financeira. Tratando-se de relação de consumo, deve ser contrastada, para exame da sua validade, ao disposto no art. 51, IV e XIII, do CDC[63]. Por fim, refira-se a prestação de fiança por pessoa casada em regime que não seja o da separação absoluta de bens. Nesse sentido, o art. 1.647, III, do CC exige, para prestar fiança ou aval, a outorga uxória. Sua ausência, com exceção da hipótese prevista na recente Lei 14.118, de 12 de janeiro de 2021,[64] torna o ato anulável, podendo a parte prejudicada exercer seu direito à anulação até dois anos contados da dissolução da sociedade conjugal (art. 1.649).

---

     mais juridicamente possível que contra ele invista o credor" (Adalberto Pasqualotto, *Contratos nominados II...* cit., p. 272).

[58]   STJ, 5ª Turma, REsp 697.470/SP, Rel. Min. Felix Fischer, j. 2-8-2005, *DJ* 26-9-2005.

[59]   No direito comparado, que, em proteção do fiador, consideraram ofensivas ao direito fundamental ao livre desenvolvimento da personalidade assegurado no art. 2, 1, da Lei Fundamental de Bonn a exigência de constituição de fiança por fiador que flagrantemente não detinha patrimônio para responder pela dívida garantida. A Corte Constitucional alemã considerou nulas as fianças prestadas por atentarem contra os bons costumes (§ 138 do BGB – Código Civil alemão) e contra a boa-fé necessária nos negócios (§ 242 do BGB – Código Civil alemão). Vejam-se as notas de atualização que fizemos em Pontes de Miranda, *Tratado de direito privado* cit., t. XLIV, p. 249-250. Para aprofundamento, veja-se o estudo de Olha O. Cherednychenko, *Fundamental rights, contract law and the protection of weaker party* – A comparative analysis of the constitutionalisation of contract law, with emphasis on risky financial transaction. München: Sellier European Law Publishers, 2007, p. 318 e ss.

[60]   STJ, 6ª Turma, REsp 869.357/RJ, Rel. Min. Og Fernandes, j. 24-8-2009, *DJe* 28-9-2009.

[61]   Nesse sentido pondera o STJ, não admitindo interpretação extensiva à fiança, uma vez que não pode o fiador "ser responsabilizado perpetuamente por obrigações futuras, resultantes da prorrogação do contrato por prazo determinado, *ex vi lege*, ao qual não anuiu concretamente" (STJ, 4ª Turma, AgRg no AgIn 819.912/DF, Rel. Min. Jorge Scartezzini, j. 6-2-2007, *DJ* 26-2-2007).

[62]   Frederico Faro, *Fiança* omnibus *no âmbito bancário* – Validade e exercício da garantia à luz do princípio da boa-fé, Coimbra: Coimbra Ed., 2009, p. 134 e ss.

[63]   A sustentar a possibilidade da fiança *omnibus* há a disciplina dos arts. 821 e 822 do CC. Assim o art. 821: "As dívidas futuras podem ser objeto de fiança; mas o fiador, neste caso, não será demandado senão depois que se fizer certa e líquida a obrigação do principal devedor". Já o art. 822 dispõe: "Não sendo limitada, a fiança compreenderá todos os acessórios da dívida principal, inclusive as despesas judiciais, desde a citação do fiador". Dívida futura, na lição de Adalberto Pasqualotto, ao promover a exegese do art. 821, "é aquela cuja causa ainda está por vir, apesar de já existir a relação jurídica", *Contratos nominados II...* cit.

[64]   O art. 13 da Lei 14.118/2021, que dispõe sobre programa de moradia popular executado pela União ("Programa Casa Verde e Amarela"), dispõe que "Os contratos e os registros efetivados no âmbito do

Capítulo 9 · GARANTIAS DAS OBRIGAÇÕES | **361**

7.3. Garantias reais

As garantias reais vinculam determinado bem à satisfação da obrigação garantida. Daí por que só quem tem poder de disposição sobre o bem pode oferecê-lo para constituir garantia de determinada obrigação. Nesse sentido, cumpre distinguir que podem exercer a função de garantia de uma obrigação tanto direitos reais especificamente previstos para realizar este fim (os direitos reais de garantia), quanto direitos reais que, embora não tenham esta função específica, podem ser exercidos por seu titular de modo que passem a constituir garantia de determinada obrigação, como é o caso da propriedade, na qual se admite a alienação do domínio em garantia da satisfação de uma obrigação. Ou mesmo, por ocasião da aquisição da coisa para a qual o adquirente recorra a financiamento, reserve o concedente do crédito o domínio da coisa até o pagamento da dívida pelo adquirente, que para logo poderá adquirir a posse.

No que diz respeito aos direitos reais de garantia, submetem-se ao princípio da tipicidade, de modo que devem estar previstos em lei. Trata-se de direitos que conferem ao credor garantido um direito de prelação ou preferência sobre o bem em relação a outros credores (art. 1.422 do CC). Essa preferência, contudo, não se confunde com os privilégios creditórios a que se refere o art. 961 do CC, que trata de hipótese em que o direito do credor refere-se a todo o patrimônio do devedor. Os direitos reais de garantia também são indivisíveis, ou seja, dizem respeito à coisa toda, assim como suas partes e acessórios (*sicut anima in corpore*)[65].

Submetem-se as garantias reais ao princípio da tipicidade, de modo que devem estar previstas em lei.

A constituição da garantia real que envolva penhor, hipoteca ou anticrese deve observar os requisitos legais de sua constituição, entre os quais refere o art. 1.424 do CC: "Os contratos de penhor, anticrese ou hipoteca declararão, sob pena de não terem eficácia: I – o valor do crédito, sua estimação, ou valor máximo; II – o prazo fixado para pagamento; III – a taxa dos juros, se houver; IV – o bem dado em garantia com as suas especificações". Nessas modalidades de garantia, contudo, o bem serve à garantia para ser alienado e o valor obtido daí sirva à satisfação do crédito. Não pode dispor o contrato sobre direito de adjudicação do bem pelo credor (cláusula comissória), sendo nula cláusula contratual que contenha esta previsão (art. 1.428 do CC). Admite-se, contudo, que possa o devedor dar a coisa em pagamento da dívida após o vencimento (art. 1.428, parágrafo único, do CC).

7.3.1. Penhor

O penhor é direito real conferido ao credor para que se sirva da coisa que lhe é entregue, no caso de inadimplemento, como pressuposto de constituição da garantia de satisfação de uma dívida. Segundo boa doutrina, "atribui preferência ao pagamento de um crédito, ao mesmo tempo em que altera determinado bem ao nível de garantia do cumprimento de uma obrigação"[66]. O credor, nesse caso, deve ter a posse do bem. Refere o art. 1.431 do CC: "Constitui-se o penhor pela transferência efetiva da posse que, em garantia do débito ao credor ou a quem o represente, faz o devedor, ou alguém por ele, de uma coisa móvel, suscetível de alienação". Contudo, quando se trate de penhor rural, industrial, mercantil e de veículos, as coisas empenhadas continuam em poder do devedor, que as deve guardar e conservar.

Programa Casa Verde e Amarela serão formalizados, preferencialmente, em nome da mulher e, na hipótese de esta ser chefe de família, poderão ser firmados independentemente da outorga do cônjuge, afastada a aplicação do disposto nos arts. 1.647, 1.648 e 1.649 da Lei nº 10.406, de 10 de janeiro de 2002 (Código Civil)." A referência genérica aos contratos abrange tanto os relativos à aquisição do imóvel, quanto das respectivas garantias."

[65] Gustavo Tepedino; Maria Celina Bodin de Moraes; Heloísa Helena Barboza, *Código Civil interpretado...* cit., vol. 3, p. 855.

[66] Luciano de Camargo Penteado, *Direito das coisas* cit., p. 450.

362 DIREITO DAS OBRIGAÇÕES – *Bruno Miragem*

Admite-se, igualmente, penhor sobre coisa futura, como é o caso de direitos de crédito que venham a se constituir. Da mesma forma, podem ser objeto de penhor ações de sociedades anônimas ou quotas de sociedades limitadas[67].

O antigo direito baseado no Código Comercial de 1850, ora revogado, disciplinava o penhor mercantil. Atualmente, a disciplina do penhor é dada pelos arts. 1.431 a 1.472 do CC. Admite-se o penhor de coisa como garantia de pagamento de empréstimos, como o realizado pela Caixa Econômica Federal, admitindo-se a antecipação do resgate do bem dado como garantia, com direito a desconto proporcional nos juros. A solidariedade em relação à obrigação principal não induz à solidariedade em relação à obrigação de garantia com penhor[68].

Da mesma forma, tem relevância o penhor de direitos previsto no art. 1.451 do CC, que se constitui mediante instrumento público ou particular registrado no Registro de Títulos e Documentos (art. 1.452 do CC). Há o dever do titular do direito objeto de penhor de entregar os documentos comprobatórios desse direito, "salvo se tiver interesse legítimo em conservá--los" (art. 1.452, parágrafo único). Todavia, não tem eficácia perante o devedor até sua regular notificação, ou até que se dê por ciente em instrumento público ou particular (art. 1.453). Da mesma forma, pode ocorrer o penhor de direito sobre os créditos registrados em conta corrente.

No caso do penhor de títulos de crédito, constitui-se mediante instrumento público ou particular ou endosso pignoratício, com a tradição do título ao credor (art. 1.458 do CC). No caso, o credor pignoratício tem o direito de: "I – conservar a posse do título e recuperá-la de quem quer que o detenha; II – usar dos meios judiciais convenientes para assegurar os seus direitos, e os do credor do título empenhado; III – fazer intimar ao devedor do título que não pague ao seu credor, enquanto durar o penhor; IV – receber a importância consubstanciada no título e os respectivos juros, se exigíveis, restituindo o título ao devedor, quando este solver a obrigação" (art. 1.459).

O penhor rural (art. 1.438 e ss. do CC) se constitui mediante instrumento público ou particular registrado no Cartório de Registro de Imóveis da circunscrição em que se situarem as coisas empenhadas. A redação original do art. 1.439 do CC definia que poderia ser convencionado, respectivamente, pelos prazos máximos de três anos (no caso de penhor agrícola) e quatro anos (no caso de penhor pecuário), prorrogáveis uma só vez, até o limite de igual tempo. Em junho de 2013, contudo, sobreveio a Lei 12.873/2013, a qual altera o texto do art. 1.439 do CC, referindo que "o penhor agrícola e o penhor pecuário não podem ser convencionados por prazos superiores aos das obrigações garantidas". O art. 1.443 do CC refere que "o penhor agrícola que recai sobre colheita pendente, ou em via de formação, abrange a imediatamente seguinte, no caso de frustrar-se ou ser insuficiente a que se deu em garantia"[69]. Pode, dispondo o contrato, abranger os subprodutos e derivados[70]. Eventual emissão de cédula rural pignoratícia, a que se refere o art. 1.438 do CC, se dá nos termos do art. 14 do Dec.-lei

---

[67] No caso do penhor de quotas sociais, contudo, note-se a divergência jurisprudencial em relação à sua admissibilidade, em especial no tocante à preservação da *affectio societatis*, não permitindo o ingresso de novo sócio. Nesse sentido veja-se: REsp 30854/SP e REsp 147546/MG.

[68] "Recurso especial. Conta poupança conjunta. Penhor em favor de terceiro. Totalidade do saldo da poupança. Solidariedade inexistente. 1. Os titulares de conta poupança mantida em conjunto são credores solidários do banco. A recíproca não é verdadeira: penhor constituído por um dos titulares com o banco não faz o outro devedor solidário. 2. O saldo mantido na conta conjunta é propriedade condominial dos titulares. Por isso – a existência de condomínio sobre o saldo, que é bem divisível – impõe-se que cada titular só pode empenhar, licitamente, sua parte ideal em garantia de dívida (arts. 757 do Código Beviláqua e 1.420, § 2º, do novo CC). 3. O banco credor que, para se pagar por dívida contraída por um dos titulares da conta conjunta de poupança, levanta o saldo integral nela existente tem o dever de restituir as partes ideais dos demais condôminos que não se obrigaram pelo débito" (STJ, 3ª Turma, REsp 819.327/SP, Rel. Min. Humberto Gomes de Barros, j. 14-3-2006, *DJ* 8-5-2006).

[69] STJ, 3ª Turma, AgRg na MC 18.844/SP, Rel. Min. Paulo de Tarso Sanseverino, j. 17-4-2012, *DJe* 8-5-2012.

[70] STJ, 3ª Turma, REsp 1278247/SP, Rel. Min. Nancy Andrighi, j. 20-9-2012, *DJe* 12-11-2012.

Capítulo 9 · GARANTIAS DAS OBRIGAÇÕES | **363**

n. 167/67, conservando-se, contudo, a natureza de penhor de coisa, que é representado por este documento, admitindo-se a substituição da coisa sob risco de perecer[71].

No que se refere ao penhor de produtos agropecuário, seus derivados, subprodutos e resíduos de valor econômico, depositados em estabelecimentos de armazenagem (Lei n. 9.973/2000), sua disciplina está estabelecida pela Lei n. 11.076/2004. Constitui-se pela emissão de *warrant* agropecuário, que é "título de crédito representativo de promessa de pagamento em dinheiro que confere direito de penhor sobre o Certificado de Depósito Agropecuário correspondente, assim como sobre o produto nele descrito" (art. 1º, § 2º, da Lei n. 11.076/2004). Os *warrants* agropecuários serão cartulares ou escriturais (art. 3º da Lei n. 11.076/2004): cartulares, antes do registro em sistema de registro e de liquidação financeira de ativos autorizados pelo Banco Central do Brasil, que deve se dar em até 30 dias da emissão do título (art. 15 da Lei n. 11.076/2004), voltando a ser cartular depois de sua baixa do registro; e escriturais a partir do registro. Podem ser negociados em bolsa ou no mercado de balcão.

No caso do penhor industrial ou mercantil, podem ser objeto máquinas, aparelhos, materiais, instrumentos, instalados e em funcionamento, com os acessórios ou sem eles; animais, utilizados na indústria; sal e bens destinados à exploração das salinas; produtos de suinocultura, animais destinados à industrialização de carnes e derivados; matérias-primas e produtos industrializados (art. 1.447 do CC). Será constituído por instrumento público ou particular registrado no Cartório de Registro de Imóveis do lugar onde situadas as coisas empenhadas (art. 1.448 do CC). Não dá ensejo à ação de depósito, uma vez que a tradição é simbólica, aplicando-se, na hipótese, as regras do mútuo[72]. No caso de o devedor prometer pagar em dinheiro a dívida, tem lugar a emissão de cédula de crédito industrial ou mercantil, nos termos do Dec.-lei n. 413/69.

Por fim, o penhor de veículos constitui-se pelo prazo máximo de dois anos, prorrogável por igual período, mediante instrumento público ou particular registrado no Cartório de Títulos e Documentos do domicílio do devedor, e anotado no certificado de propriedade (art. 1.462 do CC)[73]. Observe-se que a alienação, ou a mudança, do veículo empenhado sem prévia comunicação ao credor, importa no vencimento antecipado do crédito pignoratício (art. 1.465). Todavia, é de se dizer do pouco uso dessa garantia nos dias de hoje, em vista especialmente, das vantagens representadas pela instituição da propriedade fiduciária como garantia mais efetiva, em especial no tocante à sua execução.

A extinção do penhor se dá, como regra, com o pagamento da dívida garantida ou qualquer outro modo de extinção da obrigação. Da mesma forma, pode ocorrer uma vez que haja o perecimento da coisa[74], renúncia à garantia pelo credor, confusão na mesma pessoa

---

[71] STJ, 3ª Turma, REsp 662.712/RS, Rel. Min. Carlos Alberto Menezes Direito, j. 20-3-2007, *DJ* 11-6-2007.

[72] STJ, 3ª Turma, AgRg no Ag 458.117/PR, Rel. Min. Vasco Della Giustina (desembargador convocado do TJRS), j. 6-10-2009, *DJe* 21-10-2009.

[73] Da mesma forma decide o STJ, afirmando que, "tratando-se de veículos automotores dados em penhor cedular, para a eficácia da garantia em relação a terceiros, é necessário o seu registro no Cartório de Registro de Títulos e Documentos ou na repartição competente para expedir licença ou registrá-los" (STJ, 4ª Turma, REsp 200.663/SP, Rel. Min. Barros Monteiro, j. 2-3-2004, *DJ* 17-5-2004).

[74] "Civil. Penhor. Joias. Assalto à agência bancária. Perda do bem. Resolução do contrato. Ressarcimento do proprietário do bem. Pagamento do credor. Compensação. Possibilidade. Exceção de contrato não cumprido. Art. 1.092 do CC/1916 e art. 476 do CC/2002. O perecimento por completo da coisa empenhada não induz à extinção da obrigação principal, pois o penhor é apenas acessório desta, perdurando, por conseguinte, a obrigação do devedor, embora com caráter pessoal e não mais real. Segundo o disposto no inciso IV do art. 774 do CC/1916 [art. 1.435 do CC/2002], o credor pignoratício é obrigado, como depositário a ressarcir o dono a perda ou deterioração, de que for culpado. Havendo furto ou roubo do bem empenhado, o contrato de penhor fica resolvido, devolvendo-se ao devedor o valor do bem empenhado, cabendo ao credor pignoratício o recebimento do valor do mútuo, com a possibilidade de compensação entre ambos, de acordo com o art. 775 do CC/1916 [art. 1.435, I, do CC/2002]. Na hipótese

364 | DIREITO DAS OBRIGAÇÕES – *Bruno Miragem*

das qualidades de credor e dono da coisa, ou por adjudicação judicial, remissão ou venda da coisa empenhada realizada pelo credor ou por ele autorizada (art. 1.436 do CC).

Em relação à execução do penhor, note-se que o antigo direito brasileiro (Livro Quarto das Ordenações Filipinas, t. LVI) admitia que, na hipótese de inadimplemento, a coisa pudesse ser adquirida pelo credor pelo justo preço arbitrado por terceiro, hipótese distinta da proibição do pacto comissório, de larga tradição no direito, desde os primeiros intérpretes medievais[75]. Conforme ensinava a melhor doutrina à época "não é lícito estipular-se no contracto de penhor o pacto comissório, isto é – que se a dívida não for paga no prazo ajustado, fique a cousa vendida de pleno direito ao credor, ou pelo preço da dívida, ou pelo preço ajustado ao tempo em que o penhor é constituído (...) É permitido porém, porque não subsiste dita razão, estipular-se a venda da cousa ao credor pelo preço que for estimado por avaliadores"[76]. A hipótese permitida trata-se do denominado pacto marciano, assim compreendido como a convenção entre credor e devedor de obrigação com garantia real, pelo qual se predefine o efeito de incorporação do bem dado em garantia no patrimônio do credor, por valor representativo de preço justo, arbitrado por terceira pessoa, no caso de inadimplemento. Foi assim designado em homenagem ao jurisconsulto Marciano, a quem se atribui sua previsão no Digesto romano[77]. Segundo o entendimento majoritário, esta possibilidade foi afastada com o Código Civil de 1916, que cominou com a nulidade a cláusula em que fosse estabelecido o direito do credor de garantia real ficar com o bem objeto da garantia no caso de inadimplemento (art. 765 do Código revogado). Nesta linha de entendimento, a proibição expressa do pacto comissório, com função de garantia, abrangeria também a vedação ao pacto marciano[78]. A regra foi reproduzida no art. 1.428 do Código Civil vigente: "Art. 1.428. É nula a cláusula que autoriza o credor pignoratício, anticrético ou hipotecário a ficar com o objeto da garantia, se a dívida não for paga no vencimento". Segundo o parágrafo único do mesmo artigo, "após o vencimento, poderá o devedor dar a coisa em pagamento da dívida". Reside aí, direito do devedor de escolher transferir a coisa em convenção com o credor.

A regra legal funda-se na proteção do devedor em relação ao abuso do credor na estimação do preço da garantia, impedindo que force a redução do seu valor no momento da convenção[79]. Faz todo o sentido em relação à proibição do pacto comissório. O argumento,

---

de roubo ou furto de joias que se encontravam depositadas em agência bancária, por força de contrato de penhor, o credor pignoratício, vale dizer, o banco, deve pagar ao proprietário das joias subtraídas a quantia equivalente ao valor de mercado das mesmas, descontando-se os valores dos mútuos referentes ao contrato de penhor. Trata-se de aplicação, por via reflexa, do art. 1.092 do CC/1916 (art. 476 do CC atual). Recurso especial não conhecido" (STJ, 3ª Turma, REsp 730.925/RJ, Rel. Min. Nancy Andrighi, j. 20-4-2006, *DJ* 15-5-2006).

[75] Manuel Ignacio Feliu Rey, *La prohibición del pacto comisório y la opción en garantía*, Madrid: Civitas, 1995, p. 42 e ss. Assim também na tradição hispânica, onde contou com a proibição expressa da Ley de las Siete Partidas, conforme Ramón Durán Rivacoba, *La Propiedad en Garantía. Prohibición del pacto comisorio*, Navarra, 1998, p. 20 e ss.

[76] Lafayette Rodrigues Pereira, *Direito das cousas*, 2. ed., Rio de Janeiro: Jacintho Ribeiro dos Santos, p. 386-387.

[77] Isabel Andrade de Matos, *O pacto comissório*. Contributo para o estudo do âmbito da sua proibição, Coimbra: Almedina, 2006, p. 82; Carvalho Santos, *Código Civil interpretado* cit., v. XX, p. 92-95.

[78] Sustentou-se que "toda cláusula que atribui ao credor o direito de fazer vender o imóvel sem a observância das formalidades legais é nula, por estar compreendida e ser como um pacto comissório (...) ainda que a cláusula apenas autorizasse o credor a ficar com a garantia mediante um preço fixado por avaliação de peritos escolhidos pelas partes ou nomeados de ofício" (J. M. Carvalho Santos, *Código Civil interpretado* cit., t. X, p. 92).

[79] "A proibição do pacto comissório funda-se em um motivo de ordem ética. O direito protege o fraco contra o forte, impede que a pressão da necessidade leve o devedor a convencionar o abandono do bem ao credor por quantia irrisória. O imperador Constantino impressionado pelas manobras capciosas dos pactos comissórios, cuja aspereza crescia assustadoramente, decretou-lhes a nulidade, e as legislações

Capítulo 9 · GARANTIAS DAS OBRIGAÇÕES | 365

contudo, não tem a mesma força em relação ao pacto marciano, no qual a apropriação da coisa dada em garantia mediante penhor, assegurada a possibilidade que fosse definida seu valor justo por terceiro, seria providência com sensível vantagem prática. Especialmente em vista da redução de custos que poderia representar tanto ao credor que adjudicasse o bem, quanto para o devedor, no interesse de ambos, ademais considerando a diversidade de situações em que a legislação atual admite o penhor como garantia efetiva de dívidas.

É a tendência que percebe em distintos sistemas jurídicos. No direito europeu, conforme se vê no art. 4º da Diretiva 2002/47/CE, relativa aos acordos de garantia financeira, busca-se assegurar ao beneficiário da garantia convencionada com a constituição de penhor, expressamente, a possibilidade de apropriação do bem. No direito francês, a reforma do seu sistema de garantias, em 2006 (Ordonnance n. 2006-346, de 23 de março de 2006), fez com que o art. 2.348 do Código Civil passasse a prever a possibilidade, direcionada, sobretudo, à garantia de negócios financeiros, nos seguintes termos: "Pode ser convencionado, quando da constituição do penhor ou posteriormente, que o inadimplemento da obrigação garantida torna o credor proprietário do bem dado em garantia"[80]. De todo recomendável, neste sentido, a atualização do direito brasileiro no ponto.

7.3.2. Hipoteca

A hipoteca é direito real de garantia que pode ser constituído sobre imóveis e seus acessórios e outros bens que a lei designar, como é o caso das aeronaves (regulada pelo art. 138 e ss. do Código Brasileiro de Aeronáutica – CBA, Lei n. 7.565/86) e navios (regulada pelos arts. 13, 14 e 23 da Lei n. 7.652/88). Estabelece o art. 1.473 do CC: "Podem ser objeto de hipoteca: I – os imóveis e os acessórios dos imóveis conjuntamente com eles; II – o domínio direto; III – o domínio útil; IV – as estradas de ferro; V – os recursos naturais a que se refere o art. 1.230, independentemente do solo onde se acham; VI – os navios; VII – as aeronaves; VIII – o direito de uso especial para fins de moradia; IX – o direito real de uso; X – a propriedade superficiária". Admite-se constituição de hipoteca para dívida futura ou condicionada, desde que determinado o valor máximo do crédito a ser garantido (art. 1.487 do CC). Da mesma forma, autorizando credor e devedor no momento da constituição da hipoteca (art. 1.486 do CC), pode ser emitida cédula hipotecária, quando se trate de operações: (a) compreendidas no Sistema Financeiro da Habitação; (b) hipotecas de que sejam credores instituições financeiras em geral, e companhias de seguro; ou (c) hipotecas entre outras partes, desde que a cédula hipotecária seja originariamente emitida em favor de instituições financeiras ou companhias de seguro (art. 10 do Dec.-lei n. 70/66). A cédula hipotecária poderá ser integral ou fracionária, conforme represente todo o crédito garantido ou apenas parte dele. O prazo de resgate da cédula hipotecária não pode ser diferente do prazo de vencimento da dívida garantida. O vencimento antecipado da dívida hipotecária implica vencimento antecipado das cédulas que a esta se refiram (art. 19 do Dec.-lei n. 70/66).

Da mesma forma, a garantia de hipoteca admite a constituição de cédula rural hipotecária quando se destine a garantir operação de financiamento rural[81] (art. 9º, I, do Dec.-lei n.

---

modernas aceitaram essa condenação" (Clóvis Beviláqua, *Código Civil dos Estados Unidos do Brasil comentado* cit., p. 269).

[80] Assim a íntegra do art. 2.348 do Code Civil: "Il peut être convenu, lors de la constitution du gage ou postérieurement, qu'à défaut d'exécution de l'obligation garantie le créancier deviendra propriétaire du bien gagé. La valeur du bien est déterminée au jour du transfert par un expert désigné à l'amiable ou judiciairement, à défaut de cotation officielle du bien sur un marché organisé au sens du code monétaire et financier. Toute clause contraire est réputée non écrite. Lorsque cette valeur excède le montant de la dette garantie, la somme égale à la différence est versée au débiteur ou, s'il existe d'autres créanciers gagistes, est consignée".

[81] A cédula de crédito rural deve advir de operação de financiamento rural. Ocorrendo de ser emitida cédula rural a partir de operação de crédito rural fictícia, reconheceu a jurisprudência que "dar-se-á à execução do título travestido de 'cédula rural' o mesmo tratamento que se dá a qualquer execução baseada em mero

167/67)[82]. Podem ser objeto de hipoteca cedular imóveis rurais e urbanos (art. 23 do Dec.-lei n. 167/67). Recorde-se, contudo, que são nulas as garantias reais ou pessoais oferecidas por terceiros em cédula de crédito (art. 60, § 3º, do Dec.-lei n. 167/67)[83].

Constitui-se a hipoteca pelo registro na matrícula ou inscrição do bem sobre o qual ficará gravada a garantia. Segundo ensina a doutrina, é a inscrição que constitui a hipoteca, uma vez que "o título e a especialização são os elementos preparatórios ou causais. A inscrição é operação geradora do direito real. O elemento constitutivo do direito de hipoteca, propriamente dito"[84]. Será, portanto, feito no cartório do registro de imóveis do lugar de situação do bem, no caso imóveis (art. 1.492 do CC); no Tribunal Marítimo, ao qual será encaminhado pela Capitania dos Portos do lugar de inscrição do navio (art. 12 da Lei n. 7.652/88); ou no Registro Aeronáutico Brasileiro (art. 141 da Lei n. 7.565/86 – CBA).

Admite-se a constituição de diversas hipotecas sobre o mesmo bem. Contudo, observa-se o princípio da prioridade (*prior in tempore potior iure*), segundo o qual a antecedência do registro define a preferência de execução entre as hipotecas (art. 1.493 do CC). Da mesma forma se lhe reconhece o direito de sequela, podendo o credor hipotecário perseguir a coisa para satisfação do seu crédito, independentemente das alienações posteriores à constituição da garantia.

Observe-se, contudo, que há núcleo essencial inerente ao direito de propriedade que é infenso à garantia real oferecida pela hipoteca: o direito de alienar. Nesse sentido, "é nula a cláusula que proíbe ao proprietário alienar imóvel hipotecado" (art. 1.475 do CC). Única exceção, neste caso, diz respeito à hipoteca de linhas férreas, na qual se admite ao credor "opor-se à venda da estrada, à de suas linhas, de seus ramais ou de parte considerável do material de exploração; bem como à fusão com outra empresa, sempre que com isso a garantia do débito enfraquecer" (art. 1.504 do CC). Neste caso, justifica-se a exceção em vista da conservação do valor da garantia, que no caso das vias férreas, poderá estar vinculado ao conjunto de linhas e ramais que a integram, daí por que se subordina à prova de deterioração da garantia[85]. Aliás, neste particular, é de notar que a preservação do valor da garantia é interesse legítimo do credor hipotecário, a tal ponto de fundamentar pretensão em relação ao próprio titular do bem para efeito de assegurar este fim.[86]

No caso de alienação, assiste ao adquirente do imóvel hipotecado: (a) exonerar-se da hipoteca, mediante abandono do imóvel, desde que não se tenha obrigado pessoalmente (art. 1.479 do CC), e o faça até as 24 horas subsequentes à citação (art. 1.480, parágrafo único, do CC); (b) dentro de 30 dias do registro do título aquisitivo, o direito de remir a dívida, mediante citação dos credores hipotecários, propondo preço não inferior ao preço da aquisição. Nesse caso, pode o credor impugnar o preço da aquisição ou a importância oferecida, realizando-se a venda judicial, assegurada a preferência do adquirente do imóvel. Se não houver impugnação do preço pelo credor, será tido como fixado, e, sendo pago pelo adquirente, ficará livre da hi-

---

contrato de mútuo bancário, inclusive com relação à garantia hipotecária" (STJ, 4ª Turma, EDcl nos EDcl nos EDcl no AgRg no REsp 908.187/SP, Rel. Min. Luis Felipe Salomão, j. 22-3-2011, *DJe* 25-3-2011).

[82] Notem-se, contudo, precedentes do STJ indicando a aplicação do Código de Defesa do Consumidor para limitar a multa por inadimplemento no contrato de financiamento de agricultor pessoa física (STJ, 3ª Turma, AgRg no REsp 1329839/MA, Rel. Min. Sidnei Beneti, j. 28-8-2012, *DJe* 18-9-2012).

[83] STJ, 4ª Turma, AgRg na MC 17.237/MS, Rel. Min. Luis Felipe Salomão, j. 24-4-2012, *DJe* 27-4-2012.

[84] Caio Mário da Silva Pereira, *Instituições de direito civil* cit., v. IV, p. 319.

[85] Gustavo Tependino; Maria Celina Bodin de Moraes; Heloísa Helena Barboza, *Código Civil interpretado...* cit., v. 3, p. 964.

[86] Daí por que se vai reconhecer, por exemplo, o interesse do credor hipotecário para propor ação em face do mutuário visando ao cumprimento de cláusula contratual que determina a observância dos padrões construtivos do loteamento: STJ, REsp 1400607/RS, Rel. Min. Luis Felipe Salomão, 4ª Turma, j. 17/05/2018, *DJe* 26/06/2018.

Capítulo 9 · GARANTIAS DAS OBRIGAÇÕES | **367**

poteca (art. 1.481, §§ 1º e 2º, do CC). Deixando este de remir o imóvel, fica sujeito à execução e responde perante os credores hipotecários pela desvalorização do imóvel a que deu causa, além das despesas judiciais da execução (art. 1.481, § 3º); (c) direito de regresso contra o vendedor que ficar privado do bem ou pagar a dívida garantida por hipoteca (art. 1.481, § 4º, do CC).

A garantia hipotecária, que tradicionalmente se considerava entre as garantias mais seguras – embora haja críticas quanto aos custos e o tempo elevado para sua execução –, sofreu impacto, a partir do entendimento jurisprudencial consolidado na Súmula 308, do STJ, de 2005, que dispôs: "A hipoteca firmada entre a construtora e o agente financeiro, anterior ou posterior à celebração da promessa de compra e venda, não tem eficácia perante os adquirentes do imóvel". Este era o entendimento do STJ, a partir de rumorosos casos de quebra de incorporadoras de imóveis, e tentativa da instituição financeira credora de executar a garantia hipotecária consubstanciada no imóvel em construção, o qual já havia sido objeto de contratos de promessa de compra e venda a consumidores, com cláusula na qual constava autorização para constituição da garantia. A cláusula em questão, contudo, foi considerada abusiva, por transferir ao consumidor os riscos do empreendimento, de modo que a higidez da garantia passa a associar-se ao cumprimento de um ônus de fiscalizar a execução da obra pela instituição financeira[87]. E, decretada sua nulidade,

---

[87] "Direito imobiliário. Recurso especial. Ação de embargos de terceiro à execução. Construção e incorporação. Contrato de financiamento para a construção de imóvel (prédio com unidades autônomas). Outorga, pela construtora, de hipoteca sobre o imóvel ao agente financiador. Prévia celebração de compromisso de compra e venda com terceiro adquirente. Invalidade da hipoteca. É nula a hipoteca outorgada pela construtora ao agente financiador em data posterior à celebração da promessa de compra e venda com o promissário-comprador. Recurso especial que não se conhece" (STJ, 3ª Turma, REsp 409076/SC, Rel. Min. Nancy Andrighi, j. 7-11-2002, *DJ* 9-12-2002). Igualmente: "Compra e venda de bem imóvel assinada e paga antes do contrato de financiamento entre a construtora e o banco, mediante garantia hipotecária. Ausência de consentimento dos promitentes compradores. Cláusula que institui mandato para esse fim considerada abusiva, a teor do art. 51, VIII, do CDC. 1. Considerando o acórdão recorrido que o bem foi comprado e integralmente pago antes do contrato de financiamento com garantia hipotecária, que os adquirentes não autorizaram a constituição de tal gravame, que sequer o mandato foi exercido e, ainda, que é abusiva a cláusula que institui o mandato, a teor do art. 51, VIII, do CDC, não existe afronta a nenhum dispositivo sobre a higidez da hipoteca, presente a peculiaridade do cenário descrito. 2. Recurso especial não conhecido" (STJ, 3ª Turma, REsp 296453/RS, Rel. Min. Carlos Alberto Menezes Direito, j. 5-6-2001, *DJ* 3-9-2001). Este entendimento quanto ao ônus de fiscalização por parte da instituição financeira conduziu o STJ a considerar sua legitimidade, inclusive, para responder por vícios construtivos da obra financiada. Nesse sentido, veja-se: "Recursos especiais. Sistema Financeiro da Habitação – SFH. Vícios na construção. Seguradora. Agente financeiro. Legitimidade. 1. A questão da legitimidade passiva da CEF, na condição de agente financeiro, em ação de indenização por vício de construção, merece distinção, a depender do tipo de financiamento e das obrigações a seu cargo, podendo ser distinguidos, grosso modo, dois gêneros de atuação no âmbito do Sistema Financeiro da Habitação, isso a par de sua ação como agente financeiro em mútuos concedidos fora do SFH (1) meramente como agente financeiro em sentido estrito, assim como as demais instituições financeiras públicas e privadas, (2) ou como agente executor de políticas federais para a promoção de moradia para pessoas de baixa ou baixíssima renda. 2. Nas hipóteses em que atua na condição de agente financeiro em sentido estrito, não ostenta a CEF legitimidade para responder por pedido decorrente de vícios de construção na obra financiada. Sua responsabilidade contratual diz respeito apenas ao cumprimento do contrato de financiamento, ou seja, à liberação do empréstimo, nas épocas acordadas, e à cobrança dos encargos estipulados no contrato. A previsão contratual e regulamentar da fiscalização da obra pelo agente financeiro justifica-se em função de seu interesse em que o empréstimo seja utilizado para os fins descritos no contrato de mútuo, sendo de se ressaltar que o imóvel lhe é dado em garantia hipotecária. Precedentes da 4ª Turma. 3. Caso em que se alega, na inicial, que o projeto de engenharia foi concebido e aprovado pelo setor competente da CEF, prevendo o contrato, em favor da referida empresa pública, taxa de remuneração de 1% sobre os valores liberados ao agente promotor e também 2% de taxa de administração, além dos encargos financeiros do mútuo. Consta, ainda, do contrato a obrigação de que fosse colocada 'placa indicativa, em local visível, durante as obras, de que a construção está sendo executada com financiamento da CEF'. Causa de pedir deduzida na inicial que justifica a presença da referida empresa pública no polo passivo da relação processual. Responsabilidade da CEF e dos demais réus que deve ser aferida quando do exame

368 | DIREITO DAS OBRIGAÇÕES – *Bruno Miragem*

foi considerada ineficaz[88], em relação aos adquirentes do imóvel, a hipoteca constituída em favor da instituição financeira, o que se constituiu em exceção à eficácia *erga omnes* da garantia real[89].

Extingue-se a hipoteca, nos termos do art. 1.499 do CC: "I – pela extinção da obrigação principal; II – pelo perecimento da coisa; III – pela resolução da propriedade; IV – pela renúncia do credor; V – pela remição; VI – pela arrematação ou adjudicação".

7.3.3. Anticrese

Anticrese é direito real de garantia em desuso nos dias atuais.. Porém, tem sua disciplina no Código Civil, constituindo-se pela entrega, pelo devedor, de imóvel ao credor, cedendo-

---

do mérito da causa. 4. Recursos especiais parcialmente providos para reintegrar a CEF ao polo passivo da relação processual. Prejudicado o exame das demais questões" (STJ, 4ª Turma, REsp 1163228/AM, Rel. Min. Maria Isabel Gallotti, j. 9-10-2012, *DJe* 31-10-2012). No mesmo sentido: "Recurso especial. Sistema Financeiro da Habitação. Vícios na construção de imóvel cuja obra foi financiada. Legitimidade do agente financeiro. 1. Em se tratando de empreendimento de natureza popular, destinado a mutuários de baixa renda, como na hipótese em julgamento, o agente financeiro é parte legítima para responder, solidariamente, por vícios na construção de imóvel cuja obra foi por ele financiada com recursos do Sistema Financeiro da Habitação. Precedentes. 2. Ressalva quanto à fundamentação do voto-vista, no sentido de que a legitimidade passiva da instituição financeira não decorreria da mera circunstância de haver financiado a obra nem de se tratar de mútuo contraído no âmbito do SFH, mas do fato de ter a CEF provido o empreendimento, elaborado o projeto com todas as especificações, escolhido a construtora e o negociado diretamente, dentro de programa de habitação popular. 3. Recurso especial improvido" (STJ, 4ª Turma, REsp 738.071/SC, Rel. Min. Luis Felipe Salomão, j. 9-8-2011, *DJe* 9-12-2011). Em sentido contrário: "Civil e processual civil. Sistema Financeiro da Habitação. Responsabilidade solidária do agente financeiro por defeitos na obra. Ilegitimidade reconhecida. Precedente. 1. A responsabilidade advém de uma obrigação preexistente, sendo aquela um dever jurídico sucessivo desta que, por sua vez, é dever jurídico originário. 2. A solidariedade decorre de lei ou contrato, não se presume (art. 265, CC/2002). 3. Se não há lei, nem expressa disposição contratual atribuindo à Caixa Econômica Federal o dever jurídico de responder pela segurança e solidez da construção financiada, não há como presumir uma solidariedade. 4. A fiscalização exercida pelo agente financeiro se restringe à verificação do andamento da obra para fins de liberação de parcela do crédito financiado à construtora, conforme evolução das etapas de cumprimento da construção. Os aspectos estruturais da edificação são de responsabilidade de quem os executa, no caso, a construtora. O agente financeiro não possui ingerência na escolha de materiais ou avaliação do terreno no qual que se pretende erguer a edificação. 5. A Caixa Econômica Federal é parte ilegítima para figurar no polo passivo de ação indenizatória que visa ao ressarcimento por vícios na construção de imóvel financiado com recursos do SFH, porque nesse sistema não há obrigação específica do agente financeiro em fiscalizar, tecnicamente, a solidez da obra. 6. Recurso especial que se conhece, mas nega-se provimento" (STJ, 4ª Turma, REsp 1043052/MG, Rel. Min. Honildo Amaral de Mello Castro (conv.), j. 8-6-2010, *DJe* 9-9-2010).

[88] Sem prejuízo de considerarem os primeiros julgados sobre o tema a hipótese de invalidade da hipoteca, quando constituída posteriormente à celebração do contrato de promessa de compra e venda cujo preço já tivesse sido integralmente pago: "Direito civil. Hipoteca constituída sobre imóvel já prometido à venda e quitado. Invalidade. Encol. Negligência da instituição financeira. Inobservância da situação do empreendimento. Precedente. Recurso desacolhido. I – Os arts. 677 e 755 do CC aplicam-se à hipoteca constituída validamente e não à que padece de um vício de existência que a macula de nulidade desde o nascedouro, precisamente a celebração anterior de um compromisso de compra e venda e o pagamento integral do preço do imóvel. II – É negligente a instituição financeira que não observa a situação do empreendimento ao conceder financiamento hipotecário para edificar um prédio de apartamentos, principalmente se a hipoteca se deu dois meses antes da concessão do habite-se, quando já era razoável supor que o prédio estivesse concluído, não sendo igualmente razoável que a obra se tenha edificado nesse reduzido período de tempo. III – É da jurisprudência desta Corte que, 'ao celebrar o contrato de financiamento, facilmente poderia o banco inteirar-se das condições dos imóveis, necessariamente destinados à venda, já oferecidos ao público e, no caso, com preço total ou parcialmente pago pelos terceiros adquirentes de boa-fé'" (STJ, 4ª Turma, REsp 329968/DF, Rel. Min. Sálvio de Figueiredo Teixeira, 4ª Turma, j. 9-10-2001, *DJ* 4-2-2002).

[89] Bruno Miragem, *Direito bancário*. 3ª ed. São Paulo: RT, 2019, p. 532.

Capítulo 9 · GARANTIAS DAS OBRIGAÇÕES | 369

-lhe o direito de perceber, em compensação da dívida, os frutos e rendimentos (art. 1.506). Admite-se que o credor anticrético administre os bens dados em anticrese e perceba seus frutos e utilidades, porém devendo apresentar balanço anual sobre sua administração (art. 1.507).

Responde o credor anticrético pelas deteriorações que, por sua culpa, sofrer o imóvel sobre o qual recai a garantia e pelos frutos e utilidades que, por negligência, deixar de perceber (art. 1.508).

No caso de alienação do bem dado em anticrese, pode o credor anticrético exercer seu direito em relação ao adquirente (art. 1.509). Este, todavia, poderá remir a dívida, inclusive antes do vencimento, imitindo-se, se for o caso, na posse do bem (art. 1.510).

7.4. Garantias fiduciárias

Conforme já foi mencionado, ao lado das garantias pessoais e reais que são da tradição do direito brasileiro, desenvolveu-se mais recentemente outra espécie de garantias, denominadas fiduciárias, justamente em vista do elemento predominante da fidúcia, pela qual o credor conserva o domínio do objeto da garantia, contudo cedendo ao devedor a posse do bem.

Sua utilidade reside na maior facilidade de execução da garantia, porquanto reconhece ao credor o poder de sequela sobre o bem, ou seja, a possibilidade de persegui-lo diretamente que prevalece, inclusive, no caso de insolvência do devedor.

A massificação dos negócios jurídicos em geral e o reclamo de maior flexibilidade na constituição e agilidade na execução de garantias, deu causa a certo desgaste do uso das garantias tradicionalmente previstas no direito das obrigações. Conjugam-se esforços, então, visando ao desenvolvimento de novos modelos de garantia que observem a essas necessidades do crédito em geral.

É nesse contexto que se passa a valorizar o modelo legal da propriedade fiduciária, e suas derivações, tanto na alienação fiduciária de móveis e imóveis, quanto na cessão fiduciária de direitos – em especial direitos de crédito –, que se constituirão com a função típica de garantia de obrigações. Os negócios fiduciários têm sua origem remota no direito romano, em especial na figura conhecida da *fiducia cum amico*, pela qual a transferência de propriedade cumpria a função de proteção do patrimônio, mediante sua administração pelo fiduciário, diante de riscos externos, como a guerra; e da *fiducia cum creditore*, que se aproximava mais do perfil atual dos negócios fiduciários, mediante transferência de um bem ao credor, visando a garantir o adimplemento de uma obrigação[90].

Ensina a doutrina que, "sempre que a transmissão tem um fim que não é a transmissão mesma, de modo que ela serve a negócio jurídico que não é o de alienação àquele a quem se transmite, diz-se que há fidúcia ou negócio jurídico fiduciário"[91]. Por isso é comum observar-se a aproximação conceitual entre negócios fiduciários e negócios indiretos. Coincidem no fato de que "o resultado final visado pelas partes discrepa do resultado jurídico normal do negócio adotado: enquanto nos negócios indiretos, essa discrepância caracteriza-se apenas pela atipicidade desse efeito final em relação aos efeitos normais do negócio-meio adotado, os negócios fiduciários caracterizam-se pelo fato de o negócio-meio representar um excesso em relação ao fim visado". Todavia, "ainda que a hipótese mais frequente seja a do negócio único, nada obsta a que as partes lancem mão de uma combinação de negócios, para conse-

---

[90] Pontes de Miranda, *Tratado de direito privado* cit., t. III, 2012, p. 188. Otto de Souza Lima, *Negócio fiduciário*, São Paulo: RT, 1962, p. 6 e ss.

[91] Idem, p. 177.

370 | DIREITO DAS OBRIGAÇÕES – *Bruno Miragem*

guirem o resultado que visam, devendo este último ser normalmente alheio a cada negócio isoladamente considerado, surgindo sem mais dos seus efeitos combinados"[92].

Distinguem-se, comumente, contudo, os negócios fiduciários próprios e impróprios. Negócios fiduciários próprios seriam aqueles que envolvem a transferência patrimonial por intermédio de negócio jurídico com finalidade diversa da que lhe é típica. Negócios fiduciários impróprios, ao revés, seriam aqueles ora reconhecidos pela legislação e, dessa maneira, tornados típicos, pelos quais as partes não mais têm seu interesse vinculado exclusivamente à confiança mútua, mas em tutela legal que confere exigibilidade ao cumprimento da fidúcia[93]. Na qualidade de garantias, têm o mérito de se afastarem da tipicidade das garantias reais em relação à propriedade[94].

Interessam, especialmente, dois negócios fiduciários impróprios: a *alienação fiduciária* e a *cessão fiduciária em garantia*[95].

7.4.1. *Alienação fiduciária*

O instituto da alienação fiduciária em garantia, no direito brasileiro, segundo ensina Moreira Alves, inspirou-se no *trust receipt* do direito anglo-saxão[96], embora sustente que com ele não se confunde[97]. O *trust receipt* no direito norte-americano era usado para viabilizar o financiamento para aquisição de bens por um terceiro que intervinha na relação entre comprador e vendedor, recebendo a propriedade do bem e entregando-o ao comprador, devendo ser restituída a qualquer tempo em caso de inadimplemento da dívida.

Entre as distinções notadas por Moreira Alves, contudo, entre as duas figuras, da alienação fiduciária em garantia e o *trust receipt*, está que neste há uma transferência direta do vendedor ao terceiro financiador, e não para o comprador que a transferiria sob a condição resolutiva de pagar o financiamento, ao banco. Prefere associá-la a outra figura do direito inglês, espécie de hipoteca mobiliária, o *chattel mortgage*, pelo qual aquele que adquire a coisa e para tanto recorre ao financiamento de terceiro, terá desde logo a propriedade substancial da coisa (*equitable property*), contudo a propriedade legal (*legal property*) é do credor, até o pagamento da dívida. Ocorrendo o inadimplemento, o credor passa a ter o domínio pleno da coisa[98].

Pressupõe-se aqui o desdobramento da propriedade, admitido no direito anglo-saxão. Todavia, tal qual recepcionado no direito brasileiro, sustentou-se como modelo contratual típico – razão pela qual não se enquadraria como negócio propriamente fiduciário, com peculiaridades estabelecidas em vista do atendimento à função primordial para a qual foi previsto, de segurança do crédito[99].

Foi a Lei n. 4.728/65, ao instituir o mercado de capitais, que previu o contrato de alienação fiduciária em garantia de bem móvel. Em sua redação original, todavia, não previa a sanção de prisão do devedor inadimplente, ou sua equiparação a depositário. Quem o fez foi o Dec.-lei n. 911/69, com o propósito – já mencionado – de incrementar a segurança do crédito.

---

[92] Custódio da Piedade Ubaldino Miranda, Negócio jurídico indireto e negócios fiduciários. *RDC* 29/81 e ss.

[93] Melhim Chalub, *Negócio fiduciário*, Rio de Janeiro: Renovar, 2006, p. 76-77. No mesmo sentido, examinando a disciplina da alienação fiduciária, Paulo Restiffe Neto e Paulo Sérgio Restiffe, *Garantia fiduciária*, 3. ed., São Paulo: RT, 2000, p. 331-332.

[94] Orlando Gomes, Perfil dogmático da alienação fiduciária, *RT* 850/749 e ss.

[95] Melhim Chalub, *Negócio fiduciário* cit., 1998, p. 59.

[96] José Carlos Moreira Alves, *Da alienação fiduciária em garantia*, São Paulo: Saraiva, 1973, p. 21.

[97] Idem, p. 31.

[98] Moreira Alves, *Da alienação fiduciária em garantia* cit., p. 37.

[99] Idem, p. 40.

Desse modo, o *caput* do art. 66 da Lei n. 4.728/65[100], com a redação que lhe determinou o Dec.-lei n. 911/69, passou a dispor: "A alienação fiduciária em garantia transfere ao credor o domínio resolúvel e a posse indireta da coisa móvel alienada, independentemente da tradição efetiva do bem, tornando-se o alienante ou devedor em possuidor direto e depositário com todas as responsabilidades e encargos que lhe incumbem de acordo com a lei civil e penal".

Da parte final da norma em questão é que resulta a qualificação do devedor como depositário e sua submissão "*a todas as responsabilidades (...) de acordo com a lei civil e penal*". Não havia expressa cominação de prisão no caso de inadimplemento da obrigação de restituir. Esta tinha lugar ao se identificar, dentre as responsabilidades do depositário, de acordo com o art. 1.287 do Código Civil de 1916, ora reproduzido no art. 652 do Código Civil de 2002, que compele o depositário à restituição, mediante prisão não excedente a um ano. Era caso, portanto, de interpretação, mediante a equiparação legal entre devedor de alienação fiduciária e depositário, e sua consideração para efeito de invocar a regra do Código Civil em relação a este último. Foi, afinal, o objetivo claro do legislador do Dec.-lei n. 911/69, desde logo admitido pela jurisprudência[101].

O art. 1.361 do Código Civil define a propriedade fiduciária como sendo "a propriedade resolúvel de coisa móvel infungível que o devedor, com escopo de garantia, transfere ao credor". É redação imperfeita. Tanto móveis como imóveis podem ser objeto de alienação fiduciária, e, portanto, objeto de propriedade fiduciária, conforme se percebe do disposto no art. 22 da Lei n. 9.514/97. Há, na alienação fiduciária, o desdobramento da posse entre possuidor direto (que será o titular da propriedade resolúvel) e possuidor indireto (alienante garantido).

O art. 1.362 do CC estabelece que o contrato, que serve de título à propriedade fiduciária, conterá: I – o total da dívida, ou sua estimativa; II – o prazo, ou a época do pagamento; III – a taxa de juros, se houver; IV – a descrição da coisa objeto da transferência, com os elementos indispensáveis à sua identificação. O art. 1.361, § 1º, estabelece que "constitui-se a propriedade fiduciária com o registro do contrato, celebrado por instrumento público ou particular, que lhe serve de título, no Registro de Títulos e Documentos do domicílio do devedor, ou, tratando-se de veículos, na repartição competente para o licenciamento, fazendo-se a anotação no certificado de registro".

O art. 66-B da Lei n. 4.728/65, com a redação que lhe determinou a Lei n. 10.931/2004, estabelece que "o contrato de alienação fiduciária celebrado no âmbito do mercado financeiro e de capitais, bem como em garantia de créditos fiscais e previdenciários, deverá conter, além dos requisitos definidos na Lei n. 10.403, de 10 de janeiro de 2002 – Código Civil, a taxa de juros, a cláusula penal, o índice de atualização monetária, se houver, e as demais comissões e encargos". O § 3º deste mesmo art. 66-B, por sua vez, dispõe: "É admitida a alienação fiduciária de coisa fungível e a cessão fiduciária de direitos sobre coisas móveis, bem como de títulos de crédito, hipóteses em que, salvo disposição em contrário, a posse direta e indireta do bem objeto da propriedade fiduciária ou do título representativo do direito ou do crédito é atribuída ao credor, que, em caso de inadimplemento ou mora da obrigação garantida, poderá vender a terceiros o bem objeto da propriedade fiduciária independentemente de leilão, hasta

---

[100] A norma em questão foi revogada pela Lei 10.931/2004, que em seu art. 55 deu nova redação ao art. 66-B da Lei 4.728/1965, ora em vigor, como se vê a seguir.

[101] Nesse sentido, exemplificativamente: "Alienação fiduciária. É legítima a prisão do devedor fiduciante, que, constituído depositário, não restitui o objeto do contrato" (STF, HC 52489, Rel. Min. Aliomar Baleeiro, 1ª Turma, j. 15-10-1974, *DJ* 22-11-1974); "Prisão civil de alienante fiduciário. *Habeas corpus* fundado em nulidade da alienação fiduciária em garantia, por impossibilidade do objeto. Questões de fato não esclarecidas devidamente. Ordem denegada" (STF, RHC 52826, Rel. Min. Xavier de Albuquerque, 2ª Turma, j. 1º-10-1974, *DJ* 17-10-1974); e "Alienação fiduciária. Ação de depósito. Prisão civil. Legitimidade da prisão do devedor fiduciante, que é constituído depositário pela própria lei. Precedentes do STF. *Habeas corpus* indeferido" (STF, HC 51969, Rel. Min. Bilac Pinto, 2ª Turma, j. 12-3-1974, *DJ* 7-6-1974).

372 | DIREITO DAS OBRIGAÇÕES – *Bruno Miragem*

pública ou qualquer outra medida judicial ou extrajudicial, devendo aplicar o preço da venda no pagamento do seu crédito e das despesas decorrentes da realização da garantia, entregando ao devedor o saldo, se houver, acompanhado do demonstrativo da operação realizada".

Uma peculiaridade da disciplina do Código Civil em relação à alienação fiduciária limita o direito de disposição do credor. Trata-se do art. 1.365, que, a exemplo do disposto em relação à hipoteca, comina de nulidade cláusula que preveja pacto comissório, autorizando o proprietário fiduciário a ficar com a coisa alienada em garantia se a dívida não for paga no vencimento. É obrigado o credor a promover a venda da coisa, para que com os valores obtidos satisfaça seu crédito. Deve da mesma forma, após a venda, entregar ao devedor o saldo da diferença entre o valor obtido e o suficiente para o adimplemento da dívida (art. 1.364). Nesse caso, se está a impedir o enriquecimento injustificado do credor, da mesma forma que dispõe o art. 53 do CDC, ao definir como nulas de pleno direito as chamadas *cláusulas de decaimento*, quais sejam aquelas que "estabeleçam a perda total das prestações pagas em benefício do credor que, em razão do inadimplemento, pleitear a resolução do contrato e a retomada do produto alienado"[102].

As disposições do Código Civil, todavia, são subsidiárias em relação à legislação especial, conforme expressamente dispõe seu art. 1.368-A. Daí por que, no caso da alienação de imóveis, admite-se a consolidação da propriedade em nome do credor fiduciário, na hipótese de inadimplemento do devedor.

A alienação fiduciária de imóveis, disciplinada pela Lei n. 9.514/97, surge com a finalidade de agilizar a possibilidade de retomada do imóvel, no caso de inadimplência do devedor, no âmbito do Sistema Financeiro Imobiliário.[103] Constituiu-se como alternativa à tradicional garantia hipotecária, tendo hoje utilização predominante. Entre suas principais características está a de que não observa limitação em relação ao tipo de imóvel sobre a qual deve ser utilizada. Da mesma forma, não se adota apenas para negócios no âmbito do sistema financeiro da habitação, podendo dizer respeito tanto a imóveis prontos, quanto em construção. No caso de inadimplência do devedor, o credor pode requerer que seja notificado pelo oficial do registro de imóveis do bem, para que promova o adimplemento em 15 dias, purgando a mora. Não ocorrendo o pagamento, o oficial do registro "promoverá a averbação, na matrícula do imóvel, da consolidação da propriedade em nome do fiduciário, à vista da prova do pagamento por este, do imposto de transmissão *inter vivos* e, se for o caso, do laudêmio" (art. 26, § 7º, da Lei n. 9.514/97).

Aspecto que durante muitos anos foi objeto de viva polêmica no direito brasileiro diz respeito à possibilidade reconhecida em lei de prisão do devedor fiduciário que tivesse alienado o bem objeto da garantia. Admitida em face da equiparação a depositário do devedor fiduciário e sua qualificação, na hipótese de desfazer-se do bem, como depositário infiel, pelo art. 1º do Dec.-lei n. 911/69, foi objeto de duras críticas, em especial a partir da Consti-

---

[102] STJ, 4ª Turma, REsp 401.702/DF, Rel. Min. Barros Monteiro, j. 7-6-2005, *DJ* 29-8-2005. Não há confundir o disposto no art. 53 com alegado direito de restituição ao adquirente da integralidade das prestações pagas. Nesse sentido: "Alienação fiduciária em garantia. Inadimplência. Restituição das parcelas pagas. Descabimento. Hipótese do art. 53 do CDC não caracterizada. A rescisão do mútuo com alienação fiduciária em garantia, por inadimplemento do devedor, autoriza o credor a proceder à venda extrajudicial do bem móvel para o ressarcimento de seu crédito, impondo-lhe, contudo, que entregue àquele o saldo apurado que exceda o limite do débito. Daí não se poder falar na subsunção da hipótese à norma do art. 53 do CDC, o qual considera nulas, tão somente, as cláusulas que estabeleçam a perda total das prestações pagas, no caso de retomada do bem ou resolução do contrato pelo credor, em caso de inadimplemento do devedor, tampouco no direito deste de reaver a totalidade das prestações pagas. Recurso especial não conhecido" (STJ, 3ª Turma, REsp 166.753/SP, Rel. Min. Castro Filho, j. 3-5-2005, *DJ* 23-5-2005).

[103] Em que pese a natureza da propriedade fiduciária do imóvel e da garantia em favor do credor, reconhece a jurisprudência ao direito do devedor fiduciante à proteção legal do bem de família – em especial, a impenhorabilidade prevista na Lei 8.009/1991, frente a outras dívidas a que esteja obrigado: STJ, REsp 1677079/SP, Rel. Min. Ricardo Villas Bôas Cueva, 3ª Turma, j. 25/09/2018, *DJe* 01/10/2018.

tuição de 1988 e da consagração dos direitos e garantias fundamentais. Trata-se, contudo, de questão hoje superada, seja pela revogação do artigo em questão do Dec.-lei n. 911/69, seja mesmo em face da afirmação pelo STF do entendimento consolidado na Súmula Vinculante 25, editada em 2009, que, revisando entendimento anterior da Corte, e com fundamento em recentes precedentes[104], estabeleceu: "É ilícita a prisão civil de depositário infiel, qualquer que seja a modalidade do depósito". Fundamentou a decisão do STF nova orientação acerca da hierarquia dos tratados internacionais sobre proteção de direitos humanos, que passam a ser considerados como superiores à legislação ordinária, afastando a equiparação legal feita pelo Dec.-lei n. 911/69, entre o depositário infiel e o devedor de contrato de alienação fiduciária em garantia – comumente utilizado nos contratos de outorga de crédito e financiamento da aquisição de bens e serviços –, em face da violação do princípio da proporcionalidade, que deve orientar os limites do âmbito de proteção dos diversos direitos fundamentais, uns em relação aos outros. Por outro lado, contudo, pode o credor fiduciário, cujo contrato seja regido pelo Decreto-Lei n. 911/1969, em caso de inadimplemento contratual, promover a inscrição dos nomes dos devedores solidários em bancos de dados de proteção ao crédito, independentemente de optar pela excussão da garantia ou pela ação de execução.[105]

7.4.2. Cessão fiduciária de direitos

Trata-se a cessão fiduciária em garantia de espécie de negócio fiduciário que se prefere dizer cessão, por se tratar da transferência fiduciária de créditos do devedor, visando a garantir

---

[104] "Prisão civil do depositário infiel em face dos tratados internacionais de direitos humanos. Interpretação da parte final do inciso LXVII do art. 5º da CF/1988. Posição hierárquico-normativa dos tratados internacionais de direitos humanos no ordenamento jurídico brasileiro. Desde a adesão do Brasil, sem qualquer reserva, ao Pacto Internacional dos Direitos Civis e Políticos (art. 11) e à Convenção Americana sobre Direitos Humanos – Pacto de San José da Costa Rica (art. 7º, 7), ambos no ano de 1992, não há mais base legal para prisão civil do depositário infiel, pois o caráter especial desses diplomas internacionais sobre direitos humanos lhes reserva lugar específico no ordenamento jurídico, estando abaixo da Constituição, porém acima da legislação interna. O *status* normativo supralegal dos tratados internacionais de direitos humanos subscritos pelo Brasil torna inaplicável a legislação infraconstitucional com eles conflitante, seja ela anterior ou posterior ao ato de adesão. Assim ocorreu com o art. 1.287 do CC/1916 e com o Dec.-lei n. 911/1969, assim como em relação ao art. 652 do novo CC (Lei n. 10.406/2002). Alienação fiduciária em garantia. Dec.-lei n. 911/1969. Equiparação do devedor fiduciante ao depositário. Prisão civil do devedor fiduciante em face do princípio da proporcionalidade. A prisão civil do devedor fiduciante no âmbito do contrato de alienação fiduciária em garantia viola o princípio da proporcionalidade, visto que: a) o ordenamento jurídico prevê outros meios processuais executórios postos à disposição do credor-fiduciário para a garantia do crédito, de forma que a prisão civil, como medida extrema de coerção do devedor inadimplente, não passa no exame da proporcionalidade como proibição de excesso, em sua tríplice configuração: adequação, necessidade e proporcionalidade em sentido estrito; e b) o Dec.-lei n. 911/1969, ao instituir uma ficção jurídica, equiparando o devedor fiduciante ao depositário, para todos os efeitos previstos nas leis civis e penais, criou uma figura atípica de depósito, transbordando os limites do conteúdo semântico da expressão 'depositário infiel' insculpida no art. 5º, LXVII, da CF e, dessa forma, desfigurando o instituto do depósito em sua conformação constitucional, o que perfaz a violação ao princípio da reserva legal proporcional. Recurso extraordinário conhecido e não provido" (STF, Pleno, RE 349703, Rel. Min. Carlos Britto, j. 3-12-2008, *DJe* 5-6-2009). E da mesma forma: "Prisão civil. Depósito. Depositário infiel. Alienação fiduciária. Decretação da medida coercitiva. Inadmissibilidade absoluta. Insubsistência da previsão constitucional e das normas subalternas. Interpretação do art. 5º, LXVII e §§ 1º, 2º e 3º, da CF, à luz do art. 7º, § 7, da Convenção Americana de Direitos Humanos (Pacto de San José da Costa Rica). Recurso improvido. Julgamento conjunto do RE 349.703 e dos HC 87.585 e 92.566. É ilícita a prisão civil de depositário infiel, qualquer que seja a modalidade do depósito" (STF, Pleno, RE 466343, Rel. Min. Cezar Peluso, j. 3-12-2008, *DJe* 5-6-2009).

[105] STJ, REsp 1833824/RS, Rel. Min. Nancy Andrighi, 3ª Turma, j. 05/05/2020, *DJe* 11/05/2020.

operações de concessão de crédito ao credor originário. Trata-se de negócio normalmente celebrado no âmbito bancário, embora a ele não se restrinja. Admite-se, como regra, que qualquer direito disponível pode ser objeto de cessão fiduciária em garantia. Contudo, como regra, em especial no âmbito do sistema financeiro, se estará a tratar, essencialmente, de cessão fiduciária de créditos.

O negócio-base pelo qual se concede crédito a ser garantido pela cessão fiduciária, podendo ser um mútuo, uma antecipação bancária, ou uma abertura de crédito quando no âmbito bancário[106]. Pode inclusive comportar a transmissão de um conjunto de créditos presentes e futuros, podendo ser usado inclusive como garantia de financiamento.

Nesse sentido, o art. 18 da Lei n. 9.514/97 define que o contrato de cessão fiduciária em garantia opera a transferência ao credor da titularidade dos créditos cedidos, até a liquidação da dívida garantida. Deve conter o contrato, entre outros elementos: (a) total da dívida ou sua estimativa; (b) local, data e forma de pagamento; (c) taxa de juros; (d) identificação dos direitos creditórios objeto da cessão fiduciária.

Entre os direitos reconhecidos ao credor fiduciário (art. 19 da Lei n. 9.514/97) estão os de: (a) conservar e recuperar a posse dos títulos representativos dos créditos cedidos, contra qualquer detentor, inclusive o próprio cedente; (b) promover a intimação dos devedores que não paguem ao cedente, enquanto durar a cessão fiduciária; (c) usar das ações, recursos e execuções, judiciais e extrajudiciais, para receber os créditos cedidos e exercer os demais direitos conferidos ao cedente no contrato de alienação do imóvel; e (d) receber diretamente dos devedores os créditos cedidos fiduciariamente. No caso de o credor fiduciário receber diretamente daquele que era obrigado perante o cedente do crédito, deverá, depois de deduzidas as despesas de cobrança e de administração, creditar ao cedente na operação objeto de cessão, até final liquidação da dívida e respectivos encargos, assumindo a condição de depositário dos valores recebidos que superem o valor da dívida. Todavia, se o valor obtido com os recebimentos relativos aos créditos cedidos não for suficiente para satisfazer a dívida do devedor cedente com o credor fiduciário, permanecerá obrigado pelo que faltar, nas condições estabelecidas no contrato.

Embora observe igualmente a disciplina geral sobre a cessão de crédito prevista no Código Civil (arts. 286-298), conta com regras especiais fixadas pela legislação, como é o caso da dispensa de notificação do devedor originário do crédito cedido (art. 35 da Lei n. 9.514/97).

Questão que merece exame diz respeito à hipótese de falência do devedor cedente, e necessidade ou não de retorno dos créditos cedidos à massa falida. Dispõe o art. 20 da Lei n. 9.514/97: "Art. 20. Na hipótese de falência do devedor cedente e se não tiver havido a tradição dos títulos representativos dos créditos cedidos fiduciariamente, ficará assegurada ao cessionário fiduciário a restituição na forma da legislação pertinente. Parágrafo único. Efetivada a restituição, prosseguirá o cessionário fiduciário no exercício de seus direitos na forma do disposto nesta seção".

Um primeiro entendimento é o de que os direitos creditórios cedidos em garantia deixam, a partir da cessão, de integrar o patrimônio do devedor, nos mesmos termos da alienação fiduciária de móveis e imóveis, caracterizando-se como patrimônio de afetação e, com isso, separados do patrimônio da massa falida, bem como não se sujeitando à recuperação judicial (arts. 49, § 3º, e 119 da Lei n. 11.101/2005 – Lei de Falências e Recuperações Judiciais)[107].

---

[106] L. Miguel Pestana de Vasconcellos, *Direito das garantias* cit., p. 507-510.

[107] Ivo Waisberg e Gilberto Gornati, Direito bancário... cit., p. 120; Eduardo Salomão Neto, Direito bancário cit., p. 474. No mesmo sentido: TJSP, Câmara de Direito Privado/Reservada à Falência e Recuperação, AgIn 585.273.4/7-00, Rel. Romeu Ricupero, j. 19-11-2008, *RDB* 44/350.

Destaca-se, todavia, certo entendimento jurisprudencial de que, para que se produza este efeito, deve ocorrer o registro do contrato nos termos do art. 1.361, § 1º, do CC[108] antes da decretação da falência ou de interposição do pedido de recuperação judicial, bem como afastando o efeito de exclusão automática dos créditos objeto de cessão fiduciária, conforme previsto em lei, em vista da necessidade de se preservarem a finalidade e a viabilidade do procedimento de recuperação judicial de preservação da empresa[109]. Tal entendimento, contudo, não logra êxito no STJ, que admite a exclusão dos créditos cedidos em garantia fiduciária do processo de recuperação judicial e falência[110].

7.5. Garantias autônomas

Garantias autônomas, conforme já foi mencionado, são aquelas cuja obrigação de garantia não guarda relação de dependência com a obrigação cujo crédito visa a garantir. São autônomas porque as vicissitudes da obrigação sobre a qual recai a garantia não atinge a obrigação que a institui.

---

[108] TJRS, 6ª Câm. Cív., AgIn 70051334944, Rel. Luís Augusto Coelho Braga, j. 22-11-2012; TJRS, 5ª Câm. Cív., AgIn 70052805256, Rel. Jorge Luiz Lopes do Canto, j. 11-1-2013; TJRS, 6ª Câm. Cív., AgIn 70052403144, Rel. Antônio Corrêa Palmeiro da Fontoura, j. 20-12-2012; TJRS, 5ª Câm. Cív., AgIn 70049163447, Rel. Gelson Rolim Stocker, j. 17-10-2012; TJSP, 2ª Câmara Reservada de Direito Empresarial, AgIn 0239055-57.2012.8.26.0000, Rel. Ricardo Negrão, j. 25-2-2013; TJSP, 1ª Câmara Reservada de Direito Empresarial, AgIn 1611264520128260000, Rel. Francisco Loureiro, j. 11-12-2012; TJSP, 1ª Câmara Reservada de Direito Empresarial, AgIn 1394478620128260000, Rel. Enio Zuliani, j. 30-10-2012; TJRJ, 5ª Câm. Cív., AgIn 0042658-20.2012.8.19.0000, Rel. Milton Fernandes de Souza, j. 15-1-2013.

[109] STJ, 2ª Seção, CC 105.315/PE, Rel. Min. Paulo de Tarso Sanseverino, j. 22-9-2010, *DJe* 5-10-2010; STJ, 2ª Seção, CC 110.392/SP, Rel. Min. Raul Araújo, j. 24-11-2010, *DJe* 22-3-2011; TJSP, 18ª Câm. Dir. Priv., AgIn 0205302-12.2012.8.26.0000, Rel. Rubens Cury, j. 19-12-2012.

[110] "RECURSO ESPECIAL. RECUPERAÇÃO JUDICIAL. CÉDULA DE CRÉDITO GARANTIDA POR CESSÃO FIDUCIÁRIA DE DIREITOS CREDITÓRIOS. NATUREZA JURÍDICA. PROPRIEDADE FIDUCIÁRIA. NÃO SUJEIÇÃO AO PROCESSO DE RECUPERAÇÃO JUDICIAL. 'TRAVA BANCÁRIA'. 1. A alienação fiduciária de coisa fungível e a cessão fiduciária de direitos sobre coisas móveis, bem como de títulos de crédito, possuem a natureza jurídica de propriedade fiduciária, não se sujeitando aos efeitos da recuperação judicial, nos termos do art. 49, § 3º, da Lei n. 11.101/2005. 2. Recurso especial não provido" (STJ, REsp 1202918/SP, Rel. Min. Ricardo Villas Bôas Cueva, 3ª Turma, j. 7-3-2013, DJe 10-4-2013). Trata-se de decisão por maioria, merecendo registro o voto-vencido da Min. Nancy Andrighi, que distingue, no ordenamento jurídico brasileiro, "duas espécies do gênero negócios fiduciários, quais sejam: (i) a alienação fiduciária de coisa, móvel ou imóvel; e (ii) a cessão fiduciária de direitos sobre coisas móveis ou de títulos de crédito. Afinal, não fossem elas – alienação e cessão – espécies distintas de fidúcia, não teriam merecido do legislador trato individualizado" Em sentido contrário, e acompanhando o relator pelo reconhecimento da exceção da inclusão dos créditos cedidos no processo de falência, ponderou o Min. Paulo de Tarso Sanseverino que "(...) na essência, os contratos de alienação fiduciária e de cessão fiduciária representam o mesmo negócio jurídico, não havendo justificativa para o tratamento diferenciado dos credores garantidos por cada uma das operações. Tanto na alienação fiduciária como na cessão fiduciária há a transferência em garantia da titularidade resolúvel de um bem. A variação de terminologia se deve ao fato de que, na alienação fiduciária, o bem objeto da transferência é corpóreo, ao passo que na cessão o bem é incorpóreo, ainda que materializado em documento ou em título de crédito. Portanto, se a alienação fiduciária e a cessão fiduciária são, na essência, o mesmo negócio jurídico, distinguindo-se apenas quanto à materialidade do objeto dado em garantia pelo devedor, não há justificativa para o tratamento diferenciado dos credores garantidos pela alienação ou pela cessão. Nesse sentido, é importante destacar que, na falência, não há diferença no tratamento da alienação fiduciária e da cessão fiduciária, pois tanto o credor garantido pela alienação como o garantido pela cessão podem se valer do pedido de restituição." O entendimento prevalente no julgado afirmou-se na jurisprudência do STJ: REsp 1797196/SP, Rel. Min. Marco Aurélio Bellizze, 3ª Turma, j. 09/04/2019, *DJe* 12/04/2019.

376 | DIREITO DAS OBRIGAÇÕES – *Bruno Miragem*

São garantias autônomas mais comuns o aval e série de garantias bancárias no comércio internacional.

7.5.1. Aval

O aval é espécie de negócio jurídico unilateral de garantia[111]. É garantia prestada em obrigações representadas por títulos de crédito. E, embora tenha por função oferecer garantia, tem por característica sua autonomia em relação à obrigação avalizada, de modo que o avalista não pode opor, para responder pela obrigação, as exceções que são próprias do avalizado. Sobrevive o aval mesmo se a obrigação garantida for nula, exceto quando se trate de vício de forma. Sendo exigível do avalista a obrigação contida no título, o credor pode adotar em relação a ele todas as providências para satisfazer seu crédito[112].

Constitui-se o aval pela assinatura do avalista no título.. Note-se que as notas promissórias, regidas que são pela Lei Uniforme de Genebra em matéria de letras de câmbio e notas promissórias (promulgada no Brasil pelo Decreto n. 57.663/66), consistem em títulos de crédito, cuja autonomia faz com que não admitam oposição de exceções fundadas na relação causal ao terceiro de boa-fé (art. 17 da Lei Uniforme).

A autonomia do título em relação ao contrato de mútuo ou abertura de crédito que normalmente lhe dá causa é relativizada pela jurisprudência, admitindo-se em certos casos a possibilidade de invocar, em matéria de defesa do executado, a invalidade de disposições do contrato de crédito[113], especialmente quando se trate de nota promissória que não circulou[114], ou que esteja expressamente vinculada a um contrato cujas cláusulas sejam revistas. E, no caso de notas promissórias nas quais conste expressamente sua vinculação ao contrato, na

---

[111] Pontes de Miranda, *Tratado de direito privado* cit., t. XLIV, p. 221; L. Miguel Pestana de Vasconcellos, *Direito das garantias* cit., p. 113.

[112] Admitem-se não apenas o exercício da pretensão em juízo, como igualmente todas as providências que se reconhecem ao credor que sofre o inadimplemento, inclusive a inscrição do avalista nos serviços de proteção ao crédito, conforme ensina o STJ: "Serasa. Avalista. Inexistência de ação ou de protesto. O garante que assina como avalista de nota promissória e coobrigado em contrato bancário pode ter seu nome inscrito no Serasa uma vez caracterizado o inadimplemento, independentemente de propositura da ação de cobrança ou de protesto. Impedimento existiria se a relação obrigacional estivesse *sub judice*, por iniciativa do credor ou do devedor, o que não acontece. Recurso conhecido e provido" (STJ, 4ª T, REsp 209.478/SC, Rel. Min. Ruy Rosado de Aguiar, j. 15-6-1999, *DJ* 23-8-1999).

[113] "Civil e processual. Acórdão estadual. Nulidade não identificada. Empréstimo rural. Aval. Cobrança contra o garante. Nota promissória. embargos do devedor. Discussão sobre a higidez da cártula decorrente de cláusulas supostamente ilegais. Possibilidade. Súmula 286/STJ. I. Inexiste nulidade se a decisão impugnada se encontra suficientemente fundamentada, apenas que guardando conclusão contrária ao interesse da parte. II. Possível a discussão, pelo avalista, sobre a higidez da nota promissória se, de acordo com o entendimento do aresto estadual, ela se origina de contrato de financiamento rural sobre cujas cláusulas é sustentada ilegalidade. III. 'A renegociação de contrato bancário ou a confissão da dívida não impede a possibilidade de discussão sobre eventuais ilegalidades dos contratos anteriores' (Súmula 286/STJ). IV. Recurso especial não conhecido" (STJ, 4ª Turma, REsp 259.561/RS, Rel. Min. Aldir Passarinho Junior, j. 3-8-2006, *DJ* 28-8-2006).

[114] "Comercial e processual civil. Notas promissórias vinculadas a contratos de abertura de crédito e financiamento bancário. Exequibilidade. Ausência de prequestionamento. Oposição de defesa pelo avalista. Título que não circulou. Possibilidade. Alegação de inexequibilidade de nota promissória vinculada a contrato de abertura de crédito. Impossível o acesso ao recurso especial se o tema não foi objeto de debate na Corte de origem. Afigura-se possível ao avalista de nota promissória que não circulou invocar, excepcionalmente, como matéria de defesa em embargos à execução, a desconstituição parcial da obrigação originária. Recurso especial parcialmente conhecido e, nessa extensão, provido" (STJ, 4ª Turma, REsp 245.610/SP, Rel. Min. Cesar Asfor Rocha, j. 12-12-2000, *DJ* 19-3-2001).

Capítulo 9 · GARANTIAS DAS OBRIGAÇÕES | 377

hipótese de circularem, a aquisição de má-fé por terceiro afasta a proteção legal (art. 17 da Lei Uniforme, *in fine*)[115]. A prestação do aval por pessoa casada em regime que não seja o da separação absoluta de bens depende de outorga uxória, sob pena de considerar-se anulável o aval prestado, passível de invalidação em até dois anos contados da dissolução da sociedade conjugal (art. 1.647, III, c/c o art. 1.649 do CC)[116].

Assim o caso em que o sócio da empresa devedora assinou o contrato de mútuo na qualidade de "avalista-interveniente", considerou o STJ que, embora não se tratasse de hipótese de aval – uma vez que assinara contrato e não título de crédito[117] –, o emprego de interpretação de acordo com a boa-fé e os usos e costumes (art. 112 do CC) permite identificar, na declaração de vontade do sócio, o propósito de figurar como coobrigado em relação ao débito, ampliando as garantias de solvência da dívida[118].

7.5.2. Garantias no comércio internacional

No comércio internacional é conhecida a atenção que se dá ao pagamento dos contratos celebrados entre partes situadas em distintos países. Nesse sentido, pressupõe a realização de operação de câmbio entre moedas diversas, ao mesmo tempo em que a viabilização do pagamento de uma parte a outra, de regra, depende da atuação de bancos. Desse modo, exigem-se garantias de pagamento, que se traduzem tanto em garantias autônomas, negociadas com os próprios bancos, quanto a emissão de carta de crédito, daí surgindo o crédito documentário. Lembre-se de que essas garantias autônomas podem assumir a forma de *performance bonds*,

---

[115] Luiz Emygdio F. da Rosa Jr., *Títulos de crédito*, Emygdio F. da. *Títulos de crédito*, 7. ed., Rio de Janeiro: Renovar, 2011, p. 510-511.

[116] Excetua-se da incidência do art. 1647, III, do Código Civil, os contratos celebrados no âmbito do programa de moradia popular denominado "Programa Casa Verde e Amarela", conforme dispõe o art. 13 da Lei 14.118/2021.

[117] O art. 31, 1, da Lei Uniforme é expresso ao estabelecer que o aval só pode ser dado no título de crédito ou em folha anexa.

[118] "Civil e processual civil. Recurso especial. Execução de contrato direcionada contra 'avalistas' do título executivo. Aval aposto fora de título de crédito. Exegese do art. 85 do CC de 1916 (art. 112 do CC de 2002). Reconhecimento da situação de coobrigado na avença. Possibilidade. Interpretação que privilegia a intenção dos contratantes, a boa-fé objetiva e os usos e costumes. 1. A principiologia adotada no art. 85 do CC/1916 – no que foi reafirmada de modo mais eloquente pelo art. 112 do CC/2002 – visa a conciliar eventuais discrepâncias entre os dois elementos formativos da declaração de vontade, quais sejam o objetivo – consubstanciado na literalidade externada –, e o subjetivo – consubstanciado na internalidade da vontade manifestada, ou seja, na intenção do agente. 2. No caso concreto, é incontroverso que o ora recorrido assinou o contrato de mútuo como 'avalista-interveniente'. Porém, o próprio acórdão recorrido reconheceu que, no corpo do contrato, 'o agravado A.A.N. assumiu a condição de coobrigado interveniente avalista, nos termos da cláusula 8.7 dos contratos firmados pelas partes, objeto da execução' (fl. 127), o que evidencia, deveras, que a manifestação de vontade consubstanciada na literalidade da expressão 'avalista' não correspondeu à intenção dos contratantes, cujo conteúdo era, decerto, ampliar as garantias de solvência da dívida, com a inclusão do sócio da devedora como coobrigado. 3. Assim, a despeito de figurar no contrato como 'avalista-interveniente', o sócio da sociedade devedora pode ser considerado coobrigado se assim evidenciar o teor da avença, conclusão que privilegia, a um só tempo, a boa-fé objetiva e a intenção externada pelas partes por ocasião da celebração. 4. Ademais, os negócios jurídicos devem ser interpretados conforme os usos e costumes (art. 113, CC/2002), e se mostra comum a prática de os sócios assumirem a posição de garantes pessoais das obrigações da sociedade da qual fazem parte (por aval ou por fiança), de modo que a interpretação pleiteada pelo ora recorrente não se distancia – ao contrário, aproxima-se – do que normalmente ocorre no tráfego bancário. 5. Recurso especial parcialmente conhecido e provido" (STJ, 4ª Turma, REsp 1013976/SP, Rel. Min. Luis Felipe Salomão, j. 17-5-2012, *DJe* 29-5-2012).

378 | DIREITO DAS OBRIGAÇÕES – *Bruno Miragem*

espécie de garantia de adimplemento ofertada por bancos ou seguradoras, nos termos estabelecidos pela *soft law* internacional (a norma n. 325 do Uniform Rules for Contract Guarantees – URC, da Comissão de Comércio Internacional), podendo ainda se recorrer a pagamento por documentos (URC 322, Uniform Rules for Collections), ou a carta de crédito (Uniform Customs and Practices for Documentary Credits – UCP, da Comissão de Comércio Internacional de Paris).

No último caso, serve-se do crédito documentário, contrato em que o banco é procurado pelo cliente (importador ou exportador), ou ainda por outro banco que desenvolve a mesma atividade no país de origem ou onde desenvolve suas atividades um dos contratantes da compra e venda, visando à intermediação do pagamento do contrato, por intermédio da observação de procedimentos para recebimento e sua liquidação. Neste caso, o contrato tem duas funções: de pagamento (uma vez que é o meio pelo qual será realizada a prestação para o credor) e de garantia (sendo a responsabilidade pelo pagamento assumida pelo banco). A segurança e a garantia quanto ao pagamento têm por resultado tanto oferecer ao vendedor confiança que lhe permite produzir a mercadoria objeto da venda como ao comprador, que vai recebê-la da forma ajustada. O cliente que solicita a abertura de crédito documentário para pagamento de terceiro chama-se ordenante. O banco contratado para realizar o pagamento é o banco emissor. Aquele que contrata com o ordenante negócio cujo pagamento é objeto do crédito documentário é o beneficiário. Poderá figurar ainda o banco correspondente, no caso de não haver, no lugar do pagamento, agência do banco emissor, hipótese em que a execução do contrato dependerá dos atos deste banco correspondente, contra ordem do banco emissor.

O banco, nesse sentido, atua a requerimento e de acordo com as instruções do cliente, comprometendo-se a efetuar o pagamento a terceiro mediante a apresentação e entrega por este de documentos representativos da mercadoria objeto de compra e venda entre as partes, bem como, quando definido em contrato, de faturas, amostras, exames, certificados de qualidade, documentos comprobatórios de seguro. Não é, todavia, o banco parte do contrato de compra e venda. No caso ele presta serviços, viabilizando operação de crédito para o pagamento. Há delegação para pagamento (*delegatio solvendi*)[119]. Não se responsabiliza, portanto, por vícios ou defeitos da coisa, tampouco pelo descumprimento de deveres acessórios ou anexos da compra e venda cujo atendimento não tenha sido definido expressamente como condição de liberação do pagamento nas instruções que lhe foram passadas pela parte que o tenha contratado. No sentido da limitação da responsabilidade dos bancos, inclusive, é que estabelecem as regras uniformes emitidas pela Câmara de Comércio Internacional (CCI), com sede em Paris, que busca definir regras comuns para o comércio internacional, admitidas pela maioria dos países. Nesse sentido, a brochura URC 522 (Uniform Rules for Collection), em vigor desde 1º de janeiro de 1996, prevê a exclusão da responsabilidade pelo armazenamento ou seguro da coisa pelo banco (art. 10, *b*), assim como por vícios ou pelo estado das mercadorias (art. 10, *c*), ou mesmo por perda e deterioração nos casos de força maior (art. 15). Indicam, todavia, um dever do banco de atuar de boa-fé e segundo o cuidado razoável, ou seja, de acordo com regras médias de diligência que se devam exigir no comum da atividade bancária (como, por exemplo, no exame dos documentos apresentados e na identificação de sua autenticidade, segundo critérios normais de cuidado).

O banco que se obriga a realizar a intermediação do pagamento diz-se banco emissor. O cliente que contrata o banco diz-se ordenante, e o terceiro a quem se destina o pagamento diz-se beneficiário. Pode ainda figurar, conforme o caso, um banco correspondente, que

---

[119] Muniz, *Do crédito documentado:* revogável, irrevogável e confirmado, Pelotas, 1962, p. 84.

Capítulo 9 · GARANTIAS DAS OBRIGAÇÕES | **379**

adota em nome do banco emissor as providências de pagamento ao beneficiário, geralmente quando não opere na praça em que este desenvolve suas atividades, ou em que tem sua sede.

O crédito documentário é tanto considerado operação de crédito propriamente dita, quanto serviço bancário visando à viabilização de transação comercial internacional[120]. Nesse sentido, não deixam de incidir sobre o contrato, no que couber, ao lado das normas da CCI, as regras estabelecidas no Código Civil para a venda sobre documentos (arts. 529-532)[121]. Nesse contexto, as cartas de crédito são documentos consistentes em promessa de pagamento emitidas por um banco em favor do credor de outro contrato do qual é devedor o seu cliente.

O crédito documentário associa elementos próprios dos contratos de prestação de serviços e do mandato, além da própria operação de crédito. Conta também com elementos próprios do mandato e da estipulação em favor de terceiro. Todavia, sua estrutura é relativamente simples. Isso porque, a rigor, atua o banco na intermediação de uma operação comercial, emprestando--lhe credibilidade e confiança às partes. Nesse sentido, as obrigações do banco emissor para com as partes, mas especialmente em relação ao beneficiário, são definidas mediante livre estipulação das partes, por intermédio de contrato, normalmente escrito, a partir do qual será emitida carta de crédito a ser apresentada ao beneficiário, pela qual o banco atesta a existência de um crédito em seu favor, a ser sacado contra a apresentação de documentos que atestem o embarque ou entrega da mercadoria à empresa ordenante.

O contrato de concessão de crédito documentário é consensual, uma vez que se forma a partir do consentimento estabelecido entre o banco emissor e o ordenante. É contrato bilateral, uma vez que estabelece obrigações para ambas as partes, cabendo ao ordenante o depósito do dinheiro no banco emissor ou a assunção com este de dívida correspondente, e de parte do banco a expedição de carta de crédito e notificação do beneficiário em relação a crédito constituído em seu favor (inclusive, quando for o caso, com a participação de terceiro sob sua responsabilidade – banco correspondente). É oneroso, na medida em que o serviço de intermediação do banco será remunerado pelo ordenante. Pode ser de cumprimento instantâneo, quando pago de uma só vez, ou de pagamento diferido no tempo, na medida em que se estabeleça a transferência dos valores correspondentes ao pagamento em parcelas.

Podem ser de diferentes espécies, conforme o critério adotado. Diz-se, em primeiro lugar, que se trata de créditos revogáveis ou irrevogáveis. Crédito revogável é aquele que o banco emissor pode modificar ou resolver a qualquer tempo, sem necessidade de prévio aviso ao beneficiário. Crédito irrevogável, ao contrário, é o que o banco deve manter, independente-mente de qualquer circunstância, à disposição do beneficiário do pagamento. Não admite, portanto, contraordem. Segundo as regras internacionais expedidas no âmbito da Câmara de

---

[120] Francesco Giorgianni; Carlo-Maria Tardivo, *Manuale di diritto bancário*, Milano: Giuffrè, 2009, p. 557.

[121] Assim o Código Civil: "Art. 529. Na venda sobre documentos, a tradição da coisa é substituída pela entrega do seu título representativo e dos outros documentos exigidos pelo contrato ou, no silêncio deste, pelos usos. Parágrafo único. Achando-se a documentação em ordem, não pode o comprador recusar o pagamento, a pretexto de defeito de qualidade ou do estado da coisa vendida, salvo se o defeito já houver sido comprovado. Art. 530. Não havendo estipulação em contrário, o pagamento deve ser efetuado na data e no lugar da entrega dos documentos. Art. 531. Se entre os documentos entregues ao comprador figurar apólice de seguro que cubra os riscos do transporte, correm estes à conta do comprador, salvo se, ao ser concluído o contrato, tivesse o vendedor ciência da perda ou avaria da coisa. Art. 532. Estipulado o pagamento por intermédio de estabelecimento bancário, caberá a este efetuá-lo contra a entrega dos documentos, sem obrigação de verificar a coisa vendida, pela qual não responde. Parágrafo único. Nesse caso, somente após a recusa do estabelecimento bancário a efetuar o pagamento, poderá o vendedor pretendê-lo, diretamente do comprador".

380 | DIREITO DAS OBRIGAÇÕES – *Bruno Miragem*

Comércio Internacional, nada se dispondo sobre a natureza do crédito em contrato, considera-se ele irrevogável[122].

O crédito irrevogável pode se qualificar como confirmado ou não confirmado, de acordo com a natureza do compromisso do banco correspondente, no lugar do pagamento ao beneficiário. Nesse caso, pode o banco correspondente do banco emissor confirmar o pagamento, assumindo ele próprio compromisso com tal objetivo. Tem-se aí o crédito confirmado. Quando este compromisso adicional do banco não ocorre, tem-se o crédito não confirmado[123]. Nesse caso, restringe-se o banco a noticiar a existência do crédito em favor do beneficiário, porém sem assumir qualquer obrigação com o pagamento.

Ainda, segundo características do crédito objeto do contrato entre o banco emissor e o cliente ordenante, podem-se distinguir os créditos em: (a) crédito à vista e crédito diferido; (b) crédito por aceitação e crédito por negociação. No crédito à vista, o banco emissor assume o compromisso de satisfazer imediatamente o pagamento ao beneficiário, diretamente, ou por intermédio de banco correspondente. No crédito diferido, o pagamento será realizado pelo banco emissor em um segundo momento, definido pelo ordenante no contrato. Já o crédito por aceitação pressupõe a emissão de um título de crédito representativo do valor do pagamento, o qual receberá aceite do banco, podendo ser negociado livremente por ele. O crédito por negociação, de sua vez, mesmo que admitindo a criação de título de crédito, admite que este seja sacado contra qualquer pessoa, inclusive o próprio ordenante.

O cliente ordenante do contrato de crédito documentado tem a obrigação de prover o banco emissor dos créditos suficientes para que este efetue, em seu nome, pagamento da dívida decorrente do contrato ao beneficiário. Nesse caso, tanto pode se tratar de valores já encontráveis em depósito no banco (em conta corrente ou outro tipo de relação de custódia de valores pelo banco), quanto podem ser depositados quando da constituição do crédito documentário, especialmente para este fim. Ou podem, ainda, decorrer de abertura de crédito específico pelo banco em favor do ordenante, que os utiliza determinando o pagamento do beneficiário[124].

A liberação do pagamento pelo banco emissor ou banco correspondente em favor do beneficiário se dá em vista da apresentação de documentos comprobatórios do atendimento da obrigação. São previamente definidos no contrato de concessão de crédito celebrado com o ordenante e devidamente notificados ao beneficiário. Nesse sentido, cumpre ao banco apenas examinar a regularidade da documentação – ausente esta, não se lhe pode exigir, sob

---

[122] Bruno Miragem, *Direito bancário*. 3ª ed. São Paulo: RT, 2019, p. 461; Menezes Cordeiro, *Manual de direito bancário,* 4. ed., Coimbra: Almedina, 2010, p. 654.

[123] Nelson Abrão, *Direito bancário,* 12. ed., São Paulo: Saraiva, 2009, p. 176.

[124] "Execução. Contrato de abertura de crédito documentário para importação. Inexistência de título hábil a embasar o pedido. Incidência das Súmulas 5 e 7 do STJ. Embora o crédito documentário não se confunda com o contrato de abertura de crédito em conta corrente – mesmo porque, conforme acima assinalado, resulta ele da conjugação de diversos outros contratos –, é certo que na relação banco emissor com o cliente ordenante (importador) pode haver um contrato símile ao denominado 'contrato de abertura de crédito em conta corrente' (no contrato de crédito documentário conhecido por revolving credit), pois o valor disponibilizado ao cliente ordenante é passível de variar segundo as aquisições por ele realizadas. Além disso, o crédito documentário implica para o comprador o financiamento da operação, suscetível o seu valor de ser resgatado mediante amortizações sucessivas. Mais ainda, o importador pode deixar de utilizar os fundos postos à sua disposição pelo banco emissor" (STJ, 4ª Turma, REsp 247.518/MG, Rel. Min. Barros Monteiro, j. 2-2-2006, *DJ* 20-3-2006, p. 274).

Capítulo 9 · GARANTIAS DAS OBRIGAÇÕES | **381**

qualquer pretexto, examinar aspectos da relação negocial entre o ordenante e o beneficiário, ou liberar o pagamento sem que os documentos previstos no contrato sejam apresentados[125].

7.5.3. Cartas de conforto

Sob a expressão cartas de conforto desenvolvem-se diferentes negócios jurídicos no comércio internacional. Consistem em instrumentos de conteúdo variado pelos quais uma sociedade que detém o controle de outra se dirige a uma instituição financeira, com o objetivo de que conceda, mantenha ou renove crédito da sociedade controlada. São tidas como espécie de garantia imprópria, com origem nos *gentlemen's agreements* fundados na confiança e credibilidade das partes envolvidas.

É variado o conteúdo das cartas de conforto, de modo que nem todas assumem função de garantia de adimplemento do credor. Podem ser expedidas por uma sociedade em favor de outras, inclusive entre controladora e controlada, ou integrantes do mesmo grupo societário, no âmbito do comércio internacional.

A doutrina distingue entre as denominadas cartas "fracas", de conteúdo meramente informativo, contendo declarações às quais seu emissor se responsabiliza pela exatidão, porém não representam quaisquer espécies de acordos ou contrato com a outra parte; as cartas "médias", pelas quais o emissor assume obrigação de fazer, normalmente consistentes em prestações de vigilância, supervisão ou empenho para o êxito da relação obrigacional a que se referem, de modo a permitir que o devedor esteja em condições de cumprir com sua prestação. Já nas

---

[125] "Comercial. Recurso especial. Operação de importação de mercadorias. Carta de crédito documentário. Análise das regras específicas relacionadas a tal forma de crédito. Brochura 500 da Câmara de Comércio Internacional. Limitação da responsabilidade do banco confirmador à análise formal dos documentos requeridos para o pagamento ao exportador. Prevalência da interpretação que confere maior segurança às operações internacionais. O crédito documentário é utilizado em operações internacionais de comércio. Além da relação entre o importador e o exportador, envolve uma instituição financeira que garante o pagamento do contrato por intermédio de uma carta de crédito. Na prática, o banco emitente da carta de crédito é procurado por um cliente com o objetivo de efetuar o pagamento a um terceiro, beneficiário, ou, ainda, autorizar outro banco a fazer o pagamento ou a negociar. Precedente. Como importante instrumento de fomento às operações internacionais de comércio, ao crédito documentário costuma-se atribuir as qualidades relativas à irrevogabilidade e à autonomia. Assim, uma eventual mudança posterior de ideia do tomador do crédito (importador) quanto à realização do negócio é irrelevante, pois, para que o banco confirmador honre seu compromisso perante o exportador, basta que este tenha cumprido os requisitos formais exigidos anteriormente pelo importador, salientando-se, ainda, que o banco sequer participa do contrato de compra e venda. Na presente hipótese, o importador condicionou o pagamento à apresentação, pelo exportador, do boleto de embarque da mercadoria, a ser realizado antes de determinada data. A data do embarque, assim, foi erigida a requisito formal, a ser verificado antes do pagamento. Ocorre que, segundo o importador, o exportador apresentou um certificado de embarque ideologicamente falso, pois inverídica a data ali inserida. Em consequência, sustenta o importador que o pagamento foi indevido. Nos termos da doutrina que trata dessa operação mercantil, a análise a ser realizada pelo banco, no sentido de verificar se está presente o dever de pagar ao importador, é limitada ao aspecto formal dos documentos exigidos. Em uma análise estrita, o certificado de embarque apresentado não contém nenhum vício aparente. A alegada falsidade na aposição de data pretérita não se confunde com algum defeito formal perceptível de plano. O pretendido dever de não honrar a carta de crédito, na presente hipótese, significa atribuir ao banco a obrigação de realizar um verdadeiro juízo de valor sobre documento formalmente autêntico, de modo a desconsiderar seu aspecto formal exterior, privilegiar elementos fáticos que lhe são externos e concluir, em uma investigação em última instância verdadeiramente policial, que houve a prática de um ilícito grave. Recurso especial provido" (STJ, 3ª Turma, REsp 885.674/RJ, Rel. Min. Nancy Andrighi, j. 7-2-2008, *DJe* 5-3-2008).

cartas de conforto "fortes", o emissor, em regra, assume a obrigação de garantia em relação ao cumprimento da prestação pelo devedor.

Em síntese, as cartas de conforto podem expressar, entre outras, declarações de conhecimento, participação, solvência, garantia de pagamento ou assunção de risco de perdas. Existem cartas de conforto em que seu emissor se compromete expressamente definindo um conteúdo da sua obrigação (são as *hard comfort letters*), enquanto outras se limitam a declarações genéricas, razão pela qual não se compreendem como vinculativas (*soft comfort letters*).

As cartas de conforto "fortes" (*hard comfort letters* ou, no direito alemão, onde são muito usadas, *harte Patronserklärung*), são aquelas pelas quais o emissor da carta assume obrigação de garantia em relação ao devedor. Esta garantia se estrutura sob diversos modelos, tanto pela assunção direta do garantidor perante o credor, pelo adimplemento do devedor, assumindo espécie de obrigação de resultado, assim como pela obrigação de prover aquele cuja obrigação garante, com os meios necessários para cumprir a prestação[126]. Neste caso, não há necessariamente um pagamento direto ao credor, o que faz com que se distinga de outras garantias típicas. Naturalmente que, não cumprindo a obrigação assumida, de prover os recursos necessários para o devedor adimplir a prestação em favor do credor, o garantidor passa a responder também perante o credor pelo que deixou de prover.

O descumprimento ou falsidade das declarações estabelecidas na carta de conforto pode dar causa à responsabilização do seu emissor, sendo discutida sua natureza, se contratual ou extracontratual. Sua natureza jurídica, contudo, parece ser a de declaração unilateral de vontade, pela qual o declarante, contudo, assume obrigação de cumprir o prometido[127].

---

[126] Jens Koch, *Die Patronatserklärung* cit., p. 75 e ss; L. Miguel Pestana de Vasconcellos, *Direito das garantias* cit., p. 151.

[127] André Navarro de Noronha, *As cartas de conforto*, Coimbra: Coimbra Ed., 2005, p. 11 e ss.

REFERÊNCIAS

ABERKANE, Hassan. *Essai d'une theorie genérale de l'obligation "propter rem" en droit positif français*. Paris, 1957.

ABRÃO, Nelson. *Direito bancário*. 12. ed. São Paulo: Saraiva, 2009.

AGUIAR DIAS, José. *Da responsabilidade civil*. São Paulo: Saraiva, 1979. v. 2.

AGUIAR JR., Ruy Rosado de. A Convenção de Viena (1980) e a resolução do contrato por incumprimento. *Revista da Faculdade de Direito da Universidade Federal do Rio Grande do Sul*, Porto Alegre: Sulina, v. 10, jul. 1994.

AGUIAR JR., Ruy Rosado de. *Comentários ao novo Código Civil*. Da extinção do contrato. Rio de Janeiro: Forense, 2011. v. VI, t. II.

AGUIAR JR., Ruy Rosado de. *Extinção dos contratos por incumprimento do devedor* (resolução). Rio de Janeiro: Aide, 1991.

AGUIAR JR., Ruy Rosado de. *Extinção dos contratos por incumprimento do devedor*. Resolução. 2. ed. Rio de Janeiro: Aide, 2004.

AGUIAR JR., Ruy Rosado de. Prefácio. In: FREITAS, Augusto Teixeira de. *Consolidação das leis civis*. Brasília: Senado Federal, 2003. v. 1.

ALBA, Isabel Espín. *La cláusula penal*. Madrid: Marcial Pons, 1997.

ALBIGES, Cristophe. *De l'équité en droit prive*. Paris: LGDJ, 2000.

ALCIATO, Andrea. *Locubrationum in Ius Civile*. Basilea, 1549. t. III.

ALCIATO, Andrea. *Lucubrationum in Ius Civile et Pontificium*: Tomus quintus, qui Commentaria in Digestorum seu Pandectarum titulos aliquot, tertia abhinc pagina enumeratus continet, Basilea, 1571.

ALCIATO, Andrea. *Responsa nunqua antehac excusa*. Petrus Fradin, 1561.

ALMEIDA, Candido Mendes de. Notas. *Codigo Philippino,* ou, *Ordenações e leis do Reino de Portugal*: recopiladas por mandado d'El-Rey D. Philippe I, IV. Rio de Janeiro: Typ. do Instituto Philomathico, 1870.

ALPA, Guido. BESSONE, Mario. *Causa e consideration*. Padova: Cedam, 1984.

ALPA, Guido. BESSONE, Mario. Il contratto in generale, I – Fonti, teorie, metodi. *Trattato di diritto civile e commerciale*. Milano: Giuffrè, 2014.

ALVES, João Luís. *Código Civil da República dos Estados Unidos do Brasil anotado*. 3. ed. Rio de Janeiro: Borsói, 1958. v. 4.

ALVIM, Agostinho. *Da inexecução das obrigações e suas consequências*. 4. ed. São Paulo: Saraiva, 1972.

AMARAL, Guilherme Rizzo; MACHADO, Fábio Cardoso. *Polêmica sobre a ação* – A tutela jurisdicional na perspectiva das relações entre direito e processo. Porto Alegre: Livraria do Advogado, 2006.

AMORTH, Giorgio. *L'obbligazione solidale*. Milano: Giuffrè, 1959.

ANCEL, Pascal. *Droit des sûretés*. 4. ed. Paris: Litec, 2006.

ANDREOLLI, Marcelo. *La cessione del contratto*. Padova: Cedam, 1951.

ANELLI, Franco. Cessione del contratto. *Rivista di diritto civile*, ano XLII, Parte seconda,1996.

ANSPACH, Jules. *De l'adage dies interpelat pro homine;* ou de la mise em demeure du débiteur dans les obligations a terme em droit romain. Bruxelles: Librairie Polytechnique D'Aug Decq, 1853.

ANTONMATTEI, Paul-Henri. *Contribution à l'étude de la force majeure.* Paris: LGDJ, 1992.

ANTUNES VARELA, João de Matos. *Das obrigações em geral.* 10. ed. Coimbra: Almedina, 2004. v. I.

ANTUNES VARELA, João de Matos. *Das obrigações em geral.* 7. ed. Coimbra: Almedina, 1997. v. II.

ANTUNES VARELA, João de Matos. *Direito das obrigações.* Rio de Janeiro: Forense, 1977.

APPLETON, Charles Louis. *Histoire de la compensation en droit romain.* Paris: G. Masson, 1895.

ARAÚJO, Fernando. *Teoria econômica do contrato.* Coimbra: Almedina, 2007.

ASCARELLI, Tulio. *Panorama do direito comercial.* São Paulo: Saraiva, 1947.

ASCARELLI, Tulio. *Studi giuridici sulla moneta.* Milano: Giuffrè, 1952.

ASSIS, Araken de. *Resolução do contrato por inadimplemento.* 3. ed. São Paulo: RT, 1999.

ASTUTI, Guido. Compensazione (storia). *Enciclopedia del diritto.* Milano: Giuffrè. VIII

ASTUTI, Guido. Contratto (Diritto intermedio). *Enciclopedia del diritto.* Milano: Giuffrè, 1961. t. IX.

ASTUTI, Guido. Obbligazioni. Diritto intermedio. *Enciclopedia del diritto.* Milano: Giuffrè, 1979. t. XIX.

AUBRY, Charles. RAU, Charles. *Cours de droit civil français d'après la méthode de Zachariae.* 5. ed. Paris: Imp. et Librairie Générale de Jurisprudence, 1902.

AZEVEDO, Álvaro Villaça. Teoria da imprevisão e revisão judicial dos contratos. *RT*, n. 733, p. 109-119, São Paulo: RT, nov. 1996.

AZEVEDO, Antônio Junqueira. *Negócio jurídico: existência, validade e eficácia.* São Paulo: Saraiva, 2002.

AZEVEDO, Antônio Junqueira. Os princípios do atual direito contratual e a desregulamentação do mercado – Direito de exclusividade nas relações contratuais de fornecimento – Função social do contrato e responsabilidade aquiliana do terceiro que contribui com o inadimplemento contratual. *Estudos e pareceres de direito privado.* São Paulo: RT, 2004.

BADOUI, Saroit. *Le fait du prince dans les contrats administratifs en droit français et en droit égyptien.* Paris: LGDJ, 1955.

BALBI, Giovanni. *Le obbligazioni propter rem.* Genova-Torino: G. Giappichelli, 1950.

BALDUS DE UBALDIS. *Commentaria Omnia.* Veneza, 1599. v. IV.

BARLETTA, Fabiana. *Revisão contratual no Código Civil e no Código de Defesa do Consumidor.* São Paulo: Saraiva, 2002.

BARRETO FILHO, Oscar. *Teoria do estabelecimento comercial: fundo de comércio ou fazenda mercantil.* 2. ed. São Paulo: Saraiva, 1988.

BATELLO, Sílvio Javier. A (in)justiça dos endividados brasileiros: uma análise evolutiva. In: MARQUES, Claudia Lima Marques; CAVALAZZI, Rosângela Lunardelli. *Direitos do consumidor endividado.* Superendividamento e crédito. São Paulo: RT, 2006.

BDINE JR., Hamid Charaf. *Cessão de posição contratual.* São Paulo: Saraiva, 2007.

BECKER, Anelise. A doutrina do adimplemento substancial no direito brasileiro e em perspectiva comparativa. *Revista da Faculdade de Direito da UFRGS*, v. 9, Porto Alegre, 1993.

BECKER, Anelise. Inadimplemento antecipado do contrato. *Revista de Direito do Consumidor*, v. 12, São Paulo: RT, out.-dez. 1994.

BECKER, Anelise. *Teoria geral da lesão nos contratos.* São Paulo: Saraiva, 2000.

BELISSENT, Jean. *Contribution à l'analyse de la distinction des obligations des moyens et des obligations des résultat à propos de l'évolution des ordres de la responsabilité civile.* Paris: LGDJ, 2001.

BENEDETTI, Alberto. *Cessione del contratto.* Milano: Giuffrè, 1998.

BENETTI, Sidney Agostinho. Da cessão de débito. *RT* n. 425, p. 20, São Paulo: RT, mar. 1971.

REFERÊNCIAS | **385**

BENJAMIN, Antônio Herman V. Benjamin, Responsabilidade civil pelo dano ambiental. *Revista de Direito Ambiental*, v. 9, São Paulo: RT, jan.-mar. 1998.

BERNHÖFT, Franz. Kauf, *Miete und verwandte Verträge in dem Entwurfe eines bürgerlichen Gesetzbuches für das Deutsche Reich.* Berlin: Walter de Gruyter, 1889.

BERTONCELLO, Káren Rick Danilevicz. *Superendividamento do consumidor:* mínimo existencial – casos concretos. São Paulo: RT, 2015.

BETTI, Emílio. Autonomia privata. *Novissimo Digesto Italiano.* Torino: UTET, 1974. t. I.

BETTI, Emílio. *Teoria general del negozio giuridico.* Camerino: Edizione Scientifiche Italiane, 1994.

BETTI, Emílio. *Teoria generale della obbligazioni.* Milano: Giuffre, 1953. t. I.

BETTI, Emílio. *Teoria geral do negócio jurídico.* Coimbra: Coimbra Editora, 1969. t. II.

BETTI, Emilio; CARNELUTTI, Francesco. *Diritto sostanziale e processo.* Milano: Giuffrè, 2006.

BEUDANT, Charles; BEUDANT, Robert. *Cours de droit civil français.* Les contrats e les obligations. Paris: Rosseau, 1906.

BEVILÁQUA, Clóvis. *Código Civil dos Estados Unidos do Brasil comentado.* Rio de Janeiro: Francisco Alves, 1958. v. IV.

BEVILÁQUA, Clóvis. *Código Civil dos Estados Unidos do Brasil comentado.* 11. ed. Rio de Janeiro: Francisco Alves, 1958. v. III.

BEVILÁQUA, Clóvis. *Direito das obrigações.* Campinas: Red Livros, 2000.

BEVILÁQUA, Clóvis. *Direito das obrigações.* Salvador: Livraria Magalhães, 1896.

BEVILÁQUA, Clóvis. Evolução jurídica do Brasil no segundo reinado. *Revista Forense.* Ed. Comemorativa 100 anos, Rio de Janeiro: Forense, 2005.

BIANCA, Cesare Massimo. *Diritto civile* – Il contrato. 2. ed. Milano: Giuffrè, 2000. t. III.

BIANCA, Cesare Massimo. *Diritto civile.* L'obbligazzione. Milano: Giuffrè, 1993. v. 4.

BIONDI, Biondo. *Istituzioni di diritto romano.* 4. ed. Milano: Giuffrè, 1972.

BIONDI, Biondo. *La compensazione nel diritto romano.* Cortona: Stab. Tip. Commerciale, 1927.

BONFANTE, Pietro. *Instituzioni di diritto romano.* 8. ed. Milano: Vallardi, 1925.

BONFANTE, Pietro. *Scritti giuridici varii, III.* Obbligazioni. Comunione e prossesso. Torino: Utet, 1921.

BORGHI, Hélio. *Teoria da aparência no direito brasileiro.* São Paulo: Lejus, 1999.

BORRELLI NETO, Luis. Cessão do contrato. *Revista de Direito Privado*, v. 34, São Paulo: RT, abr.-jun. 2008.

BÖTTISCHER, Eduard. *Gestaltungsrecht und Unterwerfung im Privatrecht.* Berlin: Walter de Gruyter, 1964.

BOURGEOIS, Auguste-Jean. *Specimem inaugurale juridicum dee contractu depositi secundum juris hodieni praecepta.* Brussels: Typis M. de Vroom, 1830.

BRANCA, Giuseppe. Adempimento. Diritto romano e intermedio. *Enciclopedia del diritto.* Milano: Giuffrè, 1958. t. I.

BRASIELO, Ugo. Obbligazione. Diritto romano. *Novissimo digesto italiano.* Torino: Utet, 1957. t. XI.

BREBBIA, Roberto H. La causa como elemento del negocio jurídico en el derecho argentino y comparado. La Ley 1991-E/884. In: LORENZETTI, Ricardo (dir.). *Doctrinas esenciales* – Obligaciones y contratos. Buenos Aires: La Ley, 2009. t. IV.

BRECCIA, Umberto. *Le obbligazioni.* Milano: Giuffrè, 1991.

BRÉGI, Jean-François. *Droit romain:* les obligations. Paris: Ellipses, 2006.

BREYANT, Jules-Antoine. *Jus romanum.* Obligatio naturalis. Strasbourg, 1845.

BRINZ, Alois Von. Der Begriff *Obligatio.* Zeitschrift für das privat und öffentliche Recht der Gegenwart, Wien, 1840. v. I.

BRINZ, Alois Von. *Obligatio und Haftung*. Archiv für civilistiche Praxis. Tübingen, v. 70, 1886.

BRINZ, Alois. Zur Lehre von der Correal-Obligation und den solidarischen Schuldverhältnissen. In: *Kritische Vierteljahresschrift für Gesetzgebung und Rechtswissenschaft*. Bd. 16, 1874.

BOURJON, François. *Le droit comum de la France et la coutume de Paris, reduit em principes*, t. I. Paris: 1747.

BURDESE, Alberto. *La nozione classica di naturalis obligatio*. Torino: G. Giappichelli, 1955.

BUSSATTA, Eduardo Luiz. *Resolução dos contratos e teoria do adimplemento substancial*. São Paulo: Saraiva, 2007.

CABRAL, Antônio da Silva. *Cessão de contratos*. São Paulo: Saraiva, 1987.

CALVÃO DA SILVA, João. *Cumprimento e sanção pecuniária compulsória*. 4. ed. Coimbra: Almedina, 2002; reimpressão, 2007.

CAMPOS FILHO, Paulo Barbosa de. *O problema da causa no Código Civil brasileiro*. São Paulo: Max Limonad, 1959.

CAMPOS FILHO, Paulo Barbosa de. *Obrigações de pagamento em dinheiro*. Rio de Janeiro: Jurídica e Universitária, 1971.

CANARIS, Claus-Wilhelm. *Die Vertrauenshaftung im deutschen Privatrecht*. München: C.H. Beck, 1971.

CANARIS, Claus-Wilhelm. Schutzgesetze – Verkehrspflichten – Schutzpflichten. In: CANARIS, Claus-Wilhelm; DIEDERICHSEN, Uwe (Hrsg.). *Festschrift für Karl Larenz* zum 80, Geburtstag am 23, April 1983, München: C.H.Beck, 1983.

CANARIS, Claus-Wilhelm; DIEDERICHSEN, Uwe (Hrsg.). *Festschrift für Karl Larenz* zum 80, Geburtstag am 23, April 1983, München: C.H.Beck, 1983.

CANTARELLA, Eva. Obbligazione. Diritto greco. *Novissimo digesto italiano*. Torino: Utet, 1957. t. XI.

CAPITANT, Henri. *De la cause des obligations*. 3. ed. Paris: Librairie Dalloz, 1927.

CARBONI, Michele. *Concetto e contenuto dell'obbligazione nel diritto odierno*. Torino: Fratelli Bocca, 1912.

CARDOSO, Luiz Philipe Tavares de Azevedo. *Inadimplemento anteipado do contrato no direito civil brasileiro*. São Paulo: Malheiros, 2015.

CARNELUTTI, Francesco. *Teoria giuridica della circolazione*. Padova: Cedam, 1933.

CARRESI, Franco. *La cessione del contratto*. Milano: Giuffré, 1950.

CARTER, John W. *Carter's breach of contract*. Oxford: Hart Publishing, 2012.

CARVALHO DE MENDONÇA, J. X. *Tratado de direito comercial brasileiro*. 3. ed. Rio de Janeiro: Freitas Bastos, 1939. v. VI, Livro IV.

CARVALHO DE MENDONÇA, Manoel Ignacio. *Doutrina e practica das obrigações*. 2. ed. Rio de Janeiro: Francisco Alves, 1911. t. I e II.

CARVALHO SANTOS, J. M. *Código Civil brasileiro interpretado principalmente do ponto de vista prático*. 7. ed. Rio de Janeiro/São Paulo: Livraria Freitas Bastos, 7. ed., 1958. t. XIII.

CARVALHO SANTOS, J. M. *Código Civil brasileiro interpretado principalmente do ponto de vista prático*. 9. ed. Rio de Janeiro/São Paulo: Livraria Freitas Bastos, 1961. v. XI.

CARVALHO SANTOS, J. M. *Código Civil brasileiro interpretado principalmente do ponto de vista prático*. 7. ed. Rio de Janeiro: Freitas Bastos, 1958. v. XII.

CARVALHO SANTOS, J. M. *Código Civil brasileiro interpretado*. 8. ed. São Paulo/Rio de Janeiro: Freitas Bastos, 1961. t. X.

CARVALHO SANTOS, J. M. *Código Civil interpretado principalmente do ponto de vista prático*. Rio de Janeiro/São Paulo: Freitas Bastos, 1961. v. XIV.

CARVALHO, Jorge Morais. *Os limites à liberdade contratual*. Coimbra: Almedina, 2016.

CARVALHO, Teophilo B. de Souza. *A novação em direito romano e em direito civil*. Duprat, 1914.

REFERÊNCIAS | **387**

CASTRO, Torquato. *Da causa no contrato.* Recife: Imprensa Universitária da Universidade Federal de Pernambuco,1966.

CASTRONOVO, Carlo. *La nuova responsabilitá civile.* 3. ed. Milano: Giuffrè, 2006.

CATALAN, Marcos. *A morte da culpa na responsabilidade contratual.* São Paulo: RT, 2013.

CAVALIERI, Sérgio. *Programa de responsabilidade civil.* 11. ed. São Paulo: Atlas, 2014.

CHABAS, François. La perte d'une chance en droit français. In: GUILLOD, Olivier (Coord.). *Développements récents du droit de la responsabilité civile.* Zurique: Schulthess, 1991.

CHALUB, Melhim Chalub. *Negócio fiduciário.* Rio de Janeiro: Renovar, 2006.

CHAMEPIE, Gaël; MATHIAS, Latina. *La réforme du droit des obligations.* Commentaire théorique et pratique dans l'ordre du Code Civil. Paris: Dalloz, 2016.

CHAPUS, René. *Droit administratif general,* t. I. 15 ed. Paris: Montchrestien. 2001.

CHEREDNYCHENKO, Olha O. *Fundamental rights, contract law and the protection of weaker party* – A comparative analysis of the constitutionalisation of contract law, with emphasis on risky financial transaction. München: Sellier European Law Publishers, 2007.

CHITTY, J. *A colection of statutes of practical utility with notes thereon:* intended as a circuit ad court companion. London: Willian Benning, 1829. v. I, part. II.

CICALA, Raffaele. *Concetto di divisibilità e di indivisibilità dell'obbligazione.* Napoli: Eugenio Jovene, 1953.

CICALA, Raffaele. *Il negozio de cessione del contratto.* Napoli: Jovene, 1962.

CIRNE LIMA, Ruy. Do juro do dinheiro. *Revista de Direito Bancário e do Mercado de Capitais,* v. 45, São Paulo: RT, jul. 2009.

CIRNE LIMA, Ruy. *Pareceres* (direito privado). Porto Alegre: Sulina, 1967.

CLARIZIA, Renato. *La cessione del contratto.* Artt. 1406-1410. Milano: Giuffrè, 2015.

COLLINS, Hugh. *The law of contract.* London: Cambridge University Press, 2003.

COLMO, Alfredo. *De las obligaciones en general.* 3. ed. Buenos Aires: Guillermo Kraft, 1944.

COMPARATO, Fábio Konder. Obrigações de meio, de resultado e de garantia. In: COMPARATO, Fábio Konder. *Ensaios e pareceres de direito empresarial.* Rio de Janeiro: Forense, 1978.

COOTER, Robert. ULEN, Thomas. *Direito e economia.* 5. ed. Porto Alegre: Bookman, 2008.

CORNIOLEY, Pierre. *Naturalis obligatio.* Essai sur l'origine et l'évolution de la notion em droit romain. Genève, 1964.

COSTA, Mário Júlio de Almeida. *Direito das obrigações.* 12. ed. Coimbra: Almedina, 2009.

COSTA, Mário Júlio de Almeida. *Direito das obrigações.* 9. ed. Coimbra: Almedina, 2006.

COSTA, Mário Júlio de Almeida. *História do direito português.* 3. ed. Coimbra: Almedina, 2001.

COUTO E SILVA, Clóvis do. *A obrigação como processo.* Tese. Porto Alegre: UFRGS, 1964.

COUTO E SILVA, Clóvis do. A teoria da base do negócio jurídico. In: *O direito privado brasileiro na visão de Clóvis do Couto e Silva.* Porto Alegre: Livraria do Advogado, 1997.

COUTO E SILVA, Clóvis do. O princípio da boa-fé no direito brasileiro e português. In: *O direito privado brasileiro na visão de Clóvis do Couto e Silva.* Porto Alegre: Livraria do Advogado, 1997.

COUTO E SILVA, Clóvis do. O princípio da boa-fé no direito brasileiro e português. *Jornada Luso- -Brasileira de Direito Civil,* 2., 1980, Porto Alegre. *Estudos de direito civil brasileiro e português.* 3. ed. São Paulo: RT, 1980.

COUTO E SILVA, Clóvis do. Teoria da causa no direito privado. In: *O direito privado na visão de Clóvis do Couto e Silva.* Porto Alegre: Livraria do Advogado, 1997.

COVELLO, Sérgio. *A obrigação natural.* São Paulo: Leud, 1996.

CRUZ, Gisela Sampaio da. *O problema do nexo causal na responsabilidade civil.* Rio de Janeiro: Renovar, 2005.

CUJAS, Jacques. Opera omnia. *Observationes et Emendationes.* Prati, 1838. t. V.

CUSATO, Barbara. *Il credito* – Forma substanziale e procedurale. Padova: Cedam, 2010.

DAUD, Fuad José. *Transmissão de contrato*. São Paulo: Referência, 2006.

DAWSON, Francis. Fundamental Breach of Contract. *Law Quarterly Review*, 91, 1975.

DELBRÜCK, Berthold. *Die Uebernahme fremder Schulden nach gemeinem und preussischem Rechte*. Berlin: Dümmler, 1853.

DELGADO, José Augusto. *Comentários ao novo Código Civil* – Arts. 803 a 853. Rio de Janeiro: Forense, 2006. v. 11, t. II.

DEMOGUE, René. *Traité des obligations*. Paris: Librarie Arthur Rousseau, 1925. t. V.

DEMOLOMBE, Charles. *Cours de Code napoleon. Traité des contrats ou des obligations conventionelles en general*. Paris, 1877. t. I.

DEROUSSIN, David. *Histoire du droit des obligations*. Paris: Economica, 2007.

DI MARTINO, Francesco. *Storia economica di Roma antica*. Firenze: La nuova Italia, 1979.

DÍEZ-PICAZO, Luis. *Dos estudios sobre el enriquecimiento sin causa*. Madrid: Civitas 1988.

DÍEZ-PICAZO, Luís. Prólogo. In: WIEACKER Franz. *El principio general de la buena fe*. Madrid: Civitas, 1986.

DINIZ, Maria Helena. *Curso de direito civil brasileiro*. 22. ed. São Paulo: Saraiva, 2007.

DOMAT, Jean. *Le legge civile disposte nel loro ordine naturale*. Firenze: Giuseppe Pagani, 1834. t. IV.

DOMAT, Jean. *Les loix civiles dans leur ordre naturel*. Paris: Pierre Aubouin, Pierre Emery et Charles Clouzier, 2. ed., 1697. t. II.

DOMAT, Jean. *Les loix civiles dans leur ordre naturel*. Paris: Nyon, 1777. t. I.

DONELLUS, Hugo. *Comentariorum de jure civile*. Florença, 1842. t. IV.

DORIA, Carla Masi. Status and contract in Ancient Rome. With some toughts on the future of obligations. In: McGINN, Thomas (Ed.). *Obligations in roman law*. Past, presente and future. University of Michigan Press, 2008.

DORIA, Giovani. *La novazione della obbligazione*. Milano: Giufrè, 2012.

DUFRESNE, L.G.S. *Traité de la séparation des patrimoines suivant les principes du droit romain et du code civil et la jurisprudence des tribunaux*. Paris: Auguste Durand, 1842.

EISENMANN, Charles. *Cours de droit administratif*, t. I. Paris: LGDJ, 2014.

ELEFANTE, Agostino. *Novazione. Diritto romano. Novissimo Digesto italiano*. Torino: Utet, 1957. t. XI.

EMMERICH, Volker. *Das Recht der Leistungsstörungen*. 6. ed. München: C.H.Beck, 2005.

ENDEMANN, W. *Das Deutsche Handelsrecht*. Systematisch dargestellt. 2. Aufl. Heidelberg, 1868.

ENNECCERUS, Ludwig; KIPP, Theodor. WOLFF, Martin. *Tratado de derecho civil*. Derecho de obligaciones. Barcelona: Bosch, 1947. t. II, v. I.

ENNECCERUS, Ludwig; KIPP, Theodor. WOLFF, Martin. *Tratado de derecho civil*. Barcelona: Bosch, t. 1, v. 3, 1953.

ERHARDT JR., Marcos. *Responsabilidade civil pelo inadimplemento da boa-fé*. Belo Horizonte: Fórum, 2014.

ERLER, Joachim. *Wahlschuld mit Wahlrecht des Gläubigers und Schuld mit Ersetzungbefugnis des Gläubigers*. Mainz: Grote, 1964.

ESSER, Josef. *Grundsatz und Norm in der richterlichen Rechtsfortbildung*. Tübingen: J.C.B. Mohr (Paul Siebeck), 1956.

ESSER, Josef. *Principio y norma en el desarrollo jurisprudencial del derecho privado*. Trad. Eduardo Valentí Fiol. Barcelona: Bosch, 1961.

EXNER, Adolf. *Der Begriff der Höheren Gewalt (vis major) im römischen und heutingen Verkehrsrecht*. Wien: Alfred Holder, 1883.

FABRE-MAGNAN, Muriel. *Droit des obligations, I*. Contrat et engagement unilatéral. 4. ed. Paris: PUF, 2016.

FACHIN, Luiz Edson. *Estatuto jurídico do patrimônio mínimo*. Rio de Janeiro: Renovar, 2001.

FARIAS, Cristiano Chaves de; ROSENVALD, Nelson. *Curso de direito civil*. São Paulo: Atlas, 2015. v. 2.

FARNSWORTH, Edward Allan. *Contracts*. 3. ed. New York: Aspen Law, 1999.

FARO, Frederico. *Fiança omnibus no âmbito bancário* – Validade e exercício da garantia à luz do princípio da boa-fé. Coimbra: Coimbra Ed., 2009.

FEDELE, A. *Il problema della responsabilità del terzo per pregiudizio del credito*. Milano: Giuffrè, 1954.

FELIU REY, Manuel Ignacio. *La prohibición del pacto comisório y la opción em garantia*. Madrid: Civitas, 1995.

FÉRES, Marcelo. *Estabelecimento empresarial*. São Paulo: Saraiva, 2007.

FERREIRA, Waldemar Martins. *Curso de direito comercial*. São Paulo: Sales, Oliveira, Rocha & Cia., 1927. v. I.

FIN-LANGER, Laurence. *L'équilibre contractuel*. Paris: LGDJ, 2002.

FISCH, William B. *Die Vorteilsausgleichung im amerikanischen und deutschen Recht*. Frankfurt: A. Metzner, 1974.

FISCHER, Hans Albrecht. Vis major im Zusammenhang mit Unmöglichkeit der Leistung. In: *Jherings Jahrbücher für die Dogmatik des bürgerlichen Rechts*, XXXVII, 1897.

FONSECA, Arnoldo Medeiros da. *Caso fortuito e teoria da imprevisão*. 3. ed. Rio de Janeiro: Forense, 1958.

FONSECA, Arnoldo Medeiros da. *Direito de retenção*. 2. ed. Rio de Janeiro: Forense, 1944.

FRADA, Manuel António de Castro Portugal Carneiro da. *Contrato e deveres de proteção*. Coimbra: Almedina, 1994.

FRADA, Manuel António de Castro Portugal Carneiro da. Die Zukunft der Vertrauenshaftung oder Plädoyer für eine "reine" Vertrauenshaftung. In: HELDRICH, Andreas et alli. *Festschrift für Claus- -Wilhelm Canaris zum 70*. Geburtstag., Band I. Munich: C.H.Beck, 2007.

FRADA, Manuel António de Castro. *Teoria da confiança e responsabilidade civil*. Coimbra: Almedina, 2004.

FRADERA, Véra. Pode o credor ser instado a diminuir o próprio prejuízo? *Revista Trimestral de Direito Civil*, v. 19, Rio de Janeiro: Padma, jul.-set. 2004.

FRADA, Manuel António de Castro. Quebra positiva do contrato. *Revista da Associação dos Juízes do Rio Grande do Sul (Ajuris)*, n. 44, Porto Alegre: Ajuris, 1988.

FRANCO, Vera Helena de Mello. *Teoria geral do contrato:* confronto com o direito europeu futuro. São Paulo: RT, 2011.

FRIGNANI, A. La hardship clause nei contratti internazionali e le tecniche di allocazione dei rischi negli ordinamenti di civil law e di *common Law*. *Rivista di Diritto Civile*, ano 25, I, Padova: Cedam, 1979.

FRISON-ROCHE, Marie-Anne. *Les différentes natures de l'ordre public économique*. Archives de philosophie du droit. Paris: Dalloz, 2015. t. 58.

FULGÊNCIO, Tito. *Do direito das obrigações*. Das modalidades das obrigações (arts. 863-927). Rio de Janeiro: Forense, 1958.

GAGLIANO, Pablo Stolze; PAMPLONA FILHO, Rodolfo. *Novo curso de direito civil*. Obrigações. 12. ed. São Paulo: Saraiva, 2011. v. II.

GALGANO, Francesco. *El negocio jurídico*. Trad. Pablo Gascó y Lorenzo Albentosa. Valencia: Tirant lo blanch, 1992.

GALGANO, Francesco. *Corso di diritto civile* – Il contrato. Padova: Cedam, 2007.

GALLO, Paolo. *Sopravvenienza contrattuale e problemi di gestione del contratto*. Milano: Dott. A. Giuffrè Editore, 1992.

GAMA, Guilherme Calmon Nogueira da. *Direito civil*: obrigações. São Paulo: Atlas, 2008.

GARRIGUES, Joaquin. *Contratos bancários*. 2. ed. Madrid: Aguirre, 1975.

GAUDEMET, Eugène. *Étude sur le transport de dettes à titre particulier*. Paris: Editions Panthéon Assas, 2014.

GAUDEMET, Jean. *Naissance d'une notion juridique. Les débuts de l'obligation dans le droit de la Rome antique*. Archives de philosophie du droit. L'obligation. Paris: Dalloz, 2000. t. 44.

GELLA, Agustín Vicente y. *Introducción al derecho mercantil comparado*. 3. ed. Barcelona: Labor, 1941.

GEORGES, Frédéric. *Le saisie de la monnaie scripturale*. Bruxelles: Larcier, 2006.

GERI, Lina Bigliazzi. *Oneri reali e obbligazioni propter rem*. Milano: Giuffrè, 1984.

GERSHEIM, Eugen. *Die Ersetzungsbefugnis (facultas alternativa)*: im deutschen bürgerlichen recht. Marburg: E. Ebering, 1906.

GHERSI, Carlos; WEINGARTNER, Celia. *Tratado jurisprudencial y doctrinario*. Derecho civil. Contratos. Buenos Aires: La Ley, 2009. t. I.

GHESTIN, Jacques. *Cause de l'engagement et validité du contrat*. Paris: LGDJ, 2006.

GHESTIN, Jacques; BILLIAU, Marc; LOISEAU Grégoire. *Le regime des créances et des dettes*. Traité de droit civil. Paris: LGDJ, 2005.

GHESTIN, Jacques; FONTAINE, Marcel. *Les effets du contrat à l'égard des tiers*. Paris: LGDJ, 1992.

GIANTURCO, Emanuelle. *Diritto delle obbligazioni*. Lezioni di diritto civile. Napoli: Luigi Pierro, 1894.

GIERKE, Otto von. Dauernde *Schuldverhältnis, Jherings Jahrbücher für die Dogmatik des bürgerlichen Rechts*, LXIV. Jena, 1914.

GIERKE, Otto von. *La función social del derecho privado*. Trad. Por José M. Navarro de Palencia. Madrid: Sociedade Española, 1904.

GIL, Otto. Correção monetária. *Revista de Informação Legislativa*, v. 63, Brasília: Senado Federal, jul.-set. 1979.

GIORGI, Giorgio. *Teoria delle obbligazioni nel diritto moderno italiano*. 3. ed. Firenze: Fratelli Cammelli, 1892. v. VII.

GIORGI, Giorgio. *Teoria delle obbligazioni nel diritto moderno italiano*. 3. ed. Firenze: Fratelli Cammelli, 1891. v. IV.

GIORGIANNI, Francesco; TARDIVO, Carlo-Maria. *Manuale di diritto bancario*. Milano: Giuffrè, 2009.

GIORGIANNI, Michele. Inadempimento. Diritto privato. *Enciclopedia del diritto*. Milano: Giuffrè, 1970. t. XX.

GIORGIANNI, Michele. La causa tra tradizione e innovazione. In: ALPA, Guido; BESSONE, Mario. *Causa e consideration*. Padova: Cedam, 1984.

GLANZ, Semy Aparência e o direito. *Revista de Jurisprudência do Tribunal de Justiça do Estado da Guanabara*, v. 24, Rio de Janeiro, 1971.

GOMES, Luis Roldão de Freitas. *Da assunção de dívida e sua estrutura negocial*. Rio de Janeiro: Liber Juris, 1982.

GOMES, Orlando. *Contratos*. 26. ed. Rio de Janeiro: Forense, 2009.

GOMES, Orlando. *Obrigações*. 16. ed. Rio de Janeiro: Forense, 2004.

GOMES, Orlando. Perfil dogmático da alienação fiduciária. *RT* 850/749.

GOMES, Orlando. *Transformações gerais do direito das obrigações*. São Paulo: Saraiva, 1967.

GOMES, Orlando. *Transformações gerais do direito das obrigações*. 2. ed. São Paulo: RT, 1980.

GONÇALVES, Carlos Roberto. *Direito civil brasileiro*. Teoria geral das obrigações. 9. ed. São Paulo: Saraiva, 2012. v. 2.

GONÇALVES, Carlos Roberto. *Direito civil brasileiro*. Contratos e atos unilaterais. 9. ed. São Paulo: Saraiva, 2012. v. 3.

GOTTHOLD, Gerth. *Der Begriff der Vis Maior im romischen und Reichsrecht*. Berlin: Siemenroth & Worms, 1890.

GROSSO, Giuseppe. *Obbligazioni*. Concetto e requisiti della prestazioni, obbligazioni alternative e generiche. 3. ed. Torino: Giappichelli, 1966.

GROTIUS, Hugo. *Le droit de la guerre et de la paix*. Paris: PUF, 2005.

GRUNDMAN, Stefan; CAFAGGI, Fabrizio; VETTORI, Giuseppe. The contractual basis of long-term organization – The overall architecture. In: GRUNDMAN, Stefan; CAFAGGI, Fabrizio; VETTORI, Giuseppe. *The organizational contract*. Ashgate, 2013.

GUDIN, Eugênio. *Princípios de economia monetária*. Rio de Janeiro: Agir, 1968.

GUIGOU, Gabriel Just. *Des obligations naturelles en droit romain et en droit français*. Marseille: Imprimerie Marseilasse, 1893.

GUIMARÃES, Hanemann. A falência civil. *Revista Forense*, v. 85, São Paulo: Forense, jan. 1941.

HAICAL, Gustavo. *Cessão de crédito*. Existência, validade e eficácia. São Paulo: Saraiva, 2013.

HARDER, Manfred. *Die Leistung an Erfüllungs Statt* (datio in solutum). Berlin: Duncker e Humblot, 1976.

HATTENHAUER, Hans. *Conceptos fundamentales del derecho civil*. Introdución histórico-dogmática. Trad. Gonzalo Hernández. Madrid: Ariel, 1987.

HAUSMANINGER, Herbert; SELB, Walter. *Römisches Privatrecht*. 9. Auflage, Wien/Köln/Weimar: Böhlau Verlag, 2001.

HEALY, Thomas H. Théorie général de l'ordre public. *Recueil de Cours de Droit International de l'Academie de Droit International de l'Haye*, t. 9, v. III, 1925.

HONDIOUS, Ewoud GRIGOLEIT, Cristoph (Ed.). *Unexpected circumstances in european contract Law*. Cambridge University Press, 2011.

HONSELL, Heinrich. *Römisches Recht*. 8. Aufl. Berlin: Springer, 2015.

HUBER, Ulrich. *Handbuch des Schuldrechts*. Band I. Leistungsstörungen. Tübingen: Mohr Siebeck, 1999.

HUGON, Paul. *A moeda*. Trad. Diva Pinho. São Paulo: Pioneira, 1978.

IHERING, Rudolf von. *Das Schuldmoment im Römischen Privatrecht*. Eine Festschrift. Giessen: Verlag von Emil Roth, 1867.

IOLOVITCH, Marcos Brossard. *Efficiente breach theory. A análise do rompimento eficiente dos contratos empresariais à luz da legislação brasileira e da law and economics*. Dissertação de Mestrado. Porto Alegre: UFRGS, 2016.

JANSEN, Letácio. *A moeda nacional brasileira*. Rio de Janeiro: Renovar, 2009.

JANTALIA, Fabiano. *Juros bancários*. São Paulo: Atlas, 2012.

JOSSERAND, Louis. *De l'espirit des droits et de leur relativité*. Théorie dite de l'abus des droits. Paris: Dalloz, 2006.

JOSSERAND, Louis. *Les mobiles dans les actes juridiques du droit privé*. Paris: Dalloz, 1928.

KANT, Immanuel. *Fundamentação da metafísica dos costumes*. Trad. Paulo Quintela. Lisboa: Edições 70, 1997.

KANT, Immanuel. *La metafísica de las costumbres*. Madrid: Tecnos, 1989.

KASER, Max; KNÜTEL, Rolf. *Römisches privatrecht*. 20 aufl. München: C.H.Beck, 2014.

KEGEL, Gerhard. *Probleme der Aufrechnung*: Gegenseitigkeit und Liquidität rechtsvergleichend dargestellt. Berlim: Walter de Gruyter, 1938.

KFOURI NETO, Miguel. *Responsabilidade civil do médico*. 6. ed. São Paulo: RT, 2007.

KHOURI, Paulo Roque. *A revisão judicial dos contratos no novo Código Civil, Código do Consumidor e Lei n. 8.666/93*. A onerosidade excessiva superveniente. São Paulo: Atlas, 2006.

KLIMKE, Dominik. *Die Vertragsübernahme*. Tübingen: Mohr Siebeck, 2010.

KNÜTEL, Rolf. *Stipulatio poenae*. Studien zur römischen Vertragsstrafe. Koln/Wien: Bohlau, 1976.

KOCH, Jens. *Die Patronatserklärung*. Tübingen: Mohr Siebeck, 2005.

KURKELA, Matti. *Letters of credit and bank guarantees under international trade law*. New York: Oxford University Press, 2008.

LACERDA DE ALMEIDA, Francisco de Paula. *Obrigações*. 2. ed. Rio de Janeiro: RT, 1916.

LAFAILLE, Hector. *Derecho civil. Tratado de las obligaciones*. 2. ed. Buenos Aires: La Ley, 2009. t. I e II.

LANGE, Hermann; SCHIEMANN, Gottfried. *Schadensersatz*. Tübingen: Mohr Siebeck, 2003.

LARENZ, Karl. *Base del negocio jurídico y cumplimiento de los contratos*. Trad. Carlos Fernández Rodríguez. Granada: Editorial Comares, 2002.

LARENZ, Karl. *Base del negocio y cumplimiento de los contratos*. Trad. Carlos Fernandez Rodriguez. Madri: Editorial Revista de Derecho Privado, 1956.

LARENZ, Karl. *Derecho civil*. Parte general. Trad. Miguel Izquierdo y Macías-Picavea. Madri: Editorial Revista de Derecho Privado, 1978.

LARENZ, Karl. *Derecho de obligaciones*. Trad. Jaime Santos Briz. Madrid: Ed. Revista Derecho Privado, 1958. t. I e II.

LARENZ, Karl. *Lehbruch des schuldrechts*. Bd I-II. München: C.H.Beck, 1953.

LARENZ, Karl; WOLF, Martin. *Algemeiner Teil des Bürgelichen Rechts*. 9. Aufl. München: C.H. Beck, 2004.

LAURENS, Joseph. *De la confusion des dettes en droit romain et en droit français*. Toulouse: Imprimerie Troyes ouvriers reunis, 1865.

LAURENT, F. *Principes de droit civil français*. 5. ed. Bruxelles/Paris: Bruylant, 1893. t. XVII.

LE GUEUT, Thomas. *Le paiement de l'obligation monétaire em droit privé interne*. Paris: LGDJ, 2016.

LEGEAIS, Dominique. *Sûretés et garanties du crédit*. Paris: LGDJ, 2011.

LEGOUX, Marie-Caroline Vincent. *L'ordre public et le contrat*. Archives de philosophie du droit. Paris: Dalloz, 2015. t. 58.

LEHMANN, Heinrich. Die Abtretung von Verträgen. In: *Deutsche Landesreferate zum III Internationalen Kongreß für Rechtsvergleichung* in London, Berlin/ Tübingen, 1950.

LEITÃO, Luís Manuel Teles de Menezes. Cessão de créditos. Coimbra: Almedina, 2005.

LEITÃO, Luís Manuel Teles de Menezes. *Direito das obrigações*. 8. ed. Coimbra: Almedina, 2011. v. 2.

LEITÃO, Luís Manuel Teles de Menezes. *Garantia das obrigações*. Coimbra: Almedina, 2012.

LEITÃO, Luís Manuel Teles de Menezes. O enriquecimento sem causa no direito civil. Coimbra: Almedina, 2005.

LEONE, Francesco. La negligenza nella colpa extracontrattuale e contrattuale. *Rivista di Diritto Civile*. Milano, anno VII, 1915.

LÉVY, Jean-Philippe; CASTALDO, André. *Histoire du droit civil*. Paris: Dalloz, 2002.

LEYSER, Augustin Von. *Meditationes ad pandectas*. Leipzig, 1744. v. 7.

LIBCHABER, Rémy. *Recherches sur la monnaie em droit privé*. Paris: LGDJ, 1992.

LIBERTINI, Mario. Interessi. *Enciclopedia del diritto*. Milano: Giuffrè, 1972. t. XXII.

LIMA, Clarissa Costa de. *O tratamento do superendividamento e o direito de recomeçar dos consumidores*. São Paulo: RT, 2014.

LIMA, Otto de Souza. *Negócio fiduciário*. São Paulo: RT, 1962.

LÔBO, Paulo Luiz Netto. *Teoria geral das obrigações*. São Paulo: Saraiva, 2005.

REFERÊNCIAS | 393

LÔBO, Paulo. *Direito civil*. Contratos. São Paulo: Saraiva, 2011.

LÔBO, Paulo. *Direito civil:* Obrigações. 2. ed. São Paulo: Saraiva, 2011.

LONG, Marceau; WEIL, Prosper. BRAIBANT, Guy; DELVOLVÉ, Pierre; GENEVOIS, Bruno. *Les grands arrêts de la jurisprudence administrative*. 16. ed. Paris: Dalloz, 2007.

LONGO, Giovanni Enio. Pagamento. Diritto romano. *Novissimo digesto italiano*. Torino: Utet, 1957. t. XII.

LOPEZ, Teresa Ancona. *Comentários ao Código Civil*. São Paulo: Saraiva, 2003.

LORENZETTI, Ricardo. *Tratado de los contratos*. 2. ed. Buenos Aires: Rubinzal Culzoni Editores, 1999. t. I.

LUCA, Alfredo de. *Gli oneri reali e le obbligazioni ob rem*. Roma: Atheneaum, 1915.

LUHMAN, Niklas. *Vertrauen. Ein mechanismus der Reduktion sozialer Komplexität*. 5. Auflage, Konstanz: UVK, 2014.

LUZZATTO, Giuseppe Ignazio. *Caso fortuito e forza maggiore come limite alla responsabilità contrattuale. La responsabilità per la custodia*. Milano: Giuffrè, 1938.

MACARIO, Francesco. Riesgo contractual y relaciones a largo plazo: de la presuposición a la obligación de renegociar. *Responsabilidad civil y seguros, 2005.*

MACHELARD, E. *Des obligations naturelles en droit romain*. Paris: Auguste Durand, 1861.

MAGAZZÚ, Andre. Clausola penale. *Enciclopedia del diritto*. Milano: Giuffrè Editore. t. VII.

MAIA, Paulo Carneiro. *Da cláusula rebus sic stantibus*. São Paulo: Saraiva, 1959.

MALAURIE, Philippe; AYNÉS, Laurent; STOFFEL-MUNCK, Philippe. *Les obligations*. 2. ed. Paris: Defrénois, 2005.

MANCUSO, Rodolfo Camargo. Responsabilidade civil do banco em caso de subtração fraudulenta do conteúdo de cofre locado a particular – Da ação ressarcitória cabível. *RT*, v. 616. São Paulo: RT, fev. 1987.

MARCATO, Antônio Carlos. *Ação de consignação em pagamento*. São Paulo: RT, 1985.

MARCONDES, Sylvio. *Questões de direito mercantil*. São Paulo: Saraiva, 1977.

MARINONI, Luis Guilherme. *Teoria geral do processo*. 3. ed. São Paulo: RT, 2008.

MARQUES, Claudia Lima. Cem anos do Código Civil alemão: o BGB de 1896 e o Código Civil brasileiro de 1916. *RT* 741/30.

MARQUES, Claudia Lima. *Contratos no Código de Defesa do Consumidor*. 8. ed. São Paulo: RT, 2016.

MARQUES, Claudia Lima. Superação das antinomias pelo diálogo das fontes. O modelo brasileiro de coexistência entre o diálogo das fontes e o Código Civil de 2002. *Revista de Direito do Consumidor*, n. 51, São Paulo: RT, jul.-set. 2004.

MARQUES, Claudia Lima; BENJAMIN, Antônio Herman; MIRAGEM, Bruno. *Comentários ao Código de Defesa do Consumidor*. 4. ed. São Paulo: RT, 2013.

MARQUES, Claudia Lima; MAZZUOLI, Valério. O consumidor-depositário infiel, os tratados de direitos humanos e o necessário diálogo das fontes nacionais e internacionais: a primazia da norma mais favorável ao consumidor. *Revista de Direito do Consumidor*, v. 70, p. 93-138, São Paulo: RT, abr.-jun. 2009.

MARQUES, Claudia Lima; MIRAGEM, Bruno. *O novo direito privado e a proteção dos vulneráveis*. 2. ed. São Paulo: RT, 2014.

MARTINEZ, Pedro Romano Martinez; PONTE, Pedro Fuzeta. *Garantias de cumprimento*. Coimbra: Almedina, 2006.

MARTINS, Fernando Rodrigues. Assunção de dívida no direito civil constitucional. In: NANNI, Giovanne Ettore (Coord.). *Temas relevantes de direito civil contemporâneo*. São Paulo: Atlas, 2008.

MARTINS-COSTA, Judith. *A boa-fé no direito privado*. São Paulo: RT, 1999.

MARTINS-COSTA, Judith. A teoria da imprevisão e a influência dos planos econômicos governamentais na relação contratual. *RT*, v. 670, p. 41-48, São Paulo: RT, ago. 1991.

MARTINS-COSTA, Judith. *Comentários ao Código Civil.* Do adimplemento e da extinção das obrigações. Rio de Janeiro: Forense, 2003. t. I.

MASI, Antonio. Novazione. Diritto romano. *Enciclopedia del Diritto*, t. XXVIII. Milano: Giuffrè, 1978.

MATOS, Isabel Andrade de. *O pacto comissório.* Contributo para o estudo do âmbito da sua proibição. Coimbra: Almedina, 2006.

MAZEAUD, Denis. *La notion de clause pénale.* Paris: LGDJ, 1992.

MAZEAUD, Henri; MAZEAUD, Léon; MAZEAUD, Jean; CHABAS, François. *Leçons de droit civil.* Obligations. Théorie générale. 9. ed. Paris: Montchrestien, 1998. t. II, v. 1.

McKENDRICK, Ewan. *Contract law.* Texts, cases and materials. Oxford: Oxford University Press, 2012.

MEDICUS, Dieter. *Allgemeiner Teil des BGB.* 9. Aufl. Heidelberg: C.F. Müller, 2006.

MENEZES CORDEIRO, António Manuel da Rocha e. *Da boa-fé no direito civil.* Coimbra: Almedina, 2001.

MENEZES CORDEIRO, António Manuel da Rocha e. *Direito das obrigações.* Lisboa: AAFDL, 1980. v. I.

MENEZES CORDEIRO, António Manuel da Rocha e. *Manual de direito bancário.* 4. ed. Coimbra: Almedina, 2010.

MENEZES CORDEIRO, António Manuel da Rocha e. *Tratado de direito civil português* – parte geral: introdução, doutrina geral e negócio jurídico. 3. ed. Coimbra: Almedina, 2005. v. 1, t. 1.

MENEZES CORDEIRO, António Manuel da Rocha e. *Tratado de direito civil português.* Coimbra: Almedina, 2010. v. II, t. III e IV.

MENEZES CORDEIRO, António Manuel da Rocha e. *Tratado de direito civil português.* Direito das obrigações. 2. ed. Coimbra: Almedina, 2012. v. II, t. VI.

MENEZES CORDEIRO, António Manuel da Rocha e. *Tratado de direito civil.* Coimbra: Almedina, 2012. v. I.

MENGONI, Luigi. Obbligazzioni di risultato i obbligazzioni di mezzi. *Rivista di Diritto Commerciale*, I, 1954.

MESQUITA, Manuel Henrique. *Obrigações reais e ônus reais.* Coimbra: Almedina, 2003.

MIRAGEM, Bruno. *Abuso do direito.* 2. ed. São Paulo: RT, 2013.

MIRAGEM, Bruno. *Contrato de transporte.* São Paulo: RT, 2013.

MIRAGEM, Bruno. *Curso de direito do consumidor.* 8. ed. São Paulo: RT, 2019.

MIRAGEM, Bruno. *Direito bancário.* 3ª ed. São Paulo: RT, 2019.

MIRAGEM, Bruno. *Responsabilidade civil.* 2. ed. São Paulo: Forense, 2021.

MIRAGEM, Bruno. A pandemia de coronavírus, alteração de circunstâncias e direito emergencial sobre os contratos. In: CARVALHOSA, Modesto; KUYVEN, Fernando (Coords.) Impactos jurídicos e econômicos da Covid-19 no direito brasileiro. São Paulo: RT, 2020, p. 137-152.

MIRANDA, Beatriz Conte. Assunção de dívida. In: TEPEDINO, Gustavo (Coord.). *Obrigações. Estudos em perspectiva civil-constitucional.* Rio de Janeiro: Renovar, 2005.

MIRANDA, Custódio da Piedade Ubaldino. Negócio jurídico indireto e negócios fiduciários. *Revista de Direito do Consumidor* 29/81, São Paulo: RT, jan.-mar. 1999.

MOMMSEN, Friedrich. *Erörterungen aus dem Obligationenrecht.* C. A. Schwetschke, 1859. V. 2.

MONTEIRO, Washington de Barros. *Curso de direito civil.* Direito das obrigações 1ª parte. 32. ed. São Paulo: Saraiva, 2003. v. 4.

MORAES, Maria Celina Bodin de. A causa dos contratos. *Na medida da pessoa humana: estudos de direito civil-constitucional.* Rio de Janeiro: Processo, 2010.

MORAES, Maria Celina Bodin de. O princípio da solidariedade. *Na medida da pessoa humana: estudos de direito civil-constitucional.* Rio de Janeiro: Processo, 2010.

MORAES, Renato José. *Cláusula* rebus sic stantibus. São Paulo: Saraiva, 2001.

MOREIRA ALVES, José Carlos. A ação de depósito e o pedido de prisão. Exegese do § 1º do art. 902 do Código de Processo Civil. *Revista de Processo*, v. 36, São Paulo: RT, out. 1984.

MOREIRA ALVES, José Carlos. *Da alienação fiduciária em garantia*. São Paulo: Saraiva, 1973.

MOSCO, Luigi. *La risoluzione del contrato per inadempimento*. Napoli: Eugenio Jovene, 1950.

MOTA PINTO, Carlos Alberto da. *Cessão da posição contratual*. Coimbra: Atlântida, 1970.

MOTA PINTO, Carlos Alberto da. *Cessão de posição contratual*. Coimbra: Almedina, 2003.

MOTA PINTO, Carlos Alberto da. *Cessão de contrato*. São Paulo: Saraiva, 1985.

MOTA PINTO, Carlos Alberto da. *Teoria geral do direito civil*. 4. ed. Coimbra: Almedina, 2005.

MOTA PINTO, Paulo. *Interesse contratual negativo e interesse contratual positivo*. Coimbra: Editora Coimbra, 2008. v. I.

MULCAHY, Linda. *Contract Law in Perspective*. Routledge, 2008.

Muniz, Jorge Vasconcellos. *Do crédito documentado:* revogável, irrevogável e confirmado. Pelotas, 1962.

MURPHY, Edward J.; SPEIDEL, Richard E; AYRES, Ian. *Studies in contract law*. 5th ed. Westbury, NY: The Foundation Press, Inc., 1997.

NANNI, Giovanni Etore. *Enriquecimento sem causa*. São Paulo: Saraiva, 2004.

NEGREIROS, Teresa. *Teoria do contrato:* novos paradigmas. 2. ed. Rio de Janeiro: Renovar, 2006.

NEGREIROS, Teresa. *Teoria do contrato:* novos paradigmas. Rio de Janeiro: Renovar, 2002.

NELLE, Andreas. *Neuverhandlungspflichten*. Neuverhandlungen zur Vertragsanpassung und Vertragsergänzung als Gegenstand von Pflichten und Obliegenheiten. München: Beck, 1994.

NERY JUNIOR, Nelson; NERY, Rosa Maria de Andrade. *Comentários ao Código Civil*. 9. ed. São Paulo: RT, 2012.

NERY JUNIOR, Nelson; NERY, Rosa Maria de Andrade. *Instituições de direito civil*. São Paulo: RT, 2015. v. II.

NICOLÒ, Rosario. Adempimento. Diritto civile. *Enciclopedia del diritto*. Milano: Giuffrè, 1958.

NOGLER, Luca. REIFNER, Udo. *Life time contracts*. Eleven, 2014.

NONATO, Orozimbo. *Curso de obrigações, I*. Rio de Janeiro: Forense, 1959.

NONATO, Orozimbo. *Curso de obrigações*. Generalidades. Espécies, v. II, Rio de Janeiro: Forense, 1959.

NORONHA, André Navarro de. As cartas de conforto. Coimbra: Coimbra Ed., 2005.

NORONHA, Fernando. *Direito das obrigações*. 3. ed. São Paulo: Saraiva, 2010.

NORONHA, Fernando. Enriquecimento sem causa. *Revista de Direito Civil*, n. 56, São Paulo: RT, abr.-jun. 1991.

OERTMANN, Paul. *Die Geschäftsgrundlage:* Ein neuer Rechtsbegriff. Leipzig, Deichert W. Scholl, 1921.

OLIVEIRA, Carlos Alberto Alvaro de. Direito material, processo e tutela jurisdicional. In: AMARAL, Guilherme Rizzo; MACHADO, Fábio Cardoso. *Polêmica sobre a ação* – A tutela jurisdicional na perspectiva das relações entre direito e processo. Porto Alegre: Livraria do Advogado, 2006.

OPPETIT, B. L'adaptation des contrats internationaux aux changements de circonstance: la clause de hardship, *Journal de Droit International* (Clunet), ano 101, n. 4, Paris: Editions Techniques, 1974.

ORGAZ, Alfredo. *El daño ressarcible* (actos ilícitos). Córdoba: Marcos Lerner Ed., 1992.

OSTI, Giuseppe. *Clausola rebus sic stantibus*. Novissimo Digesto Italiano. Torino: UTET, 1968. v. 3.

OSTI, Giuseppe. La così detta clausola rebus sic stantibus nel suo sviluppo storico. *Rivista di Diritto Civile*, Milano, 1912.

OSTI, Giuseppe. Revisione critica della teoria sulla impossibilita della prestazione. *Rivista di Diritto Civile*, anno X, fasc. 3- 5, Milano, 1918.

PACIONI, Petri. *Tratactus de locatione et condutione*, Florença, 1840.

396 | DIREITO DAS OBRIGAÇÕES – *Bruno Miragem*

PANUCCIO, Vicenzo. Cessione de crediti. *Enciclopedia del diritto*. Milano: Giuffrè, 1960. t. VI.

PASQUALOTTO, Adalberto. *Contratos nominados II:* seguro, constituição de renda, jogo e aposta, fiança, transação e compromisso. São Paulo: Ed. RT, 2008.

PASQUALOTTO, Adalberto. *Garantias no direito das obrigações: um ensaio de sistematização*. Porto Alegre: UFRGS, 2008.

PATTERSON, Orlando. *Freedom in the making of western culture*. London: I.B. Tauris e co., 1991.

PÉDAMON, Michel. *Le contrat en droit allemand*. 2. ed. Paris: LGDJ, 2004.

PEDREIRA, José Luiz Bulhões. *Finanças e demonstrações financeiras da companhia*. Rio de Janeiro: Forense, 1989.

PELLA, Juliana Krueger. O inadimplemento eficiente (efficient breach) nos contratos empresariais. *Revista Jurídica Luso-Brasileira*, ano 2, n. 1, 2016.

PENTEADO, Luciano Camargo. *Direito das coisas*. São Paulo: RT, 2008.

PEREIRA, Caio Mário da Silva. *Instituições de direito civil*. 19. ed. Contratos. Rio de Janeiro: Forense, 2015. v. III.

PEREIRA, Caio Mário da Silva. *Instituições de direito civil, II*. 27. ed. Rio de Janeiro: Forense, 2015.

PEREIRA, Caio Mário da Silva. *Responsabilidade civil*. 3. ed. Rio de Janeiro: Forense, 1993.

PEREIRA, Lafayette Rodrigues. *Direito das cousas*. 2. ed. Rio de Janeiro: Jacintho Ribeiro dos Santos.

PERLINGIERI, Pietro. *Cessione de credito*. Napoli: Edizione Scientifiche Italiane, 2010.

PESCATORE, Valério. Cessione del contratto ed interpretazione. *Rivista Trimestrale di Diritto e Procedura Civile*, ano LIII, Milano: Giuffrè, 1999.

PESTANA DE VACONCELLOS, L. Miguel. *Direito das garantias*. Coimbra: Almedina, 2011.

PICOT, Yves. *Droit des sûretés*. 2. ed. Paris: PUF, 2011.

PINTO MONTEIRO, António. *Cláusula penal e indenização*. Coimbra: Almedina, 1990.

PINTO MONTEIRO, António. *Cláusulas limitativas e de exclusão de responsabilidade*. Coimbra: Almedina, 2003.

PISANI, Andrea Proto (Org.). *Emilio Betti; Francesco Carnelutti, Diritto sostanziale e processo*. Milano: Giuffré, 2006.

PLANIOL, Marcel. *Traité elémentaire de droit civil*. 2. ed. Paris: [s.n.], 1902. v. 2.

PLANIOL, Marcel. *Traité élémentaire de droit civil*. 3. ed. rev. e comp. Georges Ripert e Jean Boulanger. Paris: LGDJ, 1949. t. II.

PLANIOL, Marcel; RIPERT, Georges. *Traité pratique de droit civil français*. Obligations. Paris: LGDJ, 1954. t. VII.

PLANIOL, Marcel; RIPERT, Georges. *Tratado práctico de derecho civil Frances*. Trad. Mario Diaz da Cruz. Havana: Cultural, 1946. t. 6.

POLACCO, Vittorio. *Della dazione in pagamento*. Padova: Drucker & Senigaglia, 1888. v. I.

PONTES DE MIRANDA, Francisco C. *Comentários ao Código de Processo Civil*. Rio de Janeiro: Forense, 1976. v. XI.

PONTES DE MIRANDA, Francisco C. *Fontes e evolução do direito civil brasileiro*. Rio de Janeiro: Forense, 1981.

PONTES DE MIRANDA, Francisco C. *Tratado de direito privado*. São Paulo: RT, 2012. t. II, III, XXII, XXIII, XXIV, XXVI, XXV, XLII, XLIV, XLV.

PONTES DE MIRANDA, Francisco C. *Tratado de direito privado*. 3. ed. Rio de Janeiro: Borsoi, 1971. t. XXII.

PONTES DE MIRANDA, Francisco C. *Tratado de direito privado*. Atualização Claudia Lima Marques e Bruno Miragem. São Paulo: RT, 2012. t. XXXVIII.

REFERÊNCIAS | **397**

PORTO, Odyr José Pinto; OLIVEIRA JR., Waldemar Mariz de. *Ação de consignação em pagamento*. São Paulo: RT, 1986.

POSNER, Richard A. *Economic analysis of law*. 8. ed. New York: Aspen Publishers, 2011.

POTHIER, Robert-Joseph. *Traité des obligations*. Paris: Dalloz, 2011.

POUJOL, Louis. *Traité des obligations*. Paris: Chez de la Motte, 1846. t. I.

PRATA, Ana. *Cláusulas de exclusão e limitação da responsabilidade contratual*. Coimbra: Almedina, 1985.

PRATA, Ana. *Tutela constitucional da autonomia privada*. Coimbra: Almedina, 1982.

PUELINCKX, A. H. Frustration, hardship, force majeure, imprevision, Wegfall der Geschäftsgrundlage, Unmoglichkeit, changed circunstances: a comparative study in english, french, german and japanese laws. *Journal internationale l'arbitration*, 3, II, 1986.

PULEO, Salvatore. Compensatio lucri cum damni. *Enciclopedia del diritto*, VIII. Milano: Giuffrè, 1961.

REQUIÃO, Rubens. *Curso de direito comercial*. 22. ed. São Paulo: Saraiva, 1995. 1º v.

RESTIFFE NETO, Paulo; RESTIFFE, Paulo Sérgio. *Garantia fiduciária*. 3. ed. São Paulo: RT, 2000.

RIBBENTROP, Georg Julius. *Zur Lehre von den Correal-Obligationen*. Göttingen: Dieterich, 1831.

RICCOBONO, Salvatore. Arra sponsalicia secondo la const. 5 Cod. de sponsali bus V-1. In: *Studi in onore di F. Pepere*, Napoli, 1900.

RIGAUD, Louis. Le droit réel. *Histoire et theories son origine institutionelle*. Toulouse: A. Nauze, 1912.

RIPERT, Georges. *A regra moral nas obrigações civis*. Trad. Osório de Oliveira. Campinas: Bookseller, 2000.

RIPERT, Georges; BOULANGER, Jean. *Tratado de derecho civil según el tratado de Planiol*. Obligaciones. Buenos Aires: La Ley, 2007. t. V, 2ª parte.

RIVACOBA, Ramón Durán. *La Propiedad en Garantía*. Prohibición del pacto comisorio. Navarra, 1998.

RIZZARDO, Arnaldo. *Contratos*. 22. ed. Rio de Janeiro: Forense, 2011.

ROBERTSON, Dennis. *A moeda*. Trad. Waltensir Dutra. Rio de Janeiro: Zahar, 1960.

RODRIGUES JÚNIOR, Otávio Luiz. A doutrina do terceiro cúmplice: autonomia da vontade, o princípio "*res inter alios acta*", função social do contrato e a interferência alheia na execução dos negócios jurídicos. *RT*, v. 821, São Paulo: RT, mar. 2004.

RODRIGUES JÚNIOR, Otávio Luiz. *Revisão judicial dos contratos.Autonomia da vontade e teoria da imprevisão*. São Paulo: Atlas, 2006.

RODRIGUES, Silvio. *Direito civil*. São Paulo: Saraiva, 2002. v. 2.

RODRIGUES, Silvio. *Direito civil*. 3. ed. São Paulo: Max Limonad, 1968. v. II.

RÖMER, Robert von. *Die Leistung an Zahlungsstatt nach dem römischen und gemeinen Recht, mit Berücksichtigung der neueren Gesetzbücher*. Tübingen: Laupp 1866.

ROPPO, Vincenzo. *Il contrato*. 2. ed. Milano: Giuffrè, 2011.

ROSA JR., Luiz Emygdio F. da. *Títulos de crédito*. 7. ed. Rio de Janeiro: Renovar, 2011.

RUMMEL, Michael. *Die clausula rebus sic stantibus*: Eine dogmengeschichtliche Unteruchung unter Berücksichtigung der Zeit von der Rezeption im 14. Jahrhundert bis zum jüngeren usus modernus in der ersten Hälfte des 18. Jahrhunderts. Baden-Baden: Nomos, 1991.

SALEILLES, Raymond. *De la cession de dettes. Analles de droit commercial français, étranger et international*. Paris: Rousseau, 1890. IV.

SALEILLES, Raymond. *Étude sur le theorie génerale de l'obligation*. 3. ed. Paris: LGDJ, 1914.

SALOMÃO NETO, Eduardo. *Direito bancário*. São Paulo: Atlas, 2005.

SAN THIAGO DANTAS, Francisco C. *Conflito de vizinhança e sua composição*. Rio de Janeiro: Forense, 1972.

SAN THIAGO DANTAS, Francisco C. *Programa de direito civil*. Rio de Janeiro: Editora Rio, 1978. v. II.

SANTOS, Gildo dos. *Fiança*. São Paulo: Ed. RT, 2006.

SARGENTI, Manlio. Pagamento. Diritto romano. *Enciclopedia del diritto*, XXXI. Milano: Giuffrè, 1981.

SARLET, Ingo Wofgang. Mínimo existencial e relações privadas. Algumas aproximações. In: MARQUES, Claudia Lima; CAVALLAZZI, Rosângela Lunardelli; LIMA, Clarissa Costa de. *Direitos do consumidor endividado II*. Vulnerabilidade e inclusão. São Paulo: RT, 2016.

SAVATIER, René. *La théorie des obligations en droit privé économique*. 4. ed. Paris: Dalloz, 1979.

SAVATIER, René. *Traité de la responsabilité civile em droit français*, t. I. 2. ed. Paris: LGDJ, 1951.

SAVIGNY, Friederich Karl von. *System des heutigen römischen Rechts*. Berlin: Veit, 1840. t. 3.

SCADUTO, Gioachino. *I debiti pecuniari e il deprezzamento monetario*. Milano: F. Vallardi, 1924.

SCHMIDT, André Perin. *Revisão dos contratos com base no superendividamento*. Do Código de Defesa do Consumidor ao Código Civil. Curitiba: Juruá, 2012.

SEFTON-GREEN, Ruth. *La notion de d'obligation fundamentale: comparaison franco-anglaise*. Paris: LGDJ, 2000.

SERPA LOPES, Miguel Maria. *Curso de direito civil*. 7. ed. Rio de Janeiro: Freitas Bastos, 2000. v. II.

SESSAREGO, Carlos Férnandes. *Abuso del derecho*. Buenos Aires: Astrea, 1992.

SEUBE, Jean-Baptiste. *Droit des sûretés*. 6. ed. Paris: Dalloz, 2012.

SIBER, Heinrich. *Der Rechtszwang im Schuldverhältnis*. Nach deutschen Reichsrecht, Leipzig, 1903.

SIEGEL, Heinrich. Das Versprechen als Verpflichtungsgrund im heutigen *Recht*: eine germanistische Studie. Berlin: Vahlen, 1873.

SILVA, Jorge Cesa Ferreira da. *A boa-fé e a violação positiva do contrato*. Rio de Janeiro: Renovar, 2002.

SILVA, Jorge Cesa Ferreira da. *Adimplemento e extinção das obrigações*. São Paulo: RT, 2007.

SILVA, Jorge Cesa Ferreira da. *Inadimplemento das obrigações*. São Paulo: RT, 2007.

SILVA, Jorge Cesa Ferreira da. Princípios de direitos das obrigações no novo Código Civil. In: SARLET, Ingo Wolfgang. *O novo Código Civil e a Constituição*. Porto Alegre: Livraria do Advogado, 2003.

SILVA, Luis Renato Ferreira da. A função social do contrato no novo Código Civil e sua conexão com a solidariedade social. In: SARLET, Ingo (Org.) *O novo Código Civil e a Constituição*. Porto Alegre: Livraria do Advogado, 2003.

SILVA, Luis Renato Ferreira da. *Reciprocidade e contrato*. A teoria da causa e sua aplicação nos contratos e nas relações paracontratuais. Porto Alegre: Livraria do Advogado, 2013.

SILVA, Luis Renato Ferreira da. *Revisão dos contratos no Código Civil e no Código do Consumidor*. Rio de Janeiro: Forense, 1998.

SILVA, Ovídio A. Baptista da. Direito subjetivo, pretensão de direito material e ação. In: AMARAL, Guilherme Rizzo; MACHADO, Fábio Cardoso. *Polêmica sobre a ação* – A tutela jurisdicional na perspectiva das relações entre direito e processo. Porto Alegre: Livraria do Advogado, 2006.

SILVA, Wilson Melo da. *Responsabilidade sem culpa*.

SIMLER, Philippe; DELEBECQUE, Philippe. *Droit civil. Les sûretes. La publicite foncière*. 6. ed. Paris: Dalloz, 2012.

SOUZA NETO, Joaquim Soriano. *Da novação*. 2. ed. São Paulo: Saraiva, 1937.

SOUZA NETO, José Soriano de. *Da compensação*. Recife: Diario da Manhã, 1933.

STARCK, Boris; ROLAND, Henri; BOYER, Laurent. *Droit civil. Les obligations*. Contrat. 6. ed. Paris: Litec, 1998. t. 2.

STAUB, Hermann. *Die positiven Vertragsverletzungen*, editada por Eberhard Müller. Walter de Gruyter, 1904.

STEINER, Hans. *Datio in solutum*. München: C.H.Beck, 1914.

REFERÊNCIAS | **399**

STOLL, Henrich. Abschied von der Lehre von der Abschied von der Lehre von der positiven Vertragsverletzung. Betrachtungen zum dreißigjährigen Bestand der Lehre. *Archiv für die civilistische Praxis,* 136. Tübingen: J. C. B. Mohr, 1932.

STOLL, Henrich. *Die Lehre von den Leistungsstörungen: Denkschrift des Ausschusses für Personen, Vereins und Schuldrecht.* Tübingen: Mohr, 1936.

TALAMANCA, Mario. *Istituzzioni di diritto romano.* Milano: Giuffrè, 1990.

TALAMANCA, Mario. Obbligazioni – storia. *Enciclopedia dl diritto.* Milano: Giuffre, 1979. t. XXIX.

TALAMANCA, Mario. Obbligazioni. Diritto romano. *Enciclopedia del diritto.* Milano: Giuffrè, 1979. t. XXIX.

TARTUCE, Flávio. *Direito civil.* Direito das obrigações e responsabilidade civil. 11. ed. Rio de Janeiro: Forense, 2016.

TEIXEIRA DE FREITAS, Augusto. *Consolidação das leis civis.* Brasília: Senado Federal, 2003. v. 1.

TEIXEIRA DE FREITAS, Augusto. *Consolidação das leis civis.* 3. ed. Rio de Janeiro: H. Garnier, 1896.

TEIXEIRA DE FREITAS, Augusto. *Código Civil.* Esboço. Brasília: Ministério da Justiça, 1983. v. 1.

TELLES, Inocêncio Galvão. *Cessão do contrato.* Lisboa: Empresa Nacional de Publicidade, 1950.

TELLES, Inocêncio Galvão. *Direito das obrigações.* 7. ed. Coimbra: Coimbra Ed., 2010.

TEPEDINO, Gustavo. *Temas de direito civil.* Rio de Janeiro: Renovar, 1999.

TELLES, Inocêncio Galvão; MORAES, Maria Celina Bodin de; BARBOZA, Heloísa Helena (Coord.). *Código Civil interpretado conforme a Constituição da República.* Rio de Janeiro: Renovar, 2011. t. III.

TELLES, Inocêncio Galvão; MORAES, Maria Celina Bodin de; BARBOZA, Heloísa Helena (Coord.). *Código Civil interpretado conforme a Constituição da República.* Rio de Janeiro: Renovar, 2006. v. II.

TELLES, Inocêncio Galvão; MORAES, Maria Celina Bodin de; BARBOZA, Heloísa Helena (Coord.). *Código Civil interpretado conforme a Constituição da República.* Rio de Janeiro: Renovar, 2005. t. I.

TELLES, Inocêncio Galvão; SCHREIBER, Anderson. *Código Civil comentado.* Direito das obrigações. São Paulo: Atlas, 2008. t. IV.

TERRA, Aline de Miranda Valverde. *Inadimplemento anterior ao termo.* Rio de Janeiro: Renovar, 2010.

THEODORO JÚNIOR, Humberto. *A insolvência civil.* 4. ed. Rio de Janeiro: Forense, 1997.

TRASBOT, A. *La dévaluation monétaire et les contrats em droit privé.* Études offertes a Georges Ripert; Le droit privé français au millieu du séc. XX. Paris: 1950. t. II.

VACCA, Letizia. Osservazioni in tema di "condictio" e "arricchimento" senza causa nel diritto romano classico. In: MANNINO, Vincenzo; OPHÉLE, Claude. *L'enrichissement sas cause.* La classification des sources des obligations. Paris: LGDJ, 2007.

VIANA, Rui Geraldo Camargo. *A novação.* São Paulo: RT, 1979.

VIDIGAL, Geraldo de Camargo. *Teoria geral do direito econômico.* São Paulo: RT, 1977.

VINEY, Geneviève; JOURDAIN, Patrice. *Traité de droit civil. Las conditions de la responsabilité.* 3. ed. Paris: LGDJ, 2006.

VINEY, Genevieve; JOURDAIN, Patrice. *Traité de droit civil.* Les effets de la responsabilité. 2. ed. Paris: LGDJ, 2001.

VITA NETO, José Virgílio. *A atribuição da responsabilidade contratual.* Tese (Doutorado). São Paulo: USP, 2007.

VIVANTE, Cesare. *Trattato di diritto commerciale.* 5. ed. 1922. v. I.

WALD, Arnoldo. *A cláusula de escala móvel.* 2. ed. Rio de Janeiro: Ed. Nacional de Direito, 1959.

WALD, Arnoldo. *Direito civil*. Direito das obrigações e teoria geral dos contratos. 22. ed. São Paulo: Saraiva, 2015. v. 2.

WALD, Arnoldo. *Teoria das dívidas de valor*. Rio de Janeiro: Ed. Nacional de Direito, 1958.

WEIDT, Heinz. Antizipierter *Vertragsbruch: eine Untersuchung zum deutschen und englischen Recht*. Tübingen: Mohr Siebeck, 2008.

WEINGARTNER, Célia. *La confianza em el sistema jurídico*. Contratos y derecho de daños. Mendoza: Jurídicas Cuyo, 2002.

WIEACKER, Franz. *El principio general de la buena fé*. Madrid: Civitas, 1986.

WIEACKER, Franz. *El principio general de la buena fé*. Trad. Jose Luis Carro. Madrid: Civitas, 1977.

WIEACKER, Franz. *História do direito privado moderno*. 2. ed. Lisboa: Fundação Calouste Gulbekian, 1993.

WIEACKER, Franz. *Lex commissoria: Erfüllungszwang und widerruf im römischen Kaufrecht*. Berlin/ Heidelberg: Springer, 1932.

WIEACKER, Franz. *Zur rechtstheoretischen Präzisierung des § 242 BGB*. Tübingen: Mohr, 1956.

WINDSCHEID, Bernhard. *Die Actio des römischen Civilrechts, vom Standpunkte des heutigen Rechts*. Düsseldorf: Buddeus, 1856.

WINDSCHEID, Bernhard. *Lehbruch des Pandektenrechts*. 6. Aufl, Frankfurt, 1887.

WINDSCHEID, Bernhard. *Lehrbuch des Pandektenrechts*. 2. Band, Frankfurt: Rütten e Loening, 1874.

ZACCARIA, Alessio. *La prestazione in luogo deli adempimento*. Fra novazione e negozio modificativo del rapporto. Milano: Giuffrè, 1987.

ZIMMERMANN, Reinhard. *Breach of contract and remedies under the new german law of obligations*. Roma: Centro di Studi e Ricerche di Diritto Comparato e Straniero, 2002.

ZIMMERMANN, Reinhard. *The law of obligations. The roman foundation of the civilian tradition*. New York: Oxford University Press, 1996.